中国社会科学年鉴

中国宋史研究

年鑑 2016

THE YEARBOOK OF CHINESE SONG DYNASTY RESEARCH

姜锡东 王青松 主编

中国社会科学出版社

图书在版编目（CIP）数据

中国宋史研究年鉴．2016／姜锡东，王青松主编．—北京：中国社会科学出版社，2020．6

ISBN 978－7－5203－6377－8

Ⅰ．①中…　Ⅱ．①姜…　②王…　Ⅲ．①中国历史—研究—宋代　Ⅳ．①K244．07

中国版本图书馆CIP数据核字（2020）第068195号

出 版 人　赵剑英
责任编辑　王鸣迪
责任校对　林福国
责任印制　张雪娇

出　　版　中国社会科学出版社
社　　址　北京鼓楼西大街甲158号
邮　　编　100720
网　　址　http://www.csspw.cn
发 行 部　010－84083685
门 市 部　010－84029450
经　　销　新华书店及其他书店

印刷装订　三河市东方印刷有限公司
版　　次　2020年6月第1版
印　　次　2020年6月第1次印刷

开　　本　787×1092　1/16
印　　张　33.5
插　　页　4
字　　数　854千字
定　　价　288.00元

10 至 13 世纪中国史国际学术研讨会暨中国宋史研究会第十七届年会现场

2016 年 3 月 23 日，重庆举办纪念民族英雄岳飞诞辰 913 周年春祭大典

2016 年 6 月 3 至 5 日，廊坊市首届杨家将文化旅游节在廊坊举办，各地的杨氏宗亲合影留念。金志超摄

2016 年 11 月 5 日，首届“两宋论坛暨两宋文物展”在杭开幕，原浙江省委常委、杭州市委书记，杭州城市学研究理事会理事长王国平致辞

第三届海峡两岸朱熹陈淳学术研讨会，韩国成均馆大学崔英辰教授发言

第十九届苏轼研究学术会议合影

合肥市岳飞精神传承研究会成立

中国宋史研究年鉴 2016

目　　录

第一篇　特约专稿

第二篇　研究综述

第三篇　会议述评与论文提要

第四篇 书评·新书序跋·书讯

第五篇 学人与学林

第六篇 博士论文提要与博士后出站报告摘要

第七篇 海外研究动态

第八篇 宋代遗存

附 录

Contents

Part One Special Manuscript

Part Two Research Review

Part Three Conference Review and Paper Summary

Part Four Book Review · Preface and Postscript of New Book · Book News

Part Five Scholars and Academia

Part Six Summary of Doctoral Dissertation and Summary of Postdoctoral Outbound Report

Part Seven Overseas Research Trends

Part Eight Archaeological Remains of Song Dynasty

Appendix

第一篇

特约专稿

历史任人说？

王曾瑜

曾经讹传胡适先生有一句话：“历史是百依百顺的姑娘，要怎么打扮就怎么打扮。”张政烺师曾严肃地批判，说是“亵渎历史学”①。有的学者也特别强调，应当“敬畏历史”。

偶与两位出版界的朋友谈及，不论在史学界，还是在史学界以外，都有乱说中华古史的情况。他们问：“怎么会如此?”我回答：“历史还不是任他说。”他们就要我以此为题撰文，并且将一部论文选集，也以此命名。

本文主要以今人说中华古史为限，至于今人出于私利，而有意歪曲、捏造、篡改和掩盖近代和现代史实，不作重点讨论。

我仔细想了一下，之所以会出现历史任人说的现象，一是涉及说史者自身的科学素养和人生哲学如何，二是涉及说史者对历史细节知识掌握是否准确。

历史现象具有客观性，但一旦形成文字，就不能没有主观性。历史学家写历史，不能不忠于客观史实，但对某些事件和人物，也不可能没有是非和爱憎。史学本身具有强烈的对是非善恶的褒贬性，其歌颂正义、批判邪恶的功能，乃是维系社会良知和正义的重要舆论力量。

但人们不同的人生哲学，必然会延伸或渗透到对历史上是非善恶的评判。日本军国主义在二战中制造臭名昭著的“慰安妇”事件，当然是骇人听闻的反人道的野蛮暴行，不但受害民族，就是欧美的人权人士，也都予以严厉谴责。但台湾居然出了个林全，他在没有一点证据情况下，凭空捏造了有所谓“自愿”的“慰安妇”。此说无非是出自其人生哲学，集中表露其甘做汉奸的政治需求，岂是偶然失言！亏他说得出口！现代的德国人，甚至法国人中，也确有很少量希特勒的崇拜者。但对绝大多数人而论，从正常思维和起码良知出发，理所当然地确定希特勒是人类史上最大的反人类罪犯之一。不妨再扯到遥远的宋代，对于绍兴和议以后的时段，邓广铭师在青年时代就沉痛地批判说，“翻开南宋的历史，呈现在我们眼前的，是一幅屈辱到令人气短的画图”。“当群情失掉了常态，相率而走入放辟邪侈的路径之后，善恶是非的标准便也都随之而颠倒错乱。”但也有人“认为南宋朝廷一直是在为实现中兴而奋斗”，这当然主要是指宋高宗和秦桧。拙作《宋高宗传——荒淫无道》对此段中华古史上少有的黑暗和贪腐时代作了揭露。但也有人认为这个时代是“承平时节”。

邓广铭师曾语重心长地说：“如果不在一种正确的观点指引之下，而心中又无全局，这样就去进行微观的研究，则势必失之支离烦琐而无所统属；如果不在微观方面作一些踏

---

① 张政烺：《〈文史〉出版三十辑感言》，载《张政烺文史论集》，中华书局2004年版，第771页。

踏实实的搜讨钻研，而好高骛远，专去从事于宏观的探讨，那等于没有坚牢精密的部件而硬要拼凑为航空飞机，是不会不失败的。”① 欲求准确地研究和论述历史，一方面，要求在正确理论指导之下，力求把握历史发展的大局和全局，以统驭大量的局部研究；另一方面，也要力求掌握尽可能多的准确的历史细节知识，两者缺一不可。如果依凭想象，信口开河，虽也能做到历史任人说，似可自成一家之言，却难以经受推敲和反证。

且以唐宋史而论，若用马克思主义的基本观点研究，就有三条根本性的大局或全局。第一，唐宋是以租佃制为主的农业社会，实行手工生产。第二，唐宋是实行专制主义中央集权的等级授职制的国家。尽管也出现唐五代军阀割据，仍是次要的。第三，思想文化界中占统治地位的是专制主义的意识形态和文化专制主义。以上三条看似老生常谈。但是，如果脱离或反背大局而行“创新”，就可能画虎不成反类犬。

所谓唐宋变革论，热闹了好一阵。但只有掌握了上述三条，才能较为确切地把握唐宋时代的各种变化的幅度的大小和分寸。若与春秋和战国时代的变化相较，当然算不上中华古史上的大变革时期。

近年来，现代社会提出所谓幸福指数的概念。有人立即套用到宋代，说是“幸福的宋朝人”，“宋朝普通人的幸福指数高”，个人实际治宋史四十余年，真是闻所未闻，梦想不到之论。

宋朝是农业社会，大多数人口，即普通人，自然是农民。考量宋代农民的生活水平，无疑有两项基本的情况：一是手工生产的水平毕竟还是低下的，个体生产难以抵御天灾人祸，二是在以租佃制为主的社会里，贫富差别很大，而农民是处在社会底层的被剥削、被统治阶级。以上两条自然是最基本、最粗浅，也是最起码的古经济学和古经济史常识。人们常引用司马光的一段文字：“四民之中，惟农最苦。农夫寒耕热耘，沾体涂足，戴星而作，戴星而息。蚕妇育蚕治茧，绩麻纺纬，缕缕而积之，寸寸而成之，其勤极矣。而又水、旱、霜、雹、蝗、蜮间为之灾，幸而收成，则公私之债交争互夺，穀未离场，帛未下机，已非己有矣。农夫蚕妇所食者糠籺而不足，所衣者绨褐而不完。”② 又何以说得上是幸福指数高呢？今天看来，盐是最普通的调味品。但在中国古代相当长的时期内，由于官府专营，盐价昂贵，一直有相当比例的平民“困于淡食”的记录。③ 更有甚者，如宋徽宗括“公田”，以餍私欲，“敛取无艺，百姓失业，流丐者众。风谕诸邑，催索租逋，急于星火。确山令刘愿前后杖下，决死良民千余人”④。这又是在死亡线上挣扎不得，人命贱如蝼蚁，又谈得上什么幸福指数！

即使到了工业革命后的机器生产时代，在马克思写《资本论》和恩格斯写《英国工人阶级状况》时，一方面是日不落帝国最为辉煌的时期，其机器生产创造了全世界头等的生产力，另一方面却是工人阶级的贫困，居住、卫生条件极坏，根本不能安全生产，资产阶级尽量剥削女工和童工，每天工作长达十多个小时，许多工人夭亡，如此等等。如果近代产业工人阶级幸福指数高，又怎么会有“起来，饥寒交迫的奴隶”的怒吼？

---

① 邓广铭：《谈谈有关宋史研究的几个问题》，载《邓广铭全集》第7卷，河北教育出版社2005年版，第70—71页。

② 《司马文正公传家集》卷48《乞省览农民封事札子》。

③ 《谠论集》卷1《上哲宗论江湖阙盐》。

④ 《历代名臣奏议》卷182，《庄简集》卷9《论王子献等札子》。

又如在历史研究中将20世纪90年代以后提出的“粮食安全”概念，套用于中国古代。我在一封信中不得不作出答复：“用现代的概念套用宋代，其实是有差别的。宋代当然是当时世界上最高度发展的农业社会，但用今日的眼光看来，生产水平还是十分低下。在各种天灾人祸下，官府根本没有能力保证不饿死人的。不妨查看一下灾年死人的记录。如果一定要用‘粮食安全’的概念，则是必须保证官僚和军事机构的粮食供应，不可欠缺。否则，政权就无以维持。宋朝大部分时间财政拮据，特别是为保证军粮，颇费心机，但也必须竭泽而渔，而不管农民死活。这有大量的史料为证。当然，依国家的公共事务管理职能，也有救济等问题，这是次要的。救灾能否成功，一是官府是否有足够的粮储，二是地方官是否得力。特别在宋徽宗时，财政形成中央吃地方，皇室吃中央的情况。南宋时地方财政更形拮据。各地是否有足够的粮储，更成大问题。救灾必然伴随腐败，大部分官员肯定做得差，只有很少量清明的官员做得好，就在史籍中传为美谈。这应是一个基本性的认识。”

北宋的苏舜钦有诗描写灾荒年景的惨状说：“去年水后旱，田亩不及犁。冬温晚得雪，宿麦生者稀。前去固无望，即日已苦饥。老稚满田野，斫掘寻凫茈。此物近亦尽，卷耳共所资。昔云能驱风，充腹理不疑。今乃有毒厉，肠胃生疮痍。十月七八死，当路横其尸。犬彘咋其骨，乌鸢啄其皮。胡为残良民，令此鸟兽肥。”① 此诗描写的惨状，令人怵目惊心，然而在宋代的农业社会中，却并非是罕见的例外。由于生产水平的差异很大，今天的“粮食安全”概念和规范，肯定是与古代，包括宋代的史实脱节的。

马克思主义强调，经济是基础，研究历史，讲述历史，不能不首先从经济史开始，这对于以往人们说史，往往限于政治和文化史，当然是个革命性的改变。这其实是个浅显的道理，并为现实生活所证实，日益为人们所承认。即使到中国近代，一些名家治史，还是不甚注重经济史。例外的是陶希圣先生，他热衷于重新研究中华古经济史，创导了食货学派，将先秦到唐的经济史作了许多有价值的整理。1949年后，史界重视对经济史的研究，是正确的，但排斥制度史等研究，又是错误的。不料现在又反过来，很多人不重视经济史研究，说得重一点，则是对经济史的无视和无知。他们不懂得，政治史、军事史、经济史、制度史、文化史等其实具有综合性和整体性。例如，不懂经济史，就能将政治史研究做好吗？

笔者同一位研究生谈话，认为评价宋朝的兵器手工业水平不可能高，主要有三条：一是手工生产，至多是能达到较为发达的分工颇细的水平；二是在官营手工业中，不可避免地存在着官吏与工匠之间的剥削与被剥削，奴役与被奴役的关系；三是在官营手工业中必有的腐败。以上三点当然不是笔者的发明，只是前辈的知识积累。笔者问这位研究生看过《资本论》关于手工业的章节否？回答是没看。在笔者的大学时代，一般当然不可能通读《资本论》（也有个别学生通读），老师们还是指点学生们读《资本论》第一卷的第十一、十二、十三章，从手工协作到机器大工业，第二十四章涉及原始积累，第三卷第四十七章涉及地租。读了上述章节，就有了基础性的和正确的理论指导，对自己往后的治史大有裨益。现在居然连研究生都没看，只能是一种退步。

在笔者这一代人的青年时代，“以论带史”的口号，曾流行一时，简直迷惑了许多人。“画鬼容易画人难”，前辈史家翁独健先生曾将“以论带史”喻之为“画鬼”，是有

① 《苏学士文集》卷2《城南感怀呈永叔》。

其深刻性的。恕笔者直言，所谓“士人成为政治主体”，“士大夫政治”，“皇帝与士大夫共治天下”，等等，是否也可以说是一种新的“以论带史”，即抽样作证？与前者的差别是不用马克思主义的词句，而是西方流行的社会精英论的中国化。其实，古文中的“士大夫”是中性名词。在一次讨论中，香港何冠环先生特别强调，英文中的“精英”，也同样是中性名词。但目前不少史家却是将士大夫，连同精英论变成了褒义词。在他们的笔下，似乎“士人成为政治主体”，专制政治就变得开明了，“士大夫政治”就成了中国古代良性政治的模式，如此等等。

按马克思主义阶级论，剥削和统治阶级的大多数，有其不好的一面，这是由其阶级地位决定的。北宋后期，按李新之说：“廉吏十一，贪吏十九。”① 贾公望赋诗说：“正直士流少，倾邪朋类多。”② 正是士大夫辈的常态，其大多数就是古代所谓小人。李纲说：“士大夫所养，以气为主，平时如虎，犹恐其临事之如鼠，况复伈伈伣伣，惟知佞柔，以媒富贵，自余何足观哉！”③ 的确，当时官场中就是弥漫着委靡、卑怯、贪婪、奢侈、虚诈之类只知谋身的鼠气。李纲在为宋高宗草拟的诏文中说：“士大夫奉公者少，营私者多，徇国者稀，谋身者众。”④ 宗泽上奏，批判南宋初的士大夫说：“今之士大夫，志气每下，议论卑陬，上者不过持禄保宠，下者不过便文自营。曾不能留心恻怛，为陛下思承祖宗二百年大一统之基业为可惜。”⑤ 他们身为士大夫，却是指斥士大夫大多数的所作所为。以上情况难道就不算当时的“士大夫政治”？至于所谓“宋朝官僚队伍的整体素质高”之类说法，就无须再讨论了。

翻开古代史籍，大体符合儒家政治和道德伦理的良性政治模式，主要也就是少有瑕疵的“贞观之治”时期。唐人对本朝的太宗皇帝固然怀有虔诚的敬意，但宋儒程颐却指斥他“杀兄取位”，悖逆儒道。⑥ 宋代的王安石与司马光，可谓士大夫中个人道德清白的典范。但王安石变法，人们讥之为“聚敛”⑦，是符合事实的。司马光上台，“密荐”同党为谏官，以求党同伐异，受到章惇指责，李纲就认为：“观子厚（章惇字）之言，可谓切当于理矣。”⑧ 在一些学者的心目中，政治良性，就归结为“士大夫政治”的成功，政治不良，就归结为“士大夫政治”的失败。如果将所谓的“士大夫政治”定格为中性名词，当然就无所谓成功或失败可言。在宋代，真要说“皇帝与士大夫共治天下”的典范，无非就是秦桧与史弥远专权时。朱熹说：“秦老（桧）是上大夫之小人，曹泳（秦桧亲信）是市井之小人。”⑨ 谁能说秦桧就不算士大夫？

在此不得不再次赘引马克思的话，“君主政体的原则总的说来就是轻视人，蔑视人，使人不成其为人”，“专制制度必然具有兽性，并且和人性是不相容的。兽的关系只能靠

---

① 《跨鼇集》卷19《上皇帝万言书》。

② 《吴郡志》卷12，《中吴纪闻》卷5《贾表之》。

③ 《梁溪全集》卷109《与梅和胜侍郎书》。

④ 《梁溪全集》卷34《戒励士风诏》。

⑤ 《宗忠简公集》卷1《乞回銮疏》（建炎二年三月，通前后表疏，系第十五次奏请），《历代名臣奏议》卷85《建炎以来系年要录》（以后简称《要录》），卷14建炎二年三月己亥。

⑥ 《河南程氏遗书》卷17。

⑦ 《忠肃集》卷4《追讼吕诲疏》。

⑧ 《梁溪全集》卷160《书章子厚事》。

⑨ 《朱子语类》卷131。

兽性来维持”。[1] 这一针见血的批判，对于我们了解和研究中国古代政治史，具有根本性的指导意义。宋朝对士大夫，确是比其他朝代宽厚和优养，但对待百姓，则总的还是兽性原则。经济上的刻剥，史料过多，自不必论。如前述“确山令刘愿前后杖下，决死良民千余人”。又如宋哲宗时，“开封民有因醉狂语者”，宰相章惇“请论如指斥乘舆法，上特贷死。惇再取旨不已，自是妄言者莫不诛死，然虽多杀不禁也”。[2] 随意草菅人命，难道不算兽性？

说中国古代是专制政治，固属老生常谈，却是根本性的大局。说来说去，按马克思主义的史观，专制政治的常态，难道不正是不良政治？即使是比专制政治高一档次的民主政治，也有相当比例的不良政治，更何况是专制政治。但欲摆脱此种老生常谈，另立所谓“士大夫政治”之“创新”，以图证明中国古代政治另有较为进步和开明的所谓“士大夫政治”，到底是治史的进步，抑或退步？只怕值得人们讨论和深思。

以上所谈，都属治史的宏观方面。笔者近年常说，不想当大师的研究生，不是好的研究生。但事实上，人各有志，不可勉强。按目前的状况，如若确是怀有当顶尖史家的强烈愿望者，个人的两条意见似值得他们重视。一是马克思主义不能不学，更不能不用。依个人体会，如马克思主义的阶级论，及由此派生之国家与法的理论，依矛盾统一律的辩证思维，思考问题，要两点论，而不是一点论，考虑万事万物的一极，就须考虑与之对应或对立的另一极，区分表象与本质，支流与主流，个性与共性等，对治史尤其有用。二是经济史至少不能不懂。正如一位先生教导学生，不搞经济史，要吃大亏。当然，说不说在笔者，不说是笔者的不对，而听不听由人。

再从微观方面说，在人文、社会诸学科中，中华古史无疑是专业性最强，对基本训练要求最高。尽可能多地、准确地掌握历史细节知识，是一辈子的事，也是个无底洞。任何高明的史家，也做不到对任何历史细节知识无所不知，一网打尽，而随着研究的拓展和深入，正常情况应是觉得自己不懂者愈来愈多，而非愈来愈少。

现代对中华古史的重新研究，经历了约百年的发展，从微观上说，已积累了一套必须遵循的规矩。如史讳、年代、地理、职官、版本目录、古汉语训诂等整套基本功，还有各个朝代的词汇、称谓、风俗之类，治史者学力不足，功夫不够，必然会出现硬伤。

作家的癖好是编故事。笔者过去以为报告文学就是纪实，同历史传记大致相似，只是富有文学气息，实则不然。作家们写文化名人传记，就会按其癖好，编造不少虚构的故事。笔者曾看了几部作家的手稿，由于缺乏历史素养，出现不少离奇的虚构。诸如元代施耐庵时使用银元，王安石与人饮龙井茶，宋代的大内称紫禁城之类。至于称呼更是摭拾目前戏曲和流行历史电视剧的现成套路，哪个朝代都可通用，根本不懂得各个时代，前后称谓有很大变迁，不能乱用，甚至于用“老爷子”之类现代称谓。在史家看来，自然都是要不得的硬伤。后来笔者慢慢发现，至少部分作家对此类硬伤其实不当一回事。这还是小事，癖好虚构故事的重要流弊，则是迎合某些人篡改近代史的需求，用前引张政烺师的话，当然是“亵渎历史学”。

即使就史学界而论，目前至少在某种程度上，也是胡乱说史成风。“奏折”是清代专有的词汇，“太监”是明清专有的阉人词汇，居然可以随意用来说汉史。在赵武灵王“胡

① 《马克思恩格斯全集》第 1 卷，第 411、414 页。

② 《皇朝编年纲目备要》卷 26 建中靖国元年二月。

服骑射”之前，华夏人是有马不会骑，只是用马驾车。然而电视历史片上，居然出现此前周王和楚王骑马的镜头。岳飞背上刺字“尽忠报国”，按《说岳》小说说成“精忠报国”。完颜兀术则按《说岳》小说称金兀术。如此之类，不胜枚举。笔者实在不愿看什么电视历史片，看了往往只能生气，只想看点自然科学片、军事技术片之类。

人到晚年，才开始计划抽出时间补课，一是争取通读《资本论》，二是争取通读先秦典籍。记得有一回，一家报纸向笔者采访国学。笔者说惭愧，自己不通先秦典籍，不够谈国学的资格。

不料笔者在读前辈学者杨伯峻先生《论语译注》时，竟发现两处硬伤。一是第 79 页说：“南宋的贾似道才改为五斗一斛，一石两斛。”其实，南宋时用五斗斛已相当普遍。如宋孝宗提问：“十石米有多寡？”韩世忠子韩彦古回答：“万合千升百斗廿斛。”① 唐《太平广记》卷 132《方山开》早已有“五斗斛”的记录。二是第 224 页注文：“都饿病了，爬不起床来。”按春秋时坐（跪坐）卧两用的卧具主要是席，床较少，也是坐卧两用。此处是沿用了自宋以降的卧具用床的习俗。如果改成“都饿病了，无力从卧具上爬起来”，就准确了。

笔者这一代治史者，先天不足，后天失调，在掌握历史细节知识方面，肯定与前辈优秀史家存在着不可弥补的差距。杨伯峻先生的国学根底肯定比笔者深厚得多，尚且出硬伤，何况是笔者自己。笔者虽年近八旬，写史学作品，还是如临深渊，如履薄冰，如入地雷阵，生怕自己留下挂彩的硬伤，闹笑话，而事实上却是错误不断。

年过七十，方才明白一个道理，世上无完美无缺的学者，也无完美无缺的作品，当然那些精美绝伦的古代短诗之类例外。对拙作《岳飞新传》和《宋高宗传》两部书，目前已出第五版和第三版。曾在《尽忠报国——岳飞新传》第三版说明中写道：“希望增订本成为我有生之年尽可能完善的定稿。”结果却是在第四版中，又与另一传记共作了百余处修改。所谓“尽可能完善”，就根本说不上。不料得新书数日，即发现仍有不妥。如《尽忠报国——岳飞新传》第四版第 35 页，说宗泽“积储了足供半年食用的粮草”，再查史料，应将“草”更正为“食”。《宋高宗传——荒淫无道》第三版第 42 页说，“同知枢密院事张悫”说：“如泽之忠义，若得数人，天下定矣！”所用史料是《建炎以来系年要录》卷 7 建炎元年七月丁未的记事，时张悫为同知枢密院事。然而今查《中兴小纪》卷 2 和《皇朝中兴纪事本末》卷 3，则为建炎元年十二月丙辰朔的记事，时张悫升任中书侍郎。事实上，两处记载都并无确切时间，故应将“同知枢密院事张悫”改为“执政张悫”，方才较为准确。

久而久之，笔者养成一个习惯，凡出一部新书，即取一本作为工作本，以便发现问题，就随时在其上和电子稿中作修改或补充，以求差强人意。

目前吹牛风炽盛，一些人恨不能将自己的学问吹到天上，学界根本上缺乏认真的学术批评。其实，我好，你好，他好的结果，是大家都无长进；反之，我有错误，你有缺点，他有问题的结果，倒会有共同的提高。面子和学问何者为重，谁也不会说前者为重。前辈学者陈垣先生提出“学术为公器”的理念。② 若真是“学术为公器”，大家以追求事物的

① 《说郛》卷 7《苇航纪谈》。

② 参见张蹇弓先生《“学术为公器”理念与“学术报国”之道》，《北京师范大学学报》2014 年第 6 期。

真理和真谛为意，就不会有面子的顾虑。然而事实上却知之易，为之极难。笔者不敢要求他人如何，只能在公开场合，包括口头上和书面上多谈自己的错误，这总不会犯他人之所忌吧。

已届风烛残年，愈发感觉，在目前的大气候下，求得中华史学之脚踏实地的进步，极为不易。但此篇文字，对于真正渴望自己学识长进者，似多少会有点帮助。当然肯定会有不同意见者，衷心欢迎批评和教正。

第二篇

研究综述

2016年中国大陆宋史研究综述

王青松

2016年中国宋史研究领域依然成果丰硕，据本年鉴统计，中国大陆以及港台地区共出版相关著作上百部，发表相关论文上千篇，这些成果无疑在各个层面推动了宋史研究的深入开展。限于篇幅、宋史研究各领域成果丰赡不一的状况，以及个人选择的局限性，综述在对这些成果进行整体介绍时，难免遗珠漏玉，还请学界见谅。本文内容为中国内地和香港地区当年宋史研究的学术综述，台湾方面，本年鉴另有专文叙述。

一　政治军事

（一）政治史

专著：

《唐宋时期地方政治制度变迁史》（贾玉英著，人民出版社2016年8月）一书是作者《唐宋时期中央政治制度变迁史》（人民出版社2012年）一书的姊妹篇。全书以体制变革为门径，以制度变迁为主线，依次对唐宋时期京畿管理体制变迁、“道”“路”制度演变、地方政区“府”制和三大京府的管理制度及其演变、地方州军监管理制度演变、县级管理制度及其演变、乡村基层管理体制及其变迁、地方使职差遣及添差官制度演变、地方监察体制及其演变等问题进行了深入的考察，较为全面和系统地论述了唐宋时期的地方管理机构，呈现了唐宋地方政治制度的各有机部分及相互关系以及唐宋时期地方政治制度变迁的历史轨迹及规律特征。

《宋代吏部尚书研究》（惠鹏飞著，河南人民出版社2016年8月）一书集中对宋代吏部尚书一职进行了系统的研究，论述了吏部尚书的源流、宋代吏部的组织结构、宋代吏部尚书的类别与职掌、最高官职与致仕官、迁入官与迁出官、兼官与任期等问题，探讨了吏部尚书的发展及其对中国历史发展的影响。

《两宋君主论研究》（申慧青著，人民出版社2016年12月）一书对宋人的君主论作以系统研究，探讨的内容共分五个方面：一、宋代类书对君主现象的表述；二，宋人的正统观念与君主论；三，以史为鉴和资于治道为旨趣的君主论；四，宋人的“春秋学”及其民族观与君主论；五，宋人君主论的两种思想倾向——“内圣外王”与“王霸道杂”。从不同角度阐述了宋人君主论的关注重点与发展脉络，以及这些君主论与当时的君主制度和社会政治之关系。

《两宋宗室研究——以制度考察为中心》（何兆泉著，上海古籍出版社2016年3月）一书集中围绕宋代宗室的主要负责机构、谱牒编纂与人口管理、司法管辖与身份特权、宫学与宗学、选举途径、授官任职等专题，分别加以比较深入的分析阐述，并对两宋宗室的人口变化、宗室进士数量、重要任官情况等作出必要的计量统计分析，尝试揭示宋代宗室事务的特殊性以及宗室问题的广泛影响。

论文：

综论：何忠礼《试论南宋的社会政治生态及其成因》（《国际社会科学杂志（中文版）》2016年第3期）一文认为，以往学术界对于南宋的社会政治生态的评价大都很低，但事实上南宋虽然出现了四次权相专权的局面，帝王仍牢牢地掌握着大权，士大夫在政治上也有一定的发言权，民变虽然不断，但没有构成对政权的直接威胁，整个社会相对和谐。出现这种政治生态的原因，一是南宋秉承了北宋以来的一系列祖宗家法，从制度层面上防范了“内患”的发生。二是注重儒家道德的教育，使忠君爱国思想成了社会上比较普遍的核心价值观。三是帝王作风的“民主化”倾向，增强了统治集团的内部团结和减少施政中的失误。四是最高统治者的相对节俭和对民生的关怀，争取了民心。

皇权：潘晟《北宋皇位继承的地理术数“观察”与“预言”》（《中华文史论丛》2016年第4期）一文认为，北宋山陵选址的术数方法并非单纯的五音姓利之术，还包括了地形选择等方法。而由此引起的山陵疑案，则是宋初皇位继承中“烛影斧声”的注脚，它表明太祖、太宗两系的竞争一直是北宋皇位继承中涌动的暗流。地理术数既是解决北宋皇帝后嗣不足烦恼的神秘力量，也是借此掩盖皇室丑闻的最佳借口。它既用来解决国家礼仪问题，同时也是皇位继承与朝政斗争的重要资源，权术与法术融为一体。

范帅《沿袭与趋势：宋代东宫衰微之原因》（《史学月刊》2016年第11期）一文认为宋代东宫衰微并非骤变。由于宋代主流意识对太子参政的弊端有着清醒的认识，在沿袭中唐五代立储制度的同时，宋代诸帝结合本朝情况，通过一系列制度设计限制东宫的发展。专制社会不断加强的皇权不允许储君对其产生威胁，中唐以降储君权力的衰落已成趋势，宋代东宫衰微则是这一历史趋势下的产物。

祖宗家法：蔡涵墨、陈元《曹勋与“太祖誓约”的传说》（《中国史研究》2016年第4期）一文认为，宋徽宗在靖康二年北狩途中最早制造了“太祖誓约”的传说，其原因是为了将汴梁的失陷归咎于宋钦宗。“太祖誓约”实是徽宗为了将赵宋大统传于宋高宗，而向其转达的一系列复杂政治讯息中的一部分。根据曹勋在其回忆录《北狩见闻录》中所记，徽宗向高宗传达的口谕主旨并非“太祖誓约”，而是一系列预言高宗未来登基的“瑞应”故事。虽然宋高宗在其执政前期认为“太祖誓约”的传说对证明其继位的正统性有一定的政治价值，然而后来秦桧为相期间朝廷对文人士大夫言路大加压制，事实上与誓约的主旨背道而驰，这才最终导致誓约的内容不见于高宗朝的正史记载。

士大夫政治：王瑞来《“狸猫换太子”传说的虚与实——后真宗时代：宋代士大夫政治下的权力博弈》（《文史哲》2016年第2期）一文从戏剧作品讲述的“狸猫换太子”传说入手，分析了宋真宗在位和刘太后临朝时期，士大夫政治下的博弈和党争，认为在这短短几十年内，初期士大夫政治便把此后几百年的政治梗概全面演习了一遍。真宗时代与后真宗时代，因此便成为此后宋代历史的“故事”与先例，一两代士大夫的短期作为，引导了长时段的历史走向。刘太后临朝时期在士大夫规制下的种种言行，也因此成为了祖宗之法。

职官：古丽巍《北宋元丰改制“重塑”尚书省的过程》（《中国史研究》2015年第2期）一文认为，北宋元丰改制过程中，宋神宗逐渐提升尚书省地位，行政体系中不同层级部门的行政职能先后得以“重振”，继熙宁时期部分寺监职能已得到振举后，元丰初把不少六部职事纳入尚书省。元丰五年对尚书省结构、职能及运行机制有了更全面的规范，其中都省覈治省事，由于长官的特殊性，成为决策与执行的枢纽。新制以尚书都省为首脑，由下到上“重塑”了国家行政体制。这一过程，呈现了二府体制到三省—枢密院体制职能转换的轨迹。

古丽巍的另一篇论文《变革下的日常：北宋熙宁时期的理政之道》（《文史》2016 年第 3 期）则关注熙宁时期的日常政务处理，认为从王安石对中书、枢密院、三司等重要机构政务所进行的整顿，可观察到神宗君臣积极推行新法的同时，也着意于强化政府处理政务效能，二人在理政方式上具有共性。神宗君臣通过特殊人事渠道推展政务，使新法推行与既有政务逐渐统合起来。

周曲洋《奏钞复用与北宋元丰改制后的三省政务运作》（《文史》2016 年第 3 期）一文认为，奏钞是唐前期三省体制下处理日常政务的主要文书，随着唐宋间中书门下体制的发展，一度淡出历史舞台。北宋元丰改制将中枢政务划分为“有法式事”与“无法式事”两部分，奏钞恢复行用，成为处理“有法式事”的专用文书，并以“条例”作为判事依据。从奏钞的实际运用中可以看出，元丰改制重建的三省与唐代已有所不同，尚书省在政务运行中吸收了中书门下体制的诸多特点，中书与门下两省亦存在新的制衡机制。而奏钞复用的更大意义在于将皇帝从繁复细务中解放出来，标志着宋代君主走向政务前台的进一步深化。

仝建平《宋代宣徽使初探》（《安徽史学》2016 年第 4 期）一文认为，唐宋时期，宣徽使的权力经历了从盛到衰、由实到虚的变化过程。鉴于唐代宣徽使专权乱政之弊，宋代的宣徽使不再任用宦官，并将其职权逐步虚化。到元丰官制改革时，先后废除了宣徽院和宣徽使。宋代的宣徽使地位高，但除宋初外，其多为寄禄官，已无实权。宋代对宣徽使的选任较为谨慎，这种防弊之政维护了皇权，收到了良好的政治效果。

张志云、汤勤福《北宋太常礼院及礼仪院探究》（《求是学刊》2016 年第 3 期）一文认为，北宋太常礼院和礼仪院均为中书门下附属机构，二者的设置皆分割了礼部与太常寺等礼仪官署职权。太常礼院除详定礼仪、参与祭祀大礼外，还编修了大量礼典。随着时代变迁，太常寺对太常礼院职权逐步限制并最终实现权力回收，太常礼院也于元丰改制中罢废。礼仪院因宋真宗崇奉天书符瑞而设，它在文书的上传下达、礼仪活动的协调安排上均有严密管理制度。礼仪院在真宗朝完成其处理“符瑞繁缛”的历史使命之后，职权亦回归太常礼院。

武小平《宋代三省、枢密院首席吏人比较研究》（《求索》2016 第 4 期）一文对宋代军政中枢机构的堂后官和枢密院逐房副承旨进行了比较。认为政府对二职在制度要求、迁转、出职和保引等方面的规定非常类似，但对其在俸禄赏赐等方面的规定却很混乱。二职最大区别在于，堂后官有级别分化和由官员充任的现象，而逐房副承旨则没有。堂后官的级别分化与元丰改制之后三省规模扩大有关。由官员充任，则与其文职机构的性质有关。

田海粟《宋代巡辖使臣考述》（《河北北方学院学报（社会科学版）》2016 年第 3 期）一文认为，巡辖使臣是宋代递铺系统中的监察官，有着严格的选派标准，承担定时巡查递铺、检查簿历、根刷违滞和监督铺兵等主要职责。巡辖使臣一职的设立完善了古代的邮驿制度，保证了邮传的顺畅，是宋代邮驿监察制度的一大创制。

郭桂坤《〈宋史·职官志〉“爵一十二”试解——兼析宋代〈官品令〉中的爵位序列》（《中国史研究》2016 年第 3 期）一文认为对于《宋史·职官志》所载“爵一十二”，

将其理解为“十二爵称”的观点较为合理。在此基础上，通过对“开国县公”“开国县侯”与“开国郡侯”在宋代令文官典与实际封授中不同面貌的分析，认为宋代即便是比照唐令加以修订过的《天圣官品令》及之后的各朝《官品令》令文中，在爵位序列上均因沿袭唐令而未能反映宋代封爵的实际，故造成目前可见相关史料中所载宋代爵位序列都存在讹误。

陈希丰《再谈宋代爵的等级》（《文史》2016 年第 3 期）一文通过对宋代制告文书、碑刻墓志等资料的研究，认为制度条文所载爵的等级与实际行用的爵等并非全然一致，宋代爵等很难说存在时间上的变化。以往学者在处理宋代爵等问题时，未充分考虑到封爵授予对象上的区别，即宋代一般官员与宗室既使用同一套爵等体系，其中又存在一些差异。而唐宋时期有关爵等的省称（省写）现象也在一定程度上增加了现代学者辨析宋代爵等的难度。

张亦冰《北宋京朝官“磨勘法”形成述论》（《中华文史论丛》2016 年第 4 期）一文认为，唐宋之际，职事官多失职掌，而差遣制度日渐发展。与之相关的职事官迁转制度，以及官员课绩制度，也发生一系列变化。北宋前期，一方面自太祖开始，便力图在职事官迁转中贯彻“循名责实”原则，改变考满即迁的局面；另一方面针对京朝官差遣课绩的“磨勘”制度，在实践中逐渐形成并制度化。最终，两方面变化相互影响、融合，形成了以“限年转官”为主要特征的“磨勘法”，并在宋代长期维持。

科举制度：游君彦《略述宋代科举上请制度》（《历史教学（下半月刊）》2016 年第 9 期）一文认为宋代沿袭了唐代的科举上请制度，但在正式的推行过程中，经历了行废的演变过程。景祐元年（1034 年）朝廷下诏罢科举上请，此后并没有完全废除科举上请，而是通过一系列的措施进一步规范了科举上请制度。宋代科举上请制度的推行，虽利弊互存，但总体上来讲，体现了宋朝政府灵活的科举管理方式，有利于科举制度的完善。此外亦产生了许多消极影响。

方笑一《宋代科举策文的话语分析》（《兰州学刊》2016 年第 6 期）一文认为，宋代科举考试中考生针对策问撰写的策文，其构成形态不仅仅具有“程序化”的特点，而且始终笼罩于命题者的话语权之下。策文主要包含三种话语：顺承性话语、建议性话语、礼节性话语。所有这些话语都是意识形态的承载者，它们背后隐含着对统治权力的臣服。

仪制：胡劲茵《乐制改革所见北宋景祐政治》（《史学月刊》2016 年第 12 期）一文认为，在宋仁宗正式亲政的景祐时期，朝廷掀起了一场以“李照乐”为核心的乐制改革。面对频繁的自然灾害，仁宗及其团体采取了“应天以文”的政治方式，与强调“应天以实”的部分朝臣形成角力。皇帝和士大夫之间围绕应对方式的争议，本质上仍是对政治权力的争夺。

任石《北宋元丰以前日常朝参制度考略》（《文史》2016 年第 3 期）一文认为，北宋元丰以前的日常朝参制度，在承袭唐、五代旧制的基础之上，将正衙常朝、五日大起居、常起居三者配合行用，这种叠加繁复的朝参模式，实际上是针对官员的身份与职权作双重安排，在本官与差遣之间谋求平衡。此时，内殿起居成为日常朝见礼仪的核心内容，常规性地与上殿奏对紧密对接，并成为其制度化的程序铺垫。而为避免延误奏对程序，起居的仪式已大为简化，省去外朝仗卫，入殿排班与殿下拜谒也尽可能节省时间，具有很强的务实性。他的另一篇论文《略论北宋入閤仪与文德殿月朔视朝仪》（《古籍整理研究学刊》2016 年第 4 期）认为，“入閤”为唐后期至北宋前期的朝参形式之一，其制始于唐玄宗一朝，历经五代宋初，内涵发生了一系列的转变，至神宗熙宁三年得以废罢。而后，宋廷重新制定“文德殿月朔视朝仪”，使五代以来月朔正殿朝参仪制“名实不符”的问题得到了解决。

信息渠道：顾成瑞、刘欣《唐宋时期粮食年成奏报制度述论——从天圣〈赋役令〉宋4条不能复原为唐令说起》（《中国农史》2016年第2期）一文由新出《天圣令》有关年成奏报规定不能复原为唐令的讨论切入，考证唐前期无常规申报年成制度，官方多从雨量及粮价因素对一地丰歉情况作判断。至唐后期，三司巡院一度搜集年成情报，为朝廷和籴、救灾提供了参考。北宋天书封禅时对丰年景象的塑造，促就年成奏报制度形成。该制度便于官方预计市场供给情况，进行粮食调配。实践中，漕司及州县官在既定的财政体制和考课制度下出于自身利益考虑，往往提前奏报丰收。因此，官方在年成申奏之外，还开拓遣使、访闻等信息管道获知实情。

地方治理：姜锡东《北宋府州折氏的忠诚与世袭制》（《社会科学战线》2016年第10期）一文认为，府州折氏对北宋中央始终忠诚不渝，外因是北宋中央尊重府州折氏，允许折氏世袭担任府州知州。这一方面是因为府州折氏内部团结、有一定的自保实力、从不反叛北宋中央，另一方面是因为北宋中央对地方控制力不足，尊重府州折氏的特殊性。北宋府州折氏的世袭制，绝非一种简单的普通的世袭制，是一种中央主导下的血缘加能力的复合型世袭制，是一特殊的成功案例。

祁琛云《宋代地方建设危机及其应对研究》（《河南大学学报（社会科学版）》2016年第2期）一文认为宋代地方财政困难，面对地方建设的种种危机，各级政府采取积极措施，包括开创多元化融资渠道及委托民间人士管理工程建设等，以期通过调动更多社会力量参与地方建设，以应对建设资金匮乏、工程监管不力、劳动力不足等问题，进而有效推动地方公共建设事业快速发展。

（二）军事史

专著：

史泠歌著《岳家军研究》（河北大学出版社2016年8月）一书以岳飞所率军队为研究对象，整体探讨了岳家军的指挥机关和编制、装备和后勤、军政、军纪和战绩以及其后的演变等，对所涉问题均进行了比较详尽的考察，从一个侧面系统反映了南宋初期的军制史和作战史。

论文：

话语观念：黄纯艳《“汉唐旧疆”话语下的宋神宗开边》（《历史研究》2016年第1期）一文认为，宋人所言“汉唐旧疆”主要是随现实政治而变化的政治话语，而非实指汉唐所有直辖郡县。雍熙战争后，宋朝对外逐步放弃华夷一统话语，“汉唐旧疆”成为对外开拓和对待幽燕、西夏、交趾等问题的主要话语。到仁宗朝，其内涵基本固定为幽燕、西夏（含河西等地）、河湟和交趾。神宗继承了仁宗以来“汉唐旧疆”的话语和内涵，在此旗帜下确立了以恢复河湟、西夏、幽燕和交趾为目标的整体开边计划，实施了对河湟、西夏和交趾的恢复行动，各地开边活动相互联动。“汉唐旧疆”不仅是一种政治话语，同时也是具有执行意义的政治框架。

尤学工、翟士航《文武之间：宋代“儒将”观念的演变》（《郑州大学学报（哲学社会科学版）》2016年第5期）一文对宋代“儒将”观念进行了梳理和探讨，认为此概念经历了数次嬗变。宋初“儒将”含义较为宽泛，既包括出身儒生的文士统兵者，也包含“恂恂若儒生”的武将。北宋中后期，“儒将”含义与“武夫”相对，强调其科举出身和文资身份，渐为文士所专有。南宋时期随着武将势力的膨胀，“儒将”的标准悄然放宽，“崇诗悦礼”成为评判儒将的重要依据。宋代“儒将”含义与社会评价的演变，折射出的是宋代历史语境尤其是文武关系的变迁。

战争：范学辉《宋金绍兴辛巳战事新探——以南宋三衙诸军为中心》（《济南大学学报（社会科学版）》2016 年第 4 期）一文认为，宋金绍兴辛巳（1161）战事，三衙诸军作为南宋最主要的军事支柱，其表现关乎战事胜负。马军司主力暨殿前司两个军于战前西上京湖荆襄，实际上是中了金主完颜亮声西击东的诱敌之计，此举直接导致宋军淮西守御力量削弱，为金军直逼采石江面创造了有利条件。殿前司护圣马军参与的采石之战，挫败了完颜亮由采石渡江的雄图。步军司左右两军遂行的胥浦桥之战，则以近千兵马的折损为代价，迟滞了金军对扬州的突袭，淮东宋军刘锜部七万大军才得以经由扬州安然退回镇江，从而确保了南宋镇江段江防的安全，是一次极其典型的战斗失败但战略胜利的重要战役。

军事人物：郝旭东《夏竦的西疆经略思想——兼与韩琦、范仲淹比较》（《天中学刊》2016 年第 5 期）一文认为，仁宗朝三川口一役，西疆局势骤然紧张，夏竦、韩琦与范仲淹等人因此上书建议，并阐述其经略西疆的思想。夏竦进献守策，虽然有许多可取之处，但只得到了极其有限的实践。韩琦脱离实际的攻策却一度为仁宗采纳。范仲淹的守策也因其耗时久见效慢等原因而以破产告终。夏竦与韩琦、范仲淹同为宋朝重臣，但其历史形象却与二人相差甚远，这与其处于话语权力弱势一端有着很大的关系。

王军营《南宋初期陕西军政之危机——以“王庶被拘”事件为中心》（《甘肃社会科学》2016 年第 5 期）一文认为，建炎二年（1128）“王庶被拘”事件的背景、原因非常复杂。曲端固然是重要因素之一，但当时的军政状况，如宋代长期的文武将帅矛盾、乱世地方的势力增长与诸路将帅多不服统领等客观环境有一定关系。王庶的官职升迁非常和军事才能不足也是重要方面之一。

蔡东洲、刘菊《杨大渊家族归降与宋蒙（元）东川战局》（《西华师范大学学报》2016 年第 1 期）一文认为，南宋四川战区的将领杨大渊和其侄子杨文安是蒙古“据夔取蜀”战略的提出者和实施者，他们招降张大悦、李吉、蔡邦光等宋军将领，修筑虎啸城、蟠龙城等堡垒，攻略巴州、渠州、达州、开州、万州等要地，成为蒙（元）在东川战场的重要力量，既改变了蒙（元）东川战局，又配合了元军攻打襄樊，进而影响到宋蒙（元）战争的全局。

兵制：尤东进《北宋禁军中的异族兵探析》（《中华文史论丛》2016 年第 4 期）一文从民族成分、士兵的来源与补充、规模与驻地、职能等四个方面对北宋禁军中的异族兵进行探讨，认为北宋禁军中的异族兵与另一种身份的异族兵——蕃兵间有着明显的差异，但两者之间也存在着一定的流动关系。

李裕民《岳家军三大问题考辨》（《浙江学刊》2016 年第 1 期）一文认为，岳家军的人数为六万，而非十万。郾城、颍昌之战不是岳飞与兀术大军的主力决战。战后岳飞奉命撤军，是正确的选择，不能指为愚忠。岳珂在《金佗稡编》和《续编》中编造事实、肆意拔高，误导后人未能客观地认识岳飞和岳家军。

何适《南宋孝宗朝扬州城池建设考——兼论地方视野下的“孝宗恢复”》（《史林》

2016年第2期）一文认为，宋孝宗时期扬州的城池建设，其次数之多、规模之大、持续时间之长，在整体上超过了宋代其他时期。这是“孝宗恢复”背景下，地方积极因应中央政策的具体表现。但地方与中央的举措并非完全同步与合拍，实际亦有脱节之处；两相对照，地方上人事任用及军政举措的连续性更强，而所谓孝宗“末年之政”，主要是针对中央层面而言的。

周曲洋《南宋荆湖地区军事补给体制的构建与运作——兼论宋元襄樊之战失利之原因》（《学术研究》2016年第3期）一文认为，绍兴十一年湖广总领所的设立，标志着南宋荆湖地区军事补给体制的初步建立。绍兴和议的特殊背景决定了这一体制仅适用于承平时期，在战争的形势下，必然发生调整与变形。随着荆湖地区军队不断向襄阳北移，令补给运输出现困难。面对这一形势变化，湖广总领所对补给体制进行了调整，通过发放票券，调动沿边商业，扩充了军需收入，一定程度上解决了沿边物资的供给问题。而理宗嘉熙年间将茶利收归中央，重创了荆湖地区的商业与补给体制，也为宋元襄樊之战的失利埋下了恶因。

二　法律、民族和中外关系

（一）法律史

专著：

王晓龙、郭东旭等著《宋代法律文明研究》（人民出版社2016年1月）一书以“法律文明”的视角，从法治观念、立法、民众法律地位、财产关系、“以人为本”、民事审判、责任追究、司法检验、民间法律学习等诸方面对宋代的法律进行了总结。并对其发展中的缺陷及对后世的影响、对当今法制建设的借鉴价值进行了分析。

《宋代买卖契约的法律效力问题研究》（高玉玲著，安徽师范大学出版社2016年4月）一书通过对宋代的民事立法、司法判例、现存买卖契约文书的梳理，探析了宋代契约效力制度下民众财产权利的保护，特别是财产权的归属、利用和流转保护上的系列变化，剖析特定历史条件下契约法律效力制度对国家利益、民众利益和家族利益关系的协调保护功能。

《宋代民族法制相关问题研究》（陈武强著，中国社会科学出版社2016年1月）一书的研究内容分为三个部分：一、对宋代民族及民族政策的专题研究，考证了北宋时期内附的吐蕃族帐，探讨了北宋对西北缘边吐蕃熟户的优待政策、北宋对西南边疆少数民族的羁縻政策、法制层面宋太祖对川贵、湖广边区的经略；二、宋代“藩法”和藩汉关系立法研究，探讨了宋代边疆民族地区的行政法制、宋代藩兵防务法制以及包括茶马贸易在内的有关藩汉经济关系的相关法律；三、宋代民族法制和社会控制相关问题研究，探讨了有关边防情报控制、民族地区纠纷、盟约、社会控制等涉及法律方面等问题。

论文：

法律本体：吴树国《中晚唐至北宋前期赋役立法的走向》（《光明日报》2016年10月13日第016版）一文认为，律令格式在中晚唐至北宋前期赋役立法中处于边缘地位。制敕、格后敕和编敕在中晚唐至北宋前期一脉相承，在赋役立法体制中处于核心位置。中晚唐至北宋前期赋役立法呈现的多重面相，既有律令格式向敕令格式过渡的法律体系变动原因，也与这一时期中央、地方、行政机关以及社会形势等立法环境影响息息相关。

王美华《唐宋时期分家律法演进趋势论析》（《人文杂志》2016 年第 4 期）一文认为，唐代分家律法重点在于强调父母在世时子孙不得别籍异财，积极倡导共财同居的家庭模式；北宋分家律法重点则扩展到对父母亡后的分家活动进行干预限控，意在通过保留墓地、祖宅以及设置祭田保障祭祀、周济族人，来建构家族宗法体制、维持家族延续；南宋时代的分家律法着意于宣明亲在即许分家析产的合法性，坚持以“生分”之制安定家族秩序，并规定预留养老田以作赡养之资，确保诸子析产之后父母老有所依。由唐至宋，分家律法的关注点，从父母在世时到父母逝世后；分家律法的内容，从简单到周备，从宏观调控到细致规制，从强调礼教原则到重视实际操作，清晰表露出国家对家族干预的日趋强化。

胡兴东《宋代判例问题考辨》（《云南师范大学学报（哲学社会科学版）》2016 年第 1 期）一文认为，宋朝例在形式上可以分为行政例和司法例。宋朝行政例和司法例在具体内容上并不都是行政法和刑法，还包括其他部门的法律。宋朝行政例和司法例在具体构成形式上有判例和成文两种形式。宋朝判例主要存在于断例、狭义例、旧例、体例等次类例及故事之中。

李节《宋代定婚制度初探》（《中州大学学报》2016 年第 2 期）一文以定婚的主体、定婚的要件、定婚的拘束力及法律后果为中心，佐之以《名公书判清明集》中若干案例，对宋代的定婚制度进行了探析。

肖建新《论宋代“审计”的法制内涵》（《会计之友》2016 年第 22 期）一文认为，宋代在某些审计机构命名时，确实使用了审计一词，但在审计实践中，几乎不用“审计”，而用审校、磨勘、勘会、勾稽等词。宋朝审计及相关概念，从法律法规上看，主要是财政、财务、财物的审计，考核、鉴证、评价官吏的效率、责任、效益等，并且显现出利益与权力交集时的经济监督和权力制约，实质上是一种国家审计，反映我国审计史具有国家审计的法制传统。

朱文慧《榜示·读示·门示——〈名公书判清明集〉所见宋代司法中的信息公开》（《浙江学刊》2015 年第 5 期）认为，在宋代的司法过程中，榜示、读示与门示乃三种不同的信息公开方式。榜示侧重于收集证据、宣扬教化。读示显示了朝廷慎刑的价值取向及地方官员对争讼者的训诫。门示则侧重于司法效率的提高。

黄山杉《宋朝民族立法与司法问题研究》（《思想战线》2016 年第 1 期）一文认为，宋朝民族立法主要采用概括性与专门性两种立法模式。概括性立法基本继承了唐律中的“化外人条”；而专门性立法实现了实质性发展，主要体现在特别物资、书籍知识、田产保护、刑事法律特别设置和风俗改革等方面。这些，改变了唐朝简单继承少数民族法律或完全适用中央法律的民族法制模式。

霍存福《宋代“鞫谳分司”：“听”“断”合一与分立的体制机制考察》（《社会科学辑刊》2016 年第 6 期）一文认为，宋代府州一级审判一般有推勘、录问、检法、拟判、审核、判决六道程序。“推驳（推正、驳正）”制度是理解当时司法程序的枢纽。“鞫谳分司”不排斥长官与副职参与，关注鞫、谳之外的其他程序，包括录问官与录问程序，幕职官的角色与作用等，不忽略其他官员或机构的存在和贡献，是正确、适度评价“鞫谳分司”及鞫谳双方作用所必须坚持的立场。

相关问题：汪庆红《宋代州府司法形式化的历史考察——以诸曹官为中心》（《甘肃政法学院学报》2016 年第 1 期）一文认为，从诸曹官司法职权的专门性、素质培育的专业性和审判思维的法律性三个方面考察，两宋时期州府司法的形式性呈现出一个跌宕起伏的曲折发展历程，即由宋初的强势呈现到北宋中期的逐渐减弱，从神宗年间的登峰造极到至此之后的再度低迷，直至南宋末年一蹶不振。在这一发展进程中，儒家德主刑辅的理念和法家事断于法的主张对司法制度建设及其运行影响的强弱，成为影响宋代州府司法形式性的主导因素。

胡兴东《宋朝对士大夫官僚法律知识改善措施、失败及其影响研究》（《思想战线》2016 年第 2 期）一文认为，宋朝初期国家有改进士大夫官僚群体法律知识和司法技能以适应国家治理需要的努力，然而在士大夫官僚群体的各种抵制下，国家的努力最终失败。宋朝士大夫官僚群体因缺乏为官的基本知识和技能，导致了必须借助胥吏群体实现国家治理的需要。形成士大夫官僚群体与胥吏群体共生的政治结构，让国家政治出现显性和隐性两大政治群体。胥吏通过利用自己专业知识和所寄存的公共权力来“寻租”获取生存资源，导致国家治理中出现结构性低效和腐败问题。

张中秋、朱仕金《从“文学”到“吏事”——唐宋判文演变的法律文化探析》（《法学》2016 年第 6 期）一文认为，唐代的判文是一种“文学”作品。五代以降到南宋，“文学”的判文逐渐为“吏事”的判文所取代。唐宋判文的演变主要体现在文体、功能和风格上。与唐代判文相比较，宋代判文的法律论证更加详备，义理阐述更加悠长，教化无处不在。不过，唐宋判文在坚持情理、法理、礼俗相结合的法律观，坚持尚宽仁、贵民心、遵法制、重礼等的秩序观，以及坚持“合于事义”优先于“合于法理”的司法观三方面则是一脉相承的。

（二）民族史和中外关系史

专著：

《唐宋元东亚关系研究》（赵莹波著，上海社会科学院出版社 2016 年 6 月）一书以唐宋元时期为主要时间段，以东亚地区的民间贸易中的商人和僧侣为研究对象，依据中、日、韩三国的历史文献，聚焦“涉外文书”等文献内容，特别是通过对日本史料《大宰府天满宫史料》的整理与研究，从涉外文书和贸易两个研究方向，探讨了此一时期东亚地区国际关系的变化，探究揭示中国、日本及朝鲜半岛在特殊历史时期展开的“准外交关系”现象和博弈，并重点关注了中日之间关系的历史变化和地位变迁。

《宋朝遣辽使臣群体研究》（王慧杰著，社会科学文献出版社 2016 年 5 月）一书以宋朝遣辽使臣群体为研究对象，对这一群体在出身、素质、身份特征、对辽态度、宋辽礼仪规则、出使对其政治性格和宋辽关系影响等方面进行了较为全面而系统的考察。

论文：

民族关系：朱洁《洪迈屈金及其原因探究》（《社会科学战线》2016 年第 5 期）一文认为，洪迈曾于绍兴三十二年（1162）奉命出使金朝，因未能完成使命，归国后遭到御史弹劾并被罢职。在洪迈是否屈服于金国的问题上，历史上一直存在较大争议。文章认为，有必要对现有史学材料进行再分析，同时还要探讨当时的宋金关系和洪迈的个人心理。由此得出的结论是，洪迈“屈服”一说更接近事实真相。

曹家齐《大理国使入宋问题新探——熙宁九年后大理贡使“不常来”及政和入宋路线变化原因之考》（《中山大学学报（社会科学版）》2016 年第 2 期）探讨了大理国与宋朝之间的交通路线主要有两条，认为熙宁九年后大理贡使“不常来”，可能与宋交之战殃及自身有关，同时亦有四川地区“泸夷”之乱持续不断的影响。徽宗政和六年，大理贡使再次入宋路线变化的原因在于，一方面是政和五年四川地区大规模“泸夷”之乱，另一方面恰又是宋朝长期对广西交通之经营，使其具备了接待外国贡使的必备条件，亦反映出宋徽宗向大理国夸示武威和文治的意图。

董春林《生熟无界：羁縻政策视域下的族群互融——以宋代西南民族地区为例》（《广西民族研究》2016 年第 6 期）一文认为，大致来说，宋朝政府将西南少数民族群体划分为生、熟两大类，这种主观上以“差序格局”观念区分西南少数民族的做法，一定程度上有利于稳定或维持其在西南地区的主权。但生、熟蛮及蛮汉之间的冲突与融合，几乎抹杀掉两者生存环境的差异，熟蛮异化与生蛮归化，致使生界在其变化过程中模糊不清。宋代西南地区羁縻政策的多元化，使得生、熟蛮的身份并不以其实际生存地域来确定。宋代文献中的“生界”，并非一个单纯的地理称谓，而是一个融合了政治文化的族群边界，一个融通了价值判断的文化界线。

廖寅、王晓龙《宋朝应对羁縻州变乱若干措施新探》（《求索》2016 年第 4 期）一文认为，宋朝针对羁縻州区少数民族变乱的总体目标是尽量使变乱力量回归和平，保持羁縻州区的长期稳定。为此，宋朝在常规措施之外，采取了一系列特别的措施，如遣使诏谕、盟誓、以贸易优惠及经济援助换取和平、“以蛮夷治蛮夷”等。这些措施总体上取得了预期的效果，维持了宋“蛮”之间的长期和平。

民族观念：李克建《论道统思想对宋代民族观的影响》（《西南民族大学学报（人文社科版）》2016 年第 8 期）一文认为，在宋代，在“道统”思想的影响下，传统的夷夏观和正统观都发生了重大变化，“礼别华夷”的思想倾向更为明显，人们对“正统”的评判标准更加强调政权是否统一了“天下”，是否承袭了“道统”，是否“重德”，而主政者的族属身份和传统的“华夷之辨”已逐渐为人们所淡化。这既是宋代道统思想浸润的结果，也是历史上夷夏交融的结果。

李凯《南宋士人关于“蛮”的文化心态之转变——以周去非〈岭外代答〉为中心的考察》（《中央民族大学学报（哲学社会科学版）》2016 年第 3 期）一文认为，对周去非《岭外代答》的研究，既往多是从其史料价值出发，忽视了背后所蕴藏的士大夫的文化观念。随着南宋士大夫大量南下，他们对广西的文化心态也在变化，在周去非的叙述中，“蛮”从域外变为境内，对“蛮”的认同意识下的文化改造，反映了士大夫试图把“蛮”纳入“华夏”的复杂而细致的努力。

中外关系：黄纯艳《宋代商人在对外交往中的政治作用》（《人民论坛》2016 年第 9 期）一文认为，宋代商人在宋朝与高丽政治交往中发挥着重要作用。宋朝民间商人在与高丽政治交往中，主要通过四种方式：通过进入高丽的仕途，乃至高层政治，传播中国的政治制度和政治文化；传递信息，甚至直接充任使节；受政府委托，送还海难者或流亡者；受雇运送官方使团。

刘永连、王洋《宋元交替之际的东南飘海商人——以朝鲜半岛史料为基础》（《海交史研究》2016 年第 1 期）一文认为，在宋元交替之际，大量东南沿海一带的商人为避战乱或作为宋朝遗民逃往海外，接连不断地浮海而东、而南，流入海外诸多国家和地区。蒙元统治者从海外遏制宋朝势力，严令高丽等国断绝宋商往来等原因也造成了许多宋朝商人留居东南海域。

三 社会和经济

（一）社会史

专著：

《朝堂之外：北宋东京士人交游》（梁建国著，中国社会科学出版社 2016 年 7 月）一书以北宋东京的具体时空为依托，以北宋东京士人之间、朝堂政事之外的日常交游活动为考察对象，立足于朝堂之外，选取拜谒、走访、宴饮、雅集、送别等日常交往形式，探讨北宋士人社会中形形色色的交游活动及其与都市空间的互动。并联系这些活动所依存的朝廷制度、社会习俗等历史背景，分析各种人际关系的生成与维系。

《周必大的历史世界：南宋高、孝、光、宁四朝士人关系之研究》（许浩然著，凤凰出版社 2016 年 10 月）一书选取南宋高、孝、光、宁四朝的历史时段，在宋金关系与理学新潮的时代背景下之下，剖析和探究了周必大早期仕宦时对时事的态度、周必大任宰执时期的政务活动以及退休后的活动，以及这三个时期他和理学家的关系、和理学家的合作与分歧以及对于党禁的态度。以周为交游中心，对涉及的各个社会领域的士人关系加以研究，勾勒了当时士人的思想、情感与行动。

《宋代长江中游的环境与社会研究：以水利、民间信仰、族群为中心》（陈曦著，科学出版社 2016 年 1 月）一书结合传世文献、考古出土资料与田野考察，以宋代荆湖北路为中心，从水利、民间信仰和族群三个角度切入，探究宋代地方水利建设与地方水利秩序的构建，由此考察环境、信仰与地方社会的关系以及宋代荆湖族群问题，并进一步探讨宋代长江中游地区社会变迁等相关问题。

论文：

家族：王菲菲《试论族谱粉饰现象背后的宗族建构与策略选择——以〈诗山凤坡梁氏宗谱〉为例》（《中国社会经济史研究》2016 年第 4 期）一文认为，族谱修撰中的攀附和炫耀现象湮没了对于粉饰背后不同宗族在建构与策略选择上的认识，而这些正是对一个宗族形成全面且深刻了解的重要面相。在《诗山凤坡梁氏宗谱》中，充斥着对南宋丞相梁克家的凸显，这种粉饰的背后，是基于梁叶构怨所带来的近一百多年的外族威胁，进而影响到整个宗族在家族策略上，更注重在科举功名上取得的成绩。这一粉饰背后所呈现出的不同的宗族建构与家族策略选择，体现出了在闽南乡族自治化趋势下国家政权存在的重要意义。

唐燮军、邢莺莺《科举社会中四明楼氏的盛衰》（《宁波大学学报（人文科学版）》2016 年第 2 期）一文认为，四明楼氏内则通过引导子弟趋经业儒以从中开辟仕进前途，外则借由联姻豪族富室、参与地方公益等方式拓展其族资门望，遂能较为平稳地成长为两宋浙东地域首屈一指的名门望族。然则时至南宋晚期，主要因为宋廷的人事发生了不利于四明士人的变动，楼氏族人也就无可避免地失意于政坛，遂日就沉沦，终至没落。

武亚南《科举与家族：墓志所见北宋临城王氏家族的兴起》（《邢台学院学报》2016 年第 4 期）一文依据新近出版的《北宋临城王氏家族墓志》，结合宋初科举大发展的历史背景，探讨了科举仕宦和以王覵为代表的北宋临城王氏家族兴起的关系。

社会保障：孙竞、张文《宋代的社会贫困线及其社会意义》（《思想战线》2016 年第 3 期）一文认为，宋朝廷一改前代“轻济贫重恤穷”的救助传统，首次将贫困问题纳入国家社会保障的范畴，设立了类似于现代社会贫困线的贫困救助标准。一条标准行之于乡村，以占田20亩以下者为贫人；另一条标准行之于城市，以家业钱在50贯以下为贫人。纵向上看，宋代社会贫困线的推出，标志着社会保障思想较之前代发生重要转变，即国家对于贫困问题的正视与责任；横向上看，与迟至17世纪才开始履行国家济贫责任的英国相比，宋代的济贫实践无疑具有超前性。

李华瑞《再论南宋荒政的发展》（《浙江学刊》2016年第1期）一文认为，

中国古代荒政发展至宋代进入一个承前启后"整合清算"的阶段。就救荒制度而言，北宋集汉唐以来之大成，使之固定化、规范化、有序化。董煟在《救荒活民书》中对北宋以来特别是南宋宁宗嘉熙以前救荒措施等得失的评议，从一个侧面可以窥视南宋荒政措施对北宋的继承和发展之一斑。

薛政超《唐宋"劝富济贫"救荒政策研究》（《江西社会科学》2016年第2期）一文认为，唐宋时期，随着富民这一新的社会阶层的出现，国家荒政愈来愈依赖于"劝富济贫"。从唐中叶到长庆前后，是这一政策从逐步出现到基本形成的时期，这时的中央和地方政府都开始重视"劝分"之政，但整体来说，富民仍然只参与到救荒的部分环节。至宋代，在中央政府的鼓励下，地方政府对富民采取了更为全面的"劝分"措施，在社会灾荒救济的各个环节均充分发挥了富民的作用，使之成为国家荒政之"第一策"。

陈支平《朱熹的社仓设计及其流变》（《中国经济史研究》2016年第6期）一文认为，虽然宋孝宗采纳朱熹的社仓建议并下令推广，但由于执政部门规定社仓设置之初的官本必须在正税之外附加征收，大多数地方官员虚与应付，并没有得到行政上的广泛普及。但朱熹的社仓法对于后世却影响深远，特别是在清代的康雍乾时期，得到大力推行，在行政制度上予以了相应的保障与施行。

风俗：吴羽《宋葬事择吉避忌的若干变化》（《中国史研究》2016年第5期）一文认为，葬事择吉有趋吉避凶两大原则。就其中所需避忌的凶日而言，约在南北朝时期，除"除服"之外的葬事择吉已经避建日，这种传统一直延续到宋，甚至影响到边陲的敦煌。魁、罡日百事宜避的说法进入王朝历日并成为常识可能是在唐德宗建中四年之后不久。而在敦煌，直到大中十二年至乾符三年间，"百事宜避"魁、罡日的观念才逐渐贯彻到历日中去。葬事择吉避复日进入王朝历日，是唐初至开元十七年间才完成。在敦煌，直到北宋初，历日中葬事才避复日，显示出明显的地域特点。葬事择吉避破日应不早于宋真宗时期。葬事避忌常识的形成与传播很可能与国家对意识形态和方术的整顿及当时的政局紧密相关，又与中央政权对地方的控制力紧密相关。

徐吉军《宋代纸质明器的盛行及其原因》（《浙江学刊》2016年第6期）一文认为，宋代丧葬风俗也较前代发生了较大的变化，传统的明器由唐代的登峰造极逐渐衰落，而纸钱、纸人纸偶、纸房屋等纸质明器，由于具有使用方便、价廉物美、防止盗墓等优点而在社会上广泛流行。

程民生《交年节在汴京的创建及流传》（《河北大学学报（哲学社会科学版）》2016年第3期）一文认为，交年节具体节事早在唐朝的长安就已盛行，但宋代以后，各地均将交年节诸节事的源头追溯至宋代汴京，原因是交年节的规模效应，以及载体《东京梦华录》的名气效应。

社会治理和控制：游彪《宋代民间社团对基层社会治理影响几何》（《人民论坛》2016年第30期）一文认为，各种民间会社星罗棋布地遍布在宋代社会的各个角落，与宋人的现实生活息息相关。宋代民间会社很大程度上以多种不同的方式影响着各级政府机构及其相关管理人员，尤其在对基层社会的治理层面，民间会社的作用更是具有行政权力所不可替代的效果。

杨瑞璟、仇志云《宋代农民起义再论》（《长江大学学报（社会科学版）》2016 年第 12 期）一文认为，宋代农民起义可以分为三种类型：小规模的抗租抗粮运动或抢米运动，规模稍大的农村中小工商业者起义以及由富民阶层领导的起义。其中，宋代局部地区所发生的抗租、抗粮及抢米等斗争虽然频繁，但在契约租佃制的约束下，其规模和影响均不是太大；而广大中小工商业者的崛起，则是宋代社会经济关系新变化的反映；至于宋代乡村富民阶层与官府之间的关系则非常复杂，二者既有对抗的一面，亦有妥协的一面，而富民阶层自身所拥有的财富和地位，进而使其成为乡村中的中间层、稳定层。所有这一切，都使得富民阶层与官府之间的冲突不至于被扩大。

裴一璞《宋代川盐经营中的豪民群体与政府控制》（《四川师范大学学报（社会科学版）》2016 年第 2 期）一文认为，宋代川盐经营的豪民按其社会身份可区分为多种类型，其经济活动严重侵害了川盐正常运转的秩序，并导致川盐利益格局的失衡。对此，中央及地方政府不断加以控制，以此缓和四川民间群体的矛盾冲突，进而重构四川民间盐权的分配格局。

赵瑶丹《论两宋时期禁谶与应谶的矛盾性》（《浙江学刊》2016 年第 5 期）一文认为，两宋时期的禁谶诏令与朝臣禁谶奏章，史不绝书，从而与两宋君主的信谶行为与国家事务中的应谶举措形成鲜明对比。分析两宋时期禁谶与应谶的矛盾现象，揭示这种矛盾性的实质与影响，显然可以从一个非常关键的角度具体阐释中国古代谶纬之说的兴盛与屡禁不止的一大原因，进而有助于引发对中国古代舆论控制的进一步思考。

田志光、孙朋朋《宋代民谣传播与社会政治变革》（《中州学刊》2016 年第 7 期）一文认为，宋代政治氛围相对宽松，民众常以民谣作为载体向统治阶级表达看法与观点，其中既有赞美亦有批判。而统治阶级内部也常采用民谣进行政争，赋予其特殊含义。此外，朝廷也会通过民谣来体察施政行为是否合乎民意，以期在决策中形成与民间舆论的一种良性互动，以此来安抚民众，巩固基层统治。

方燕《宋代灾害流言的传播心理与应对策略》（《四川师范大学学报（社会科学版）》2016 年第 5 期）一文探讨了宋代各级政府应对和化解灾害流言危机的方法：从源头上杜绝流言的产生传布；从信息源入手，惩戒造谣传谣者；力戒妖妄，铲除流言借以生发之本；疏堵结合，以确保灾区人心和秩序的稳定；明辨真伪，处变不惊，理性应对。

阶层研究：张锦鹏的两篇论文探讨了宋代富民阶层是如何成长的，其中一篇《宋代富民阶层成长的制度空间：以交易费用为视角》（《中国经济史研究》2016 年第 5 期）从制度的角度来加以阐发，认为这一阶层之所以能够迅速成长，是由于当时的土地产权制度和土地交易法律发生了一系列变革：一是明确了土地占有者的排他性产权，使土地收益权内部化和土地流转合法化；二是通过“印契投税”和“官印契书”促进了交易契约化，推广了契约专用性知识；三是对“亲邻优先权”在权利伸张者和诉讼时效方面作出限定，将人格化交易对公平交易的影响限制在一定范围内。这些制度变革降低了交易费用，为富民阶层成长提供了制度性保障。另一篇论文《财富改变关系：宋代富民阶层成长机理研究》（《云南社会科学》2016 年第 6 期）从宋代富民自身兴起的机理去研究，认为宋代富民主要是通过投资、消费、售卖三种经济手段，重塑了富民的各种社会关系。一是富民利用其财富优势，形成对土地的规模性投资。在租佃市场上通过土地使用权的让渡，形成“高人一等”的社会心理优势。二是富民利用其财富实力购买身份性消费品，通过舆服之制的“僭越”来塑造新的社会身份。三是富民利用其财富实力，控制了粮食的卖方市场。灾荒时，通过“粜”与“遏粜”与政府博弈，建构一种新型社会关系，以此获得了社会影响力。从而逐渐发展成为一个对社会发展进步有重要影响的中间阶层。

罗新华《宋代翰林图画院画师政治经济状况和社会地位》（《韶关学院学报》2016 年第 1 期）一文认为，宋代翰林图画院画师的本职没有品阶，但可以通过出职而为低级官，其出职有年限、资格、官品和服饰方面的限制，画师的主要经济来源是月俸，另有一般赏赐、郊祀赏赐、赙赠和卖画收入作为补充，其整体地位与御书院书法家相当，不仅低于官，也略低于中央官府的吏，但高于其他官廷机构中的画工，也高于翰林院中其他的艺能之士。

妇女史：程郁《宋代乳母与妾的区别及联系》（《上海师范大学学报（哲学社会科学版）》2016 年第 6 期）一文认为，宋代乳母身份实等同于婢，但由于与所育儿女结下深厚的感情，她往往随该女出嫁，或随公子游宦各地，以致由主家为她养老送终。与妾一样，她可能成为上层社会家庭的一员。一些乳母取得主人的信任，甚至可能成为内务主管，在这个家庭取得较高的地位。在某种场合，其身份甚至会与妾难以区分，为此，也会给主家的后代带来血缘上的困惑。

张玲《南宋淳祐时期贵族妇女着装形态考释》（《中国国家博物馆馆刊》2016 年第 6 期）一文根据福州南宋黄昇墓出土的纺织服饰资料，对南宋淳祐时期贵族妇女着装形态进行了复原考证。该文认为，除了雍容华贵的礼用大袖衫裙外，贯穿于日常生活始终的裙背装与襦裙服所呈现出的是以“纤秀雅趣”为主流审美特色的宋人习尚；而南宋不同时期贵族妇女衣装所呈现的差异化特征，则透露出宋代女性时尚“数岁即一变”的缤纷样态。

社会变迁：申万里《南宋到元朝的社会变迁：以家族观念为中心的考察》（《中原文化研究》2016 年第 4 期）一文认为，从南宋到元朝传世的家规、家范等材料来看，这一时期的家族观念发生了明显的变化。其一，与地方社会密切相关的乡邻、邻族、游士和地方官府等内容，逐步纳入家族观念，反映了家族发展与地方社会关系日益密切的趋势。其次，南宋关注较多的家族人身、财产的安全问题，到元朝已经较少关注，表明家族对地方社会控制的增强。最后，祭祀和家礼更加受到重视，家族礼制的制度化是南宋到元朝家庭观念发展的表现。这种家庭观念的发展趋势反映了当时家族生活的变化，如家庭生活的圈子从家族到宗族的嬗变、家庭秩序维护的方式从训诫到制度建构的嬗变、对家族子弟培养的多元化、家族对女性成员从关防到控制等。

李裕民《南宋国民素质高于唐朝与北宋》（《国际社会科学杂志（中文版）》2016 年第 3 期）一文认为，通过对唐与两宋参加科举考试人数以及兴建书院数的考察，可以认定具有较高素质的知识人群，宋强于唐，南宋又胜于北宋。通过对唐、宋有关蒙学书籍的考察可知，就接受启蒙教育的人群而言，两宋的数量也比唐为多，而南宋更是超过了北宋。从中可以反映出南宋整体国民素质要高于唐和北宋。

（二）经济史

专著：

《宋代消费史：消费与一个王朝的兴衰》（何辉著，九州出版社 2016 年 6 月）一书以宋代的消费为研究对象，以北宋前期、中期、后期，南宋前期、中期、后期等六个时段为历史分期，从政府消费和民间消费两大消费群体的角度来探讨宋代的消费状况，并对影响消费的诸因素如政治军事、经济、舆服制度、社会风尚、消费观念等进行了系统的研究。认为宋代社会消费受到政治与军事因素的影响非常明显；经济因素是影响宋代消费的决定因素；舆服制度约束着民间消费，但民间消费并未完全遵从这种制度。

《中华茶史（宋辽金元卷）》（沈冬梅、黄纯艳、孙洪升著，陕西师范大学出版社2016年10月）一书从茶叶生产、茶叶贸易、茶政茶法、饮茶文化、茶具、茶与政治生活、茶与宋元文化等多个侧面，对宋辽金元时期的以“茶”为中心的政治经济文化等各个相关领域进行了勾勒。

论文：

综论：葛金芳《农商社会视野下的南宋经济再评价》（《国际社会科学杂志（中文版）》2016年第3期）一文认为，南宋时期我国从中古农业社会跨入近世农商社会阶段，南宋时期农商并重结构主要体现在以下五个方面：一是商品性农业的成长导致农村传统经济结构发生显著变化；二是江南市镇兴起、市镇网络形成，城市化进程以市镇为据点不断加速；三是早期工业化进程开始启动，经济成长方式从传统的“广泛型成长”向“斯密型成长”转变；四是区域贸易、区间贸易和国际贸易扩展，市场容量增大，经济开放度提高，一些发达地区由封闭向开放转变；五是纸币、商业信用、包买商和雇佣劳动等带有近代色彩的新经济因素已然出现并有所成长。

种植业：何凡能、李美娇、刘浩龙《北宋路域耕地面积重建及时空特征分析》（《地理学报》2016年第11期）一文基于垦田和户口史料及耕地分布影响因子的分析，建立了北宋册载垦田数据的订正方法以及路域耕地分布倾向模型和分配模型，重建了北宋4个时点的路域耕地面积。认为：1. 北宋开宝九年（976）、至道三年（997）、治平三年（1066）和元丰元年（1078）的耕地总量分别为468.27 $\times 10^6$今亩、495.53 $\times 10^6$今亩、697.65 $\times 10^6$今亩和731.94 $\times 10^6$今亩，百年间耕地面积增加了约2.64亿今亩；垦殖率从开宝九年（976）的10.8%，增加至元丰元年（1078）的16.9%，提高了约6个百分点；而人均耕地面积由15.7今亩降至8.4今亩。2. 从空间变化特征看，东南地区是北宋土地垦殖发展最快的地区，土地垦殖率增加了约12.0%，北宋中期长江中下游平原局部地区垦殖率高达40%；其次是北方地区，土地垦殖率增加了5.2%，北宋中期黄淮海平原的土地垦殖率也超过了20%；西南地区农业发展相对落后，区域土地垦殖率仅增加1.2%，除成都府路外，各路垦殖率均低于6%。3. 从评估结果看，本文所构建的路域耕地分配模型具有一定的可行性，相对误差绝对值小于20%的路域占总路数的84.2%，结果能较好地反映北宋时期路域耕地面积的时空变化特征。

李美娇、何凡能、刘浩龙《北宋中期路域耕地面积的再估算》（《地理研究》2016年第12期）一文利用北宋中期垦田数据及宋代人口粮食需求量、粮食亩产量等史料，考察了北宋中期南北方的垦田隐匿特点、北宋户均垦田数的合理范围及西南五路的户均基本垦田需求，并据此对北宋中期路域耕地面积进行了再估算。主要结论为：北宋垦田隐匿比例不具有北高南低的区域分异特征；北宋户均垦田数的合理范围为20～100亩；西南五路的户均基本垦田需求数约为20～30亩；北宋中期境内耕地面积约为731.9 $\times 10^6$今亩，土地垦殖率为16.9%，其中，北方耕地面积约占29.7%，南方约占70.3%；黄淮海平原、长江中下游平原、两湖平原和成都平原等是北宋耕地的主要分布区，而西南地区垦殖率较低。

衣保中、朱正西《宋代广西地区移民与农业发展研究》（《中国农史》2016年第3期）一文认为，两宋时期，由于社会等方面的因素，大量汉族移民进入广西地区。他们中有避难的人群、寻求发展的射耕人、被流放的贬官和军事移民等。移民使广西的人口大量地增加，同时也使广西的农业生产技术得到发展、粮食产量得到提高，并促进了农业经济发展及社会的全面发展。

周方高、彭露《宋代湖南地区的茶业经济研究》（《中国农史》2016年第4期）一文认为，在宋代，茶树是湖南地区栽培最广泛的经济作物，几乎所有州县都栽种了茶树，而且茶叶产量居于全国前列。当时湖南地区的茶叶品种众多，名品荟萃。在产茶地区中，湖南的茶叶收购价格与出售价格均比较高，亦可从一个侧面反映湖南茶叶品质之优良。该省所产之茶，小部分在当地消化，绝大部分转向中级集散市场榷货务，最终销往集中在以汴京为中心的北方地区、周边民族地区。

陶觉逊《宋代榷茶制下的茶叶市场价格分析》（《农业考古》2016年第5期）一文认为，榷茶制下的茶价反映了官府、茶农、茶商的种种利益关系。通过研究榷茶制下的茶叶市场价格，发现榷茶制形成的茶价也很复杂，不同地区、不同茶类、不同等级的茶叶价格不一样，即使是相同茶类、相同等级的茶叶，其价格也有地区差异性。

唐晔、张婷《宋代耕牛价格水平蠡测》（《中国经济史研究》2016年第1期）一文通过对宋代耕牛价格进行梳理，推测出北宋耕牛市价通常不超过10贯铜钱，折米不超过5石，大约是一个宋代5口之家百余天的口粮。而南宋由于战争等原因，耕牛价格则大大上升，其名义价格在南宋初年飙升至百贯左右，即使到了物价低平的中期也维持在至少40贯上下，折米约20石，约是一个5口之家400余天的口粮。耕牛价格的变化显示了南宋农户在获得耕牛这一基本生产资料方面大大难于北宋，由此也可看出北宋经济状况应当优于南宋。

工商业：邓莉丽《宋代两浙路私营金银器制造业的发展经营》（《艺术科技》2016年第11期）一文认为，唐代中晚期江南地区金银器制造业的兴起、商品经济的发达、充足的金银材料来源以及金银器需求量的增长为两浙路私营金银器制造业创造了有利的发展条件。生产经营方式的多样性、注重产品质量与品牌宣传、技法的创新以及分工的细化又使其走上良性发展的轨道。

张超凡《北宋时期湖南地区食盐来源初探》（《盐业史研究》2016年第3期）认为，北宋时期，在很长一段时间内，淮盐是官方唯一允许在湖南地区销售的食盐。湖南地区的井盐产量非常少，无法解决湖南地区的食盐供应问题。天圣以后，广盐生产得到了很大的发展，元丰七年（1084）以后，广盐在郴、道二州销售。

章宏伟《南宋书籍印造成本及其利润》（《中国出版史研究》2016年第3期）一文以《小畜集》的印造为例，从理论上探讨了南宋时期书籍的印造成本及其利润。

交通运输：李华瑞《北宋东西陆路交通之经营》（《求索》2016年第2期）一文认为，北宋经营东西陆路交通分为宋太宗和宋神宗两个阶段，宋太宗因与辽朝两次大战失败，其经营东西陆路交通的政策昙花一现。宋神宗至宋徽宗时期，持续近六十年积极经营东西陆路交通，基本保证了青唐路交通的畅通。这两个阶段的经营均属北宋国防经略辽朝和西夏战略之一环。北宋前期与河西诸政权、龟兹、回鹘有密切的交往关系，后一阶段则是为了遮断西夏右臂对河湟吐蕃展开军事占领，与于阗来往密切。

高雅婷、代谦《河流上的繁荣：宋朝水路运输与海外贸易》（《经济评论》2016 年第 2 期）一文以宋朝（960—1279 年）的海外贸易为例，考察了 12、13 世纪水路运输对中国海外贸易的影响。利用《中国历代天灾人祸表》中宋朝发生的自然灾害数据这一外生变量，以及《宋代海外贸易》中所记录的市舶司（贸易管理机构）贸易收入额，识别出宋朝海外贸易的发展依赖于便利发达的水路运输系统，水网分布越密集、水路运输条件越好，对海外贸易收入的影响越大，验证了水路运输对中国海外贸易的重要作用。

黄纯艳《宋代长江航行方式及港口体系》（《上海师范大学学报（哲学社会科学版）》2016 年第 1 期）一文探讨了宋代长江航运方式，认为船只顺行常用桨橹，而逆行最稳定的动力是拉纤。长江中下游航行时，为了避开中流的风浪，船只主要选择循岸和在夹河中航行。长江沿线形成了重要枢纽港、州县镇治所港和镇以下小港等三个层级港口体系。

张勇《论宋代的“物资转输区域”》（《云南社会科学》2016 年第 4 期）一文认为，宋代物资转输区域形成的条件有四：一是有稳定的行政区域；二是有较为稳定的物资上供；三是有适中的基本行政单元；四是大多数相邻的行政区域在物资转输上具有相同的性质。它们之间有三种关系：过路、重合和交接。特殊情形下物资转输区域上供数量亦有所不同。他的另一篇论文《宋代三种物资转输地理格局的分解》（《史林》2016 第 2 期）认为，宋代物资转输形成了三种地理格局：无枢纽物资转输地理格局、一重枢纽物资转输地理格局和多重枢纽物资转输地理格局。在宋代，不同情形下朝廷采用不同的物资转输方式，形成了不同的物资转输地理格局。物资转输体制的变更和路径的长短变化是形成不同物资转输地理格局的重要原因。宋代物资转输地理的分解揭示了物资转输体制的重大转变。

逯宇、荣朝和《中国古代运输业官民关系的演化规律及启示——以宋代为例》（《北京交通大学学报（社会科学版）》2016 第 2 期）一文通过构建运输业官民博弈演化模型，选取了宋代运输业官民关系逐步恶化的案例进行经济学分析和验证。认为官方一向有动力不断扩大运输业公共部门、加大运输业投资、增加管制强度、干预和挤压民间运输主体的正常经营收益。而巨大的社会成本转移给底层组织和底层民众，逐渐激化社会矛盾形成对体系的负向激励和瓦解力量，成为历代运输业官民关系变化的制度原因。

海上贸易：黄纯艳《论宋代的近海贸易》（《中国经济史研究》2016 年第 2 期）一文认为，宋代已经形成一个有着相对独立特点、贸易规模颇大的近海区域市场，其商品包括粮食、进出口商品和各地区特产等，具有明确的区域互补性，为沿海地区商品经济和海外贸易发展提供了前提和基础。参与近海贸易的既有国内职业商人和来华外商，也有大量的滨海船户。对于滨海之民而言，近海贸易是最基本和最普遍的谋生方式之一，其重要性超过远洋贸易。

陈少丰《宋代未立市舶机构港口之海外贸易》（《海交史研究》2016 年第 1 期）一文认为，熙丰之前，宋朝政府允许未立市舶机构港口实行直航贸易。熙丰之时，将发舶和住舶港口限定在三个设立市舶司的港口集中管理，未立市舶机构港口只能进行转口贸易。熙丰之后，只允许位于南海贸易中转站的海南岛享有住舶权可进行直航贸易以补贴地方财政，其余未立市舶机构港口依然只能实行转口贸易。未立市舶机构港口海外贸易由地方政府兼管，仅保留稽查、征税、经营、救护四个基本职能以维持海外贸易的基本运行。

申友良《宋代雷州港的对外贸易研究》（《社科纵横》2016 年第 3 期）和《宋代雷州港衰落的原因探究》（《社科纵横》2016 第 4 期）两篇论文探讨了宋代雷州港的对外贸易

和衰落。认为宋代雷州港的对外贸易繁荣，对外贸易的物品种类繁多，主要有精美的陶瓷和药物、铜钱等。物品远销印度支那半岛、南洋、印度、埃及、东印度洋、波斯湾沿岸地区。其衰落的原因，集中体现在雷州港所在地区的经济开发程度相对较低、泉州港的兴起、对外交通格局中所处地位不占优势以及其本身自然条件的限制等四个方面。

森达也《宋元外销瓷的窑口与输出港口》（《考古与文物》2016 年第 6 期）一文认为，南宋、元代的中国陶瓷输出，根据外销地点的不同，主要的贸易港口及外销陶瓷器的品类组成也有差异。通常而言，南宋、元外销东南亚与西亚的线路是以泉州为出发点，而销往日本的则是以福州与宁波为出发地。

生产关系：龙登高、温方方、邱永志《典田的性质与权益——基于清代与宋代的比较研究》（《历史研究》2016 年第 5 期）一文认为，宋代“典需离业”的规定表明了典之本原，但其派生的权益及其多样化表现却引发歧义。譬如承典人将土地租佃给出典人，在宋代不被认可；而清代这种形式广为流行，却又在表象上造成“租息相抵”的错觉。承典人可选择典田的经营收益、投资收益，或变现未来收益，突出反映了田主、典主、佃农三者依托市场交易构筑的共享地权格局。典权不是使用权，也不是所有权，而是一种限定性物权形态的财产权，与抵押也有明显的区别。典权的时代性差异在政府规定上得到相应的反映，宋代典田需要赴官办理合同契，并过割田赋和纳交易税；清代中后期则免除了交易税，无需过割田赋，契约形制上多采用单契，使转典等相关后续交易更为便利。

林友宏、李楠《商业化与地权分配：来自十一世纪宋代的历史证据》（《财经研究》2016 年第 1 期）一文探讨了商业化是否会造成中国传统农村社会经济状况的两极分化这一学术热点。文章利用北宋各州的客户比例和商税密度数据，考察了在没有外生贸易冲击的情况下商业化对于地权分配在全国和各个区域市场的影响。研究表明：（1）从北宋的全国范围来看，以商税密度衡量的商业化程度与以客户比例衡量的地权集中度之间有着显著的负向关系，商业化程度越高则地权集中度越低；（2）从区域市场来看，除了西北市场外，各区域市场都发现了商业化对地权集中的广泛抑制作用；（3）商业化之所以对地权集中具有抑制作用，是因为水运交通改善是北宋商业发展的内在动力，这种自发形成的商业化使得农村社会与市场的联系更为紧密，进而使得农民从事商业和手工业活动并获得更高报酬成为可能，因而降低了地权的集中程度。因此，文章为 Myers（1970）以及 Brandt（1989）关于商业化促进了中国农村地权分散的结论提供了实证证据。

赋役税收：戴建国《宋代赋役征差簿帐制度考述》（《历史研究》2016 年第 3 期）一文认为，五等丁产簿是宋代赋役征差簿帐制作的基本依据。伴随宋代新的田产税收管理制度，户帖逐渐被具有土地实状和动态记录信息功能的砧基簿淘汰，五等丁产簿制度向着更务实的方向发展，其资产方面的内容并未被砧基簿及其后的物力簿所包罗。丁籍是宋代户籍的一个组成部分，登载户等信息，但不载田亩财产内容，夫役计田出丁是借助官府的其他簿籍来实施的。乡县税租簿制作以户税租簿为基础。簿帐因不同的功能需求而制作于不同的时间。随着社会经济的快速发展，土地流转加剧，北宋采取以颁给户帖、南宋绍兴以后则以颁给砧基簿的方式，来加强对日常土地买卖的动态管理和产税推割的监管。簿帐以土地财产管理为主的倾向日益明显。

张亦冰《唐宋乡村户等版籍演进新议》（《史学月刊》2016 年第 1 期）一文认为，唐前期的九等定簿与户等注籍，同均田—租调制下还授田及租调输纳密切相关。而户等信息在户税与差科征发中的应用，则使户等版籍载体突破了户籍系统。随着租调制趋于瓦解以及唐中叶两税法的确立，户等逐渐只对地方政府摊派户税具有意义。至唐后期，据田亩起征的地税成为两税的主体，户等用以摊派户税的功能逐渐淡出。唐末至宋初，各级政府虽曾临时性划分户等，但均难长期维持。直至北宋前期，在差役征发的带动下，形成了全国行用而户等标准因地而异的五等丁产簿制度。

陆红《南宋砧基籍研究——基于〈名公书判清明集〉的分析》(《中国农史》2016 年第 6 期）一文认为,《名公书判清明集》记载各种土地交易纠纷，出现基于砧基籍的判例和判决。砧基籍是田产底，具备土地物权登记簿册的全部法律要素，是南宋土地交易的规范化表现。砧基籍实行以“宗地”加“人户”为单位的土地登记。砧基籍是南宋不动产所有权登记证书，具有对物权记载事项的绝对证明效力。不符合砧基籍范式、追毁文书公据、在虚假文书上批凿的纠纷，按照砧基籍管业判决。砧基籍在司法审判中起到证明田土产权、土地权利正确性等物权登记效力。

朱瑞熙《宋朝乡村催税人的演变——兼论明代粮长的起源》(《河北大学学报（哲学社会科学版)》2016 年第 1 期）一文认为，明代粮长起源于宋朝的催税人，北宋前期为由乡村上户充当的里正衙前，中期改为户长，后期为甲头或大保长。南宋前后和各地实行不同制度，同时出现了税长和苗长，是为明代粮长的滥觞。

范建文《宋代坐仓析论》(《中国史研究》2016 年第 1 期）一文认为，坐仓最初是指通过自愿出粜、现场计价支钱等方式收购军人的余粮，并重新入仓的粮草籴买制度。它在宋代出现较早，是宋代籴法中非常特殊的一种。由北宋及南宋，坐仓范围、籴买对象、坐仓方式、坐仓管理方式及其在籴法中的地位等都发生了变化，渐由自愿出粜、计价支钱的辅助性籴法变成抑勒征购为主的主要籴种，由正常的粮食交易手段异化成为一项不定额的似税非税的经济负担。宋代籴法大致有官府置场和籴、抑配征购及兼有二者三类，而坐仓就属于后一类。坐仓是考察宋代籴法异化的一个清晰例证。

李合群《再论宋代城门税》(《社会科学》2016 年第 11 期）一文认为，宋代城市其城门具有对出入货物征税与验引、禁止铜钱外流以及阻止私茶、私盐入城等作用，并通过减免城门税，以增加或调节城市物资供应。同时，宋代还针对监门官制定了奖惩措施，以规范收税，杜绝官商勾结、偷税漏税之行为。城门税是宋代街市制在税收上的一种反映，曾影响至明清时期。

财政研究：李华瑞《宋、明税源与财政供养人员规模比较》(《中国经济史研究》2016 年第 1 期）一文认为，不论是人口平均数还是田亩平均数，大多数情况下，宋代征收的田赋税额都高于明代，这说明宋代政府干预经济的程度和能力大于明代，且宋朝民众承担的赋税额度更重。宋代工商税收大大高于明代，证明宋代政府组织工商业发展，利用市场机制调控税收的管理水平更强。宋、明两代的官俸吏禄和军费在财政中均占有重要地位表明：宋、明最高统治者对于军队和官吏都有充分的认识和倚重；以募兵为主的养兵政策和制度在某种程度上不符合中国古代以农业立国的社会现实；宋代官吏、军队所享优厚待遇远高于明代，确切表现出宋朝“恩逮于百官者，唯恐其不足；财取于万民者，不留其有余”的历史特征。

李华瑞《南宋的酒库与军费》(《人文杂志》2016 年第 3 期）一文认为，北宋以来依靠酒类专卖收益充斥军费开支的政策在南宋得以延续，且不论是酒库经营方式，还是酒利的增长均有过之而无不及。南宋对酒库的管理，经历了由军队恣意经营到回归户部、地方经营的发展过程，形成三个系统：一是属三省、枢密院的激赏酒库，二是户部设置的赡军酒库，三是总领所赡军酒库。而经营方式是采取官府专卖还是允许民间抱认酒息买扑，则主要是以酒利是否丰盈为转移。赡军酒库因直接由皇帝和朝廷直接控制，而不经过地方财政机构的分隶和分配，这从一个侧面折射出南宋财权向皇帝和中央集中的历史趋势，也使得南宋中央攫取酒利的份额远远超过了北宋中央攫取酒利的份额。

董春林《角色转变与职能沿传：南宋内藏库的财政实态——以〈建炎以来朝野杂记〉相关记载为中心》（《北京社会科学》2016 年第 2 期）一文认为，依据《建炎以来朝野杂记》相关记载，南宋内藏库“以待非常之用”的一部分财政职能被左藏南库和左藏封桩库分担，内藏库与这些所谓的朝廷财库承担着近乎相同的职能。这种财政职能的让位，与内藏库赋入的变化存在一定关系。史传“天下财富半入内帑”，只是绍兴末年内藏库管理过于隐蔽的情况下较为夸张的一种说法，随着左藏南库和左藏封桩库的出现，内藏的赋入有所减少。内藏财政角色便面上的转变，并不曾掩盖其财政职能的沿传与发展，但折射出其在应对即时国家财政问题上的滞后性或保守性。

王丽《论宋代公使库在王安石变法中的变化及影响》（《史学集刊》2016 年第 1 期）一文认为，王安石变法中的役法、财政及禁榷制度改革给公使库的管理体制、钱物来源渠道等带来重大变化。这些变化引起地方公使库职能扩张，在北宋后期至南宋中央与地方的财政角力中，公使库扮演了非常重要的角色，它实际成为地方财政的“小金库”。

青苗法：俞菁慧、雷博《北宋熙宁青苗借贷及其经义论辩——以王安石〈周礼〉学为线索》（《历史研究》2016 年第 2 期）一文认为，北宋熙宁青苗法的学术分歧体现于对《周礼·泉府》“国服之息”概念的诠释差异。王安石取郑玄注，强调社会分工、货币属性和国家借贷；而以韩琦为代表的反对派则取郑众解，强调其自然经济特征、实物属性，反对国家借贷取息。新法将经学理论与政策结合，且以价格杠杆诱导百姓使用货币而非实物，受到反对者的批评。受政治立场影响，南宋以后学者多否定王安石《周礼》学，乃至对郑玄注甚至《周礼》本身提出质疑，显现出政治史与学术史的相互渗透影响。

张呈忠《“抑配民户”与“形势冒请”——北宋青苗法五十年的官贷困境》（《人文杂志》2016 年第 7 期）一文认为，在青苗法实行的 50 年中，神宗、哲宗朝普遍存在“抑配民户”的运作方式，徽宗朝则频频出现“形势冒请”的现象。这种转变与北宋后期宏观经济环境有着紧密联系，但从根本上讲是由于青苗法运行所遵从的不是金融的逻辑而是权力的逻辑。青苗法对于不同的身份群体具有不同的意义。50 年里在青苗法作用范围内，财富移动呈现出从平民百姓到朝廷官府再到形势之家的轨迹，以致南宋建立之初朝廷以减轻百姓负担的名义将青苗法彻底废除。

四 教育、科技、学术思想

（一）教育史

专著：

吴桂翎著《宋代历史教育研究》（人民出版社 2016 年 6 月）一书以宋代蒙学历史教育、官学历史教育、书院历史教育、家庭历史教育、社会历史教育、科举与历史教育为专题，对宋代历史教育进行全方位的考察，从历史教育功能、历史教育内容、历史教育形式三个方面揭示宋代历史教育发展总体特点，并从蒙学历史教材和讲史两个角度论述宋代历史教育在中国古代历史教育发展史上的地位和贡献。

论文：

综论：张邦炜《宋代学校教育的时代特征——着眼于唐宋变革与会通的观察》（《四川师范大学学报》2016 年第 5 期）一文认为，与“由官学到书院”相比，“广开来学之路”作为宋代学校教育的时代特征只怕较妥。国子学太学化以及书院的隆盛、私学的发达，均是其证明。宋代中央官学体制回归汉代太学单轨制，既是唐宋变革又是汉宋相似的实例。汉宋社会相似的深层原因在于土地所有权的两次“下放”。但宋代不是汉代的简单复制，而是否定之否定、螺旋式上升。

姜锡东、许丞栋《庆历兴学——宋代官学教育自发向自觉的转折》（《河北大学学报（哲学社会科学版）》2016 年第 2 期）一文认为，宋初官学教育发展较为滞后，呈现出重科举轻官学的现象。庆历兴学改革，是宋代人才培养的一次标志性转变，标志着宋代官学教育由无意识的自发阶段转变为有目的的自觉阶段。庆历兴学所倡导的官学教育理念为后面的两次兴学打下了坚实基础，最终使宋代官学教育达到一个前所未有的高度。

蒙学：周扬波《宋人的儿童观——兼论“近世幼教文化两大路线之争”》（《江苏师范大学学报（哲学社会科学版）》2016 年第 5 期）一文认为，宋人褒扬儿童的最常见表述是“如成人”，典型的成人化模范儿童包括稳重、至孝、好学、聪颖四项品质，其中稳重一项最具时代特征，体现出鲜明的儒家践履指向，并从“弱不好弄”发展出了“戏无益”观念。宋人儿童观应区分理想和现实两个层面，在“礼下庶童”时代思潮中发展出理想化的成人本位儿童观，而现实层面却又能顺应童心欣赏童趣。熊秉真以程朱理学与陆王心学为近世幼教文化两大路线之争，这一说法以陆王顺应童心而程朱相反为前提，缺乏历史依据，不能成立。宋代以下童蒙领域最大的变化是“礼下庶童”与“考下庶童”，二者形成的德育与举业之争，才是近世幼教文化两大路线之争。

王处辉、宗新华《论“齐家”需求与宋代蒙学教育勃兴的关系》（《广东社会科学》2016 年第 3 期）一文认为，宋代的社会结构与以往世代相比发生了重大变化。平民家族的兴起使得家族内部人际关系协调的需求更加突出，而代际流动的加速使得平民家庭人才培养的需求更加突出。齐家作为一种普遍性的社会需求，是宋代蒙学教育勃兴的根本推动力，而宋代蒙学教育的勃兴对于满足人们的齐家需求也发挥了重要的功能。

（二）科技史

专著：

《南宋医药发展研究》（朱德明著，人民出版社 2016 年 11 月）一书对南宋时期我国医药学的发展进行了全景式的探讨，论述了南宋时期医药行政管理机构、医家学派及医学教育、医药学家及著作；考察了南宋时期医学基础理论及临床各科、药学，公共卫生习俗及佛道医药等；具体考察了南宋时期的疫疠问题以及防治等问题。

论文：

自然科学：余格格《〈茔原总录〉与“磁偏角”略考》（《自然科学史研究》2016 年第 4 期）一文根据《茔原总录》的著录情况、篇章内容以及与北宋《地理新书》的比较，认为原题为宋杨惟德所撰《茔原总录》一书是后人托名所作，其成书时间当在宋末元初。相应该书关于磁偏角的记载亦较晚出现，实际上糅合了胡舜申《地理新法》中记载磁偏角的内容而成。

葛小寒《唐北宋官修书目所见农学观念》（《自然辩证法研究》2016 年第 2 期）一文

认为，唐宋目录中有关农书的分类与著录，在一定程度上反映了唐宋时期古人对于农学的理解。在唐中期，伴随着谱录类与相畜类农书进入古典书目的农家类，唐代的农学观念有了一定程度的扩大。这种农学观念扩大的趋势在北宋的官修史志目录中有着延续和发展，但是，北宋的官修馆阁书目却更强调农学知识的专业化，这就造成了北宋农学观念呈现出两种不同的发展路径。

唐泉《中国唐宋时期五星盈缩差算法的演变轨迹——从爻象历到盈缩历》（《科学技术哲学研究》2016 年第 2 期）一文在前人研究基础上，通过详细解读《大衍历》术文，指出《大衍历》中五星爻象历相当于行星中心差表，进退变率相当于宋代历法中的五星盈缩差，二者之间的转化系数由一组常数“乘数”和“除数”决定。《五纪历》沿着《大衍历》的思路，大大简化了乘数和除数的设置，《宣明历》不再设乘数和除数，其五星平见加减历已演变为宋代五星盈缩历的雏形，由此勾勒出唐宋时期五星盈缩差算法演变的历史脉络。此外，文章还利用《大衍历》火星爻象历构造了火星盈缩历，并讨论了《大衍历》以后各历中火星盈缩历的精度。

技术：陈悦《〈新仪象法要〉的图说表达》（《自然科学史研究》2016 年第 3 期）一文对《新仪象法要》一书“图”与“说”的内容和表达方法条分缕析，具体探讨其较为完整的绘制系统，以及绘制者的阐释逻辑。指出该书全面呈现了水运仪象台的基本构造原理和功能，其“图说”及所表达的技术知识具有较高的可行性与可信性。

吕变庭《试论〈杨辉算法〉与南宋经济领域中的几个计量数学问题》（《中国经济史研究》2016 年第 4 期）一文认为，通过从经济史的角度重新解读《杨辉算法》，会发现南宋在许多经济领域都用到了计量数学。杨辉通过算题这种特殊媒介，以灵活多样的方式讨论了正解法和零两求分定数等问题，从而对南宋计量数学的发展产生了积极影响。作为计量数学发展演变的重要阶段，南宋正好处于由筹算向珠算转变的历史时期，杨辉不遗余力地推广乘除捷法，以不断适应计量数学发展的客观需要。

中医药：周云逸《论宋代笔记的医药学价值》（《世界中西医结合杂志》2016 年第 6 期）一文认为，存世的近五百种宋代笔记刊载了大量医案、医方、药议等涉医文献，映证、补充了以医药学专书为主体建构的宋代医学史，具有重要的医药学价值。上述医案、医方涉及临床各科，历代医药学专书大多失载。宋代笔记刊载的一些药物辨识，比同期的本草学著作更为精细、准确。

汪晓蓉、朱向东《〈苏沈良方〉》中制散方与煮散方临床应用研究》（《北京中医药》2016 年第 6 期）一文统计了《苏沈良方》中药制散方与煮散方的数量，分析煮散方的服用量、煎煮方法、煎煮液量、中药种类、服用方法、主治病症，总结宋代煮散方的应用情况和特点。

（三）学术思想

专著：

《北宋礼学研究》（刘丰著，中国社会科学出版社 2016 年 4 月）一书以北宋时期的儒家礼学为研究对象，将礼学放在宋代儒学发展和哲学思想演变的脉络当中，采取以哲学思想的分析为主，结合经学文献、社会政治以及礼仪制度对其做综合性研究，探讨了王安石的礼学著作《周官新义》和礼学思想，二者和宋代政治文化以及和礼学之间的关系；分析二程、张载、吕大临、叶时等人的礼学著作和礼学思想，由此阐发理学和礼学之间的互动关系。

《北宋五子心性论与佛教心性论关系研究》（耿静波著，中国社会科学出版社 2016 年 3 月）一书以北宋的儒学代表人物周敦颐、张载、二程、邵雍此五人的心性论与佛教心性论关系为研究对象，对五子理学心性论与佛教心性思想相关涉之处做具体分析、比较与考证，厘定与还原北宋中期三教融摄的现实状况，以及宋明理学与佛教的理论渊源关系，并探讨儒释互鉴的价值意义。认为三教论争融摄是北宋的社会思潮，北宋五子承接汉唐经学与佛老义理，捍卫道统的同时又注重借鉴吸收佛教的核心义理，对儒学传统的心性论、本体论、天人关系论做出新的诠释，充实完善了儒家自身的哲学体系，确立了北宋中后期儒家伦理道德的主导地位，实现了儒家学说的创造性发展。

《南宋史事易学研究》（续晓琼著，人民出版社 2016 年 10 月）一书以南宋为时代背景，探究史事易学在南宋兴盛的原因，以南宋史事易家李光、杨万里、胡宏、李杞、李中正为载体，分别结合他们的易学文献一一论述，深入研究各自的史事易学特点，从而反映史事易学在南宋的具体表现。

《朱熹及其后学的历史学考察》（陈支平著，商务印书馆 2016 年 11 月）一书从经济史和社会史两个领域，考察朱熹及其后学们的所作所为。选取朱熹、陈淳、黄幹、真德秀四人为研究对象，结合四人仕宦履历，探讨了他们的思想观念、为官之道和行政实践，以及他们著作中反映的诸种社会现实状况。

论文：

综论方面：周炽成《唐宋道统新探》（《哲学研究》2016 年第 3 期，《社会科学文摘》2016 年第 4 期）一文认为，韩愈说过孟子之后道统中断，但他有另一版本的道统说，以荀子、扬雄为道统的传人，甚至还有容纳墨子的道统版本。北宋初出现“五贤”或“五子”说，王通、韩愈被纳进道统中；后演变为“四贤”或“四子”说，王通被挤出道统，但荀扬韩仍为道统之传人。北宋中期始，不断有人把荀扬韩三人挤出道统，但南宋末甚至更后，仍然有人把他们置于道统中。《四书集注》在元代成为科举考试教材后，程朱道统之巨大影响使人们忽视了其他道统。

蔡方鹿、李琛《论宋代理学与新学的关系——以二者的沟通和相近为主》（《哲学研究》2016 年第 7 期）认为，过去学术界的研究对宋代理学与新学之间存在的对立和差异较为重视，尤其对与党争和政治上的分歧相关的学术上的差别看得较重，而对理学与新学在同属宋代义理之学而批评汉学流弊和在义利、王霸观上的融合渗透等相近之处则重视不够。我们既要看到理学与新学对立相争的一面，同时也应关注二者之间相互影响、融合沟通而促进宋学乃至理学发展的一面。

王进《古今断裂与儒家政治哲学的重要转折——以汉宋对〈论语〉“温故而知新”的诠释分歧为中心》（《哲学研究》2016 年第 5 期）一文认为，汉宋对《论语》“温故而知新”呈现为两种不同的解释。汉代以宏观外在的“古”“今”解释“故”“新”，宋代则以微观内在的个体阅读经验的“旧”“新”先、后来进行解释。前者强调对历史与现实的尊重与继承，后者则强调个体精神与心灵的创构与想象。儒家政治哲学在宋代发生重要的转折，造成历史上古与今的断裂，相续一贯的历史也由此发生“终结”，导致政治变革不再强调对客观历史的尊重和延续，而是转而重视主观内在的精神和心灵。宋代儒家政治哲学的这一特性经过长期的酝酿含蓄，最终在近代与西方的启蒙哲学汇合交织，共同推动了近代中国的政治革命。

谷继明《玩味与涵泳：宋代解经学的一个重要方法》（《中国哲学史》2016 年第 3 期）一文认为，汉代到宋代经学和儒学的转变，不仅仅是依止经典的转变，而且还有经典诠释路向的转变。其中一个很重要的变化是宋代“玩味”与“涵泳”解经方法的兴起，这与汉代以经典为共同体立法的解经方式不同。玩味与涵泳，不仅仅是一种经典诠释方法，更是在根本上与理学相关联。特别是玩味与涵泳使经典对成德之学的作用成为可能，或者说，经典所具有的工夫论意义因之在理学中得到了凸显。遗憾的是，这种解经方法在清代以来被渐渐遗忘。今日欲重建经学，有必要重新审视和发展这种方法。

郭畑《唐宋孟子诠释之演进与孟子升格研究》（《孔子研究》2016 年第 9 期）认为唐宋间的孟子升格运动主要是在古文运动的思想脉络中不断展排辟异端之功。随着庆历之后新儒学的不断发展，其对于孟子之“道”的探讨日益深入，孟子在“治道”上的贡献和在性命之学上的巨大诠释潜能都不断得以凸显，孟子精于治道和善说性命的两面在庆历以至于宋神宗的这段时期内呈现出一段时间的分裂，直到王安石新学和理学都努力连接“内圣”和“外王”，孟子的这两面形象才逐渐绾合。此时，孟子之于“文”的启发性、《孟子》乃六经之羽翼的看法逐渐淡出士人的视野，且士人对孟子排辟异端之功的评价也有所转变，孟子逐步趋于全面圣人化，并最终取代颜子成为“亚圣”。

关学：张璐、谷晓芸《“民胞物与，天人合一”——论张载天道本体论与人性论的贯通关系》（《自然辩证法研究》2016 年第 6 期）一文认为，张载以天人贯通为视域，阐述“性与天道合一”的儒家天道人性同一论，建立了一种横纵经纬的天道本体与人性相贯通的天人一体观。在多样性的“两一叁”的天道本体论图景中，由“气”所形成的造化万物以“感”相互联系，以“通”相互区别，以“性”实现个体的动态生成，以神为“动力”，以“学”实现个体升华。“合二为一”的天人关系开创了宋明理学“天人合一”的儒学高级形态，在传统观点的基础上推进了人与自然以及人之精神的中国思想之探索。

刘学智《“关学洛学化”辨析》（《中国哲学史》2016 年第 3 期）一文认为，张载创立的关学与二程创立的洛学，是北宋时期两大重要的理学流派，后世将其与濂学、闽学并列为宋代理学的四大流派，称“濂洛关闽”。有学者认为关学后来已“洛学化”了。关学后来是否已“洛学化”，这是一个重大的理论是非问题，需要辨明。因为如果诚如此，那么，关学在此后就不成其为一个有地域特色的独立学派了。

张建民《论张载变化气质说的哲理基础》（《齐鲁学刊》2016 年第 2 期）一文认为，张载主张变化气质，并不是说人之气质本身就是恶的，或者说气质陷溺、遮蔽或束缚性而使恶产生，而是认为气与欲有着必然的联系，相对于礼言，气一旦“合而成质”，性或善或恶的倾向就进一步变成现实。这是一个性由隐而显的过程，气质之性只是天地之性的彰显，二者实为一性。也可说天地之性为本体层面的，而气质之性为现实层面的，二者为本末关系。在此问题上，张载的观点与程朱有着明显差异。

浙东学派：王锟、金晓刚《事功与心性的离合：历史、思想语境中的浙东学派建构》（《浙江社会科学》2016 年第 3 期）一文认为，浙东学派的源流、内涵及学术特色的塑造，是一个不断被层累建构的历史过程。朱熹提出“浙学”一词，指摘其“功利”“重史”色彩。南宋至清中期，浙东学派的“事功”“心性”两面在不同学者的诠解中分分合合，历经多次调整。在民国新史学及民族主义的荡涤下，浙东学派被定格为史学与事功学；建国后，浙东学派又被视为唯物主义的代表，以事功显著。1980 年至 1990 年代末，除学者继续阐述史学、事功外，其心学一面得以重拾；2000 年以来，浙学绾合“事功与心性”的共识逐渐形成。

汤元宋《论吕祖谦的天道观》（《浙江学刊》2016 年第 1 期）一文认为，长期以来关于吕祖谦的研究多受朱子学影响。而在朱子学视域的吕祖谦研究，以朱子学的立场而非吕祖谦自身的学术脉络出发，自然容易得出吕学“博杂”等结论。该文从吕祖谦本人文献入手，以天道观作为吕祖谦学问的根基，认为吕祖谦虽然未在理气、理心等朱熹、陆九渊擅长的问题上着力，但他并未回避理学家在自身学术体系建构时所应重视的形而上层面。吕祖谦有意识地从传统中国哲学资源中，援引“天道”作为其学术体系的基石，系统地构建其天道观的三大特质：至公至明、自然无伪、生生不息。这三点特质又在吕祖谦学术体系的政治哲学、历史哲学、心性论、工夫论和境界论中扮演基石的角色，吕祖谦学问自有其规模与逻辑。

湖湘学派：肖永明、申蔚竹《南宋湖湘学派对周敦颐的推崇及其思想动因》（《湖南社会科学》2016 年第 2 期）一文认为，南宋初期，胡宏及其弟子张栻大力推崇周敦颐，强调周敦颐之学宏大精密、广袤深邃，周敦颐在道统谱系具有重要地位。湖湘学者对周敦颐的推崇，既与湖湘学派对周敦颐在理学史上的贡献与地位的认同有关，也有通过推崇周敦颐为自身的致思路经、理论构架的合理性做出论证的考虑，甚至还可以理解为，他们在二程之学逐渐成为主流学术的情况下，试图塑造周敦颐“理学宗主”、二程老师的形象，以缓和自己在二程的致思路径、理论构架之外另辟蹊径之举的紧张感。

吴亚楠《张栻“太极”即“性”说辨析》（《中国哲学史》2016 年第 2 期）一文认为，“太极”即“性”是张栻哲学的重要特点，这两个概念在他的学说中是同一层次的本体范畴。而张栻所以提出这个命题，可以从三个角度上理解：其一，“太极”而“形性之妙”以见其体用；其二，可能受到朱熹关联“太极”与“未发已发”进行思考的影响；其三，继承胡宏的性本论和对周敦颐的推重，“太极”则正是后者的重要概念。而张栻提出此命题并介绍给朱熹，应当在乾道三年朱熹会张栻于长沙之前。

李可心《由心的出入问题反思张栻之学的式微》（《中国哲学史》2016 年第 3 期）一文认为，张栻作为湖湘学派的大师，其学却在身后很快隐没。理学的发展是一个内部义理逐次展开和问题呈露的过程，能否及时把握住时代的课题并予以创造性的解决，对一个学派的存亡至关重要。以心的出入问题加以观照，自孟子提出这一说法，在宋代理学的发展中曾两次被特别关注；一次是初期的二程，一次是走向成熟之际的朱熹和张栻等。朱熹和张栻等学者虽然同时参与了问题的探讨，但张栻的学术风格缺少应有的主动性和创发性，兼有理学和心学的特征而欠充分，且更偏重于实践性，以致逐渐丧失了在理学内部的话语权。

王安石研究：郭畑《道统与政统——王安石与宋代孔庙配享的位向问题》（《河南大学学报（社会科学版）2016 年第 1 期）一文认为，后世孔庙中，四配和十二哲、从祀贤儒一样，均依世次东西相对排列在孔子两侧，但宋代孔庙的配享位却全都安排在东侧。关于宋代这一礼制产生的原因，古今不少学者都以为是由于王安石配享时位次超越孟子而后又被罢祀所致。事实上，这与神道尊右的传统观念有关，是唐宋孔庙礼制沿革的自然结果，与王安石配享并无关联。王安石因追封王爵而打乱了孔庙祭祀系统的爵位等级制度，加之王安石给人留下的“僭越”成性之印象，以及南宋不断攻击王安石的政治和思想空气，都导致了“王安石配享躐位说”的产生和流播。

张培高、詹石窗《论王安石对〈中庸〉的诠释——兼论与二程诠释的异同》（《哲学研究》2016年第2期）一文认为，王安石不仅较早地对《中庸》作过诠释，而且他的诠释曾产生过重要的影响。王安石的《中庸》诠释，不仅扩大了《中庸》的影响，而且在促使士人更加重视“性命之学”探讨的同时，还进一步促使士人形成和加固了内圣外王的价值观，这在较大程度上回应了佛老的挑战。在内圣外王、性情关系等方面，虽然王安石与二程对《中庸》的诠释有一致之处，但从整体上看，相对来说，王的诠释存在“支离”之弊，而二程的诠释则更为圆融，故王的《中庸》诠释被洛学所超越是宋代《中庸》学发展之必然。

司马光研究：王冉冉、邓瑞全《司马光〈潜虚〉政治哲学思想初探——以〈气图〉和〈体图〉为中心》（《浙江学刊》2016年第4期）一文认为，就司马光学术著作而言，和《易说》相比，《潜虚》更重视象数作为义理的载体的作用，从而由天道以知人道，由形上的理论建构而阐述并解决形下的实际问题，其终极目标是为了政治现实服务。在这一逻辑指引下，《潜虚》借助符号与图形的术数表现形式，建构了一套完整的理论和模型，体现了司马光在哲学、政治学领域的类比能力、归纳分析能力和洞察力。

朱熹研究：沈顺福《体用论与传统儒家形而上学》（《哲学研究》2016年第7期）一文认为，中国早期哲学思维方式属于本源论模式，具有形象化特征，欠缺思辨性。佛教将万物视为相、用，以为其体或为心、或为空等，表现出哲学思辨模式。宋明儒家吸收了这种抽象化思辨模式，其代表之一为朱熹。朱熹以体用论为思维方式，将万物之理视为体，万物之流行与发用视为用。体用方式成为朱熹观察世界、理解世界和解释世界的基本模式。早期的朱熹体用论依然具有本末论色彩，其表现为“中和旧说”。后来的体用论有效地克服了本末论（本源论）的局限性，进入了思辨性阶段，其表现为“中和新说”。朱熹体用论的出现标志着中国传统哲学提升为思辨哲学，并成为一种追问终极性存在的本体论。

沈顺福《论朱熹的“理生气”》（《中国哲学史》2016年第3期）一文认为，《朱子语类》有“理生气”的说法，人们以为这是朱熹的观点，该记载可能有误。朱熹之理是形而上的，超越于经验现实，这便是“静”。“静”之理无所谓生死。朱熹之气是形而下者，它本身便能够生万物。形而上之理与形而下之气的关系是本末、体用关系，而不可能是经验性的生的关系。故理不生气。

朱璐《朱熹正义思想探析》（《哲学研究》2016年第4期）一文认为，朱熹对正义问题亦有所思考。朱熹推崇德性正义，认为“义”是“天理之宜”，主张行天理之公义，格物致知，“处物为义”；推行政治正义，主张“正君心”“格君心之非”以行政，以民本“为国家者明道正义”；践行经济正义，倡导“正经界”，复古井田制，创立“社仓”制以恤民。朱子的正义思想，带有鲜明的理学特质。

赖尚清《论朱子哲学中的“太极”与“理一分殊”》（《中国哲学史》2016年第4期）一文认为，朱子的“太极”概念静态地说，有造化大源、理之极至、极好至善的含义；动态地说，“太极”概念又呈现为：开始只是一生理本体，即“月印万川”，中间“太极”又演化为“类极”，即“一实万分”，最后，“太极”又成为“总天地万物之理”的表德或总名。“理一分殊”命题既表现为本体（理体）与现象（气化）之间的“月印万川”；又表现为“类极”的“一实万分”，即太极本体到宇宙万物之间各种“类极”，也就是普遍规律和特殊规律之间的关系，同时也包括一类事物之“类理”和其所包括的所有个体事物之间的关系；而且表现为太极全体和宇宙万物的气质之性的关系，即“理同气异”。“月印万川”“一实万分”“理同气异”等“理一分殊”命题，其中所蕴含的“理一”，既是本体、类理，即“形上之理”，还是“生理”。因此，“理一分殊”既是作为“形上之理”意义上的“理一分殊”，同时也是在具体事物中所呈现的生生而条理的过程。

杨万里研究：许家星《诚斋理学思想新论》（《哲学研究》2016 年第 7 期）一文认为，学界对杨万里思想存在唯物论、反理学论、气本论、理本论、心本论等不同看法，折射出其思想的复杂性。诚斋以觉、爱、恻隐论仁，持性体心用之心性论，工夫论以察识、致知为先，慎独、主敬为本，体现出湖湘学特色，并对道学诸家思想有所吸收整合，呈现出南宋理学所具有的立足一家、综合各派的特征。

五 宗教、史学、历史地理

（一）宗教史

专著：

《道教图像、考古与仪式——宋代道教的演变与特色》（黎志添编著，香港中文大学出版社 2016 年）一书是在香港中文大学道教文化研究中心于 2011 年主办的“宋代道教研究国际学术研讨会”的基础上集结而成。所收论文从仪式文本、图像学、物质文化、墓葬、符箓的考古发现、内丹、宫观管理、民间信仰等不同角度为切入点，深入探讨了宋代道教的方方面面，旨在探讨“宋代道教的演变与特色”。

论文：

佛教：靳阳春《宋代汀州定光佛信仰研究》（《中国史研究》2016 年第 2 期）一文认为，宋代汀州定光佛信仰的形成是一种文化建构。这种建构最本质的因素是国家权力对社会控制的强化，是国家权力向基层社会渗透，强化社会控制的结果。定光佛信仰的形成是为了解决地方社会所面临的问题，满足了宋廷“以神道设教”的需要，表明民间信仰只有建构为政权承认和推崇的意识形态，才能更加有效地发挥其社会控制功能。

北宋中期修建了景灵宫，并且将国忌行香礼移入其中。王蒙《北宋景灵宫国忌行香略论》（《宗教学研究》2016 年第 2 期）一文通过对相关材料的梳理，认为北宋国忌行香礼仪的沿革与演进集中体现了宋人皇权至上的理念与虔诚的佛教信仰之间的矛盾。从文武群僚行香、僧道站班行香、僧侣作法事这三个方面看，《政和五礼新仪》所载的景灵宫国忌行香礼是儒家伦理观念与佛教信仰之间相互融合与汇通的结果。

道教：张悦《宋代道教驱邪模式与世俗政治关系初探》（《史林》2016 年第 5 期）一文认为，通过对宋代道教驱邪活动的考察，可以发现，道教驱邪机构的设置具有明显的官僚化色彩，道教在驱邪的过程中，也体现出了宋代司法的特色。这种对世俗政治的模仿的目的，一是要将道教的驱邪思想按照世俗审判过程进行模拟，以传递其宗教理念，起到社会教化的功能。同时，道教驱邪模式中的这种对世俗司法体系的借鉴及严格执行，使得“法律意识”在宋人观念中得以传播，也体现了“程序正义”在驱邪活动中权威性的建立。

盖菲《唐宋外丹新类型初探》（《宗教学研究》2016 年第 2 期）一文认为，

唐宋之际，外丹理论出现了转向，出现“内外丹合修”与理论外丹两个方向。理论外丹是指运用纯理论而非实验方法来探索研究外丹的本质及规律的一种外丹学说，唐宋时期部分难以辨别其内容是内丹还是外丹的经文，实际上是理论外丹之作。南宋吴悮即为典型的理论外丹家。

摩尼教：彭晓静、杨富学《福州福寿宫摩尼教神祇探原》（《世界宗教研究》2016年第3期）一文探讨了初建于宋，为祭祀宋代霞浦摩尼教教主林瞪而建的福州福寿宫，在对该庙供奉诸神之考察后发现，福寿宫护法神祇来源于摩尼教、佛教、道教和当地民间信仰，四种神祇交互杂处。认为依托道教并非宋代摩尼教生存形态的唯一模式。自宋以后，因时因地之差异，摩尼教所呈现的形态也是多样的。福建摩尼教之道化特征明显强于佛教。福建摩尼教之民间宗教色彩也极为浓厚，充分体现了摩尼教在福建地方化的特色，是摩尼教在中国地方化、民间化稀见而典型的范例。

民间信仰：黄纯艳《宋代水上信仰的神灵体系及其新变》（《史学集刊》2016年第6期）一文认为，宋代水上航行中的神灵信仰体系进一步完善，并出现若干新变。宋代水上神灵形成了从四海四渎神到川泽风雨神的层次高低，正祀、淫祀、中间地带神灵的正式与非正式划分，以及本庙与行祠等构成的交错复杂的神灵体系。宋代原有水上神灵信仰出现了若干新变化，同时新创了若干航行所需的护航神灵信仰。

陈晔《宋代陆使君信仰研究——兼论蜀三大神合祀的区域祠神整合》（《江西社会科学》2016年第2期）一文认为，宋代陆使君信仰的兴起、传播，除了灵应神迹不断、朝廷多次封赐等许多祠神具备的一般性原因外，陆弼直臣良吏的“人生履历”也备受士大夫推崇。正是诸多因素的综合作用，使其得以跻身蜀三大神之列。然而，陆使君在三大神中灵应性与功能性最弱，这使他受到了士人推崇，却很大程度上限制了他于合祀之外的信仰发展。

易素梅《宋代孝女文化转型论略——以曹娥与朱娥并祀为中心的历史考察》（《中山大学学报（社会科学版）》2016年第6期）认为，虽然宋代文献与图像资料中屡见不鲜的曹娥给人以孝道化身的印象。然而仔细考量，会发现虽然经典话语体系认同曹娥的孝，但是地方社会对于其自残尽孝的方式或有质疑的声音，宋人仍在探寻支持其孝道的依据。聚焦绍兴地区的曹娥信仰，就会发现仅用孝道难以解释人们斥资建庙的动机。并非所有孝行传主都能成为祠祀主神，而且曹娥故事本身带有浓烈的巫术、民间信仰色彩。曹娥信仰在绍兴流行、朱娥被配享曹娥庙，具有更为切实的功利性因素。

三教融合：虞云国《在调和与融通之间：唐宋变迁视野下的三教互动》（《河北大学学报（哲学社会科学版）》2016年第2期）一文认为，直至中唐以前，佛教与道教虽曾各倡调和之论，历朝君主也有调和之举，但都是对三者关系的外在安顿，儒佛道之间真正融通并未措手。大约中唐前后，佛教完成了中国化进程，道教尽展本土宗教的全部特色。儒学也由韩愈肇其始，而由宋代理学家最终毕其功，融汇佛道的合理精髓，再构宋学的思想体系，最终夺回三教关系的话语主权。在此过程中，佛道两家进一步将儒学价值观自觉纳入教义，主动向儒家靠拢。而宋代君主作为最高统治者，则始终以调和三教为基本国策。这些变化与互动，构成了思想领域中唐宋变革的一大主题。

杨逸《宋元清规儒家化考论》（《宗教学研究》2016年第4期）一文认为，

宋元时期，丛林清规的儒家化趋势日益增强，突出表现为对儒礼的认同与吸纳。南宋之后，僧人将丛林清规比作儒家之“礼”，采用儒家话语为清规重纂提供依据。受家礼影响，位牌开始在丛林丧礼中出现，并最终取代禅宗惯用的“真”，进入祖堂享受历代供奉与祭祀。比照儒家丧服，丛林创立、完善了孝服制度，将僧团整合为类似儒家血缘关系的同心圆结构。宋元时期儒佛话语的转换反映了两者在竞争中加深理解、在攻讦中走向融合的历史趋势。

（二）史学史

专著：

《历史的严妆——解读道学阴影下的南宋史学》（［美］蔡涵墨著，中华书局2016年4月）一书是美国学者蔡涵墨（Charles Hartman）研究中国宋代人物和文献的一部论文集，包括7篇专文和1篇书评。书中运用文本考古学的方法，对秦桧、蔡京等历史人物以及李心传《道命录》进行文本分析，力图还原文本产生的过程，认为《宋史》文本产生是一个积累的过程，南宋道学崛起后，直接影响到当时的宋史观念以及历史书写。

论文：

张宇《宋代历史评论的价值、缺陷与嬗变》（《东南学术》2016年第4期）一文认为，从中国古代历史评论发展史的角度而言，宋代历史评论在其自身本体的建构、理论层次的提升以及推动中国古代历史评论的繁荣等方面，有着较为重要的价值。但在史料运用和所作结论等方面，却往往存在着诸如裁剪史料、苛求过深等缺陷。这一时期已意解史与以经断史等新的历史评论类型的出现，则导致了中国古代历史评论的嬗变，影响了此后历史评论的发展轨迹。

王旭《论宋代图经向方志的转变——以图的变化为中心》（《史学史研究》2016年第2期）一文认为，宋代是图经向方志转变的过渡期，这种转变鲜明地体现在经“图”的变化上，即图数量的减少和图类型的变化。究其原因，中央对地方控制力的减弱与地方官员、士绅势力的上升是这种文化表象的社会政治背景，而地方士人参与到地方志书的修撰乃是转变的催化剂。农田水利、书院等图表达了地方官员治理地方的需求，而风景、先贤等图则反映了地方士绅弘扬地方文化的愿望。

孙颖涛《司马光儒门史学实践的内在冲突——兼论程颐、朱熹与司马光史观之差异》（《史学月刊》2016年第11期）一文认为，司马光既有明显的史家自觉，又将史学限定在儒学门庭之内，以求道作为治史的最高目标，并且高度认同史学的鉴戒价值。但其儒门史学蕴含的求道、求治、求真三重价值目标，造成了史学实践中的内在冲突，即求道与求治的冲突、求道与求真的冲突。前者引起历史人物评价上与程颐（也包括朱熹）的分歧，后者引起历史编纂上与朱熹的分歧。

（三）历史地理

专著：

《生态环境变迁与社会嬗变互动——以夏代至北宋时期黄河中下游地区为中心》（王星光、张强、尚群昌著，人民出版社2016年9月）一书对夏至北宋黄河中下游地区生态环境变迁进行了长时段的审视考察，分析了生态环境变迁在古代都城西移东迁、王朝更迭废立等社会变革中的影响，分析了生态环境恶化诸如旱灾、洪灾、虫灾等表现形式和原因，总结了先民为减缓灾害而采取的防旱保墒、精耕细作，发展可持续农业的有效措施，并对先民生态环境思想加以分析研究。

《宋代福建庙学的历史地理学分析》（田志馥著，经济管理出版社2016年11月）一书选取宋代教育较为发达的福建作为研究对象，以历史地理学研究视角和研究方法展开研究，探讨了宋代福建庙学发展的背景、宋代福建庙学的变迁、宋代福建庙学的地理分布、宋代福建庙学景观的空间格局以及宋代福建庙学的运作实态等问题。

论文：

环境史：张全明《南宋森林覆盖率及其变迁原因研究》（《国际社会科学杂志（中文版）》2016年第3期）一文指出，中国古代森林覆盖率是一个逐渐递减的演变过程，到公元1000年左右的北宋前期与1200年前后的南宋中后期，森林覆盖率整体分别降低到42%与40%左右。但仅从南宋所辖政区范围约205万平方千米计，森林覆盖率当时则仍高达65%左右。南宋境内不同地区森林覆盖率的分布及其变化也有较大的差别。造成南宋不同地区森林覆盖率分布变化的主要原因依次是毁林垦荒，建筑用材，薪炭消耗，车船、家具、农具与棺椁等各种木器制作，矿冶、煮盐与烧制瓷器用材，栈道修建与战乱伐木对森林的砍伐等。从整体的生态环境状态看，南宋仍然处于相对良好的生态系统平衡阶段。

耿金《9—13世纪山会平原水环境与水利系统演变》（《中国历史地理论丛》2016年第3期）一文认为，唐代山会平原东部的东江塘构建改变了平原内河东出水流环境，平原积水向北部汇聚，后凿玉山置朱储斗门以泄水；北宋将斗门扩建为玉山闸，使北部灌溉能力极大提升，平原对鉴湖蓄水灌溉依赖减弱。南宋山阴北海塘最终构筑，西小江东出河道逐步固定，平原北部形成新的积水区，一些范围较大的积水区后期发育成湖泊，也分担鉴湖灌溉功能。北宋以后湖田化最终导致以鉴湖为中心的斗门水利系统废弃，湖水排入内河，原鉴湖低地积水，则通过堰来维持湖田区的农田灌溉及航运。唐宋海塘构建引起的水文生态变化推动着水利系统演变。

王琳珂《北宋"黄河清"现象探析》（《唐山师范学院学报》2016年第3期）一文认为，北宋文献记载中出现"黄河清"现象多达20次，不仅与其出现在冬春季节和出现地点特殊的地理环境有关，而且和北宋时整体的气候条件有关，还与它集中出现时的政治环境有莫大的关系。宋人将"黄河清"现象作为天下太平的祥瑞观点与社会文化等因素交织在一起，形成了一种独特的社会文化现象。

地理区划：包伟民《新旧叠加：中国近古乡都制度的继承与演化》（《中国经济史研究》2016年第2期）一文认为，从唐到宋，作为联户组织的乡里体系不断蜕化，经过北宋前期的乡管制，到熙宁年间逐渐演变为乡都制，虽然已经成为学界共识，但随着制度蜕化，至南宋中后期，乡都组织也开始了地域化过程，这一过程到宋末元初，才基本完成。这是自唐末以来乡村基层组织的第二轮地域化。存世宋元地方志关于"乡村"的记述极其复杂，区划名称有乡、里、村（邨）、社、都、保、管、坊、耆和团等多种，它们相互之间的编排更令人眼花缭乱，其中不少为各地实际运行之中的基层管理组织，更多则属于经过从唐末到元末前后两轮地域化过程沉淀下来的、已经蜕化了的某种地域或聚落之名，今人唯有将这些复杂的文献记载梳理清楚，才有可能准确地重构关于近古时期乡里组织的史实。

包伟民的另一篇论文《宋代乡村"管"制再释》（《中国史研究》2016年第3期）对宋代基层区划中的"管"做了再度考释。认为，学界此前立足于"废乡分管"、即乡与管此废彼设的对立关系的基点之上，来理解北宋开宝七年（974）的诏令，因此对宋初以来乡村"管"制是否实际推行存在着较大分歧。但是北宋多种地方总志所记述的乡制在各地普遍、长期存在的史实，揭示了即如在相州这样"管"制推行的典型地区，其与乡之间仍然存在着更为复杂的关系。主要根据各地普遍设置作为"管"的负责人户长等的史实，大致可以肯定，存世的开宝七年诏令的文本，可能的确有脱文。随着开宝七年诏令的推行，北宋国家的乡村管理体系总体上已从前代的乡里制演进为乡管制。只是由于后来随着乡都制的推行，以致在主要以南宋文献为主的存世历史资料中，乡管制的历史痕迹大多被覆盖了。

朱奎泽《两宋乡治体系中“管”的几个问题》（《甘肃社会科学》2016 年第 6 期）则对宋代基层区划中的“管”的设置和实际推行情况、“管”的职役编制、实际职能和消亡等提出了自己的看法。

杜芝明《王朝疆域下宋人的“西南”区域观念探究》（《社会科学文摘》2016 年第 12 期）一文认为，宋人“西南”区域观念是秦汉以来以“西南夷”空间为核心基础上的演变、发展，并为元明清“西南”区域概念的正式形成奠定了基础。宋人的“西南”是川峡四路、荆湖北路、荆湖南路、广南西路等“华”与“夷”聚居、杂居的整体区域，但又因民族分布、政权南迁等因素影响，“西南”空间范围、内涵又呈现出不同的发展、演变轨迹。

城市史：梁建国《北宋东京的人口分布与空间利用》（《中国经济史研究》2016 年第 6 期）一文认为，北宋东京人口密度呈现出圈层式的分布特征，其内城的人口密度远远高于外城，症结在于各种城市功能的高度集中。东京内城不仅体现都城的行政功能，还附载着经济、军事、宗教、居住等其他配套功能，造成内城空间用地极其紧张，并带来一系列城市问题。为了在有限空间里来承载更多的城市功能，北宋东京更加注重对城市空间的优化利用，通过空间的借用、延展及功能的多元化等方式充分挖掘城市空间的容纳效力，提高了城市空间的利用效率。

何适《从人口状况看宋代扬州的经济发展与城市属性》（《城市史研究》第 35 辑，2016 年 9 月）一文认为，北宋时期，扬州总人口呈不断增长的趋势。下至南宋，扬州作为南北政权对峙的前沿地区，人口总数虽不及北宋整体水平，但不断增长的趋势并未改变。以往认为宋代扬州相对衰落的观念过于笼统，忽视了宋代扬州区域、城市经济和社会发展的一面。南宋扬州人口流动性较为突出，其中军兵的遣入较北宋时期更为明显，反映出扬州城市属性从经济性向军事性的转变。

姜青青《从宋版“京城四图”看临安城基本保障系统的构建》（《国际社会科学杂志（中文版）》2016 年第 3 期）一文以“读图”方式，通过城市地理要素在《皇城图》《京城图》《西湖图》《浙江图》等地图上直观而准确的反映，从城市最基本的保障系统的空间布局上，解析临安城富有层次、甚为完备的城市功能设置，以及遵从自然和人文特点所形成的甚为合理的城市发展模式，解答了当年临安城为何会成为“宜居”之城的原因。

钟翀、方毓琦、王晓媛、徐婕莉、胡晶晶《宋代以来常州城中的“厢”——城市厢坊制的平面格局及演变研究之一叶》（《杭州师范大学学报（社会科学版）》2016 年第 1 期）一文认为，中古以降常州城中的“厢”先后经历自宋代的 4 个兵马都监、到元代的录事司下辖区划单元，再到明清时期“改坊为厢”的变化，其功能得以长期延续并不断扩展。宋以来常州城市管理职能机构循“宋双桂坊（乡）——元录事司——明清厢”这一演变模式，以及明以后城中“厢”与“啚（里）”所显示的对应关系，折射出古代地方中心城市在城乡管理上的同一性与继承性。

来亚文、钟翀《宋代湖州城的“界”与“坊”》（《杭州师范大学学报（社会科学版)》2016年第1期)一文认为,《永乐大典》辑本《嘉泰吴兴志》卷二《坊巷·州治》全文实为清人错辑明初《吴兴续志》之文,在此资料批判的基础上,可以确认南宋后期城中的“坊”的实际形态,应为街口树有牌坊的街巷;同时,在复原获得宋代湖州罗城平面形态的基础上,由明、清回溯复原宋代湖州城“界”的分布与区划,可以确认湖州城的“界”并非“坊”的别称,实即城中之“里”,是附郭乡的赋役征发基本单位和“厢”的警巡消防基层区划。

地理考述:黄纯艳《宋代近海航路考述》(《中华文史论丛》2016年第1期)一文认为,宋代南自广西沿海北至京东河北都有近海航路相连,而且近海航路站点密集,发展成熟。近海航路以明州为界可分为南北两大段。北段又可分为密州以北和密州以南两段,受政治局势影响很大。南段以福州、泉州为中继,联系广南和两浙,站点更多,更为繁荣,受政治局势影响甚小。

任江《唐宋时期犍为县治所略考》(《中国历史地理论丛》2016年第4期)针对学界关于唐宋时期犍为县治迁徙的多种不同意见,提出自己的看法,认为唐末犍为县治所先由岷江东岸迁至西岸,北宋中期再由马边河河口地区向上游的今清溪镇一带推进,直至元初再无变动。

六 文献、考古和人物

(一)文献

专著:

2016年整理点校的古籍有《愧郯录》([宋]岳珂撰,朗润校,中华书局2016年1月),《文彦博集校注》([宋]袁枢著,申利校注,中华书局2016年2月),《张孝祥集编年校注》([宋]张孝祥著,辛更儒校注,中华书局2016年10月),《周官新义》([宋]王安石撰,杨小召校,四川大学出版社2016年1月)。碑刻文献有《宋代墓志辑释(精)》(郭茂育、刘继保著,中州古籍2016年2月),该书共辑录宋代墓志226方,以新出土和尚未发表的为主。刘云军著《〈宋史〉宰辅列传补正》一书对《宋史》中的三十二位宰辅的传记进行集中补正,所涉及的宰辅主要集中于南宋高宗朝。

论文:

文献辨伪:戴建国著《〈碧云騢〉作者新探》(《历史文献研究》总第36辑,2016年9月)一文认为,关于《碧云騢》一书的作者,自宋人王铚指为魏泰假名于梅尧臣后,众说纷纭,莫衷一是。《碧云騢》诋毁的主要是活动于北宋仁宗朝的官员,他们与梅尧臣晚年的仕途生涯都有交集,梅尧臣完全有条件撰写《碧云騢》。魏泰《东轩笔录》共有九条记载范仲淹的故事,都是正面形象,与《碧云騢》中被诋毁的范仲淹形象有着天壤之别。魏泰对范仲淹是极为崇敬的。《东轩笔录》成书不会早于神宗时期,而范仲淹卒于仁宗朝,魏泰与范仲淹不存在因仕途生涯引发出如梅尧臣与范仲淹那些不愉快的事情,故其不可能写出对待范仲淹态度截然相反、相互抵触的两本著作来。

顾少华《朱熹“八书”与〈资治通鉴纲目凡例〉真伪新考》(《史学月刊》2016年第8期)对于学界公案朱熹“八书”和《资治通鉴纲目凡例》的真伪问题提出自己的看法,认为“八书”反映了庆元四年左右,赵师渊相助朱熹“整顿”《纲目》一事,这符合朱熹晚年将《纲目》纳入“整顿”新旧诸书的计划;“八书”所显示的赵氏修订《纲目》的具体工作、朱熹对《纲目》条例的认知及行文措辞等细节，无一有违史实，旁人无法伪造。“八书”为真是论定《凡例》真实的重要基础。通过“八书”可以确认《凡例》来源可信、可靠。同时，以朱熹其他文本中的相关表述审视《凡例》的主旨和细节，亦无违戾处。因此现存《凡例》系朱熹手定。

陈艳军《大连图书馆藏抄本〈圣宋皇祐广乐图记〉伪书考》（《文献》2016 年第 5 期）一文认为，今存大连图书馆，王子霖《古籍善本经眼录》所著录清影宋刊传抄本宋代乐书《圣宋皇祐广乐图记》八十一卷，可以从该书书名题署分歧、序文所署年代与序文内容的矛盾、目录与正文内容之不合、援引著录与原书不符等方面发现其书之伪迹。该书非影宋刊传抄本，而是书贾炮制的一部伪书。

吴佐忻《〈惠民药局记〉非沈括所撰》（《中医药文化》2016 年第 1 期）一文认为，沈括在世时，还没有惠民局之名，所谓的《惠民药局记》的作者应当不是沈括。沈括生前出现在北宋京城的药局名称是太医局熟药所或卖药所，而不是惠民局或和剂局。《和剂局方》在沈括在世时尚未成书。所谓的《惠民药局记》系明人伪托，实则出自周密《癸辛杂识》，篇名为《和剂药局》。

许勇《〈耆旧续闻〉作者非陈鹄考》（《文献》2016 年第 3 期）一文认为，自明代以来，陈鹄一直被认为是南宋笔记《耆旧续闻》的作者，然而对于《耆旧续闻》作者晚出这一现象，并没有得到学者的足够重视。从这一现象出发，关注《耆旧续闻》的两种署名方式：“南阳陈鹄录正”“陈鹄西塘撰”，并结合明代沈周《客座新闻》在流传过程中产生的署名“西塘陈鹄录正”，加以对比考证，认为陈鹄是明代人，并非《耆旧续闻》的作者，仅仅是一位抄录者。

史源考辨：孙廷林《〈宋史·忠义传〉史源考》（《史学史研究》2016 年第 3 期）认为，《宋史·忠义传》史料来源是多源的。大致可分三类：其一，北宋与南宋初期忠义传记之史源多为宋《国史》《实录》等官修史书。其二，《国史》《实录》等官修史书无传者，特别是宋蒙（元）战争中涌现出的忠义之士，则据宋人文集、笔记、方志，兼采《文丞相督府忠义传》等宋末私人撰著。其三，采自元人撰述的墓铭、碑记、方志等。

于晓川《曾巩〈续元丰类稿〉、〈外集〉考》（《四川师范大学学报（社会科学版）》2016 年第 5 期）一文认为，曾巩已佚诗文集《续元丰类稿》《外集》，二者初编本在明嘉靖年间尚存于世，其内容包含了今存之金刻《南丰曾子固集》的部分内容，亦包含曾巩《南丰杂识》的内容，而历来大多认为是史学著作的《隆平集》亦可能包含有《续元丰类稿》《外集》的内容。

文献辨讹：夏亚飞《〈宋史·选举志〉“御书院”考》（《中国史研究》2016 年第 1 期）一文对王瑞来在《赵抃〈御试官日记〉考释———兼论北宋殿试制度的演变》提出的《宋史·选举志》中“御书院”当为“御药院”之误的观点提出商榷，认为《宋史·选举志》所载《亲试进士条制》中云“用御书院印”没有错误，王先生“《宋史·选举志》‘御书院’当为‘御药院’之误”的观点，应当重新审视。

文献评析：姜锡东《〈宋史筌·食货志〉析论》（《文献》2016 年第 3 期）一文介绍了朝鲜李朝所编《宋史筌》一书的三大特色和研究现状，对《宋史筌·食货志》与《宋史·食货志》做了比较全面而细致的对比和论述：比较分析二书《食货志》序论的异同和短长，揭示二者对程朱理学与宋代财政相互关系的重视、歧义；按照 23 个专题（子目），对《宋史筌·食货志》删削改编《宋史·食货志》的大体情况及其优劣得失逐一进行比较评判，认为其删改工作基本成功，但也存在一些深层或浅显的失误。认为18世纪后期的朝鲜学界对于宋代历史文化既非常尊崇，又不迷信，力图理性地加以取舍，这是《宋史筌》一书出现的大背景。

方彦寿《南宋建刻"监本"探考——从"二坊私版官三舍"谈起》（《中国出版史研究》2016年第2期）一文认为，南宋建阳崇化、麻沙两地书坊曾刊刻了不少号称"监本"的图书，实际上是一种得到国子监默许的"准监本"，体现了建阳作为古代坊刻中心对官刻以及对外地刻书业的影响和辐射，是外地书坊很难见到的独特现象，对重新审视和评价福建古代刻书业有着极为重要的指引，甚至是颠覆的作用。

（二）考古

专著：

杜正贤著《南宋都城临安研究——以考古为中心》（上海古籍出版社2016年12月）一书是一部以考古勘探发掘资料为主，对南宋都城临安进行研究的著作，基本概括了近30年来杭州有关南宋的考古成果。该书的一大特点是以考古发掘材料为主线，结合大量的文献记载，在地图上一一标注出南宋时期重要建筑的地理位置，以期获得对南宋临安城布局规划的感性认识。

论文：

发掘报告：2016年发表的窑址考古发掘简报有：《安徽繁昌柯家冲窑遗址2013～2014年发掘简报》（亢艳荣等人合著，《文物》2016年第3期），此处窑址出土的为青白瓷器和窑具，分为两期，一期为五代时期，二期为北宋早中期。《福安市首洋溪尾垱窑址2015年发掘简报》（华锋林等人合著，《福建文博》2016年第3期），该处窑址出土瓷器多为青瓷，以碗类为大宗，烧造年代约在北宋末期到南宋初期之间。佛教遗址有《甘肃泾川佛教遗址2013年发掘简报》（吴荭等人合著，《文物》2016年第4期），该处遗址出土有佛教造像、陶棺、陶器、瓷片及砖瓦等，年代为北朝到宋代。此外，本年度还发表不少宋墓发掘简报，但均为普通人物，具体篇目可参见本年度年鉴附录。

著名的宋代沉船"南海1号"2007年被整体打捞后，2014年开始全面的考古发掘，《"南海1号"宋代沉船2014年的发掘》（王元林、肖达顺合著，《考古》2016年第12期）即为本次发掘的报告。根据报告，沉船出水遗物有瓷器、金器、银器、铜器、铁器、钱币、锡器、漆木器、木材、朱砂和少量植物种子等。从已发掘的船体判断，沉船属于我国古代三大船型的"福船"类型，时代为南宋中晚期。

考古研究：韩建华《试论北宋西京洛阳宫城、皇城的布局及其演变》（《考古》2016年第11期）一文结合考古材料和文献，对北宋西京洛阳城门、城墙进行了考证：北宋洛阳城承袭隋唐之旧，以隋唐大内和东、西隔城为宫城，隋唐玄武城纳入皇城，形成皇城包围宫城的布局。宋太宗以后，洛阳式微。徽宗时，宫城向南北扩张，宫城内出现了复合型宫殿建筑群。

1995年—1998年，杭州市文物考古研究所对位于杭州市太庙巷一带的南宋临安城太庙遗址进行了考古发掘，发掘总面积近1100m^2，发掘出的建筑遗址包括东围墙、东门址、砖铺道路、房屋基址、散水、排水沟等，可知南宋临安城太庙是一个功能布局完善、规模宏大、建造做法考究的建筑组群。李祯《南宋临安城太庙建筑遗址复原探讨》（《华中建筑》2016年第11期）一文结合相关历史文献的梳理分析，对南宋临安城太庙的建制始末、范围与布局、主殿建筑形制等进行了全面的研究与探讨。

（三）人物

政治人物：姜锡东《岳飞与王彦关系新论》（《河北学刊》2016 年第 5 期）一文认为，王彦和岳飞曾经是上下级关系，后因抗金作战产生分歧、怨隙，以至分手。对此，现代史学家对此述评同中有异，但均存在某些缺陷。这主要是因为王彦的亲信幕僚续觱和岳飞的孙子岳珂的相关记载存在一定缺陷之故，特别是岳珂的记载问题更多。我们必须十分谨慎地审查这些并不原始的追述性质的记载，分辨其曲笔和局限，才有可能澄清历史真相，另外还必须从大局出发论断其是非得失。

韩冠群《从宣押入内到独班奏事：南宋韩侂胄的专权之路》（《北京社会科学》2016 年第 4 期）一文认为，考察南宋权臣韩侂胄成功上台并维持专权的具体方式，发现宁宗对韩侂胄一以贯之的信任与倚重是韩侂胄专权形成的首要原因。开禧元年（1205）七月之前，韩侂胄没有担任实职差遣，却每日宣押进入宫中，辅佐宁宗处理朝政。他主要通过控制御笔下发的通道、利用台谏官言论等手段实现一己之私。担任平章军国事之后，他成为实权宰相，主要利用独班奏事、留身独对等既有制度，获得更多面见宁宗的机会，借机影响宁宗的决策，变私意为君命。就韩侂胄的个人经历而言，与其称之为权相，不如称之为权臣更为合适。

姜锡东《杨妙真新论——研究现状、基本事迹和评价问题》（《文史哲》2016 年第 1 期）一文认为，金末山东红袄军（忠义军）领袖杨妙真虽迫于形势而率部投宋投蒙，但始终具有“山东本位”战略思想，寻求独立自主发展；晚期是蒙古“特进行山东淮南尚书省事”兼韬光养晦的道教全真教女冠；1252 年卸任“行省”，李璮继任；嗣子李璮的叛蒙投宋，深受杨氏和李全影响。她是中国古代妇女史上的杰出人物，但有严重历史局限和错误。杨妙真、李全等人及其山东红袄军惊心动魄的历史，折射出 13 世纪金朝、南宋、蒙古政府的许多重大失误，为后人留下不少血的教训。

学者：张琪《北宋经学家陈祥道仕履考证》（《古籍整理研究学刊》2016 年第 5 期）一文认为，《宋史》及后世研究论陈祥道仕履多有不足。该文指出陈祥道曾任国子监直讲，弥补了其仕履研究中的缺憾。分析了余嘉锡、冯茜在陈祥道任馆职时间上的分歧，指明二家说法之失误。厘清了陈祥道元祐七年由秘书省正字到馆阁校勘再到太常博士兼馆阁校勘的仕宦历程。明确了陈祥道卒前所任官职确为太常博士兼秘书省正字。

王晚霞《林希逸生卒年考辨》（《东南学术》2016 年第 1 期）一文指出，

南宋末著名学者林希逸的生卒年自宋至清皆无明确记载，其生平事迹亦隐而不彰。该文立足现有成果，检索大量历史文献，结合在福建省福清市林希逸故居实地考察时发现的珍贵资料——刻于宋代的林希逸墓碑，运用本证、旁证等方法，确定林希逸生于南宋绍熙四年癸丑（1193），卒于咸淳七年辛未（1271）。

王娇、王可喜《南宋吕祖俭等三家诗人生卒年考》（《江汉论坛》2016 年第 3 期）一文根据明万历《金华府志》、明王祎《跋吕大愚帖》及朱熹相关书信等，考定吕祖俭卒年为庆元四年（1198）。据楼钥《承议郎孙君墓志铭》等，考知孙应求卒于光宗绍熙三年（1192）。据孙应符诗《咄咄篇》及乃父孙介诗《欣欣篇》诗序等，考知孙应符生于高宗绍兴十四年（1144）。

陈楠楠《汪元量事迹杂考》（《内蒙古社会科学（汉文版）》2016 年第 6 期）一文对

诗人汪元量在宋亡后的事迹做了考证：南宋灭亡以后，汪元量跟随宋皇室北赴元朝首都，在北方生活了十多年，期间曾担任元朝翰林院属官，参与元朝降香祭祀活动，并与南宋故皇室大臣多有交往。作为南宋遗民，汪元量及其作品反映了宋元鼎革之际士人的命运和心态，具有鲜明的时代特征。

宗教人物：赵建勇《隐没的先真：北宋高道于元隐行迹略考》（《宗教学研究》2016年第3期）一文根据方志收录碑刻、资料比较研判，北宋末于元隐曾至鸡足山修道，所学为《大洞经》法派；后得到陕西地方官员礼敬，大观元年遣赴都城开封，受宋徽宗礼遇赏赐，馆于皇家宫观龙德宫，并得北宋著名高道徐神翁、女冠曹道冲推重。后辞归终南上清太平宫隐修，逝后徽宗亲赐谥号“希夷至道”，命童贯选官营葬，赐祭田并建祠堂。宋后事迹不显。

李辉《南宋高僧佛智端裕生平略考》（《国际社会科学杂志（中文版）》2016年第3期）一文对南宋初期灵隐寺住持端裕生平做了考证：端裕为吴越国钱氏后裔，在南宋高宗朝倍受皇家尊崇，宋高宗之母韦氏曾听其演法，并赐金襕袈裟。圆寂后，朝廷谥号“大悟禅师”，由此可知端裕在当时影响较大。但此脉后继乏力，影响力渐弱，故在元明以后湮灭无闻，以致佛智端裕事迹不为人知。

黄豪《南宋高僧灵隐慧远行实考察》（《宗教学研究》2016年第1期）一文对南宋禅宗史上高僧灵隐慧远的远行踪迹进行考察：慧远学成于四川，弘法于川外，一生历住名寺，得到孝宗皇帝的数十次召见，门下弟子众多，法脉广布，远播海外。

家世：王元林、孙廷林《宋代赵稹、赵师旦家族事迹考论》（《安徽师范大学学报（人文社会科学版）》2016年第2期）一文指出：文献记载中多误以赵稹、赵师旦为叔侄，二人实乃叔祖—侄孙关系。赵稹、赵师旦家族原籍单州成武县（今山东成武县），文献中或误作武城（今河北武城县）或概言单父（治今山东单县），均不确。赵稹徙居宣城（今安徽宣城），赵师旦一系徙居楚州山阳（今属江苏淮安）。赵氏家族的姻亲关系反映出宋代士大夫家族婚姻重门第与才识的特点。赵师旦殉国后，被宋王朝树为忠义典范，列入祀典，赵氏家族则积极借王朝对赵师旦忠义殉国的褒扬维持家族长盛不衰。

汤元宋《政治、家世与学问——以吕祖谦的灾异观为例》（《北京社会科学》2016年第2期）一文认为，吕祖谦作为南宋最知名的哲学家之一，关于其学问传承，生前即有“其学本之家庭，有中原文献之传”的共识。治宋明理学史的学者多从吕祖谦自身文献的角度加以概念性的定义，而较少从吕祖谦文献与吕氏家族先人文献参照的角度加以解读。以吕祖谦的灾异观为例，考察吕氏家族先人吕公著与王安石围绕“天变不足畏”之说的著名政争，以吕祖谦后学王应麟的灾异观为参照，可以看到政治、家世对吕祖谦学问的影响。而把握政治、家世与学问之间的关系，对研究中国古代思想史具有特殊价值。

结　语

以上综述只是摘选了年鉴收录论著的部分内容。在年鉴收录的论著中，文学史和绘画、书法等艺术史方面的数量尤多，这部分一般不属于中国古代史学者研究的领域，因此也就没有介绍。但就本综述涉及的研究领域，从年鉴收录的论著发表情况看，有以下突出点：一、研究方法上，在断代史研究的基础上，更多研究注重打通朝代隔层，做更长时段的观察，比如对汉宋、唐宋、宋明、宋清之间长时段的连续变化做以研究和比较；学科交叉研究方法在进一步互相渗透，比如地理学和经济学领域的研究者采用了数理模型建构等方法对宋代的经济和社会关系所作的研究；二、体现了对社会现实和关注热点的回应，比如社会史研究在社会控制、社会保障等方面关注度集中；此外，一些论著对以往的研究对象做了更细微精准的探察，从而推进了研究深度。虽然本年度研究成果丰硕，但依然还存在着一些不足之处，主要是各个领域研究丰约不一，如宋代工商业史研究方面就相对成果较少，希望以后能在此方面有所增进。

2016年台湾宋史研究概况

张志强

一　前言

2016年台湾宋史研究，就笔者所知，共有八本宋史研究相关专着出版，博、硕士论文10篇，学术类论文36篇。[①] 兹将主要内容综述如下，限于篇幅、信息与学识的不足，难免有遗憾之珠，望请方家补正。

二　政治军事

政治、军事方面，计有专书6本、学位论文5篇、期刊论文16篇。内容包含外戚政治、后妃研究、行政建制、丧葬制度、法律制度、官制研究、政治人物、政治冲突、政治运作、政策研究、帝位传承、涉外事务等政治议题，以及武将群体、禁军编制等军事研究。

（一）政治

外戚政治方面。黄纯怡《北宋的外戚与政治》一书，以北宋外戚为探讨对象，梳理其轮廓并了解文人如何看待他们。书中讨论北宋外戚的仕途与生活，分析他们对政局的影响，说明与其他文人群体的交往关系，认为宋代并不是没有外戚问题，只是在北宋的朝政结构之下，受到严格的限制与监督，而不易产生前代的外戚乱政。[②] 另有《宋代的驸马与政局》一文，以宋代驸马为探讨对象，了解他们如何被选任与政治上的表现。文中叙述驸马选任的过程，说明任官及从政的限制，分析党争对他们的影响。该文指出宋初出身武将家族的驸马，因有其利用价值，所以能出任边地手握实权，其后驸马就回归制度层面，多任职虚衔的武职，有机会任高官者，也都能谨守本分。[③]

后妃研究方面。施译涵《天命、梦兆与妇德实践——〈宋史·高宗宪圣慈烈吴皇后传〉内容试探》一文，以《宋史·高宗宪圣慈烈吴皇后传》所记载之吴后生平为研究核心，探讨其出身背景与如何扮演高宗正妻的角色。文中分析史官以梦兆与降生异象书写吴

---

① 此处所谓研究专著已排除历史普及读物，博、硕士论文以其毕业时间加以区隔，相关期刊论文以刊登于台湾出版品为限。

② 黄纯怡：《北宋的外戚与政治》，万卷楼出版社2016年版。

③ 黄纯怡：《宋代的驸马与政局》，载韩桂华主编《第四届海峡两岸“宋代社会文化”学术研讨会论文集》，中国文化大学华冈出版部2016年版，第221—237页。

后出生之事，讨论其背后隐藏的意涵与象征，再叙述吴后如何护卫高宗与调处韦后之关系，发现《宋史》史官将宋代天命思想之展现和对女子德行之要求，于吴后身上获得完美之体现。①

行政建制方面。韩桂华《南京应天府研究——以建制为中心》一文，探讨北宋时期应天府南京的升格原因，厘清并管窥宋代南京京城规制问题。文中说明相关地理沿革，叙述宋州升格应天府到南京的发展过程，通过对南京城营建的讨论，指出应天府作为北宋南京，京城建设却徒具规制，甚至衙署常处榛芜，其遭遇令人慨叹。②

丧葬制度方面。黄耀庆《宋代帝后的丧礼》叙述皇帝、皇后丧礼过程的概要，并对其中的问题做初步的探讨。文中分别叙述皇帝、皇后丧礼过程的概要，并就执事官、丧服、虞祭和丧礼开支等问题，分别进行讨论，认为礼法不是统治阶级的唯一考虑，出于个人爱憎、表现孝道或是彰显皇室威严和简约之间，都有其影响力，但帝后丧礼还是有基调可循，并非全然无章法。③

法律制度方面。石璠《宋代老年人法律保护研究》一书，对宋代法律在孝敬老人、赡养老人、优待老人以及救助孤贫老人等方面的制度规定及其实践进行了系统的研究。书中分析宋代在国家、地方与家庭层面的各种孝道宣传制度与实践，并论述官办救济机构的设立、运行以及兴废等方面，认为宋代老年人保护之法的某些部分实施不力，就是因为没有其他制度的配合才导致，希望现今立法者能从中汲取教训。④ 李云龙《宋例研究》一书，原系其硕士论文，通过对宋例相关问题的梳理和分析，理解宋例的内容、性质、作用以及影响。书中分析宋代以前例的形成与演进、宋代的司法例、宋代的行政例，以及宋代以后例的变化与发展，认为有着丰富内涵的宋例，不仅在宋代法律运作中有重大的影响力，在中国传统法律形式由律令制向律例制的转化过程中也发挥了重要的作用。⑤

官制研究方面。周余沾《宋仁宗朝御史中丞研究》以仁宗朝的御史中丞作为核心，讨论北宋御史台的变化及运作模式。文中梳理宋仁宗朝御史中丞的工作内容，探讨御史中丞工作在仁宗朝不同时期的改变，配合“时局变化”分析调整原因，提出仁宗朝御史中丞制度的各项变化中，以财政及地方监督作为主要的改变方向，而重视与财政相关的工作，是仁宗朝御史中丞制度的特殊之处。⑥ 韩桂华《宋代南京应天府的职官体系》一文，对南京应天府的职官体系，分就府与陪京两方面进行探讨。文中讲述南京应天府的府职体系与留守司体系，讨论其职官体系、员额编制的发展，指出宋代南京应天府，在承平时久的条件之下，成为优礼要职大臣退休后养老或养病的安置之处，以及仕宦官员自请休息之地，可视为北宋时期南京职官体系最大特色。⑦

---

① 施译涵：《天命、梦兆与妇德实践——〈宋史·高宗宪圣慈烈吴皇后传〉内容试探》，《兴大人文学报》2016 年第 56 期。

② 韩桂华：《南京应天府研究——以建制为中心》，载韩桂华主编《第四届海峡两岸“宋代社会文化”学术研讨会论文集》，中国文化大学华冈出版部 2016 年版，第 29—42 页。

③ 黄耀庆：《宋代帝后的丧礼》，硕士学位论文，中国文化大学史学研究所，2016 年。

④ 石璠：《宋代老年人法律保护研究》，花木兰文化出版社 2016 年版。

⑤ 李云龙：《宋例研究》，花木兰文化出版社 2016 年版。

⑥ 周余沾：《宋仁宗朝御史中丞研究》，硕士学位论文，台北大学历史学研究所，2016 年。

⑦ 韩桂华：《宋代南京应天府的职官体系》，《史学汇刊》2016 年第 35 期。

政治人物方面。林秋均《奸相或能臣：章惇与哲宗后期绍述新政之研究》以章惇的施政作为主轴，评述其功过定位。文中论述章惇的仕途发展，从其崛起历程探讨他的行事风格与处世态度，并透过考察其与皇帝、朝臣的互动关系，以及处理外交政策的手段等面向来还原他的政治生涯，认为章惇主政期间无明显失误，修正新法诸多弊端以及开拓西南边疆，对北宋中晚期政局有着一定的贡献，因此称之为能臣其实亦不为过。① 仝相卿《欧阳修撰写〈范仲淹神道碑〉理念探析》一文，探究欧阳修撰写《范仲淹神道碑》的理念、经过及原因。文中叙述范仲淹神道碑的撰写过程及争执，分析其墓志铭与神道碑的内容差异，再从现实层面思考欧阳修撰写"吕范解仇"的三个原因。该文通过"吕范解仇"说的论据辨析，指出这一个案提醒我们，在利用墓志碑铭为文献证明各种问题时，需全面考察撰写者的心态、理念及政治立场，进而判定作为文本的墓志碑铭内容的可靠性。② 张维玲《宋初南北文士的互动与南方文士的崛起——聚焦于徐铉及其后学的考察》一文，从政治史的角度，分析徐铉及其江南后学在宋初政坛扮演的角色。文中叙述徐铉的仕宦经历与学术兴趣，分析其人际网络如何嘉惠于江南后学，成为宋初中央重要的文士群体，借此探讨宋初南、北文士的互动，勾勒两股势力自太宗到真宗朝的变化。该文指出南、北文士在真宗朝的权力之争，是因为真宗采纳了南方文士的政治理念，从而瓜分了北方文士之从政空间，双方对权力的激烈竞争，更加凸显皇权的权威性。③ 郑丞良《道学、政治与人际网络：试探南宋嘉定时期黄干的仕宦经历与挫折》一文，剖析宋人黄干在嘉定时期的仕宦经历与心境，有助于了解当时道学与政治的发展情况。文中借由几件黄干任职地方时遭遇的冲突事件，追寻黄干如何看待来自制度、同僚乃至道学内部的冲突纷扰，通过黄干在嘉定年间的仕宦心路、同僚矛盾、赈济措施，正可以由地方政治的角度勾勒嘉定时期道学士大夫如何看待道学的发展现状与隐忧。④

政治冲突方面。苏育成《从再起到挫折——两宋之交旧党复权的政治史考察（1104—1142）》分析两宋之交旧党恢复政治权利的过程，了解新旧党争对宋代徽宗朝以后政治的影响。文中叙述旧党复权与盛极而衰的情况，认为旧党复权既是一段根植于其时代的历史现象，也是许多旧党人物长年经营而得到的成果，更反映了宋代历史发展的重要转折。⑤ 张耀中《北宋元符上书始末探析》，探析元符上书事件的始末，借此了解徽宗主政初期政治取向的转变。文中叙述元符上书的背景与过程，透过相关人士遭遇的变化，分析正等上书人与邪等上书人人数、生平与赏罚等各方面，讨论这些遭受惩处的邪等上书人，处境何时才开始好转，以及什么时候获得朝廷全部的恩赦，认为可作为观察徽宗朝初

---

① 林秋均：《奸相或能臣：章惇与哲宗后期绍述新政之研究》，硕士学位论文，台湾师范大学历史学研究所，2016 年。

② 仝相卿：《欧阳修撰写〈范仲淹神道碑〉理念探析》，载韩桂华主编《第四届海峡两岸"宋代社会文化"学术研讨会论文集》，中国文化大学华冈出版部 2016 年版，第 43—58 页。

③ 张维玲：《宋初南北文士的互动与南方文士的崛起——聚焦于徐铉及其后学的考察》，《台大文史哲学报》2016 年第 85 期。

④ 郑丞良：《道学、政治与人际网络：试探南宋嘉定时期黄干的仕宦经历与挫折》，《史学汇刊》2016 年第 35 期。

⑤ 苏育成：《从再起到挫折——两宋之交旧党复权的政治史考察（1104—1142）》，硕士学位论文，台湾大学历史学研究所，2016 年。

期政治冲突的切入点。[①] 方震华《破冤气与回天意——济王争议与南宋后期政治（1225—1275）》一文，以济王案为线索去厘清晚宋复杂的政局变化，揭示当时的官僚文化与价值观念。文中从探讨争议的焦点出发，分析抗议者的政治行动与主张，观察其背后的价值观念，通过为济王诉冤者的要求，以及他们合理化自身主张的理由，指出“天意”在南宋政治思想中发挥的影响与意义，以及南宋文士看待“天意”与“人事”的关系，值得更进一步的探讨。[②]

政治运作方面。林煌达《礼遇与知止：宋代闲散与不适任官员》一书，探讨宋代不适任官员的安排，并从制度面分析对闲散的设计。书中先讨论州使院散秩、分司官、环卫官、宫观岳庙等闲散，分析其制度设计与演变，接着说明朝廷对健康因素、身份特殊、贪赃枉法与政治失利等不适任官员的处置，再论述闲散者的俸禄、资序、居住地点等问题，认为不管是出自行政效率的考虑，还是基于政治权力上的防范，都充分显现宋代对官僚群体的礼遇与照顾。[③] 另有《宋代疾疢官员之探讨》一文，探讨宋代对疾疢官员的因应与对策。文中说明疾病官员告假与解职的规定，讨论闲郡与待阙相关情形，叙述分司以及祠禄的变化状况，通过官员以疾请辞的原因，探讨请辞不允的现象，指出要因疾病不适任官员主动解除职务，让他们自请分司、祠禄，或是待阙地方官，除能专心养病之外，也比较不影响官员的俸禄或资序，是较为妥善的安排。[④]

政策研究方面。沈宗宪《宋代官方丧葬补助政策》一文，探讨宋代丧葬的各种补助政策。文中梳理宋代丧葬法规，了解朝廷处理丧葬行为的原则，说明官员薨卒后的处理流程，讨论赙赠、孝赠、特恩加赐、诏葬、监护丧葬等丧葬补助，最后检讨时人反映丧葬谢礼过高的情形。[⑤]

帝位传承方面。何忠礼《略论南宋高孝两朝之“禅位”》一文，探究高、孝两帝“禅位”的情况，并比较“禅位”者对时局的掌握能力。文中详述南宋高、孝两朝“禅位”的情况，分析高、孝两帝“禅位”之因，探究这两次不同结局带来的影响，认为从高宗与孝宗在“禅位”中观察，无论是目的、经过、结局等诸多方面，高宗政治手腕之高明和对人的鉴别能力之强，皆远非孝宗可及。[⑥]

涉外事务方面。蒋武雄《宋臣韩缜与宋辽划界交涉始末》一文，探究韩缜在宋神宗的指示下，如何进行宋辽划界交涉的过程。文中说明宋辽划界交涉的背景，详述韩缜与辽使萧禧多次交涉的过程，认为受到新旧党争影响，史书档案文献中留下许多偏颇、失真的言论记载，要论定宋辽河东划界交涉事件的责任归属，似乎都必须持着保留的态度。[⑦] 另

---

① 张耀中：《北宋元符上书始末探析》，硕士学位论文，淡江大学历史学研究所，2016 年。

② 方震华：《破冤气与回天意——济王争议与南宋后期政治（1225—1275）》，《新史学》2016 年第 27 卷第 2 期。

③ 林煌达：《礼遇与知止：宋代闲散与不适任官员》，新学林出版社 2016 年版。

④ 林煌达：《宋代疾疢官员之探讨》，载韩桂华主编《第四届海峡两岸“宋代社会文化”学术研讨会论文集》，中国文化大学华冈出版部 2016 年版，第 293—329 页。

⑤ 沈宗宪：《宋代官方丧葬补助政策》，载韩桂华主编《第四届海峡两岸“宋代社会文化”学术研讨会论文集》，中国文化大学华冈出版部 2016 年版，第 331—362 页。

⑥ 何忠礼：《略论南宋高孝两朝之“禅位”》，载韩桂华主编《第四届海峡两岸“宋代社会文化”学术研讨会论文集》，中国文化大学华冈出版部 2016 年版，第 205—219 页。

⑦ 蒋武雄：《宋臣韩缜与宋辽划界交涉始末》，《东吴历史学报》2016 年第 35 期。

有《包拯使辽事迹的探讨》一文，探讨包拯使辽的事迹，对宋辽外交情形有更进一步了解。文中考证包拯担任送伴辽使、祝贺辽国正旦使的工作情况，观察执行完毕后提及送伴辽使或使辽相关的奏议，认为包拯确实有将这些工作经验，融入相关奏议当中，进而使奏议讨论的事项更具有建设性，对于朝廷与国事必有某种程度的贡献。[①] 刘学铫《〈梦溪笔谈〉有关边疆部分介叙》一文，分析宋人沈括《梦溪笔谈》有关边疆之记载。文中叙述沈括与《梦溪笔谈》，分析书中涉及边疆事物的记录，认为作者沈括生活的年代，恰是辽、西夏与宋并存的时代，其书中所载辽与西夏之事，等于当时的“时事”，对研究北宋与契丹、西夏关系有所帮助。[②]

（二）军事

武将群体方面。何冠环《北宋武将研究·续编》一书，运用文献与出土墓志铭，探讨北宋武将群体的事迹。书中考论北宋陈州宛丘符氏、保州保塞刘氏等四个外戚将门，对绥州高氏蕃官将门展开研究，挑选杨畋、范恪、刘兼济等多位武将，进行专文讨论与考证。[③]

禁军编制方面。雷家圣《北宋禁军编制的演变与“置将法”的实施》一文，探究“置将法”实施前后北宋禁军编制的特色及其问题。文中论述北宋初年禁军编制的变化，观察仁宗宋夏战争时禁军编制衍生问题，分析神宗实施“置将法”的意义，认为安抚使地位的提高，是由“置将法”的实施开始。[④]

三　社会经济

社会、经济方面，计有专书 1 本、学位论文 1 篇、期刊论文 4 篇。内容包括士人生活、宗教活动等社会议题；区域、海上贸易、商品研究等经济活动。

（一）社会

士人生活方面。陈柏勋《天庆观、道书与道服：宋代士人生活中的道教世界》从两宋士人的立场出发，讨论他们生活中各种充满道教元素的社会现象。文中讨论士人对于官方道教宫观的参与，说明道书的阅读和流通成为士人知识行为的一项重要特征，还有大量士人流行道服的穿着文化，指出考察宋代士人的道教世界，除了可以检视宋朝崇道政策的定位外，还可以了解士人文化与道教之间交融的关系。[⑤]

宗教活动方面。吴铮强《宋代东南寺院修造与碑记书写的时代变迁——以温州寺

---

① 蒋武雄：《包拯使辽事迹的探讨》，载韩桂华主编《第四届海峡两岸“宋代社会文化”学术研讨会论文集》，中国文化大学华冈出版部 2016 年版，第 59—70 页。

② 刘学铫：《〈梦溪笔谈〉有关边疆部分介叙》，《中国边政》2016 年第 207 期。

③ 何冠环：《北宋武将研究·续编》（上、中、下册），花木兰文化出版社 2016 年版。

④ 雷家圣：《北宋禁军编制的演变与“置将法”的实施》，载韩桂华主编《第四届海峡两岸“宋代社会文化”学术研讨会论文集》，中国文化大学华冈出版部 2016 年版，第 131—153 页。

⑤ 陈柏勋：《天庆观、道书与道服：宋代士人生活中的道教世界》，硕士学位论文，台湾“清华大学”，2016 年。

院碑记为中心的考察》一文，通过碑记所呈现的寺院建造关系人以及文本主旨，讨论宋代温州佛教社会史的变迁。文中考察由僧人、信众与地方官发起寺院建造的情况，分析寺院碑记的撰写者及其主旨，指出寺院作为僧人宣扬教义、信徒宗教祈祷场所的功能日益消退，而作为士大夫家庭服务机构、私人交游场所以及地方官地方施政的意义日益凸显。①

（二）经济

区域经济方面。任建敏《南宋广西市马的货物流动与长程贸易》一文，借由对南宋广马贸易的考察，了解市马中的货物流动及其长程贸易。文中论述南宋初期广马贸易经费的变化过程，说明孝宗初年宜州市马背后的贸易权之争，探讨南宋中期广西市马的长程贸易网络，勾勒出广马贸易及其衍生的连接西南诸蕃、南宋广西、福建等处以锦马交换为主的贸易情况。②

海上贸易方面。赵莹波《宋日贸易研究——以在日宋商为中心》一书，原系其博士论文，对两宋的“在日宋商”作一总体考察，探究他们在宋日贸易交流中所充当的角色以及历史作用。书中对宋日贸易的背景进行了归纳和考察，讨论日本海关检查和市场管理等问题，考证北宋时期宋商传递国书现象的始末及其原因，认为宋商们为中华文明和中华思想的传播作出了卓越贡献，是中华文明圈的建设者和实践者。③ 黄纯艳《论宋代的近海贸易》一文，考察宋朝近海贸易及其影响。文中说明宋代近海贸易的商品结构，叙述近海贸易的商人群体，分析近海贸易管理政策，认为宋代已经形成一个有着相对独立特点、贸易规模颇大的近海区域市场，其商品包括粮食、进出口商品和各地区特产等，具有明确的区域互补性，为沿海地区商品经济和海外贸易发展提供了前提和基础。④

商品研究方面。钟佳玲《宋代的真珠》一文，以宋代为时间断限，探讨珍珠的发展与用途。文中叙述宋代珍珠的种类、产地与采珠方法，说明海外诸国进贡珍珠的景象，进而讨论珍珠的抽解与和买，归纳珍珠在当时的各种用途。该文认为宋朝人们对于珍珠广泛的使用，更提高了它的价值。⑤

四　文化思想

文化思想方面，计有专书 3 本、学位论文 4 篇、期刊论文 16 篇。内容涵盖工艺、医疗、饮食、养生、娱乐、铜器、宗教艺术、绘画艺术、绘画发展等文化项目；人物、哲

---

① 吴铮强：《宋代东南寺院修造与碑记书写的时代变迁——以温州寺院碑记为中心的考察》，载韩桂华主编《第四届海峡两岸“宋代社会文化”学术研讨会论文集》，中国文化大学华冈出版部 2016 年版，第 383—393 页。

② 任建敏：《南宋广西市马的货物流动与长程贸易》，《“中央研究院”历史语言研究所集刊》2016 年第 87 本第 3 分。

③ 赵莹波：《宋日贸易研究——以在日宋商为中心》，花木兰文化出版社 2016 年版。

④ 黄纯艳：《论宋代的近海贸易》，载韩桂华主编《第四届海峡两岸“宋代社会文化”学术研讨会论文集》，中国文化大学华冈出版部 2016 年版，第 239—258 页。

⑤ 钟佳玲：《宋代的真珠》，载韩桂华主编《第四届海峡两岸“宋代社会文化”学术研讨会论文集》，中国文化大学华冈出版部 2016 年版，第 259—292 页。

学、文献研究、学术发展、研究讨论等思想议题。

（一）文化

工艺文化方面。黄惇《景德镇窑南宋青白瓷印研究》一文，通过分析景德镇窑南宋青白瓷印，探究当时制作工艺、瓷印形制。文中对景德镇窑南宋青白瓷印进行分类，观察完整的成品与烧坏的废品，讨论刻制、模压的技术，认为元代的姓氏押印，从风格、楷体印文、尺寸、钮制上看，都直接来源于宋代，借由这批景德镇窑南宋青白瓷印中的姓氏押印，可证所谓“元押”其中许多实为宋代之物。①

医疗文化方面。陈韵如 *Accounts of Treating Zhang* （“*Miasma*”） *Disorders in Song Dynasty Lingnan*：*Remarks on Changing Literary Forms of Writing Experience* 一文，以讨论治疗岭南瘴病的文本为核心，考察文本作者用哪些方法支持他们所提出的治疗方法。文中考察文本作者所提出治疗方法的凭借，讨论这些作者援引在岭南亲身经验为证据的行为，指出现存南宋讨论瘴病治疗与防范的作品，不只见于以收录药方为主的医方书，还出现在一些被归入史部地理类的作品。这些文本作者强调亲身见闻和岭南风土特色，依据文类的不同，一方面呼应了自11世纪以降，部分士人认为医方书应记载该如何配合患者体质与地理等个人差异而用药；另一方面，则呼应了南宋时许多笔记文体的作者强调个人亲身见闻的趋势。②

饮食文化方面。汪育正《从〈剑南诗稿〉论陆游的饮食生活》一书，原系其硕士论文，从陆游《剑南诗稿》里与饮食相关的诗歌，体会当时的饮食文化。书中叙述陆游的家世背景，分析《剑南诗稿》里的诗歌对美食、养生和饮品的描写，讨论陆游在日常生活中吃的食物、喝的饮品以及积极的饮食保健观念，最后建构出他在饮食方面的完整面貌。③ 蔡佩珈《欧阳修的饮茶生活》一书，原系其硕士论文，透过欧阳修的茶诗、茶文，论述其与茶相关事迹并了解宋代茶文化的发展。书中详述欧阳修与茶的缘分，探讨他日常生活以茶会友的情况，通过欧阳修对茶疗效论述，分析其身体健康状况与饮茶养生的认知，指出从欧阳修的茶文、茶诗以及书信，可以看出饮茶活动在当时有多盛行。④ 刘奉一《宋代四川的产茶与饮茶》探究宋代四川的产茶与饮茶文化。文中讲述四川茶叶产业的发展，接着说明川茶在军政上的用途，再探讨四川地区饮茶文化，从茶的产制流程、茶具制作以及饮茶技艺，呈现当地饮茶文化的样貌，最后认为宋代四川茶文化的主体，终究是在政府禁榷以及茶叶贸易两点上，而非饮茶技艺。⑤ 林执中《黄庭坚的饮食生活》通过黄庭坚的饮食诗文，建构其一生的饮食生活概况。文中以黄庭坚中年笃信佛教作为分期界线，将他的为官生涯分为前后两期，叙述饮食生活发生变化的过程，再通过《士大夫食时五观》一文的分析，认为黄庭坚记述的不只是食物的美味或是制作方法，也在其中借此来

---

① 黄惇：《景德镇窑南宋青白瓷印研究》，《书画艺术学刊》2016年第21期。

② 陈韵如：*Accounts of Treating Zhang* （“*Miasma*”） *Disorders in Song Dynasty Lingnan*：*Remarks on Changing Literary Forms of Writing Experience*，《汉学研究》2016年第34卷第3期。

③ 汪育正：《从〈剑南诗稿〉论陆游的饮食生活》，花木兰文化出版社2016年版。

④ 蔡佩珈：《欧阳修的饮茶生活》，花木兰文化出版社2016年版。

⑤ 刘奉一：《宋代四川的产茶与饮茶》，硕士学位论文，中兴大学历史学研究所，2016年。

反映自己的人生哲学，进而阐述自己的饮食与人生观点。[①] 林建安《略论张耒诗文中的饮食之味》一文通过张耒的诗文创作，去理解北宋文人的饮食观念与书写。文中叙述张耒的仕宦生涯，接着从其诗文中归纳出的三种饮食之味，配合贬谪的宦游生涯，分析出他创作的书写策略，最后认为从北到南的移动，并非是地理的南北，而是感受身处于文化上的南方。在其他遭受贬谪的元祐仕人群体中，是否也有相同的饮食书写策略，是未来可以延伸研究的方向。[②]

宗教艺术方面。徐柏涵《大足北山转轮经藏窟研究》以南宋开凿的大足北山转轮经藏窟为中心，探究其含义并分析窟内造像的艺术风格。文中叙述大足北山转轮经藏窟的开凿，从历史背景、窟内图像与造像风格三方面切入讨论，发现其既承续了北宋造像风格，也包含呈现当地造像特色的内容，在宋代和四川佛教美术都有指标性意义。[③] 陈清香《北宋七宝阿育王塔造形源流探讨》一文，探究北宋七宝阿育王塔的制作源流以及造型特征。文中讲述创作七宝阿育王塔的时空背景，讨论北宋初年的帝王崇佛措施，分析早期佛塔至阿育王塔造型的演变，说明七宝阿育王塔的结构与纹饰。该文认为七宝阿育王塔外形的相嵌珠宝及鎏金铜银等技巧，将北宋工艺制作的水平发挥到极致。[④]

养生文化方面。张聿璥《食粥所见的宋人饮食疗养观》一文，探究宋人是如何利用粥来疗养身体，并考察其食疗养生的知识以及粥的各种形象。文中作者将“生病吃粥”的观念放入历史脉络，说明唐宋时期饮食疗养观念的流变，讨论宋代士人生活中食粥疗养的情形，描述粥在当时多元的形象。该文认为食粥疗养身体的行为在宋代颇为普及，成为人们生活的一种饮食与医疗相融合的社会文化。[⑤]

绘画艺术方面。郑文倩《醉僧之意不在酒——宋代醉僧图的意涵》一文，对宋代醉僧图的意涵与醉僧形象展开探讨。文中认为宋代流行的醉僧画题，除了草圣怀素《醉僧图》外，尚有一类与怀素无涉的“禅家醉僧画”，应是北宋居士文人禅悦、文字禅文化下之产物，而宋人对草书创作的新认识及对怀素看法的转变，也促使了有禅宗色彩的醉僧画与怀素《醉僧图》相结合。现存的《醉僧图》反映的正是融合怀素、草书三昧、僧人醉酒悟道的多重意象。[⑥]

绘画发展方面。赵振宇《两宋画家籍贯的分布与变迁》一文，以宋代画家籍贯分布复原为基础，进而探讨两宋绘画发展的空间动态特征。文中分别讨论北宋、南宋画家的地理分布，观察其籍贯与地域分布特色，发现北宋绘画以开封府为中心，北方形成了中原与关中两个绘画发达区域，而南方则以四川与江浙地区为重心，但随着开封的陷落，新的绘画中心首次移位于南方，全国绘画重心逐渐凝结于以太湖流域为核心的江浙地区。这不仅是南宋绘画地理的新局面，也将影响元明清绘画地理格局的走向。[⑦]

---

① 林执中：《黄庭坚的饮食生活》，硕士学位论文，东吴大学历史学研究所，2016年。

② 林建安：《略论张耒诗文中的饮食之味》，《史辙》2016年第12期。

③ 徐柏涵：《大足北山转轮经藏窟研究》，硕士学位论文，台湾大学艺术史研究所，2016年。

④ 陈清香：《北宋七宝阿育王塔造形源流探讨》，载韩桂华主编《第四届海峡两岸“宋代社会文化”学术研讨会论文集》，中国文化大学华冈出版部2016年版，第363—382页。

⑤ 张聿璥：《食粥所见的宋人饮食疗养观》，《暨南史学》2016年第19期。

⑥ 郑文倩：《醉僧之意不在酒——宋代醉僧图的意涵》，《“故宫”学术季刊》2016年第33卷第4期。

⑦ 赵振宇：《两宋画家籍贯的分布与变迁》，《书画艺术学刊》2016年第21期。

娱乐文化方面。曾泳玹《宋代士人弈棋研究》探讨宋代士人弈棋的活动与场所，以及宋代士人弈棋与交游的情况。文中叙述宋代弈棋发展的背景，讨论士人弈棋的活动与场所，揭示弈棋在各种交游活动所发挥的作用。①

铜器文化方面。陈芳妹《青铜器与宋代文化史》一书，探索“三代铜器意象”在宋代的再生，以及此一变革背后的动力。书中根据考古资料、现存文物和传世文献，清楚地呈现宋代在青铜器文化所扮演的关键角色，认为宋代是爵、鼎、簠等的形制或纹饰特征能够流存两千多年的历史转折点。该书指出北宋的礼器复古运动，成功地改变了汉唐以下到宋初集大成的三礼图示，而形成另一种新的三代意象，流传到近现代。②

（二）思想

人物思想方面。邱佳慧《〈诸儒鸣道〉中的江公望及其心性说》一文通过江公望的人物研究，了解其人与《心性说》的独特性。文中梳理江公望的生平事迹与学术脉络，从时人对他的理解、师友与他的交谊，还原更为立体的形象，再从历史脉络进一步探究其《心性说》思想形成的背景，如此可更细致观察北宋后期至南宋前期发展阶段的道学话语形成与演变。③ 侯道儒《司马光〈太玄集注〉中的君子与小人》一文，以司马光所编辑的《太玄集注》作为分析个案，探讨司马光对于君子和小人的看法。文中讨论司马光的心性说，探究其著作《太玄集注》中对于君子、小人的看法，指出《太玄经》对司马光而言，在于提供一个各种时空处境下的行动范式，其《太玄集注》则想突出《太玄经》的某些价值，帮助士大夫治心、修德、处世应物，同时助人成为君子。④ 蒋义斌《苏辙礼论与史论关系之探究》一文，透过苏辙著作中对礼的见解，说明其“礼论”与“史论”的关系。文中考察并比较苏辙诸多作品，说明其“礼论”与“史论”的关联性，指出苏辙认为“礼义”必须在历史发展的轨迹中探讨，如晚年所撰的《历代论》系列史论，除强调礼的重要，也凸显君臣之关系。⑤

文献研究方面。何兆泉《〈东京梦华录〉作者问题考辨》一文，对《东京梦华录》作者问题作全面检讨，并澄清一些明显的误解。文中梳理《东京梦华录》作者是孟揆、孟钺、孟景初、赵子湁等不同主张，分析怀疑孟元老出自伪托的理由，认为除非出现新的有力证据，否则我们没有理由怀疑孟元老就是《东京梦华录》一书的真实作者。⑥

学术发展方面。纪晏如《二程治道论的内涵及其思想史背景》一文，探究宋代二程据《大学》八条目“格致诚正修齐治平”为中心所建立的治道论。文中说明二程“治道”的基本内涵，考察二程提出此说的思想史背景及其他士人之相关议论，析论二程治

---

① 曾泳玹：《宋代士人弈棋研究》，硕士学位论文，东吴大学历史学研究所，2016年。

② 陈芳妹：《青铜器与宋代文化史》，台湾大学出版中心2016年版。

③ 邱佳慧：《〈诸儒鸣道〉中的江公望及其心性说》，载韩桂华主编《第四届海峡两岸“宋代社会文化”学术研讨会论文集》，中国文化大学华冈出版部2016年版，第155—192页。

④ 侯道儒：《司马光〈太玄集注〉中的君子与小人》，《台大历史学报》2016年第58期。

⑤ 蒋义斌：《苏辙礼论与史论关系之探究》，载韩桂华主编《第四届海峡两岸“宋代社会文化”学术研讨会论文集》，中国文化大学华冈出版部2016年版，第95—129页。

⑥ 何兆泉：《〈东京梦华录〉作者问题考辨》，载韩桂华主编《第四届海峡两岸“宋代社会文化”学术研讨会论文集》，中国文化大学华冈出版部2016年版，第193—203页。

道论之独特性。该文指出二程对于治道的说法，从看似全由修养工夫说起，最后同时绾合了心性、伦理与事功，最后在朱熹的总结下，成为中国政治近千年来的主体论述。[①] 陆敏珍《刻书、辨书、读书与南宋道学的展开——以二程著作为中心》一文，观察编刊、阅读二程著作等活动，探究南宋道学开展的模式与意义。文中详述南宋士人开展道学所呈现的具体事态，指出通过编刻、阅读二程著作，南宋的道学群体不仅在这一系列相关的事件与行动中延伸与维系着“道学”的形态，而且他们还从那些富有创造性的领悟中抽取出了道学新的特质。[②]

学术发展方面。周扬波《胡瑗历史地位再评价：师道演进视野下的考察》一文，结合胡瑗对学术史的贡献，将其置于师道运动演进视野下考察。文中讨论太学法与北宋师道的关系，分析胡瑗在师道复兴运动中的位置，指出胡瑗涵盖学术、教育等领域的多元成就，可对其历史地位作出新的评价：他是帝制时代首位师道典范。[③]

研究讨论方面。陆敏珍《故事与发明故事：“半部论语治天下”考》一文，探究“半部论语治天下”这一历史故事的形成与意义。文中反思“半部论语治天下”故事之意义与所承担的文化功能，考察历史文献提及赵普与《论语》的记事，分析故事最初的叙述以及最后的成型。该文指出对历史故事作出说明，不要只是拘泥于真伪等评价性工作，故事本身所代表的思想结构及其象征意义，已是那一个时代的历史不可或缺的一部分。[④]

哲学思想方面。王俊彦《宋初“性善论”与“性善恶混”说的演进过程与分别》一文，探究宋初“性善论”与“性善恶混”说，讨论其分别与演进的过程。文中梳理宋初“性善论”与“性善恶混”说的论辩发展，通过朱子前内圣派、外王派等代表人物的叙述，指出在吸收朱子本体之性善论的绝对性养分后，即走向只有一“气质之性”的主要道路。[⑤]

五　结语

2016 年台湾宋史研究，从整体成果观察，以政治、文化领域获得较多的关注。其中几篇对政治人物的研究，运用以小见大的观察视角，将焦点由人物延伸到历史发展的探索上。还有以不适任官员处理为题的专书出版，凸显宋代对官僚群体的礼遇与照顾。政治冲突方面，则有透过政治案件的追踪观察，厘清往后政局变化原因的作品，内容环环相扣颇有趣味。

---

① 纪晏如：《二程治道论的内涵及其思想史背景》，《中正历史学刊》2016 年第 19 期。

② 陆敏珍：《刻书、辨书、读书与南宋道学的展开——以二程著作为中心》，《哲学与文化》2016 年第 43 卷第 10 期。

③ 周扬波：《胡瑗历史地位再评价：师道演进视野下的考察》，载韩桂华主编《第四届海峡两岸“宋代社会文化”学术研讨会论文集》，中国文化大学华冈出版部 2016 年版，第 71—83 页。

④ 陆敏珍：《故事与发明故事：“半部论语治天下”考》，载韩桂华主编《第四届海峡两岸“宋代社会文化”学术研讨会论文集》，中国文化大学华冈出版部 2016 年版，第 13—27 页。

⑤ 王俊彦：《宋初“性善论”与“性善恶混”说的演进过程与分别》，载韩桂华主编《第四届海峡两岸“宋代社会文化”学术研讨会论文集》，中国文化大学华冈出版部 2016 年版，第 85—93 页。

在文化研究方面，对饮食项目的讨论成果丰硕：计有 2 本专书、2 篇学位论文以及 1 篇期刊论文。巧合的是，有 4 个作品采用类似的研究途径，都是通过焦点人物的诗文，去建构其饮食生活的文化面貌，但互相比较可以发现人物特色的不同，对研究者有显著的影响，就如古今对话般，投射到他们所关心的饮食生活。

此外，在海上贸易、人物思想方面，也出现令人耳目一新的成果。由此期待台湾宋史研究，有更丰富的发展。

2001—2015 年宋代中央机构与职官研究综述

惠鹏飞　张彦晓

官制研究是宋史研究至关重要的内容，无论研究宋史哪个方面，几乎都无法避开宋代官制。1956 年在北京大学的课堂上，邓广铭先生提出将职官、地理、目录、年代作为研究中国历史的四把钥匙。[①] 研究者只有掌握了这四把钥匙，才能够具备研究历史的基本技能。正是如此，宋代官制研究历来备受研究者重视，引起了中国、日本、韩国、美国等海内外学人的极大关注。宋代官制十分复杂多变，朱瑞熙先生曾在《文史知识》上连续刊载《复杂多变的宋朝官制》[②]，对宋代官制的特点与基本范畴进行了系统、明确的论述。从 20 世纪初，康有为对宋代官制宏观的窥略，到目前为止，人才辈出，成果丰硕。清代著名史学家王鸣盛云："目录之学，学中第一紧要事，必从此问途，方能得其门而入。"[③] 学术研究要有所突破，有所创新，需要认真读书，掌握某一领域研究的历史和现状。只有正确把握研究现状，才能够避免重复与低水平的研究。

目前，已有部分论著对这一时期的研究进行了综述或述评，包伟民先生主编的《宋代制度史研究百年（1900—2000）》[④] 涉及宋代政治、法律、军政、中枢、财政、吏制等方面的官制研究。方建新先生的《二十世纪宋史研究论著目录》[⑤] 对 20 世纪的宋史研究论文与著作按照政治、经济、军事等方面进行了十分详细的统计，其中即包括宋代中央机构与职官的研究。从 2001—2015 年来，有关宋代中央机构与职官综述的论著主要有河北大学宋史研究中心的《宋史研究通讯》，对主要的宋史研究论著作了简明扼要的介绍；沈冬梅、曲鸣丽、李全德、梁建国等诸位先生作了部分年份的宋史研究综述，大多分为制度、政治、经济等诸多方面对当年的宋史研究进行综述。不过，《宋史研究通讯》为内部发行刊物，网上一般只能浏览其目录，宋史研究综述也多因为当年研究论著数量的庞大，一般只综述重要的研究成果，二者都没有专门按照中央机构与职官的类别进行分类整理。因此，从 2001—2015 年来，关于宋代中央机构与职官研究的已有综述大多是有所涉及，并没有专门对其进行全面综述的文章。有鉴于此，本文拟总结这 15 年来海内外宋代中央机构与职官研究的主要成果，寻找新的研究方向和可能性，以期对推动宋代官制、政治史

---

① 刘浦江：《邓广铭与二十世纪的宋代史学》，《历史研究》1999 年第 5 期。

② 朱瑞熙：《复杂多变的宋朝官制》，《文史知识》1986 年第 1、2、3、4、7、8 期。

③ （清）王鸣盛：《十七史商榷》卷 1《史记一》，黄曙辉点校，上海古籍出版社 2013 年标点本，第 1 页。

④ 包伟民主编：《宋代制度史研究百年（1900—2000）》，商务印书馆 2004 年版。

⑤ 方建新：《二十世纪宋史研究论著目录》，北京图书馆出版社 2006 年版。

研究有所裨益。

一 15年来宋代中央机构与职官研究

（一）机构及其职官总论

15年来，宋代中央机构与职官研究成果颇丰。一些专家、学者的研究涉及面很广，考察、探讨的机构与职官十分全面，几乎涵盖宋代中央机构与职官的各个方面，有助于窥见宋代中央机构与职官的全貌。

张希清等的《宋朝典章制度》① 全面考察了宋朝的诸类典章制度。游彪的《宋代荫补制度研究》② 深入研究了两宋官员的荫补制度、致仕荫补制度，以及各种相关的荫补制度。李之亮的《宋代京朝官通考（一、二、三、四、五）》③ 详细统计了宋代京朝官的姓名、在任时间，并有严谨的考证，为宋代官制研究提供了极大的便利。包伟民主编的《宋代制度史研究百年（1900—2000）》④ 对20世纪宋史研究中的官僚政治制度史、法律制度史、地方政治制度史、修史制度、吏制等方面，进行了深刻的述评。方建新的《二十世纪宋史研究论著目录》⑤ 对20世纪的宋史研究论文与著作按照政治、经济、军事等方面进行了十分详细的统计。陈振的《宋代社会政治论稿》⑥ 在官制方面研究了北宋前期的中书、宰相制度、宋代的知制诰和翰林学士、宋史研究中官制引起的几个问题等内容。祝丰年、祝小惠的《宋代官吏制度》⑦ 对宋代官吏制度进行了全面的研究，包括宋代的官吏机构设置、派出机构、科举制度、录用制度、任免差遣、武官的管理、考核监察与奖惩、官吏的培养教育、官吏的俸禄福利和政治待遇、官员的退休等。龚延明的《宋史职官志补正（增订本）》⑧ 对《宋史》卷161至卷172的《职官志》作了极其周全详备、精审谛当的补正。漆侠主编的《辽宋西夏金代通史·贰·典章制度卷》⑨ 对宋代的典章制度进行了全面、深入、细致的研究，将各个方面完整、科学、准确地展现在了世人面前，对于了解、研究宋朝官制有着重大的意义。赵冬梅的《文武之间：北宋武选官研究》⑩ 对北宋时期的诸使、使臣、都部署、巡检等武选官进行了研究，并阐释了其选任、升迁等标准。宫崎圣明的《宋代官僚制度研究》⑪ 以宋代官僚制度为核心展开考察研究，主要探究了宋代的官僚人事、中央官制实施状态、中央官制改革、约束官僚行动的法令等问题。王曾瑜的《宋朝军制初探（增订本）》⑫ 全面、深入研究了宋朝的军制，包括枢密院、三

① 张希清等：《宋朝典章制度》，吉林文史出版社2001年版。
② 游彪：《宋代荫补制度研究》，中国社会科学出版社2001年版。
③ 李之亮：《宋代京朝官通考（一、二、三、四、五）》，巴蜀书社2003年版。
④ 包伟民主编：《宋代制度史研究百年（1900—2000）》，商务印书馆2004年版。
⑤ 方建新：《二十世纪宋史研究论著目录》，北京图书馆出版社2006年版。
⑥ 陈振：《宋代社会政治论稿》，上海人民出版社2007年版。
⑦ 祝丰年、祝小惠：《宋代官吏制度》，中国社会出版社2007年版。
⑧ 龚延明：《宋史职官志补正（增订本）》，中华书局2009年版。
⑨ 漆侠主编：《辽宋西夏金代通史·贰·典章制度卷》，人民出版社2010年版。
⑩ 赵冬梅：《文武之间：北宋武选官研究》，北京大学出版社2010年版。
⑪ ［日］宫崎圣明：《宋代官僚制度研究》，北海道大学出版会2010年版。
⑫ 王曾瑜：《宋朝军制初探（增订本）》，中华书局2011年版。首版为中华书局1983年版。

衙、禁军、厢军、水军，不同时期军制的转变，军队的装备、后勤、军费等。贾玉英的《唐宋时期中央政治制度变迁史》[①] 以体制变革为门径，以制度变迁为主线，依次对唐宋时期中枢体制变迁、唐宋时期三省制度变迁、唐宋时期宰相与中书体制变迁、唐宋时期枢密院制度变迁、唐宋时期使相制度变迁、唐宋时期使职差遣制度变迁、唐宋时期中央监察制度变迁等问题，进行了深入、系统的考察。苗书梅、葛金芳等的《南宋全史·典章制度卷》[②] 为一部规模较大的全面研究南宋制度的专著，研究了南宋的职官制度、选举制度、监察制度、法律制度、赋役制度、财政制度等政治制度。李昌宪的《五代两宋时期政治制度研究》[③] 通过对宋朝帖职、官品、合班制度的复原，探索出了名实混淆的宋代官制中的规律与对应关系。李昌宪的《宋朝官品令与合班之制复原研究》[④] 以唐《永泰官品令》为准绳，比照从宋代史书、文集制诰等大量文献中挖掘出来的宋代官品令与合班之制资料，同时将北宋前期尚存的如《建隆以后合班之制》《景祐合班杂座仪》等作为复原北宋前期官品令的重要参照，基本复原了北宋乾德、景祐、康定、嘉祐、元丰、元祐、崇宁、大观年间的合班之制与官品令，也复原了南宋绍兴、淳熙、庆元年间的合班之制与官品令，在这一领域取得了重大突破，为深入研究宋史诸多领域提供了极大便利。田志光的《北宋宰辅政务决策与运作研究》[⑤] 考察了北宋的宰辅机构及官称、中书宰辅的政务决策及运作、参知政事的设立及职权演变、银台封驳司在中枢决策中的封驳权、三省与枢密院的运作决策机制等。

（二）中书门下与附属机构及其职官

中书门下及其附属机构中，有关审判的重要机构——审刑院，有关官员选拔机构的审官院、流内铨、三班院，其他诸如中书检正官、登闻鼓院、待漏院、详定编敕所等，近年来都日益被学者关注。

中书门下机构与职官方面，祁琛云的《北宋前期审刑院制度研究》[⑥] 探讨了北宋前期审刑院设置的原因及其沿革与废罢，审刑院的司法职权、司法程序及相关职责，审刑院法官的选任和管理，并且论述了审刑院在北宋前期的地位和作用。其《北宋前期中央司法复审体制的演变及运作》[⑦] 认为以审刑院为核心是北宋前期中央司法复审体制的最大特点，对北宋前期的皇权与相权关系产生了重大的影响。杨超的《北宋前期审官院制度研究》[⑧] 探讨了审官院创置的原因及其沿革与废罢，审官院的职权范围、管理制度及其相关职责，审官院官员的选任和管理制度，并从整体上论述了审官院在北宋前期人事组织管理环节上的地位和作用。范建民的《北宋前期流内铨制度研究》[⑨] 探讨了流内铨的创置及沿

---

① 贾玉英：《唐宋时期中央政治制度变迁史》，人民出版社 2012 年版。

② 苗书梅、葛金芳等：《南宋全史·典章制度卷》，上海古籍出版社 2012 年版。

③ 李昌宪：《五代两宋时期政治制度研究》，生活·读书·新知三联书店 2013 年版。

④ 李昌宪：《宋朝官品令与合班之制复原研究》，上海古籍出版社 2013 年版。

⑤ 田志光：《北宋宰辅政务决策与运作研究》，人民出版社 2013 年版。

⑥ 祁琛云：《北宋前期审刑院制度研究》，硕士学位论文，河南大学，2005 年。

⑦ 祁琛云：《北宋前期中央司法复审体制的演变及运作》，《求索》2007 年第 1 期。

⑧ 杨超：《北宋前期审官院制度研究》，硕士学位论文，河南大学，2007 年。

⑨ 范建民：《北宋前期流内铨制度研究》，硕士学位论文，河南大学，2008 年。

革、管理对象及职能运作、官员的管理制度，认为流内铨作为北宋前期特有的官员管理机构，为北宋前期社会的稳定、经济的恢复和发展发挥了积极的作用。秦克宏的《北宋三班院与其主要职能研究》① 考察了三班使臣与三班院的建立、三班院的官吏设置、职能与运作，并探讨了三班院与皇帝及其他政府机构的关系。

关于中书门下的附属机构，裴汝诚、顾宏义的《宋代检正中书五房公事制度研究》② 探讨了宋代五房检正官的设置、检正中书五房公事及其属官的选任资格、中书检正官事权的变化及其原因，认为中书检正官在一定意义上可以说是王安石变法的产物，显赫一时后，在官制改革时被撤销。黄纯艳的《宋代登闻鼓制度》③ 探讨了宋代登闻鼓制度的建立、登闻鼓机构的进状人构成及进状程序、受状内容，分析了其作用及影响。孔学的《宋代专门编敕机构——详定编敕所述论》④ 考察了宋代详定编敕所创立的时间和背景、演变过程、组织结构，探讨了详定编敕所的职能。康武刚的《论宋代的待漏院》⑤ 考察了宋代待漏院的建立、管理、作用，认为待漏院是皇帝、官员、民众之间联系的一个纽带，是国家和社会相互影响的一个途径。宋靖的《北宋中书检正官考论》⑥ 考察了宋代中书检正官的创设与建置、事务和权限、任免和管理，认为其在变法中起到了极其重要的作用。

（三）三省与附属机构及其职官

宋代三省及其附属机构在北宋前期虽然实际职能较小，但仍具有重要的地位，元丰改制后开始发挥重要的作用，学界对其的关注度也呈不断上升之势。

三省方面，袁良勇的《关于北宋前期的尚书省》⑦ 认为北宋前期尚书省实权尽失并分析了其中的原因，又考察了北宋前期尚书都省的位置、官员设置、机构设置、六部的职能，得出唐中叶以来尚书省职能渐遭削弱，北宋前期则近乎闲所的结论。罗祎楠的《论元丰三省政务运作分层机制的形成》⑧ 考察了北宋前期中书门下与皇帝在政务处理分层机制中的地位和关系、熙宁时期政务运作分层机制的演变，探讨了元丰三省制下政务运作分层机制的形成。贾玉英的《唐宋时期三省制度变迁论略》⑨ 认为北宋前期三省职能逐渐被新的机构取代，三省制度名存实亡，元丰改制后政柄归中书省，南宋则始合三省为一。宋靖的《唐宋中书舍人研究》⑩ 对唐宋时期中书舍人进行了全面、深入的研究，包括其职掌、与中枢的运作、管理等，并附表统计了中书舍人的迁官、改官以及简表等。刘后滨的

---

① 秦克宏：《北宋三班院与其主要职能研究》，硕士学位论文，河南大学，2008 年。

② 裴汝诚、顾宏义：《宋代检正中书五房公事制度研究》，《宋史研究论丛》2003 年第 5 辑。

③ 黄纯艳：《宋代登闻鼓制度》，《中州学刊》2004 年第 6 期。

④ 孔学：《宋代专门编敕机构——详定编敕所述论》，《河南大学学报（社会科学版）》2007 年第 1 期。

⑤ 康武刚：《论宋代的待漏院》，《重庆社会科学》2007 年第 8 期。

⑥ 宋靖：《北宋中书检正官考论》，《山西大学学报（哲学社会科学版）》2007 年第 5 期。

⑦ 袁良勇：《关于北宋前期的尚书省》，《河北学刊》2003 年第 1 期。

⑧ 罗祎楠：《论元丰三省政务运作分层机制的形成》，硕士学位论文，清华大学，2005 年。

⑨ 贾玉英：《唐宋时期三省制度变迁论略》，《中州学刊》2008 年第 6 期。

⑩ 宋靖：《唐宋中书舍人研究》，黑龙江大学出版社 2010 年版。

《“正名”与“正实”——从元丰改制看宋人的三省制理念》[①] 认为元丰改制中“以实正名”，对三省而言是在出令机制上力图实现“造令”系统与“行令”系统的有机结合，这种改革并没有恢复唐前期的三省制。不过，宋人关于恢复唐三省制的议论，显示出了其特有的三省制理念。田志光的《北宋中后期“三省——枢密院”运作机制之演变》[②] 认为元丰改制后“三省——枢密院”制在运作程序上较之“中书——枢密院”制更密切，但是运作效率却有所降低。至北宋末期，“三省——枢密院”制已不能适应形势，中书权力运作机制遭到彻底变革。其《北宋中后期三省决策与权力运作机制》[③] 认为北宋中后期三省的权力运作与决策机制不断调整，三省经历了中书省权力最大、三省同取旨、三省权力运作一体化三个阶段，至北宋末期则沦为宰臣专政的工具。古丽巍的《北宋元丰改制“重塑”尚书省的过程》[④] 对元丰改制后尚书省从颇为整体性的角度进行了全面研究，认为元丰改制过程中，行政体系中不同层级部门的行政职能先后得以“重振”。都省覆治省事，其长官成为决策与执行的枢纽。新制以尚书都省为首脑，由下到上“重塑”了国家行政体制，呈现了二府体制到三省——枢密院体制职能转换的轨迹。

通进银台司方面，杨芹的《宋代通进司及其职能》[⑤] 对宋代通进司的源流演变、职责作用等进行了考察，分析了通进司与进奏院的区别和联系。李全德的《通进银台司与宋代的文书运行》[⑥] 考察了宋代通进银台司的职掌与沿革，分析了通进银台司的文书运作与宋代的政务运作。孟宪玉的《北宋通进银台封驳司研究》[⑦] 考察了北宋通进银台封驳司成立的背景、渊源与兴废、机构组成，探讨了其职能、长官选任、官吏的编制与俸禄待遇，分析了其历史地位与局限性。王化雨的《南宋宫城布局与御前文书运行》[⑧] 认为南宋时期通进司等文书机构的位置有所调整，南宋御前文书的运行带有更为明显的“私密”色彩。权力进一步集中于君主及其亲信近臣之手，而大多数外廷士大夫的实际政治影响力则有所弱化。田志光的《北宋通进银台司在中枢决策中的封驳权》[⑨] 考察了宋太宗朝通进银台司封驳权的确立，宋真宗朝通进银台司封驳权的发展，宋仁宗至宋神宗元丰改制前通进银台司职权的演变等内容。

封驳司、国用司、讲议司等方面，张复华的《北宋给事中的封驳权》[⑩] 认为北宋初给事中废而不举，恢复职权后仍不顺利，改制后重掌封驳权，不过宋廷仍设法规避。其《南宋给事中的封驳权》[⑪] 认为南宋政权长期处于兵荒马乱的环境下，给事中的封驳权常不能正常行使，封驳权遭遇的困难更多，不过仍有一片不算太小的行使空间。在台谏力量

---

① 刘后滨：《“正名”与“正实”——从元丰改制看宋人的三省制理念》，《北京大学学报（哲学社会科学版）》2011 年第 2 期。

② 田志光：《北宋中后期“三省——枢密院”运作机制之演变》，《史学月刊》2012 年第 3 期。

③ 田志光：《北宋中后期三省决策与权力运作机制》，《史林》2013 年第 6 期。

④ 古丽巍：《北宋元丰改制“重塑”尚书省的过程》，《中国史研究》2015 年第 2 期。

⑤ 杨芹：《宋代通进司及其职能》，《中山大学研究生学刊（社会科学版）》2006 年第 4 期。

⑥ 李全德：《通进银台司与宋代的文书运行》，《中国史研究》2008 年第 2 期。

⑦ 孟宪玉：《北宋通进银台封驳司研究》，博士学位论文，河北大学，2008 年。

⑧ 王化雨：《南宋宫城布局与御前文书运行》，《史学月刊》2011 年第 5 期。

⑨ 田志光：《北宋通进银台司在中枢决策中的封驳权》，《史学集刊》2014 年第 1 期。

⑩ 张复华：《北宋给事中的封驳权》，《社会科学论丛》2007 年第 2 期。

⑪ 张复华：《南宋给事中的封驳权》，《社会科学论丛》2009 年第 2 期。

式微的南宋，给事中的封驳权成为朝廷纲纪所系，更是限制君主与宰执权力的最后一股力量。宋靖的《封还词头与北宋的封驳制度》[①] 考察了北宋初年封驳司的设立，探讨了北宋的封驳体制。吴业国的《南宋国用司与中央财政》[②] 通过对南宋国用司的设置背景、机构组织和具体职责的研究，探讨了当时中央财政的运作状况。吴业国的《北宋晚期政局与讲议司置废》[③] 考察了宋代讲议司的设置背景、构成及职责，认为讲议司的两次设置对北宋晚期政治均产生了重要影响。

进奏院方面，李静、贾红棉的《宋朝的都进奏院和进奏院状》[④] 考察了宋代都进奏院的设置、职能、员数、位置等，也考察了进奏官的职掌，认为都进奏院是为维护当朝统治者的利益而存在的。游彪的《宋朝邮政管理体制的一个侧面——以进奏院的职责与官方文书的分类为中心》[⑤] 考察了宋代进奏院负责收发官方文书的基本职责，认为宋朝制定了相当严密的防范措施，但文书传递过程中依然漏洞百出。魏海岩的《宋代进奏院隶属关系考证》[⑥] 认为宋代进奏院的隶属关系在北宋初期、元丰改制后、南宋时期呈现出了阶段性的变化。田海宾的《宋代进奏院研究》[⑦] 考察了宋代进奏院概况，进奏院的职能、文书运作与官吏的选任，进奏院发行的邸报，并分析了进奏院与时政之间的关系。

（四）尚书省六部及其职官

15 年来学界对尚书省六部的关注度较高，除直接将六部中的某部作为研究对象之外，部分研究细化到了其中的某些具体机构与职官。吏部、户部、礼部、刑部、工部都已有专文进行了较为深入的研究。

吏部方面，马晓菲的《唐宋吏部尚书沿革探析》[⑧] 探讨了北宋前期吏部职权的架空与地位、元丰改制后吏部的职掌与吏部尚书的职权，并对北宋吏部尚书的籍贯、出身、起讫时间、迁转、兼职等进行了列表统计。王丽的《宋代元丰官制改革后吏部研究——以法令和文书为中心》[⑨] 探讨了北宋元丰改制前后的吏部机构设置，吏部尚书与侍郎、郎官、胥吏等的设置、资序与职掌等，吏部的法律规章，吏部公文书的形态与运行机制，吏部政务的运行等，对吏部进行了深入、全面的研究。惠鹏飞的《宋代吏部尚书研究》[⑩] 考察了吏部尚书的源流、组织结构、类别与职掌，还考察了宋代吏部尚书群体的籍贯、仕履、迁

① 宋靖：《封还词头与北宋的封驳制度》，《史学月刊》2007 年第 11 期。

② 吴业国：《南宋国用司与中央财政》，《河北大学学报（哲学社会科学版）》2009 年第 2 期。

③ 吴业国：《北宋晚期政局与讲议司置废》，《北方论丛》2010 年第 2 期；吴业国：《讲议司与北宋晚期政局》，《四川师范大学学报（社会科学版）》2010 年第 1 期。

④ 李静、贾红棉：《宋朝的都进奏院和进奏院状》，《辽宁师范大学学报（社会科学版）》2001 年第 1 期。

⑤ 游彪：《宋朝邮政管理体制的一个侧面——以进奏院的职责与官方文书的分类为中心》，《云南社会科学》2003 年第 3 期。

⑥ 魏海岩：《宋代进奏院隶属关系考证》，《国际新闻界》2010 年第 1 期。

⑦ 田海宾：《宋代进奏院研究》，硕士学位论文，河北大学，2014 年。

⑧ 马晓菲：《唐宋吏部尚书沿革探析》，硕士学位论文，山东大学，2009 年。

⑨ 王丽：《宋代元丰官制改革后吏部研究——以法令和文书为中心》，博士学位论文，河南大学，2014 年。

⑩ 惠鹏飞：《宋代吏部尚书研究》，硕士学位论文，河南大学，2014 年。

转、任期、致仕等。对吏部中的官告院也有专文研究，黄毛的《宋代官告院及官告研究》[①] 探讨了宋代官告院的沿革、管理，官告院绫纸库与绫纸钱等，认为官告院与官告制度对后世影响深远。

户部与礼部方面，元丰改制后户部承担了重要的农业管理职能，程松的《宋代农业管理机构研究——宋代职官的农业管理职能》[②] 探讨了宋朝中央农业管理机构、路级监司的农业管理机构、地方行政机构对农业的管理，认为宋代农业取得的巨大成就与相关机构的农业管理职能是分不开的。杨阳的《元丰改制后北宋户部研究》[③] 考察了宋代户部机构的沿革，元丰改制后户部职能的执行、官员的选任和管理，并统计了元丰改制后北宋户部尚书、户部侍郎以及户部度支金部仓部郎中、员外郎的年表。刘奂的《北宋礼部尚书若干问题研究》[④] 考察了北宋元丰改制前礼部的职能，元丰改制后礼部组织结构、礼部尚书的职掌，并考察了礼部尚书的籍贯、仕履等内容。

刑部与工部方面，刘本栋的《五代至北宋初期刑部制度研究》[⑤] 考察了五代至北宋初期刑部机构建置及其人员变化、刑部主要职能，分析了刑部的地位、作用及局限性。贾灿灿的《两宋刑部尚书人员结构考述——以判刑部、刑部尚书为中心》[⑥] 探讨了宋代判刑部与刑部尚书的籍贯、入仕途径、出身、家庭背景等内容。刘柬良的《宋代刑部职能研究》[⑦] 对宋代刑部的职能进行了较为深入与全面的研究。杨计国的《宋代工部研究》[⑧] 分别考察了元丰改制前后工部的机构、长贰、属官与职能，工部与诸监之间的关系及宋廷对工部的监察，并制作了工部尚书、侍郎的迁转表，对宋代工部进行了深入、全面的研究。都作院隶属于工部，王菱菱的《宋代都作院设置考》[⑨] 论述了都作院的由来与发展，考证了两宋时期设置都作院的确切地点。林业职官中的中央官员大多隶属于工部，白宏刚的《宋代林业职官述略》[⑩] 对宋代的林业官员及其职能进行了考察，认为宋代林业职官的设置与管理，从中央到地方都形成了一套较完备的体系。

架阁库、架阁官、监门官方面，林正秋的《南宋朝廷架阁库与档案管理》[⑪] 考察了宋代的三省枢密院架阁总库与尚书六部架阁。刘斌的《宋代六部架阁官制度》[⑫] 考察了宋代六部架阁官的选任条件、入选者类型、选任途径、迁转，认为六部架阁官员阙少、资序严、迁转快、仕途优，呈现出精英化与馆阁化的特征。其《南宋中央低级京朝官政治过

---

① 黄毛：《宋代官告院及官告研究》，硕士学位论文，河南大学，2012 年。

② 程松：《宋代农业管理机构研究——宋代职官的农业管理职能》，硕士学位论文，郑州大学，2009 年。

③ 杨阳：《元丰改制后北宋户部研究》，硕士学位论文，河南大学，2012 年。

④ 刘奂：《北宋礼部尚书若干问题研究》，硕士学位论文，河南大学，2014 年。

⑤ 刘本栋：《五代至北宋初期刑部制度研究》，硕士学位论文，河南大学，2011 年。

⑥ 贾灿灿：《两宋刑部尚书人员结构考述——以判刑部、刑部尚书为中心》，《江西社会科学》2013 年第 9 期。

⑦ 刘柬良：《宋代刑部职能研究》，博士学位论文，河南大学，2015 年。

⑧ 杨计国：《宋代工部研究》，博士学位论文，上海师范大学，2013 年。

⑨ 王菱菱：《宋代都作院设置考》，《中国经济史研究》2007 年第 3 期。

⑩ 白宏刚：《宋代林业职官述略》，《绵阳师范学院学报》2009 年第 12 期。

⑪ 林正秋：《南宋朝廷架阁库与档案管理》，《浙江档案》2014 年第 2 期。

⑫ 刘斌：《宋代六部架阁官制度》，《晋阳学刊》2005 年第 6 期。

程考察——以六部监门官为视角》[①] 探讨了宋代六部监门官的设置选任、职权作用、仕途发展等，认为监门官虽为低级京朝官，但遴选精严，职位清望，能够较多地涉足要务。

两制、侍从等方面，王宇的《试论宋代“侍从”内涵与外延的变化》[②] 讨论了宋代侍从内涵的多个层面以及变化，指出元丰官制改革对宋代侍从制度的影响是决定性的。张祎的《从“专行诰词”到“分押制敕”——北宋外制官在诏令颁行程序中的职事变化》[③] 探讨了北宋时期，特别是元丰改制前后外制官在宋廷诏令颁行程序中的职事变化。

（五）九寺五监及其职官

15 年来学界对九寺五监的关注度并不是很高，研究多集中在司农寺、太常寺、国子监、都水监等机构，对卫尉寺、军器监、少府监等机构的研究则相对较少。

九寺方面的研究多侧重其中的某个机构，王晓斌的《制置三司条例司与熙丰变法时期的司农寺研究》[④] 下篇探讨了司农寺机构的廨宇、长官、属官与司农寺在变法中的作用。华春勇关注到了大多时间隶属于太常寺的太医局，其《宋代太医局医学教育诸问题初探》[⑤] 探讨了宋代太医局与相关管理机构，医学生的入学制度、学习制度、考试考核制度，并对宋代太医局医学教育进行了评价。张显运对光禄寺中的牛羊司有所研究，其《宋代牛羊司述论》[⑥] 考察了宋代牛羊司的设置与沿革、牛羊司的主要职能、人员的编制、官吏的任免与考核，并探讨了牛羊司与其他官营畜牧业管理机构的关系。王风的《宋代修礼机构研究》[⑦] 考察了宋代的太常寺、太常礼院以及其他修礼机构，认为宋廷通过修礼机构编撰礼文来贯彻和推行自己的意志。

玉牒所、中央僧官、中央客馆、宗正司等大多时候隶属于鸿胪寺，王善军的《宋代皇族谱牒考述》[⑧] 在探讨皇族谱牒的修纂与管理时，考察了宋代玉牒所的设置、修纂人员、玉牒所对玉牒的修纂、保存与管理等内容。刘长东的《论宋代的僧官制度》[⑨] 探讨了宋代中央和地方僧官的职位设置、僧官任命制度的变迁，并从僧官制度考察了宋政府的施政意图。王静的《宋代中央客馆制度》[⑩] 探讨了宋代中央客馆的设置情况、客馆内的居住人员、接待与管理，分析了中央客馆设置的意义。谢重光的《宋代西外宗正司考述（一、二）》[⑪] 对宋代福州西外宗正司的几个重要问题进行了考述和探讨。

学界对国子监的研究较多，张雪红的《论宋代国子监教育传播的新特征和传播职能

---

① 刘斌：《南宋中央低级京朝官政治过程考察——以六部监门官为视角》，《求索》2010 年第 5 期。

② 王宇：《试论宋代“侍从”内涵与外延的变化》，《浙江学刊》2011 年第 2 期。

③ 张祎：《从“专行诰词”到“分押制敕”——北宋外制官在诏令颁行程序中的职事变化》，《北京大学学报（哲学社会科学版）》2009 年第 2 期。

④ 王晓斌：《制置三司条例司与熙丰变法时期的司农寺研究》，硕士学位论文，陕西师范大学，2001 年。

⑤ 华春勇：《宋代太医局医学教育诸问题初探》，硕士学位论文，西北大学，2006 年。

⑥ 张显运：《宋代牛羊司述论》，《中国农史》2011 年第 1 期。

⑦ 王风：《宋代修礼机构研究》，《河北科技师范学院学报（社会科学版）》2013 年第 1 期。

⑧ 王善军：《宋代皇族谱牒考述》，《宋史研究论丛》2001 年第 4 辑。

⑨ 刘长东：《论宋代的僧官制度》，《世界宗教研究》2003 年第 3 期。

⑩ 王静：《宋代中央客馆制度》，《史学月刊》2003 年第 4 期。

⑪ 谢重光：《宋代西外宗正司考述（一、二）》，《福建文博》2013 年第 1、2 期。

的转变》[①] 探讨了宋代国子监在教育传播系统整合过程中职能的演变，包括监督全国教育经费的预算和开支、统一规划学校的规模和学制、领导监督和管理教育者、推动教育传播对象的开放性和平民化进程、促进教育立法。陈伟生的《宋朝太学教育管理研究》[②] 探讨了宋朝太学设置的原因、发展，太学管理系统的设置、教育管理活动，分析了太学教育管理的作用与影响。周兴涛的《宋代武学博士考论》[③] 探讨了宋代武学博士的编制、任职资格、职掌与待遇，认为其文士居多、任期短而变动频繁、实际地位不高。邢宇峰的《宋代太学管理研究》[④] 探讨了宋代太学的管理机构、学官管理、生徒管理以及太学管理中的责任追究，并分析了太学管理的特点。李新伟的《南宋中央武学探微》[⑤] 考察了南宋中央武学的重建、学官的设置、生员的招生、教学组织与管理、生员毕业除官，并探讨了南宋中央武学的历史地位。张自然的《北宋国子监画学学官考》[⑥] 考察了北宋国子监画学学官的设置、选任及职责、任职官员考等，认为南宋院体画风的转变与国子监画学教学是有一定关系的。熊奏凯的《宋代国子监研究》[⑦] 考察了宋代国子监的机构、管理制度、职能、探讨了国子监的影响。张仙女的《宋代太学学官研究》[⑧] 考察了宋代太学官员的沿革、构成、学官管理，分析了太学学官的职能及影响。

少府监、将作监与都水监的研究也日益深入。文思院在北宋时期隶属于少府监，王菱菱的《宋代文思院的由来及其职能变化》[⑨] 对宋代文思院的由来及其职能变化作了系统的探讨。其《宋代文思院的管理体系与管理措施》[⑩] 考察了宋代文思使副与文思院的关系、文思院官员的管理系统、文思院的管理措施，认为宋廷通过各种管理制度，保障了文思院的生产。乔迅翔的《宋代将作监构成考述》[⑪] 全面考证和叙述了将作监各组成部门，厘清了将作监主要营造管理机构的功能变迁。牛楠的《北宋都水监与治水体制研究》[⑫] 考察了北宋都水监的机构设置、职能，官员的选任和迁转，分析了北宋都水监治水体制衰落的根源。郑成龙的《北宋都水监研究》[⑬] 考察了北宋设立都水监的背景，都水监制度的确立、发展、演变，官员的选任与考核，都水监的职能，分析了都水监的作用与弊端。黄河埽所隶属于都水监，任贵松的《北宋黄河埽所研究》[⑭] 考察了宋代埽所的设置背景、概况，埽

---

① 张雪红：《论宋代国子监教育传播的新特征和传播职能的转变》，《河南大学学报（社会科学版）》2006 年第 4 期。

② 陈伟生：《宋朝太学教育管理研究》，硕士学位论文，湖南师范大学，2007 年。

③ 周兴涛：《宋代武学博士考论》，《江西师范大学学报（哲学社会科学版）》2008 年第 2 期。

④ 邢宇峰：《宋代太学管理研究》，硕士学位论文，安徽师范大学，2010 年。

⑤ 李新伟：《南宋中央武学探微》，《军事历史研究》2012 年第 1 期。

⑥ 张自然：《北宋国子监画学学官考》，《广西社会科学》2012 年第 3 期。

⑦ 熊奏凯：《宋代国子监研究》，硕士学位论文，南昌大学，2012 年。

⑧ 张仙女：《宋代太学学官研究》，硕士学位论文，南昌大学，2014 年。

⑨ 王菱菱：《宋代文思院的由来及其职能变化》，《宋史研究论丛》2008 年第 9 辑。

⑩ 王菱菱：《宋代文思院的管理体系与管理措施》，《河北大学学报（哲学社会科学版）》2010 年第 1 期。

⑪ 乔迅翔：《宋代将作监构成考述》，《华中建筑》2010 年第 10 期。

⑫ 牛楠：《北宋都水监与治水体制研究》，硕士学位论文，安徽师范大学，2014 年。

⑬ 郑成龙：《北宋都水监研究》，硕士学位论文，广西师范大学，2014 年。

⑭ 任贵松：《北宋黄河埽所研究》，硕士学位论文，河南大学，2011 年。

所物料的征集及管理，埽所的机构管理，评价了北宋埽所在黄河防治中的作用及历史影响。

（六）宰辅、枢密院及其职官

15 年来，宰执官依然是宋史学界研究的重要领域。官职重要性强、史料记载集中具体、易于挖掘背后的政治因素等原因，宰执官一直被重视，并且研究在不断地深化，其中的各种关系、政务运作、文书传递等方面，也日益深入。

宰辅方面，金奋飞的《北宋宰辅的家庭出身及入仕途径分析》① 考察了北宋宰辅的家庭出身与入仕途径，认为制度、社会与士人的良性互动使北宋高级官员家庭出身的相对平民化有了可能。王明的《南宋宰相背景研究》② 以南宋 64 位宰相为研究主体，探讨了宰相的任官与职官制度等的关系。其《南宋宰相群体之研究》③ 研究了南宋 63 位宰相的籍贯家世、出身背景、仕宦经历、拜罢宰相的原因、罢任后的待遇、本职兼职与权力的关系，并研究了宰相的实际作为、决策程序，特别考察了六大权相集团本身与相权的相关内容，对南宋的宰相群体进行了深入、有力的全面研究。贾玉英不仅研究了唐宋时期宰相的名号，还研究了其治事。其《唐宋时期宰相名号制度变迁论略》④ 探讨了唐宋时期在任宰相、外宰相及超级宰相名号制度的变迁，认为唐宋时期宰相名号制度经历了极其复杂的变迁过程。其《唐宋时期宰相治事制度变迁初探》⑤ 考察了唐宋时期宰相治事机构及治事性质的演变、唐宋时期宰相轮流秉笔主政制度的确立及其演变，认为唐宋时期宰相治事制度发生了重要变化。徐红的《北宋初期拜相制释读》⑥ 指出北宋初期拜相制一般可分为四个部分，作为公牍骈文，拜相制具有对仗工整等特点，并揭示了其中所隐含的政治意义。王瑞的《北宋官员任期制度研究——以宰相与知州、知府为重点》⑦ 对以宰相为重点的中央官员和以知州知府为重点的地方官员的任期制度进行了剖析，并对北宋任期制度进行了评议。迟振汉的《北宋宰相制度》⑧ 考察了宰相名称及其官职、宰相机关及其组织、宰相的选任和罢免、宰相的职权、与皇帝的关系、与执政的关系、与台谏的关系等内容。王晨的《论北宋相权的阶段性变迁》⑨ 探讨了北宋相权的强势、弱化与复振，认为这种阶段性变化是北宋政治文明的一大特色。田志光、苗书梅的《南宋相权扩张若干路径论略》⑩ 认为南宋宰相权力相对于北宋明显扩大，宰相逐渐操控军权、财权、台谏、学士院等权力与机构。李光伟的《南宋权相政治研究》⑪ 认为权相政治之下，南宋中央决策机构与决策系统

---

① 金奋飞：《北宋宰辅的家庭出身及入仕途径分析》，《中州学刊》2002 年第 5 期。

② 王明：《南宋宰相背景研究》，《通识研究集刊》2009 年第 15 期。

③ 王明：《南宋宰相群体之研究》，博士学位论文，中国文化大学，2013 年。

④ 贾玉英：《唐宋时期宰相名号制度变迁论略》，《中州学刊》2009 年第 6 期。

⑤ 贾玉英：《唐宋时期宰相治事制度变迁初探》，《中州学刊》2011 年第 4 期。

⑥ 徐红：《北宋初期拜相制释读》，《中国典籍与文化》2010 年第 4 期。

⑦ 王瑞：《北宋官员任期制度研究——以宰相与知州、知府为重点》，硕士学位论文，河北大学，2010 年。

⑧ 迟振汉：《北宋宰相制度》，丽文文化事业股份有限公司 2010 年版。

⑨ 王晨：《论北宋相权的阶段性变迁》，硕士学位论文，东北师范大学，2012 年。

⑩ 田志光、苗书梅：《南宋相权扩张若干路径论略》，《北方论丛》2012 年第 3 期。

⑪ 李光伟：《南宋权相政治研究》，硕士学位论文，山东大学，2012 年。

的运行机制发生了巨大的变化，诸如决策地点、文书政令指挥系统、财政系统、台谏系统、社会认知等方面，深刻改变了当时的政治、经济、思想文化和社会心理。陈朝阳的《北宋熙丰时期的两府研究》① 考察了熙丰时期两府的内部结构与运作环境，诸如组织机构与职权行使、中书的属官、中书与制置三司条例司及三司、编修中书条例司、枢密院的属官及职掌等内容。该文梳理了二府之间的关系，并对变法时期主要新法出台运行过程中二府政治主体进行了微观的考察，展现了宋政府高层决策过程中奇诡多变的政治态势和鲜活的政治景象。李全德的《从堂帖到省札——略论唐宋时期宰相处理政务的文书之演变》② 不仅注意到了宰相处理政务文书制度性的原则规定，也关注了有据可查的执行结果，认为唐宋时期堂帖经历了向中书札子、省札的演变过程，凸显了君相权力之争以及君主权力对日常行政事务的日益渗透，但与此同时以宰相为首的官僚体制依然具有较为充分的权力运作空间。张祎的《麻制草拟与宋代宰相任免——重在文书运行环节的探讨》③ 从讨论宋代任免宰相的文书入手，分析了该程序对于维护和巩固皇权的意义，从而探讨了其中所体现的皇权运作方式。其《中书、尚书省劄子与宋代皇权运作》④ 考察了北宋时期宰辅处理日常事务、下达行政指令的文书形式——从中书劄子到尚书省劄子，认为劄子制度的确立、维系与运行助成了皇权政治的演进，使皇权运作获得了更为宽裕的转圜余地。田志光的《北宋前期中书宰辅在政令颁行中的权力运作》⑤ 认为，北宋前期中书宰辅的权力虽受制约，但是某些宰辅在制敕文书的起草、颁降过程中试图掌握主动权，并直接运用堂帖、札子等处理政务，以此扩充中书宰辅的权力及影响。这些因素决定了中央政令运行的实际曲线。其《宋太祖朝参知政事的设立及职权考论》⑥ 认为参知政事职权几经变化，与宰相分享中书权力的配属关系呈现出多样性。其《北宋前期参知政事职权与人事演变》⑦ 考察了参知政事职权消长与政治生态、参知政事职权扩张与得君致宠、法定与人治交织的参政职权，认为参知政事设立之后职权几经变化，与宰相分属中央权力的配属关系呈现出多样性格局。王青松的《南宋中央军事领导体制简论——以两府之间关系变化与运作机制为探讨中心》⑧ 从枢密院和三省长贰职务互兼、两府大臣分班奏事变为合班奏事、文书形制走向统一等方面，探讨了南宋时期二府关系的变化及其特点，论证了二府由原先的对立逐渐走向一体化、军权由此向相权倾斜的过程。此外，“超级宰相”平章军国重事也被

---

① 陈朝阳：《北宋熙丰时期的两府研究》，博士学位论文，首都师范大学，2012 年。

② 李全德：《从堂帖到省札——略论唐宋时期宰相处理政务的文书之演变》，《北京大学学报（哲学社会科学版）》2012 年第 2 期。

③ 张祎：《麻制草拟与宋代宰相任免——重在文书运行环节的探讨》，《汉学研究》2009 年第 2 期。

④ 张祎：《中书、尚书省劄子与宋代皇权运作》，《历史研究》2013 年第 5 期。

⑤ 田志光：《北宋前期中书宰辅在政令颁行中的权力运作》，《河南大学学报（社会科学版）》2013 年第 3 期。

⑥ 田志光：《宋太祖朝参知政事的设立及职权考论》，《北方论丛》2013 年第 4 期。

⑦ 田志光：《北宋前期参知政事职权与人事演变》，《河南大学学报（社会科学版）》2015 年第 2 期。

⑧ 王青松：《南宋中央军事领导体制简论——以两府之间关系变化与运作机制为探讨中心》，《宋史研究论丛》2014 年第 15 辑。

注意到。惠鹏飞的《尊崇之“名”到专权之“实”：宋代平章军国（重）事制度考述》[1]考察了宋代平章军国（重）事的序位、别称与职权，平章军国（重）事官员的拜罢，并对平章军国（重）事制度演变进行了考述。

枢密院方面，邓小南的《近臣与外官：试析北宋初期的枢密院及其长官人选》[2]通过对晚唐以来枢密院职能性质的演变和宋初枢密院长官人选背景的分析，探索了该机构性质在北宋初年次第转变的曲折过程，特别是“机要之司”枢密院逐步摆脱其作为皇帝近密私属性质的过程。沈载权的《交流与借鉴：宋与高丽枢密院之比较研究》[3]比较研究了宋与高丽两朝枢密院的设置及演变、组织结构、职能等，分析了宋朝枢密院对高丽产生的具体影响。刘春的《南宋的御营司与机速房》[4]探讨了宋代御营司的建置、机构、官职设置、作用，机速房的设置、编制、职掌等内容，认为这两个机构都权重一时，在军事方面产生了重大影响。郝明、孟凡云的《宋枢密院实际地位之弱化考》[5]认为宋代枢密院发生了很大嬗变，其实际作用和地位逐渐弱化。黄洁琼的《试论北宋枢密使权势的衰退》[6]认为，北宋枢密使的权势在不断地衰退，至南宋几沦为宰相的附庸。李全德的《唐宋变革期枢密院研究》[7]下篇考察了宋太祖时期的枢密院，枢密院在宋太宗时期的进退与宋真宗时期枢密院制度的大致定型等内容。马玉臣注意到了枢相，其《试论北宋前期之枢相》[8]对枢相的含义予以新的解释，探讨了其系衔方式、入选资格、待遇、人数及任期等问题。马监大多由枢密院措置，尚平的《南宋孳生马监的兴废》[9]考察了南宋孳生马监兴废的具体情况。魏天安的《宋代监牧制度及其兴衰》[10]考察了宋代监牧的管理架构与法规、分布与牧地、废置沿革，认为监牧逐渐衰落，特别是南宋所建马监大多以失败告终。御营司隶属于枢密院，熊燕军的《南宋高宗建炎年间御营司及御营五军研究》[11]考察了御营司的沿革、官属、御营五军的建置沿革，认为御营司及御营五军的设立是南宋收夺大将兵权、强化中央权力的首次尝试。

（七）三司、宣徽院及其职官

三司、宣徽院在北宋前期有着很高的地位，特别是三司发挥着重要的实际职能，学界对三司的研究仍在继续，目前即有博士研究生在做宋代的三司研究。

---

① 惠鹏飞：《尊崇之“名”到专权之“实”：宋代平章军国（重）事制度考述》，《河南大学学报（社会科学版）》2015年第2期。

② 邓小南：《近臣与外官：试析北宋初期的枢密院及其长官人选》，载漆侠主编《宋史研究论文集》，河北大学出版社2002年版。

③ 沈载权：《交流与借鉴：宋与高丽枢密院之比较研究》，《江海学刊》2007年第3期。

④ 刘春：《南宋的御营司与机速房》，硕士学位论文，西北大学，2007年。

⑤ 郝明、孟凡云：《宋枢密院实际地位之弱化考》，《长江论坛》2009年第1期。

⑥ 黄洁琼：《试论北宋枢密使权势的衰退》，《宋代文化研究》2009年第17辑。

⑦ 李全德：《唐宋变革期枢密院研究》，国家图书馆出版社2009年版。

⑧ 马玉臣：《试论北宋前期之枢相》，《中州学刊》2002年第5期。

⑨ 尚平：《南宋孳生马监的兴废》，《农业考古》2009年第4期。

⑩ 魏天安：《宋代监牧制度及其兴衰》，《中国社会经济史研究》2010年第4期。

⑪ 熊燕军：《南宋高宗建炎年间御营司及御营五军研究》，《韩山师范学院学报》2012年第2期。

黄亚娟的《北宋三司使研究》[①] 探讨了北宋三司使的沿革与兴衰、三司使的职能、人事管理，并分析了三司使与皇帝、宰相及转运使的关系，还同户部尚书进行了比较。此外，以表格的形式统计了北宋三司使的担任时间、任期、出身、迁转等。刘森的《中国最早的铸钱管理机构——宋代铸钱司研究》[②] 考察了宋代铸钱司的设置、机构与官员等，并列表统计了宋代铸钱司及其职官的演变。杨兴的《北宋三司使渊源初探》[③] 认为三司使这一职官制度大致形成于晚唐昭宗年间。施治平的《宋代宣徽院研究》[④] 探讨了宋代宣徽院的置废、机构设置、职官制度、职能、与其他政府机构的关系，并对宣徽院进行了评价。贾明杰的《北宋时期三司使的性质及相权研究》[⑤] 考察了北宋三司使的相关概念、性质以及与相权的关系，指出北宋的中央集权将三司使推到了权力的最高位置，一定程度上扭转了当时北宋时期的财政状况。董春林的《财权转移：宋代内藏与左藏“博弈”的依归》[⑥] 考察了内藏与左藏在财权上的博弈，指出这种博弈折射出的是天子私权对国家公权的侵占。

（八）三衙及其职官

15 年来，学界以范学辉为代表，对宋代三衙诸方面进行了深入的研究，发表了一系列有关三衙的学术论文，并出版了专著。

范学辉的《北宋三衙的地位、待遇及其政治作用》[⑦] 探讨了宋代三衙的待遇、地位的前后变化、政治作用，认为三衙在北宋皇位更迭过程中确实发挥着比较重要的作用，其参与皇位更替呈现出了有节、有利的时代特点。其《北宋三衙除授制度简论》[⑧] 探讨了从权归枢密到宰相、枢密共议的除授方式，认为侍从、台谏也参与三衙的除授，而皇帝行使决策权的方式则是多样的。其《论北宋三衙管军选任标准的前后变化》[⑨] 认为北宋三衙管军的选任标准大致可以分为宋太祖“更置易制者”，宋太宗、宋真宗用“藩邸旧僚”，宋仁宗“用亲”和“循资格”，以及宋英宗朝以后“重边功”四个阶段。其《北宋三衙职能问题试探》[⑩] 认为宋代三衙的职能主要有掌管全国的禁军和厢军、干预所部将校的任命、战时领兵出征、平时主管在京禁军的训练、负责所部的拣选等诸多方面，并行使多项事务性和礼仪性职能。其《宋代三衙管军制度研究》[⑪] 在已发表学术论文的基础之上，对两宋

---

① 黄亚娟：《北宋三司使研究》，硕士学位论文，河南大学，2006 年。

② 刘森：《中国最早的铸钱管理机构——宋代铸钱司研究》，《内蒙古金融研究（钱币文集）》2006 年第 7 辑。

③ 杨兴：《北宋三司使渊源初探》，《内蒙古农业大学学报（社会科学版）》2011 年第 4 期。

④ 施治平：《宋代宣徽院研究》，硕士学位论文，河北大学，2013 年。

⑤ 贾明杰：《北宋时期三司使的性质及相权研究》，《兰台世界》2015 年第 15 期。

⑥ 董春林：《财权转移：宋代内藏与左藏“博弈”的依归》，《中南大学学报（社会科学版）》2015 年第 5 期。

⑦ 范学辉：《北宋三衙的地位、待遇及其政治作用》，《文史哲》2002 年第 5 期。

⑧ 范学辉：《北宋三衙除授制度简论》，《河南大学学报（社会科学版）》2004 年第 2 期。

⑨ 范学辉：《论北宋三衙管军选任标准的前后变化》，《河北大学学报（哲学社会科学版）》2006 年第 2 期。

⑩ 范学辉：《北宋三衙职能问题试探》，《社会科学战线》2007 年第 6 期。

⑪ 范学辉：《宋代三衙管军制度研究》，中华书局 2015 年版。

三衙管军制度的产生与演变，三衙的建置和职能及其与地方军马的关系，三衙所部编制、兵力变动与马政，三衙诸军与宋代战事，三衙管军的地位与任职资格、选任及其素质状况等进行了深入全面的研究，是作者十余年来潜心钻研的大成之作。钧容直大多时间隶属于三衙，汪圣铎、郭兰的《宋代的皇家军乐团——钧容直》① 考察了宋代钧容直的设置、乐工的编制与职能、乐器构成、演奏乐曲等内容。南宋初钧容直被撤销，改设提点教乐所。

（九）馆阁、修史机构及其职官

宋代史学发达，馆阁、修史机构及其职官发挥了重要作用，也受到了学界的关注。

陈元锋的《宋代馆职的名实与职任》② 认为宋代馆职从职能上分为狭义的馆职与贴职，馆阁职事官的员数主要依需要而定，专职的馆阁官有校书、修书等“职业”及轮直制度等。王盛恩的《宋代监修国史和提举修史制度变化考》③ 认为宋初监修国史逐渐变成了一个徒有监修之名而无监修之责的虚职，元丰五年以后，监修国史之职不再除授，修史但以提举修国史系衔。绍兴二十六年，监修、提举为左、右宰相分领，遂为定制。李更的《宋代馆阁校勘研究》④ 第二章探讨了两宋馆阁的机构建制、职官设置、职能特点、职官选任等内容。杨芹、曹家齐的《宋代“台阁”含义考》⑤ 认为“台阁”在北宋时可视为御史台和馆阁的一种合称或别称，南宋时则又包含龙图、显谟等诸阁，宋人在使用该语时，往往因为场合的不同和表达的需要而侧重于某一方面，但有时也可并举。王盛恩的《北宋编修院初探》⑥ 探讨了宋代编修院设立的原因、时间、基本建制职责等。王鹏的《试论宋代记注官的侍立问题》⑦ 考察了记注官侍立地点的变化、记注官侍立与职能的变化，认为这一转变的原因及其发生方式都与宋代皇权政治密切相关。范家伟的《北宋馆阁官、儒臣与校正医书局》⑧ 从北宋三馆秘阁校书的角度，探讨了宋仁宗时设立的校正医书局的来龙去脉、组成与工作。陈名婷的《宋代校正医书局之编修人员考》⑨ 探讨了校正医书局中参与编修工作的人员，并对其身份、背景以及工作情形进行了考察。柴瑞娟的《北宋史官制度研究》⑩ 考察了北宋的修史机构，史官的选任、职责，并探讨了北宋史官制度的特点。

（十）外交机构及其职官

15 年来，学界对宋代外交机构与相应的职官作了越来越深入的研究，不仅涉及对辽朝、金朝的外交机构、外交使节，还有学者对某些机构具有的外交职能进行了研究。

---

① 汪圣铎、郭兰：《宋代的皇家军乐团——钧容直》，《文史知识》2006 年第 1 期。
② 陈元锋：《宋代馆职的名实与职任》，《史学月刊》2004 年第 12 期。
③ 王盛恩：《宋代监修国史和提举修史制度变化考》，《史学月刊》2006 年第 7 期。
④ 李更：《宋代馆阁校勘研究》，凤凰出版社 2006 年版。
⑤ 杨芹、曹家齐：《宋代“台阁”含义考》，《学术研究》2009 年第 1 期。
⑥ 王盛恩：《北宋编修院初探》，《中州学刊》2009 年第 2 期。
⑦ 王鹏：《试论宋代记注官的侍立问题》，《历史教学》2010 年第 14 期。
⑧ 范家伟：《北宋馆阁官、儒臣与校正医书局》，《汉学研究》2011 年第 3 期。
⑨ 陈名婷：《宋代校正医书局之编修人员考》，《台湾中医医学杂志》2011 年第 4 期。
⑩ 柴瑞娟：《北宋史官制度研究》，硕士学位论文，河北师范大学，2014 年。

王德朋的《靖康建炎前后宋朝赴金使节述论》① 考察了宋朝赴金使节的概貌、主要使节与出使经历和他们作出的杰出贡献。吴晓萍的《宋代国信所考论》② 考察了宋代国信所及其机构的设置、职掌与作用，认为国信所的设置是宋代特殊地缘外交的产物。其《宋代外交使节的选派》③ 考察了宋代入国使副的选任、随从人员的选派，认为外交使节的选派还有专对之才、文章饱学之士、熟悉他国、才貌双全等标准。其《宋代外交制度研究》④ 全面考察了两宋外事制度和外交机构、宋代的外交决策制度，以及外交主管机关、事务机关、关涉机关和地方涉外机构及其外交事务等，讨论了使节派遣、管理制度、外交礼仪制度、外交文书等相关问题。刘春霞、戴伟华的《宋金交聘中的南宋泛使考略》⑤ 考述了宋金交聘中南宋向金国所遣泛使的名目及目的，探讨了不同历史时期南宋遣使的情况与文人的态度。张婕的《北宋国信使群体研究》⑥ 探讨了北宋国信使的职官构成、国信使的类别、群体素质，分析了国信使的出使效应。吴晓萍的《两宋京府的外交职能》⑦ 认为宋代京府承担外事接待工作，负责外交馆驿的营建、维修及馆内事务，担当外交使节和馆驿的安全保卫工作之外，还担任外交使节被派遣出使。袁良勇的《试论北宋出使使臣的外交情报搜集活动》⑧ 对北宋出使使臣进行的情报搜集和刺探进行了专题研究。王会敏的《北宋时期边境管理制度研究》⑨ 探讨了北宋边境相关地方行政机构及官员的边境管理职能，边境管理官员的监督考核与奖惩制度，指出宋朝在边境管理方面是竭力维护和平的。

（十一）东宫官、环卫官、三卫府与皇城司及其职官

15 年来，台湾地区对宋代东宫官、环卫官等官职的研究，不少是具有开创性的。大陆地区对宋代皇城司、閤门司、三卫官等方面的研究，也在不断拓展。

杨景森的《北宋东宫官之研究》⑩ 从北宋东宫官的任用、官吏来源等，探析了东宫官的政治意义，也考察了其作为重臣叙位的虚衔之意。顾大朋的《北宋东宫官及其文学、学术成就》⑪ 在职官方面将北宋东宫官分为实职和虚职两大类进行了讨论，探讨了北宋东宫职官的性质和特点。李仲颀的《北宋环卫官之研究》⑫ 探讨了环卫官在北宋官僚体系中的作用与定位。

---

① 王德朋：《靖康建炎前后宋朝赴金使节述论》，《辽宁大学学报（哲学社会科学版）》2003 年第 6 期。

② 吴晓萍：《宋代国信所考论》，《南京大学学报（哲学·人文科学·社会科学）》2005 年第 2 期。

③ 吴晓萍：《宋代外交使节的选派》，《安徽师范大学学报（人文社会科学版）》2005 年第 5 期。

④ 吴晓萍：《宋代外交制度研究》，安徽人民出版社 2006 年版。

⑤ 刘春霞、戴伟华：《宋金交聘中的南宋泛使考略》，《求索》2009 年第 7 期。

⑥ 张婕：《北宋国信使群体研究》，硕士学位论文，上海师范大学，2009 年。

⑦ 吴晓萍：《两宋京府的外交职能》，《安徽师范大学学报（人文社会科学版）》2011 年第 1 期。

⑧ 袁良勇：《试论北宋出使使臣的外交情报搜集活动》，《宋史研究论丛》2011 年第 12 辑。

⑨ 王会敏：《北宋时期边境管理制度研究》，硕士学位论文，河南大学，2011 年。

⑩ 杨景森：《北宋东宫官之研究》，硕士学位论文，淡江大学，2009 年。

⑪ 顾大朋：《北宋东宫官及其文学、学术成就》，博士学位论文，中国人民大学，2012 年。

⑫ 李仲颀：《北宋环卫官之研究》，硕士学位论文，淡江大学，2010 年。

汪辉的《两宋皇城司制度探析——以其探事职能的拓展及人员的管理为主》① 探讨了宋代皇城司缉捕、鞫狱的探事职能，皇城司人员的选任与管理，认为皇城司在总体上促进了君主集权的加强。范学辉的《从崩溃到重建：论宋太祖时期的武德司》② 对宋太祖时期的武德司进行了探讨，指出武德司中有大批精锐的新军，除保卫皇宫之外更兼职伺察、探事，不隶属于政府系统。赵冬梅的《试论宋代的閤门官员》③ 认为北宋中期以后閤门司等内廷机构成了武选官在中央所掌握的最重要的职位资源。閤门司直接服务于最高权力，其官员多出身于外戚勋贵。但是，閤门官员素质低下，又非职业军人，虽可得到皇帝的信任却又要受到文官的鄙薄与制度的遏制。其《试论通进视角中的唐宋閤门司》④ 重点分析了宋代閤门司赞导职能中所蕴含的通进权力，考证了閤门司在书面信息流通中的作用，并认为閤门存在“弄权”的潜在可能。崔玉谦的《论北宋崇宁年间的三卫府》⑤ 探讨了三卫府的职源与设置，属官与其选任，三卫府的废罢。

（十二）台谏与监察机构及其职官

台谏与监察方面，贾玉英、虞云国与刁忠民均已有深入的研究，近 15 年来在该方面的研究并不多，研究呈现出综合性，特别是偏向制度方向的研究较多。

虞云国的《宋代台谏制度研究》⑥ 考察了宋代台谏官的选任、台谏机构的建制与职能，探讨了台谏系统的地位与作用，分析了其与君权、相权的关系。贾玉英的《略论宋代御史六察制度——兼与刁忠民同志商榷》⑦ 考察了宋朝御史六察官的定员、分工、主要职能，认为六察制度对提高行政效率、整顿吏治等都起到了重要作用。王婷婷的《北宋徽宗、钦宗时期的台谏》⑧ 从台谏的机构设置、选任和升迁、原则、法规、职能诸方面进行了论述，分析了专制制度环境及政治环境变化对台谏产生的影响。王涛的《宋代御史台制度研究》⑨ 探讨了宋代御史台的历史沿革和体系、台官的选任制度、御史台的职权和作用，御史台运作的有关制度保障、对御史台的监督，分析了御史台的历史地位、发达、衰落及原因。杨爱民的《宋代大理寺制度研究》⑩ 探讨了宋代大理寺的组织系统、官员的选任和管理、大理寺的职能、大理寺的司法程序以及宋朝对其的司法监察。田志光的

---

① 汪辉：《两宋皇城司制度探析——以其探事职能的拓展及人员的管理为主》，硕士学位论文，河南大学，2005 年。

② 范学辉：《从崩溃到重建：论宋太祖时期的武德司》，《郑州大学学报（哲学社会科学版）》2006 年第 5 期。

③ 赵冬梅：《试论宋代的閤门官员》，《中国史研究》2004 年第 4 期。

④ 赵冬梅：《试论通进视角中的唐宋閤门司》，载邓小南主编《政绩考察与信息渠道：以宋代为重心》，北京大学出版社 2008 年版；赵冬梅：《试论通进视角中的唐宋閤门司》，《历史研究》2008 年第 3 期。

⑤ 崔玉谦：《论北宋崇宁年间的三卫府》，《河北北方学院学报（社会科学版）》2013 年第 5 期。

⑥ 虞云国：《宋代台谏制度研究》，上海社会科学院出版社 2001 年版。

⑦ 贾玉英：《略论宋代御史六察制度——兼与刁忠民同志商榷》，《史学月刊》2002 年第 12 期。

⑧ 王婷婷：《北宋徽宗、钦宗时期的台谏》，硕士学位论文，华中科技大学，2006 年。

⑨ 王涛：《宋代御史台制度研究》，硕士学位论文，苏州大学，2006 年。

⑩ 杨爱民：《宋代大理寺制度研究》，硕士学位论文，河南大学，2007 年。

《宋代大理寺职能研究》[①] 考察了宋代大理寺机构与官吏设置、司法审判职能，认为其职能还有立法、组织法官考试、监督、监狱管理等职能。冉大伟的《宋代路级监察制度研究》[②] 从法律史的角度考察了宋代路级监察机构的设置、官员的管理，路级监察机构的监察职能、特点，并分析了宋代路级监察制度的历史启示。

（十三）学士院、经筵与翰林院及其职官

学士院与学士方面，杨果在该方面已经取得了显著的成就，因此 15 年来学界在此领域研究并不多。相对而言，与学士院关系较为密切的经筵机构的研究也相对不多。翰林院由于涉及宋代的艺术领域，不少美术学界的学者对此有不少研究。

学士院方面，赵小军的《宋代翰林学士承旨述论》[③] 考察了两宋翰林学士承旨的员数、设置、待遇、升黜、职掌、同翰林学士的关系，认为其职显位宠，多备位宰执。唐春生的《典掌省府的北宋翰林学士》[④] 考察了北宋时期翰林学士掌三司使、知开封府的情况，认为翰林学士知省府是宋朝元丰改制以前选拔宰辅的途径之一。朱淼芳的《北宋前期的翰林学士研究》[⑤] 考察了北宋前期翰林学士的建置、职能、选任和升迁，分析了他们的地位和作用，并统计了三朝翰林学士的任前官、任时年龄、任期等。田志光的《宋代枢密直学士考论》[⑥] 对尚未引起学界关注的枢密直学士进行了比较深入的考论。

经筵方面，姜鹏的《北宋经筵与宋学的兴起》[⑦] 对北宋时期的经筵官进行了考述，探讨了北宋经筵官职能的转变、人员的选任等。马元元的《南宋经筵制度及其历史作用》[⑧] 考察了经筵制度的渊源、南宋经筵的管理机构、职官设置、经筵官的具体情况，分析了南宋经筵制度的历史作用。邹贺的《宋朝经筵制度研究》[⑨] 探讨了宋朝经筵制度产生的背景、原因，宋朝经筵官的设置沿革，经筵官的类别、选任，经筵的管理机构，经筵制度的运行，分析了宋朝经筵制度的意义与影响。

翰林院方面，蔡罕的《北宋翰林图画院录用画家制度之考述》[⑩] 对北宋时期翰林图画院录用画家的情况进行了探讨，认为当时录用画家有接收、荐入、诏入、补入、考入、荫补等方式。其《北宋翰林图画院若干问题考述》[⑪] 探讨了北宋翰林图画院的建置与裁撤、职掌，考述了“学生”“直长”“画学正”，还对“补入”与“考入”的入院制度进行了

---

① 田志光：《宋代大理寺职能研究》，硕士学位论文，河北大学，2008 年。

② 冉大伟：《宋代路级监察制度研究》，硕士学位论文，安徽大学，2011 年。

③ 赵小军：《宋代翰林学士承旨述论》，《晋阳学刊》2003 年第 4 期。

④ 唐春生：《典掌省府的北宋翰林学士》，《重庆师范大学学报（哲学社会科学版）》2007 年第 5 期。

⑤ 朱淼芳：《北宋前期的翰林学士研究》，硕士学位论文，安徽大学，2011 年。

⑥ 田志光：《宋代枢密直学士考论》，《文史》2013 年第 2 期。

⑦ 姜鹏：《北宋经筵与宋学的兴起》，博士学位论文，复旦大学，2006 年。

⑧ 马元元：《南宋经筵制度及其历史作用》，硕士学位论文，河北大学，2008 年。

⑨ 邹贺：《宋朝经筵制度研究》，博士学位论文，陕西师范大学，2010 年。

⑩ 蔡罕：《北宋翰林图画院录用画家制度之考述》，《浙江万里学院学报》2001 年第 3 期；蔡罕：《北宋翰林图画院录用画家制度之考述》，《美术观察》2001 年第 4 期。

⑪ 蔡罕：《北宋翰林图画院若干问题考述》，《浙江大学学报（人文社会科学版）》2006 年第 5 期。

考辨。彭亚的《宋代翰林图画院的体制》[①] 论述了翰林图画院建立的时间、性质、规模以及画家的入院考核、升迁制度、待遇等。朱德明的《南宋医药行政管理机构研究》[②] 考察了宋代的翰林医官院、药政管理机构、太平惠民局、惠民和剂局及惠民（药）局等，指出药局制定的一系列财政、保卫、营业法规，在医疗保健和灭绝疫疾等方面都起过一定的积极作用。

（十四）秘书省、尚书内省与入内内侍省及其职官

15 年来学界对秘书省的关注度较为一般，研究大多集中在司天监、太史局等机构及其职官，秘书省中的其他机构则罕有涉及。

韩刚的《北宋翰林图画院制度渊源考论》[③] 第三部分《画院》考察了北宋翰林图画院建立以前的画院问题，并对宋熙宁七年以前历代宫廷画家的分类、名号、官品、迁转、俸禄、所处之机构等进行了考察。邓小南的《掩映之间——宋代尚书内省管窥》[④] 考察了内尚书——宫中协助处理政务文书的部分女官，推测了尚书内省的地理位置，分析了知尚书内省事、尚、司、典、掌等职官的基本情况与职掌的改定。该文认为尚书内省的具体职责有检视编排、侍奉代笔等，探讨了该机构及宫官们在政务文书运行中的作用，并提出宋代内廷制度仍有不少空白需要填补的观点，其中不少疑惑可将目光投向“掩映之间”予以解答。卫亚浩的《宋代的宦官乐队——云韶部》[⑤] 考察了宋代云韶部存在的时间、组织情况、演奏的乐目等内容。陈嗣的《北宋司天监研究》[⑥] 探讨了宋初司天监的名称、与翰林天文院的关系、官员的设置与管理、司天监的主要职能等。郭应彪的《宋代天学机构及天学灾异观研究》[⑦] 考察了宋代天学机构与特征、翰林天文与翰林天文院，并统计了宋代官方天学、翰林天文主要官员以及司天监、太史局、翰林天文院的主要职官。曹家齐的《北宋熙宁内诸司及其行政秩序——以参与接待成寻的御药院和客省为中心之考察》[⑧] 认为，北宋熙宁五年成寻一行来到开封，御药院与客省、閤门等内诸司机构在接待成寻过程中的角色及其办理相关事务之流程显示了其在接待方面的具体职责和业务分工，体现了相关行政的日常秩序。程民生的《宋代御药院探秘》[⑨] 考察了宋代御药院的建置与变迁，御药院的医药本职、宫廷事务、朝廷事务，以及军事、外交、司法等事务，认为御药院性质隐蔽，职能广泛，使用任意。赵晨的《宋代内侍制度若干问题研究》[⑩] 考察了宋代内侍两省机构设置、内侍人员编制、内侍职官制度、内侍活动、内侍的职能运作，指出内侍在宋代扮演了很多重要的角色，对中国历史影响深远。

---

① 彭亚：《宋代翰林图画院的体制》，《史学月刊》2007 年第 9 期。

② 朱德明：《南宋医药行政管理机构研究》，《史林》2010 年第 1 期。

③ 韩刚：《北宋翰林图画院制度渊源考论》，河北教育出版社 2007 年版。

④ 邓小南：《掩映之间——宋代尚书内省管窥》，《汉学研究》2009 年第 2 期。

⑤ 卫亚浩：《宋代的宦官乐队——云韶部》，《黑河学刊》2010 年第 9 期。

⑥ 陈嗣：《北宋司天监研究》，硕士学位论文，河南大学，2012 年。

⑦ 郭应彪：《宋代天学机构及天学灾异观研究》，硕士学位论文，湖南科技大学，2012 年。

⑧ 曹家齐：《北宋熙宁内诸司及其行政秩序——以参与接待成寻的御药院和客省为中心之考察》，《北京大学学报（哲学社会科学版）》2011 年第 2 期。

⑨ 程民生：《宋代御药院探秘》，《文史哲》2014 年第 6 期。

⑩ 赵晨：《宋代内侍制度若干问题研究》，硕士学位论文，河北大学，2015 年。

（十五）临时机构及其职官

宋代有不少机构存在时间很短，并不隶属于某个机构，大多直属中央，为宋廷特派机构。不过，这些机构却往往有着重大的意义。

王晓斌的《制置三司条例司与熙丰变法时期的司农寺研究》[①] 上篇探讨了制置三司条例司设立的原因、机构长官与权力、机构属官、机构的理财活动、机构的废罢。姚红的《论宋代发解试之考官》[②] 对宋代发解试考官的类别、职责、资格及所受到的种种限制和处罚作了系统的论述。王海鹏的《宋徽宗时期的诸局所研究》[③] 考察了宋徽宗时期应奉局、西城所、后苑作、书艺局、行幸局等诸局所出现的原因、建立及其活动，并分析了诸局所的后果及其废罢。孟宪玉的《北宋的独特司法监督机构：纠察在京刑狱司》[④] 考察了宋代纠察在京刑狱司的设立背景、纠察范围及其司法监督职能，并探讨了其对皇帝、中书、枢密司法权的监督制约。制勘院是宋代一种临时性的刑事审判机构，马锋的《宋代制勘院研究》[⑤] 探讨了其设置、司法职责、司法程序、审判活动中的监督、法官的选任和管理、对犯人的处理方式等内容，并分析了制勘院制度的作用及影响。藤本猛的《北宋末期“御笔”撰写之所——宣和殿及学士蔡攸》[⑥] 对北宋末期宣和殿这一空间具有的政治性进行了考察，整理了有关宣和殿的记录，阐述了宣和殿的建筑样式与作用，确定了宣和殿官职的特殊性，探讨了蔡攸与宣和殿也即与宋徽宗的密切关系。王凤翔的《宋代宣和库考辨》[⑦] 考察了宋代宣和库的渊源、设置、职能及运作等问题。吴红兵的《略论南宋赏功司》[⑧] 通过对赏功司的设置背景、机构、职责、作用等方面的具体考述，探究了宋代官僚机构设置的时效性。其《略论南宋赏功房的设置》[⑨] 考察了赏功房设置的背景、演变、职责范围，并与赏功司进行了比较。曾祥波的《宋代同文馆考》[⑩] 考察了宋代同文馆的构建与职事，同文馆的唱和、狱政、考试等内容。王曾瑜的《宋徽宗时的诸局所钱物》[⑪] 考察了宋徽宗时期的后苑作制造御前生活所、提举后苑修造所、明金局、京城所、苏杭造作局、应奉局、应奉司、提举淮南、两浙路御前人船所、御前官物局、营缮所、延福宫西城管所、采石所、教乐所、大晟府、后苑书艺局、文书库、御前军器所、御前弓马子弟所等机构，指出宋徽宗与诸局所的所作所为厉民虐政，最后成了宋皇朝耻辱、痛苦的象征。

---

① 王晓斌：《制置三司条例司与熙丰变法时期的司农寺研究》，硕士学位论文，陕西师范大学，2001 年。

② 姚红：《论宋代发解试之考官》，《杭州师范学院学报（自然科学版）》2003 年第 6 期。

③ 王海鹏：《宋徽宗时期的诸局所研究》，硕士学位论文，河北大学，2006 年。

④ 孟宪玉：《北宋的独特司法监督机构：纠察在京刑狱司》，《河北学刊》2007 年第 3 期。

⑤ 马锋：《宋代制勘院研究》，硕士学位论文，河南大学，2007 年。

⑥ 藤本猛：《北宋末期“御笔”撰写之所——宣和殿及学士蔡攸》，《东方学报》2007 年第 81 册。

⑦ 王凤翔：《宋代宣和库考辨》，《开封大学学报》2008 年第 4 期。

⑧ 吴红兵：《略论南宋赏功司》，《安阳师范学院学报》2013 年第 6 期。

⑨ 吴红兵：《略论南宋赏功房的设置》，《开封大学学报》2014 年第 2 期。

⑩ 曾祥波：《宋代同文馆考》，《中国青年政治学院学报》2013 年第 3 期。

⑪ 王曾瑜：《宋徽宗时的诸局所钱物》，《北京大学学报（哲学社会科学版）》2014 年第 2 期。

二 15年来宋代中央官制研究的特征

通过以上综述不难发现，从2001—2015年的来，学界在宋代中央官制研究方面取得了丰硕的成果，不仅表现在论著数量的增长，更表现在研究的日益全面、细致、深入。通过对这15年来宋代中央机构与职官研究的考察，管窥15年来宋代中央官制研究大致有以下几个特征。

一是论著数量越来越多。前辈学者成果不断，年轻学者崭露头角，学术陈陈相因。仅从论文数量来看：2001年，宋代官制的相关研究共有50篇左右；2006年，宋代官制的相关研究增至100篇左右；2010年，宋代官制的相关研究增至140篇左右；2014年，宋代官制的相关研究增至150篇左右。从以上统计数据不难看出，宋代官制的相关研究在数量上越来越多，这正是老一辈学者孜孜不倦、笔耕不辍，中青年学者潜心研究、发愤图强，不断为宋史学界增砖添瓦，谱写辉煌乐章。

二是研究方法越来越多样。宋代官制研究，有一种较为传统的研究方法，也是宋史学界使用时间很久并且仍然广泛存在、影响深远的研究方法。诸如考察宋代某个机构，即考察其建立、属官、职能、废置、地位与意义等，相对而言有就机构而研究机构的意味。当然，这种研究方法中规中矩，特别是不随意联想、发挥，是较为严谨的研究方法。同时，另一种研究方法即“活的制度史”较为新颖的研究理念，自邓小南先生提出之后，受到了学界的普遍关注。不过，究竟如何才能将官制研究做成“活的官制史”，目前并没有一致的标准，每个学者都有自己的看法。一般来讲，当是在传统研究方法的基础上，更强调考察其动态的过程，考察其在当时的政治环境中的变化，特别是将官制、职官与相应的人、事联系起来，更加侧重考察某一官制、职官的实际运作情况与职能，这样才能够更加准确地把握其实质。近几年来，学界在研究官制时，不少学者已经注意到了这一点并且付诸实践，取得了显著的成果。

三是研究内容越来越细致、全面、深入。1980年，宋史研究会成立，宋史研究开始大规模的开展起来。20世纪八九十年代，由于宋史研究刚刚起步，许多领域都处于空白的状态，官制研究也是如此，相对而言可以较为轻松地找到大片的空白领域进行研究。然而，近15年之时，大片空白的研究领域越来越少，学者的选题逐渐向细致的方向发展。诚然，任何学科在不断发展之后都会朝着越来越细致的方向发展，这是自然规律。所以，大宗空白领域的缺失与学科发展的规律，学者深耕细作，使得研究内容越来越细致。全面，则是指在某一具体的研究领域或选题范围内，将其置于多层面的研究之中，力求系统、完整。深入，指的是学者研究某一或某些官制时，能够做到追根溯源，对其起源进行考察，侧重对前后朝的比较。特别是在不少问题上，不同史料之间存在抵牾，部分学者能够耐心、细致、不厌其烦地进行严谨的考证，这些都使得研究越来越深入。而且，大多数学者较为重视学术回顾，能够充分吸收已有的研究成果，化为己用的同时又增加了自己的理解和思考，这种优良的研究风气，也是研究越来越深入的重要原因。

四是论著格式越来越规范。21世纪初，不少期刊并没有严格地规范其格式，或者说不同于现在对格式要求的如此明确。近年来，无论是核心期刊，还是其他期刊，都以某种方式诸如页下注、尾注或是参考文献的方式，要求标注出所引文章、古籍的详细出处，而且现在绝大多数期刊已经规定这些出处要具体到页码。与此同时，当今学者也逐渐自觉、自发地将自己文中所引内容标注清楚。尤其是近年来，经过数位专家、学者的努力，《文献通考》《宋会要辑稿》《建炎以来系年要录》等宋史研究的重要、基本史料都出了点校本，大多数学者都注意到了这些最新成果并且将其应用到研究实践中去。尤为可贵的是，近年来大多学者在论著起始部分，都能够考察其学术动态，更有学者在考察学术动态时，能够广泛搜寻中国香港、中国台湾、日本等地的研究现状，这对于学术的继承和创新是大有裨益的。从以上几个方面不难看出，近年来宋代官制研究论著格式越来越规范。

五是问题意识越来越强烈。近年来，学者在读书、研究的道路上，眼光越来越敏锐，问题意识越来越强烈。前辈学者经过多年的沉淀，对宋代史料了如指掌，甚至对某条史料都能够信手拈来，这种对史料的熟悉使得他们能够在阅读史料的过程中较为轻松地发现新的研究议题。中青年学者跟前辈学者相比，缺少相应的沉淀，甚至不少学者仅仅对宋史某些领域的史料有所涉及，特别是不少在读的宋史硕、博士研究生，他们还处于刚刚入门或者说还处在入门的阶段。也正是如此，不少硕士、博士研究生导师，要求他们的弟子在研究生期间，至少精读几部宋史研究的基本史料。研读宋史基本史料的过程中，也能够发现不少学术生长点。可以说，研究生阶段对宋史入门者而言非常重要的任务之一就是问题意识的培养。因此，无论是诸位学者多年积淀的问题意识，还是新入门者从导师那里习得的问题意识，都成为当前宋代官制研究中问题意识增强的重要原因。

六是人文关怀、现实关怀感越来越强。近年来，学者在研究宋代官制时，大多能够发掘其现实意义。自中国古代出现职官之后，历朝历代都在延续，直至今日，所不同的只是机构名称、职能的变化，或者是某些机构、职官在某些朝代所独有，譬如宋代的官、职、差遣分离制度在整个中国历史上都是十分独特的。近年来，学者在宋代官制这个范围内选题时，大多能够选择那些具有现实意义、现实关怀较大的选题，诸如有关政府应对、社会救济、社会养老的机构与职官等。即使是和当今现实不能够类比的某些机构和职官，不少学者也能够注意到其现实意义，这对于社会主义现代化建设是具有重要意义的。

三 15年来宋代中央官制研究的不足

15年来，宋代中央官制研究取得丰硕成果的同时，也存在着不少的问题，大致体现在以下几个方面。

一是学术史回顾不够规范。部分论文中学术史回顾的缺失，部分论文中学术史回顾不够完整等现象时有发生。对于部分论文中出现的学术史回顾的缺失，大致有某些期刊没有相应的要求、研究者缺失相应的学术史回顾意识、研究者故意回避相应的学术史回顾等原因。的确，目前仍有一些期刊不要求学术史回顾，或是由于篇幅的限制，或是某些期刊的风格，这些导致学术史回顾的缺失。然而，对于某些研究者故意回避相应的学术史回顾，则是十分严重的学术不端问题。当前，宋代官制中的大片空白领域已经几乎无迹可寻。也正是这个原因，某些研究者明知其所做的研究已经有学者进行了深入的研究，可是为了体现自己研究的学术价值，对其视而不见，这种做法是非常有害的，不仅不利于学术史的发展，而且也不利于作者本人学术的进步。还有一种情况是部分研究者学术史回顾不够完整，这是由于部分期刊、学位论文由于各种原因没有上网，检索不到，但是确实有相应的文章进行了一定的研究。特别是中国香港、中国台湾等地的宋史研究，容易被学者所忽视，而日本、美国的相关研究又由于相当多的宋史研究者无法读阅，这些都在一定程度上导致了学术史回顾不够全面。

二是一稿多发现象仍然存在。近年来，一稿多发虽然被严厉打击，但仍然少量存在。考察2001—2015年来宋代官制研究，一稿多发大致有以下情况：同一篇文章，标题、摘要、内容相同，发表在不同年份的同一期刊上；同一篇文章标题、摘要、内容相同，发表在不同的期刊上；同一篇文章标题有所不同，其他摘要、内容相同，发表在不同期刊上；同一篇文章标题、摘要、内容稍有不同，但仔细考察其内容仍为同一篇文章，发表在不同期刊上。这些一稿多发的文章总的来说有一个共同特点，就是它们所刊发的期刊大多在同一年，甚至月份也很接近。相对而言，20世纪之时，学术期刊大多还没有被各种网络收录，是否一稿多发不易判断；可是21世纪以来，网络日益发达，绝大多数期刊都是要被网络收录的，而且重复率检测也逐渐便利，这就意味着凡是期刊编辑认真查重的话，是很容易发现其稿件是否是已经发表的。所以，部分研究者酝酿出了绝妙的“时间差”，利用某个期刊已经应允发表但是还需要数月才出版发行的时机，又寻找了第二个期刊，甚至如法炮制。而不少期刊仅在录用之前考察其是否独创，是否已经发表，录用之后不再细究，这也正是某些研究者钻学术空子的原因所在。当然，还有部分研究者由于发表迫切，一稿多投，有些期刊未及时予以回应直接刊发，这也导致了一稿多发现象的发生。

三是引用史料版本陈旧。部分研究者引用史料的版本仍为旧版本，没有注意引用新出版的点校、校注、笺校、笺证等版本。《续资治通鉴长编》《文献通考》《建炎以来系年要录》《宋会要辑稿》这几部宋史研究的基本史料已经分别于2004年、2011年、2013年、2014年出版，众多的笔记小说、宋人文集也都纷纷由国内专家、学者个人或集体之力予以点校，陆续出版。然而，部分研究者在从事宋代官制研究时，或是手头、科研机构中暂时没有购入相应的点校本，或是已经习惯于查阅电子版图书而部分点校本并没有电子版，又或是认为这不是什么重要的事情而没有给予足够的重视。学术是陈陈相因的，众多史籍的点校、校正、笺证等版本既然已经出版，那么使用这些版本的史籍不仅是对点校、校正、笺证等专家、学者辛勤工作的肯定，更是促进学术不断进步和发展的重要途径。直到现在，还有部分研究者在使用某些史籍的文渊阁四库全书电子版或者影印版，而其中很多史籍都已经有了点校、校正、笺证等版本，或是比文渊阁四库全书本好很多的本子，这种现象应当引起广大宋史研究者的重视。

四是创新度欠缺，选题重复。近年来，宋代官制研究在经历了20世纪末拥有大片空白研究领域之后，逐渐步入到了研究领域缩小、不易寻找选题的阶段。诚然，宋史学界新史料出现得太少，诸如徐谓礼文书、地方不易搜集的各种碑状与墓志拓片，这些都是可遇不可求的。然而，这些断然不能成为研究欠缺创新、重复选题的理由。选题重复有两种表现，一是在同一时间不同期刊或者不同的硕博论文，同时关注到了宋代官制中的某个问题，在同一时期或相隔不久，相同选题的文章、硕博论文出现；一是相隔时间较长，研究的是宋代官制的同一个问题，研究方法、模式几乎都是一样的，更多的是内容侧重点有所不同。学术研究中，对同一问题的不同方面，进行不断深入的研究，是学术良好发展的基础。可是对同一问题相隔甚久的研究几乎还是一样的研究模式、思路与结论，虽然称不上是学术的倒退，可是对于学术进步终究是鲜有裨益的。更有甚者，选题重复的同时，在学术史回顾中有意或无意地回避相同选题的重要研究，无疑是值得研究者深思的。

五是原始史料核对不够准确。部分学者在学术研究中，对原始史料的核对不够细致，有的可能根本就没有核对，从而产生了一些问题。一字、一标点的核对原始史料，是历史学研究的基本法则，可是在实际写作过程中，总会由于种种原因，导致部分引用的史料出现偏差。偏差的原因大致有客观与主观两大方面：客观方面是由于工作量太大导致研究者注意力不能够持续、高度的集中，从而在核对史料的过程中，出现个别的遗漏、错字、衍字等情况。当然，客观方面还有一种情况，即史料本身在印刷过程中出现了错误，从而以讹传讹。主观方面，有的研究者可能对部分史料没有核对，直接引用的电子版，自认为其应当是准确的；有的是引用的史料并不是从原始出处那里找到的，而是从他人文中直接摘录出来的，认为无须再核对原文。在宋代官制研究中，对原始史料的核对其实是非常重要的。宋代官制以其“复杂多变、名实分离”著称于中国古代官制史，失之毫厘，谬以千里，有时可能仅错一字，某些关于官职或机构的解读就可能会发生巨大的变化。总之，部分研究者没有核对原始史料或是核对不认真导致的学术偏差，是非常有害的。

四 对宋代官制研究的展望

总体来看，从2001—2015年的千余篇（部）的宋代官制研究论著，大多质量上乘，可圈可点，这也是宋史研究队伍不断扩大，研究者研究越来越深入、细致的体现。尽管仍然存在一些问题，总的来讲还是颇感欣喜的。大多数宋史研究者在研究宋代官制时，能够大量地涉猎各种史料，尽最大可能地做到全面、综合的考察、分析和论证。由此，宋代官制研究相关论著不仅数量众多，涉及了宋代官制的各个方面，而且很多论著论列颇深，研究已经达到了相当高的程度，后来学者则需要开辟新的议题，寻找未曾研究的新的选题，或者更加精耕细作。具体而言，宋代官制研究仍需要注意以下方面。

一是选题，要尽量寻找新领域，已有相关研究的领域也要致力于创新。尽管宋代官制研究已经取得了丰硕的成果，但可开垦的领域还是很多的。比如尚书内省的研究，目前仅有邓小南先生《掩映之间——宋代尚书内省管窥》一文，仍然具有一定的研究空间。又如殿中省、经总制司，目前并没有专门的研究论著。同时，已有较多研究成果的领域，也是可以继续精耕细作的，即考察其不同的方面，探讨同一官制不同的问题。如关于宋代义仓，从1993—2010年，蔡华、许秀文、阎荣素、郭九灵、周方高、孔祥东等学者从不同方面进行了不少研究，对宋代义仓制度形成了很多有价值的认识，可以说对宋代义仓的研究已经比较充分了。不过，尽管如此，学者杨芳侧重考察宋代义仓谷的来源与义仓的管理，并分析了宋代义仓的弊端，在上述研究成果的基础之上，进行了创新，这对于学术传承与进步是大有裨益的。

二是学术规范方面，要自觉遵守各种学术规范，严防学术不端问题的出现。学术回顾查询、搜集、整理不够完整，忽略港、澳、台和海外的学术已有研究成果，史料核对不够准确，这都是应当引起广大学者特别是年轻学者重视的。而学术回顾中故意回避已有的相关研究成果，重复研究；一稿多发，无论是出于何种原因；不核对史料原文，直接引用他人或电子版文献。以上三种情况都是学术研究中不可容忍的问题，甚至可以称之为学术道德的缺失。故意回避已有相关研究成果，为了让自己的文章具有价值或较大价值；一稿多发，为了毕业、奖学金的评定或是职称的评定；不核对史料原文，为了节省时间，偷工减料。不论是出于何种原因，这几种行为都是要严厉打击与杜绝的，它们不仅不利于学术的成长，而且危害很大。目前，部分期刊不明确要求学术回顾、对一稿多发鉴别能力有限，特别是缺少相应的惩戒措施是上述问题出现的客观原因，但是某些研究者主观为之才是最主要的原因。要杜绝学术腐败，每位学者必须从己做起，严于律己、踏踏实实、一步一个脚印，绝不能投机取巧。

三是注意细节方面，力求研究准确。历史学是一门严谨的学科，研究者需要注意每个细节方面，方能作出优秀的研究。当前文章、著作大多为电子稿，很多学者在原始稿件的创作阶段即为电子稿输入，这种模式是很容易出现零星错误的。有时定稿在不同电子设备中显示时，也会出现个别字体的错误，特别是一些古体字、异体字，这就需要学者在写作阶段、校对阶段、定稿阶段，付出比纸质稿更多的时间和精力，尽最大的可能减少出错率，力求准确到每一个字、每一个标点。对原始史料的核对也是如此，要做到逐字、逐标点的核对，特别是刊出之前的最后一次校稿，更是需要认真对待，尽最大可能减少出错率。史籍版本也需要引起学者注意，每一部点校本、校正本、校勘本、笺证本等史籍都是某位、数位甚至几十位专家与学者辛勤付出的成果，研究时及时采用，不仅是对其专家与学者工作的肯定，更是学术研究的基本要求。这就意味着研究者需要定期或不定期留意史籍的最新出版情况，尽可能采用最新版本的史籍。学术史回顾也是需要学者特别注意的方面，要详尽地搜集选题相关的已有研究成果，包括港、澳、台以及海外的研究成果。这个方面已经引起了大多数学者的重视，可是问题在于，所有的研究成果搜集之后，是否对其进行了深入的考察、剖析，这是值得深思的。从这 15 年来宋代官制研究的论著中可以发现这样一个情况：某些研究中的学术史回顾陈述了已有的相关研究成果，然而仅是简单罗列，并没有对其进行分析，部分文章和已有研究成果大同小异，倘若作者能够深入考察、剖析已有研究成果，很可能会发现自己仍然在“炒冷饭”，甚至是重复研究。所以，要认真阅读、思考已有的相关研究成果，注意每个小的方面、每个细节，方能推陈出新，促进学术的健康发展。

四是拓宽研究视野。部分宋代官制研究没有进行前后代的比较，更没有将其放入中国古代史中进行考察。历史演进是有其自身内在的联系性的，唐至宋在制度上、政治上是有着诸多内在联系的，因此许多研究者把唐宋当作一个紧密联系的单元进行研究，并且取得了显著成效。与此同时，不少学者或是由于对前后代相应官制的不熟悉或是偷工减料不愿去考察前后代的情况，这就使得部分官制研究出现了一种局限的情况——就宋代官制论宋代官制。这种做法是不可取的，也是有害于学术发展的。将宋代官制同当时世界上其他朝代的官制进行横向比较，这种要求显然是较高的，没有足够的知识积累，想一蹴而就是不可能的。不过，只要持之以恒，将宋代官制放在前后代、放在中国古代史的大环境中进行考察、比较，探讨其历史地位、意义等，还是指日可待的。由此，拓宽学术的研究视野，是学术发展的方向，也是寻找新的选题、提升学术水平的重要内容。

总之，历史学是一门严谨、科学的人文学科，需要研究者付出辛勤汗水、坐得住冷板凳、吃得起苦。弗朗西斯·培根说过“读史使人明智”，历史学研究的意义不言自明。不过，历史学已经远远超出了这个含义：目前，社会主义建设正处于一个关键时期，这就更加需要历史学、哲学、心理学、社会学等人文学科研究的有力支撑，通过深入研究，特别是以史为鉴，寻找当前社会出现问题的根源，探寻适合中国特色的路径都将为社会主义建设贡献力量。宋代官制研究，不仅是宋代政治制度研究、宋史研究的重要内容，还是中国古代史研究链条中的重要一环，其很多机构与职官的设置及其职能、作用、影响等，直到当今中国仍然具有重要的理论意义与参考价值。期待宋史学界的专家、学者能够再接再厉，推陈出新，不断促进宋代官制研究、宋史研究乃至历史研究的繁荣与发展。

（原载《宋史研究论丛》2016 年第 2 期）

2014年辽宋西夏金元经济史研究综述

李华瑞

2014年度辽宋西夏金元经济史研究，据不完全统计大约发表论文近200篇，是近年来较少的一年。有新见的论文不多，重复、细碎性研究日趋严重。2014年度尚未见辽西夏金元经济史方面的专题研究著作，宋代社会经济史专题的研究在朝贡体系、借贷业、救荒、城市、建筑等领域取得可喜进展，均较前人研究有所推进。下面将2014年度发表的论文和著作简要介绍。

一　综论

魏峰《宋代"GDP"神话与历史想象的现实背景》（《国际社会科学杂志》2014年第2期）认为宋代GDP的神话背离了GDP研究的基本原则和方法，与既有宋代社会经济研究相去甚远，它所带来的喧嚣，必然为理性思考所取代。黄纯艳《宋代朝贡体系研究》（商务印书馆2014年版）通过揭示宋代朝贡体系的构成状况和运行形态，探讨宋、辽和宋、金两大朝贡体系的构成及互动关系。王文书《宋代借贷业研究》（河北大学出版社2014年版）是迄今研究宋代借贷业比较全面系统的著作，内容包括宋代的民间借贷、青苗法、宋代的检校库、市易务和抵当库的放贷、宋代官营赈贷、宋代寺院长生库借贷、两宋借贷利息和利率、宋代的借贷思想、宋代借贷业的总体特征及历史作用等方面。毕季菡、李莉《辽金元时期生态保护举措初探》（《河北林业科技》2014年第2期）指出辽金元时期颁布的一系列法令政策中许多涉及保护森林树木、野生动物以及植树造林的内容，客观上对当时的生态环境产生了积极作用。王萋萋、彭志才《宋代永州、邵州农业经济发展考析——从"湘南名郡，旧称甲永乙邵"说起》（《河北大学学报》2014年第3期）认为宋代永州和邵州人口得到增长，土地资源得到开发，粮食总量增加，体现了农业经济的迅速发展，在荆湖南路区域农业经济发展中处于领先地位。

二　农业

陈晓珊《北宋农田水利法推行中的区域差异现象——以南阳盆地的水利事业与河北移民为线索》（《中国文化研究》2014年第2期）认为在北宋农田水利法推行时期，南阳盆地的水利建设和以政府为主导的移民政策收效显著。［俄］叶夫根尼·克恰诺夫著、史志林等译《西夏国的水利灌溉》（《敦煌学辑刊》2014年第2期）通过总结近代考古学家发掘西夏灌溉设备的遗址、黑水城发现的西夏文法典中很多有关水渠保护的管理条例、禁止项目、罚则规定等条文较为系统阐述了西夏水利灌溉发展状况。史志林、汪桂生、颉耀文《西夏元时期黑河流域水土资源开发利用研究》（《中国农史》2014 年第 6 期）对西夏、元代时期黑河流域的农业人口、绿洲面积进行了估算，认为元代比西夏有所减少。张倩《论宋代农产品价格的变动》（《农业考古》2014 年第 3 期）认为两宋时期农产品价格因国家政策、战争、变革、天灾等原因经历过数次较大变动，总体维持了不断上涨的基本态势。杨瑞荃《宋代土地买卖多样化及其所反映的关系》（《学术探索》2014 年第 8 期）认为宋代土地买卖异常频繁且形式多样，与此现象相适应，国家也出现了从土地配置到“司券”之职能的转变。李文静《宋代土地交易活动及诉讼中的义利平衡原则》（《周口师范学院学报》2014 年第 6 期）认为宋代以土地为标的的交易活动中，无论是双方订立契约，还是司法官针对相关纠纷的裁判，均体现出对利的适当保护以及对义利平衡的追求。王素美、王丽歌《宋代人地关系发展变化的几个特点》（《河北大学学报》2014 年第 4 期）认为宋代人地关系发展变化主要呈现出阶段性、区域性差异、双向交互影响三个特点。陈伟庆《试论宋代巫觋对农业生产的影响》（《怀化学院学报》2014 年第 4 期）认为宋代巫觋在民间祭祀、农事占卜等活动中往往担任重要角色，通过种种方式参与到农业生产中。杜建录、邓文韬《黑水城出土两件租赁文书考释》（《宋史研究论丛》2014 年第 15 辑）认为元代租佃契数量很少，这应该与元代黑水城地区流行的农奴制生产关系密不可分。刘岳超《宋元的荔枝种植与气候变迁》（《河南科技大学学报》2014 年第 4 期）认为宋代西南地区的荔枝种植区域有所南移，东南地区的种植区域则整体移向东南沿海与珠三角地区，北方的荔枝种植最终消失。从种植区域的变化可了解气候变迁对荔枝种植的影响。夏宇旭《论金代女真人对林木资源的保护与发展》（《北方文物》2014 年第 1 期）认为金代女真人对境内的长白山、护国林、医巫闾山等森林资源加以保护，同时积极鼓励植树造林，大力发展人工林，使金朝境内山林资源免遭破坏，保证了山林资源的可持续利用，维持了区域生态环境的平衡。黄清敏《宋代乳奶及乳制品》（《湖北第二师范学院学报》2014 年第 1 期）认为宋代乳奶及乳制品深入千家万户，无论贵贱贫富都可食用。宋代各种动物乳奶除用作饮料外，更多的是用于各种食品的制作。史金波《西夏文卖畜契和雇畜契研究》（《中华文史论丛》2014 年第 3 期）通过考释西夏文草书卖畜契和雇畜契契约，探讨西夏大牲畜的价格，并对黑水城和武威使用粮食和钱币买牲畜的不同特点进行了分析。

三　手工业

郭黛姮《南宋建筑史》（上海古籍出版社 2014 年版）认为宋代建筑取得了极高的成就，在中国建筑发展史上占有重要地位。《黑水城所出〈西夏榷场使文书〉所见川绢、河北绢问题补释》（《宁夏社会科学》2014 年第 2 期）认为北宋时期直到南宋绍兴年间，河北绢价格一直高于川绢，而到乾道年间之后，金朝绢价大幅降低，其绢价大幅低于南宋绢价。张耀华《论元代〈市舶则法〉在古代海关法中的历史地位》（《海关与经贸研究》2014 年第 3 期）认为元代市舶司总体职能与当代海关总体职能相通。刘恒武、马敏《元代庆元港在对外贸易中的地位》（《中国港口》2014 年第 9 期）认为元代海上对外贸易体系是在因袭唐宋以来的市舶制度和海航网络的基础上构建的，在摧毁南宋统治机器的同时，元人就开始着手重组中国东南沿海的对外贸易管理架构。朱年志《元代山东运河的开辟与沿岸社会经济发展》（《华北水利水电大学学报》2014 年第 3 期）认为山东运河成为元代国家水路运输的交通大动脉。运河的贯通带动了沿岸商品经济的发展与城镇建设，促进了国内外经济文化的交流。

四 财政

史继刚《宋代官府食盐购纳体制及其对盐民利益的侵害》（《盐业史研究》2014 年第 3 期）从官府的食盐购纳环节入手，分析宋代食盐购纳制度存在的问题及其与盐民私煎盗卖的关系，从一个侧面解释了宋代私盐泛滥的原因。柯旭东《温州宋代盐业友展脉络管窥》（《黑龙江史志》2014 年第 9 期）梳理了宋代温州盐业的发展脉络及盐业生产流通状况。汤文博、葛金芳《“榷货盐钱以赡军费”——南宋初期（1127—1141）江淮地区驻军军费考》（《盐业史研究》2014 年第 1 期）认为南宋初期主要依赖淮东地区盐场的专营收入供养了本地区十万宋军。沈昀《金代盐税法浅谈》（《北方文物》2014 年第 3 期）指出，金代在征收了大额的盐税，填充了国库的同时，对盐业等商品的禁榷制度限制了盐业的发展。李春园《元代的盐引制度及其历史意义》（《史学月刊》2014 年第 10 期）认为元代的盐引制度代表了北宋以来食盐“官控商销”发展的一个高峰，不仅覆盖范围空前广大，而且盐利高度向中央集中。张国旺《元代盐务政策演变略论——〈元典章・课程〉研究之一》（《盐业史研究》2014 年第 3 期）认为盐引法是元代盐务政策的核心内容。元末私盐泛滥，办课困难，盐务政策虽多次调整，终因积重难返，没有达到预期的效果。王云裳《宋代军队经营活动述评》（《宁波大学学报》2014 年第 6 期）认为宋代军队经营活动历久不衰，对军队建设、战斗力的负面作用与影响重大。唐春生《准公共产品视角中的宋代州县桥梁供给体制》（《天府新论》2014 年第 2 期）认为宋代桥梁供给的方式主要有政府独资供给、民间集资供给、官民合作供给、消费者供给四种。张春梅《宋代军赏内容考述》（《天中学刊》2014 年第 5 期）认为宋代军赏内容逐渐规范化，官制赏赐级别渐低、形式多样，土地赏赐数额逐增，受赏人员的范围进一步扩大。王艳《宋代告赏立法探析》（《中州学刊》2014 年第 5 期）认为宋朝告赏法的推行有利于政府打击各类违法犯罪行为，稳定社会秩序，保障民众的生命财产安全，并在一定程度上减少国有资产的流失，增加财政收入。王艳《宋代赐第问题研究》（《西夏研究》2014 年第 4 期）认为宋代赐第带来一系列问题，耗费了国家大量资财，在中后期引发了较为严重的社会问题。张勇《论宋代福建地区的物资转输——以行政区划为视角》（《福建师范大学学报》2014 年第 6 期）认为宋代福建地区的物资转输可以与行政区划结合起来进行研究。张勇《宋代江南东、西路物资转输地理格局的演变》（《武汉大学学报》2014 年第 5 期）认为宋代江南东、西路地区的物资转输和行政区划相结合，形成宋代该地区的物资转输地理。夏时华《宋代市舶香药的抽解与博买》（《云南社会科学》2014 年第 5 期）认为宋代政府一方面多方筹措市舶香药博买本钱，另一方面采取一系列举措加强对市舶香药抽解博买这一环节的有效管理，以确保其能正常进行并增加政府的收入。

五 人口、 社会阶层

杨军《辽朝人口总量考》（《史学集刊》2014 年第 3 期）估计辽朝控制下的总人口应在 1200 万—1400 万人之间，最低不会少于 900 万人。邢铁《从户等划分说宋代乡村家庭经济》(《宋史研究论丛》2014 年第 15 辑) 对宋代地主和自耕农占有耕地面积的比例作了新的探索，认为过去所谓不到 10% 的地主占用了 90% 以上土地的传统说法，不符合宋代的实际情况。何忠礼《揭开宋代户部人口统计中户多口少之谜》(《国际社会科学杂志》2014 年第 2 期) 认为虽然宋代州县的某些版籍为了各种目的，统计的对象可能是丁，也可能是男口甚至全部人口，但户部所统计的只是丁口。栗云屏《试论北宋户籍管理的特点》(《黑龙江史志》2014 年第 5 期) 认为北宋的户籍管理呈现与赋役制度分离、户籍编制和户种复杂多样、不计女口、户帖使用频繁等新的特点。史金波《黑水城出土西夏文卖人口契研究》(《中国社会科学院研究生院学报》2014 年第 4 期) 论述了黑水城遗址所出 3 件西夏文卖人口契约的立契时间、立契者、买人口者、卖出人口的数量及价钱等。王新英、贾淑荣《金代家庭人口数量考略——以金代石刻文献为中心》(《黑龙江民族丛刊》2014 年第 6 期) 从家庭结构角度估算出的金代家庭人口数量结果与唐宋两代家庭人口平均数无明显差异，符合历史发展规律。韩光辉等《关于元代户口类型的考察》(《北方文物》2014 年第 3 期) 认为元代户口既有分属于内地州县院司赋役、蒙汉军户、站赤、工匠和僧道系统的户口，也有边远地区山泽溪洞之民，宣政院所领户口等。

穆朝庆《宋代官营盐业生产中的盐户简论》(《中原文化研究》2014 年第 2 期) 认为宋代盐户在原始身份、阶层、收益上存在差异。刘洁《宋代两浙盐民生存状况初探》(《黑龙江史志》2014 年第 7 期) 认为宋代两浙盐民群体存在着严重的分化，上户富户与盐场监官对下户盐民的压榨情况严重。吴建新《从“广米”看宋元珠江三角洲地区富有阶层的兴起》(《古今农业》2014 年第 2 期) 认为由于“广米”的畅销，富有阶层以购买、兼并、圈占等方式取得土地的占有权，还占有水利资源以使土地资源升值，获得租谷。

六　货币

杨富学、李志鹏《北宋钱荒之西夏因素考析》(《西夏研究》2014 年第 1 期) 认为西夏对北宋铜钱永无止境的渴求和大量输入，势必会对北宋钱荒的形成起到推波助澜的作用。钟兴龙《略论宋代铜钱外流高丽问题》(《北华大学学报》2014 年第 6 期) 认为宋钱外流，客观上在东亚地区形成了一个统一的货币体系。王文书《“利出一孔”与“贫富相资”——宋代两种不同的高利贷思想》(《河北大学学报》2014 年第 3 期) 认为王安石变法前后两派主张形成针锋相对的局面。南宋占据主流地位的高利贷思想是“贫富相资”。武小平《宋代韶州永通监及其衰落的原因》(《韶关学院学报》2014 年第 7 期) 认为永通监所铸钱上供中央，或替其他监纳上供钱，或被拨作购买香料和战马的经费，在两宋财政史上意义重大。

七　城市

包伟民《宋代城市研究》(中华书局 2014 年版) 在总结唐宋城市史研究的基础上，对宋代的城市规模、类型和特征、城市管理制度、市场、税制、市政建设、人口和文化等问题进行探讨，是对宋代城市的独创性研究。张启龙、徐哲《两宋都城转型探析——基于汴梁和临安“流动性”的考察》(《宁夏社会科学》2014 年第 6 期) 认为两宋都城城市文化变得多元和自由。韩英《战火阴云下的城市变迁：宋代战争与城市发展进程的嬗变》（《兰州学刊》2014 年第 8 期）认为战乱频发的宋代是中国城市史上的分水岭。受战争的影响，北方的城市出现了两种迥异的发展趋势。柳平生、葛金芳《南宋城市化进程与城市类型分析》（《四川师范大学学报》2014 年第 6 期）认为促成南宋城市化进程加速推进的主要动力是商品经济的繁盛和市场的拓展。方钱、李昆《宋代城市的公众饮食制度研究》（《合肥学院学报》2014 年第 1 期）在展现宋代城市居民的饮食生活、阐述公众的饮食礼仪和规范的同时，结合相关典籍史料，探讨宋代城市的公众饮食制度的缘起、内容和特征。徐吉军《南宋临安的花卉消费与市场供应》（《国际社会科学杂志》2014 年第 2 期）认为南宋都城临安人对花卉有一种特别的爱好，花卉消费十分旺盛，这从一个侧面反映了临安商品经济的繁荣和文明发达的程度。李冀洁、魏坚《蒙元三都经济生活的初步比较研究》（《广播电视大学学报》2014 年第 1 期）对元上都、哈剌和林及元大都进行比较研究，以探讨这三座都城在经济生活上存在的共性及各自特点，阐明元上都作为元代夏都所具有的独特性。

八　经济法

俞菁慧《〈周礼·泉府〉与熙宁市易法——〈泉府〉职细读与王安石的经世理路》（《首都师范大学学报》2014 年第 4 期）认为《周礼·泉府》与熙宁市易法之间有着深刻的关联。王安石明言青苗、市易、均输等法在经义理念上承续泉府制而来。王颖《黑水城出土西夏法律文献中的贿赂犯罪述略》（《四川民族学院学报》2014 年第 6 期）认为就贿赂犯罪而言，与同时期唐宋律典相较，西夏法律既有所继承又有所损益，对当时吏治澄清和社会稳定起到了一定的积极作用。郭志伟《试论宋代庶子的继承权》（《绥化学院学报》2014 年第 8 期）就嫡庶子之间在继承权的异同情况，结合案例说明在家产析分上引起争端的事件，进一步评述庶子继承权的相关问题。景亚平《论宋代竞争缔约制度及其影响》（《法制与社会》2014 年第 24 期）认为宋代的竞争缔约制度有其特定的适用领域，政府对该制度提供法律保障。

九　荒政、社会救济

李华瑞《宋代救荒史稿》（天津古籍出版社 2014 年版）详细叙述了宋代自然灾害（水灾、旱灾、虫灾、地震、瘟疫）的状况和特点，从人文因素和社会因素两方面分析了灾害发生的原因；他的《宋代救荒中的赈济、赈贷与赈粜》（《西北师大学报》2014 年第 1 期）认为宋代官方的救荒措施，可分为赈济、赈贷和赈粜。杨果、赵治乐《宋代士大夫的饥荒对策刍议》（《武汉大学学报》2014 年第 2 期）认为宋太祖钦定和宋神宗正式诏令的赈济方式，均产生很大争议，说明士大夫对“祖宗家法”与国家法令的态度并非严遵谨守，而是力争为我所用。魏华仙、徐瑶《宋代四川地区饥荒述论》（《中华文化论坛》2014 年第 6 期）认为宋代四川饥荒具有范围广、饥民多、危害大等特点。造成饥荒的原因主要是水旱等自然灾害以及赋役繁重、水利工程年久失修等人为因素。张强《宋代关中地区旱灾研究》（《防灾科技学院学报》2014 年第 3 期）论述了宋代关中平原干旱灾害的年度变化、等级差异、发生季节、地区间的频次分布情况。旱灾频发的原因主要有降水和气候异常波动等。魏华仙《宋代灾民住房安置略论》（《四川师范大学学报》2014 年第 6 期）认为在灾民住房安置过程中，宋代官府起了主导作用，同时又发动民间各方力量参与，这些都表明宋代在灾民住房安置方面已有了较为成熟的指导思想和行为措施。张文《宋朝社会保障的成就与历史地位》（《中国人民大学学报》2014 年第 1 期）认为宋朝的社会保障思想及实践发生了有别于前朝的重要转变，由传统的重在救助灾荒转变为较为全面的社会保障。刘云《论宋代地权与宗族救济——以福建路宗族义庄义田为例》（《闽南师范大学学报》2014 年第 1 期）认为宋代福建路基于土地制度的社会救济制度，有利于这种救济制度持续运行。陈国灿、刘洁《论宋代城市流浪人员的官方救助》（《河北学刊》2014 年第 5 期）认为宋朝官方对城市流浪人员救助的制度化趋向，这既反映了城市发展和转型所带来的影响，也是构建社会保障体系的某种初步尝试。李华瑞《关于救荒政策与宋朝民变规模之评说》（《辽宁大学学报》2014 年第 6 期）指出宋朝核查赈灾户口调查登记的抄札制等救荒政策和措施，达到了巩固其既有的统治秩序的目的。陈国灿、郑瑞鹏《南宋时期城市社会救助体系探析》（《江汉大学学报》2014 年第 5 期）认为与传统荒政相比，南宋城市的社会救助对象广泛，内容多样，在一定程度上呈现出向社会保障体系发展的趋势。倪屹、徐洁《金代尊老养老风尚述论》（《白城师范学院学报》2014 年第 2 期）认为女真人建立国家后一改北方民族“贵壮贱老”的旧俗，制定、实施了多种优待和救助老人的政策和措施。

（原载《中国史研究动态》2016 年第 1 期）

20世纪以来宋代农民战争史研究述评

陈芳芳

在20世纪早期，宋史学界即有学者关注并使用“农民起义”“农民战争”之类名词，称呼宋代民间反抗官府的军事行动。20世纪五六十年代，农民战争史研究成为历史学界的“五朵金花”之一，宋代农民战争史研究也蓬勃发展起来。台湾地区的宋史研究开始于1949年后，“学者最初因政治原因回避两宋民变这类敏感课题，因而论著寥若晨星，同时坚持传统观点称之为‘民变’或‘变乱’，后稍改变，才开始有青年学者投入这一领域”①，当然也有很多值得肯定的著作②。本文以回顾自近代以来农民战争问题的研究成果为主，并试图厘清从研究农民战争问题过渡到研究民变问题的发展脉络。笔者限于篇幅、信息与学识的不足，难免有所遗漏，敬请方家补正。

一　20世纪前半期的农民战争史研究（1900—1949年）

20世纪50年代之前的宋代农民战争史研究多被学术界忽视，但随着唯物史观的传播，学者们开始注意上层建筑与经济基础的关系，并从经济基础方面探讨两宋变乱多发的原因③。1942年，范文澜在《中国通史简编》中首次称王小波聚众“起义”、北宋末方腊以“魔教教主”率领农民“起义”、南宋“钟相起义”解决了“土地问题”。应该说陶希圣、李文治、范文澜等人首开以唯物史观探讨宋代民变的先河。有些学者虽非专治宋史，但也有若干重要论著传世，如余嘉锡的《宋江三十六人考实》对民间流传很广的《水浒传》作了考证。

在20世纪最初的二三十年间，不少前辈学者在艰难的国运中，开创了独立的近代宋史研究，开发了宋代农民战争问题研究这一块荒地。但从另一个角度看，作为开创期的研究还处于分散、零星的阶段，总体来说缺乏系统性，就深度和广度而言都留有较多的研究空间。

---

① 朱瑞熙、程郁：《宋史研究》，福建人民出版社2006年版，第101页。

② 有些著作视野开阔，资料翔实，立论持平，对大陆学者多有启发，如刘馨珺《南宋荆湖南路的变乱之研究》（台湾大学出版委员会1988年版），王世宗《南宋高宗朝变乱之研究》（台湾大学出版社1989年版）。

③ 相关代表论文有陶希圣《宋代的各种暴动》（《中山文化教育馆季刊》1934年第2期）、李文治《北宋民变之经济的动力》（《食货》1936年第11期）、张荫麟《宋初四川王小波、李顺之乱》（《清华学报》1937年第2期）、裘重《南宋的民众运动》（《大陆》1941年第6期）。

二 20世纪中期的农民战争史研究（1949—1965年）

1949—1965年，宋代农民战争史研究从局限于个案研究逐渐发展到理论探讨阶段。

（一）个案研究

20世纪50年代，最早将北宋初王小波、李顺事变定义为“农民起义”的学者是丁则良。1950—1954年，他发表以《关于宋初王小波、李顺的起义》[①]为代表的三篇文章来探讨王、李“起义”的性质、经过等问题。邓广铭在《谈钟相、杨么的起义》中最早将南宋初年钟相、杨么事变定为“农民起义”[②]。华山在《南宋初的范汝为起义》中论述南宋初期的范汝为起义的原因、经过以及结局，并分析范汝为起义的性质、地位等[③]。其另一篇文章《南宋绍定、端平间的江、闽、广农民大起义》[④]，针对南宋时代的农民起义未引起史学家足够的注意和重视而作，并以“南宋绍定、端平间的江闽广农民大起义”为切入点，广征史料以论证尚钺主编的《中国历史纲要》中“在金人及后来蒙古的威胁始终是十分严重的南宋时代，初年以后，虽然没有爆发大规模的农民起义，但小规模的反抗，以及农民对地主的斗争是始终未停止的”[⑤]的观点基本上是正确的，但并不完全符合于历史事实。李天石、陈振所编《宋辽金史研究概述》认为华山的相关研究在一定程度上反映了20世纪60代前期中国大陆宋史研究的水平。[⑥]这一时期宋史学界推出了一些研究成果，如方诗铭的《方腊起义》、余嘉锡的《宋江三十六人考实》、任强的《宋江和方腊的故事》、刘知渐的《王则起义》、云川的《方腊起义》等。

（二）理论探讨阶段

以上多数论文和著作还局限于个案研究，多数并没有深入理论的探讨层面。不过赵俪生的《南宋初的钟相、杨么起义》通过梳理古代农民身份的历史演变，从理论上破除了中国农民自古以来就深受剥削的原有看法。[⑦]在赵氏看来，不同时代的农民起义会因农民身份的差异和变化，形成各自的特点。1956年，他在《靖康、建炎间各种民间武装势力性质的分析》一文中认为：“‘两税法’推广实施后，商业货币经济进一步发展，农民身份日益复杂化，雇农（农村无产者）、贫农、中农（个人农民）和富农（兼营工商业的农民）这四种身份同时并存，而农民起义的起义规模大小、战斗力强弱、坚持时间长短以及内部凝聚力的松紧都与参加农民的身份密切相关。”[⑧]可以说赵俪生是较早从理论方面

---

① 丁则良：《关于宋初王小波、李顺的起义》，《历史教学》1951年第1期。
② 陈祖武、杨泓：《宋史研究》，福建人民出版社2006年版，第98页。
③ 华山：《南宋初的范汝为起义》，《文史哲》1955年第4期。
④ 华山：《南宋绍定、端平间的江、闽、广农民大起义》，《文史哲》1956年第3期。
⑤ 尚钺：《中国历史纲要》，人民出版社1955年版。
⑥ 李天石、陈振编：《宋辽金史研究概述》，天津教育出版社1995年版，第224页。
⑦ 赵俪生：《南宋初的钟相、杨么起义》，《历史教学》1954年第11期。
⑧ 赵俪生：《靖康、建炎间各种民间武装势力性质的分析》，《文史哲》1956年第11期。

探讨两宋农民起义的学者。

1959年，侯外庐在《中国封建社会前后期的农民战争及其纲领口号的发展》一文中将北宋初王小波、李顺，北宋末方腊，南宋初钟相、杨么等起义定义为中国封建社会后期农民起义，认为其口号所包含的思想主要表现在分产均产方面。① 可以说该文正式从理论的高度充分肯定了这些农民战争的自觉“革命”性质，并将“均贫富”主张看成他们起事的政治纲领，在当时的中国史学界产生了极大的影响。在这之后，中国陆续出现了更多的文章和著作，这些成果主要探讨两宋几次农民“起义”的规模、口号、历史作用、历史特点等。漆侠认为：“方腊提出‘平等’的口号，与之前王小波、李顺起义提出的‘吾疾贫富不均，今为汝均之’和之后钟相、杨么提出‘等贵贱，均贫富’的实质是完全一样的，反映了农民群众的完全消灭地主权力、摆脱封建制度奴役的愿望。”② 关履权在《论两宋农民战争》中探讨了宋代没有爆发大规模农民起义的原因，认为宋代“等贵贱，均贫富”口号的提出显示了宋代农民起义的逐步深化和成熟。③

总之，在新中国前十七年（1949—1965年），围绕“五朵金花”及其相关问题的讨论非常引人注目。对农民战争史实的探索是学者们在这一阶段取得的重要成就，如对宋江是否征过方腊等一些有争议的问题，无不经过订正考补给以确实的说明。在此期间，学者们搜集整理众多的零散史料，以阶级理论、社会形态理论以及历史唯物主义分析探讨问题，使我们对于宋代一些较大规模的农民起义有了比较完整的认识。

三 20世纪下半期的农民战争史研究（1978—2000年）

改革开放至20世纪末，宋代农民战争史研究经历了炎凉两重天。大体说来，70年代至80年代中期是宋代农民战争史研究的一个繁荣期，成果极为丰硕，而80年代中期后，这一研究则日渐萎缩，至21世纪初期迅速进入极冷时期。

（一）成果丰硕的繁盛期

在本阶段的两宋农民战争史的研究中，著作和文章数量之多达到了空前的程度。概括起来，可以从背景、个案、人物、评价等视角进行梳理。

1. 背景的视角

关履权的《宋代农民起义与封建租佃关系》《论两宋农民战争》《宋代的茶禁与茶户、茶贩的反抗斗争》等都是研究宋代农民起义之力作，文中皆有大量篇幅对变乱的背景进行阐述。④ 程民生在《北宋农民起义地域差异分析》一文中对北宋农民起义地域差异情况和北宋各地阶级矛盾演变的特点进行了分析。⑤ 夏露的《宋代农民起义的主因并非土地问题》将宋代赋役差役问题与农民问题联系起来予以考察，认为史学界关于宋代农民起义

① 侯外庐：《中国封建社会前后期的农民战争及其纲领口号的发展》，《历史研究》1959年第4期。
② 漆侠：《漆侠全集》第12卷，河北大学出版社2008年版，第46页。
③ 关履权：《论两宋农民战争》，《历史研究》1962年第2期。
④ 关履权：《两宋史论》，中州书画社1983年版。
⑤ 程民生：《北宋农民起义地域差异分析》，《中州学刊》1983年第4期。

的主因是土地兼并，所要解决的中心问题是土地问题这一传统看法尚有商榷的必要。[①]

2. 个案的视角

就方腊起义和钟相、杨么起义等个别有代表性的农民起义事件，有许多学者予以专门性的研究。四川大学历史系编著的《王小波、李顺起义考述》[②]，武汉大学历史系编著的《钟相杨么起义》[③]，白钢、向祥海的《钟相杨么起义始末》[④] 详述钟相、杨么起义始末并对一些有争议的问题进行了讨论。安徽师范大学历史系编著的《方腊起义研究》以专题形式，全面地论述了方腊起义的政治纲领、军事斗争等，在一些问题上提出了独到的见解。[⑤]

3. 人物的视角

1978—1981 年间，学术界还曾为宋江是否投降宋朝和征讨方腊展开过热闹非凡的讨论。比如，吴志达发表《评金圣叹批改〈水浒〉的问题——兼与张国光同志商榷》，易名随即以《谈金本〈水浒〉——与吴志达同志商榷》一文与之商讨。又如张国光就邓广铭、李培浩的《历史上的宋江不是投降派》发表了《〈历史上的宋江不是投降派〉一文质疑——与邓广铭、李培浩同志商榷》，而邓广铭之后又发表了《就有关宋江是否投降、是否打方腊的一些史料的使用和鉴定问题答张国光君》。

4. 评价的视角

白钢的《〈钟相杨么轶事〉及其史料价值》[⑥]，蔡美彪、朱瑞熙等撰的《中国通史》第五册为证明“农民阶级反抗地主阶级的阶级斗争是封建社会历史发展的动力”，以相当多的篇幅叙述了北宋初“川蜀地区的农民起义”、北宋中期“农民士兵的起义”“方腊等领导的农民革命战争”、南宋初期“钟相、杨么等领导的农民起义”、南宋中后期“农民群众的反抗斗争和武装起义”。[⑦] 中国社会科学院历史所编著的《中国史稿》第五册也以近三节的篇幅叙述“王小波、李顺起义”“方腊起义”“南宋农民武装起义”，还总结了南宋阶级斗争的一些新的特点。[⑧] 台湾刘馨珺的《南宋荆湖南路的变乱之研究》探讨了南宋荆湖南路地区的变乱。[⑨] 王世宗的《南宋高宗朝变乱之研究》将研究时段放在南宋高宗一朝，探究这一时期的变乱始末。[⑩]

另外，学界还有很多资料汇编，如何竹淇的《两宋农民战争史料汇编》四册，从 280 余种宋以来各种文献中汇集了 2000 余条关于宋代农民战争的史料，将其按时间顺序编排，比较全面地反映了宋代农民起义的基本情况，对研究宋代社会的阶级矛盾和民变的历史发展有较好的参考价值。[⑪] 四川大学历史系调查组编的《王小波、李顺起义资料汇编》

---

① 夏露：《宋代农民起义的主因并非土地问题》，《河北学刊》1985 年第 1 期。

② 四川大学历史系编著：《王小波、李顺起义考述》，四川人民出版社 1978 年版。

③ 武汉大学历史系编著：《钟相杨么起义》，湖北人民出版社 1978 年版。

④ 白钢、向祥海：《钟相杨么起义始末》，山西人民出版社 1980 年版。

⑤ 安徽师范大学历史系编著：《方腊起义研究》，安徽人民出版社 1980 年版。

⑥ 白钢：《〈钟相杨么轶事〉及其史料价值》，山西人民书版社 1978 年版。

⑦ 蔡美彪、朱瑞熙：《中国通史》，人民出版社 1978 年版。

⑧ 中国社会科学院历史所编著：《中国史稿》，人民出版社 1983 年版。

⑨ 刘馨珺：《南宋荆湖南路的变乱之研究》，台湾大学出版中心 1988 年版。

⑩ 王世宗：《南宋高宗朝变乱之研究》，台湾大学出版中心 1989 年版。

⑪ 何竹淇：《两宋农民战争史料汇编》，中华书局 1976 年版。

几乎将现存所有王、李史料一网打尽。① 上述这些成果显然是开创阶段、探讨阶段的研究所无法企及的。当然，如果没有前两个阶段，特别是理论问题的探讨，也就不可能推动农民战争史的研究不断向着纵深方向发展的成果。

（二）无能为力的低潮期

然而20世纪80年代中后期及以后，社会形态理论开始受到质疑和挑战，盛行一时的“五朵金花”讨论逐渐偃旗息鼓。农民战争史研究在经历了50—60年代和70—80年代两次研究高潮之后，亦因学术与政治关系的改变渐渐趋于沉寂。“至80年代末，虽偶有学者涉及，但也大多是对农民战争的全面否定。”② 另外，研究材料的开拓与丰富、大型资料库的出现乃至泛滥，加上一波波不同领域社会科学理论的影响，史学研究的热点日益被思想史、社会史、经济史、文化史等形形色色的研究取代，政治史的重要性渐渐被冲淡、稀释，甚至消退，政治史领域内的农民战争史研究亦渐渐面临边缘化的困境而不再像从前那般受到关注。

四　21世纪以来农民战争问题的持续探索

表面看来，农民战争史研究久遭冷遇，尤其是人们对相关理论问题的热情早已冷却，但它所导引的“从下往上看”的研究取向，事实上仍在今天的“新社会史”“区域社会史”“村落史”“乡村社会史”等领域中继续存在。历史上农民战争史研究的学术意义“首先在于，它使整个中国史学界的目光前所未有地聚焦于民间社会”，农民战争问题的相关讨论“对推动下层社会和大众史研究起过巨大作用，促进了历史研究视角从‘自上而下’到‘自下而上’的转换，‘建立了评估和重现中国过去历史的标准’”③。因而其历史地位不容抹杀，其学术史有深入研究的意义。

（一）挑战与契机并存

从1980年在成都召开中国农民战争史研究会第一届年会，到2008年在青岛召开中国农民战争史研究会第十二届学术研讨会，宋史学界众多学者一直反思、摸索着。尤其在2008年以“和谐社会语境下的中国农民战争史研究”为主题的学术研讨会上，与会学者展开了全方位、多角度的讨论。多数学者认为中国农民战争史研究面临着新的机遇和挑战，需要以多角度、多方面的深入研究来拓宽中国农民战争史的研究视野，尤其应重视社会学的研究方法，同时也不应回避民变问题。

从20世纪90年代初开始，伴随着由热烈、集中讨论社会形态理论形成的一些传统话题如民变问题渐趋转冷，专题式研究代之而起并在各个领域全面推开，也就是说，比起从规律、体系上把握历史，人们更热衷于对个别事物进行观察，比起探讨理论及意义，人们更注重事物的具体发展状态。同时“日渐活跃的社会史研究方式对于政治史研究的影

---

① 四川大学历史系调查组编：《王小波、李顺起义资料汇编》，四川人民出版社1978年版。

② 臧知非：《生存与抗争的诠释——中国农民战争史研究》，河南大学出版社2010年版，第26页。

③ 王学典：《意识形态与历史：近50年来农战史研究之检讨》，《史学月刊》2005第15期。

响力是潜在的、也是明显的，以至于有学者期待着政治史研究在社会史语境中的复兴”①。又如有学者鉴于一段时间以来宋代制度史研究议题陈旧、内容沉闷、方法滞后的状况呼吁“走向‘活’的制度史”，倡导透过事件过程、人物活动关系演变，去探究制度的形成与运作”②。这些新趋向在给传统问题研究带来研究挑战的同时，也带来了走出研究瓶颈期的契机，进而促使学界对农民战争问题的再认识。

（二）民变的新视角

古人很早就认识到窃盗、强盗、农民起义三者之间没有不可逾越的鸿沟，“夫穿窬不禁，则致强盗；强盗不断，则为攻盗；攻盗成群，必成大奸”③ 即“夫盗之起始于里闾，积而至于为大盗则乱天下矣”④。在新学术语境下，许多学者也对民变概念进行了界定。陈衍德认为，民变与农民起义并无太大的区别，后者往往由前者演变而来；引发二者爆发的原因首先是地主剥削的加重，其次才是政治腐败官逼民反。巫仁恕认为，“民变”一词是站在官方的正统立场或某一阶层的立场提出的概念，多指涉具有暴力行为的事件。李华瑞认为，“民变”所指包括以往所称农民起义在内的多种民众与官府的冲突。何忠礼认为，“民变”是指具有一定合理诉求的人民群众的反抗斗争乃至武装起义。参加者以农民为主体并包括士兵、盐民、茶户、船民、手工业者、小商贩等。以杀人放火、抢劫钱财为目的的土匪、强盗等活动不属于“民变”之列。他进一步认为，在何竹淇先生的《两宋农民战争史料汇编》中，大约有三分之一的“起义”是近于土匪、强盗的作乱而非真正的民变。在此，笔者综合前人观点，总结民变是归属于体制内的变乱，具有突发性、暴力性等特点，如果政府处理得当，民变会被渐渐平息，但如果处理不当，民变即会演化为农民战争。“事实上，前人的看法并不一定错，但也有从前时代的限制。从多方面去看，基本上不是对与错的问题，而是说看法愈多，对历史的了解累积起来也愈广愈深。”⑤ 对以往的农民战争史遗产进行学术式的过滤、嫁接与转化是再探讨的主要内容，但是“在泼脏水时连孩子也一起倒掉，在摒弃一种过时了的意识形态话语系统时连其中的学术成分也一起付诸东流，归根结蒂并不是一种可取的立场与态度”，因而学术研究必须置于学术语境中进行。在 21 世纪新语境下，宋史学界有很多学者立足宋代基本史料对旧问题重新关注，一些学者用“变乱”“民变”等概念和西方社会科学和历史理论进行农民战争问题的再探讨。⑥

---

① 卜宪群：《“五朵金花”的影响和地位不容抹杀》，《中国社会科学报》2014 年 3 月 31 日第 5 版。

② 邓小楠：《中国古代政治史研究管窥——以中日韩学界对于宋代政治史的研究为例》，《北京大学学报》2008 年第 3 期。

③ 黄宽重：《从活的制度史迈向新的政治史——综论宋代政治史研究趋向》，《中国史研究》2009 第 4 期。

④ 《册府元龟》卷 470，明刻初印本。

⑤ 何竹淇：《两宋农民战争史料汇编》，中华书局 1976 年版，第 21 页。

⑥ 关于民变的概念，可参考陈衍德《也谈南宋的历史地位——与台湾旅美学者刘子健先生商榷》（《福建论坛》1991 年第 4 期）、巫仁恕《激变良民——传统中国城市群众集体行动之分析》（北京大学出版社 2011 年版）、李华瑞《关于救荒政策与宋朝民变规模之评说》（《辽宁大学学报》2014 年第 6 期）、何忠礼《论宋朝政府对民变的非军事对抗性策略》（《浙江大学学报》2014 年第 3 期）。

（三）新语境下的研究成果略举

1. 少数民族的视角

韩国金容完的《关于南宋高宗、孝宗时期西南地区少数民族变乱之研究》[①]、《关于南宋初期变乱多发的背景研究》[②] 着重考察南宋高宗、孝宗时期（1127—1189 年）发生的少数民族变乱，重点考察了这一时期少数民族引发变乱的背景、地区、族群、次数、朝廷解决措施等问题。张镇升的《宋末与元初闽赣粤边畲汉民变比较研究》[③] 延续了以往学者研究闽粤赣边民变的研究范围，同时更深入地挖掘了民变产生的原因、影响，把宋末与元初的畲汉民变区别分析，比较两个时期畲汉民变的特征，并由此总结出畲汉民变的经验教训。

2. 政府应对的视角

白晓霞研究了南渡三宰相——李纲、吕颐浩、赵鼎，对南宋初年的兵变、民变所采取的军事行动和策略。[④] 何忠礼详细研究了两宋尤其是北宋时期，政府对民变的非军事对抗性策略和采取此策略的意义及局限性。[⑤]

3. 地域社会的视角

黄志繁的《“贼”“民”之间：12—18 世纪赣南地域社会》是历史田野丛书中一部关于 12—18 世纪赣南地区社会研究的理论专著。[⑥] 全书通过重构 12—18 世纪长达 600 年的赣南山区地方动乱与社会变迁历史，展现中国历史上地方动乱及其引起社会变迁的图景，在加深对中国历史上“动乱”理解的同时，重新思考中国传统社会变迁的历史与逻辑。

五 余论

关于宋代农民战争史的研究，大致可以分为开创、发展、高潮、低潮等阶段，宋史学界在前三个阶段对诸如“王小波、李顺起义”“宋江与方腊起义”“钟相、杨么起义”以及宋代农民起义的总体评价等问题展开了讨论，其中第三阶段的争论非常激烈。而在 1985 年以后，农民战争史研究陷入低潮，不论从发表的文章数量和探讨的深度来看都不如前几个阶段。争论的焦点依然是老问题，不过“由于材料的新发现和方法的更新，倒也提出了一些颇有学术价值的观点”[⑦]，使农民战争研究又向前迈进了一步。而进入 21 世纪以来，多数学者不再使用“农民起义”“农民战争”等带有阶级色彩的名称，转而用“民变”的概念来开展相关研究，这并不是换汤不换药的做法，而是在新语境下从新的视

---

① ［韩］金容完：《关于南宋高宗、孝宗时期西南地区少数民族变乱之研究》，《宋史研究论丛》2006 年第 7 辑。

② ［韩］金容完：《关于南宋初期变乱多发的背景研究》，《宋史研究论丛》2008 年第 9 辑。

③ 张镇升：《宋末与元初闽赣粤边畲汉民变比较研究》，硕士学位论文，广东技术师范学院，2014 年。

④ 白晓霞：《南渡三宰相研究（1127—1138）》，硕士学位论文，暨南大学，2006 年。

⑤ 何忠礼：《论宋朝政府对民变的非军事对抗性策略》，《浙江大学学报》2014 年第 3 期。

⑥ 黄志繁：《“贼”“民”之间：12—18 世纪赣南地域社会》，生活·读书·新知三联书店 2006 年版。

⑦ 强胜：《近十年来宋史研究概述》，《中州学刊》1992 年第 6 期。

角出发，采用新的研究方法去开展民变事件、民变背景、民变主体和政府对策等问题的研究。

纵观过去，农民战争史研究经历过探索、辉煌、低潮等阶段，一路走来取得了丰硕的研究成果，这些成果在历史的长河中永远闪耀着光芒，对后来学者进一步开展研究提供了重要的参考价值。但是，过去的研究重点过于集中，以至于仍有许多待填补的空间，因而我们还应在新语境下认真总结，不断反思。无论是过去的农民战争研究还是近些年的民变问题研究，仍存在如下问题：

第一，既有研究多数仍忽视历史的继承性和延续性。应该指出的是，学界一些学者是综合研究两宋民变，但多将研究重点放在北宋，即“重北宋轻南宋”，时间点在南宋的论著也多“偏爱”南宋前期而忽视中晚期。

第二，研究视野有待开阔。研究对象和时间上，学界很长一段时间总是纠结于老问题的争论，如农民起义和民变爆发的原因，偏向研究大型的农民战争或民变事件，如北宋的方腊起义，南宋的钟相、杨么起义等大型“民变”，而对众多规模较小的民变予以忽视。过去学者多沿袭旧说或带有阶级色彩或站在农民立场展开研究，因而许多研究总是由于站在相同的角度而带有相应的感情色彩，拘泥于对事件本身性质的探讨。

第三，对于民变的应对措置不够关注。虽有学者加以研究，但对政府关注“镇压”“招降”方面的论述较多，而鲜有学者关注政府和民间在预防民变方面作出的努力。

第四，比较研究较为缺乏，长期以来对于宋代农民起义的成果多是“就事论事”，或仅局限某一朝代，而较少有学者进行跨时空对比研究民变问题。

第五，以往的研究在资料运用方面也多存在不足之处，对于缺少新材料、以传世文献为主的宋史研究来说，运用新方法、新理论、新视野虽然尤为重要，但史料是研究的基本，历史研究不能抛弃事实自顾自话。宋代资料十分繁复庞杂，除基本史料和其他史料外，还有大量的文集和笔记小说中的史料，今后开展农民起义相关问题的研究，应该多注重宋人文集中的史料，因为多数文人曾为地方官，所记所述具有很大参考价值。

鉴于以往研究中存在的诸问题，今后农民战争史的研究应该继续置身于新的学术语境下，在以往研究的基础上拓展视野，关注研究空白领域。具体来说研究时间段应多投入到被世人忽视的南宋及南宋中后期，既要开阔研究视野，摒弃阶级色彩，又要深入研究政府对民变的应对措施。同时从研究的视角深入探究，注意宋朝政府与其他朝代政府预防应对民变采取的举措的不同，以此突出宋朝政府预防与应对措施的特殊性。在新的学术语境下充分利用传统文献，并借鉴西方社会学的相关理论进行深入探讨，会在一定程度上提升宋代民变问题的研究深度和广度，进一步推动宋代民变问题及相关课题的研究。

（原载《天中学刊》2016 年第 2 期）

20 世纪以来中国两宋养老问题研究述评

马晓燕

宋代是中国古代历史上一个承上启下的封建王朝，它在继承尊老养老传统的基础上不断改进、完善养老方式，形成了颇具特色的养老制度，对其后的元、明、清诸朝产生了重要影响。后世对宋代养老制度的关注，最早可追溯至明清时期。明人丘浚在《大学衍义补》中肯定了宋代恤贫养孤的政策，清代刑部尚书秦蕙田所编撰的《五礼通考》，从视学养老之礼的角度，对宋太祖、太宗、真宗及仁宗优老举措进行简单的梳理。上述成果止于罗列，尚不具有研究意义，真正意义上的研究始于 20 世纪 30 年代。改革开放以后，养老逐渐成为一个突出的社会问题，这刺激了学界对中国古代社会养老问题的深入研究，宋代养老问题也受到较大关注，此时期相关学术成果的数量和质量均有明显提高。文章拟就 20 世纪以来有关宋代养老问题的研究成果进行梳理，以期推进中国古代养老问题的深入研究。

一　宋代养老政策

20 世纪以来，学界对宋代养老政策的研究，首先表现为综合研究，旨在全面考察宋代养老的具体措施及其特点。王德毅在宋代养老问题的研究上，具有开创性的意义。他首次系统梳理了宋代养老和敬老的具体措施，并明确指出其特点和历史地位。他认为在养老方面，宋代比前代更为优厚，更为实际，值得后人称道和效法，但对于老人敬的成分大于养的部分。① 马雪将宋代的老人政策划分为优老、养老两大类型，较为系统地考察了宋代在优老、养老方面所推行的政策，注意到政策的阶层性差别和制约其实施的政策及人事因素。她认为宋代的养老政策虽然不乏等级性与差异性，有厚此薄彼的倾向，但是总的来说，宋代的优老养老政策对当时不同阶层、不同境况的老年人均有所照顾，政策涉及面较广，具有一定的普遍性。② 黄天明则从孝文化的角度分析了政府的尊老政策、官员养亲政策、奉养父祖的法律规定，认为它们都是“孝治”的具体实践。③

对于老年官员来说，致仕制度具有显著的养老功能，是宋代养老政策的重要内容。学术界从官员管理制度的角度对其进行了较为充分的研究，集中论述了宋代致仕制度的标准、程序、待遇，对其意义也有所论及。朱瑞熙早在 20 世纪 80 年代初已开始关注宋代致

---

① 王德毅：《宋代的养老与慈幼》，《宋史研究集》第 6 辑，“国立”编译馆 1986 年版，第 399、400 页。

② 马雪：《宋代优老养老政策述论》，硕士学位论文，湘潭大学，2008 年，第 36 页。

③ 黄天明：《宋代孝文化述论》，《四川大学学报》2002 年第 4 期。

仕制度，他系统梳理了宋代官员致仕制度的诸项规定，解决了宋代官员致仕的年龄、手续、俸禄待遇、政治待遇及政府的奖惩措施等基本问题。[①] 穆朝庆对宋代官员致仕标准进行了细化，他认为宋代致仕制度，有以年龄为唯一标准的，也有以健康与否为主要条件，年龄只是参考标准。同时，在致仕标准上，高级官员与中下级官员还有等级差别。[②] 苗书梅从官员管理的角度全面探讨了宋代致仕制度，不仅论及宋代致仕制度的演化、致仕的方式和过程、致仕待遇，还论述了官员致仕后的活动、致仕的意义及存在的问题。她认为致仕制度不仅有利于官僚队伍的新老更替，提高行政效率，巩固封建统治，也使年老体弱官员免除政务负担，有利于老有所养的礼俗得以发扬光大。[③] 任丽丽明确指出宋代致仕制度与官员养老有着密切关系，充分肯定了致仕制度对官员养老的积极作用。她认为官员致仕后在政治方面的待遇，使他们在社会上享有一定政治地位，赢得社会的尊重，精神生活得到满足和慰藉；在物质方面的待遇，使他们养老的基本费用有所保障。[④]

宋代恤养鳏寡孤独政策是宋代养老政策的特色之一，中外学界多是在社会保障或社会救济的框架下研究宋代对鳏寡孤老的恤养，普遍认为宋代主要通过机构恤养鳏寡独老。郭文佳从社会保障的角度，论述了宋代恤养鳏寡孤独的主要措施，他认为宋代政府主要通过福田院、居养院、养济院等机构救助孤寡老人。[⑤] 张文则从社会救济的角度论述宋代对鳏寡贫老的养济，他认为宋代对鳏寡老人一般由专门机构收养。在他看来，宋代对鳏寡贫老的救恤，已超出“礼”的范畴，具有更为广泛的社会救济意义。[⑥]

由上可知，现有的研究成果对宋代养老政策进行了较为系统的梳理，注意到其阶层性差别，但未充分关注不同阶层养老政策的纵向变迁及国家养老方式的多元化特点。有关宋代官员养老政策的研究，多从官员管理制度的角度探讨致仕制度的基本规定，较少从养老的角度论述，对分司养老、宫观养老的方式也有所忽略。此外，宋政府优恤老年科举士人、老年军人、老年僧道、老年归正人、战亡将士父母及祖父母的政策，同样缺少专题论述。

二 宋代恤老机构

与前代所不同的是，两宋尤其注重恤养鳏寡贫老这一弱势群体。在恤养鳏寡贫老方面，两宋多是通过创置综合性的救济机构来解决其基本生活。两宋时期所创设的救济机构，是 20 世纪以来宋代养老制度研究的热点，现有的研究成果多从整体上论述宋代恤老机构，也有专题研究宋代的居养机构和医疗救助机构。

20 世纪上半叶，学术界对于宋代的福田院、居养院、安济坊进行了开创性的研究，初步探讨了其基本性质、救济对象和管理规定。高迈将宋代对贫老的救济分为户内救济和

① 朱瑞熙：《宋代官员致仕制度概述》，《南开学报》1983 年第 1 期。
② 穆朝庆：《论宋代官员的致仕制度》，《许昌学院学报》1989 年第 2 期。
③ 苗书梅：《宋代官员选任和管理制度》，河南大学出版社 1996 年版，第 548 页。
④ 任丽丽：《唐宋时期的养老问题》，硕士学位论文，河北师范大学，2011 年，第 32 页。
⑤ 郭文佳：《宋代社会保障研究》，新华出版社 2006 年版，第 186 页。
⑥ 张文：《宋朝社会救济研究》，西南师范大学出版社 2001 年版，第 196 页。

户外救济两种，他认为福田院、居养院、安济坊等机构均属户内救济。① 徐益棠将宋代的社会救济分为临时和平时两种类型，重点探讨了宋代平时救济机构。在他看来，宋代创设的福田院、居养院、安济坊等机构是平时的社会救济机构，其救济对象是鳏寡孤独无告者。②

新中国成立以来，海峡两岸的学者有力地推动了宋代福田院、居养院及安济坊等救济机构的深入研究。他们的研究成果主要探讨了宋代救济机构的创置、基本设施、演变过程，对于其管理制度、实际运作及主要功能，也有较为深入的讨论。金中枢系统论述了居养院和安济坊的创置过程、实施方法及发展状况，对其给予充分的肯定，认为宋代居养、安济之法，对于当时社会之贡献，其价值之高，实无法估计。它们既非私惠、小慈可比，亦非设糜粥之类，实仁政之开端。③ 宋采义认为居养院和安济坊是两宋居养与宽疾之政的具体体现，同时梳理出宋代居养院和安济坊的发展演变历程。他认为宋代推行居养、宽疾之政是为了解决饥民这一严重的社会问题，对于缓和贫富对立、抵御外患都起了一定的作用，但无法从根本上解除人民的痛苦。④ 谭书龙则从官办慈善机构的角度论述了居养院、安济坊等救济机构的行政管理制度和经费管理制度，他认为宋代官办慈善机构的管理已初具制度化倾向，初步踏上规范化管理的道路。虽然存在诸多漏洞和问题，但为其后元明清时期慈善机构的管理起到借鉴作用。⑤

从慈善或社会福利的角度研究宋代福田院、居养院、安济坊、广惠仓等恤老机构，也是学界较为普遍的做法。王卫平把福田院、居养院、广惠仓、安济坊的设立视为宋代慈善事业发达的重要标志之一。在他看来，这些慈善机构已实现制度化、组织化，开创了慈善事业的新阶段。⑥ 周秋光、曾桂林也充分肯定了居养院、广惠仓、安济坊等机构在中国慈善史上的重要地位，认为其规模之大、设施之全、内容之广，无一有出其右。⑦ 王子今、刘悦斌、常宗虎在《中国社会福利史》一书中，对宋代收养鳏寡孤老的救济机构同样给予充分的肯定，认为居养院、安济坊等社会福利机构，制度虽然未必完备，但都是具有开创意义的新生社会慈善单位。⑧

居养院是两宋时期的重要救济机构，学界对其制度规定及实际运作都有较为细致的研究。杜本礼以北宋开封居养院为研究对象，对于其收养老人的年龄标准、基本条件、救济费用来源和救济标准等均有所论述。⑨ 宋炯则以居养制度为例，从经济的角度论述了宋代官办慈善事业的发展与变化，全面探讨了居养院的实际运行，并分析了居养制度萎缩的原因。他认为充足的经费、完善的管理体制才是慈善机构正常、持久运转的保证。⑩ 韩国学

① 高迈：《宋代的救济事业》，《文化建设》1936 年第 12 期。

② 徐益棠：《宋代平时的社会救济行政》，《中国文化研究汇刊》1945 年第 5 卷（上）。

③ 金中枢：《宋代几种社会福利制度》，《宋史研究集》18 辑，“国立”编译馆 1987 年版，第 188、189 页。

④ 宋采义：《宋代的居养与宽疾》，《史学月刊》1988 年第 2 期。

⑤ 谭书龙：《宋代官办慈善机构管理初探》，《社会科学辑刊》2005 年第 4 期。

⑥ 王卫平：《唐宋时期慈善事业概说》，《史学月刊》2000 年第 3 期。

⑦ 周秋光、曾桂林：《中国慈善简史》，人民出版社 2006 年版，第 96 页。

⑧ 王子今、刘悦斌、常宗虎：《中国社会福利史》，中国社会科学出版社 2002 年版，第 196 页。

⑨ 杜本礼：《北宋开封的慈善收容机构》，《中州古今》2000 年第 3 期。

⑩ 宋炯：《两宋居养制度的发展——宋代官办慈善事业初探》，《中国史研究》2000 年第 4 期。

者李瑾明在讨论宋代社会救济制度的运行和国家权力时，选取居养院作为案例进行分析。他以居养制度的实际运作为中心，探讨了居养院的规模、财政基础及收容对象，认为宋代居养院规模比较零散，财政脆弱，收容对象复杂，其兴衰与国家政局安定与否有着极为密切的关系。①

值得注意的是，部分学者在宋代居养院的研究上，已开始关注考古资料。张新宇利用考古发现的漏泽园砖铭推断仁先院、贫老院这些未见于史籍记载的机构是宋代居养院的别称。其中仁先院专门居养 70 岁以上的鳏、寡、孤、独，贫老院的收容对象无年龄限制，如非孤独老人，年满 70 岁亦仍由贫老院养而不入仁先院。仁先院取消后，鳏、寡、孤、独和其他贫穷不能自存者一并收入贫老院。②

安济坊作为宋代救助贫穷人治疗疾病的医疗机构，也引起了学者的关注。在宋代安济坊的收容对象上，学界目前有着较为一致的看法。张新宇根据北宋陕州漏泽园砖铭判断以本地人为主，但也有外地流浪至陕州的贫穷病人。这些无力医治疾病的患者既有一般百姓，也有军人、军人家属、罪犯和官宦家中的雇工。③

甄尽忠将宋代安济坊的收养济对象归纳为贫穷病人、军人及其家属、病囚、流浪者、乞丐五个群体，与张新宇的观点基本一致。同时，甄尽忠还系统论述了宋代安济坊的经费来源、日常管理及其作用和弊端。他认为宋代设置安济坊，制定了严格的管理和奖惩制度，虽存在种种弊端和问题，但有利于缓和阶级矛盾，稳定社会秩序。④

综合所述，新中国成立以前，学术界对宋代恤老机构的研究还处于起步阶段，重在明确恤养机构的基本性质、收养对象和基本规定。20 世纪 70 年代，香港地区的学者又从社会福利的角度推进宋代恤老机构的研究，此时期内地的研究比较沉寂。改革开放以后，尤其是近十余年，学界对宋代恤老机构的研究更加细致、深入，已开始关注其管理制度和实际运作过程。现有成果初步解决了宋代恤老机构的名称、性质、发展演变及实际运作等基本问题，为以后的深入探讨打下了坚实的基础。但现有成果多关注的是救恤机构，而非救恤对象，对宋政府恤养鳏寡独老方式的转变及其推动因素缺少必要的分析，同时也较少关注其实践效果、弊端及政府的应对措施。

三 宋代养老礼仪

中国古代社会的养老，在一定程度上是礼制的范畴。但真正意义上的养老礼，即狭义的养老礼仪，主要指皇帝养“三老五更”礼和乡饮酒礼。皇帝养老礼，即“三老五更”礼，自三代以来，被历代统治者所承袭，至唐宋时期，随着皇权的加强，出现了较为明显的变化。对于这一变化，学界给予充分的关注。

目前学术界在宋代皇帝养老礼上基本形成共识，普遍认为宋代皇帝养老礼较前代出现明显的衰退，也没有付诸实践。高成鸢认为宋代的养老之礼，比较前代，有明显的衰退。

① ［韩］李瑾明：《宋代社会救济制度的运作和国家权力——以居养院制的变迁为中心》，《中国史研究》2005 年第 3 期。

② 张新宇：《漏泽园碑铭所见北宋末年的居养院和安济坊》，《考古》2009 年第 4 期。

③ 同上。

④ 甄尽忠：《论宋代安济坊的设置与管理》，《河南社会科学》2010 年第 6 期。

在他看来，皇帝养老礼的衰退，绝不意味着孝悌与尊老教化的衰退，应该理解为只是重视礼仪的实效。① 王美华以唐宋时期礼制文本为依据，详细分析了此时期皇帝养老礼在具体程序与规定上的变化，认为宋代君主专制的强化是变化的根本原因。就皇帝养老礼的实践而言，王美华认为皇帝养老礼，在宋代只是局限于礼典条文，并没有付诸实施，也未摆脱渐被废弃的命运。②

乡饮酒礼是一种地方性的敬老活动，被誉为养老大典，学界现有的研究多集中在乡饮酒礼在宋代的演变、实施及中断原因等问题上。高成鸢认为乡饮酒礼在宋代演变为州一级的鹿鸣宴③。王美华对乡饮酒礼在宋代的演变作出更为细致的考察，她认为，北宋时期乡饮酒礼的“宾供”职能逐渐由鹿鸣宴取代，“尊德尚齿”的功能逐步回归。南宋时期，乡饮酒礼明确固定为以基层社会的尊德尚齿为主旨的礼仪仪式。④ 申万里认为，北宋时期乡饮酒礼实行的频率和地域都相当有限。南宋时期，乡饮酒礼在各级地方官和儒士的推动下，得以在以四明地区为核心的全国范围内施行。⑤ 黄宽重对四明地区乡饮酒礼的恢复与施行作了较为详细的讨论。他认为南宋时期，四明地区首先恢复施行乡饮酒礼，礼部在此基础上奏请郡国普遍实行此礼。至于明州及其他地区乡饮酒礼中断的原因，黄宽重认为有两点：一是仪制相当复杂，二是经费或被挪用养士，或无以为继。⑥

关于乡饮酒礼在国家礼制体系中的位置，学术界存在两种不同的意见。申万里认为南宋时期的乡饮酒礼只是地方儒士之间的会拜、交流活动，在当时的国家礼制体系中不占重要地位。⑦ 王美华则将宋代，尤其是南宋时期的乡饮酒礼的兴起和实施视为礼制下移的重要表现，认为乡饮酒礼已经从民间习俗上升为国家礼制，被列入官方礼典。⑧

由上可知，宋代养老礼仪的研究已突破以文本为基础的静态研究，比较关注其变迁及实施状况。从整体上来看，学界对皇帝养老礼和乡饮酒礼在宋代的变迁和实施形成较为一致的意见，认为宋代皇帝养老礼出现明显的衰退，乡饮酒礼的实施过程也不乐观。现有的成果基本解决宋代养老礼仪的基本规定、发展变化及实施状况，但对其衰落原因缺少深入的分析。此外，礼仪的缺失和中断对于社会的伦理秩序有无影响，宋人对其态度如何，它所遗留下来的空间宋代政府又是如何填补的，均是值得探讨的问题。

四 宋代养老风俗

目前宋代养老风俗的研究主要集中在老年会社、割股疗亲、养老田及祝寿风俗方面。其中最受关注的是老年结社习俗。宋代老年会社不仅数量可观，分布也很广泛，近年来逐

---

① 高成鸢：《中华尊老文化探究》，社会科学文献出版社 1999 年版，第 159 页。

② 王美华：《唐宋时期皇帝养老礼》，《文史知识》2007 年第 12 期。

③ 高成鸢：《中华尊老文化探究》，社会科学文献出版社 1999 年版，第 160 页。

④ 王美华：《唐宋时期乡饮酒礼演变探析》，《中国史研究》2011 年第 2 期。

⑤ 申万里：《宋元乡饮酒礼考》，《史学月刊》2005 年第 2 期。

⑥ 黄宽重：《宋代四明士族人际网络与社会文化活动——以楼氏家族为中心的观察》，载《家族与社会》，中国大百科全书出版社 2005 年版，第 389 页。

⑦ 申万里：《宋元乡饮酒礼考》，《史学月刊》2005 年第 2 期。

⑧ 王美华：《乡饮酒礼与唐宋地方社会》，《社会科学辑刊》2010 年第 4 期。

渐引起学术界的关注。目前有关宋代老年会社的研究，主要围绕其数量、成员组成、发展规律及主要功能等基本问题而展开。

关于宋代老年会社的数量，目前学界还有一定的分歧。欧阳光认为宋代耆老会（书中称为怡老诗社）有 13 个。[①] 邓小南认为属于怡老性质的诗社，宋代可考的有 67 家。[②] 周扬波在已有研究成果的基础上，深入、细致地考察了宋代耆老会的名称、主要成员、成立时间、地点及人数，认为其数量为 34 个。[③] 学界对于宋代老年会社的数量之所以会有上述不同的看法，主要原因在于研究者对老年会社的界定持不同的标准。欧阳光认为凡以怡老诗社命名的皆是老年会社，邓小南的标准则相对比较宽泛，她认为凡属于怡老性质的诗社即为老年会社。周扬波突破了诗社名称、性质标准的局限，从会社的具体成员来判断是否为老年会社。从总体上看，现有老年会社的研究成果，多停留在数量的统计上，对于其地理分布规律及变化趋势则缺乏深入的分析。

学界对宋代老年会社的成员组成及社会地位也有所关注。李修松、王华娣在概括宋明时期老年会社的特点时指出，老年会社成员的年龄都未见有 60 岁以下的；有的会社还规定必须达到 70 岁，一般为退休或闲居乡里的官僚士大夫。他们认为中国古代的老人会社源于唐，兴于宋，盛于明。[④] 周扬波也指出唐宋老年会社发展的基本规律。在他看来，白居易组织的九老会是见诸记载最早老年会社，为唐代仅见。宋代耆老会则明显增多，分布于广大区域。[⑤]

宋代耆老会的社会功能与政治功能是宋代老年会社研究的重要内容，得到学界广泛的关注。李修松、王华娣侧重于老年会社在士人晚年生活中的作用，他们认为老年人结为会社，可以互为扶持，相为帮助，使其精神有所寄托，生活更加丰富。[⑥] 黄宽重注重考察南宋四明地区耆老会在乡里公益事业中所发挥的作用，肯定了他们在恢复与重建地方乡饮酒礼中的作用。[⑦] 周扬波对宋代耆老会功能的分析，相对比较全面。他不仅充分肯定了鄞县尊老会在南宋地方乡饮酒礼的恢复和推广中的作用，而且注意到北宋洛阳群英会与王安石变法的关系及南宋鄞县耆老会敦族睦邦、敬宗收族的功能。[⑧]

割股疗亲是宋代较为流行的侍疾方式，学界对其基本性质、发展动因和基本特点给予充分的关注。邱仲麟从社会史的角度对唐以来割股疗亲的现象进行了整体分析，认为割股疗亲是一种特异的文化现象，它既违背了儒家“不敢毁伤”的意旨，又合乎孝亲的基本要求，可谓是“不孝之孝”。[⑨] 方燕对女性割股疗亲行为的动因及特点作了较为细致的分析，她认为割股疗亲作为一种奇异的孝文化现象，至宋代盛烈。这一行为的发生既有内在

---

① 欧阳光：《宋元诗社研究丛稿》，广东高等教育出版社 1996 年版，第 31 页。

② 黄宽重：《宋代四明士族人际网络与社会文化活动——以楼氏家族为中心的观察》，载《家族与社会》，中国大百科全书出版社 2005 年版，第 384 页。

③ 周扬波：《宋代士绅结社研究》，中华书局 2008 年版，第 95—101 页。

④ 李修松、王华娣：《宋明时期老年会社述论》，《安徽教育学院学报》1996 年第 3 期。

⑤ 周扬波：《宋代士绅结社研究》，中华书局 2008 年版，第 95 页。

⑥ 李修松、王华娣：《宋明时期老年会社述论》，《安徽教育学院学报》1996 年第 3 期。

⑦ 黄宽重：《宋代四明士族人际网络与社会文化活动——以楼氏家族为中心的观察》，载《家族与社会》，中国大百科全书出版社 2005 年版，第 388—389 页。

⑧ 周扬波：《宋代士绅结社研究》，中华书局 2008 年版，第 101—127 页。

⑨ 邱仲麟：《不孝之孝——唐以来割股疗亲现象的社会史初探》，《新史学》1995 年第 1 期。

的心理机制，又有外在的社会机制。宋代除沿用传统的刲股、剔臂、刺血等方式外，又增加了取肝、剜目、采髓、割乳、封心等极端方式，这使孝女孝妇的身体和精神受到严重的损伤，甚至付出了生命的代价。①

宋政府对割股疗亲的政策及其影响，也受到部分学者的关注。邱仲麟从整体上考察了唐宋元明清时期政府对待割股疗亲的态度和政策，认为五代时期为了防止孝道的不正当影响屡次下令禁止旌表割股疗亲之人，元、明、清诸朝对割股疗亲行为也采用不旌表的政策，但宋代并未禁止旌表。② 王艳对宋政府奖赏割股疗亲的政策进行了专题探讨，她认为宋代分别出台了“割股”“割肝”赏格，奖励力度有所加大，同时还针对孝子的身份制定有不同的赏格，形成较为完备的奖励制度，这刺激了割股疗亲之风的蔓延。③ 潘荣华、杨芳以《名公书判清明集》中的判词与文告为中心，揭示割股疗亲现象背后的政治意义及其负面影响。在他们看来，政府旌表行为极具政治意义，其目的是“教孝”“劝孝”，实现“孝治天下”的政治理想，同时也使割股疗亲的习俗在宋代盛极一时。④

养老田在宋代比较流行，学界从家庭史或者法制史的角度探讨了这一养老风俗。邢铁指出唐宋时期，尤其是两宋，分家十分流行。为了保证老年人的晚年生活需要，在分析家产时往往会为父母留出一份养老用的田宅。同时，分家后所形成的小家庭，因血缘关系形成了明确的连带义务，赡养老人即是各小家庭之间的重要连带义务之一。⑤ 在《中国家庭史研究·宋辽夏金》中，邢铁又从家庭内部关系的角度探讨了老人的赡养问题，认为多次析产的分家方式在很大程度上是出于为老人养老的考虑。在他看来，多次性分析财产的分家方式所形成的家庭，有别于唐型家庭。在这样的家庭中，父母不再是户主，而是寄养者。其成员只有父母和儿子及孙子，上下纵横都是直系血缘关系。对于户绝之家老人的赡养，则由近亲负责。作为报偿，优先得到户绝之家的财产。⑥ 柳立言则从法制史的角度肯定了养老田的盛行。他认为，南宋时期多数家庭在分家时往往为老人留出部分田地，以资养老。养老田作为弥补养儿防老不足的重要手段，南宋时期盛行于民间，以至于政府不得不放弃“祖父母、父母在不得别籍异财”的旧规定，而将它写入国家法典。⑦

结 语

综上所述，宋代养老制度的研究起步较早，在近十几年中又有所深入、扩展，但与其他断代养老问题研究相比，还有一定的差距。在现有关于中国古代养老问题的研究成果中，以汉、唐、明、清为主，其研究涉及养老政策、养老机构、养老思想、养老教育等方

---

① 方燕：《宋代女性割股疗亲问题试析》，《求索》2007 年第 11 期。

② 邱仲麟：《不孝之孝——唐以来割股疗亲现象的社会史初探》，《新史学》1995 年第 1 期。

③ 王艳：《宋朝物质赏赐研究》，博士学位论文，河南大学，2013 年，第 114—115 页。

④ 潘荣华、杨芳：《论宋代旌表政策对民间“割股”陋俗的影响》，《南京中医药大学学报（社会科学版）》2012 年第 3 期。

⑤ 邢铁：《唐宋分家制度》，商务印书馆 2010 年版，第 77 页。

⑥ 邢铁：《中国家庭史研究》（第三卷），广东教育出版社 2007 年版，第 316—319 页。

⑦ 柳立言：《养儿防老：宋代的法律、家庭与社会》，载《宋代的家庭与法律》，上海古籍出版社 2008 年版，第 375—407 页。

面，对于养老的地区差别、性别差别等问题也有所探讨。专题论述宋代养老制度的成果比较罕见，该问题存在较大的研究空间，这主要体现在以下四个方面。

第一，宋代养老制度的独立性研究应进一步突出。学界现有关于宋代养老制度的研究，虽然已经突破古代礼制这一历史范畴的限制，但是多将其置于慈善、救济或社会保障的框架下进行。这样的解释框架，实现了研究视角的转换，但却使宋代养老问题淹没在社会保障系统之中，影响了养老制度的独立性研究。尊养老人，是中华民族优良传统之一，也是中国传统文化最具持续性与生命力的部分之一。所以，中古时期，尤其是宋代养老制度的研究，需要在社会保障系统的研究框架下进一步突出独立性的一面。

第二，宋代养老制度研究在方法上要突破传统制度史研究模式，实现“活的制度史”研究目标。目前有关宋代养老制度的研究成果，在研究方法上仍然沿袭传统制度史的研究路径，即停留在国家制度条文、政策规定的静态研究，较少从制度的运行及实施效果去动态考察宋代养老制度。部分学者在研究宋代居养院这一救助机构的过程中，已开始注意到其实施效果及其制约因素。不过，笔者认为，养老作为社会保障系统中的一个分支，是一个非常复杂的系统，仅仅注意到救助机构还不足以揭示整个养老制度的运行模式，仍需要将宋代养老制度作为一个整体，既注意其纵向变迁，又关注其地域差别，分析它的具体模式和运行机制，关注与之相联系的政治因素、人事因素、经济因素和组织因素等诸因素，以突破传统研究模式的限制，实现立体化研究目标，推动宋代养老制度在研究深度上的进展。

第三，在研究内容上，现有的成果还停留在宋政府对部分老人的优待政策，政府对家庭养老的政策保障与支持，还未引起关注。中国古代养老制度是以“孝”为支撑的文化体系，而家庭作为社会基本组织，是政府推行“孝道”的重要载体。为充分发挥家庭的养老功能，宋政府也采取了种种保障与支持措施，丰富了宋代养老制度的内容。因此，政府对家庭养老的支持与保障也是宋代养老制度的研究对象，应纳入到宋代养老制度的研究范围。

第四，宋代养老问题研究的资料有待于进一步挖掘。目前学界对宋代养老问题的研究，多依靠正史材料，对于地方志、个人文集及石刻资料，还未给予充分的重视。事实上，地方志、文集及墓志拓片，不仅能够补正史记载之不足，而且保留有大量反映养老政策实施状况的材料，对宋代养老问题的研究，有明显的推动作用，值得研究者的关注。

（原载《兰州学刊》2016 年第 11 期）

20 世纪以来曾巩文学研究述略*

于晓川

南宋著名理学家朱熹年二十许时，便喜读曾巩之文，《朱子语类》常见对曾文的高度评价。《宋史》评曾巩立言于欧阳修、王安石间，纡徐而不烦，简奥而不晦，自成一家。至明清时曾巩已列“唐宋八大家”之中，有《元丰类稿》《隆平集》等传世。20 世纪以来，基于宋代文学的研究逐渐被关注，对曾巩这位文学大家的研究也取得了不少成绩，本文于此作简要梳理。

一　关于曾巩著述的整理、考辨和辑佚

对曾巩著述整理作出重要贡献的是陈杏珍、晁继周二位学者。1984 年陈杏珍于《文献》发文探讨了《曾巩集》的流传和版刻情况，同年 11 月中华书局出版了陈杏珍、晁继周二位点校的《曾巩集》。陈、晁二位以清康熙五十六年长洲顾松龄刻本《南丰先生元丰类稿》为底本，以元大德八年东平丁思敬刻本《元丰类稿》为最主要的校本，以何焯《义门读书记》为重要参照，结合十余个版本对曾巩著作进行了点校，同时辑录了散佚的诗歌 33 首，词 1 首，文 78 篇。《曾巩集》共收入曾巩诗歌 443 首，词 1 首，文 798 篇，校勘精良，书后并附曾巩传记和曾巩著作主要版本序跋，为曾巩研究奠定了重要基础。①

在这一基础上，后世学者对《曾巩集》又进行了一系列辨误、辑漏。涂木水共辑录了 3 首佚诗。② 1999 年王河辑得曾巩轶文 6 篇③，并认为宋人屡屡提及的《南丰杂记》《南丰杂志》等应定名为《南丰杂识》，是曾巩唯一一部文言小说类著作。2003 年邹陈惠仪辑出《全宋文》有 4 篇文章失收于《曾巩集》，《全宋诗》有 6 首失收于《曾巩集》④，

---

* 本文系西北民族大学基本科研业务费专项资金资助项目“曾巩文学思想研究”（项目编号：31920150138）的阶段性研究成果。

① 在《曾巩集》的基础上，各类出版社三十年来出版了数十种曾巩文学选本、译注本（含八大家合集等），多以普及、鉴赏为主，虽有学术性较强的译注，但选注作品及评说内容重复较多，此处不予详细介绍。

② 共辑 5 首，其中《赴齐州》《将行陪贰车观灯》为《全宋诗》所收，但此二诗经李俊标考非曾巩所作，见于《曾巩研究》（中国社会科学出版社 2011 年版）第 179 页。本文认同这一说法，不予计入曾巩作品中。

③ 共辑出 7 篇，但其中《狄青破侬智高》与《曾巩集》中“杂识二首”之二相近，因此实为 6 篇。

④ 含前文所提《赴齐州》《将行陪贰车观灯》。

另从宋《锦绣万花谷》、元阴劲弦《韵府群玉》《山堂肆考》《虞美人草》等处辑得曾巩诗作、诗句若干，曾巩佚文5篇①、佚诗3首②、佚词1首。2004年方艳、李俊标发现目前出版的点校本曾巩诗文集失收的、见载于《永乐大典》中的佚文共有10篇，其中完整的文章1篇，其余为节选。另经李俊标考《游双源》《祭柳子玉文》非曾巩之作，而明正德《建昌府志》录有的《南丰县学记》为曾巩代笔。同年金程宇、方健分别发表文章对久佚海外《永乐大典》中的曾巩佚文进行了考察，认定14封书信中的13封不见于他书，属于新发现的曾巩佚文，金程宇认为此次发现"是20多年来曾巩佚文发现最多、最有价值的一次"。综合众学者考辨，曾巩现存诗歌454首，词2首，完整的文章823篇。

二　对曾巩年谱的编订及相关资料的整理

南宋朱熹曾编曾巩年谱，但已亡佚。清时曾巩年谱有杨希闵、孙葆田、姚范三种。20世纪以来关于曾巩年谱的编订，最早可见为王焕镳于1930年11月在《江苏国学图书馆馆刊》第三卷发表的《曾南丰先生年谱》，此谱于1931年在公孚印书局刊行。另外，1932年周明泰有《三曾年谱》（曾巩、曾布、曾肇），自言与王焕镳先生观点多有不同，有些系年"屈指能数不容有误"。此两谱为后世学者的曾巩资料整理及曾巩研究作了重要铺垫。在旧有诸谱的基础上，李震广泛查阅有关诗文集、诗话、笔记、史书和类书等有关资料，新撰了《曾巩年谱》，该书于1997年由苏州大学出版社出版，对旧谱多有订正、补充，还详细地提供了曾巩活动的时代背景及社会关系，较全面地反映了曾巩及其师、友之结契、行迹所历。李谱将曾巩所存作品全部系以年月，虽有部分作品系年仍值得推敲，但对研究曾巩，了解其在文学创作风格上的演变等方面还是提供了较多的资料，是当前研究曾巩的重要参考资料。另外，中华书局于2006年出版了李震编撰的《曾巩资料汇编》，这本是目前为止唯一的曾巩研究资料集，收录了自曾巩时期迄清代的相关资料，较为完备。

三　曾巩散文研究

1983年是学术界关注曾巩的第一个高峰。关于曾巩文学思想及其散文价值、特点的深入探讨，始于这一年王琦珍③在《文学遗产》1983年第4期发表的《学术应超董贾，

---

① 已于1999年为王河所辑。

② 辑6首佚诗中又经张如安、傅璇琮考订，其中《咏虞姬》一诗《冷斋夜话》作曾布妻魏夫人诗，《苕溪渔隐丛话》前集卷六考为许彦国作，而《过灵壁张氏园》已见于《元丰类稿》卷八，但未见于《曾巩集》；《范饶州坐中客语食河豚鱼》一诗实为梅尧臣作，故实为3首。

③ 张海鸥于《宋文研究的世纪回顾与展望》一文提到王琦珍此文为"20世纪最先发表的专门研究曾巩的论文"，事实上除前文所提熊翘北先生之外，涂木水也于1982年发表了《羲之之书晚乃善 精力自致非天成——曾巩〈墨池记〉讲析》一文（《抚州师专学刊》1982年第1期），虽为鉴赏文但亦是专论曾巩；而万陆于1983年在《江西大学学报（社会科学版）》1983年第4期发表了《曾巩散文理论和散文创作的特色》一文，因《江西大学学报》为月刊，而王琦珍先生刊发文章的《文学遗产》为双月刊，故王文应在1983年8月发表，万文应为1983年4月发表，那么张海鸥的判断稍欠准确。相比较而言，万文理论性弱，分析曾巩散文的特色及对其的定位都不够深刻准确，故推王文。

文章元不让韩欧》一文。王琦珍认为，曾巩的文学成就主要在散文，曾巩积极支持、追随欧阳修在古文创作上的主张，与其一道成为开文章“义法”先声的人物。文章探讨了曾巩与其他古文家思想异同、曾巩的“文”“道”关系、曾巩散文的艺术风格、曾巩与道学家、“唐宋派”“桐城派”的理论关系等问题。在这些后世曾巩研究绕不开的问题上，王琦珍取得了重要成果。

同年12月，纪念曾巩逝世九百周年学术讨论会于江西南丰举行。这是20世纪国内曾巩研究的一个重要开端。值得注意的是，此次会后的《曾巩研究论文集》[①] 中涉及的曾巩研究范围广阔，既包括了曾巩最为人瞩目的散文成果，如其散文理论（成复旺、赖功欧）、散文艺术特色（万云骏、钱贵成）、杂记文、题记文等文类的具体研究（傅开沛、袁瑾洋），也涉及了曾巩的哲学、学术思想等方面（陈圣、傅义）。自此以后，曾巩文学研究尤其是散文研究全面展开，其研究盛况虽远不及欧、苏，但早已摆脱了“无人问津”的境地且全面“开花”。既有理论的细化、深入，又有角度的转变、方法的多样，既有研究者们显现在学术期刊的论文成果，也有高校从事文学研究的硕士、博士学位论文，以下大体从综合研究、理论及艺术特点、分体研究、比较与接受研究等几个方面对曾巩散文研究进行总结。

（一）综合性曾巩散文研究

王琦珍于1990年出版了《曾巩评传》一书，该书虽名为“传”，事实上是对曾巩及其文学思想的全面评价。该书对曾巩的生平与文学道路进行了综述，对曾巩与王安石变法、曾巩文学理论、曾巩散文的风格和艺术特征以及渊源、曾巩诗歌成就及艺术、曾巩影响与评价以及当时曾巩研究所存在的有争议的几个问题（曾巩的籍贯、曾巩文集的编者、《隆平集》是否为曾巩所作、曾巩墓志铭的作者）进行了阐述，并在文末附了曾巩年谱、方志所辑曾氏族人诗文，较之前文所提的《学术应超董贾，文章元不让韩欧》，该书在曾巩与王安石的交往、曾巩散文的艺术渊源、曾巩在宋元明清不同时期的影响与评价的问题上进一步深入，阐述翔实深刻，在曾巩文学研究方面是一部具有开创性的专著。关于曾巩文学的研究，王琦珍取得的成果不容忽视。相近的研究又见夏汉宁的《曾巩》（中华书局1993年版），该书上溯曾巩先祖至唐时曾洪立，正文从曾巩生平、曾巩的文学成就两个方面对曾巩进行了评价研究，书后所附世系表对曾巩家族进行了梳理，较有创新。

2004年李俊标的《曾巩研究》（南京大学）为大陆曾巩研究的第一篇博士学位论文，该文包括政治思想研究、史学思想研究、散文研究、诗歌研究等部分，特点在于全面关注了曾巩的政治思想、史学思想，而在历来研究较多的曾巩散文方面，主要从曾巩对《战国策》中辩证思想、汉大赋的艺术手法的借鉴等方面阐述，亦对曾巩骈文的艺术特色进行解析。这是曾巩研究进入20世纪以来较为扎实的学术研究成果，该论文于2011年由中国社会科学出版社出版，并增加曾巩书法艺术研究、南丰曾氏家族文学创作研究等内容，填补了历来曾巩研究的不足。惜该文（书）的视野稍欠宏阔，过于拘泥于曾巩其人本身，对曾巩的文学研究则拘于文本技法、艺术等层面，对曾巩文学的思想性关注稍嫌欠缺。喻进芳的博士学位论文《论曾巩的文化品格与诗文创作》（武汉大学，2008年）有所突破。该文上编探讨曾巩的文化品格，对曾巩文学思想的渊源及内容进行了有价值的探讨；下编

① 江西省文学艺术研究所编：《曾巩研究论文集》，江西人民出版社1986年版。

探讨曾巩的诗文创作，包括曾巩的文道观、文章体式、曾巩散文的主导风格、语言特点及影响、曾巩的诗学主张及诗歌创作等六章内容。论文综合了前人的研究成果，吸收了文体学的研究方法，将曾巩的“书”“记”“序”“论”“议”、奏议、制诏、碑志及其他散文文体分别进行了特点分析，不无创新之处，但有些论述稍显重复。另有李天保的《曾巩文学思想研究》（硕士学位论文，西北师范大学，2005 年）对曾巩文学思想及成因、曾巩文学创作作了探析，从经世观、文道观、创作观和道法说几个方面对曾巩的文学思想加以解读，从散文、诗歌两部分对其创作实践进行总结，具有一定概括性。

（二）曾巩散文理论、艺术特点研究

万陆最早对曾巩散文理论及其散文艺术特色进行了探讨，其文《曾巩散文理论和散文创作的特色》（《江西大学学报》1983 年第 4 期）分析了曾巩文学主张形成的背景，从欧阳修、曾巩文学思想的异同、曾巩与理学家对文学的态度、对文之用的不同观点，以及曾巩讲求为文简约的特点等方面谈了曾巩的散文理论，结合具体作品谈了曾巩散文创作的特色，是一篇早期较有见解的论文。这方面探讨较早的还有熊礼汇的《论曾巩散文的艺术特色及其成因》（《武汉大学学报》1988 年第 2 期）、梁静的《曾巩散文的艺术特征论略》（《中州学刊》1992 年第 6 期）及喻进芳的系列研究文章等，但这些成果或概而论之，或琐细而欠思想性，或缺乏创见和深度解析。关于曾巩的文章理论还有成复旺的《“明道”说的深化，“义法”论的先导——谈曾巩的古文理论》一文值得关注。成复旺对曾巩的古文理论中文的社会作用、文的内容与形式、作家修养等方面进行了探讨，他认为，曾巩的古文理论主要意义在于促进了文与诗的分化，即促进了古文创作和古文理论的独立发展。在唐代的“文以明道”观点提出之后，“桐城派”确立的“义”“法”两个范畴中间，曾巩起到了重要的作用，这一观点与王琦珍先生的观点相近，但论述更为详尽。成复旺认为曾巩存在的问题是对诗的艺术特征缺乏认识，这一总结较王琦珍更为深入。

周楚汉《曾巩文章论》（《中国文学研究》1994 年第 4 期）从曾巩“道法说”“事理说”“辞工说”“史铭说”“内外说”等理论命题角度，对曾巩文学思想中的核心“道”及“道法”关系、文章内容与事理、文辞的关系、史传铭志理论等问题进行了较为深入的分析，是一篇内容充实且有见地的文章。关于曾巩的文道观问题有部分学者作以专文探讨，有闫树立《曾巩“道统”思想的价值内涵》（《绍兴文理学院学报》2005 年第 6 期）、朱东根《试论曾巩的文道观》（《海南大学学报（人文社会科学版）》2006 年第 12 期）、李金良《曾巩的道统思想与文统观对其创作的影响》（硕士学位论文，重庆师范大学，2010 年）等，这些文章对曾巩“文道”观的思想内涵、对韩愈等道统的继承发展、与南宋理学思想的衔接以及因此而关联的文章创作、作家修养等问题的研究起到了推动作用。

陈圣是第一位较详细探讨曾巩生平并对其给予分期的学者，其《曾巩传》［《抚州师专学报》（曾巩研究专辑）1988 年第 4 期］分 17 个小部分对曾巩一生及诗文创作进行了较为详尽的分析，该文并不专为散文创作分期，但对曾巩生平的梳理为后人提供了基础。之后王琦珍（《曾巩评传》）、高克勤［《曾巩及其散文述论》（《宁波大学学报》1995 年第 4 期）］、陶文鹏等都探讨过曾巩散文的分期问题。陶文鹏结合曾巩的人生经历及创作情况，将曾巩散文创作划分为早期、耕读与初仕、馆职、外任、京官五个时期，风格则由气势奔放逐渐转为典雅纡徐，自成一家。[①] 这一划分大体是较为合理的，然而具体年份界限似有可商榷之处。

除了文章理论及艺术特色、作品分期等问题的探讨，还有从其他角度进行的研究。叶全妹《宋金元明“欧曾”合论研究》（硕士学位论文，福建师范大学，2012 年）、陈晓芬《曾巩的心理机制及其对散文的影响》（《抚州师专学报》1988 年第 4 期）、毕庶春《试论曾巩散文的中和之美——兼论其儒术、文词、文风的统一》（《社会科学战线》1997 年第 5 期）等亦值得关注。

（三）曾巩散文的分体研究

曾巩的诸多文章中，记体文文学性最强、特点最为鲜明，围绕这一类文体的研究开始最早、成果最多。早在 1986 年 12 月出版的《曾巩文学研究论文集》中，就有两篇文章探讨了曾巩的杂记文（傅开沛《浅谈曾巩杂记文的议论特色》）、题记文（袁瑾洋《略论曾巩题记文的思想内容》）。限于时代发展及文学研究的状况，这两篇文章主要从曾巩记体文的文本入手，对其艺术特色、内容及儒家思想方面进行剖析，但忽略了记体文本身的发展历程、曾巩记体文所显示出来的独有特点，缺乏横向、纵向的比较。近几年的硕士学位论文，如刘芸《曾巩记体散文研究》（硕士学位论文，安徽大学，2012 年）、张超旭《曾巩记体文研究》（硕士学位论文，陕西师范大学，2013 年）等在曾巩记体文研究上更加细化，从曾巩记体文的分类、内容、特色和技法等方面进行了详细解读，或与其他古文家文章相比较，虽稍欠理论深度，却使曾巩记体文研究更加细化，亦值得肯定。

关于曾巩的序文，较早有周晓音对曾巩的目录序进行探讨（《浙江师范大学学报（社会科学版）》1989 年第 4 期），后又有陕西师范大学的魏耕原《曾巩书序考论》（《陕西师范大学学报（哲学社会科学版）》1998 年第 3 期）对曾巩的书序研究。魏文看到曾巩今存的 20 余篇书序的丰富内涵，认为可以从中获知曾巩交游信息及其史学意识和礼学观念。

学界对曾巩碑铭等类文章亦有关注。俞樟华《欧阳修、曾巩论墓志铭——古代传记理论研究之一》（《浙江师范大学学报》2000 年第 2 期）在与欧阳修比较的基础上对曾巩的墓志铭理论进行分析，包忠荣《曾巩墓志铭之特色及其价值》（《赣南师范学院学报》2005 年第 4 期）、喻进芳《论曾巩的墓志铭——兼与韩愈墓志铭比较》（《湖北社会科学》2008 年第 3 期）是较为少见的关于曾巩墓志铭的研究。郭亚磊《论曾巩的传记理论及传记创作》（硕士学位论文，浙江师范大学，2012 年）则以现代文体视角对曾巩文学中祭文、墓志铭、记、哀辞、碑铭等传记理论进行总结梳理，并与王安石、欧阳修传记创作进行比较，颇有可取之处。

（四）曾巩散文的比较与接受研究

学界对曾巩与欧阳修的比较研究较多，与王安石、三苏的比较也时有出现。最早为 1986 年王河《曾巩与王安石、欧阳修》（《曾巩研究论文集》），文章从曾巩与王安石、欧阳修的交游、曾王欧三人散文的艺术风格之比较两方面分析，认为曾巩“纡徐而不烦”，但与欧相比缺少主观的炽热情感，与王相比则缺乏所向披靡的斗争精神。王河认为这种差异是基于文学理论思想的不同。吴小林《欧曾王苏散文比较》（《文史哲》1988 年第 5

---

① 陶文鹏：《曾巩的生平与散文创作》，大连出版社 1998 年版。

期）将曾巩与欧阳修、王安石、苏氏三兄弟之文相比较则认为，宋代散文六大家的散文“文以明道”，强调文章联系社会现实的文学主张有共同特色。孟丽霞《曾巩散文在两宋的接受研究》（硕士学位论文，兰州大学，2010 年），喻进芳《明代唐宋派对曾巩的推尊》（《人文论谭》），邹书《明代唐宋派论曾巩散文》（硕士学位论文，福建师范大学，2014 年），刘珊珊、马茂军《曾巩接受研究》（《安康学院学报》2014 年第 2 期），薛俊芳《曾巩文学思想及其传播与接受》（硕士学位论文，海南师范大学，2013 年）大多涉及曾巩在两宋、明清的文学接受与评价，对曾巩对后世文学的影响有较为充分的认识。除了以上内容，亦有关于曾巩的儒学思想及哲学思想研究、经典散文的赏析、《隆平集》作者考辨等。总体而言，学界自 20 世纪 80 年代初以来，对曾巩散文的研究成果是较多的，研究范围也较为广泛。

四　曾巩诗歌、词的研究

曾巩的文学成就主要在于散文，这已是曾巩文学研究的定论，然而其诗歌亦不乏佳作。钱锺书先生曾评价说：“在唐宋八大家中，曾巩的诗歌远比苏洵父子好，绝句的风致更比王安石有过之而无不及。”① 20 世纪曾巩诗歌受到学术界关注，始于 1983 年 12 月在江西召开的曾巩逝世九百周年学术讨论会。刘扬忠、夏汉宁、曾子鲁等人在研讨会提交的文章中对曾巩诗歌的评价问题，曾巩诗歌的内容及艺术性分别进行了探讨。关于如何正确评价曾巩的诗歌，如何全面地看待曾巩的文学成就，此次会议进行了较为深入的探讨，出现了一批开拓性的成果。刘扬忠从诗歌发展的历史进程和诗文运动的过程评价曾巩诗歌的成就，认为曾巩诗才虽然的确相对地“短”于文才，但还是有相当成就的，其诗歌与宋诗先驱者重赋体、喜铺叙、散文化和议论化的特点具有一致性，曾巩看重诗歌裨补时政和泄导性情的功用力，主儒家诗教，标举“古诗”（即《诗经》）的传统，要求诗歌合于儒家之“理”，中于圣人的“法度”，抒发作为士大夫的作者们在现实生活中产生的“忧喜哀乐感激怨怼之情”。刘扬忠认为，从诗歌应根植社会现实、反映现实生活这一原理来看，曾巩这些主张还是有一定进步性和合理性的（《关于曾巩诗歌的评价问题》）。刘扬忠抛却古人所说“曾子固不能诗”的成见，将曾巩诗歌放在文学发展的现实情况及宋人对文学内部规律探索的进程下，认可曾巩对于诗歌写作的努力，对曾巩诗歌内容方面的现实意义及抒发的真情实感作了客观评价。

夏汉宁《曾巩诗歌内容初探》一文阐述了曾巩诗歌的关注现实、与朋友同僚之间的酬和、对家人故乡的思念三方面内容，认为“曾巩诗歌所表现的内容，远比其散文要广泛，而且有许多真情，在其散文中是难以见到的”②，这一观点在曾巩文学研究中是尤为值得注意的。吴显泉《曾巩诗词散论》（《青海师专学报》1989 年第 4 期）一文对曾巩的诗歌艺术特点进行总结，将曾巩诗歌风格总结为抨击时弊、直抒胸臆，寓情于景、即景抒怀，赋比兼采、虚实相生三个方面。李艳敏的《曾巩诗歌研究》（硕士学位论文，山东师范大学，2007 年）对曾巩诗歌的题材、内容及诗歌艺术特色、诗风的传承渊源等进行了较为详尽的分析，认为曾巩的诗歌超过了身后“江西诗派”的大多数诗人，扫荡了晚唐

---

① 钱锺书：《宋诗选注》，生活 · 读书 · 新知三联书店 2002 年版，第 63 页。
② 江西省文学艺术研究所编：《曾巩研究论文集》，江西人民出版社 1986 年版，第 209 页。

以来颓靡浮艳的诗风，对宋词的形成起到了促进作用。倪惠颖《论曾巩对韩愈诗歌的接受》（《中国韵文学刊》2006 年第 2 期）则对曾巩诗歌的艺术渊源进行分析、探寻。于广杰《曾巩尚意诗学思想及诗歌风貌》（《内蒙古大学学报（哲学社会科学版）》2014 年第 4 期）认为曾巩“尚意”的诗学思想植根于“六经”，以表现其醇儒的人格胸怀和修养践行境界为主要内容，其诗学思想为宋词的形成开辟了另一种道路。

前文所提李俊标《曾巩研究》对曾巩“不能作诗论”进行了理论溯源，对曾巩诗歌创作中师法前人（杜甫、李白）及自己的主动摸索、宋词的尝试等进行了分析，文末并附曾巩诗文考。喻进芳《论曾巩的文化品格与诗文创作》（博士学位论文，武汉大学，2008 年）对曾巩的诗学主张、诗歌内容和诗歌分期进行了较为详细的阐释，对其诗歌的艺术特点及缺陷作了较为深入的分析。这些文章都在曾巩诗歌研究中有所突破，是值得肯定的。而曾巩词仅有两首存世，因数量过少，难以总体把握曾巩词的艺术成就，学界多不关注。

五 曾巩家族、交游和师承关系研究

南丰县曾巩纪念馆在调查曾巩后裔资料时，于南丰县长岭村发现了《二源曾氏族谱》，文师华、包忠荣[①]对其中的部分佚文佚诗、曾巩祖上佚事、曾氏的世系和迁徙的考证进行了介绍，在现存的与曾巩研究紧密相关的《广昌甘竹赤溪渡曾氏族谱》《瑶（王甫）曾氏族谱》等族谱基础上对曾氏家族研究作了补充。汤江浩有《曾致尧母、妻、子考略——曾巩及其主要亲属行实考略》[②]《曾巩之祖父曾致尧考略——曾巩及其主要亲属行实考略之一》[③] 两篇文章，以曾巩祖父曾致尧为中心进行了家族考证。另有包忠荣《宋代南丰曾氏与文学》（硕士学位论文，南昌大学，2008 年），对曾氏家族中的文学创作进行了较为系统的关注，然广而浅。李俊标《曾巩研究》专有“南丰曾氏家族文学创作研究”一编，对曾布、曾肇等文学作品留存较多、较有文学价值的曾氏文学进行研究探讨，值得参看。

学界对曾巩、王安石二人交游的情况进行过探讨，基本观点都认为后期二人政见、性格差异造成了二人渐远，但王、曾二人并未断交。关于曾巩与他人的交游情况还有祁琛云《苏轼与曾巩兄弟交往关系考论——立足于进士同年关系的考察》（《井冈山学院学报》2009 年第 3 期）、詹亚园《赵抃与曾巩交游事实略考》（《浙江社会科学》2006 年第 3 期）等，这些文章对曾巩的交游情况作了有益补充，但学界对王回、王向、强至等人与曾巩交好的文人情况却关注不够。在师承关系研究方面，李才栋《曾巩师承关系考》（《抚州师专学报》2003 年第 1 期）认为，根据《盱江旧志》和罗伦、黄宗羲等人的观点，曾巩曾师事李觏于理可信。宋友贤《曾巩实系盱江门下高弟——故宫博物院藏南宋稿本提供新证》（《东华理工大学学报（社会科学版）》2010 年第 2 期）认为，故宫所藏为南宋理宗

---

① 文师华、包忠荣：《曾巩家族的〈二源曾氏族谱〉》，《文学遗产》2007 年第 5 期。

② 汤江浩：《曾致尧母、妻、子考略——曾巩及其主要亲属行实考略》，《福建师范大学学报（哲学社会科学版）》2002 年第 3 期。

③ 汤江浩：《曾巩之祖父曾致尧考略——曾巩及其主要亲属行实考略之一》，《华东师范大学学报（人文社会科学版）》2003 年第 1 期。

淳祐年间的刘汉弼撰写的《故中书舍人南丰先生曾公谥议》一文中有“盱江学舍诸生所以合词而有请也”之说，应为南丰曾师从李觏的力证。但曾巩集中所见资料及李觏《直讲李先生文集》都未明确说明这一师生关系，以上观点尚待进一步确证。

综上所述，学界关于曾巩研究的重要成果已于20世纪80年代初奠基。这一阶段的研究涵盖面广，视野宏阔，关于曾巩及其著述基本资料的整理、考辨等工作为后世曾巩研究奠定了扎实的基础，关于曾巩文学的解读、理论分析均较有深度，虽然有些思想分析限于时代原因显现一些“阶级”观点，有些文章的写作也显现为思想内容、艺术特色和文学价值等模式，但是总体而言对曾巩文学研究具有开创性的意义。21世纪以来随着基础研究的推进、方法及内容的细化，学界对曾巩的史学思想、政治思想、哲学思想、书法艺术及散文中的分体研究、艺术特色和理论命题都有涉及，这对曾巩研究无疑是锦上添花，对全面认识曾巩起到了推动作用。较为遗憾的是，曾巩文学研究依然存在着一些问题。一是理论价值不高的重复性研究成果多，近年来的一些研究在前人的基础上缺乏创新。二是目前的研究方向较为集中，目前的研究成果对曾巩散文中除序、记外的其他方面的关注远远不够，对曾巩骈文、诗歌的理论分析相对较少。三是在曾巩文学研究中，研究方法与视角上有待转变和突破。近年来有些研究者将文体学方面的研究方法用在曾巩文学研究中取得了不错的成果，但仍有很多值得探寻的研究思路。四是曾巩文学研究之初，有很多在学界有一定影响力的学者加入到这一研究队伍中，但在近一段时间以来，这些学者对曾巩的关注较少，甚至在宋代文学年会中都鲜能见到关于曾巩文学的研究探讨。每个时代的文学、每个文学大家的研究，都需要一个全面、合理的研究梯队才能取得更为丰硕的成果，在旧有成果的基础上，加以新的思路和方法，我们才能在曾巩的文学研究中有更多突破。

［原载《重庆文理学院学报（社会科学版）》2016年第1期］

辽宋西夏金元日常生活史研究概述*

王善军

20世纪以来，随着新史学的产生和社会史研究的开展，学术界有关辽宋西夏金元日常生活史的研究不断累积。尽管明确以日常生活为题的成果并不多见，但内容涉及生活史的某一方面，或主要以社会生活为研究对象的成果，百余年来已积累了相当数量。本文将这一学术历程划分为若干时段，并按论著所涉及的主要研究内容，分方面略加介绍，以期通过对该专题研究简史的梳理，昭示日常生活史研究的走向。

一

20世纪初期，随着新史学对群体历史的重视，社会史研究由此而起步。在20世纪前半期，伴随辽宋西夏金元社会史研究的开拓与发展，有关日常生活史的若干问题，陆续进入研究者的视野，被开辟为社会史研究的课题。

城市生活受到学者的较多关注，而且多侧重于都市生活。全汉昇《宋代都市的夜生活》① 比较全面地介绍了作为新生事物的夜生活，反映出经济发展和社会变革过程中日常生活的新动向。具体探讨北宋首都开封日常生活不同侧面的是徐嘉瑞《北宋汴京的民众生活及其艺术》② 和丛治湘《北宋汴京集市庙会概况》③ 等。相对而言，南宋首都杭州的日常生活更受学者关注。相关成果有全汉昇《南宋杭州的外来食料与食法》④、岑家梧《南宋之都市生活》⑤、张家驹《宋室南渡后的南方都市》⑥、孙正容《南宋时代临安都市生活考》⑦ 等。

与中国学者一样，不少日本学者也对宋代都市生活给予了特别关注。那波利贞《宋都汴京的繁华》⑧、曾我部静雄《开封与杭州》⑨ 介绍了开封和杭州的城市风貌、

---

* 本文系教育部人文社会科学重点研究基地重大项目（南开大学中国社会史研究中心）“辽宋西夏金元日常生活”（项目编号：13JJD770018）的阶段性成果。

① 全汉昇：《宋代都市的夜生活》，《食货》1934年第1卷第1期。

② 徐嘉瑞：《北宋汴京的民众生活及其艺术》，《语言文学专刊》1936年第1卷第1期。

③ 丛治湘：《北宋汴京集市庙会概况》，《工商半月刊》1945年第2期。

④ 全汉昇：《南宋杭州的外来食料与食法》，《食货》1935年第2卷第2期。

⑤ 岑家梧：《南宋之都市生活》，《现代史学》1934年第2卷第1、2期。

⑥ 张家驹：《宋室南渡后的南方都市》，《食货》1935年第1卷第10期。

⑦ 孙正容：《南宋时代临安都市生活考》，《文澜学报》1935年第1卷第1期。

⑧ ［日］那波利贞：《宋都汴京的繁华》，《历史与地理》1922年第10卷第5号。

⑨ ［日］曾我部静雄：《开封与杭州》《中国历史地理丛书》第7辑，富山书房1940年版。

传统节日等情况。[①] 加藤繁《宋代都市的发达》[②] 进一步涉及宋代城市的商业布局和生活。

乡村生活方面也出现了一定数量的成果。畜邻室主《南宋诗人眼中的农民痛苦》[③] 利用诗歌作品，对官租私债压迫下农民的痛苦状况和程度，进行了初步描绘。黄毓甲《宋元农村经济与农民生活》[④] 也主要从经济角度论述农民生活。乡村生活中的灾荒救济问题，受到较多关注。如华文煜《宋代之荒政》[⑤]、高迈《宋代的救济事业》[⑥]、徐益棠《宋代平时的社会救济行政》[⑦]、吴云瑞《宋代农荒豫防策——仓制(上、下)》[⑧] 等。

物质生活的研究除了在城市和乡村日常生活研究中较多涉及外，也有专门论述不同社会群体的成果出现。日本松井等《契丹人的衣食住》[⑨]、田村实造《论契丹族的服饰》[⑩]、鸟山喜一《金初女真人的生活状态》[⑪] 以及程溯洛《女真辫发考》[⑫] 等，从族群角度论及契丹族和女真族的生活。全汉昇《宋代女子职业与生计》[⑬]、钱华《宋代妇女服饰考》[⑭] 等，则从性别角度论述妇女的生活。

精神生活的研究，主要是关于辽代和宋代的成果，也涉及了若干个方面。辽代主要有日本松井等《契丹人的信仰》[⑮]、冯家昇《契丹祀天之俗与其宗教神话风俗之关系》[⑯] 以及日本鸟居龙藏《契丹之角抵》[⑰] 等。宋代方面则有王遵海《宋代士风》[⑱] 论述士大夫与风俗；林达祖《唐宋时代元宵看灯的盛况》[⑲]、子振《〈水浒传〉和宋代风习》[⑳] 涉及节日

---

① 梁建国：《日本学者关于宋代东京研究概况》，《中国史研究动态》2007年第4期。

② ［日］加藤繁：《宋代都市的发达》，载《桑原博士还历纪念东洋史论丛》，弘文堂书房1931年版；中文本，陈望道译，《新中华》1934年第2卷第21、22期。

③ ［日］畜邻室主：《南宋诗人眼中的农民痛苦》，《国闻周报》1931年第8卷第24期。

④ 黄毓甲：《宋元农村经济与农民生活》，《金陵学报》1939年第9卷第1、2期。

⑤ 华文煜：《宋代之荒政》，《经济统计季刊》1932年第1卷第4期。

⑥ 高迈：《宋代的救济事业》，《文化建设》1936年第2卷第12期。

⑦ 徐益棠：《宋代平时的社会救济行政》，《中国文化研究汇刊》1945年第5卷上。

⑧ 吴云瑞：《宋代农荒豫防策——仓制（上、下)》，《中央日报》1946年12月28日、1947年1月11日。

⑨ ［日］松井等：《契丹人的衣食住》，《满鲜地理历史研究报告》9，1922年。

⑩ ［日］田村实造：《论契丹族的服饰》，《考古学杂志》1943年第33卷第12号、1944年第34卷第7号。

⑪ ［日］鸟山喜一：《金初女真人的生活状态》，载《小田先生颂寿纪念朝鲜论集》，京城大坂屋号书店1934年版。

⑫ 程溯洛：《女真辫发考》，《史学集刊》1947年第5期。

⑬ 全汉昇：《宋代女子职业与生计》，《食货》1935年第1卷第9期。

⑭ 钱华：《宋代妇女服饰考》，《中国文学会集刊》1936年第3期。

⑮ ［日］松井等：《契丹人的信仰》，《满鲜地理历史研究报告》5，1918年。

⑯ 冯家昇：《契丹祀天之俗与其宗教神话风俗之关系》，《史学年报》1932年第1卷第4期。

⑰ ［日］鸟居龙藏：《契丹之角抵》，《燕京学报》1941年第29期。

⑱ 王遵海：《宋代士风》，《励学》1936年第6期。

⑲ 林达祖：《唐宋时代元宵看灯的盛况》，《论语》1937年第106期。

⑳ 子振：《〈水浒传〉和宋代风习》，《文潮月刊》1947年第3卷第5期。

风俗；烟桥《宋代的游艺》[①]、泽甫《两宋游艺述考》[②] 涉及游艺；张亮采《中国风俗史》[③] 将宋和辽金元列入由浮靡而趋敦朴的时代。

婚姻家庭生活的研究，美国魏特夫（Karl August Wittfogel）和冯家昇合著的《中国社会史：辽》[④] 一书，对辽代社会组织、经济生活、婚姻家庭等诸多方面进行了系统分析和详细论述，并提供了大量原始资料的译文，其实是首部用西方语言写成的中国王朝断代史。陈东原《中国妇女生活史》[⑤] 一书，对宋元时期也有较多的着墨。该书第六章为“宋代的妇女生活”，包括宋儒对于妇女的观念、社会对于离婚再嫁的态度、男性的处女嗜好之产生、第一个女性同情论者——袁采、冥婚、旷世女文人李清照；第七章为“元代的妇女生活”，包括元代的妇女生活、提倡贞节之极致、几个女教的圣人、“无才是德”一语之产生、罚良为娼与娼妓生活、“妻不如妾”与妾的情形、皇帝之蹂躏女子、处女的检查与“陈毯”。论文主要有初白《宋代婚俗零考》[⑥]、董家遵《唐宋时“七出”研究》[⑦]、陶希圣《十一至十四世纪的各种婚姻制度》[⑧]、日本岛田正郎《论辽代契丹人的婚姻状况》[⑨] 等。

二

20 世纪后半期的前半段，相当于 1949—1977 年，整体上看日常生活史的研究受到一定程度的忽视，但在中国大陆与海外学者之间具有明显的差异。大陆学者由于过于强调以马克思主义理论（特别是阶级斗争理论）指导历史研究，对日常生活史的研究基本处于停顿状态。港台学者则基本延续前期的研究理路，对日常生活史的研究给予了一定的关照。国外学者的成果中则产生了代表性的著作。

城市生活方面的突出研究成果是法国谢和耐（Jacques Gernet）的《蒙元入侵前夜的中国日常生活》[⑩] 一书。该书从中西文明的比较视野出发，试图解释南宋剧烈的社会变迁，对于当时的社会各个阶层的影响如何，民众如何看待这些外来的压力，中国社会变迁的内在动力是什么？书中首先考察了杭州城市的状况，如人口、交通、火灾等，然后考察了各个阶层的民众，比如官吏、军官、贵族、皇帝、商人、普通百姓、农民、娼妓等。接着考察了各个阶层的衣、食、住及他们日常生活中的生命周期、四时节令、消闲时光等方

① 烟桥：《宋代的游艺》，《珊瑚》1934 年第 4 卷第 7 期。

② 泽甫：《两宋游艺述考》，《东方文化》1942 年第 1 卷第 4、5 期。

③ 张亮采：《中国风俗史》，商务印书馆 1926 年版。

④ ［美］魏特夫（Karl August Wittfogel）、冯家昇：《中国社会史：辽》，美国哲学协会 1949 年版。

⑤ 陈东原：《中国妇女生活史》，商务印书馆 1937 年版。

⑥ 初白：《宋代婚俗零考》，《燕大月刊》1929 年第 5 卷第 3 期。

⑦ 董家遵：《唐宋时“七出”研究》，《文史汇刊》1935 年第 1 卷第 1 期。

⑧ 陶希圣：《十一至十四世纪的各种婚姻制度》，《食货》1935 年第 1 卷第 12 期、1936 年第 2 卷第 3 期。

⑨ ［日］岛田正郎：《论辽代契丹人的婚姻状况》，《史学杂志》1942 年第 53 卷第 9 号。

⑩ ［法］谢和耐（Jacques Gernet）：《蒙元入侵前夜的中国日常生活》，巴黎桦榭出版公司 1959 年版；中译本，马德程译名《南宋社会生活史》，台湾中国文化大学出版部 1982 年版；刘东译名《蒙元入侵前夜的中国日常生活》，江苏人民出版社 1995 年版。

面。在谢和耐揭示的杭州普通民众的生活图景中，可以看到南宋国家国库的空虚，农村当时的贫困和农民的不满，统治阶层内部的争斗。这些因素综合在一起，最终导致了中国社会内部的变迁，表现就是南宋社会的各个阶层普遍性的道德松弛。对于一个以道德立国的政权来说，道德的松弛必然涉及政权。[①] 庞德新《从话本及拟话本所见之宋代两京市民生活》[②]、王拾遗《酒楼——从水浒看宋元风俗》[③] 等成果，则从文学作品中发掘开封和杭州市民生活的若干面相。费海玑《南宋临安生活简介》《元代上都人的生活》[④] 则是专门介绍杭州和上都市民生活的论文。

乡村生活的研究，虽然专门性的成果并不多见，但有所涉及的成果却有若干。姚从吾《契丹人的捺钵生活与若干特殊习俗》[⑤]《辽朝契丹族的捺钵文化与军事组织、世选习惯、两元政治及游牧社会中的礼俗生活》[⑥]、林瑞翰《女真初起时期之寨居生活》[⑦] 分别涉及契丹族和女真族的乡村生活。劳延煊《金朝帝王季节性的游猎生活（上下）》[⑧]《元朝诸帝季节性的游猎生活》[⑨]《金元诸帝游猎生活的行帐》[⑩] 考述了金元帝王游猎的实况、地点、行帐等问题。王德毅《宋代灾荒的救济政策》[⑪]、袁国藩《金元之际江北之人民生活》[⑫] 则主要论及汉族民众在不同社会条件下的生活。

物质生活的研究也有一些值得珍视的成果。冯先铭《从文献看唐宋以来饮茶风尚及陶瓷茶具的演变》[⑬] 从考古学角度涉及了饮茶问题。王德毅《宋代的养老与慈幼》[⑭] 则对老年和幼年群体的物质生活有所讨论。德国傅海波《释金朝的酒》[⑮] 论及金朝的饮酒。费海玑《元人生活管窥》《元人生活疏证》[⑯] 主要利用法律史料探讨了元代的经济生活特别是家庭成员间的经济关系。

---

① 董敬畏：《一种日常生活史的视野——读〈蒙元入侵前夜的中国日常生活〉》，《中国图书评论》2011 年第 2 期。

② 庞德新：《从话本及拟话本所见之宋代两京市民生活》，龙门书局 1974 年版。

③ 王拾遗：《酒楼——从水浒看宋元风俗》，《光明日报》1954 年 8 月 8 日。

④ 费海玑：《南宋临安生活简介》，《大陆杂志》1959 年第 19 卷第 1 期；费海玑：《元代上都人的生活》，《大陆杂志》1959 年第 19 卷第 11 期。

⑤ 姚从吾：《契丹人的捺钵生活与若干特殊习俗》，《边疆文化论集》第 1 册，中华文化出版事业委员会 1954 年版。

⑥ 姚从吾：《辽朝契丹族的捺钵文化与军事组织、世选习惯、两元政治及游牧社会中的礼俗生活》，《中山学术文化集刊》1968 年第 1 期。

⑦ 林瑞翰：《女真初起时期之寨居生活》，《大陆杂志》1956 年第 12 卷第 11 期。

⑧ 劳延煊：《金朝帝王季节性的游猎生活（上下）》，《大陆杂志》1961 年第 23 卷第 11、12 期。

⑨ 劳延煊：《元朝诸帝季节性的游猎生活》，《大陆杂志》1963 年第 26 卷第 3 期。

⑩ 劳延煊：《金元诸帝游猎生活的行帐》，《大陆杂志》1963 年第 27 卷第 9 期。

⑪ 王德毅：《宋代灾荒的救济政策》，中国学术著作奖助委员会 1970 年版。

⑫ 袁国藩：《金元之际江北之人民生活》，《大陆杂志》1965 年第 30 卷第 5 期。

⑬ 冯先铭：《从文献看唐宋以来饮茶风尚及陶瓷茶具的演变》，《文物》1963 年第 1 期。

⑭ 王德毅：《宋代的养老与慈幼》，载《庆祝蒋慰堂先生七十荣庆论文集》，台湾学生书局 1968 年版。

⑮ ［德］傅海波：《释金朝的酒》，《中亚细亚研究》1974 年第 8 卷。

⑯ 费海玑：《元人生活管窥》，《大陆杂志》1961 年第 22 卷第 12 期；费海玑：《元人生活疏证》，1962 年第 24 卷第 8 期。

精神生活的研究，也是仅见若干篇论文积累。韩道诚对契丹礼俗进行了系列研究，发表《契丹礼俗考》[①]《契丹礼俗研究》[②]《契丹礼俗与汉化》[③] 等论文。吴晗《宋元以来老百姓的称呼》[④]、徐苹芳《宋元时代的火葬》[⑤]，则是大陆学者颇为难得的成果。徐玉虎《女真建都上京时期的风俗（上下）》[⑥]、韩国黄钟东《女真风俗考》[⑦] 均对金代女真风俗有所考证。

婚姻家庭方面，日本岛田正郎《再谈契丹族的婚姻》[⑧]《三论契丹族的婚姻》[⑨] 是在此前对契丹人婚姻初步探讨基础上的更为全面的论述。桑秀云《金室完颜氏婚制之试释》[⑩] 侧重探讨完颜氏一族的婚姻制度。袁国藩《十三世纪蒙人之婚姻制度及其有关问题》[⑪] 侧重论述蒙古婚姻习俗及与婚姻有关的重大事件。洪金富《元代汉人与非汉人通婚问题初探》[⑫] 通过对数百例的统计，说明元代汉人与非汉人通婚是极为普遍的现象。

三

20 世纪后半期的后半段，约相当于 1978—2000 年，随着大陆地区的学术研究回归“百家争鸣、百花齐放”的正常轨道与对外交流的逐步加强，生活史的研究日益受到学术界的重视。同时，港台学术界继续重视生活史的研究，国外学术界则因“汉学”的日益被重视而不断涌现生活史论著。

社会史研究领域的扩大是这一时期的显著特点，有关生活史的断代综合性著作随之不断涌现。宋德金《金代社会生活》[⑬] 是较早的一部专门著作，概括叙述了金代社会生活的各个层面，包括各阶级、阶层的社会地位和生活、衣食住行、婚丧礼俗、宗教信仰、伦理道德、文娱体育、岁时杂俗等，还考察了金代汉族与女真文化的相互影响和民族融合的历史趋势。王可宾《女真国俗》[⑭] 探讨辽金时期女真族的婚姻、家庭形态、社会习俗及一些具有民族特色的社会制度如氏族制、军事民主制、勃极烈制、猛安谋克制等。随后，人民出版社 1994 年出版了柯大课《中国宋辽金夏习俗史》、那木吉拉《中国元代习俗史》，叙述了岁时节令、物质生活、人生仪礼、社会组织、婚姻家庭、民间信仰、生产贸易、娱乐

---

① 韩道诚：《契丹礼俗考》，《幼狮学志》1958 年第 9 卷第 1 期。

② 韩道诚：《契丹礼俗研究》，《反攻》1968 年第 310 期。

③ 韩道诚：《契丹礼俗与汉化》，《“国立”编译馆馆刊》1972 年第 1 卷第 2 期。

④ 吴晗：《宋元以来老百姓的称呼》，《灯下集》，生活·读书·新知三联书店 1960 年版。

⑤ 徐苹芳：《宋元时代的火葬》，《文物参考资料》1956 年第 9 期。

⑥ 徐玉虎：《女真建都上京时期的风俗（上下）》，《大陆杂志》1954 年第 9 卷第 10 期。

⑦ ［韩］黄钟东：《女真风俗考》，《东西文化（启明大学）》1968 年第 2 期。

⑧ ［日］岛田正郎：《再谈契丹族的婚姻》，《法律论丛》1955 年第 29 卷第 2、3 号。

⑨ ［日］岛田正郎：《三论契丹族的婚姻》，《综合法学》1963 年第 55 号。

⑩ 桑秀云：《金室完颜氏婚制之试释》，《“中研院”历史语言研究所集刊》1969 年第 39 本上册。

⑪ 袁国藩：《十三世纪蒙人之婚姻制度及其有关问题》，《大陆杂志》1968 年第 41 卷第 10 期。

⑫ 洪金富：《元代汉人与非汉人通婚问题初探》，《食货月刊》1977 年第 6 卷第 12 期、第 7 卷第 1 期。

⑬ 宋德金：《金代社会生活》，陕西人民出版社 1988 年版。

⑭ 王可宾：《女真国俗》，吉林大学出版社 1988 年版。

等方面。中国社会科学出版社出版了史卫民《元代社会生活史》（1996 年）、朱瑞熙等《辽宋西夏金社会生活史》（1998 年），比较系统地论述了该时期的社会生活，具体分为饮食、服饰、居室、交通、妇女、婚姻、生育、丧葬、社会交谊、宗教信仰、鬼神崇拜、巫卜、文体娱乐、医疗保健、称谓、排行、避讳、押字、刺字文身、休假、语言文字、家族、节日、生态环境、民族分布等。林正秋《宋代生活风俗研究》[①] 对生活领域的各种风俗也作了论述，诸如饮食文化、社会风俗、保健养生、官民服饰、园林建筑、交通旅游、商贸娱乐、宫廷礼仪等。

除这些总论性著作外，更多的则是具体论述社会生活某一方面问题的论著。

（一）置生活史于空间范围的研究

1. 城市生活

宋代城市生活的研究最为丰富。日本伊原弘《中国中世纪纪行——宋代都市和都市生活》[②]《中国开封的生活和岁时——描绘宋代都市生活》[③] 等均是关于城市生活的专著。李春棠《坊墙倒塌以后——宋代城市生活长卷》[④] 立足于从商品经济的角度出发审视宋代城市生活的发展，提出了对宋代商业市场的新观点，认为商业市场的分工已较为复杂，分工水平远远超出了唐代以前的商业市场。其他专著主要有周宝珠《宋代东京研究》[⑤]、伊永文《宋代城市风情》[⑥] 和《宋代市民生活》[⑦] 等，也都从各个侧面展现了城市生活的丰富多彩。梁庚尧连续发表《南宋官户与士人的城居》[⑧]《南宋城居官户与士人的经济来源》[⑨] 等文，对官户和士人群体作了系列探讨；《南宋城市的公共卫生问题》[⑩] 对南宋城市的公共污染、环境恶化的情况及政府的解决办法作了详细的论述。吴涛《北宋东京的饮食生活》[⑪] 对东京的饮食生活作了概括：东京居民所食用的粮食有米、麦、粟、菽等；副食品有肉类、菜蔬、果类等；饮料主要有酒、茶、汤等。尤建国《宋代城市社会的享乐意识》[⑫] 考述了城市社会的享乐意识。

金代主要有景爱《金上京女真贵族的社会生活》[⑬] 一文，考察了上京城女真贵族的生

---

① 林正秋：《宋代生活风俗研究》，中国商业出版社 1997 年版。

② ［日］伊原弘：《中国中世纪纪行——宋代都市和都市生活》，中央公论社 1988 年版。

③ ［日］伊原弘：《中国开封的生活和岁时——描绘宋代都市生活》，山川出版社 1991 年版。

④ 李春棠：《坊墙倒塌以后——宋代城市生活长卷》，湖南出版社 1993 年版。

⑤ 周宝珠：《宋代东京研究》，河南大学出版社 1992 年版。

⑥ 伊永文：《宋代城市风情》，黑龙江人民出版社 1987 年版。

⑦ 伊永文：《宋代市民生活》，中国社会出版社 1999 年版。

⑧ 梁庚尧：《南宋官户与士人的城居》，《新史学》1990 年第 1 卷第 2 期。

⑨ 梁庚尧：《南宋城居官户与士人的经济来源》，《中国近世社会文化史论文集》，“中研院”史语所出版品编辑委员会 1992 年版。

⑩ 梁庚尧：《南宋城市的公共卫生问题》，《“中研院”历史语言研究所集刊》1999 年第 70 本第 1 分。

⑪ 吴涛：《北宋东京的饮食生活》，《史学月刊》1994 年第 2 期。

⑫ 尤建国：《宋代城市社会的享乐意识》，《天府新论》1993 年第 1 期。

⑬ 景爱：《金上京女真贵族的社会生活》，《学习与探索》1986 年第 3 期。

活，他还著有《金上京》[①] 一书。

系统考察元大都的宫廷生活、都市生活和社会风习的著作是陈高华《元大都》[②]。此后他又陆续发表《元大都的酒和社会生活探究》[③]《元大都的饮食生活》[④] 等文，对元大都的主食、副食以及饮料等各类饮食品种进行了探析，指出空前规模的多民族国家的统一，国内各民族、各地区间的经济文化联系与中外经济文化交流，以及元大都的地理环境，都对饮食结构发生了巨大影响。陈高华还和史卫民合著了《元上都》[⑤] 一书。

2. 乡村生活

乡村日常生活史的研究相对薄弱，相关的一些论著也多为经济生活方面。王成国《从契丹族俗看辽代经济生活》[⑥] 以习俗观察契丹的经济生活。佟柱臣《辽墓壁画所反映的契丹人生活》[⑦] 以壁画内容来佐证辽代文献中的四时捺钵、游牧弋猎、毡庐宴饮、车马出行、衣冠服饰、散乐、骨朵、四神门神等，认为壁画反映了契丹人的生活实态。席岫峰《略论辽代契丹人"畜牧""畋渔"生活方式及社会功能》[⑧] 指出，辽代契丹人"畜牧""畋渔"的生活方式，从形成的原初意义上说，是特定地理环境的产物；从文化的传承作用上看，是因袭了东胡族系的生活传统。刘素侠《从辽墓壁画看契丹人的社会生活》[⑨] 也属于同类的作品。贾丛江《西辽时期中亚契丹人的经济生活》和《西辽契丹人生活方式考辨》[⑩] 是仅有的关于西辽契丹人生活的论文。前文论述了契丹人的生产方式和衣食住行，认为西辽后期，大部分契丹人由畜牧经济转入定居农业，或半农半牧，或进入城市生活；但后文又考辨契丹人始终保持着游牧生活方式，并无部分契丹部民转入定居农业的情况发生，两文观点难免抵牾。傅宗文《宋代草市镇研究》[⑪] 探讨了草市镇形成的环境条件、两宋草市镇的发展情况以及市容、市政、市民、市场等问题，分析了其社会影响和时代局限。梁庚尧《豪横与长者：南宋官户与士人居乡的两种形象》[⑫] 考察了官户与士人的乡居生活及其表现出来的社会形象。日本周藤吉之《宋代乡村店的分布与发展》[⑬] 考察了宋代乡村店的基本情况。

---

① 景爱：《金上京》，生活·读书·新知三联书店1991年版。

② 陈高华：《元大都》，北京出版社1982年版。

③ 陈高华：《元大都的酒和社会生活探究》，《中央民族学院学报》1990年第4期。

④ 陈高华：《元大都的饮食生活》，《中国史研究》1991年第4期。

⑤ 陈高华、史卫民：《元上都》，吉林教育出版社1988年版。

⑥ 王成国：《从契丹族俗看辽代经济生活》，《社会科学辑刊》1987年第3期。

⑦ 佟柱臣：《辽墓壁画所反映的契丹人生活》，《辽金史论集》第5辑，文津出版社1991年版。

⑧ 席岫峰：《略论辽代契丹人"畜牧""畋渔"生活方式及社会功能》，《东北师大学报》1993年第2期。

⑨ 刘素侠：《从辽墓壁画看契丹人的社会生活》，《社会科学辑刊》1997年第3期。

⑩ 贾丛江：《西辽时期中亚契丹人的经济生活》《西辽契丹人生活方式考辨》，《西域研究》1994年第4期、1997年第4期。

⑪ 傅宗文：《宋代草市镇研究》，福建人民出版社1989年版。

⑫ 梁庚尧：《豪横与长者：南宋官户与士人居乡的两种形象》，《新史学》1993年第4卷第4期。

⑬ ［日］周藤吉之：《宋代乡村店的分布与发展》，《中国历史地理论丛》1997年第1期。

（二）置生活史于具体侧面的研究

1. 物质生活

涉及该时期物质生活各方面的总论性论文主要有武玉环《略论辽代契丹人的衣食住行》①、邓浩《从〈突厥语词典〉看喀喇汗王朝的物质文化》② 和宋德金《金代的衣食住行》③ 等文。但更多的成果是就物质生活的某一方面进行的研究。

服饰方面：周锡保《中国古代服饰史》④ 涉及该时期部分介绍较详，认为该时期商业发达，城市繁荣，人们对服饰的追求讲究多样化。李逸友《契丹的髡发习俗——从豪欠营辽墓契丹女尸的发式谈起》⑤ 谈及契丹人的髡发。朱筱新《契丹族的礼仪风俗与服饰》⑥ 涉及辽代的服饰。刘复生《宋代"衣服变古"及其时代特征——兼论"服妖"现象的社会意义》⑦ 认为，由于宋代被统治者得到了较前代为多的人身"自由"，表现在服饰上就是"风俗狂慢，变节易度"的"服妖"现象大量出现。吴旭霞《宋代的服饰与社会风气》⑧ 论述了宋代服饰与社会风气的关系。赵评春、迟本毅《金代服饰》⑨ 比较全面地论述了金代的服饰。

饮食方面：伊永文《辽金饮食生活漫述》⑩、陈晓莉《辽、金、夏代饮食考述》⑪ 概述了辽金西夏的饮食。程妮娜《辽代契丹族饮食习俗述略》⑫ 认为契丹族传统的饮食是食肉饮酪，建国后随着生产水平的提高，饮食的系列与品类随之由简至繁，但始终保持着本民族的特点。辽初契丹人的主食以肉为主，粮食为辅；中期以后，粮食在主食中的比重增大，但其嗜肉酪的习俗并没因此而改变。酒、茶的饮用较多；果品种类亦不少。张国庆《辽代契丹人饮食考述》⑬、《辽代契丹人的饮酒习俗》⑭ 也探讨了辽代契丹人的饮食特别是饮酒习俗。朱瑞熙《宋代的南食和北食》⑮ 论述了南食、北食各自的特点及其差别。伊永文《北宋"煎点汤茶药"》⑯ 对"点茶""煎点茶""汤药"作了解释，指出茶与汤药

---

① 武玉环：《略论辽代契丹人的衣食住行》，《北方文物》1991 年第 3 期。

② 邓浩：《从〈突厥语词典〉看喀喇汗王朝的物质文化》，《西北史地》1996 年第 4 期。

③ 宋德金：《金代的衣食住行》，《辽金史论集》第 3 辑，书目文献出版社 1987 年版。

④ 周锡保：《中国古代服饰史》，中国戏剧出版社 1984 年版。

⑤ 李逸友：《契丹的髡发习俗——从豪欠营辽墓契丹女尸的发式谈起》，《文物》1983 年第 9 期。

⑥ 朱筱新：《契丹族的礼仪风俗与服饰》，《文史知识》1991 年第 6 期。

⑦ 刘复生：《宋代"衣服变古"及其时代特征——兼论"服妖"现象的社会意义》，《中国史研究》1998 年第 2 期。

⑧ 吴旭霞：《宋代的服饰与社会风气》，《江汉论坛》1998 年第 3 期。

⑨ 赵评春、迟本毅：《金代服饰》，文物出版社 1998 年版。

⑩ 伊永文：《辽金饮食生活漫述》，《北方文化研究》第 2 集，黑龙江教育出版社 1989 年版。

⑪ 陈晓莉：《辽、金、夏代饮食考述》，《民俗研究》1995 年第 2 期。

⑫ 程妮娜：《辽代契丹族饮食习俗述略》，《博物馆研究》1991 年第 3 期。

⑬ 张国庆：《辽代契丹人饮食考述》，《中国社会经济史研究》1990 年第 1 期。

⑭ 张国庆：《辽代契丹人的饮酒习俗》，《黑龙江民族丛刊》1990 年第 1 期。

⑮ 朱瑞熙：《宋代的南食和北食》，《中国烹饪》1985 年第 11 期。

⑯ 伊永文：《北宋"煎点汤茶药"》，《农业考古》1991 年第 4 期。

的提神作用。赵葆寓《宋代的汴京李和北宋的糖炒栗子》[①]、王春瑜《宋人嘲淡酒》[②]、朱瑞熙《宋代的“排档”》[③] 则是对具体某一饮食习俗的探讨。陈伟明《唐宋饮食文化初探》[④]、《唐宋饮食文化发展史》[⑤] 主要涉及宋代饮食。戴建国《香料对宋代社会生活的影响》[⑥] 论述了香料对宋代社会生活的影响。日本中村乔《宋代的菜肴和食品》[⑦] 探讨了饮食生活中食的内容。苏冠文《西夏膳食述论》[⑧] 从膳食原料、炊具和食品加工方法、食品种类和餐具、饮料和饮具等方面考察，认为西夏膳食兼有游牧民族和农耕民族的特点。吴正格《金代女真族食俗窥略》[⑨] 简要探讨了女真族的食俗。李宾泓《金代上京地区女真人的饮食文化》[⑩] 指出，上京地区女真人食制经历了由两餐制向三餐制的过渡；他们的主食原料有麦、稻、粟、黍等；菜肴原料有6大类：鱼肉类、油脂类、蔬菜类、蛋乳类、瓜果类、调味类；面食逐渐占主要地位，且种类繁多；菜肴以肉食为主；饮料主要是酒和茶。陈高华《舍儿别与舍儿别赤的再探讨》[⑪] 考证了舍儿别的含义、词源，认为它是解渴用的饮料，以水果、药物或各种加蜜（或糖）煎熬而成；《元代饮茶习俗》[⑫] 专论饮茶。姚伟钧《〈饮膳正要〉与元代蒙古族饮食文化》[⑬] 论及蒙古族的饮食。

住房方面：陈晓莉《辽夏金代居住风俗》[⑭] 对北方各政权统治区的居住作了简要探讨。张国庆《辽代契丹人的“住所”论略》[⑮] 论述了游牧民族的住所。田中初《南宋临安房屋租赁述略》[⑯] 就临安房屋租赁的具体情况进行了论述。吴以宁《宋代消防制度述论》[⑰]、刘顺安《北宋东京旅馆的作用及特点》[⑱] 分别探讨了消防制度和城市旅馆问题。朱瑞熙《宋代的生活用具》[⑲] 指出，宋代家庭的用具出现显著变化，不仅表现在数量的增加，而且表现在质量的提高和品种的增多等方面。

交通方面：张国庆《辽代契丹人的交通工具考述》[⑳] 论述了契丹人的交通工具。朱家

---

① 赵葆寓：《宋代的汴京李和北宋的糖炒栗子》，《北京财贸学院学报》1982年第2期。
② 王春瑜：《宋人嘲淡酒》，《中国史研究》1993年第2期。
③ 朱瑞熙：《宋代的“排档”》，《中国烹饪》1998年第11期。
④ 陈伟明：《唐宋饮食文化初探》，中国商业出版社1993年版。
⑤ 陈伟明：《唐宋饮食文化发展史》，台湾学生书局1995年版。
⑥ 戴建国：《香料对宋代社会生活的影响》，《文史知识》2000年第4期。
⑦ ［日］中村乔：《宋代的菜肴和食品》，朋友书店2000年版。
⑧ 苏冠文：《西夏膳食述论》，《宁夏社会科学》1999年第2期。
⑨ 吴正格：《金代女真族食俗窥略》，《满族研究》1986年第3期。
⑩ 李宾泓：《金代上京地区女真人的饮食文化》，《北方文物》1991年第1期。
⑪ 陈高华：《舍儿别与舍儿别赤的再探讨》，《历史研究》1989年第2期。
⑫ 陈高华：《元代饮茶习俗》，《历史研究》1994年第1期。
⑬ 姚伟钧：《〈饮膳正要〉与元代蒙古族饮食文化》，《中国典籍与文化》1993年第2期。
⑭ 陈晓莉：《辽夏金代居住风俗》，《民俗研究》1995年第4期。
⑮ 张国庆：《辽代契丹人的“住所”论略》，《辽宁师范大学学报》1990年第5期。
⑯ 田中初：《南宋临安房屋租赁述略》，《史林》1994年第3期。
⑰ 吴以宁：《宋代消防制度述论》，《学术月刊》1996年第1期。
⑱ 刘顺安：《北宋东京旅馆的作用及特点》，《史学月刊》1996年第2期。
⑲ 朱瑞熙：《宋代的生活用具》，《上海师范大学学报》1996年第3期。
⑳ 张国庆：《辽代契丹人的交通工具考述》，《北方文物》1991年第1期。

源与何高济《从几幅宋画上的车谈宋代的陆路交通》[①] 对车运及其在交通中的使用情况作了考述。程民生《略述宋代陆路交通》[②] 也对陆路交通情况进行了论述。崔广彬《金代的交通及其管理》[③] 论述金代的交通状况及其管理制度。

医疗保健方面：朱建平《两宋时期的卫生保健》[④] 从清洁卫生、灭蚊除害、推广火葬、开办商业性浴室、饮食卫生、制定卫生法规等方面作了探讨，在饮食卫生方面尤其强调宋人饮用开水的习惯。

2. 精神生活

社会风气与习俗文化方面：韩国金在满《契丹岁时风俗考》[⑤] 考述了契丹族的岁时风俗。田广林《契丹礼俗考论》[⑥] 考述了契丹祭祀、婚姻、丧葬、捺钵、舆仗、饮食、游艺等礼俗。程民生《论宋代北方习俗特点》[⑦]、《论宋代南方习俗特点》[⑧] 认为宋代南北方习俗存在明显差别，习俗特点奠定了北方和南方文化的基础。雷家宏《宋初社会风气建设浅识》[⑨]、唐兆梅《力求撙节，不事繁侈——评宋初的清廉俭约之风》[⑩] 认为宋初的风气建设具有重要意义。黄时鉴《元代的礼俗》[⑪] 认为元代的祭祀、仪制、婚姻、丧葬和岁时节序等礼俗，一方面基本上是中国传统礼俗的继承和发展，另一方面又含有浓厚、鲜明的蒙古民族礼俗的因素。论述宋代岁时节令的专文，主要有朱瑞熙《宋代的节日》[⑫] 和刘春迎《北宋东京三大节日及其习俗》[⑬] 等。有关丧葬祭祀礼俗的概述性文章有陈述《谈辽金元"烧饭"之俗》[⑭]、宋德金《烧饭琐议》[⑮]、朱瑞熙《宋代的丧葬习俗》[⑯] 等。而火葬仍是讨论的重点，徐吉军《论宋代火葬的盛行及其原因》[⑰] 认为由于商品经济的发展给人们的意识观念和风俗习惯带来重大变化，传统的"入土为安"习俗发生动摇，从而使宋代成为中国历史上火葬最为盛行的时期。张邦炜、张敏《两宋火葬何以蔚然成风》[⑱] 则认为是地少人多、火葬卫生节省等原因，使火葬在两宋广泛实行。美国韩森（Valerie Hansen）

---

① 朱家源、何高济：《从几幅宋画上的车谈宋代的陆路交通》，《故宫博物院院刊》1981 年第 3 期。

② 程民生：《略述宋代陆路交通》，《暨南学报》1992 年第 3 期。

③ 崔广彬：《金代的交通及其管理》，《学术交流》1996 年第 6 期。

④ 朱建平：《两宋时期的卫生保健》，《上海中医药杂志》1994 年第 2 期。

⑤ [韩] 金在满：《契丹岁时风俗考》，《人文科学》9，成均馆大学人文科学研究所 1980 年版。

⑥ 田广林：《契丹礼俗考论》，哈尔滨出版社 1996 年版。

⑦ 程民生：《论宋代北方习俗特点》，《中州学刊》1996 年第 4 期。

⑧ 程民生：《论宋代南方习俗特点》，《中国历史地理论丛》1996 年第 1 期。

⑨ 雷家宏：《宋初社会风气建设浅识》，《河南大学学报》1988 年第 1 期。

⑩ 唐兆梅：《力求撙节，不事繁侈——评宋初的清廉俭约之风》，《福建论坛》1994 年第 2 期。

⑪ 黄时鉴：《元代的礼俗》，《元史及北方民族史研究集刊》1987 年第 11 辑。

⑫ 朱瑞熙：《宋代的节日》，《上海师范大学学报》1987 年第 3 期。

⑬ 刘春迎：《北宋东京三大节日及其习俗》，《史学月刊》1997 年第 1 期。

⑭ 陈述：《谈辽金元"烧饭"之俗》，《历史研究》1980 年第 5 期。

⑮ 宋德金：《烧饭琐议》，《中国史研究》1983 年第 2 期。

⑯ 朱瑞熙：《宋代的丧葬习俗》，《学术月刊》1997 年第 2 期。

⑰ 徐吉军：《论宋代火葬的盛行及其原因》，《中国史研究》1992 年第 3 期。

⑱ 张邦炜、张敏：《两宋火葬何以蔚然成风》，《四川师范大学学报》1995 年第 3 期。

《传统中国日常生活中的协商：中古契约研究》[①] 论述从唐至元时期官府、百姓、鬼神三者之间错综复杂的契约关系，力图从相关侧面展现社会关系的变迁。有关人生杂仪方面，朱瑞熙《宋代的避讳习俗》和《宋代官民的称谓》[②]、王曾瑜《略谈宋代的避讳、称呼和排行》[③]、陈高华《论元代的称谓习俗》[④] 概述了宋元人日常生活中的避讳、称谓和排行习俗。

文体娱乐方面：谷世权《试论辽金两代体育的民族文化特征》[⑤] 认为辽金的体育内容存在着注重民族传统、军事武艺和向中原先进民族学习与借鉴三种文化特征。郭康松《辽代娱乐文化之研究》[⑥] 列举了棋艺、击鞠、角抵、百戏、双陆、叶格戏、渔猎等文体活动，认为辽代的文体是中原传统农业文化和草原游牧文化和谐发展的结果。王瑞明《宋儒风采》[⑦] 从十几个方面进行了解剖，力图多层次、多角度地说明宋儒文化素养的高超、精神风貌的非凡和思想情趣的卓越。刘子健《南宋中叶马球衰落和文化的变迁》[⑧] 认为，儒臣们阻止宋孝宗及其太子击球，逐渐使马球从风尚降于恶习，趋于衰落。蒙古时代，马球消失。陈高华《宋元和明初的马球》[⑨] 则提出不同看法，认为南宋打马球不仅存在于军营之中，而且也在民间流行，元代马球更没有消失。施惠康《宋代的球鞠之戏》[⑩] 按照击球方式将宋代的球类运动分为用杖击球、以足踢球、用手拍球 3 类，并对其场地、比赛规则有所论述。张传玺《宋明时期的武术》[⑪]、王赛时《宋代的竞渡》[⑫] 分别叙述了武术和竞渡项目。宋东侠《宋代士大夫的狎妓风》[⑬] 论述了士大夫不健康的娱乐活动——狎妓。刘菊湘《西夏人的娱乐生活》[⑭] 认为，西夏人的娱乐活动主要有音乐、歌舞、骑射、相扑、狩猎、戏曲、饮酒、下棋等，境内汉乐、戏曲的盛行表明西夏文化是中原文化与党项、回鹘、吐蕃等民族文化共同作用的结果。

宗教生活方面：汪圣铎讨论了礼与佛道二教的相互关系，认为宋代礼法中有相当一部分内容带有佛道色彩或与佛道直接关联。[⑮] 关于佛道对民间习俗的影响，范荧《宋代民间

---

① ［美］韩森（Valerie Hansen）：《传统中国日常生活中的协商：中古契约研究》，耶鲁大学出版社 1995 年版；中文本，鲁西奇译，江苏人民出版社 2008 年版。

② 朱瑞熙：《宋代的避讳习俗》，《上海师范大学学报》1988 年第 4 期；朱瑞熙：《宋代官民的称谓》，《上海师范大学学报》1990 年第 3 期。

③ 王曾瑜：《略谈宋代的避讳、称呼和排行》，《文史知识》1983 年第 3 期。

④ 陈高华：《论元代的称谓习俗》，《浙江学刊》2000 年第 5 期。

⑤ 谷世权：《试论辽金两代体育的民族文化特征》，《体育科学》1992 年第 5 期。

⑥ 郭康松：《辽代娱乐文化之研究》，《北方文物》1995 年第 1 期。

⑦ 王瑞明：《宋儒风采》，岳麓书社 1997 年版。

⑧ 刘子健：《南宋中叶马球衰落和文化的变迁》，《历史研究》1980 年第 2 期。

⑨ 陈高华：《宋元和明初的马球》，《历史研究》1984 年第 4 期。

⑩ 施惠康：《宋代的球鞠之戏》，《西安体育学院学报》1989 年第 4 期。

⑪ 张传玺：《宋明时期的武术》，《中华武术》1990 年第 8 期。

⑫ 王赛时：《宋代的竞渡》，《成都体育学院学报》1991 年第 4 期。

⑬ 宋东侠：《宋代士大夫的狎妓风》，《史学月刊》1997 年第 4 期。

⑭ 刘菊湘：《西夏人的娱乐生活》，《宁夏社会科学》1999 年第 3 期。

⑮ 汪圣铎：《宋朝礼与佛教》，《学术月刊》1990 年第 5 期；汪圣铎：《宋朝礼与道教》，载《国际宋代文化研讨会论文集》，四川大学出版社 1991 年版。

信仰中的佛教因素》[1] 认为，随着佛教的广泛传播，给传统的民间信仰注入了外来因素。这一方面表现在许多佛教神被“中国化”后纳入民间神谱；另一方面则是产生了许多佛教因素影响下的民间信仰习俗，如功德坟寺、火葬、佛教节日、放生、素食等。

有关民间信仰，日本今井秀周《金代女真人的信仰——以祭天为中心》[2] 探讨了女真人的祭天习俗。程民生《神权与宋代社会——略论宋代祠庙》[3] 探讨了宋代祠庙和祠神崇拜习俗。李玉昆《试论宋元时期的祈风与祭海》[4] 探讨了宋元风神海神崇拜习俗。美国韩森《变迁之神——南宋时期的民间信仰》[5] 认为，12 世纪的中国人面对诸多神灵信仰，选择那些最为灵验有证的。佛、道、儒三教传统的信仰，并不能完全决定世俗信徒的神灵崇拜。大众宗教中的变化是伴随着 11—12 世纪的经济、社会及政治的变迁而出现的。沈宗宪《宋代民间的幽冥世界观》[6] 则从信仰角度探讨基层社会的精神生活。

3. 婚姻家庭及宗族生活

婚姻方面：向南、杨若薇《论契丹族的婚姻制度》[7] 认为契丹族是氏族外婚制、部落内婚制。席岫峰《关于契丹婚姻制度的商榷》[8] 认为契丹族人实行的是两姓直接交换婚制。程妮娜《契丹婚制婚俗探析》[9] 对契丹族的婚俗作了较全面的论述。张邦炜《婚姻与社会（宋代）》[10] 采取与唐代相比较的方法，较全面地论述了唐宋之际婚姻制度、婚姻习俗和婚姻观念的变化及其原因。在婚姻观念方面，张邦炜《试论宋代“婚姻不问阀阅”》[11] 指出，不问阀阅是宋代婚姻制度的一大特色。方建新《宋代婚姻论财》[12] 认为，“不顾门户，直求资财”是宋代婚姻一种值得注意的社会倾向。在婚姻礼仪方面，方建新《宋代婚姻礼俗考述》[13] 认为，宋代婚姻的礼仪，基本上均通过朱熹《家礼》记载的纳采、纳币、亲迎三个阶段。彭利芸《宋代婚俗研究》[14] 从一般婚俗、皇族婚姻、民间婚俗等方面，探讨了婚俗问题。史金波《西夏党项人的亲属称谓和婚姻》[15]、邓荣臻《金代女

---

① 范荧：《宋代民间信仰中的佛教因素》，载《宋史研究论文集》（1994 年年会编刊），河北大学出版社 1996 年版。

② ［日］今井秀周：《金代女真人的信仰——以祭天为中心》，载《森三树三郎博士颂寿纪念东洋学论集》，朋友书店 1979 年版。

③ 程民生：《神权与宋代社会——略论宋代祠庙》，载《宋史研究论文集》（1987 年年会编刊），河北教育出版社 1989 年版。

④ 李玉昆：《试论宋元时期的祈风与祭海》，《海交史研究》1983 年第 5 期。

⑤ ［美］韩森：《变迁之神——南宋时期的民间信仰》，普林斯顿大学出版社 1990 年版；中文本，包伟民译，浙江人民出版社 1999 年版。

⑥ 沈宗宪：《宋代民间的幽冥世界观》，商鼎文化出版社 1993 年版。

⑦ 向南、杨若薇：《论契丹族的婚姻制度》，《历史研究》1980 年第 5 期。

⑧ 席岫峰：《关于契丹婚姻制度的商榷》，《历史研究》1993 年第 2 期。

⑨ 程妮娜：《契丹婚制婚俗探析》，《社会科学战线》1992 年第 1 期。

⑩ 张邦炜：《婚姻与社会（宋代）》，四川人民出版社 1989 年版。

⑪ 张邦炜：《试论宋代“婚姻不问阀阅”》，《历史研究》1985 年第 6 期。

⑫ 方建新：《宋代婚姻论财》，《历史研究》1986 年第 3 期。

⑬ 方建新：《宋代婚姻礼俗考述》，《文史》1985 年第 24 辑。

⑭ 彭利芸：《宋代婚俗研究》，新文丰出版公司 1988 年版。

⑮ 史金波：《西夏党项人的亲属称谓和婚姻》，《民族研究》1992 年第 1 期。涉及党项人的婚姻习俗。

真族“妻后母”说考辨——兼论女真族宗族接续婚》① 对女真婚俗的收继婚作了考辨。都兴智《10—13 世纪蒙古人的婚俗特点》② 对蒙古人的婚姻制度和习俗作了探讨。

家庭方面：孟古托力《契丹族家庭探讨》③、韩世明《辽金女真家庭形态研究》④ 分别探讨了辽金时期契丹族和女真族的家庭生活。宋代则主要集中在家庭财产继承及家庭经济生活方面。郭东旭《宋代财产继承法初探》⑤、魏天安《宋代〈户绝条贯〉考》⑥ 等，均是财产继承方面的探讨。龙登高《略论宋代士大夫家庭的经济生活》⑦、《宋代的小农家庭与农村市场》⑧ 考察了士大夫家庭和小农家庭的经济生活。

家庭中的妇女和儿童群体也受到较多的关注。张邦炜《辽宋西夏金时期少数民族妇女的生活》⑨ 专论少数民族妇女群体的生活。美国伊佩霞（Patricia Ebrey）《内闱：宋代的婚姻和妇女生活》⑩ 对相关问题作了相当细致的数据统计和分析。刘静贞《不举子——宋人的生育问题》⑪ 从损子坏胎的报应传说、妇产医学、不举子的经济理由、亲子关系等方面，探讨了生育问题。张伟然《唐宋时期峡江女性的形象及日常生活》⑫ 将女性形象与日常生活相结合。游惠远《宋代民妇的角色与地位》⑬ 也是关于妇女的专著。周愚文《宋代儿童的生活与教育》⑭ 则专论儿童群体。

宗族方面：都兴智《辽代契丹人姓氏及其相关问题考探》⑮ 从耶律氏封爵多以漆水为郡望、萧氏封爵多以兰陵为郡望及辽朝契丹人自称是黄帝后裔这一史实进行考察，改汉姓为“刘”“萧”是辽朝绍周、汉继统思想的反映。席岫峰和宋志发《试析契丹族人的祖先崇拜活动》⑯ 认为在契丹人意识当中，天地、神、人（祖先）是互渗的，即他们祖先既是神，又与天地合而为一。王善军《宋代宗族和宗族制度研究》⑰ 既对宋代宗族制度的形成及时代特点、宗族谱牒、宗族公产、族规家法、宗族祭祀、族塾义学、宗桃继承等进行了较全面的论述，还对几种重要的宗族组织类型如同居共财大家庭、世家大族、强宗豪族、皇族等进行了具体的解剖。日本学者论文集《柳田节子先生古稀纪念论集——中国的传

① 邓荣臻：《金代女真族“妻后母”说考辨——兼论女真族宗族接续婚》，《北方文物》1990 年第 1 期。

② 都兴智：《10—13 世纪蒙古人的婚俗特点》，《辽宁师范大学学报》1989 年第 3 期。

③ 孟古托力：《契丹族家庭探讨》，《学习与探索》1994 年第 4 期。

④ 韩世明：《辽金女真家庭形态研究》，《史学集刊》1993 年第 2 期。

⑤ 郭东旭：《宋代财产继承法初探》，《河北大学学报》1986 年第 3 期。

⑥ 魏天安：《宋代〈户绝条贯〉考》，《中国经济史研究》1988 年第 3 期。

⑦ 龙登高：《略论宋代士大夫家庭的经济生活》，《史学月刊》1991 年第 4 期。

⑧ 龙登高：《宋代的小农家庭与农村市场》，《思想战线》1991 年第 6 期。

⑨ 张邦炜：《辽宋西夏金时期少数民族妇女的生活》，《四川师范大学学报》1999 年第 3 期。

⑩ ［美］伊佩霞（Patricia Ebrey）：《内闱：宋代的婚姻和妇女生活》，加利福尼亚大学出版社 1993 年版；中文本，胡志宏译，江苏人民出版社 2004 年版。

⑪ 刘静贞：《不举子——宋人的生育问题》，稻乡出版社 1998 年版。

⑫ 张伟然：《唐宋时期峡江女性的形象及日常生活》，《中国文化研究》1998 年第 2 期。

⑬ 游惠远：《宋代民妇的角色与地位》，新文丰出版公司 1998 年版。

⑭ 周愚文：《宋代儿童的生活与教育》，师大书苑有限公司 1996 年版。

⑮ 都兴智：《辽代契丹人姓氏及其相关问题考探》，《社会科学辑刊》2000 年第 5 期。

⑯ 席岫峰、宋志发：《试析契丹族人的祖先崇拜活动》，《社会科学辑刊》1994 年第 3 期。

⑰ 王善军：《宋代宗族和宗族制度研究》，河北教育出版社 2000 年版。

统社会与家族》①、《宋代的规范与习俗》② 对此也多有涉及。韩世明《女真姓氏及姓氏集团研究》③ 对女真姓氏演变作了探讨。冯继钦《金元时期契丹人姓名研究》④ 认为契丹人特定的姓氏和名字，反映了本民族特有的风俗习惯、时代风尚和伦理道德等，辽亡后契丹人姓名发生了重要变化。常建华《宋元时期徽州祠庙祭祖的形式及其变化》⑤ 认为宋元时期徽州宗族祭祖从依附或与地缘性社祭、宗教性寺观祭祖结合而逐渐分离并走向衰败，而独立性祠堂祭祖渐兴。

四

21 世纪对辽宋西夏金元日常生活史研究，在 20 世纪已取得成果的基础上，问题不断细化，传统的研究领域也不断与日常生活史视角相结合，取得的学术成果也日益丰富多彩。综合性著作如韩世明《辽金生活掠影》⑥，着重叙述契丹、女真族的社会生活状况，兼及其他的民族。韩国金渭显《契丹社会文化史论》⑦ 一书单列“生活习俗”为一篇，包括祭礼、仪礼等各种礼俗、狩猎习俗、服饰等。汪圣铎《宋代社会生活研究》⑧ 也涉及多个传统领域，如精神文化生活、官员等特殊群体生活、社会医疗卫生、教育、文化娱乐、经济生活等。

有关生活史的通史类编撰成果更为突出。如《中国风俗通史》辽金西夏卷（宋德金等著）、宋代卷（徐吉军等著）、元代卷（陈高华等著），内容涉及衣食住行、生育、婚姻、医疗保健、丧葬、生产、宗教信仰、岁时节日、游艺、交际、社会组织等。游彪等《中国民俗史·宋辽金元卷》全面论述了物质生产民俗、物质生活民俗、社会组织民俗、人生礼仪、岁时节日民俗、信仰民俗等。

（一）置生活史于空间范围的研究

1. 城市生活

日本久保田和男《宋代开封研究》⑨ 一书的第三部为“都市空间构造与首都住民生活”，考察了宋代开封城市的夜禁制、城市东部与西部功能的形成、宋代时法与开封的早晨等问题，展示了开封城市构造与市民生活的多样性。徐吉军《南宋临安社会生活》⑩ 一书包含饮食、服饰、住居、交通行旅、婚姻与生育、生日寿诞、丧葬、节日、

---

① 《柳田节子先生古稀记念论集——中国的传统社会与家族》，汲古书院 1993 年版。

② 《宋代的规范与习俗》，汲古书院 1995 年版。

③ 韩世明：《女真姓氏及姓氏集团研究》，载《辽金史论集》第 8 辑，吉林文史出版社 1994 年版。

④ 冯继钦：《金元时期契丹人姓名研究》，《黑龙江民族丛刊》1992 年第 4 期。

⑤ 常建华：《宋元时期徽州祠庙祭祖的形式及其变化》，《徽学》2000 年卷，安徽大学出版社 2001 年版。

⑥ 韩世明：《辽金生活掠影》，沈阳出版社 2002 年版。

⑦ ［韩］金渭显：《契丹社会文化史论》，景仁文化社 2004 年版。

⑧ 汪圣铎：《宋代社会生活研究》，人民出版社 2007 年版。

⑨ ［日］久保田和男：《宋代开封研究》，汲古书院 2007 年版；中文本，郭万平、董科译，上海人民出版社 2010 年版。

⑩ 徐吉军：《南宋临安社会生活》，杭州出版社 2011 年版。

体育竞技及文化娱乐等内容，分类相当细致。作者对不同社会阶层日常生活的差异进行了论述，体现出宋代都市生活的丰富多彩和等级性特征。成荫《日常生活视野下的唐宋都城变革——以节日游乐社会环境为中心》① 通过考察节日游乐社会环境主要因素的历史变迁、社会功能及历史意义，揭示出唐宋都城变革在日常生活领域中的某些表现及特征。王晓如《音乐与宋代城市生活》② 指出，音乐的平民化转向，使宋代城市生活更加引人注目。城市音乐活动丰富了市民的精神文化生活。梁建国《北宋东京的士人拜谒——兼论门生关系的生成》③ 考察了北宋东京的士人拜谒现象，进而探讨了拜谒活动所生成的三种门生关系。

2. 乡村生活

张国庆《辽代社会基层聚落组织及其功能考探》④ 认为辽代社会基层聚落组织的形成与存在具有地域和民族的双重特征，各类社会基层聚落组织发挥着各自行政、生产、军事及宗教等不同方面的功能。刁培俊《宋代的富民与乡村治理》⑤ 则论述了乡村富民在参与乡间基层社会的管理，尤其是在乡村税收、治安管理等方面的作用；《官治、民治规范下村民的“自在生活”——宋朝村民的生活世界初探》⑥ 通过对州县行政“官治”和乡役等体制下“民治”的考察，认为宋王朝权威以一种刚性形式向乡村渗透的趋势相当明显，来自王朝的柔性的教化理念也深入民心。村民们只能在这一网络控制下“自在生活”。谭景玉《宋代乡村组织研究》⑦ 比较全面地论述了乡村行政组织、乡村民间组织以及乡村组织与社会控制的关系。谷更有《宋代乡村户之生活水平析议》⑧ 认为，宋代经济取得了快速发展，但依然没有摆脱“普遍贫穷”的前现代社会的特征。其中乡村中户的生活水平一般能自给自足。其《宋代乡村户意识形态研究》⑨ 指出：由于五代时期的纷争，土地私有制的盛行，已使人们头脑中充满了利欲的观念，就乡村户而言，突出表现了“追末逐利，诚信孝悌朴素伦理逐渐势微”“富求贵，贫求贵”“重鬼神，轻法度”三种意识形态。李瑾明《南宋时期福建地区的农村市场和农民生活》⑩ 对福建地区的农民生活进行了论述。张文《宋朝社会救济研究》《宋朝民间慈善活动研究》⑪、郭文佳《宋代社会保障研

---

① 成荫：《日常生活视野下的唐宋都城变革——以节日游乐社会环境为中心》，《中国经济史研究》2009 年第 3 期。

② 王晓如：《音乐与宋代城市生活》，《西安文理学院学报》2012 年第 5 期。

③ 梁建国：《北宋东京的士人拜谒——兼论门生关系的生成》，《中国史研究》2008 年第 3 期。

④ 张国庆：《辽代社会基层聚落组织及其功能考探》，《中国史研究》2002 年第 2 期。

⑤ 刁培俊：《宋代的富民与乡村治理》，《河北学刊》2005 年第 2 期。

⑥ 刁培俊：《官治、民治规范下村民的“自在生活”——宋朝村民的生活世界初探》，《宋史研究论文集》（2012 年年会编刊），河南大学出版社 2014 年版。

⑦ 谭景玉：《宋代乡村组织研究》，山东大学出版社 2010 年版。

⑧ 谷更有：《宋代乡村户之生活水平析议》，《经济史丛论（一）》，中国经济出版社 2005 年版。

⑨ 谷更有：《宋代乡村户意识形态研究》，《思想战线》2003 年第 2 期。

⑩ 李瑾明：《南宋时期福建地区的农村市场和农民生活》，《宋史研究论丛》第 7 辑，河北大学出版社 2006 年版。

⑪ 张文：《宋朝社会救济研究》，西南师范大学出版社 2001 年版；张文：《宋朝民间慈善活动研究》，西南师范大学出版社 2005 年版。

究》[①] 等是探讨宋代社会保障的专著。张文《社区慈善：两宋民间慈善活动的空间结构》[②] 指出两宋民间慈善活动的空间结构特征呈现出两种不同类型：主要面向“熟人”的乡村社区慈善与主要面向“陌生人”的城市社区慈善。前者有开放性特征，后者具有封闭性特征。范立舟《元代白莲教的乡村生存及其与吃菜事魔和弥勒信仰的糅合》[③] 认为白莲教原本是一种平和的世俗化佛教，但在元代与当时乡村中广泛存在的吃菜事魔现象及弥勒信仰发生了深度的融会，最终成为古代中国各种反叛势力的渊薮。

（二）置生活史于具体侧面的研究

1. 物质生活

程民生《宋代物价研究》[④] 考证了宋代的土地、房屋、矿产、服饰、家畜、家禽、文房四宝以及日杂用品等的交换价格，显示了同一物品由于质量差别、地区差别、时代差别而显示不同价格的动态变化，说明宋代社会经济生活的复杂性。徐永斌《宋代文人的治生与商化》[⑤] 认为成名文人治生的手段主要是卖文或撰写碑铭，具有一定的商业化特点；下层文人则治生手段更加多样。费君清《南宋江湖诗人的谋生方式》[⑥] 指出江湖诗人的谋生方式和经济来源主要有干谒权贵、亲友周济、出卖诗文字画、教书授徒、代人撰述等。何辉《宋代消费史：消费与一个王朝的盛衰》[⑦]、叶烨《北宋文人的经济生活》[⑧] 等专著，也均是在关照宋代社会的前提下研究经济生活和经济关系。

服饰方面：王青煜《辽代服饰》[⑨] 介绍了服装、佩饰、化妆品以及发式等。王雪莉《宋代服饰制度研究》[⑩] 通过对宋代冕服、朝服、公服、胡服及奇装异服等方面的分析研究，提出宋代服饰文化四种创新模式，并据此说明宋代服饰保守论有失公正。孙昌盛《西夏服饰研究》[⑪] 分析了唐、宋、辽、金和吐蕃服饰对西夏的影响，论述了西夏的服饰制度和男女服饰的特点。顾韵芬等《金代女真族服饰文化的整合性发展》[⑫] 认为金代女真族服饰文化整合性发展具有不平衡性、跳跃性、渐进性和强势性等特性。

饮食方面：韩荣《有容乃大——辽宋金元时期饮食器具研究》[⑬] 是关于饮食器具的专著。张景明、马利清《契丹民族的饮食文化在礼俗中的反映》[⑭] 勾勒出契丹饮食文化的丰

---

① 郭文佳：《宋代社会保障研究》，新华出版社 2005 年版。

② 张文：《社区慈善：两宋民间慈善活动的空间结构》，《中国社会经济史研究》2005 年第 4 期。

③ 范立舟：《元代白莲教的乡村生存及其与吃菜事魔和弥勒信仰的糅合》，《宗教学研究》2013 年第 4 期。

④ 程民生：《宋代物价研究》，人民出版社 2008 年版。

⑤ 徐永斌：《宋代文人的治生与商化》，《社会科学辑刊》2005 年第 2 期。

⑥ 费君清：《南宋江湖诗人的谋生方式》，《文学遗产》2005 年第 6 期。

⑦ 何辉：《宋代消费史：消费与一个王朝的盛衰》，中华书局 2010 年版。

⑧ 叶烨：《北宋文人的经济生活》，百花洲文艺出版社 2008 年版。

⑨ 王青煜：《辽代服饰》，辽宁画报出版社 2002 年版。

⑩ 王雪莉：《宋代服饰制度研究》，杭州出版社 2007 年版。

⑪ 孙昌盛：《西夏服饰研究》，《民族研究》2001 年第 6 期。

⑫ 顾韵芬等：《金代女真族服饰文化的整合性发展》，《纺织学报》2008 年第 2 期。

⑬ 韩荣：《有容乃大——辽宋金元时期饮食器具研究》，江苏大学出版社 2011 年版。

⑭ 张景明、马利清：《契丹民族的饮食文化在礼俗中的反映》，《饮食文化研究》2004 年第 1 期。

富内涵，并详析其在婚姻、丧葬、祭祀等礼俗礼仪中的表现。刘朴兵《唐宋饮食文化比较研究》[①] 对唐宋两代的食品、饮品、饮食业、饮食习俗、饮食文化交流、饮食思想等进行了系统的比较，认为唐宋饮食文化有着许多显著的差异。沈冬梅《茶与宋代社会生活》[②] 论述茶与宋代社会生活诸层面的关系及特征，涉及宋代茶叶生产制造、茶饮技巧和茶具，日常生活中客来敬茶、婚礼用茶等茶习俗，以及茶与宋代宗教生活的相互关系。日本石田雅彦《“茶道”前史研究——宋代片茶文化完成到日本的茶道》[③] 涉及宋代的饮茶。崔广彬《金代女真人饮食习俗考》[④] 认为金代女真人据有中原后，其饮食发生了很大变化。夏宇旭《金代女真人食用蔬菜瓜果刍议》[⑤] 论述了金代女真人的野生蔬菜、种植蔬菜、储藏蔬菜以及秋白梨、桃李、石榴、樱桃、西瓜等各种水果。

住房方面：谭刚毅《两宋时期的中国民居与居住形态》[⑥] 总结了两宋及辽、金、西夏的住居形制、材料选择、构造技术和审美意向，勾勒出宋代民居的营建过程和仪式，阐释了两宋时期居住生活的变化及其影响。邵晓峰《中国宋代家具：研究与图像集成》[⑦] 通过对大量图像、文献史料与实物资料的总结、归纳，并以图、史、物互证，展现了丰富多彩的宋代家具世界。夏时华《宋代香药与平民生活》[⑧]《宋代上层社会生活中的香药消费》[⑨]《宋代平民社会生活中的香药消费述论》[⑩] 对香药与日常生活的关系作了系统研究，认为宋代平民在医疗、饮食、佩香、化妆、建筑、婚育仪式、宗教活动、节日习俗等日常生活中广泛使用香药。在上层社会生活中，香药消费表现出广泛多样性、奢侈性、雅致性、部分市场化等特点。广大平民在日常社会生活中香药消费兴盛，并表现出其消费的广泛性和多样性、市场化、生存性与享受性并存等特点。

交通方面：曹家齐《宋代交通管理制度研究》[⑪] 系统论述了交通制度的各个方面。王福鑫《宋代旅游研究》[⑫] 通过旅游的三个要素来探讨宋代的旅游文化，认为在宋代社会经济特别是商品经济发展的基础上，宋代的旅游也兴盛起来。

医疗保健方面：刘金柱《由黄庭坚〈宜州乙酉家乘〉对宋人沐浴观的考察》[⑬] 通过考察黄庭坚的日记《宜州乙酉家乘》，发现黄庭坚在生命结束前夕，仍能按照当时士人约定俗成的频率洗浴，由此可见其生活的规律、严谨，也可想见其社会意识之自觉。袁冬梅《宋代江南地区疫疾成因分析》[⑭] 将疫疾与日常生活方式如城市环境卫生、日常生活习惯、

---

① 刘朴兵：《唐宋饮食文化比较研究》，中国社会科学出版社 2010 年版。

② 沈冬梅：《茶与宋代社会生活》，中国社会科学出版社 2007 年版。

③ ［日］石田雅彦：《“茶道”前史研究——宋代片茶文化完成到日本的茶道》，雄山阁 2003 年版。

④ 崔广彬：《金代女真人饮食习俗考》，《学习与探索》2001 年第 2 期。

⑤ 夏宇旭：《金代女真人食用蔬菜瓜果刍议》，《满语研究》2013 年第 2 期。

⑥ 谭刚毅：《两宋时期的中国民居与居住形态》，东南大学出版社 2008 年版。

⑦ 邵晓峰：《中国宋代家具：研究与图像集成》，东南大学出版社 2010 年版。

⑧ 夏时华：《宋代香药与平民生活》，《淮北煤炭师范学院学报》2008 年第 5 期。

⑨ 夏时华：《宋代上层社会生活中的香药消费》，《云南社会科学》2010 年第 5 期。

⑩ 夏时华：《宋代平民社会生活中的香药消费述论》，《江西社会科学》2010 年第 12 期。

⑪ 曹家齐：《宋代交通管理制度研究》，河南大学出版社 2002 年版。

⑫ 王福鑫：《宋代旅游研究》，河北大学出版社 2007 年版。

⑬ 刘金柱：《由黄庭坚〈宜州乙酉家乘〉对宋人沐浴观的考察》，《河北大学学报》2006 年第 6 期。

⑭ 袁冬梅：《宋代江南地区疫疾成因分析》，《重庆工商大学学报》2007 年第 4 期。

丧葬习俗等联系在一起，说明一些大的疫疾的发生往往与日常生活中的细节有着密切的联系。姚海英《从洪迈〈夷坚志〉看宋代的医疗活动与民间行医群体》① 从医学的发展、巫医治病的存在、民间行医队伍的庞杂等方面展示了宋代医学的一些情况。朱德明《南宋时期浙江公共卫生治理及其卫生习俗》② 主要从环境卫生、饮水卫生、个人卫生、传统节日中的医药卫生习俗等方面讲述这一时期浙江的一些情况。

2. 精神生活

人际关系方面：陈戍国《中国礼制史・宋辽金夏卷》③ 从礼俗礼制角度透视宋辽金夏时期的人际关系。王曾瑜《辽宋西夏金的避讳、称谓和排行》④ 论述了辽宋西夏金时期的避讳、称谓和排行的基本情况及特点。程妮娜《辽金时期渤海族习俗研究》⑤ 认为渤海人长期与汉、契丹、女真诸族人杂居相处，社会风俗发生显著变异，形成了本族习俗与他族习俗杂糅共存的特征，一方面衣食住等物质习俗的变异十分活跃；另一方面恋爱婚嫁等习俗，却长期按照本族传统习俗发展变化，表现了独特的民俗风情。周扬波《宋代士绅结社研究》⑥ 和方健《北宋士人交游录》⑦ 等对士人群体的人际关系有所揭示。郭东旭《宋代民间法律生活研究》⑧ 对宋代民间社会中的各种法律现象进行了考察，包括宋代民众生活的社会环境和法律环境、民众法律地位和法定权利的变化、民间讼学之兴与好讼之风、民间财产纷争的各种表现形态、官府诫争息讼措施及民众在司法活动中的实际境遇。方燕《巫术与人生礼俗——以宋代为例》⑨ 指出尽管巫术掺杂了许多有悖礼制、荒谬和非理性的成分，却作为习俗融进了日常生活。游彪《建构和谐：宋儒理想状态的家庭邻里关系》⑩ 认为，宋朝士大夫逐渐形成了一套系统的"齐家"理念和"居家礼仪"，而单个的家庭又与宗族、邻里之间逐渐形成为既存在矛盾又利害与共的某种共同体；《"礼""俗"之际——宋代丧葬礼俗及其特征》⑪ 提出宋代士大夫阶层提倡实施规范的丧葬礼节与民间丧葬之"俗"共生共存，是宋代丧葬民俗的总体特征。秦大树《宋代丧葬习俗的变革及其社会意义》⑫ 比较了唐宋时期的丧葬制度与习俗，指出了诸多变化与社会政治、经济和文化变革的密切关联。日本平田茂树、远藤隆俊、冈元司《宋代社会的空间与交流》⑬ 在理解与地域社会相关史料的过程中，着眼于日常空间，该空间是多样的现实与意识相互关

---

① 姚海英：《从洪迈〈夷坚志〉看宋代的医疗活动与民间行医群体》，《贵州文史丛刊》2011 年第 1 期。

② 朱德明：《南宋时期浙江公共卫生治理及其卫生习俗》，《医学与社会》2005 年第 5 期。

③ 陈戍国：《中国礼制史・宋辽金夏卷》，湖南教育出版社 2001 年版。

④ 王曾瑜：《辽宋西夏金的避讳、称谓和排行》，《安徽师范大学学报》2005 年第 5 期。

⑤ 程妮娜：《辽金时期渤海族习俗研究》，《学习与探索》2001 年第 2 期。

⑥ 周扬波：《宋代士绅结社研究》，中华书局 2008 年版。

⑦ 方健：《北宋士人交游录》，上海书店出版社 2013 年版。

⑧ 郭东旭：《宋代民间法律生活研究》，人民出版社 2012 年版。

⑨ 方燕：《巫术与人生礼俗——以宋代为例》，《四川大学学报》2005 年第 3 期。

⑩ 游彪：《建构和谐：宋儒理想状态的家庭邻里关系》，《上海大学学报》2008 年第 1 期。

⑪ 游彪：《"礼""俗"之际——宋代丧葬礼俗及其特征》，《云南社会科学》2005 年第 1 期。

⑫ 秦大树：《宋代丧葬习俗的变革及其社会意义》，《唐研究》第 11 卷，2005 年。

⑬ ［日］平田茂树、［日］远藤隆俊、［日］冈元司：《宋代社会的空间与交流》，河南大学出版社 2008 年版。

联的具有流动性并带有复杂性质的“场”。萧启庆《元代多族士人网络中的师生关系》① 指出，师生关系为元代“多族士人圈”中具有重要意义的一环。由元初的汉族士人为师，蒙古、色目人为生，发展至出现蒙古人、色目人为师，汉族士人为生的变化，反映出汉文化传播的进展。虽然元代各族始终未能高度统合而达致长治久安，但其症结在于政治，而不在于社会与文化。李玲珑《论元代爱情剧中的民俗生活相》② 认为，元代爱情剧对民俗生活相的揭示和勾勒，是对民俗生活相的艺术概括和升华。

文体娱乐方面：王俊奇《宋代体育文化史》③ 从文化史视角对宋代体育的发展状况作了较详细的论述。郭学信《宋代士大夫生活世俗化探析》④ 指出，有宋一代，士大夫无论是在生活方式还是在行为习惯上，都表现出鲜明的世俗化文化性格，体现出注重世俗生活的体验和官能感受的追求与满足。潘立勇和陆庆祥《宋代士人的休闲之境——宋代士人日常生活哲学描述》⑤ 从日常生活哲学的角度分析士人群体，认为宋代士人日常生活哲学，突出表现在仕隐之间、政治出处的生存智慧和徜徉于林泉之乐、园林之境的休闲境趣。

宗教生活方面：张国庆《佛教文化与辽代社会》⑥ 较全面地考察了辽代佛教的发展状况，并论述了佛教对辽代政治、经济、文学、艺术、民俗等方面的影响。刘浦江《宋代宗教的世俗化与平民化》⑦ 认为，自唐末五代以后，佛、道二教均趋于世俗化和平民化。佛教的变化主要表现在唐代义学宗派的衰落和新禅宗的崛起，以及佛教前所未有的社会影响。道教的变化主要表现为神仙信仰的动摇、内丹术取代外丹术，以及南宋金元时期新道教的兴盛，道教从上层社会走向民间社会，民众道教成为主流。日本蜂屋邦夫《金代道教研究》⑧ 研究了全真教的开祖王重阳和他的弟子实际上的二祖马丹阳的生涯和教说，是一部研究全真教的著述。

关于民间信仰，贾二强《唐宋民间信仰》⑨ 以小说笔记为主要材料，对一些重要的民间信仰进行考证和复原，解释了日常生活中流行的若干重要观念。皮庆生《宋代民众祠神信仰研究》⑩ 以张王、祠赛社会、祈雨、祠神信仰传播、正祀与淫祀 5 个个案为例，将宋代民众祠神信仰置于唐宋社会变革的背景下，考察了祠神活动存在、演变的状况及其复杂的社会、政治与文化背景。刘祥光《宋代日常生活中的卜算与鬼怪》⑪ 认为，宋朝卜算成了“全民运动”，上至皇帝任命官员，下至一心想发财的百姓与埋首啃书的读书人，都要借助算命。“风水”一词于宋代也应运而生，居所与墓地都要看风水，宋代出版了许多

---

① 萧启庆：《元代多族士人网络中的师生关系》，《历史研究》2005 年第 1 期。

② 李玲珑：《论元代爱情剧中的民俗生活相》，《青海师范大学学报》2012 年第 2 期。

③ 王俊奇：《宋代体育文化史》，北京体育大学出版社 2009 年版。

④ 郭学信：《宋代士大夫生活世俗化探析》，《历史教学（高校版）》2007 年第 1 期。

⑤ 潘立勇、陆庆祥：《宋代士人的休闲之境——宋代士人日常生活哲学描述》，《哲学分析》2013 年第 1 期。

⑥ 张国庆：《佛教文化与辽代社会》，辽宁民族出版社 2011 年版。

⑦ 刘浦江：《宋代宗教的世俗化与平民化》，《中国史研究》2003 年第 2 期。

⑧ ［日］蜂屋邦夫：《金代道教研究》，钦伟刚译，中国社会科学出版社 2007 年版。

⑨ 贾二强：《唐宋民间信仰》，福建人民出版社 2002 年版。

⑩ 皮庆生：《宋代民众祠神信仰研究》，上海古籍出版社 2008 年版。

⑪ 刘祥光：《宋代日常生活中的卜算与鬼怪》，政大出版社 2013 年版。

算命、风水书籍，让人可以自学卜算。鬼魂也常出现在宋人的日常生活中。美国韩明士（Robert Hymes）《道与庶道：宋代以来的道教、民间信仰和神灵模式》[①] 提出了关于中国人的神祇象征和人神关系象征的两种模式：其一是官僚模式，神祇如同官员，神祇和信众都是一个更大的组织机构中的一部分；其二是个人模式，神祇是“异人”，神灵和信众之间的关系独立于外在权威，扎根于本地，并且围绕神祇的固有神力而非外在委托的力量建构其模式。其他还有王章伟《在国家与社会之间——宋代巫觋信仰研究》[②]《文明世界的魔法师——宋代的巫觋与巫术》[③]、李小红《宋代社会中的巫觋研究》[④] 等专著。陈曦《宋代荆湖北路的水神信仰与生态环境》[⑤] 分析了宋代荆湖北路水神崇拜的对象、水神庙址的分布特点与职能，探讨了水神信仰所体现出的本区人地关系尤其是人与水环境之间关系的基本特征。

3. 婚姻家庭及宗族生活

婚姻方面：邵方《西夏党项社会的族际婚》[⑥]、王晓清《元代社会婚姻形态》[⑦] 讨论了西夏、元代的婚姻形态特别是不同民族间的通婚。林雅琴《西夏人的婚姻与丧葬》[⑧] 认为党项族的婚姻形态早期流行群婚制度。迁入西北以后，随着社会生产的不断发展和汉族婚姻文化的日益侵染，发生了很大的变化。徐适端《元代平民妇女婚姻生活考》[⑨] 认为，北方游牧民族论财购妻和收继婚俗使汉族平民妇女成了婚姻双方家庭的经济筹码。封建传统女性观、婚姻观的长期积淀强化了妇女自身的依附意识，使女性自觉不自觉地兼充着可悲的受害施暴双重角色。

家庭方面：邢铁《中国家庭史·辽宋金元卷》[⑩] 是全面探讨家庭史的首部通史类著作。邢铁还著有《宋代家庭研究》[⑪] 一书。柳立言《宋代的家庭和法律》[⑫] 涉及家庭与法律问题。张本顺《宋代家产争讼及解纷》[⑬] 论述了宋代家庭、家族成员之间财产利益纷争的状况和法律生活。邵方《西夏家庭研究》[⑭] 探讨了西夏的家庭。

妇女群体受到广泛关注，取得了丰硕的成果。《中国妇女通史》宋代卷（方建新、徐吉军著）和辽金西夏卷（张国庆、韩志远、史金波著）[⑮] 是全面论述妇女群体的著作。其

---

① ［美］韩明士（Robert Hymes）：《道与庶道：宋代以来的道教、民间信仰和神灵模式》，加利福尼亚大学出版社 2002 年版；中文本，皮庆生译，江苏人民出版社 2007 年版。

② 王章伟：《在国家与社会之间——宋代巫觋信仰研究》，香港中华书局 2005 年版。

③ 王章伟：《文明世界的魔法师——宋代的巫觋与巫术》，三民书局 2006 年版。

④ 李小红：《宋代社会中的巫觋研究》，光明日报出版社 2012 年版。

⑤ 陈曦：《宋代荆湖北路的水神信仰与生态环境》，《湖北社会科学》2009 年第 9 期。

⑥ 邵方：《西夏党项社会的族际婚》，《西北民族研究》2004 年第 3 期。

⑦ 王晓清：《元代社会婚姻形态》，武汉出版社 2005 年版。

⑧ 林雅琴：《西夏人的婚姻与丧葬》，《宁夏社会科学》2010 年第 6 期。

⑨ 徐适端：《元代平民妇女婚姻生活考》，《西南师范大学学报》2003 年第 2 期。

⑩ 邢铁：《中国家庭史·辽宋金元卷》，广东人民出版社 2007 年版。

⑪ 邢铁：《宋代家庭研究》，上海人民出版社 2005 年版。

⑫ 柳立言：《宋代的家庭和法律》，上海古籍出版社 2008 年版。

⑬ 张本顺：《宋代家产争讼及解纷》，商务印书馆 2013 年版。

⑭ 邵方：《西夏家庭研究》，《西北民族研究》2001 年第 4 期。

⑮ 《中国妇女通史》，杭州出版社 2011 年版。

他专著有刘芳如《从绘本与文本的参照探索宋代几项女性议题》①、方燕《巫文化视域下的宋代女性——立足于女性生育、疾病的考察》②、铁爱花《宋代士人阶层女性研究》③等。另有邓小南主编《唐宋女性与社会》④ 论文集。日本柳田节子《宋代庶民的妇女们》⑤ 则专论社会中下层的妇女。美国费侠莉《繁盛之阴：中国医学史中的性（960—1665）》⑥ 有两章内容专论宋代妇科的发展和宋代医学中的怀孕和分娩。韩国崔碧茹《宋代女性的经济活动：以地产买卖与契约为中心》⑦ 指出，宋代私人土地买卖发展以及对契约的重视，给当时女性的地产买卖活动提供了良好环境，并以寡妻和寡母为例，分析了宋代官方和社会对这两种不同身份女性在家庭财政处分权方面的不同要求。战秀梅《宋代妇女经济活动探析》⑧ 认为在实际生活中，宋代各个阶层的妇女都参加经济活动。陈高华《元代女性的文化生活》⑨ 以元代女性的文化生活为研究对象，主要探讨了元代女性的教育、诗词散曲和书画艺术、舞台表演艺术、游戏等方面内容。

宗族方面：总论性专著有陶晋生《北宋士族——家族·婚姻·生活》⑩、黄宽重《宋代的家族与社会》⑪ 等；区域性专著有朱开宇《科举社会、地域秩序与宗族发展——宋明间的徽州，1100—1644》⑫；论文集有张邦炜《宋代婚姻家族史论》⑬，邹重华和粟品孝主编《宋代四川家族与学术论集》⑭，日本井上徹和远藤隆俊编《宋—明宗族的研究》⑮ 等。远藤隆俊《宋元宗族的坟墓和祠堂》⑯ 以苏州范氏为中心，从宋代士大夫的社会问题，特别是家族、宗族的侧面，论述了坟墓的分布和迁居，坟墓的择地和风水、阶层、夫妇合葬，坟寺和祖先祭祀，以及祠堂的管理、运营等问题。王善军《宋代世家大族消费述论》⑰ 认为，宋代世家大族的消费大体可分为生存性消费、享乐性消费、发展性消费和公

---

① 刘芳如：《从绘本与文本的参照探索宋代几项女性议题》，文史哲出版社 2005 年版。

② 方燕：《巫文化视域下的宋代女性——立足于女性生育、疾病的考察》，中华书局 2008 年版。

③ 铁爱花：《宋代士人阶层女性研究》，人民出版社 2011 年版。

④ 邓小南主编：《唐宋女性与社会》，上海辞书出版社 2003 年版。

⑤ ［日］柳田节子：《宋代庶民的妇女们》，汲古书院 2003 年版。

⑥ ［美］费侠莉：《繁盛之阴：中国医学史中的性（960—1665）》，甄橙等译，江苏人民出版社 2006 年版。

⑦ ［韩］崔碧茹：《宋代女性的经济活动：以地产买卖与契约为中心》，《中国经济史研究》2010 年第 3 期。

⑧ 战秀梅：《宋代妇女经济活动探析》，《中国社会经济史研究》2010 年第 1 期。

⑨ 陈高华：《元代女性的文化生活》，《暨南史学》第 5 辑，暨南大学出版社 2007 年版。

⑩ 陶晋生：《北宋士族——家族·婚姻·生活》，"中研院"历史语言研究所 2001 年版。

⑪ 黄宽重：《宋代的家族与社会》，东大图书股份有限公司 2006 年版；国家图书馆出版社 2009 年版。

⑫ 朱开宇：《科举社会、地域秩序与宗族发展——宋明间的徽州，1100—1644》，台湾大学出版委员会 2006 年版。

⑬ 张邦炜：《宋代婚姻家族史论》，人民出版社 2003 年版。

⑭ 邹重华、粟品孝主编：《宋代四川家族与学术论集》，四川大学出版社 2005 年版。

⑮ ［日］井上徹、［日］远藤隆俊编：《宋—明宗族的研究》，汲古书院 2005 年版。

⑯ ［日］远藤隆俊：《宋元宗族的坟墓和祠堂》，《中国社会历史评论》2008 年第 9 卷。

⑰ 王善军：《宋代世家大族消费述论》，《社会科学战线》2008 年第 7 期。

益性消费四种类型。陆敏珍《宋代家礼与儒家日常生活的重构》① 通过家礼探讨宋代儒家日常生活问题。杜建录《论党项宗族》② 认为宗族以血缘关系为纽带，派生出许多支系，一个强宗大族往往包括若干个乃至数十个中小家族。宗族首先是一个军事实体，同时还是一个经济实体。杨茂盛《试论女真人的宗族文化》③ 认为长期以宗族谋克为本位的女真社会，形成了浓厚的宗族文化，并渗透到女真社会的各个方面。陈瑞《元代徽州的宗族建设》④ 认为元代徽州的宗族建设主要体现在族谱编纂、祠堂建设、祖茔建设、族田设置、宗族内部管理等方面。

五

综合上述可以看出，以往有关辽宋西夏金元生活史的研究，已经取得相当丰富的成果，但也存在明显不足。以往成果要么在宏大框架下热衷于描述生活现象，要么过分专注于具体生活事项的考索和叙述，而对日常生活方式所昭示的社会结构及其变迁缺乏全面认识。传统框架下对生活现象的描述，呈现出社会生活的若干功能和历史发展的丰富性。但是，对日常生活中的各种关系特别是个人与个人的关系，个人与群体的关系，以及人与自然的关系，还未能给予充分的重视。有些以社会生活为研究内容的著作，在大量借用其他社会科学特别是社会学的理论和概念时，套用痕迹不时显露，史料运用具有例证的倾向，既难以得出规律性的认识，又未能彰显出日常生活史生动与深刻的特性。

对具体生活事项的考索和叙述，揭示出越来越多的历史事实，并能在这些事实基础上得出越来越深刻的认识。只是以下两点颇值得注意，一是社会史的研究绝不能像有人担心的那样走向琐碎和庸俗，而应当为历史学带来新的生机，要尽量避免完全新闻报道式的论文写作。二是如果过度使用以小见大的方法，正像近年有些论著所显示的那样，往往会拔高细微问题所具有的社会缩影意义，从而使史学研究出现失真现象。因而，在今后的辽宋西夏金元社会史研究实践中，多从日常生活史的角度，逐渐形成相对规范的范畴和方法，对相关问题进行深入研究，可说是十分必要的。

（原载《中国社会历史评论》2016 年 00 期）

① 陆敏珍：《宋代家礼与儒家日常生活的重构》，《文史》2013 年第 4 辑。

② 杜建录：《论党项宗族》，《民族研究》2001 年第 4 期。

③ 杨茂盛：《试论女真人的宗族文化》，《北方文物》2001 年第 1、2 期。

④ 陈瑞：《元代徽州的宗族建设》，《安徽师范大学学报》2009 年第 2 期。

近三百年来西方学者眼中的王安石

张呈忠

引　论

在中国一个流传甚久的说法是“革命导师”列宁曾经盛赞王安石是“中国十一世纪的改革家”。一些学者已经指出这个所谓的权威评价其实是一个误解。① 这个误解包含两个层次：一是列宁对王安石的认识是错误的；二是列宁并无称赞王安石之意。

这句话的背景是1906年普列汉诺夫和列宁关于俄国土地国有化之争。肯定土地国有制的列宁认为土地国有是通往社会主义的必由之路，而在普列汉诺夫看来实行土地国有制就是退回到东方专制制度。② 普列汉诺夫援引埃利泽·邵可侣《新世界地理》第七卷里中国的“社会主义者”王安石的事例来警告列宁，他说：“1069年，当时中国神宗皇帝的朋友和大臣王安石颁布了废除私有制的法令。由于这道命令，国家变成了唯一的所有者，掌握了一切产品的分配权，而这些产品的生产则应当由国家的官吏来管理。”③ 普列汉诺夫还将列宁称为“俄国的王安石”予以抨击。④ 列宁对此的回应是：“普列汉诺夫同志……警告俄国不要重蹈王安石的覆辙（王安石是中国十一世纪时的改革家，实行土地国有未遂），并力图证明，农民的土地国有思想，按其根源来说是反动的。这种论据的牵强性是一目了然的。……如果能够把二十世纪的俄国和十一世纪的中国相比较的话，那末我们同普列汉诺夫大概既不必谈农民运动的革命民主主义性质，也不必谈俄国的资本主义了。”⑤ 列宁认为用王安石的事例来证明20世纪俄国不应进行土地国有化的变革是非常牵强的，二者背景不同，性质也完全不同。

很明显，普列汉诺夫和列宁关于王安石的论述都是错误的，王安石并没有推行土地国有改革的政策，自然也不会出现土地国有未遂的结果。普列汉诺夫的知识来源是埃利泽·邵可侣，即法国地理学家、无政府主义者 Élisée Reclus（1830—1905，又译作雷克吕），其著作《新世界地理》（*Nouvelle Géographie Universelle*）第7卷于1882年在巴黎出版。那

---

① 郭值京：《应正确理解列宁关于土地问题（涉及王安石）的一个脚注》，《马克思主义研究资料》1987年第3辑；李存山：《关于列宁评价王安石的一个误引》，《光明日报》2004年8月10日。

② 关于普列汉诺夫与列宁思想冲突的背景与实质，参看秦晖《传统十论——本土社会的制度、文化及其变革》，复旦大学出版社2003年版，第349—361页。

③ ［俄］普列汉诺夫：《论俄国土地问题》，《普列汉诺夫机会主义文选（1903—1908年）》（上），虞容译，生活·读书·新知三联书店1964年版，第299—301页。

④ 高放、高敬增：《普列汉诺夫与中国》，《湖北大学学报（哲学社会科学版）》1985年第6期。

⑤ 列宁：《修改工人政党的土地纲领》，《列宁全集》第12卷，人民出版社1987年版，第226页。

么，邵可侣关于王安石的知识来自何处呢？

从探求这一问题的答案出发，本文拟就西方学者对王安石看法的来龙去脉作一简单梳理，考察的时间起自18世纪，下限至2000年。

一　18、19世纪欧洲人眼中的王安石

根据宾夕法尼亚大学教授刘易斯·A. 马弗里克（Lewis A. Maverick）的研究，第一个将王安石介绍到欧洲的是法国巴黎的耶稣会士、汉学家杜赫德（Du Halde，1674—1743）。[①] 1735年杜赫德在巴黎出版的《中华帝国全志》是18世纪西方人关于中国各种知识的主要来源之一，该书也被誉为18世纪三大汉学著作之一。[②] 其第一卷对中国历史的介绍中，提及了王安石与富弼关于天变的著名争论，王安石主张天变不足畏，富弼则否定了他的说法，接下来杜赫德说："备受崇敬的司马光坚定地反对这位鲁莽而诡诈的大臣的一切措施。"[③] 据当代法国汉学家蓝莉的考证，此处记载可能来源自明代袁黄的《历史纲鉴补》，而杜赫德对王安石的态度与他自己的立场以及当时法国思想界所关注的中国无神论问题紧密相关。[④] 另外，《中华帝国全志》第2卷收录了译自《御选古文渊鉴》的文章，其中包括王安石的《上时政疏》和《复仇解》，也包括两篇著名的批评王安石及其新法的文章——苏洵的《辩奸论》和郑侠的《论新法进流民图》。[⑤] 前者指责王安石为奸臣小人，后者批评新法导致流民失所。在杜赫德的书中王安石的形象是非常负面的。

其后，法国汉学家冯秉正（De Mailla，1669—1748）在其所著译的《中国通史》第8卷、德经（De Guignes，1721—1800）等人所编纂的《中国杂纂》第10卷中都有关于王安石的记载。他们都是以王安石的反对者所留下的材料作为依据来记述的。[⑥] 1829年法国第一位汉学教授雷慕沙（Abel-Rémusat，1788—1832）在关于司马光的论文中顺带介绍了王安石的事迹和王安石与司马光的争论。[⑦] 他对司马光明显地持赞扬态度。可以说从杜赫德到雷慕沙都带有明显的"尊马抑王"倾向。

到19世纪中叶古伯察对王安石的描述改变了这一倾向。法国传教士古伯察（Evariste Régis Huc，1813—1860）于1844年至1846年在中国长途旅行，1854年在巴黎出版了《中华帝国纪行》。在该书中，古伯察提出了王安石是一个社会主义者的观点。他认为王安石主张政府应把帝国所有的资源收归国有，成为唯一的主人和老板；政府应全权管理商业、工业和农业，帮助劳动阶层，以防他们被有钱人榨干挤净；在土地政策上国家应是土地唯一的所有者。他将王安石的主张和当时法国的社会主义思潮等同起来，"那些使得法国大众为之狂热，被看作人类理性进步之崇高结果的社会理论，大部分不过是天朝许多年

---

① Lewis A. Maverick, "Review", *Eastern Quarterly*, Vol. 1, No. 1, Nov. 1941.

② 参看许光华《法国汉学史》，学苑出版社2009年版，第68—70页。

③ ［法］蓝莉：《请中国作证：杜赫德的〈中华帝国全志〉》，许明龙译，商务印书馆2015年版，第356页。

④ 同上书，第356页。

⑤ 同上书，第219—220页。

⑥ Lewis A. Maverick, "Review", *Eastern Quarterly*, Vol. 1, No. 1, Nov. 1941.

⑦ Abel-Rémusat, *Ssema-kouang*, *Nouveaux mélanges asiatiques*, Paris, 1929, pp. 149 - 165.

前已经破碎的中式乌托邦”。“在公元11世纪，生活在宋王朝的中国人上演了一场波澜壮阔的运动，与后来在欧洲，尤其是法国所看到的情况比较接近。”“王安石的文章和激烈言论和我们这个时代报纸上、参议院里的宣传很类似。”古伯察还重点介绍了青苗法的实施方法，他认为王安石的改革摧折了巨贾的利益，而其目标就是使所有的阶层都变得贫富统一。他还论述了司马光与改革派就青苗法展开的争论，以及后来宋神宗死后的政局变动。①

就古伯察对王安石叙述的内容来看，其中错误甚多，除了王安石的土地国有主张以外，最为离谱的是他关于成吉思汗的一些论述。他认为在追随王安石的改革派遭到迫害的时候，成吉思汗正在鞑靼草原上崛起。这些充满改革精神的王安石追随者逃到了鞑靼沙漠，“把不安的精神和骚动的性格传递给蒙古部落”，“狂热的革命情绪嫁接到这些强悍部落身上”，于是就有了成吉思汗的世界征服之旅!② 可见古伯察对中国朝代的基本常识尚有所欠缺。

古伯察《中华帝国纪行》一书出版后不久被译为英文、德文、西班牙文、瑞典文等多国文字，在巴黎、伦敦、纽约等多地发行，阅读者广泛，是19世纪非常有影响力的关于中国的游记作品。③ 他关于王安石的论述影响甚广，这从1855年爱丁堡杂志*Chamber's Journal*和波士顿杂志*Littell's Living Age*转载了古伯察关于王安石的论述就可见一斑。④ 甚至到1927年在伦敦有将古伯察关于王安石的论述以《中国十一世纪的共产主义》（*Communism in China in the* Ⅺ *Century*）为名出版的小册子，F. R. 马丁（F. R. Martin）写了导言。

从上面的叙述可以基本断定，邵可侣关于王安石的叙述很有可能是直接或间接来自古伯察。邵可侣将王安石作为社会主义者写入自己的地理学著作之中，其后俄国普列汉诺夫与列宁关于王安石的讨论也渊源于此。

二 20世纪上半叶西方学者眼中的王安石

进入20世纪以后西方学者对王安石的关注增多。1903年加拿大人福开森（J. C. Ferguson，1866—1945）发表的《王安石》一文是第一篇正面阐述王安石及其变法的学术论文。

福开森1886年来华，曾任汇文书院首任院长、南洋公学监院，以研究中国艺术史和文物收藏著称，对宋史也颇有研究。1902年他以《宋代的儒家复兴》（*The Confucian Renaissance in the Sung Dynasty*）一文获得了波士顿大学哲学博士学位。福开森的《王安石》一文发表在皇家亚洲文会北中国支会的会刊上，他高度赞扬了王安石的深刻思想

① ［法］古伯察：《中华帝国纪行——在大清国最富传奇色彩的历险》（下），张子清等译，南京出版社2006年版，第31—36页。

② 同上书，第38页。

③ 参看潘玮琳《19世纪的表述中国之争：以密迪乐对古伯察〈中华帝国纪行〉的批评为个案》，《史林》2010年第4期。

④ 参看［美］M. G. 马森《西方的中国及中国人观念：1840—1876》，杨德山译，中华书局2006年版，第196页。

和伟大事业。作为一位对宋代历史有专门研究的学者，他分析了王安石所处的时代，并将其与同时代欧洲相比，他提到与王安石基本同时的希尔德布兰德（即格里高列七世），认为当时东西方都处于伟大的思想可以发挥自己效用的躁动时刻，但当时的中国比西欧更加和平和繁荣，因此王安石的社会主义的和改革性的方案具有了尝试的可能。他认为王安石强调提升人民的生活水平，更注重社会生活的物质和实际而不是知识和道德，并引用赫胥黎的话来说明王安石和赫胥黎一样都是将人民的物质繁荣作为头等重要性的问题。他将王安石的改革方案分为（1）国家商业垄断、（2）均税、（3）军事组织、（4）国家招募劳力四个方面，认为王安石的方案体现了王安石深刻的思想和广泛的同情，虽属于功利学派但是心系大众疾苦，而他的失败是由于他对于民众对他所认为的符合他们利益的意愿过于乐观。他肯定了王安石改革的意义，“他为改革和改革方案所发明的词汇被一切后来的改革者所沿用，甚至直到我们今天的改革党。”① 穆四基（John Meskill）认为这篇文章标志着对王安石新法的现代“再发现”，即发现王安石的事业与现代政治理念之间的明显兼容性，他称福开森是20世纪众多以此方式理解这位11世纪改革家的代表人物。②

1908年美国人荷马·李（Homer Lea）发表了《社会主义在中国是怎样失败的》一文，讲述了11世纪的社会主义者王安石改革失败的故事。荷马·李（1876—1912）十分迷恋中国历史文化，曾协助保皇会的庚子勤王活动，后来支持革命党，成为孙中山的军事顾问。荷马·李在文中认为王安石是社会主义者，将社会主义原则传播到了整个国家。他还将王安石的主张和当时芝加哥社会主义者的纲领作比较，认为二者并没有本质的区别，而是有着很多的相似之处。他认为王安石的社会主义改革失败原因在于民众没有准备好，王安石及其他社会主义者促使人适应社会主义原则的人性改造，但是并没有如其所愿。③ 荷马·李还认为王安石要进行土地国有化，实行集体农业，这都是他对王安石政策的误解。

不久之后荷马·李的观点受到了陈焕章的批评。陈焕章（1880—1933）曾就读于万木草堂，是康有为的弟子，1907年入纽约哥伦比亚大学政治经济系学习，1911年获哲学博士学位，博士论文是《孔门理财学——孔子及其学派的经济思想》，出版后成为中国学者在西方刊行的第一部中国经济思想著作。《孔门理财学》中第八篇为“社会主义性质的政策”，是从儒家社会主义的角度来分析中国古代的经济思想。陈焕章否定了荷马·李所说的王安石要进行土地国有化的看法。④ 他主要讨论了王安石均输法、市易法和青苗法。他认为在“现代民主社会”条件下，王安石所主张的那些《周礼》中的法令可以有效运用，“以政府贷款为例，如果政府的权力确实是在人民手中，那么人民的利益将和政府的利益是一致的，在这样的情况下，政府，特别是官员，不可能对人民做坏事”，这样政府

---

① J. C. Ferguson, *Wang An-shih*, *Journal of the Royal Asiatic Society*, North China Branch 35: 65 – 75 (1903 – 4).

② John Meskill, *Wang Anshi*, *Practical Reformer*? Boston, Heath, 1963, p. 35.

③ General Homer Lea, *How Socialism Failed in China*, Van Norden's Magazine, Sep. 1908, pp. 107 – 113.

④ 陈焕章：《孔门理财学——孔子及其学派的经济思想》，翟玉忠译，中央编译出版社2009年版，第344页。

贷款才能够利国利民。[①] 他认为王安石是一位伟大的政治家，但是考虑到他所处的时代性质，那就是生不逢时，"不是太晚就是太早"——如果早一点生在封建时代（指周朝封建制时代），或者晚一点生在民主社会的现代，王安石都是可以成功的，而且假如王安石那时成功了，中国早就成了现代国家。[②]

1909 年法国汉学家伯希和在文章中将王安石与马克思作了比较，认为二人有多方面的相似之处："他们都对自己的论断和宏图的可实施性很有信心；在追求目标上都很坚决，甚至可以说是无情；都对历史作出了新的偏执的解读；最后，动机都来自对普罗大众的同情。"[③] 同年俄国汉学家伊凡诺夫出版了《王安石及其改革》一书，书中也称王安石改革具有国家社会主义性质。[④] 美国汉学家高文（Gowen，1864—1960）在 1914 年的一篇论文中也称王安石是 11 世纪的中国社会主义政治家。[⑤]

1915 年德国社会学家马克斯·韦伯在其著作《儒教与道教》中对王安石变法有重点关注。韦伯参阅了陈焕章的著作，不过他关于王安石的材料多来自伊凡诺夫的《王安石及其变革》一书。韦伯写道："王安石试图通过一种理性的（合理的）改革，以建立一支足够的、能使用的国家军队。他所进行的被人们称作'国家社会主义的'改革尝试，从狭义上讲，有点类似（即不完全相同于）埃及托勒密王朝所进行的改革尝试，后者基于高度发展的货币经济，施行了垄断的银行政策和谷物仓储政策。"[⑥] 韦伯将王安石变法看作是一场失败的理性化改革运动，其改革受到了儒教徒的反对，未能建立起合理化的军队组织和公共财政，而在改革中利益受到损害的文人阶层的反对与破坏对改革的失败也有着决定性的作用。[⑦]

1931 年德国汉学家福兰阁（Otto Franke）将王莽和王安石的改革称之为国家社会主义而给予高度评价，认为王安石"所处时代与近代西洋的统治制度相类似。"[⑧] 福兰阁在思想倾向上有"崇法反儒"的倾向，这和德国国家社会主义思潮的高涨有密切关系。[⑨] 他对王莽、王安石的评价也受此影响。

英国人威廉森（H. R. Williamson）的两卷本著作《王安石：宋代中国的政治家与教育家》1935—1937 年分两卷在伦敦出版。威廉森曾任英国浸礼会国外事务总干事，1935 年他曾在北京华文学校作关于王安石的演讲，他所写的这部著作是用来申请伦敦大学博士学位的论文，威廉森在书中极尽对王安石的崇拜之情，强调王安石诸项政策的合理性，他

① 陈焕章：《孔门理财学——孔子及其学派的经济思想》，翟玉忠译，中央编译出版社 2009 年版，第 362 页。

② 同上书，第 363 页。

③ Lewis A. Maverick，"Review"，*Eastern Quarterly*，Vol. 1，No. 1，Nov. 1941.

④ 东一夫：《王安石事典》，国书刊行会 1980 年版，第 18 页。

⑤ Herbert H. Gowen，*Wang-an-shih*，*A Chinese Socialist Statesman of the Eleventh Century*，The Open Court，1914，pp. 13 – 24.

⑥ ［德］马克斯·韦伯：《儒教与道教》，洪天富译，江苏人民出版社 2003 年版，第 82 页。

⑦ 同上书，第 83 页。

⑧ ［德］福兰阁：《中国上古中古之国家社会主义经济政策》，苏乾英译，《食货》1936 年第 3 卷第 7 期。

⑨ 黄怡容：《福兰阁的中国史观述论》，《史学月刊》2012 年第 4 期。

还借王安石的主张来批评当时英国保守党的政策。[①] 这反映出经济危机背景下英国人对国家干预的诉求。在学术水平上，萧公权谓此书为西人关于王安石最详备之著作，然"作者之工作与其谓为研究或撰着，无宁谓为编译之较近实"[②]。此外，Shryock、L. A. Lyall、K. A. Wittfogel、荒木敏一、Lewis A. Maverick[③] 等多国学者都写有书评对该书进行介绍和评论。

王安石在这一时期还受到美国政治家华莱士的青睐。华莱士曾阅读陈焕章的《孔门理财学》，还阅读了威廉森的著作。在20世纪30年代美国农业面临大危机的时候，时任农业部长的华莱士从王安石的青苗法中获得了启示，在美国建立了常平仓制度，设立商品信贷公司，为农民提供农业贷款，缓解了农民的生存困境。中国当代学者李超民认为华莱士所推行的农业政策几乎都是源自王安石变法，"华莱士就是当代美国的王安石"。[④] 美国汉学家卜德曾提出华莱士的农业新政与王安石的青苗法没有关系[⑤]，但李超民否定了这一说法。[⑥] 1944年时任副总统的华莱士访华时称王安石是中国历史上推行新政的第一人，他说："他（王安石）在1068年的重大困难之下所遭遇的问题，与罗斯福总统在1933年所遭遇的问题，虽然时代悬殊，几乎完全相同，而其所采取办法，也非常相似。"同时，他还强调了一个非常不一样的制度背景："我们固知王安石的新法因当时情形不容平民有民主的组织，以支持政府发动的改革，致遭阻挠，但王氏的思想在中国政治传统上已留下不朽的印记，九百年前保育政治所不能达到的，今日民主政治已经能够实行了。"[⑦] 这个看法可以说印证了陈焕章对王安石青苗法的评判。

在当时对王安石的广泛赞誉中，也有异样的声音。1947年拉铁摩尔夫妇在他们的《中国简明史》中对王安石的改革有不一样的解读，他们肯定王安石的一些成就，同时认为王安石是要"在不消灭地主阶级原有结构的情况下把农业生活和农业收入从地主手里转移到政府手里。这也是一个带有典型性的中国问题"。他们否定王安石理论的社会主义

---

① H. R. Williamson, *Wang An Shih: A Chinese Statesman and Educationalist of the Sung Dynasty*, London: Arthur Probsthain, 1935－1937.

② 萧公权：《评威廉生着〈王安石〉》，《社会科学》1936年2卷1期，后收入《萧公权文集：迹园文录》，中国人民大学出版社2014年版，第240—241页。

③ J. K. Shryock, "Review", *Journal of the American Oriental Society*, Vol. 56, No. 1 (Mar. 1936); L. A. Lyall, "Review", *Journal of the Royal Asiatic Society of Great Britain and Ireland*, No. 1 (Jan. 1937); K. A. Wittfogel, "Review", *Pacific Affairs*, Vol. 10, No. 2 (Jun. 1937); K. A. Wittfogel, "Review", *Pacific Affairs*, Vol. 12, No. 1 (Mar. 1939);［日］荒木敏一：《H. R. ウイリアムスン博士著〈宋代支那の政治家教育家王安石〉批评・绍介》，《东洋史研究》1940年5（3），第213—214页；Lewis A. Maverick, "Review", *Eastern Quarterly*, Vol. 1, No. 1 (Nov. 1941).

④ 李超民：《常平仓——美国制度中的中国思想》，上海远东出版社2002年版，第59页。

⑤ Derk Bodde, "Henry A. Wallace and the Ever-Normal Granary", *The Far Eastern Quarterly*, Vol. 5, No. 4, Aug. 1946.

⑥ 李超民：《论美国新政"常平仓计划"受王安石经济思想的影响——兼与卜德先生商榷》，《西南师范大学学报（人文社会科学版）》2002年第6期。

⑦ 唯明编：《华莱士在华言论集（英汉对照）》，世界出版社1944年版，第34、35页。另参见沁青《华莱士与中国农业界》，《农业推广通讯》1944年第6卷第8期。

性质，因为“王安石的用意并不在于国有制，而在于国家的全体官僚人员进行垄断控制”。① 同年中国作家林语堂在他的英文作品《苏东坡传》中对王安石的评论可谓是言辞激烈的否定，他认为王安石和希特勒一样，有“妄想狂”的性格，他把王安石的改革称作国家资本主义的改革，否定梁启超所说的王安石是社会主义者，认为王安石的改革结果是“国家消除了私人垄断，却建立了自己的独占制度”。② 他的观点受到了当时美国评论者的批评。③

三 1950—20世纪70年代美国汉学中的王安石研究

20世纪50年代以后美国汉学研究进步迅速。美籍华人刘子健（1919—1993）是著名的宋史专家，他的《宋代中国的改革——王安石及其新政》一书是这一时期关于王安石研究最重要的著作。

刘子健以改革为主线，将北宋后期的历史分为改革、反改革和后改革三个阶段，完整地叙述了北宋后期政局的演变。刘子健还特别重视对王安石政治思想的分析，强调王安石不是法家而是儒家，具有理想主义色彩。他认为王安石的目标是通过理想的官僚制来建立道德社会。④ 这和一般人们认为的王安石的目标是富国强兵有着很大的不同。他采用多重标准来划分官僚类型，超越了传统的“君子—小人”二分法。但其最核心的关怀是对王安石变法失败的反思。刘子健肯定王安石在中国官僚制国家的背景下是非常杰出的政治家，但是“新政对国家财政的促进远远大于带给人民的利益”。他将王安石的失败也归结于官僚制的问题，王安石“并没有获得官僚集团足够强大的支持。他甚至都没有成功的建立起执行官僚的持久的忠诚，这些人是他推行新政最主要的依靠。当这些官僚转变为巧取型的时候，新政所获得的就失去了”。新政的结果是集权主义的强化、绝对主义的增长以及官僚的腐败将北宋带入了危险境地。⑤

儒家的理想主义与现实权力结构之间的矛盾始终是刘子健思考的核心问题。他后来的文章以及著作都体现了这一点。⑥

1963年，穆四基（John Meskill）编辑的《王安石：务实的改革家？》（*Wang An-shi: Practical Reformer?*）一书出版，该书收录了四个方面的内容：一、王安石的文章，《万言书》《论风俗》；二、当时人的评判，吕诲、苏轼和司马光批评王安石的文章；三、后来的评判，陆象山和朱熹对王安石的评论；四、现代评论，福开森、威廉森、林语堂、邓广铭、宫崎市定、刘子健对王安石的研究。该书前言中提出的问题是：“王安石是不是一个

---

① ［美］拉铁摩尔夫妇：《中国简明史》，陈芳芝、林幼琪译，商务印书馆1962年版，第61页。

② 林语堂：《苏东坡传》，宋碧云译，台北远景出版事业公司1970年版，第83—85页。

③ Shau Wing Chan，“Review”，*The Journal of Asian Studies*，Volume7，Issue 03，May. 1948.

④ James T. C. Liu，*Reform in Sung China*，*Wang An-shih*（1021 - 1086）*and His New Policies*，Cambridge：Harvard University Press，1959，p. 58.

⑤ Ibid.，pp. 114 - 116.

⑥ 刘子健：《王安石、曾布与北宋晚期官僚的类型》，台湾《清华学报》1960年新2卷1期，后收入《两宋史研究汇编》，台北联经出版事业公司1987年版，第117—142页；刘子健：《中国转向内在：两宋之际的文化内向》，赵冬梅译，江苏人民出版社2001年版。

务实的改革家?"[①] 在关于王安石的争议之中，编者并没有给出一个明确的答案，而是将不同的观点陈列在一起供读者参考。

20 世纪 70 年代费正清和肖莱尔的著作中认为"伟大的改革家王安石代表一种务实进取的儒学"，王安石与王莽有相似之处，"被作为社会主义者受到指责和赞扬，但其动机并不比他的著名前辈具有更多社会平等的思想"。在关于新法的评价上，肯定与否定兼而有之："他的一些改革例如等级土地税、低息信贷制度以及完全放弃劳役制等显然是在经济和行政上向前迈出的步子，而其他的措施例如调价、政府控制商品以及集体担保和民兵制度只是以前制度的恢复。"[②]

此一时期王安石为社会主义者这一说法不再流行。王安石研究的学术水准有了很大提升。

四　20 世纪 70 年代以后美国宋史学者关于王安石的新见解

20 世纪 70 年代以后美国汉学界对王安石的研究有了新的变化，这和郝若贝的影响有很大的关系。郝若贝（Robert Hartwell，1932—1996）是美国著名的宋史学者，他于 1963 年获芝加哥大学社会思想委员会博士学位，历任芝加哥大学和宾夕法尼亚大学教授，他关于宋代的研究形成一种新的模式，被称为"郝若贝模式"[③]，其观点对美国宋史学界 70 年代以后的宋代社会史、思想史研究影响甚大。

1963 年郝若贝在经济史家约翰·奈夫（John Nef）、经济学家哈耶克（F. A. von Hayek）和宋史专家克拉克（E. A. Kracke）的指导下完成了题为《中国十一世纪的铁与早期工业化》的博士论文。郝若贝称在经济学理论方面主要受到了哈耶克的影响。[④] 哈耶克是 20 世纪下半叶西方新自由主义（Neo-liberalism）的代表人物，自由市场最坚定的捍卫者。哈耶克的新自由主义经济学思想不仅奠定了郝若贝论文的思想主轴，也影响了他后来的学术思考方向。

郝若贝在 1971 年的一篇文章中阐述了他对王安石的看法，他将 11 世纪的中国学术主要分为三类：古典主义（classicism）、道德教训主义（moral didacticism）和历史类比论（historical analogism），所谓古典主义即以王安石为代表的新学，道德教训主义则是以二程为代表的道学，历史类比论则是以司马光为代表的史学。他认为古典主义效法三代，对后古典（即三代以下）历史的否决，严重限制了社会研究的经验主义基础，重建一个故纸堆中的理想古代的愿望，"回避了解释人类社会行为中非设计秩序（an undesigned order）的问题"，儒家经典的唯一权威"消除了任何对于论证或证据的逻辑方法的需求"。因此，

---

① John Meskill, *Wang An-shi*: *Practical Reformer*? Boston, Heath, 1963, pp. ⅵ - ⅶ.

② ［美］费正清、［美］肖莱尔：《中国：传统与变革》，陈仲丹等译，江苏人民出版社 2011 年版，第 131、115 页。该书初版于 1973 年，1978 年有修订版。

③ 罗祎楠：《模式及其变迁：史学史视野中的唐宋变革问题》，《中国文化研究》2003 年夏之卷；卢睿蓉：《海外宋学的多维发展——以美国为中心的考察》，中国广播电视出版社 2012 年版，第 230—232 页。

④ Robert Hartwell, *Iron and Early Industrialism in Eleventh-century China*, Preface, Ph. D. diss., University of Chicago, 1963.

在他看来，北宋后期的古典主义插曲实际是"一个格外贫瘠的时期"。[①] 这实际是否定了王安石新学的进步意义。

郝若贝在1982年发表的《750—1550年间中国的人口、政治及社会转型》一文"在美国宋史学界具有里程碑式的意义，它奠定了其后20年美国宋史学界对唐宋变革研究的理论框架和讨论模式，其影响延续至今"。"郝若贝模式"由此文奠定，其着眼点是精英身份的转变："主要统治阶层由唐代的世袭精英阶层发展到北宋的职业精英（官僚）阶层，再到南宋地域精英（士绅家族）。"[②] 郝若贝认为，王安石试图对中国政府的机关与政策进行广泛的制度变革的时候，"地方性的、亲属的、利益集团的、恩主与受庇护的以及意识形态关系的复杂混合体形成了派系"，派系的斗争导致了职业精英的衰落，最终在12世纪初"作为一个单独的地位群体的专业精英基层已经不复存在"。[③]

受郝若贝的影响，韩明士和史乐民分别从不同的角度来阐释这种变化。韩明士（Robert Hymes）考察了两宋抚州精英的转型，他以北宋的王安石与南宋的陆九渊这两位抚州人物作比较，认为北宋精英有面向全国政治的倾向，而南宋精英具有地方性。[④] 史乐民的研究重点放在王安石的新政上，以1074—1224年四川的茶叶垄断和四川和青海之间的茶马贸易为主题，重点考察的是王安石新政时期开始的四川茶叶专卖。他将王安石新法称之为"经济激进主义"，其含义"首先是一种直接通过专卖和政府企业和间接通过商税参与商品经济的倾向，其次是运用国家权力来提升经济活动和增加政府在经济的整体资源中份额的承担"。[⑤] 他详细讨论了王安石的官僚企业制（Bureaucratic Entrepreneurship）理论，并指出王安石的经济激进主义最终堕落为横征暴敛。[⑥]

1993年谢康伦（Conrad Schirokauer）和韩明士（Robert Hymes）主编的《经世：宋代中国通向国家与社会之路》鲜明地体现了郝若贝模式的影响：一方面是11世纪政府积极有为的失败，另一方面是12世纪向社会和地方的转向。这部论文集的基本理论框架是"国家与社会的关系"。[⑦] 史乐民讨论了茶叶专卖和青苗法，对经济激进主义作了进一步阐述。[⑧] 在

---

① Robert Hartwell, "Historical Analogism, Public Policy, and Social Science in Eleventh and Twelfth century China", *American Historical Review*, Vol. 76, No. 3, Jun. 1971, pp. 690 - 727.

② 罗祎楠：《模式及其变迁：史学史视野中的唐宋变革问题》，《中国文化研究》2003年夏之卷。

③ Robert Hartwell, "Demographic, Political and Society Transformations of China, 750 - 1550", *Harvard Journal of Asiatic Studies*, Vol. 42, No. 2, Dec. 1982, pp. 365 - 442. 中译文为［美］郝若贝《750—1550年间中国的人口、政治及社会转型》，载伊佩霞主编《当代西方汉学研究集萃》（中古史卷），上海古籍出版社2012年版，第175—246页。

④ Robert Hymes, *Statesmen and Gentlemen: The Elite of Fu-Chou, Chiang-Hsi in Northern and Southern Sung*, Cambridge University Press, 1986, pp. 216 - 217.

⑤ Paul J. Smith, *Taxing Heaven's Storehouse: Horses, Bureaucrats, and the Destruction of the Sichuan Tea Industry*, 1074 - 1224, Cambridge: Harvard University Council on East Asian Studies, 1991.

⑥ Ibid., p. 313.

⑦ Hymes R, Schirokauer C, *Ordering the World: Approaches to State and Society in Sung Dynasty China*, Berkeley: University of California Press, 1993, p. 6.

⑧ Paul J. Smith, "State Power and Economic Activism During the New Policies, 1068 - 1085: the Tea and Horse Trade and the Green Sprouts Loan Policy", *Ordering the World: Approaches to State and Society in Sung Dynasty China*, p. 77.

“国家与社会的关系”这一框架下最具代表性的是包弼德（Peter K. Bol）关于王安石、司马光比较的论文，包弼德认为：“司马光坚持认为秩序依靠于维系一个明确界定的代表权威的阶层，这种阶层的划分与职责的区别相对应。因此当王安石企图打破原有的政府分工并建立起统一的控制时，司马光想做的是保持政府各个层面的松散关系。王安石试图把政府与社会统一为一个整体，司马光则希望在政府的常规活动和人民追求物质利益的传统方式之间划出一条必要的界限。王安石希望的是打破私人财富的权威，司马光则为富人特殊的和必要的社会机能而辩护。”① 也就是说司马光的主张类似于“小国家、大社会”，而王安石的主张接近于“大国家、小社会”。应用这样一种分析框架，包弼德将王安石与司马光的主张不仅与宋以前的历史联系起来，“王安石脑中所想的应能使我们联想到秦朝和王莽的新朝，而司马光的观点则与汉唐比较一致”。同时也将其与近代以来的中国联系起来，“也许会有人联想到和司马光相似，国民党愿意成立一个容纳私人利益的政府，而共产党则致力于使私人利益依附于公共机构，如王安石所为”。并且“虽然新法倡导者统治了宋朝政府近半个世纪之久，但从南宋开始，政府与社会之间关系基本上接近于司马光的认识”。② 这样包弼德把中国历史上的主要时代进行了两种区分：秦朝——新朝——北宋后期——共产党（改革以前）：王安石路线；汉唐——南宋至明清——国民党：司马光路线。由此可见，在这样的一个谱系中，司马光路线代表着一种正常的路线，而王安石路线则是极端的特例。

美国的宋史研究深受日本东洋史学者的影响，内藤湖南的唐宋变革论（或称“内藤—宫崎假说”）影响尤大。③ 包弼德将内藤、宫崎的唐宋变革论称之为传统的阐释，而将美国学者的研究称为新的阐释。在关于两宋社会的变迁中总结说，正是因为王安石积极有为的政府其为政之道（大政府主义）的失败，才导致了南宋新儒家寻求替代国家激进主义的方案。④

郝若贝模式是对内藤—宫崎假说的借鉴、批判与修正。但这种修正不仅仅是事实层面的，还有价值层面的内容。内藤—宫崎假说以王安石变法为近代化的方向，郝若贝模式则正好相反，南宋的地方士绅社会才代表着社会发展的方向。⑤ 前者强调的是国家的权力，后者重视的是社会的建设；前者是战前日本国家主义色彩浓厚的表达，后者则是美国 70 年代以后新自由主义思想的展现。

---

① ［美］包弼德：《政治、社会与国家——关于司马光和王安石的政治观点》，载田浩主编《宋代思想史论》，社会科学文献出版社 2003 年版，第 154 页。

② 同上书，第 163 页。

③ 张广达：《内藤湖南的唐宋变革说及其影响》，载《史家、史学与现代学术》，广西师范大学出版社 2008 年版，第 108—111 页。

④ ［美］包弼德：《唐宋转型的反思——以思想的变化为主》，《中国学术》第 3 辑，商务印书馆 2000 年版，第 75—76 页。

⑤ 包弼德强调反对内藤湖南的历史目的论，不过在郝若贝模式之下的历史目的论仍然是非常明显的。参见卢睿蓉《海外宋学的多维发展——以美国为中心的考察》，第 232 页。另参看包伟民《精英们“地方化”了吗？——试论韩明士〈政治家与绅士〉与地方史研究方法》，《唐研究》第 11 卷，北京大学出版社 2005 年版，第 670 页；魏峰：《宋代社会的理想化分析——评韩明士〈政治家与绅士〉》，《西安电子科技大学（社会科学版）》2006 年第 3 期。

结 语

纵观近三百年来西方学者对王安石的介绍与研究的历程，可以明显看出，就知识积累而言，他们对王安石的认识有着不断丰富深化的过程，并且积累了很多具有重要启发意义的成果。王安石研究已然成为西方汉学的一个重要课题。而从思想变迁的角度来看，每一时代对王安石的看法都深受当时社会思潮的影响，这反映出在不同时代不同文化背景下的学者都往往是“以自己的场域为前提”。[①] 西方学者对王安石变法问题的思考方式和解答，既有值得我们学习借鉴的地方，也有需要反思之处。

（原载《史学理论研究》2016年第4期）

① 秦晖：《问题与主义：秦晖文选》，长春出版社1999年版，第6页。

近三十年来范氏义庄研究简述

刘思瀚

北宋皇祐元年（1049），范仲淹有感族中尚有不少贫穷的成员，遂创立义庄，“置义庄里中，以赡族人”。[①] 这成为后世江南地区义庄盛行之滥觞。近三十年来，国内学界对这一问题多有研究[②]，本文拟梳理这一时期国内学界相关的研究成果，以明确这一时期范氏义庄研究的特点所在，进而展望其发展前景。

一　定性分析——范氏义庄的性质及其影响

近三十年来的范氏义庄研究，学者们早期大多致力于对进行范氏义庄定性分析，时间段为20世纪80年代中期至21世纪初。在早期的研究成果中，讨论较为集中的问题是范氏义庄的性质与其影响。

（一）围绕范氏义庄性质展开的讨论

范氏义庄创办后，其模式为无数后人竞相模仿。因此，研究范氏义庄的性质，对于明确义庄性质具有重要意义，自然成为范氏义庄研究的重点所在，学界在此时期内就这一问题展开了大量的讨论。邢铁先生于1987年在《历史教学》上发表的《宋代的义庄》一文，可以视作这一阶段学界对范氏义庄性质讨论的起点。邢先生在对宋代义庄作全面考察时，即以范氏义庄为例，归纳出宋代义庄的三个基本特征：“由一些科举入仕的士大夫用其秩禄买田置办的”“多以租佃方式出租”“义田收入主要用作赈济族人生活”。在此基础上，进而指出“义庄的田产都不是本族的祖传资产……一般族人没有义宅和义田的所有权”，所以“义庄的实质仍是封建租佃制”。[③] 白文固先生对范氏义庄所体现的公共土地所有关系进行了探讨。他认为中国封建社会后期，普遍出现了一种封建的集体占有制形式，范氏义庄就是其中的一个重要代表。原因在于，从范氏义庄中获得收益的不是某些个人，而是一个团体。同时，范氏义庄的处分权也归家族所有。基于此，白文固认为尽管这种土地所有关系披上了“集体所有”的外壳，其实质仍是封建土地所有制，但不能简单地将

---

① 郭正忠：《历史人物传记译注·范仲淹》，中华书局1985年版，第47页。

② 在此之前，除了国内学界对范氏义庄已有相当的研究，海外学界也对范氏义庄有所关注。英国学者崔瑞德著有《范氏义庄的慈善产业，1050—1760》一文，较为详尽地探讨了范氏义庄的相关问题。日本学者松村祐次、山名弘史也在探讨清代义庄义田时对范氏义庄有所论及。

③ 邢铁：《宋代的义庄》，《历史教学》1987年第5期。

两者画上等号。①

同样认为范氏义庄属于封建土地所有制的还有李文治先生，他认为范氏宗族义田采用的“采行出租”的模式，便能反映出义庄仍属于封建所有制范围中。范氏义庄“只是改变了分配方式，地租未归捐田地主，而是通过地主管庄将它分给本族的农民”。② 同时，李文治先生进一步指出，以范氏义庄为代表的族田义庄与古代农村社会的公社公田，在性质上有很大的差异。义田所体现的“贫富悬殊、族长控制和对族外的剥削关系”，明显与“财产集体所有、人们共同劳动、彼此平等互助”的公社公田相去甚远③。

除了对范氏义庄土地所有制性质进行了探讨之外，范氏义庄的救济性也引起了学者们的关注。邢铁先生认为，范氏义庄“与其包括在族田范畴之中，不如归入荒政系统更为确切一些”④，强调了范氏义庄的救济性质。相反，王善军先生则认为“义庄的慈善性质并非主流”，从义庄的运行模式及成果来看，相对于范氏义庄所做的救济工作，其为范氏家族繁荣发展提供的保障更为重要。⑤

（二）围绕范氏义庄创立所产生的影响展开的讨论

在对范氏义庄的性质进行讨论的同时，学界对范氏义庄创立所产生的影响也作了详细的讨论。新加坡学者陈荣照较早地否定了范氏义庄的积极价值，认为“范氏义庄虽然是救济了范氏族内的贫苦人家，它却是剥削了范氏族外许多农民，以那些农民的劳动剩余来喂养族内的人”。⑥ 进而导致义庄中的族人往往对义庄有经济上的依赖，在一定程度上失去了独立的人格。陈氏还认为“以近代的观点看来，它（指范氏义庄）在中国的传统社会中造成了零散分割的局面……成为中国社会‘近代化’的绊脚石”⑦，对范氏义庄的合理性进行了否定。⑧ 与陈荣照先生持类似意见的还有廖志豪、李茂高，他们认为范氏义庄有着本质上的缺陷，其存在不利于封建社会内部商品经济的发展和资本主义萌芽的产生和发展。⑨

李文治则认为创立族田义庄的意义在于有利于“宦室大族联系族众”⑩，范氏义庄的存在，的确能够帮助贫困的族人。但他也指出，就宋代社会而言，不应夸大义庄的作用，因为其服务对象相对有限。同时，与陈荣照先生一样，李先生也认为范氏义庄的“受协济者虽多系贫族”，但用以接济他们的是“另一部分贫穷农民的劳动果实”。⑪

---

① 白文固：《宋元明清时期若干公共土地所有关系的探讨》，《青海社会科学》1986 年第 2 期。

② 李文治：《中国宗法宗族制和族田义庄》，社会科学文献出版社 2000 年版，第 55 页。

③ 同上。

④ 邢铁：《宋代的义庄》，《历史教学》1987 年第 5 期。

⑤ 王善军：《范氏义庄与宋代范氏家族的发展》，《中国农史》2004 年第 2 期。

⑥ 陈荣照：《范仲淹研究》，三联书店香港分店 1987 年版，第 205 页。

⑦ 同上书，第 208 页。

⑧ 学界持有与之相反意见的学者颇多。如蒙文通先生就认为，范氏义庄“既给族外，则义田虽曰惠一族，而实以惠一乡”，肯定了范氏义庄对于同乡族外人群的作用。参见蒙文通《宋明之社会设计》，《儒学五论》，广西师范大学出版社 2007 年版，第 131—148 页。

⑨ 参见廖志豪、李茂高《略论范仲淹与范氏义庄》，《学术月刊》1991 年第 10 期。

⑩ 李文治：《中国宗法宗族制和族田义庄》，社会科学文献出版社 2000 年版，第 44 页。

⑪ 同上书，第 55 页。

针对以上学者对范氏义庄影响提出的看法，方健于其专著《范仲淹评传》提出了新的看法，认为范仲淹创办义庄，并非是强化族权维护封建统治之举，其主要作用在于团结族人，增强宗族的号召力与凝聚力。而所谓义庄有“助长兼并之风，对于农业经济有不良的影响”的观点（持有类似观点的还有漆侠等人[①]），方健认为类似的观点并无史料依据，并提出“范仲淹创办义庄，无论是从其主观动机和客观效果而言，其历史进步性和积极性均是不言而喻、不容否认的”。[②]

综上所述，这一时期学界对于范氏义庄的封建性质有着较为相同的看法，但是在其是否属于救济组织的问题上，观点不一。同时，基于对范氏义庄封建性有着共同的认识，大部分学者都强调了范氏义庄义田对于外族人群的剥削，认为范氏义庄意义有限。仅有少数学者开始从宗族制度的角度考察范氏义庄的历史意义。

二　深入研究——范氏义庄的成因与发展研究

（一）对范氏义庄出现的原因及范仲淹成立义庄目的的探析

邢铁先生较早探讨了这一问题，他认为宋代义庄的出现，是“血缘宗族观念在宋代贫富分化日趋加剧的社会条件下重新强化的必然产物”，而范仲淹及其效仿者成立义庄的目的，是为了“制造出一种村社共同体的阑尾式的组织，来赈济和安抚本族的贫穷民户，冀此达到缓和社会矛盾，维持其长久统治的目的”。[③] 陈荣照先生则认为，范氏创办义庄的思想根源来自中国传统的家族观念，是宋代理学家“‘收族’观念的实践”。[④] 同时范仲淹创办义庄可能受到了其老师戚同文的影响，其创办义庄的目的，部分在于避免范氏后人遭受与其相同的凄惨经历。[⑤] 方健先生则提出了不同的看法，认为范仲淹创办义庄更多的是“受其祖父之友窦禹钧和范之前辈张纶”[⑥] 的影响。廖志豪、李茂高也认为宋代理学的兴起在范氏义庄出现的过程中，“起了支配性的作用”。[⑦]

李文治先生则认为范氏创立义庄之动机较为纯粹，“无容置疑”是为了帮助贫困的族人。同时李先生还对义庄为何在宋代出现的原因作了补充，他认为，仅从阶级关系的角度理解范氏义庄的出现难免失之偏颇。要理解义庄的出现，必须要注意到宋代宗法宗族制下移的现象，这种下移导致了“宗法关系披上了情理外衣”[⑧]，使得孝悌伦理与同族协济思想的深入人心。在这些因素的共同作用下，义庄才最终诞生。

随后，王善军先生则从经济角度出发，认为范氏创立义庄固然出自其“公心和慈爱之心”，“但不宜言表却更有吸引力的理想，则是如何使子孙后代长保富贵”。[⑨]

---

① 参看漆侠《范仲淹的历史地位》，载《探知集》，河北大学出版社 1999 年版，第 390—399 页。

② 方健：《范仲淹评传》，南京大学出版社 2001 年版，第 420 页。

③ 邢铁：《宋代的义庄》，《历史教学》1987 年第 5 期。

④ 陈荣照：《范仲淹研究》，三联书店香港分店 1987 年版，第 208 页。

⑤ 范仲淹早年的困苦生活，可以参见田甘《论宋代吴县范氏家族节俭固穷的家风》，《山西农业大学学报（社会科学版）》2016 年第 1 期。

⑥ 方健：《范仲淹评传》，南京大学出版社 2001 年版，第 415 页。

⑦ 廖志豪、李茂高：《略论范仲淹与范氏义庄》，《学术月刊》1991 年第 10 期。

⑧ 李文治：《中国宗法宗族制和族田义庄》，社会科学文献出版社 2000 年版，第 55 页。

⑨ 王善军：《范氏义庄与宋代范氏家族的发展》，《中国农史》2004 年第 2 期。

也有学者从宗族福利思想的角度揭示了范仲淹创办义庄的思想来源及目的。卞国凤指出，范仲淹的福利思想，很大程度上是受其自身“复兴儒学”这一理想的支配。她还指出，范仲淹创办义庄，在某种意义上，试图使“族权”摆脱“王权”的控制，从而促进“庶民化的宗法制”的形成①，也印证了李文治先生提出的“宗法制下移”这一观点。豆霞、贾兵强在讨论宋代义庄的特征与社会功能时则强调，在义庄产生背景问题上，封建土地关系的变化与封建家族维护自身兴旺昌盛的需要，仍然是义庄产生的主要原因。② 张雪红则提出了一个有趣的见解，并认为范仲淹创立义庄的初衷在于历练子孙后代，“与其将财物留与子孙图一时之富足安乐，不如留给子孙一桩千秋功业、一份永久的责任”。③

（二）对范氏义庄发展过程的考察

较早对范氏义庄发展过程作系统考察的是陈荣照先生。其研究并没有局限于范仲淹创立义庄之初，而是对范氏义庄义学至庄学的演变、义田规模在明代的缩小与在清代的扩大等具体内容，都作了十分详细的叙述。④

廖志豪、李茂高在对范氏义庄的发展过程进行梳理的基础上，认为范氏义庄的发展过程可以划分为稳定、困难与兴盛三个阶段，基本对应宋元、明、清三个时期。此外，他们还指出扭转范氏义庄困难局面的关键人物是范仲淹的十六世孙范惟一，其辞官返苏，重振义庄，对范氏义庄的发展起到了不可磨灭的作用。⑤

贾道明则论述范纯仁对范氏义庄的贡献，将其行动归纳为：完善义庄规矩、致力于义庄规矩的法律化、扩大义庄规模三个方面，补充了以往研究中范纯仁建设义庄的相关史实。⑥

王卫平先生从慈善史的角度对范氏义庄的演变进行考察。他发现，在范氏义庄发展的过程中，其救济宗旨发生了由“普遍福利原则”转向“以周贫济急为宗旨”的变化。这一变化的原因在于，范氏宗族的人口不断扩大，普遍福利的原则自然难以坚持。尽管转向以救助贫穷为主，但范氏义庄却丰富了其救助保障的内容，不仅组织义学，奖励科举，还对族人提出了一定的道德要求。在此基础上王先生认为范氏义庄作为义庄制度的最早典范，其对后世义庄制度的影响很大程度上体现在“宗族社会保障制度”层面，范氏义庄的“规矩”，成为后世义庄奉行的典范，赡族、道德教化、储粮备荒三个方面的措施得到了广泛的推广。⑦

范氏义庄在发展的同时，不可避免地也产生了许多问题。范金民先生在对清代苏州宗

---

① 参见卞国凤《范仲淹宗族福利思想研究》，硕士学位论文，吉林大学，2004 年。

② 参见豆霞、贾兵强《论宋代义庄的特征与社会功能》，《华南农业大学学报（社会科学版）》2007 年第 3 期。

③ 张雪红：《传播与转型：走向生活世界的宋代社会教化研究》，博士学位论文，华东师范大学，2010 年。

④ 陈荣照：《范仲淹研究》，三联书店香港分店 1987 年版，第 192—204 页。

⑤ 参见廖志豪、李茂高《略论范仲淹与范氏义庄》，《学术月刊》1991 年第 10 期。

⑥ 参见贾道明《名臣之后——范纯仁研究》，硕士学位论文，河北大学，2008 年。

⑦ 详见王卫平《从普遍福利到周平济困——范氏义庄社会保障功能的演变》，《江苏社会科学》2009 年第 2 期。

族义田的研究中发现，随着义庄义田制度的发展，设立义田，不仅是维持宗法制度的手段之一，更能保证家族的田产有效继承。原因在于，清代令典规定义田不得买卖。所以，设立义田“徒为吾兄弟之子孙计耳，非能如古人之收族也”。而这种想法源于何处呢？“其法一取之吴郡范氏”[①]，很明显范氏义庄便是这想法的引领者之一。此外，范金民先生还发现，清代范氏义庄在催收租税方面也发生了变化，时常派遣庄丁仆役或委托衙役胥吏对佃户尽情催勒。

在对范氏义庄发展过程的研究中，学者们都发现了范氏义庄对于范氏家族的发展有不小的推动作用。廖志豪、李茂高两位先生较早注意到范氏义庄对宗族的作用，认为范氏义庄“除救济族内贫困者，资助婚嫁丧葬、奖励读书仕进外，一项十分重要的任务，就是祭祀祖先，维修坟墓”。[②] 王善军则认为，范氏义庄是“宋代地主阶级在门阀宗族制度的废墟上建立起‘敬宗收族’宗族制度”的一种尝试。[③] 具体而言，义庄为家族保障了成员数量，而兴办义学又为其族人教育乃至仕宦提供了有利的条件，更重要的是，义庄为家族提供了稳定的经济来源。王善军还指出，范氏义庄为范氏家族赢得的社会声誉，反过来促进了义庄的稳定发展。此外，王先生还指出范仲淹直系后裔也凭借范仲淹创办义庄之举确定了其在范氏家族中的领导地位。[④]

总结学界对范氏义庄成因及发展研究，可以发现，尽管学者讨论的对象是范氏义庄，但大都试图通过对范氏义庄的研究来完善宗族史、思想史或慈善史的书写，这也为之后范氏义庄的跨学科研究奠定了基础。

三　新的方向——范氏义庄研究的跨学科对话

近年来，范氏义庄的研究成果相比之下数量较少，却明显地反映出了当下学科融合的趋势。

田乐在范氏义庄的个案研究上有所突破，他结合社会学的研究方法和理论，透过叙述天平山禁山诉讼的来龙去脉，揭示出范氏义庄在以往研究中被忽视的诸多细节，并展现出清代苏州地方社会中乡绅、大族、官府的关系。天平山为范氏祖先埋葬之地。由宋至清，由于范仲淹的特殊地位，“范氏家族对天平山的使用已经是理所当然的公认之事”。而自康熙年间至光绪朝，围绕着天平山及其周围群山发生了一系列采石与保山的争诉案件。主要原因是工程需要开采天平山的优质石料，而天平山实为范家所控制，宕户与范氏家族之间的矛盾自然不可避免。通过对争诉案件的研究，田乐发现，在范氏家族内部就这一问题发生了分歧，有保山派和开山派之分。保山派人士大多是在义庄中担任实际职位之人（但往往没有取得较高的功名），对家族的荣誉与事业十分重视。而开山派人士成分比较复杂，有的本身就是宕户，有的与外姓宕户串通开山采石。但是，总体而言，所谓的“保山”“开山”之争，体现的是“在范氏家族宗族内部，由于不同身份的族人有不同的诉求，利益会出现矛盾，宗族组织以其自身的地位和对范仲淹等文化象征的占有主导坟山

① 范金民：《清代苏州宗族义田的发展》，《中国史研究》1995 年第 3 期。

② 参见廖志豪、李茂高《略论范仲淹与范氏义庄》，《学术月刊》1991 年第 10 期。

③ 王善军：《宋代族产初探》，《中国经济史研究》1992 年第 3 期。

④ 王善军：《范氏义庄与宋代范氏家族的发展》，《中国农史》2004 年第 2 期。

使用的话语权，排除异己族人的利益诉求”。[①]

为何范氏义庄会牵扯于争诉之中呢？其中一个非常重要的原因就是范氏义庄“得到当朝官府对于范仲淹这一圣贤形象以及范氏义庄慈善义举组织的承认”，这种承认无形中扩大了义庄的权利，这一权利“可以具体到天平山资源实际主导的权力，最终影响到范氏内部族人实际利用山石的权利”[②]，同时，范氏义庄通过长期对天平山以及与范仲淹相关的功能区域进行经营，最终确立了范氏家族对天平山的拥有权。田乐通过展示范氏义庄掌握天平山的过程，揭示了范氏家族利用范氏义庄来加强宗族实力的手段。

朱林方着力于从法律史和政治史的角度重新审视范氏义庄，在其硕士论文《“家”的法律构造——以范氏义庄为中心的考察》中，他探讨了范氏家族《义庄规矩》的演变过程及其意义。朱氏认为范氏义庄多次修改《义庄规矩》，可以将其看作是一个家法不断修正的过程，由此形成了一套“复杂缜密而极具生命力的宗族法律构造，建立起了以保障族人的财产性权利、文化教育权利、礼仪性、组织性权利为主旨的权利分配模式”[③]，随后他又将研究推向深处，力图从国家治理体系的角度对范氏义庄作出新的研究，以实现“窥见帝国时代中国国家治理逻辑和治理体系的某些直观重要的面相”[④] 的目的。他指出，范氏义庄克服了科举制下官僚身份的一次性和家产均分制下财富日益稀薄化的难题，通过族产共有制、宗族义学制、公举共议制，成功地实现了官僚士大夫的累世再生产和宗法家族的长存不堕，是宗族稳固的成为帝国秩序生产与扩展的载体和社会动员、控制与整合的基本单元。同时，范氏义庄重新激活了宗族宗法制，强化了国家对基层的控制能力。

四 小结与展望

纵观近三十年的范氏义庄研究，成果颇丰，将范氏义庄的成立、发展梳理得十分清晰，对范氏义庄的性质与影响也作了客观的分析。但是，通过上文的叙述可以发现，绝大多数研究者并没有将范氏义庄研究从范仲淹研究和义庄义田研究中独立出来，有特点的个案研究较少。随着史学研究的理论和视角不断丰富，研究者着眼于从政治史、宗族史、制度史、思想史、慈善史等方面重新解构范氏义庄，其中不乏力作。但仅将范氏义庄作为义庄义田产生的源流加以论述的不在少数，这一论述方式虽然突出了范氏义庄的重要性，但导致的结果却是范氏义庄在研究中往往仅被一笔带过，仍然缺少对范氏义庄单独的、系统的研究。而近年来，随着史料的不断丰富，学科对话的趋势不断明显，以范氏义庄为个案进行跨学科研究的成果开始出现，这也体现出范氏义庄的研究价值依然不减。笔者认为，从社会史的研究角度，将范氏义庄作为一个社会组织加以考察，着眼于社会组织之于社会的意义，可能会得出一些新的看法。此外，田乐文中所涉及的范氏族人关于其祖茔所在之

---

① 田乐：《清代范氏义庄与天平山禁山争讼案的演变》，载北京大学历史学系编《第十届北京大学史学论坛论文集》，2014 年。

② 同上。

③ 朱林方：《“家”的法律构造——以范氏义庄为中心的考察》，硕士学位论文，西南政法大学，2013 年。

④ 朱林方：《义庄：宗法一体化国家治理体系的一个样本》，《华中科技大学学报（社会科学版）》2014 年第 4 期。

地天平山开采之事发生意见分歧这一事例，我们或许可以从观念史的角度加以考察，出现这种分歧是否体现了范氏宗族成员对宗族的观念发生了改变？能否进而印证清朝宗族成员的宗族观念发生了变化？这应当是一个值得思考的问题。

总体而言，笔者认为围绕着范氏义庄还有不少值得探讨的问题。其中，传统慈善与现代慈善之间的关系也值得我们注意，传统慈善组织对现代慈善组织有何影响，又是如何影响的？在对范氏义庄的研究中或许能够发现这一问题的答案。此外，加强跨学科的对话，从多角度对历史悠久的传统慈善机构进行考察，也是进一步推进范氏义庄研究的重要手段。同时也要注意与国外的研究者加强交流，海外学者并非对范氏义庄毫无研究，但在上文述及的研究成果中，提及海外研究成果的并不多见，令人感到有些遗憾。如果能将相关的研究与海外学者的研究相互印证，这对于推进范氏义庄的研究应当有所裨益。

（原载《泰山学院学报》2016 年第 5 期）

近十年宋代士人交游研究综述

胡　珍

一　宋代士人交游背景探析

“士”，是对古代知识分子阶层的特殊称谓。自先秦以来，这一阶层一直是中国古代社会中最重要的精英阶层，在春秋战国时期，这一阶层又是社会文化中最活跃的群体，在历史的行进中，他们成为中国思想文化发展的重要创造者和传承者。士人所具有的崇高的道德情操和高洁的品行节操甚至成为一代又一代士人们向往的精神标杆，这种追求用张载所说的振聋发聩的名言来概括就是：“为天地立心，为生民立命，为往圣继绝学，为万世开太平。”张载所发出的士人铁肩担道义的这种气概，为中国古代的士人奠定了一个很高的基调，折射到士人交游上，即同时期涌现出了大量的士人群体，以及形成丰富多彩的交游活动，留下了大量令后世高山仰止的文学艺术作品，为宋代文化的繁荣与发展作出了巨大的贡献。

宋代士人的交游，并不是泛泛之交或者一般性的往来。士人这一知识阶层的交游，主要偏重于精神、情感的交流以及心理的共鸣，也包括学术上的交流切磋和政治上的互相奖掖提携和志同道合。宋代在中国历史上是一个特殊的朝代，由于朝廷崇文抑武的宗旨，思想文化领域取得了长足的进步与发展，尤其是理学思想的兴起，更是为士人们一展宏论提供了广阔的背景。许多士人由于学识和地位相近，以及志趣相投而形成较为稳定的交游关系，他们对宋学的发展起着举足轻重的作用。当然，由于士人的身份特殊，我们也要对士人阶层区别看待，他们当中大部分是统治阶层的一分子，从而难免品评政治，议论朝政，甚至有时候被反对派目为朋党，成为北宋政治斗争的有机组成部分；又由于他们是当时知识文化的代表，开一代风气之先，因此他们的政治地位和学术威望也往往成为读书人竞相奋斗的目标。至于那些能在科考中发挥自己才能的读书人，也不甘落后，整个风尚为之一变，但相较而言，其交游的影响对朝政的影响则会平淡许多。

前已述及，宋代开国时期便实施崇文抑武、以儒治国、厚待儒士、不杀士大夫和谏官等方针政策，对士人的种种优待，不仅壮大了该群体，而且大大提高了其政治地位，这种相对宽松的政治参与空间的提供，大大刺激了士人科举入仕情结；士人在出仕与治学的同时，又与各种社会关系形成不同层面的、各具特色的交游活动，因此宋代被称为“举世重交游”的时代。近十年以来，宋史学者们对士人交游这一论题，更多的是将其作为家族、地方社会、文化以及文学中的一部分补充内容进行考察，而不是将士人的日常交游作为一个特定视角来研究。

方健《宋代的相见、待客与交游风俗》[①] 概括性地介绍了宋代“举世重交游”的盛况。例如，在上层名士之间展开的交游活动，士人以官居高位、博学多识、德高望重等为主要特征，包括下文提及的范仲淹、韩琦、欧阳修、李之仪等人的交游圈就是这一群体的典型代表；至于普通士人，虽未出仕，但是由于自身的学识文采以及较大的社会名气等原因，交游圈也很广泛，例如邵雍，其虽身处官僚体制外，却以其卓越的学术影响力以及儒道兼综的个人魅力，构建了以自己为中心的独特的士人交游圈，这种交游类型属于普通士人与士大夫与之间、普通士人彼此之间；在宋代还盛行士人与方外人士之间的交游，方外人士精通儒释道，见解独到，崇奉宗教的士大夫与他们有着共同的交游话题，例如杨亿、苏轼等人与佛门弟子的交游活动。

二　宋代士人交游研究现状

（一）宋代士人交游的个案研究主要是围绕宋代著名士大夫展开

对范仲淹的研究，学术界的成果颇丰。方健《从范仲淹的交游看朋党之争》[②]，详细考辨了范仲淹与吕夷简和梅尧臣二人的交游，以及交游与朋党之争的关系；李迪《范仲淹交游考略》[③] 详细论述了范仲淹的交游圈，包括与当时著名的哲学家、史学家、政治家以及文学家们的交游活动，展现了范仲淹作为一代名臣在当世士风、政治以及儒学上的重要影响；文娟《李觏与范仲淹的交游及政治思想刍论》[④] 论述了范仲淹与李觏二人心怀天下，力图变法革新以富国图强的共同理想，由此产生的二人之间的交游。田苗在《范仲淹交游及其赋作研究》[⑤] 一文中，通过对范仲淹与其他士人交游的重要载体之一，即“赋作”进行深入研究，从“赋作”中了解范仲淹交游背后的一些真实情况，例如范仲淹与梅尧臣的交恶原因等；方健《范仲淹与江南士人交游研究》[⑥] 一文，总结范仲淹的交游原则是“唯德是依，因心而友”“尊师重道，敬老优贤”“见贤必亲，思贤若渴”“淡交若水，物外悠悠”等，此等原则同时也是古代士人这一阶层人格魅力的体现。书信往来也成为学术界关注的主要内容之一，书信曾是宋代士人交游中最为广泛使用的方式之一，方健《范仲淹交游研究：以其书信为例》[⑦]，以范仲淹交游书信 52 通作为样本，逐一考释范仲淹的交游圈。

关于王安石交游活动的研究有：张新红《王安石与欧阳修交游考略》[⑧] 重点论述王安石与大文人欧阳修之间的交游实际，以及二人交游对朝堂政治的影响；《王安石交游考辨》[⑨] 是其硕士论文，主要把王安石人生各个时期的交游活动作为研究的切入点，选取八

---

① 方健：《宋代的相见、待客与交游风俗》，《浙江学刊》2001 年第 4 期。

② 方健：《从范仲淹的交游看朋党之争》，《江苏大学学报》1998 年第 4 期。

③ 李迪：《范仲淹交游考略》，硕士学位论文，郑州大学，2001 年。

④ 文娟：《李觏与范仲淹的交游及政治思想刍论》，《江西社会科学》2007 年第 7 期。

⑤ 田苗：《范仲淹交游及其赋作研究》，硕士学位论文，吉林大学，2007 年。

⑥ 方健：《范仲淹与江南士人交游研究》，载香港新亚洲文化基金会有限公司编印《范仲淹研究文集（之三）》，2003 年版。

⑦ 方健：《范仲淹交游研究：以其书信为例》，载《范仲淹全集》，四川大学出版社 2002 年版。

⑧ 张新红：《王安石与欧阳修交游考略》，《太原城市职业技术学院学报》2005 年第 6 期。

⑨ 张新红：《王安石交游考辨》，硕士学位论文，郑州大学，2004 年。

个与其有着重要关系的人物作为重点考证对象，包括曾巩、王令、吕惠卿、苏氏父子、司马光、欧阳修、韩琦，以及方外之士等，从而考证、辨析王安石与名士之间的往来，折射出北宋政治大背景、士大夫的心态以及王安石作为政治家、文学家、思想家在中国政坛及文坛的重要影响。王育济《宋代王安石家族及其姻亲》①，是以王安石家族为例证，考证交游和婚媾对整个家族繁荣发展带来的影响。

关于司马光的交游活动的研究有：刘丽丽《司马光与二程交游考述》②，道同而志不和是司马光与二程的交游的主要特征，共同的理学信仰促成彼此的交往，但是又由于司马光难于脱身仕宦的入世精神，致使他们的交游结束；其《司马光交游考述》③ 一文，将司马光交游对象根据身份特征进行分类有哲人、名臣、局僚、党友、同年、文士以及隐士，包括邵雍、程颐、程颢、庞籍、文彦博、范祖禹、刘恕、吕诲、吕公著、范镇、石扬休、苏轼、苏辙、梅尧臣，以及魏闲等人的交游，对了解司马光交游经历、人生阅历、性格特征、思想观念和价值取向等有重要作用，并且从中可以总结出士大夫交游的特征，例如家族特征、地缘交际特征、朋党性特征以及交游对象的复杂性和范围的广泛性等。

对唐宋八大家之"三苏"交游考证研究的成果，主要书籍专著有孔凡礼先生《三苏年谱》④，书中梳理了三苏一生，详细且完备考证了与三苏有往来的人物及其事迹。选取三苏中一人作为主要研究对象的有，王水照与崔铭合著《苏轼传：智者在苦难中的超越》⑤，王水照、朱刚《苏轼评传》⑥，书中将苏轼作为文学家，对其曲折一生进行细致研究，也对苏轼的人际关系和交游事迹进行了简单探讨，成为人物研究中的重要组成部分。杨庆存《苏黄友谊与宋代文化》⑦，书中专节论述苏轼与黄庭坚师徒二人的交游活动，以及二人对宋代文化带来的重要影响。另外，孔凡礼先生《苏轼年谱》⑧，旨在梳理苏轼的生平事迹，该年谱详细记述、考察苏轼交游人物和事迹，例如苏轼与欧阳修、张方平、范镇等名士，与司马光、王安石等局僚，与王巩、孙觉等知己、"苏门六学士"的文学交游，以及与宗亲赵德麟，与武将梁交等等。莫砺锋在《漫话东坡》⑨ 一书中的第二章着重论述苏轼的交游，有忘年之交张方平、范镇、欧阳修和张先，知己文与可、米芾、陈季常，僚友钱勰、蒋之奇、王钦臣等人称"元祐四友"，将苏轼的交游作了简要论述，是一部文学性质的书籍。

关于其他名士的研究成果也很丰硕。如李之亮《梅尧臣交游考略》⑩ 和《关于梅尧臣交游的几个问题》⑪，两篇文章都是对梅尧臣的交游情况的梳理。此外，付嘉豪《李之仪

---

① 王育济：《宋代王安石家族及其姻亲》，《东岳论丛》2001 年第 3 期。
② 刘丽丽：《司马光与二程交游考述》，《平原大学学报》2007 年第 2 期。
③ 刘丽丽：《司马光交游考述》，硕士学位论文，郑州大学，2004 年。
④ 孔凡礼：《三苏年谱》，北京古籍出版社 2004 年版。
⑤ 王水照、崔铭：《苏轼传：智者在苦难中的超越》，天津人民出版社 2000 年版。
⑥ 王水照、朱刚：《苏轼评传》，南京大学出版社 2004 年版。
⑦ 杨庆存：《苏黄友谊与宋代文化》，载《黄庭坚与宋代文化》，河南大学出版社 2002 年版。
⑧ 孔凡礼：《苏轼年谱》，中华书局 1998 年版。
⑨ 莫砺锋：《漫话东坡》，凤凰出版社 2008 年版。
⑩ 李之亮：《梅尧臣交游考略》，《文献》2001 年第 4 期。
⑪ 李之亮：《关于梅尧臣交游的几个问题》，《中州学刊》2001 年 6 期。

交游考论》[①] 和刘秀梅《李之仪交游考略暨作品研究》[②]，都是对北宋后期苏门文士之一李之仪交游问题的研究。付嘉豪在其文章中通过对李之仪不同时期交游情况的对比，由前期的重“节义”到后期的重“禄利”，得出了李之仪晚年人格变化的结论。刘秀梅在其文中第二部分考证李之仪与苏轼的交游情况以及苏轼对李之仪的影响，第三部分内容考证李之仪与苏门弟子等人的交游情况。邵明华在《邵雍交游研究——北宋士人交游的个案研究》[③] 一文中，对北宋未仕名士邵雍的交游情况进行了的全面考证，包括邵雍与上层包括司马光、富弼、吕公著、王拱辰、韩绛、吕诲等，中层包括王尚恭、范祖禹、王益柔叔侄等官僚群体交游研究，与弟子辈交游研究包括亲传和私淑弟子等，以及与哲人交游研究，其中包括与二程、张载，重现四位道学之尊的交游互动。

宋代士人交游活动很是频繁，除过上文提及之外还有很多有价值的研究内容有待挖掘。

（二）对宋代士人群体交游状况的研究

学界对宋代士人群体交游研究热度，相比个案研究而言略显冷清。

徐红《北宋进士的交游圈对其家族通婚地域的影响》[④] 一文，指出北宋士人在进士及第取得功名之后，与同年、同僚以及志趣相投的文人师友进行了广泛交游，一方面扩大了其人际交往与交游圈，另一方面更重要的是其家族成员的联姻对象选择范围扩大。

崔延平的博士论文《北宋士大夫交游研究》[⑤] 应该说是群体交游研究的力作。作者跳开个案研究的局限，从士大夫群体交游的全局来说明北宋士大夫这一阶层群体的交游情况，考虑到北宋士大夫生存发展的政治生态环境，认为北宋士大夫的交游方式主要以走访、雅集和结社等为主，他们以自信、平等为前提，交游心态较为包容，交友观上遵循慎交、淡交和恒交的交游原则，进而促成了朋党、婚姻关系的结成。文章还论述了北宋士大夫与几个特殊群体如武将、宗室和后妃等的交游情况，结合整个宋代宽松的政治文化氛围以及优待士人的政策，以及宋代繁荣的社会经济等大背景下进行研究，是对北宋士大夫交游的系统全面的论述。

（三）以文会友的学术道义交游研究

士人之间因为钦慕彼此文采，以文相聚在当时成为较普遍的现象。这种往来不再局限于士大夫之间，也扩展到了普通文人之间以及普通文人与士大夫之间。学界研究可谓蔚为大观。例如学术论文方面有：何灏《北宋文史学家宋祁安陆交游考》[⑥]，宋祁为宋初著名的文学家与史学家，其在安陆时期与连舜宾，连庶等人进行过广泛交游，文章通过对该交游事迹的考证，试图勾勒宋祁早年的生活轮廓；司东瑶《司马光与熙丰时期的洛阳诗坛》[⑦]，

① 付嘉豪：《李之仪交游考论》，硕士学位论文，宁夏大学，2004 年。
② 刘秀梅：《李之仪交游考略暨作品研究》，硕士学位论文，首都师范大学，2008 年。
③ 邵明华：《邵雍交游研究——北宋士人交游的个案研究》，博士学位论文，山东大学，2009 年。
④ 徐红：《北宋进士的交游圈对其家族通婚地域的影响》，《史学月刊》2008 年第 12 期。
⑤ 崔延平：《北宋士大夫交游研究》，博士学位论文，山东大学，2011 年。
⑥ 何灏：《北宋文史学家宋祁安陆交游考》，《中华文化论坛》2010 年第 3 期。
⑦ 司东瑶：《司马光与熙丰时期的洛阳诗坛》，《中国文化研究》2004 年夏之卷。

考述了北宋熙宁和元丰年间，以司马光为中心的洛阳诗人群体的频繁结社和唱和活动；潘守皎在《王禹偁与晁迥的文学交游》[①] 一文中主要论述了宋初著名文学家王禹偁与士大夫晁迥的交游情况，从二人的诗词唱酬中，梳理二人从桑梓之谊到弱冠相交，并且在宦海中互相慰勉，互赠诗文以寄情的历史情节，这种交游对北宋早期文坛产生了重要影响；邹锦良《心理认同与士人结群：南宋庐陵士人的日常交游——以周必大为中心考察》[②]，论述周必大与胡铨、杨万里，以及周必大的同甲、门生等人的交游活动，他们郊居从游，赋诗、赏花、品酒以及校刻书籍，营造了庐陵文化，并对地方学术文化氛围造成重大影响；房厚信《王莘交游考》[③]，根据史料考证宋初著名的藏书家王莘与文学家欧阳修、路经、王安石、李之仪、秦观及常秩等人在文学上的相互往来的情况；周炫《刘克庄与王迈、林希逸的文学交游考述》[④]，考证南宋晚期文坛宗主刘克庄的交游事迹，王迈是其文学和政治同道，林希逸则是文学知己，三人之间的交游，对彼此的文学创作和互相砥砺以及文集传播产生了深远影响；吴世海在《李燔与朱子门人交游研究》[⑤] 一文中，论述了南宋时期著名的理学家和教育家李燔与朱子门人相聚讲学、传播理学交游往事，他们的交游活动扩大了理学的影响力；陈斌《天圣、明道间欧阳修交游考述》[⑥]，主要梳理欧阳修在洛阳地区的交游对象，包括留守钱惟演幕府的同僚，还有非钱幕成员，以及其门生等，他们之间以唱和诗文、论艺谈诗为主要特征和旨趣，并指出这种交游方式具有“群体性质”和“文学性质”的特点，进而透视洛阳文学发展情况及交游对欧阳修成为文坛领袖的重要影响；汪国林《宋仁宗朝文人雅集唱和和宋诗变革》[⑦] 一文论述了在仁宗时期，士人之间以诗文唱和为媒介进行广泛的文学交游活动，并且对宋诗产生重要影响。对于士人以文会友的交游研究成为近年来一部分硕士学位论文所关注的内容之一，代表性的论文如张爱平《张耒与苏轼交谊及其文艺思想初探》[⑧]，张耒是著名的“苏门四学士”之一，其与恩师苏轼之间频繁的交游活动，对其文学创作以及文艺思想产生了不可小觑的影响；李鸿雁《江西诗派唱和活动研究》[⑨] 考察两宋之交江西诗派的文学交游活动。在著作方面有：邹重华、粟品孝主编的《宋代四川家族与学术论集》[⑩] 是区域历史与人物研究的一部代表作，论证士人交游过程中营造了各种文化氛围，并且留下各种佳作，对四川地区的学术发展产生的重要影响；熊海英《北宋文人集会与诗歌》[⑪]，书中论述了北宋时期文人士子以定期集会为主要交游方式，包括怡老会、茶会、诗社和中秋聚会等，他们以诗词唱和为核心媒介的日常交游活动，使北宋诗文歌词有了巨大成就，同时也是文人群体政治意识的

---

① 潘守皎：《王禹偁与晁迥的文学交游》，《山东大学学报》2008 年第 1 期。

② 邹锦良：《心理认同与士人结群：南宋庐陵士人的日常交游——以周必大为中心考察》，《北方论丛》2012 年第 4 期。

③ 房厚信：《王莘交游考》，《阜阳师范学院学报》2013 年第 5 期。

④ 周炫：《刘克庄与王迈、林希逸的文学交游考述》，《湖南社会科学》2014 年第 4 期。

⑤ 吴世海：《李燔与朱子门人交游研究》，《商业文化》2014 年第 23 期。

⑥ 陈斌：《天圣、明道间欧阳修交游考述》，《郑州大学学报》2008 年第 2 期。

⑦ 汪国林：《宋仁宗朝文人雅集唱和和宋诗变革》，硕士学位论文，西北师范大学，2007 年。

⑧ 张爱平：《张耒与苏轼交谊及其文艺思想初探》，硕士学位论文，首都师范大学，2007 年。

⑨ 李鸿雁：《江西诗派唱和活动研究》，硕士学位论文，广西师范大学，2008 年。

⑩ 邹重华、粟品孝主编：《宋代四川家族与学术论集》，四川大学出版社 2005 年版。

⑪ 熊海英：《北宋文人集会与诗歌》，中华书局 2008 年版。

觉醒。

以上这些研究，基本上都属于文人士子的学术性、文化性交游活动，他们以诗文相会，吟诗颂词，进行文学上的切磋与砥砺，不仅促进了各自的诗文技艺不断向着精湛发展，从而精益求精，而且还活跃了当时社会文化氛围，促进了社会文化的发展。

（四）与方外人士交游的研究

宋代由于整个社会文化环境比较宽松，因此士人交游范围极其广泛，不仅仅局限于士大夫及文人之间的往来，他们还和方外人士过从甚密，彼此以道德文章互相酬和、互相切磋，他们或援佛入儒，或援儒入佛，最终促成了宋代理学的产生。因此士僧之间的交往甚至成为千古佳话。士人多以清净、禅修作为自己人生的信念，诗文和名号上亦多有体现和渗透佛教思想，如苏轼号“六一居士”，意为自己乃居家修行之人。其他如黄庭坚、杨亿等名士其行为和诗文也颇有佛僧风骨。

关于对士、僧交游事迹研究的学术论文有：龙延、陈开勇《黄庭坚禅林交游考略》①，考述黄庭坚与僧人们的交游活动，包括圆通法秀、晦堂祖心、道臻、祖元、圆玑等，使得黄庭坚的佛教思想更为丰富；冯国栋、车轩《杨亿佛门交游考》② 一文中，杨亿既是士大夫，又是佛教居士与外户，通过其与佛门人物宝应法昭、四明之礼、慈云遵式、兴国有基、聪道人、雄道人、显道人等佛门弟子的交游，可知杨亿结交佛门人物的原因是受家庭与师长的影响，以及自身壮年丧子、晚年贬谪的人生遭遇，以管窥杨亿与佛教的关系；苏轼与佛印之间的逸闻趣事妇孺皆知，喻世华《苏轼与佛印交游考》③ 一文，重点从二人的诗文往来中考证二人交游的经过，从论述二人最初交游时间为苏轼贬谪黄州时，到元祐时期二人的交游关系更为密切；李向明在《苏轼禅理诗生成的文化背景》④ 一文中，论述促成苏轼禅理诗生成的原因之一就是结交于僧友、结缘于佛禅；黄锦君《宋末诗僧道璨与士大夫交游考》⑤，该文以南宋诗僧道璨的诗词文章为依据，参考相关史料，探讨禅学与士大夫、理学、社会等方面的关系，揭示儒释之间的复杂关系。该文章是鲜有的论述南宋时期士僧交游情况的一篇佳作，道璨先入理学再入释门，其自身具有很高的文学素养，师承与士大夫交往传统，交游士大夫上至丞相和王公贵族，下至县官小吏，以诗文交流情感，以理学发散思维，互相认同的处世态度，不仅有着学术的探讨而且也有思想的交流。这篇文章将士人与方外人士的交游分析的更为透彻。

学位论文方面有：鲍新山《北宋士大夫与道家道教》⑥，专节讨论北宋时期士大夫与道士之间的交往活动，例如，士大夫与道士探讨文学艺术的同时，向道士求取得道成仙以及炼制丹药的黄白之术，道士则求士大夫撰写碑铭等，士大夫在与道士探讨道教义理中，学习道家的豁达处世态度，使得其政治思想与文学作品中夹杂道教思想；吴庆红《北宋

① 龙延、陈开勇：《黄庭坚禅林交游考略》，《重庆师范学报》2002 年第 2 期。

② 冯国栋、车轩：《杨亿佛门交游考》，《宗教学研究》2007 年第 2 期。

③ 喻世华：《苏轼与佛印交游考》，《江苏大学学报》2013 年第 4 期。

④ 李向明：《苏轼禅理诗生成的文化背景》，《求索》2007 年第 1 期。

⑤ 黄锦君：《宋末诗僧道璨与士大夫交游考》，《宗教学研究》2007 年第 1 期。

⑥ 鲍新山：《北宋士大夫与道家道教》，博士学位论文，暨南大学，2005 年。

诗僧道潜研究》[①]，以僧人道潜为中心，梳理与其交往的士人包括苏轼、秦观、孙觉、苏辙、陈师道、苏迈、张耒、曾巩、李子仪、李常等等，从中可见道潜与士大夫交游的频繁，正是道潜文学魅力兼综方外思想使得士大夫围绕纷纷前来，彼此的诗词酬唱，是文化的交流与思想的碰撞。

专著方面有：潘桂明《中国居士佛教史》[②]，书中有多处涉及宋代士人、居士文彦博、晁迥、张方平、二苏、黄庭坚、晁补之、晁说之等人热衷于研习佛学，以及与方外人士交游往来、谈禅论道、走访雅集、诗文相和等等，这些都对士大夫的思想产生重要影响，超然物外的恬淡、豁达思想越发明显，“出世”与“入世”的转化，也对佛教教义中国化，以及更快的世俗化带来催化作用，同时也使得道家思想在士大夫的信仰与传播下影响力更加扩大化发展。

以上论著，都说明了宋代士人与方外人士的亲近，他们之间的交游活动，影响彼此，对于深入了解士人与方外人士交游有很大启发意义。

宋代士人交游活动除过上文提及的类型之外，还有士人与武将、后妃、宗室、外戚、歌妓、商人等人的交游。曾瑞龙《北宋种氏将门之形成》[③]，书中有论述武将种氏一族中与士大夫交游的情况，例如种世衡与范仲淹、韩琦等人，种锷与韩绛之间的交游关系等；何冠环《北宋武将研究》[④]，书中也有涉及武将与士大夫的交游。从中可以了解士人与武将交游的原因，一方面是士大夫自身是儒将，例如范仲淹能文会武，双重身份的转换有利于和武将进行交游，从其作品中就可以解读；另一方面是武将有可能是祖上的恩荫入仕，其更多的身份倾向于文人，例如，王诜属太原王氏，祖辈都为武将，祖父王凯在仁宗朝征西边，以征元昊有功，官至武胜军节度观察留后，职至马军副都指挥使，其显著身份为画家，不过只是挂了武人的职，其更多的是文人气息，其与苏轼之间的交游为后人津津乐道。

由于他们身份地位的特殊，统治者在“与士大夫人共治天下”的同时总结前代教训，对这些身份的人加以戒备防范，对士人与他们之间交游活动产生了一定的阻碍，但是这些罕有交游活动的形成，是士人身份地位上升和社会文化繁荣发展的一个重要表现。

三 对宋代士人交游的思考

通过以上梳理发现，学界关于宋代士人交游这一论题的主要着眼点还在于名士。这是因为，一方面名士交游圈的内容较为丰富，且交游对象纷繁复杂，对这一阶层交游圈的论述，能使得名士的形象更加丰富和全面，对于把握“交游”这一主题本身很有意义。另一方面，则是名士阶层更能代表其“士”群体的“精英性”特征与“平民化”倾向，他们进则为天下民生谋划，退则于山水之间放情，这使得对名士阶层的研究角度可以在“庙堂之高”和“江湖之远”间自如地切换，从而将“交游”这一研究的内容置于整个时代的背景之下，从政治、文化、思想、经济等各个方面去全面考察这一时期的整体情

① 吴庆红：《北宋诗僧道潜研究》，硕士学位论文，南京师范大学，2006 年。

② 潘桂明：《中国居士佛教史》，中国社会科学出版社 2000 年版。

③ 曾瑞龙：《北宋种氏将门之形成》，中华书局 2010 年版。

④ 何冠环：《北宋武将研究》，中华书局 2003 年版。

形。因此，北宋士大夫对象广泛、主题形式多样的交游活动有着非比寻常的意义。这些活动无论是对士大夫自身的治学与仕途而言，还是对整个时代的文学和学术，以及士风、世风的影响上来说，都有着举足轻重的作用。

众所周知，宋代虽然在政治上没有实现“外王”的理想，甚或仅占据半壁江山，但除此而外的其他方面的成就则已经得到了学术界的肯定，比如与气势恢弘的盛唐相比，宋代的文化成就、商业发展、经济收入、科技水平、诗词歌赋毫不亚于唐代，甚至还在唐代之上。这些成就的获得，必须从宋代整个宽松的文化环境方能予以解读。宋代不杀士人与言者、崇文抑武的政策对文人群体的形成有极大的促进作用，在相对优渥的环境下，士人引领了整个社会风气，也奠定了整个社会对士人之间互相交游、互相提携认同的基调。

鉴于学者们的研究视野多集中于北宋时期的士大夫阶层，并且注重探讨他们之间政治意义上和文学交流下的交游活动的种种情况，在今后有关士人交游的课题还可以在以下方面展开：对南宋士人交游的研究可以进一步拓展；士人交游与朝堂政治的关系；士人交游对理学形成的作用；士人交游或者交恶对皇帝决策的影响；普通士人之间的交游对基层文化的建设与引领作用；士人交游的背景分析应不再仅仅局限于某种单一因素，更多地从宋代发达的社会经济，以及宽松繁荣的社会文化氛围等方面去探讨，包括政治因素驱使、党派僚友间共同的政治理想、共同的文学热爱下的彼此欣赏、共同的心理认同和相近的生活地域等；在研究士人交游的影响方面，不仅要探讨交游活动对参与双方的影响、对交游活动进行的某一地域所带来的影响，而且要客观全面分析交游活动对于当时社会政治、经济、文化等各个方面所带来的影响等。

宋代是中国传统社会急剧变迁的时代，这种变迁明显的体现在社会发展的各个层面。具体到士人阶层而言，北宋以来的士人阶层具有了更多新的特征，虽然他们在交游中表现出了很强的区域性和团体性，而且名士阶层中不乏家族几代共居显位的例子，但又明显不同于秦汉魏晋以来的门阀世族那般能够轻易左右政权；在交游中虽不乏传道授业的师徒形式，但又未曾像汉唐那样门生故吏互为倚仗，共同谋取更高的地位与权力的事例。他们合则留，不合则去，虽然有政治上的对立与斗争但少有私人的恩怨与冲突，更多的是为了思想政治抱负而不是贪图权贵。这些特征显然是与传统贵族势力的下降和皇权的不断加强为前提的，士人的活动在这一背景下不可避免的打上了时代的深刻烙印，并且反过来影响了宋代社会的发展。总之，从各个方面论述这一群体的交游，有助于进一步了解宋代士人这一庞大群体，进而从各个角度更好地了解宋代社会发展全貌。

（原载《榆林学院学报》2016 年第 1 期）

宋代贬谪文学研究述论*

赵雅娟

“贬谪文学”是一个牵扯很多方面的概念，它包括了政治制度、政治事件、文人身份、贬谪地区、贬谪群体等一系列互相交织的问题。要研究“贬谪文学”，我们就必须对此有一个比较准确的界定。尚永亮教授在《贬谪文化与贬谪文学——以中唐元和五大诗人之贬及其创作为中心》中提道：“所谓贬谪文学，大致由三大部分组成。第一部分是贬谪诗人在谪居期间创作的文学作品，这是贬谪文学的主体；第二第三部分则是贬谪诗人在谪居前后以及非贬谪诗人在送别赠答、追忆述怀时创作的有关贬谪的文学作品，这是贬谪文学的侧翼。”① 他对于贬谪文学这一概念的界定，既考虑到时间这一层面，又兼顾到内容这一层面，在概念界定上更为全面准确。我们在总结宋代贬谪文学研究时，就以此界定为基础来观照和选择总结的范围。

相对于唐代贬谪文学研究的成熟度，宋代贬谪文学的研究还有待于更加的深入。但近年来也出现了不少成果，我们可以从多个方面来总结一下宋代贬谪文学的研究成果。

一　宋代贬谪文学总体的宏观研究

首先，从研究的角度，我们可以看到有学者对宋代贬谪文学形态进行了总的描述和研究。其中有代表性的论文有尚永亮、钱建状《贬谪文化在北宋的演进及其文学影响——以元祐贬谪文人群体为论述中心》，这篇文章以北宋最具代表性的元祐贬谪文人群体为论述的中心，在与唐代贬谪文学现象对比的情况下，详细分析了元祐党人遭贬的原因是因为激烈的新旧党争以及由此引起的贬谪文人的险恶处境，在这种处境下贬谪文人群体的应对措施即自我保护意识的增强以及这种保护意识对于文学创作的影响。同时作者通过对贬谪文人贬谪期间作品内容的分析，指出宋代元祐贬谪文人群体在心态上分为两类：第一类是以秦观、苏辙、邹浩等为代表的幽怨苦闷的心态，这类文人在很大程度上仍然重复着唐代逐臣曾经演绎过的心路历程。第二类则是以苏轼、黄庭坚为代表的虽然置身逆境但心态旷达具有超越意识的文人。虽然他们二人由于人生哲学的差异导致在贬谪心态上也有一些差异，但他们“在遭贬处穷之际，通过心理的调适，力图摆脱烦恼的纠缠与外物的束缚，让内心归于平静、安宁，系苏黄二人共通的心理诉求。而这种心理诉求，反映在审美情趣

---

* 本文受2015年度中央高校基本科研业务费专项资金“宋代初期贬谪文学与文化研究”（项目编号：2015111010205）的资助。

① 尚永亮：《贬谪文化与贬谪文学——以中唐元和五大诗人之贬及其创作为中心》，兰州大学出版社2004年版，第256页。

上，就是对‘中和’的肯定，反映在文学创作上，就是对平淡风格的追求”。[①] 全文通过对元祐贬谪文人群体的分析，对北宋贬谪文化进行了定位，认为“北宋，特别是北宋中后期，乃是唐宋之际贬谪文化的分水岭”。[②] 认为在“苏黄等人诗文中体现出的这种文化趋势，一方面改变了北宋贬谪士人的精神风貌，使得无畏、超越、乐观成为宋代贬谪文化的核心内容；另一方面，它打通了价值实现的另一途径，使得宋代诸多遭贬士人于逆境中重新发现生命的意义、审视生命的内涵……尽管贬谪文化在宋代的演进，至南渡之初，再起波澜，但就其基本内涵来说，却没有逸出北宋的范围”。[③] 这篇长文虽然从元祐贬谪文人群体切入，没有涉及宋代其他贬谪事件和贬谪文人的创作，但由于其选择的典型性，论述的深入和透彻，其实已经给后来的宋代贬谪文学研究指出了研究的方向。复旦大学吴增辉的博士论文《北宋中后期贬谪与文学》则主要关注北宋中后期的贬谪与文学的关系。论文依靠北宋中后期的历史背景，以儒学复兴的演变、南北地域文化的冲突、士人心态的衰变及诗歌风格的流转为主要线索，对此期间的贬谪与文学间关系进行了较为深入的探讨。从新旧学术的歧义，南北地域文化的冲突来分析北宋中后期党争以致导致贬谪事件频发的深层原因，并将贬谪文人分为熙宁元丰、元祐、绍圣至徽宗朝三个阶段，分析和总结了三个阶段不同的贬谪事件和政治风格导致的贬谪文人不同的心态与文风，以及这种心态的形成过程和表现特征，苏黄贬谪文化人格的典范意义，以及贬谪事件造成的对后世诗坛发展的影响。这篇博士论文受尚永亮教授上文的启发，取材于北宋中后期，但因为北宋中后期是党争导致的贬谪的高发期，其内容庞杂，千头万绪，人物众多。作者从多角度切入论题，论述内容全面多样，哲学、文化、心态、文学、对后世影响均有涉及，整体分析和个案分析相结合，是一部内容特别丰富的博士论文。

浙江大学赵忠敏的博士论文《宋代谪官与文化》是从有宋一代出发讨论宋代贬谪官员与文化的关系。论文首先给自己的论述对象一个明确的界定：即有贬谪经历的宋代官吏，二是宋代谪官的文学创作。在这个界定的基础上，作者分析了宋代贬谪事件的演变历程及其特征，宋代谪官的现实处境及其生存状态、他们面对困境的表现和安顿之道，并进而分析了他们的处穷哲学，最后一章则集中分析宋代谪官的文学创作特征。该文认为宋代贬谪文学的特征在于追求“平淡美”。“平淡美”已经与人格境界日益趋于一致，它不仅表现为风貌的淡泊、情感的沉潜、韵味的深远，还摆脱了为文造情的窠臼，呈现出随心所欲而自造平淡的特点。因此，士大夫以贬谪为契机所阐释的平淡诗风，不仅是实现了对前人的超越，也为宋诗日后的走向产生深远影响。[④] 这篇博士论文是目前唯一一篇全面论述宋代贬谪文学的博士论文，其内容涉及政治、文化、地域、哲学思想及文学创作，是比较有分量的成果。整体性研究还有兰州大学夏向军的硕士论文《北宋贬谪词研究》，他从文献出发梳理了北宋词人遭贬的原因、时间和地点并分析了贬谪给北宋文学带来的影响，总结了宋代贬谪词的各种特征：即词的功能的转化、词的题材和内容的丰富、艺术更为成熟以及词风趋向多元化。第四部分透过贬谪词分析北宋被贬词人的种种心态，并进一步探究

---

① 尚永亮、钱建状：《贬谪文化在北宋的演进及其文学影响——以元祐贬谪文人群体为论述中心》，《中华文史论丛》2010 年第 3 期。

② 同上。

③ 同上。

④ 赵忠敏：《宋代谪官与文化》，博士学位论文，浙江大学，2013 年。

形成这些心态的内部和外部原因，而且对北宋词人与唐代士人贬谪心态成因作了比较研究。兰州大学李杰的硕士论文《南宋贬谪词研究》，主要对南宋贬谪词进行全面的勾勒描绘，分析南宋贬谪词中所呈现的三大类情感：家国之念与黍离之悲、壮志难酬与爱国之情以及拘囚忧愤与思乡愁苦之情，力图还原南宋贬谪词的真实面貌，论述其在词体演进的过程中，汲取屈原以来各朝文学精华的基础上达到了内容与艺术的完全成熟。这两篇硕士论文都以贬谪词为研究对象，只是研究的时间段有所不同，也是有针对性地填补了贬谪词研究方面的不足。另外，关于宋代贬谪文学整体研究的还有赵彩娟《关于宋朝“贬谪”文学的分析》、周尚义《北宋贬谪诗文论略》等，不一一赘述。

有些论者把唐宋两朝作为贬谪文化演进的一个整体的过程进行研究，这方面代表性的论文成果有尚永亮教授《唐宋贬谪诗的发展与嬗变》，这篇论文认为唐宋两代是贬谪事件高发、贬谪诗歌创作勃然兴起的朝代。作者分别论述了唐代贬谪诗的几个阶段，总结出唐代贬谪诗悲凉郁愤的特点，也通过对宋代各个时期不同贬谪文人诗歌创作的分析，总结了宋代贬谪诗歌是在逆境中走向超然的特点，进而将两者进行了对比，得出宋代贬谪诗歌风格不同于唐代的三个特点，即“赵宋王朝有优待文士的政策。二是宋人更重视心性的修养和志节的持守，使诗学方向发生了变化”。[①] 张英《宋代词人贬谪与词体的“诗化”》则把宋代词体的“诗化”与宋代词人贬谪联系起来，认为词体的“诗化”首先是因为词人被贬谪后词体的抒情主人公由女变男，由歌女变成了词人自己；从词情看，作为贬谪者的主人公情感内涵由窄变宽，由“假”变“真”，词人的个性开始显现出来。可见词人遭遇贬谪是词体“诗化”的一个重要原因。这篇论文提法比较新颖，也为我们思考词体“诗化”的问题提供了新的视角。

还有学者从贬谪心态的角度来进行研究，如张文静《唐宋贬谪文人的自我精神重建》，认为贬谪是中国古代知识分子的一种特殊存在形态，唐宋时代文人遭遇贬谪的现象十分普遍，但贬谪文人在此期间的文学作品却是光彩照人的。这主要是因为他们将仕途的不幸转化为文学精神的升华，把文学创作看成是他们生命的另一种存在形式，以此为动力而进行他们精神世界的定位与重建。其他类似的论文还有张春美《困境中精神家园的守护——从贬谪心态看贬谪文学的思想内容》、刘勇《穷达皆能为国忧——论唐宋贬谪文学的济世心态》等。

二　个体作家角度的微观研究

这方面的研究则比较集中于宋代的著名文学家，如苏轼、黄庭坚、王禹偁、李纲、秦观等人。但其内容非常丰富和多样，有不同的创作体裁的研究，比如巨传友《苏轼贬谪诗的意趣及其表现特征》，提出苏轼继承了宋初柳、石、欧、梅等诗人尚理重意的特点，但由于他贬谪经历的影响，他的贬谪诗表现出不同的意趣，即渴望回归自然与追求个性自由的野趣；富有生命意识的哲理思辨之趣；“含着眼泪微笑”的谐趣，这些意趣的表现特征则是灵思妙悟、体物传神、运思自由。他认为：“苏轼在总结前人经验的基础上，使他的诗突破了意理的狭隘性，将个人的思想、经验、品格都融入其中，使意的内涵最大化。他主张‘诗以奇趣为宗’，注重对趣的追求，崇尚柳宗元的‘至味’‘奇趣’，李白的

---

① 尚永亮：《唐宋贬谪诗的发展与嬗变》，《山西大学学报（哲学社会科学版）》2007 年第 3 期。

‘天工’‘清新’，表现出对唐诗的扬弃，他力图将唐诗的情韵融入宋诗的意中，创造一种具有味外之味的意趣。苏轼对意趣的追求与表现，形成了宋诗以意趣取胜的风尚。崇宁、大观年间苏轼贬谪海外的诗盛行，‘士大夫不能诵坡诗者，便自觉气索’，这与苏诗深厚的意趣是分不开的。”① 类似内容的还有梁梅《禅宗与苏轼的谐谑贬谪诗》等。李寅生《试论黄山谷的两次贬谪与贬谪诗》则是通过分析黄庭坚两次贬谪期间的生活状态与诗歌创作，论证了黄庭坚两次贬谪期间的诗歌艺术特色，以及所反映的贬谪心态。他认为“在两次贬谪期间，黄山谷是怀着一种自足自慰的优胜心理来看待昔日自身的坎坷和今日自身之不幸的。对于这样一位在中国文学史上影响很大而又有不同评价的作家，其人其诗值得深入研究讨论的东西还是很多的”。② 福建师范大学赖世贤的硕士论文《黄庭坚贬谪时期尺牍研究》则是从黄庭坚贬谪期间创作的尺牍即书信为主要研究对象，认为这些作品无论从题材、体裁、语言、风格来看都极具特色，对宋代尺牍文学创作产生了深远的影响。类似的有张洁的硕士论文《黄庭坚贬谪心态研究》等。

在对个体作家研究当中，有以贬谪地的创作为主的研究，如廖文华、陈小芒《苏辙两谪筠州的心态与文风》，通过对苏辙两贬筠州所创作的文学作品的分析，指出初谪筠州，苏辙的生活和创作称得上丰富多彩，而杜门自省、研修佛理、祈求安宁、回避社会，是他后期心态的主要特征。③ 贬谪词人研究方面另有张英《多少江湖忧乐意，漫呼青兕做词人——谈辛弃疾贬谪词》，文中通过对辛弃疾进行纵向和横向的比较，描述了辛弃疾贬谪词的演变过程，认为辛弃疾贬谪词与同时期贬谪词相比更具备实干精神和领袖气质，但随着贬谪生涯的漫长经历，他词中的理想之光变得逐渐暗沉。另外关于贬谪词人研究的还有曹章庆《悲苦与绝望——秦观谪恨词的情感心态分析》、张英《在悲苦不振中沉沦自灭——论秦观贬谪词的情感轨迹》等。

三　作家群体角度的中观研究

这主要着眼于一个历史阶段或一个地区内以及有师友亲戚关系的贬谪诗人群体的研究同样值得注意。这些人或者有纵向的历史承接关系，或者有横向的区域链接，有的则是因社会关系而在情感、思想、学术等方面互相影响。如郭庆材《论宋代海南谪宦的渡海诗》，通过对宋代流谪制度的梳理，分析了宋代谪贬海南的士人渡海时的自我救赎之道，总结了岭南谪宦渡海诗的特质为“瞻前顾后与情景双绾”④。河北大学石蓬勃的博士论文《苏门诗人贬谪诗歌研究》，以元祐党人最突出之代表苏门诗人群体为观照对象，主要研究苏门贬谪诗人群的诗歌创作，将中国古代诗人的“狂”“逸”心态引入，分别论述了苏门不同诗人贬谪心态之不同，同时探讨了其作诗的主题取向，主要

---

① 巨传友：《苏轼贬谪诗的意趣及其表现特征》，《怀化师专学报》2002 年第 1 期。

② 李寅生：《试论黄山谷的两次贬谪与贬谪诗》，《河池师专学报（社科版）》1996 年第 4 期。

③ 类似的研究还有华中师范大学田宝的硕士论文《贬谪文学与超越意识——以苏轼黄州领海时期创作为中心》、张丽明的硕士论文《苏轼岭海诗研究》、任晓凡的硕士论文《论苏轼儋州散文的创作成就》、于玉蓉的硕士论文《苏轼黄州词论略》、蔡兴科的硕士论文《苏轼谪儋诗的民本思想研究》、陈瑶的硕士论文《王禹偁贬谪商州时期的文风研究》等。

④ 郭庆材：《论宋代海南谪宦的渡海诗》，《中国文学研究》2013 年第 2 期。

从生活苦痛之记述、忧民情怀之展示、归隐情志之思考、死生问题之讨论四方面入手，对苏门诗人贬谪诗作予以全面深入之剖析并结合诗句分析苏门诗人贬谪诗作中使用物象、事象之特征。

复旦大学严宇乐的博士论文《苏轼、苏辙、苏过贬谪岭南时期心态与作品研究》，则把群体研究与地域研究结合在一起，采用“文史结合”的方式，把研究对象聚焦在苏轼兄弟与父子这个家族身上，用翔实的材料论证了苏氏兄弟因为新旧党争而遭贬的政治原因，以及苏氏家族对于贬谪命运的应对之策，通过对他们在贬谪岭南期间诗文作品的创作和学术写作中总结了他们的诗文创作的艺术特点、创作心态和学术思想，充分探讨了苏轼在岭南时期的苦难及其悲戚，揭示出苏轼人性化的一面，着重分析了苏轼和苏辙的政治境遇的不同以及对贬谪的不同态度，也指出他们父子兄弟之间互相影响，共感互勉的情形。按照作者的说法，“本文要探究的主要问题，就是关系紧密的苏氏家族成员，两代三人，包括苏轼、苏辙、苏过，如何面对贬谪的困境，心态上作出了怎样的调适，而产生怎样的作品。通过家族文学、贬谪文学、文人心态等研究角度的交叉融合考索这个文人群体如何展现‘文穷而后工’的异采”。① 还有以贬谪地域为中心的研究，如尚永亮教授《迁客离忧楚地颜——略说贬谪文学与荆湘地域之关系及其特点》，指出荆湘地域因为其地理原因而成为历朝历代贬谪官员的中转地或者贬谪地，而荆湘地域奇特的风俗与奇丽的景色也在历代贬谪文人的作品中凝聚了下来，形成了近乎凝固的悲怨传统和贬谪代码，积淀了浓厚的人文精神。这篇文章不是专论宋代贬谪文学，但在文章最后提到了“荆湘贬谪文学体现着历代文人强烈的关怀现实的精神，荆湘的景物也成为展示迁谪主体仁民爱物之淑世情怀的客观对应物，成为“先天下之忧而忧，后天下之乐而乐，之人文关怀的明确象征。范仲淹的《岳阳楼记》可以说是一个界碑，对这种淑世精神和人文关怀予以明确厘定和提升，由此内化为身处逆境之贬谪文人的心理要素，并扩大成一个颇具感召力的人文传统，对后人发挥着代复一代的深远影响”。② 比较全面地论述了贬谪地对贬谪文人心态与创作的影响。③

马来西亚陈湘琳《夷陵与滁州——一个主题性空间的建构》通过论证欧阳修两次被贬到夷陵与滁州，而在两次贬谪中他图绘、建构的文学世界中的夷陵与滁州，是在穷山以外、边荒之上的一个主题性空间。此外作者还通过论述欧阳修文章中“乐”与“醉”“睡”的主题，指出“夷陵与滁州，隐隐然成为一个空间隐喻，成为自我主体意识的明晰显现。也是在这样的建构意义上，欧阳修完成了他个人理念的反思与阐述。他因此得以超越穷山边荒的惶迫，表现张扬强烈的自我特质与生命追求，并且在实践诗歌日常生活化的创作理念之基础上，把日常生活雅趣化、诗意化，从而大大影响了后来的北宋士人、特别是苏轼的文学创作与人生观，成为北宋一代尚理尚意诗风与知性思辨风气的先行者与领导

① 严宇乐：《苏轼、苏辙、苏过贬谪岭南时期心态与作品研究》，博士学位论文，复旦大学，2012年。单篇论文还有顾友泽、陈媛媛《苦难与道义的博弈——论宋代南渡时期贬谪诗人的创作》等。

② 尚永亮：《迁客离忧楚地颜——略说贬谪文学与荆湘地域之关系及其特点》，《湛江海洋大学学报》2003 年第 2 期。

③ 其他类似的单篇论文还有赵环《贬谪文学中的“地景书写”的文化解读》、杨简《广东贬谪诗论析》、侯艳《岭南意象视角下唐宋贬谪诗的归情》等。

者”。① 该文视野开阔，显示了作者深厚的理论功底，很有说服力。其他的从贬谪地域的角度展开论述的单篇论文还有李景新《李光在海南岛贬谪文化中的贡献与地位》，巨传友、卫亚浩《不到潇湘岂有诗——湖湘古文化对秦观诗词创作的影响》等。程磊《北宋士人贬谪山水中的“集体记忆”——以苏轼及苏门诸子武昌“寒溪西山”唱和为例》、向伟《“海外五逐客”谪琼诗地域特色探微》，虽然两文涉及的只有李德裕属于唐代，但其他四人李纲、赵鼎、胡铨、李光都是宋人。这几篇论文既是群体研究，又兼具地域特色，是贬谪文学研究中比较多的现象。

四 唐宋对照的比较研究

有从唐宋两个朝代来进行整体比较的研究，如刘丽《唐宋海南贬谪文人心态之比较》，分别以唐代的李德裕与宋代的卢多逊为代表，指出唐代诗人感性成分较多，情绪多悲观、凄怆、愤激，而宋代文人则心态较为豁达、平和、超脱。而造成这种情况的原因则主要因为时代精神的不同。以唐宋贬谪文人个案的比较有刘勇《白居易、苏轼贬谪诗文意蕴文比较》、王启鹏《苏轼贬惠与韩愈贬潮影响比较谈》、汕头大学赵雅娟的硕士论文《论苏轼与其“南迁二友”之关系》，都是把宋代贬谪文人与前代文人进行对比，揭示出他们的同异之处，并分析了具体的社会原因和个人因素，指出后人对前人的接受以及根据时代及个性的不同而产生的各种变异。

宋代内部贬谪文人个案的比较，主要集中在苏门文人之间，如刘红红《超越与执着——张耒与秦观贬谪心态之比较》、姚菊《“桃源”与“扁舟”——从意象的选择看秦观与苏轼的贬谪心态》《从词中用典看晁补之的贬谪心态兼与苏轼比较》等。

除了上述分类以外，也有少量从语言学的角度对宋代贬谪文学的分析，如作者《理想化认知模型与唐宋贬谪诗词的语篇衔接》《概念整合理论视阈下的苏轼贬谪词研究》，刘明明《解读秦少游“雾失”“月迷”》。还有研究贬谪文学对于后世及外国影响的论文，如刘陶染《中国古代贬谪文学对于朝鲜朝晚期赋的影响》、沈雪明《“贬谪文化”现象与古今游记文学——以柳宗元、苏轼、郁达夫、朱自清、余秋雨为例》。

迄今为止，以宋代贬谪文学为主体研究对象出版的专著只有一本，即台湾学者郑芳祥的《出处死生：苏轼贬谪岭南文学作品主题研究》。

根据以上论述，我们可以发现，宋代贬谪文学研究在近年来开始受到重视。从2012年开始，每年都有一部跟宋代贬谪文学有关的博士论文问世，硕士论文在量和角度的选择上比博士论文相对更多。单篇论文也呈现异彩纷呈的局面，探讨问题的深度、广度越来越大。但相对于唐代贬谪文学研究来说，宋代贬谪文学还不够成熟，缺乏有分量的专著，没有系统地提炼出宋代贬谪文学的主题性问题；研究方法多样，但研究对象则比较集中，还有很多宋代贬谪文人没有进入研究者的视野。宋代文人多是集文学、政事、学术三位一体，他们的贬谪生涯所牵扯的一系列政治制度、文化学术以及展现在文学作品中的思想历程是相当复杂和值得探究的，这些应该是研究者努力的方向和动力。

[原载《汕头大学学报（人文社会科学版）》2016年第9期]

① ［马来西亚］陈湘琳：《夷陵与滁州——一个主题性空间的建构》，《长江学术》2008年第2期。

七十年来的宋元巴蜀城寨研究

蔡东洲　刘　菊

宋元巴蜀城寨是13世纪宋蒙（元）战争期间双方在巴蜀地区修筑的军事堡垒。南宋创建城寨旨在聚众保民、屯兵聚粮，以持久抵御蒙（元）的军事攻掠，因而城寨一般选址在依山靠水的军事要塞之处，并将都统司和路、府、州、县等治所迁移其上。蒙（元）除占领和利用宋建城寨外还自己新建有不少城寨，意在割裂宋军的防御体系和防止宋军的反扑，同样也将行院、都元帅府、统军司、元帅府等治所设置其内。巴蜀地区至今留存着大量宋元城寨。这些城寨既是那段特殊历史的实物载体，又是当今保护和利用的文化资源。随着以钓鱼城为代表的巴蜀宋（蒙）元古城堡"申遗"工作的启动，这些城寨越来越受到社会各界的关注。

在这样的背景下，回顾20世纪四五十年代以来的宋元巴蜀城寨研究，对于拓展和深化现存宋元巴蜀城寨的调查研究和保护利用都具有重要的学术价值和现实意义。本文拟对七十多年来巴蜀宋元城寨的调查研究进行梳理和评述，浅漏之处尚请专家指正。

一　宋元巴蜀城寨调查研究的初始

20世纪四五十年代是近代学术意义上的宋元巴蜀城寨调查研究的初始阶段。抗战时大批文人避战巴蜀，重庆作为陪都更是文人聚集，距重庆不远的钓鱼城便进入了文人学者的视野。宋元巴蜀城寨的调查研究由此开端。

1942年6月，郭沫若先生在北碚管理局局长卢子英的邀请下游览钓鱼城，写下《钓鱼台访古》①，以游记的方式介绍钓鱼城的史实和保存的碑刻，并发掘钓鱼城蕴藏的抗战精神。

1943年5月，回族史研究专家马以愚先生游览钓鱼城，撰写了《游钓鱼城补记》②，对钓鱼城上的护国寺有较为详细的论述，而对蒙哥之死提出质疑。他还从地方志中梳理了云顶城、大获城、青居城、天生城等城寨，对南宋山城防御体系有了初步认识。

1944年，中西交通史研究专家方豪对钓鱼城进行了实地考察，并著有《钓鱼城抚今追昔录》③，重点讨论钓鱼城的守城问题，特别指出当时城垣的完整程度在百分之七十以上。

---

① 郭沫若：《钓鱼台访古》，《说文月刊》1942年第3卷第7期。后更名为《钓鱼城访古》，收入《郭沫若全集》第3卷，人民出版社1983年版。

② 马以愚：《游钓鱼城补记》，《东方杂志》1946年第42卷第11号。

③ 方豪：《钓鱼城抚今追昔录》，《东方杂志》1944年第40卷第13号。

另据刘道平先生提供的信息，“民国时期县人刘海东著有《宋冉琎冉璞为余玠城钓鱼山论》，学者梁西园著有《剿城记》，郑紫耀著有《钓鱼城史迹抄》”。[①] 不过，这些论著在今天已难得一见。

20 世纪 50 年代大陆和中国台湾都有学者对以钓鱼城为代表的宋元城寨进行过调查研究。吕小园、艾小惠《钓鱼城卫国战争的民族英雄——余玠、王坚、张珏》着重介绍钓鱼城守将余玠、王坚、张珏的英雄事迹。[②] 张靖海《钓鱼城抗元事迹简述》梳理钓鱼城抗蒙（元）的过程，侧重介绍史实[③]。明星颖《宋末钓鱼城的防御战》则结合钓鱼城的地形地势分析其现存的防御设施。[④] 陶晋生《南宋利用山水寨的防守战略》以南宋朝臣利用山水寨从事边防的计划与实例，说明余玠修筑钓鱼城等山城防御是受山水寨的影响。[⑤]

这一时期最具代表性的成果有两项：

一是西南师范学院历史系的考察报告《钓鱼城史实考察》。1957 年初，西南师范学院历史系组织了“钓鱼城历史考察小组”，二十余名师生对钓鱼城进行了第一次实地考察。1959 年 1 月，又对考察获取的资料进行了复核，最终形成的这份考察报告于 1962 年出版。[⑥] 此报告由 7 个部分组成，叙述了钓鱼城的形势、地位、修建、防御及陷落经过，统计出余玠所修城池 18 座，提供当时钓鱼城遗存的大量信息，并为调查研究其他山城提供了的线索，其中第 7 部分《钓鱼城的实地考察》就是考古调查性质的成果。

二是姚从吾连续发表了 4 篇与钓鱼城相关的文章，即《宋余玠设防山城对蒙古入侵的打击》《宋蒙钓鱼城战役中熊耳夫人家世及王立与合州获得保全考》《元宪宗的大举征蜀与他在合州钓鱼城的战死》《余玠评传》[⑦]，对宋蒙（元）争夺钓鱼城的经过、钓鱼城的历史地位、余玠主持四川防御、王立降元等进行了考述，是当时对钓鱼城进行的最具有学术价值的研究。

二　宋元巴蜀城寨调查研究的热潮

从 20 世纪 70 年代末到 90 年代末，宋元巴蜀城寨调查研究出现了一股热潮。“文化大革命”结束后，地方政府对所属区域的文物古迹（包括宋元城寨）开始重视，并组织摸底调查。一批学者也以宋元战争或巴蜀城寨作为学术研究方向。由此产生了大量与宋元巴蜀城寨相关的成果，出现了调查研究宋元巴蜀城寨的热潮，其体现有如下 4 点：

---

① 刘道平：《钓鱼城研究文选》，重庆出版社 2010 年版，第 108 页。

② 吕小园、艾小惠：《钓鱼城卫国战争的民族英雄——余玠、王坚、张珏》，《史学月刊》1955 年第 12 期。

③ 张靖海：《钓鱼城抗元事迹简述》，《历史教学》1955 年第 6 期。

④ 明星颖：《宋末钓鱼城的防御战》，《八一》1957 年第 111 期。

⑤ 陶晋生：《南宋利用山水寨的防守战略》，《食货月刊》复刊 1977 年第 7 卷第 1、2 期。

⑥ 西南师范学院历史系主编：《钓鱼城史实考察》，四川人民出版社 1962 年版。1980 年修订再版。

⑦ 姚从吾：《宋余玠设防山城对蒙古入侵的打击》，载《宋史研究集》第 1 辑，1958 年台湾；《宋蒙钓鱼城战役中熊耳夫人家世及王立与合州获得保全考》，载《宋史研究集》第 2 辑，1964 年台湾；《元宪宗的大举征蜀与他在合州钓鱼城的战死》，载《文史哲学报》第 14 期，1965 年台湾；《余玠评传》，载《宋史研究集》第 4 辑，1969 年台湾。

（一）宋元巴蜀城寨的文献整理

合川钓鱼城的文献资料整理成果是最先出现的。1978 年，合川县图书馆石印了从日本摄回的万历《合州志》。这套志书中保存了大量钓鱼城的史料，是研究钓鱼城和宋末巴蜀战争的必读之物。唐唯目先生同时着手《合川钓鱼城文史资料汇编》的收集、整理工作，并排印成三册，内容包括史料汇编、宋明清诗文、论文资料等。① 在此基础之上，1983 年唐唯目出版了《钓鱼城志》，共 10 多万字，梳理了钓鱼城抗蒙（元）历史，考察了城内遗存的祠庙、城垣、碑刻、古战场等遗址，记录了与钓鱼城相关的人物和诗文。② 随后又有秦立《钓鱼城诗选》③ 和王利泽《钓鱼城楹联析赏》④ 问世。

大致与唐先生同时，胡昭曦先生开始了他研究宋末巴蜀战争的基础工作之一，即宋末巴蜀战争史料的收集整理，其成果是与唐唯目先生合作完成的《宋末四川战争史料选编》⑤。全书 50 多万字，分为三个部分：第一部分“历史文献资料摘录”，广泛收录了正史、野史、方志、文集关于宋蒙（元）战争的史料。第二部分“历史文物”，收录了碑文题刻 21 篇。第三部分“调查材料”，收录考察资料 18 篇，内容涉及 12 座山城。邓广铭先生在《宋末四川战争史料选编·序》中对这“两位中年同志”的学术贡献和治学态度予以充分肯定，指出此书的编辑出版“为研究我国宋元之际的历史，特别是当时四川地区的国内民族关系、战争情况和社会状况，提供了丰富的有参考价值的资料”。

稍后，薛玉树先生整理出版了《云顶山记》⑥。此书按山川、物产、历代兵防、宋末战争、寺庙、金石、景物、人物、艺文、外编等十个部分对云顶城的相关资料进行了分类汇集，其中宋末战争、金石两类以及前言《存留在川西的宋蒙战争遗址》和附件《新出土的云顶城北门瓮城门》对宋蒙（元）战争中的云顶城及其遗存的记述较为翔实。

这些文献资料的整理和出版，既是这一时期宋元巴蜀城寨研究热潮的表征，又是推动这一研究领域向纵深发展的基础。

（二）宋元巴蜀城寨的实地考察

20 世纪 70 年代后期至 80 年代前期，胡昭曦先生在整理宋末巴蜀战争史料的同时对宋元巴蜀城寨进行了实地考察⑦，在《略论南宋末年四川军民抗击蒙古贵族的斗争》一文中专节论述“依山筑城恃险拒守的战术”，并开列出南宋军民在巴蜀修筑的山城寨堡约 80 座，其中城址清楚者 44 座。这为后来学者进一步调查研究提供重要的信息和线索。⑧ 据

---

① 唐唯目：《合川钓鱼城文史资料汇编》（内部资料），合川县图书馆 1979 年、1980 年。

② 唐唯目：《钓鱼城志》，重庆出版社 1983 年版。

③ 秦立：《钓鱼城诗选》，四川人民出版社 1988 年版。

④ 王利泽：《钓鱼城楹联析赏》，四川人民出版社 1989 版。

⑤ 胡昭曦、唐唯目：《宋末四川战争史料选编》，四川人民出版社 1984 年版。

⑥ 薛玉树：《云顶山记》，四川省社会科学院出版社 1988 年版。

⑦ 胡昭曦：《反映南宋末年四川军民抗元斗争的几件历史文物》，《四川大学学报》1981 年第 4 期。

⑧ 胡昭曦：《略论南宋末年四川军民抗击蒙古贵族的斗争》，载《胡昭曦宋史论集》，西南师范大学出版社 1998 年版。

胡先生回顾，他对万州天生城、奉节白帝城、犍为紫云城、合江神臂城、金堂云顶城、富顺虎头城、江北多功城、广安大良城、渠县礼义城、兴文凌霄城等15座山城、2处水碛、1处铁锁关的地理位置、城防设施、战斗地点、交兵路线等进行过考察。[①] 他还撰写考察研究文章30多篇，汇集于《四川古史考察札记》[②] 中，其中少数几篇曾在期刊上发表过。这些札记文字长短不一，有的仅有数百字，如《鹅滩之所在》仅百余字；有的则长达数千字，如《南宋云顶城遗址及城门石刻》有五千多字。其内容既有对城寨历史的梳理和考辨，如《大良城》对其陷落时间的多种记载进行了考辨；又有对城寨形制的描述和测绘，如《虎头城》对山形、外城、内城都有翔实描述和测量数据；还有对城寨碑刻的抄录、释读和拍摄，如《大良城现存摩崖文字》。

同时，陈世松先生对泸州神臂城为代表的川南地区城寨着力较多，其代表性成果《宋元之际的泸州》对宋蒙（元）战争中神臂城的地理位置、创建续修、现存遗迹进行了考察，并结合文献资料梳理了神臂城的修建、移治、争夺、投降及其影响。[③] 其论文《老泸州城“刘整降元”石像考》对现存于神臂城的一幅摩崖石刻加以考述，认定并非当地传说的“孙孙打婆”，而是刻画的“刘整降元”。[④] 另文《释元代万州诸军奥鲁之印》对1966年村民在苍溪大获城内发现的两方“万州诸军奥鲁之印”加以考释，对其作用、为何出现在大获城以及其价值作详细的阐述，其中提及杨大渊驻守大获城的史事。[⑤]

这一时期，除胡昭曦、陈世松二先生调查研究宋元城寨外，还有一批学者（包括地方文史工作者）对各地存留的宋元城寨进行了摸底调查，并撰写有不少调查研究文章，内容涉及涪陵三台寨、金堂云顶城、剑阁苦竹寨、苍溪大获城、南充青居城、蓬安运山城、广安大良城、平昌小宁城、通江得汉城、万州天生城、云阳磐石城、南川龙岩城、乐山三龟九顶城、兴文凌霄城、宜宾登高城和仙侣城等17座，梳理了这些城寨发生的攻守战事，记述了这些城寨的保存现状（见表1“20世纪80—90年代宋元城寨调查研究成果”），成为20世纪末期宋元巴蜀城寨调查研究热潮的重要表征。

表1　　20世纪80—90年代宋元城寨调查研究成果

作者姓名	论文题目	遗址名称	发表期刊
丁天锡	宜宾地区境内的三座抗元山城遗址	凌霄城 登高城 仙侣城	《四川文物》1985年第2期
何兴明	南宋抗元遗址——剑阁苦竹寨	苦竹寨	《四川文物》1985年第3期
陈世松 蒲国树	宋末涪州治所——三台寨考察	三台寨	《四川文物》1987年第3期

① 胡昭曦：《巴蜀历史考察研究》，巴蜀书社2007年版，第444页。

② 胡昭曦：《四川古史考察札记》，重庆出版社1986年版。

③ 陈世松、喻亨仁、赵永康：《宋元之际的泸州》，重庆出版社1985年版。中国统一出版社2015年修订再版。

④ 陈世松：《老泸州城“刘整降元”石像考》，《四川文物》1984年第4期。

⑤ 陈世松：《释元代万州诸军奥鲁之印》，《四川文物》1986年第3期。

续表

作者姓名	论文题目	遗址名称	发表期刊
邹重华	金堂宋末云顶山城遗址再探	云顶城	《四川文物》1988年第5期
李明高	广安县出土宋代窖藏瓷器	大良城	《四川文物》1989年第3期
陈言昌	南宋运山古城遗址	运山城	《四川文物》1989年第4期
王峻峰	大获城遗址	大获城	《四川文物》1989年第4期
王积厚	南充青居山在宋蒙战争中的地位和作用	青居城	《四川文物》1990年第1期
薛玉树	遗留在川西的唯一宋蒙战争遗址云顶城	云顶城	《成都大学学报》1990年第1期
马幸辛	平昌发现南宋小宁城遗址	小宁城	《四川文物》1990年第3期
潘友茂	云阳磐石城初考	磐石城	《四川文物》1993年第1期
张钦伟	南川抗元名城龙岩城	龙岩城	《四川文物》1993年第1期
滕新才	宋末万州天生城抗元保卫战	天生城	《四川文物》1996年第4期
岳钊林	通江得汉城宋元以来的战略地位	得汉城	《四川文物》1997年第4期
唐长寿	乐山宋代抗元山城三龟九顶城初探	三龟 九顶城	《四川文物》1999年第2期

（三）宋元巴蜀城寨的专题研究

胡昭曦先生在实地调查和文献收集的基础上，组织和指导青年学者对宋蒙（元）战争及其城寨开展专题研究，出版了《宋蒙（元）关系研究》①。此著收集论文16篇，其中3篇直接论及巴蜀城寨及其守将。胡昭曦《反映南宋末年四川军民抗元斗争的几件历史文物》对钓鱼城“王坚纪戈壁摩崖”、多功城城门石刻题记、云顶山城门石刻题记、天生城《宣相杨公攻取万州之记》摩崖、锁江铁柱和徐宗武刻石等进行了逐一考释。唐唯目《南宋名将王坚籍贯补释》对三种不同说法加以考辨，并提出了邓州新说。萧启庆先生在《宋元战史研究的新丰收》中对这部论文集有过中肯的评介，称“胡编中收有不少优越论文，对宋元关系之若干重要问题作了较为深入之探讨”。② 20世纪90年代初，胡昭曦先生推出了十多年来的调查研究成果《宋蒙（元）关系史》③。这部专著深入探究了宋蒙（元）几十年间的友好合作、互通往来、缓和对峙、战争冲突等关系，站在全局角度系统分析宋蒙（元）之间关系的演变，并且强调了以钓鱼城为代表的山城防御在战争中的作用。

陈世松先生亦专注宋元巴蜀战争的研究。其初对四川制置使余玠着力尤多，其《余玠传》对巴蜀山城防御体系有翔实的论述。④ 其《王坚“收复兴元”说质疑》，纠正关于

① 胡昭曦、邹重华：《宋蒙（元）关系研究》，四川人民出版社1989年版。

② 萧启庆：《蒙元史新研》，允晨文化实业股份有限公司1994年版，第385—403页。

③ 胡昭曦等《宋蒙（元）关系史》，四川人民出版社1992年版。

④ 陈世松：《余玠传》，重庆出版社1982年版。

钓鱼城守将王坚收复兴元的传统说法。[①] 三年后陈氏又推出《蒙古定蜀史稿》，其中第三章专题论述余玠治蜀及修筑了包括钓鱼城在内的20座城寨[②]。陈先生后来与匡裕彻合作完成了《宋元战争史》，将视野扩宽到整个南宋三大战区的战事，仍突出钓鱼城等巴蜀山城在四川战区的作用。[③]

李天鸣先生研究宋元战争的专著《宋元战史》[④] 除了详细地阐述宋蒙之间的大小战役，还对战争的兵器、军队等作了细致的研究。虽然李天鸣先生远在台湾，并未对钓鱼城等城寨进行过实地考察，但他细致地梳理了有史料记载的大多数城寨所发生的战事，还分析了各个阶段四川地区所筑城寨的特点、修筑原因、兵力布置等情况。

这一时期，钓鱼城仍然是单个山城研究的重点。王川平《钓鱼城有关碑刻的初步研究》分析了《王坚记功碑》和《钓鱼城功德祠》，从客观的角度看待王立降蒙之事。[⑤] 刘基灿《钓鱼城碑刻初探》，研究钓鱼城不同年代碑刻的独特内涵。[⑥] 王利军、王中格则从文学角度分析余玠的诗词，阐明余玠作为豪放派一员想要抵抗蒙军、保卫宋朝的壮志以及这种愿望得不到实现的苦闷。[⑦] 这时还出现了一组专题研究冉琎、冉璞兄弟策划和实施修筑钓鱼城的论文，强调二冉为贵州少数民族有识之士，从古至今受到人民爱戴，策划山城防御体系功不可没。[⑧]

对天生城的研究也较为突出。任桂园《朐忍大小石城考辨》针对万州历史上"大小石城"所指的争议问题，论证大石城所指为万州天生城，小石城为云阳磐石城。[⑨] 滕新才《宋元天生城之战史事稽沉》则认为，"小石城即是天生城"[⑩]，还在《宋末万州天生城抗元保卫战》《〈天城石壁记〉的文献价值》两文中论述了天生城的修建背景、修筑过程、抗蒙保卫战争及其影响，提出《天城石壁记》为元军攻下天生城所作记功碑，详细记载攻打过程，具有相当强的史料价值，可弥补正史的不足。[⑪]

（四）宋元巴蜀城寨的学术会议

在这批学者的推动下，这一时期召开了三次与宋元巴蜀城寨研究密切相关的学术会议：

1981年10月，在合川县举办"钓鱼城历史学术讨论会"，国内49位学者出席了这次

---

① 陈世松：《王坚"收复兴元"说质疑》，《西南大学学报》1980年第4期。

② 陈世松：《蒙古定蜀史稿》，四川省社会科学院出版社1985年版。

③ 陈世松、匡裕彻：《宋元战争史》，四川省社会科学院出版社1988年版。

④ 李天鸣：《宋元战史》，台湾食货出版社1988年版。

⑤ 王川平：《钓鱼城有关碑刻的初步研究》，《四川文物》1990年第1期。

⑥ 刘基灿：《钓鱼城碑刻初探》，《西南师范大学学报》1997年第4期。

⑦ 王利军、王中格：《余玠诗词楹联探究》，《西南师范大学学报》1994年第4期。

⑧ 李泽民、李泽君：《土家族抗元英雄冉琎、冉璞》，《贵州文史丛刊》1991年第2期；李云飞：《贵州历史上的建城大师冉琎、冉璞》，《贵州文史丛刊》1991年第2期；牟应杭：《播州二冉与钓鱼城》，《贵州文史天地》1998年第1期。

⑨ 任桂园：《朐忍大小石城考辨》，《重庆三峡学院院报》1998年第4期。

⑩ 滕新才：《宋元天生城之战史事稽沉》，重庆大学出版社1997年版，第372页。

⑪ 滕新才：《宋末万州天生城抗元保卫战》，《四川文物》1993年第1期；《〈天城石壁记〉的文献价值》，《四川师范大学学报》2000年第3期。

学术会议。会后编印了《钓鱼城历史学术讨论会论文资料集》①。这个集子的内容分为三部分，其中第二部分是26篇论文和1篇钓鱼城大事记。这些论文大多以钓鱼城为研究对象，质量较高。

1988年11月，在成都金堂县召开了“中国元史暨宋元之际的四川学术研讨会”。70多位学者出席这次会议，提交了50多篇论文，内容涉及宋元关系、蒙夏关系、元朝的政治军事制度、经济发展水平和四川在宋元战争中的地位和作用，在宋元城寨方面集中地研究了云顶城。与会学者还对云顶城进行了考察。王潜《石头城与宋元之际的四川学术研讨会述要》对这次会议的成果有所反映。②

1989年10月，在重庆召开“中国钓鱼城暨南宋后期历史国际学术讨论会”。会议收到海内外学者提交学术专著5部、论文57篇。根据刘道平先生撰写的《中国钓鱼城暨南宋后期历史国际学术讨论会综述》和会后出版的《钓鱼城与南宋后期历史——中国钓鱼城暨南宋后期历史国际学术讨论会文集》③，有25篇论文与以钓鱼城为中心的宋元巴蜀城寨相关，内容包括对钓鱼城的实地考察成果，对余玠、王坚、张珏等将领的事迹研究，对山城防御体系构建及意义的探讨，对置司重庆重要性的论述，对宋蒙（元）双方政治军事策略、进攻路线选择，以及宋廷和京湖制置司对巴蜀山城防御的军事、经济支持等方面的分析。

三 宋元巴蜀城寨调查研究的深化

2000年以来，随着交通条件的改善、技术手段的进步和调研经费的保障，宋元巴蜀城寨的调查研究得到了拓展和深化，主要体现在以下两个方面。

（一）川渝两地学者开展了大规模的考古调查

20世纪90年代末，重庆市文物考古所在三峡文物保护工作中对白帝城遗址进行考古调查，通过数年的调查、勘探和发掘，“发现了包括城墙、城门、排水设施在内的大量唐宋时期文化遗存”，“初步确认并还原了南宋抗蒙山城的基本面貌”。

2004年以来，重庆市文物考古所为配合合川东城半岛的开发、草街航电工程的建设，对钓鱼城进行多次调查、勘探和发掘，取得了多项重要发现，包括宋建城墙、南北一字城、南北水军码头、地道以及石照县衙、大草房、范家堰遗址，还有大量宋代箭镞、礌石等武器。范家院的发掘工作还在持续地进行着。这些成果对于重新认识宋元巴蜀城寨的修建、结构、形制、地位和作用有着极其重要的价值。

2010年，重庆文物考古所又对重庆渝中区老鼓楼遗址开展了清理发掘，发现宋元明清时期的房址、道路、水井、灰坑及礌石堆等遗迹25处，出土了一批较完好的瓷器、瓦当、礌石等遗物，还有“淳祐乙巳东窑城砖”和“淳祐乙巳西窑城砖”，确认为余玠制置

① 西南师范学院历史系、合川县历史学会编印：《钓鱼城历史学术讨论会论文资料集》（内部资料），1982年。

② 王潜：《石头城与宋元之际的四川学术研讨会述要》，《天府新论》1989年第1期。

③ 刘道平：《钓鱼城研究文选》，重庆出版社2010年版，第84—92页；钓鱼城博物馆筹备处编：《钓鱼城与南宋后期历史——中国钓鱼城暨南宋后期历史国际学术讨论会文集》，重庆出版社1991年版。

四川时的重庆城衙署。[①] 老鼓楼衙署遗址的发现被选为2012年“中国十大考古”发现之一。这些考古调查成果多见于媒体宣传，公开发表的调查报告还不多。

2013年初，西华师范大学组建了以蒋晓春、符永利、罗洪彬等考古学教师为主体的“四川古城堡文化研究中心”，将巴蜀城堡作为调查研究对象，并在前辈学者的指导下首先对宋元巴蜀城寨开展调查研究。从2013年到2017年以来，该中心对50多个城寨进行了初步考察，对其中20多个保存较好、影响重大的城寨进行较为翔实的调查和研究，并已形成了一批调查研究成果（详见表2“2000年来川渝学者宋元巴蜀城寨调查成果”），并在宋元巴蜀城寨调查方面同重庆文物考古所进行密切合作。[②]

表2　　2000年来川渝学者宋元巴蜀城寨调查成果

序号	调查成果名称	完成人员	备注
1	白帝城宋城遗址大规模发掘	黄豁 陈敏	《瞭望新闻周刊》2002年第13期
2	合川钓鱼城古战场遗址	重庆市文物考古所	《中国文物报》2010年2月5日
3	白帝城遗址：瞿塘天险战略要地	袁东山	《中国三峡》2010年第5期
4	重庆合川钓鱼城南一字城遗址	重庆市文物考古所	《中国文物报》2012年2月10日
5	老鼓楼衙署遗址	重庆市文物考古所	《中国文物报》2013年1月18日
6	得汉城历史研究	王毅力	西华师范大学硕士学位论文，2013年
7	泸州神臂城调查纪略	符永利	《长江文化论丛》2013年年刊
8	四川抗蒙战争遗产：广安大良城考古	符永利 刘欢欢	《大众考古》2014年第6期
9	南充青居山佛教文化遗存初探	符永利 罗洪彬	《乐山师范学院学报》2015年第1期
10	蓬安“来苏寨”考论	蔡东洲 刘欢欢	《西华师范大学学报》2015年第2期
11	四川省蓬安县运山城遗址调查简报	蒋晓春 雷晓龙	《西华师范大学学报》2015年第2期

---

① 重庆市文物考古所、重庆文化遗产研究院编：《重庆文物考古十年》，重庆出版社2010年版，第108—129页。

② 除交流调查工作经验外，四川古城堡研究文化中心的师生还直接参与过重庆市文物考古所主持的钓鱼城、白帝城发掘。

续表

序号	调查成果名称	完成人员	备注
12	四川南充青居城遗址调查与初步研究	符永利 罗洪彬 唐鹏	《西华师范大学学报》2015 年第 2 期
13	得汉城摩崖题刻叙事及其审美价	陈熙	《成都大学学报》2015 年第 4 期
14	四川通江得汉城　天铸铜城　雄镇巴西	符永利 刘欢欢	《大众考古》2015 年第 8 期
15	有关四川大竹县黄城寨遗址的几个问题	景俊鑫 张岚	《赤子（上中旬）》2015 年第 20 期
16	重庆合川龙多山寨遗址调查简报	符永利 蒋晓春 罗洪彬	《长江文明》2015 年第 20 辑
17	广安大良城寨堡聚落浅析	符永利 于瑞琴	《西华师范大学学报》2016 年第 1 期
18	达州塔陀史实考述	蔡东洲 刘菊	《四川文理学院学报》2016 年第 3 期
19	宋蒙战争中的钓鱼城	刘菊	西华师范大学硕士学位论文，2016 年
20	四川蓬安运山城遗址调查与研究	雷晓龙	西华师范大学硕士学位论文，2016 年
21	通江得汉城历史遗存的调查与研究	刘欢欢	西华师范大学硕士学位论文，2016 年
22	通江得汉城红色文化遗存的调查与研究	郝龙	西华师范大学硕士学位论文，2016 年
23	宋代以来大良城居民信仰分析	刘欢欢 符永利	《长江文明》2016 年第 10 辑
24	四川蓬安运山城遗址的调查与初步研究	蒋晓春 雷晓龙 刘菊	《钓鱼城与世界十三世纪史学术研讨会论文集》，东北大学出版社 2016 年版

这些考古调查成果显示出三方面的特点：

一是调查范围更加广大。原来鲜为人知的一些宋建城寨，如达州龙爪城、大竹黄城寨、蓬安来苏寨等，被纳入调查研究范围。长期被学者忽略的蒙建城寨，如广安虎啸城、华蓥张广寨、武胜武胜堡等，也被纳入考古调查之内。

二是调查技术更加现代。既采用了传统考古学的方法，如绘图、测量、拓片、采访、摄像等，又采用现代科技手段，如 GPS 定位、红外线测距、小型无人机航拍等。

三是调查思路更加完善。过去的调查往往着重于城墙、城门、碑刻等散见遗迹的记录，以至于给读者造成只见树木不见森林的感觉，缺乏对整个城寨的认识。近年的调查工作注重于城寨遗址的地理位置、周边地形地貌、城墙与地形地貌的契合、城寨的线性围合系统、城内外交通路线、城内格局等宏观和微观方面。

（二）多学科参与专题研究

不少学者仍然从历史学角度研究宋元巴蜀城寨，但审视角度和选取对象与前一时期有所不同。过去没有被引起充分重视的山城类型、宋蒙人物、文化遗产、出土文献以及宋元城寨的后续利用等进入学者们的研究视野。

在文献资料方面，韦兵《贺仁杰墓志铭与钓鱼城约降、王立系狱事》利用出土的《贺仁杰墓志铭》对宋元钓鱼城归降及王立结局等史事加以考述，补充和完善钓鱼城之战的情况。① 樊波、杨洁《陕西新出土墓志中的宋蒙泸州之战》通过对新近出土的《刘元振墓志》《冯时泰墓志》《耶律秃满答儿墓志》的解读对宋元泸州之战的材料多有补充。②

在山城寨堡方面，孙华《宋元四川山城的类型——兼谈川渝山城寨堡调研应注意的问题》按照建置级别和地形地貌分成不同的类型，分别加以研究，概括了巴蜀城寨的特征，并呼吁在今后调查时要加强记录信息、判定年代、遗址构成等方面的意识。③ 胡宁、高新雨《宋蒙战争中的大良城和虎啸城》把渠江流域两座争夺最为激烈的宋建大良城与蒙筑虎啸城联系起来讨论，认为两城争夺的结果直接影响到山城防御体系的维持与破裂。④ 蔡东洲《南宋与蒙元战争中的洋州》发现在宋蒙（元）战争中南宋“八柱”城堡并非全是巴蜀内地的州府治所，梳理出通江得汉城乃陕南洋州内迁之治所，而且随着战争的持续洋州治所再迁到达州龙爪城。⑤

在重要人物方面，粟品孝《南宋抗蒙重臣朱禩孙事迹考述》对“两边不讨好”“双方不立传”的宋末重要人物朱禩孙的生平事迹进行翔实的考述，为研究宋元战争提供了不少鲜为人知的信息⑥。蔡东洲、刘菊《杨大渊家族归降与宋蒙（元）东川战局》则把宋蒙战争早期归降蒙古的杨大渊家族纳入整个东川战局来探讨，认为杨氏在东川“以城制城”策略的实施是宋军丢失东川的主要原因，并影响到整个巴蜀战区。⑦ 粟品孝《宋末泸州义士先坤朋家世考略》、邹重华、粟品孝《宋末泸州忠义毛沆毛演兄弟事略》则对宋元神臂城争夺中过去没有引起当代学者关注的三位义士的事迹进行了考述，对神臂城之战研

---

① 韦兵：《贺仁杰墓志铭与钓鱼城约降、王立系狱事》，载包伟民、孙华主编《二零一五年钓鱼城国际学术会议论文集》，重庆出版社 2016 年版，第 8—16 页。

② 樊波、杨洁：《陕西新出土墓志中的宋蒙泸州之战》，《宋元四川战争中的神臂城高峰学术交流会论文集》，泸州，2015 年，第 66—70 页。

③ 孙华：《宋元四川山城的类型——兼谈川渝山城寨堡调研应注意的问题》，《西华师范大学学报》2015 年第 2 期。

④ 胡宁、高新雨：《宋蒙战争中的大良城和虎啸城》，《西华师范大学学报》2016 年第 1 期。

⑤ 蔡东洲：《南宋与蒙元战争中的洋州》，《陕西理工大学学报》2016 年第 3 期。

⑥ 粟品孝：《南宋抗蒙重臣朱禩孙事迹考述》，《宋代的巴蜀学术论坛论文集》，重庆，2015 年，第 43—61 页。

⑦ 蔡东洲、刘菊：《杨大渊家族归降与宋蒙（元）东川战局》，《西华师范大学学报》2016 年第 1 期。

究有着促进作用。[①]

在精神文化方面，粟品孝《斯文未息：南宋山城防御体系下的学校教育》从零星文献梳理中发现，在山城防御体系的有力保护下四川地区文化教育并未因战争而彻底毁灭，而是因地制宜地建立山城学校，开展教学活动。[②] 赵尔阳《浅议南宋万州抗蒙战争及其历史遗产》重点论述了万州抗战留下的物质文化遗产和精神文化遗产。[③] 滕新才《宋末万州天生城抗战的民族精神》则侧重提炼天生城抗蒙所展现出来的誓死不屈的抗争精神。[④] 王珍燕《从钓鱼城守将看中国传统价值观》从传统文化角度分析钓鱼城守将的民本主义思想和忠义主义价值观[⑤]。孙丰琛、唐斌《重庆钓鱼城宋代诗歌析论》运用"以诗证史"的研究方法讨论钓鱼城其城、其人、其事等历史问题。[⑥] 管维良《经理四蜀图——一份改变历史的战略构想》认为余玠《四蜀经略图》的核心内容是设险守蜀，并由此形成了自己的抗蒙方略[⑦]。

在城寨后续利用方面，位光辉《嘉庆咸丰时期的合州匪患与钓鱼城的重筑》和景俊鑫、蒋晓春《宋蒙战争之外的钓鱼城》梳理和讨论明清时期钓鱼城在社会动荡时的修复和利用，开启了宋元巴蜀城寨研究的新方向。[⑧]

从地理学角度研究宋元城寨，李中锋《宋代政区地理研究及其信息系统处理》将山城防御体系纳入政区地理的范畴，并运用地理信息系统为城寨建立数据库绘制电子地图，清晰展现山城防御的地理位置，进而有利于分析其存在的合理性。[⑨] 裴洞毫《宋代夔州路砦堡地理考》梳理宋代夔州路的寨堡，包括当地居民生产生活的组织单位和抗蒙特殊条件下修筑的防御型寨堡两类，将一些以往不知所在的城寨根据史料及地方资料考证出来。[⑩] 赵尔阳《宋蒙（元）战争时期四川军事地理初步研究》研究巴蜀地形对山城的影响，详细研究天生城、虎头城、赤牛城等27座城寨，并分析其时空分布情况。[⑪]

从建筑学角度研究宋元巴蜀城寨的成果逐渐增多。黄登峰《宋代城池建设研究》从

---

① 粟品孝：《宋末泸州义士先坤朋家世考略》；邹重华、粟吕孝：《宋末泸州忠义毛沆毛演兄弟事略》，《宋元四川战争中的神臂城高峰学术交流会论文集》，泸州，2015年，第168—180、214—223页。

② 粟品孝：《斯文未息：南宋山城防御体系下的学校教育》，《西华师范大学学报》2016年第1期。

③ 赵尔阳：《浅议南宋万州抗蒙战争及其历史遗产》，《重庆三峡学院学报》2013年第6期。

④ 滕新才：《宋末万州天生城抗战的民族精神》，《三峡（万州）移民文化暨重庆历史地理专业委员会第七届后会论文集》（内部），2014年，第145页。

⑤ 王珍燕：《从钓鱼城守将看中国传统价值观》，《重庆交通大学学报》2013年第6期。

⑥ 孙丰琛、唐斌：《重庆钓鱼城宋代诗歌析论》，《大庆师范学院学报》2015年第2期。

⑦ 管维良：《经理四蜀图——一份改变历史的战略构想》，东北大学出版社2016年版，第159—164页。

⑧ 位光辉：《嘉庆咸丰时期的合州匪患与钓鱼城的重筑》，载郑敬东主编《钓鱼城与世界十三世纪史学术研讨会论文集》，东北大学出版社2016年版，第50—61页；景俊鑫、蒋晓春：《宋蒙战争之外的钓鱼城》，载包伟民、孙华主编《二零一五年钓鱼城国际学术会议论文集》，重庆出版社2016年版，第321—333页。

⑨ 李中锋：《宋代政区地理研究及其信息系统处理》，硕士学位论文，四川大学，2003年。

⑩ 裴洞毫：《宋代夔州路砦堡地理考》，硕士学位论文，西南大学，2009年。

⑪ 赵尔阳：《宋蒙（元）战争时期四川军事地理初步研究》，硕士学位论文，西南大学，2014年。

城池建设需要的城墙、内部防御设施和修筑的资金、材料等方面研究筑城的过程和城池建置。[①] 邓琳、郭剑锋《南宋四川山地城市防御设施研究》从建筑学角度分析城寨防御四个特征及其影响。[②] 刘志勇等《中国古代城镇安全防卫体系营建空间绩效探微：以宋代东京城和巴蜀地区城镇防卫体系空间绩效分析为例》引入城市学中的空间绩效概念分析北宋开封和南宋巴蜀山城防御体系的防御空间绩效，特别提出山城防御体系将单个的城寨联系起来，形成抵御蒙古入侵的层层防御，扩展了城池防御的空间绩效。[③] 何智亚《"重庆城"溯源》从城市规划学分析历代重庆建筑布局。[④] 孙善齐《三千年四筑重庆城》指出南宋修筑重庆城是重庆历史上第三次筑城，形成重庆重要的防守堡垒。[⑤] 黄光荣《蜀播军事城堡御敌屏障创举》将以钓鱼城为代表的山城和贵州海龙囤土司遗址作比较，认为后者启导了巴蜀山城的大规模修建。[⑥] 谢璇《钓鱼城山地城池构筑特征》认为钓鱼城以防为主的布局和依托山势的城池结构，反映了南宋山城的典型特征以及宋代较高的建筑水平。[⑦]

从军事学角度研究巴蜀城寨的成果很多，一般是将城寨防御作为整个宋代城池防御中的环节来考察的。吴庆洲《四塞天险重庆城——古重庆城的军事防御艺术》分析重庆城的防御布局，认为大都始于南宋。[⑧] 侯博等《南宋四川山地滨江防卫型城池营建研究——以重庆多功城为例》探究了多功城城防建设。[⑨] 罗权《瞿塘关名称、位置及空间布局的演变——兼及历史时期瞿塘关的军事地理形势》梳理了自战国到清瞿塘关的空间布局演变，包括南宋末期为抵御蒙古修复白帝城，实施锁江之法，有效阻挡蒙军进攻。[⑩] 葛业文《钓鱼城防御战的历史经验及启示》和王珍燕《蒙宋钓鱼城之战 36 年攻守之谜》则总结钓鱼城成功抵抗蒙古的经验和原因。[⑪] 黄宽重《山城与水寨的防御功能——以南宋、高丽抗御蒙古的经验为例》结合两淮的水寨和四川的山城两种抗蒙防御形式，指出巴蜀山城在孟珙和余玠的推动下兴建，是民间自卫武力与政府合作的结果。[⑫] 马继业在《宋代城池防御探究》的第四部分中指出，山城防御体系修建于巴蜀城防崩溃背景下，经李鸣复、高稼、

① 黄登峰：《宋代城池建设研究》，博士学位论文，河北大学，2007 年。

② 邓琳、郭剑锋：《南宋四川山地城市防御设施研究》，《规划师》2004 年第 3 期。

③ 刘志勇、张兴国、李震：《中国古代城镇安全防卫体系营建空间绩效探微：以宋代东京城和巴蜀地区城镇防卫体系空间绩效分析为例》，第五届中国建筑史学国际研讨会会议论文，广州，2010 年。

④ 何智亚：《"重庆城" 溯源》，《城市地理》2011 年第 3 期。

⑤ 孙善齐：《三千年四筑重庆城》，《中国三峡建设》2006 年第 4 期。

⑥ 黄光荣：《蜀播军事城堡御敌屏障创举》，载刘作会主编《平播之役 400 年学术讨论会论文集》，贵州人民出版社 2002 年版。

⑦ 谢璇：《钓鱼城山地城池构筑特征》，《广州大学学报》2007 年第 3 期。

⑧ 吴庆洲：《四塞天险重庆城——古重庆城的军事防御艺术》，《重庆建筑》2002 年第 2 期。

⑨ 侯博、李震、王钦、牛艺霖：《南宋四川山地滨江防卫型城池营建研究——以重庆多功城为例》，《后勤工程学院学报》2014 年第 1 期。

⑩ 罗权：《瞿塘关名称、位置及空间布局的演变——兼及历史时期瞿塘关的军事地理形势》，《中国历史地理论丛》2014 年第 4 辑。

⑪ 葛业文：《钓鱼城防御战的历史经验及启示》，《军事历史》2012 年第5 期；王珍燕：《蒙宋钓鱼城之战 36 年攻守之谜》，《河南科技大学学报》2014 年第 5 期。

⑫ 黄宽重：《山城与水寨的防御功能——以南宋、高丽抗御蒙古的经验为例》，载黄宽重《南宋地方武力：地方军与民间自卫武力的探讨》，东大图书股份有限公司 2002 年版。

孟珙、彭大雅等的推动，最终由余玠建成。[①] 谢璇《初探南宋后期以重庆为中心的山地城池防御体系》从山城修建的因地制宜、依山傍水等地理条件分析山城防御体系形成的网状防御系统展现了具有山地特色的南宋军事建筑的魅力。[②] 粟品孝《南宋军事史》从宏观的角度考察整个南宋的军事体制与政策、军事战略、军事力量以及军事思想，在第六章“军事战略技术”中从政治和军事角度分析城寨存在的必要性，认为四川的山城防御与两淮的水寨防御是古代因势制宜组织防御的典范。[③] 裴一璞细化夔州路下辖诸州的宋元军事争夺，包括涪州、开州、忠州、夔州和万州，其学位论文《南宋夔州路抗蒙（元）战争研究》论及夔州路不少城寨及其战事。[④] 荀平等《南宋钓鱼城城池防御初探》从军事学角度分析钓鱼城的独特的地理位置、筑城布局内容、多层综合防御体系、军民联合的综合性防御特点。[⑤] 张亮《钓鱼城军事防御的再考量》研究钓鱼城从窝阔台到忽必烈时期不同的防御特点，另文《点防与面控：地缘关系视野下的钓鱼城防御》指出以钓鱼城为重镇，与其他山城一起组成嘉陵江流域和西起嘉定东至夔门的前后两条防御线。[⑥] 郭伟《宋蒙（元）钓鱼城之战与襄樊之战比较研究》比较蒙哥时期的钓鱼城之战与忽必烈时期的襄樊之战，分析其成败不同的原因在于战争策略不同和用人方面的差异。[⑦]

从旅游学角度研究城寨的成果方面，宋元巴蜀城寨中有不少被列为文物保护单位，还有被列为风景名胜区的，这些城寨便成为当地挖掘和开发文化旅游的重要资源。刘道平《钓鱼城的历史与文化》一书可谓刘先生数十年研究钓鱼城的集大成之作，其第八章“钓鱼城旅游发展”对钓鱼城旅游发展概况和发展规划及展望进行了论述，按照旅游“六要素”反映钓鱼城旅游的发展情况，并就规划、保护、资金、管理、商品、宣介等方面提出了自己的见解。[⑧] 刘道平《钓鱼城研究文选》收载论文 11 篇，其中《论钓鱼城风景名胜资源的开发利用》提出了钓鱼城开发利用的主题理念，提炼了开发利用的五个方面价值和八个有利用条件，并对开发利用项目和管理运行提出了自己的构想。[⑨] 郑敬东《钓鱼城遗址资源开发之我见》阐述了钓鱼城遗址资源发开的意义、原则和总体构想。[⑩] 郝明月《论古战场合川钓鱼城的古今价值及其发展对策》说明钓鱼城旅游发展的现状，并提出后续发展的有效途径。[⑪] 田世政《万州天生城旅游资源评价与开发规划》从旅游学的角度给

---

① 马继业：《宋代城池防御探究》，硕士学位论文，山东师范大学，2005 年。

② 谢璇：《初探南宋后期以重庆为中心的山地城池防御体系》，《重庆建筑大学学报》2007 年第 2 期。

③ 粟品孝：《南宋军事史》，上海古籍出版社 2008 年版。

④ 裴一璞：《南宋夔州路抗蒙（元）战争研究》，硕士学位论文，重庆师范大学，2010 年。

⑤ 荀平、孙刘涛、吴镝锋、王正刚：《南宋钓鱼城城池防御初探》，《后勤工程学院学报》2012 年第 3 期。

⑥ 张亮：《钓鱼城军事防御的再考量》，《三峡论坛》2014 年第 1 期；张亮：《点防与面控：地缘关系视野下的钓鱼城防御》，《长江文明》2014 年第 1 期。

⑦ 郭伟：《宋蒙（元）钓鱼城之战与襄樊之战比较研究》，《重庆科技学院学报》2010 年第 9 期。

⑧ 刘道平：《钓鱼城的历史与文化》，中央文献出版社 2006 年版。

⑨ 刘道平：《钓鱼城研究文选》，重庆出版社 2010 年版。

⑩ 郑敬东：《钓鱼城遗址资源开发之我见》，载包伟民、孙华主编《二零一五年钓鱼城国际学术会议论文集》，重庆出版社 2016 年版，第 305—311 页。

⑪ 郝明月：《论古战场合川钓鱼城的古今价值及其发展对策》，《重庆与世界》2012 年第 9 期。

天生城的开发作出了规划方案。① 何勇、赖启航《达州礼义城旅游资源开发的 SWOT 分析及开发策略》分析了礼义城开发的优势、劣势、机遇、威胁，提出了一些有价值的开发策略。②

四 宋元巴蜀城寨调查研究的不足

回顾 70 年来宋元巴蜀城寨的调查与研究，据笔者的粗略统计，相关著作十余部，论文百余篇，调查报告十余个。当然，有待进一步探讨的问题仍然不少，甚至一些基础性的问题也没有弄清楚，如宋元巴蜀城寨的数量究竟有多少，蒙军东川军事基地蟠龙城到底在哪里，等等。这些问题既是过去调查研究之不足，又是未来调查研究之空间。我们将其归纳为以下五个方面：

第一，调查研究过度集中于钓鱼城。调查研究钓鱼城的成果在宋元城寨调查研究占据了六成。钓鱼城坚守时间最长、保存遗迹最多、影响最深远，固然应该着力研究，但这很容易造成“以点概面”的学术偏向。根据四川古城堡研究中心的估计，单宋方在巴蜀修建的城寨就在百座以上，它们构成了山城防御体系，钓鱼城只是防御体系中最重要的一座。只有将众多山城联系起来系统调查研究，才能还原宋末元初四川防御体系的整体情况。

第二，调查研究过于关注宋军城寨而忽视蒙（元）城寨。宋朝利用巴蜀地形修建城寨抵御蒙（元），意在完善防御体系；蒙（元）在南宋降将的引导下也建筑城寨以抵御宋军，意在突破或分裂防御体系。对于后者，自元明以来便为史家所忽视，以致像虎啸城、蟠龙城这样重要的蒙（元）军攻宋基地无清楚记载。

第三，对宋元巴蜀城寨的调查缺乏专有的体系。不少学者的实地考察大都从自身经验出发，只是将所见之物付诸纸上。调查时大多关注城墙、城门等军事防御之物，忽略与之配套的生产生活设施、宗教精神场所、道路交通等问题。

第四，对南宋巴蜀山城防御体系的建立，学者们多归功于余玠个人，甚至归功于冉氏兄弟。事实上，巴蜀山城防御体系是朝廷谋臣与地方军政大员共同倡导和组织兴建起来的，在地方以孟珙、彭大雅、杨文、余玠、王坚、张珏等为代表，在朝廷以吴昌裔、牟子才、李鸣复等为代表，而他们建立山城的主张及其实践则是基于历史经验和客观现实的认识：一方面南宋在蜀口利用城堡取得了防御金军多次入蜀的成功经验，在一定程度上可以说巴蜀内地防蒙城寨的兴建就是当年蜀口防金城堡的移置；另一方面经过“丁亥之变”“辛卯之变”“蔡州之役”“端平入洛”等事变，宋朝文臣武将对蒙军长于野战、短于攻城已有清醒的认识，利用巴蜀山地普遍建立城寨成为防御蒙古最有效的办法。

第五，宋元城寨的后续利用缺乏系统的调查研究。宋元城寨不仅为后世提供了躲避动乱的经验，还存留着直接的物质实体。从元朝末年到民国初期，被巴蜀民众为躲避祸乱多次修复利用。还创建了更多的新城寨，根据明清地方志的记载，这些城寨达数千个，根据第三次文物普查的结果至今亦存留数百个。修复和新建最多的时段是明朝中期“鄢兰之

① 田世政：《万州天生城旅游资源评价与开发规划》，《重庆建筑大学学报》2001 年第 4 期。

② 何勇、赖启航：《达州礼义城旅游资源开发的 SWOT 分析及开发策略》，《攀枝花学院学报》2008 年第 1 期。

乱”、明末清初张献忠“屠蜀”、清朝嘉庆年间三省白莲暴动和咸丰年间太平天国运动。如得汉城就是这样的典型山寨，宋末元初是南宋防守米仓道和进取汉中的要塞，明朝“鄢兰之乱”成为通江治所和林俊指挥的前线基地，清朝白莲教暴动再次成为通江治所，到20世纪30年代又是红四方面军入川的总部。

巴蜀地区宋蒙城寨考古工作述要*

蒋晓春

一 巴蜀地区宋蒙城寨概说

宋蒙战争中有荆襄、江淮和巴蜀三大战场，其中巴蜀战场开辟最早，结束最晚，拖住蒙军近半个世纪，取得了击毙蒙哥大汗的战绩，延缓了宋朝的灭亡，甚至在一定程度上影响了世界历史走向，在三大战场中表现十分抢眼。之所以有此勋绩，一个非常重要的原因在于宋朝在巴蜀地区建立了众多城寨抗击蒙军。而蒙军为瓦解宋朝山城攻防体系，亦有针对性地建立了一批自己的城寨。

宋蒙城寨包括宋军所建山城、民众所建山寨以及蒙军所建山城三类。其中宋军所建山城数量最多，研究成果也最丰富，甚至不少学者错将其等同于宋蒙战争时巴蜀地区所建城寨，即所谓山城防御体系。但民众所建山寨及蒙军所建城寨也是宋蒙城寨中的重要类别，不应被忽略。据我们初步统计，宋军所建城寨约 115 处，蒙军所建山城 17 处，共计 132 处。

巴蜀地区早有据险建寨的传统。据文献记载，汉魏六朝时期就出现了较多的“寨”①，当时的寨大概是用木栅栏围成的简陋据点，甚至是临时宿营地。到唐代，有的寨已有了城墙、敌楼等设施，成为较成熟和长期使用的军事城寨。如大足北山《韦君靖碑》记载：景福元年“卜筑当镇西北维龙岗山建永昌寨……规筑城墙两千余间，敌楼一百余所……粮贮十年，兵屯数万”。② 不过当时这样的城寨毕竟是少数，多数仍较简陋。因此在宋蒙战争之初，这些城寨在蒙军铁蹄冲击下，基本起不到防御作用。如绍定四年（1231）蒙古军队破沔州，沿嘉陵江而下，直至阆中、南部一带，“略地至西水县，破城寨百四十而还”。③ 可见此时的城寨多而无用。

在余玠帅蜀之前，四川地区已经在桂如渊和孟珙的主持下新筑了大量城寨，如桂如渊“创山砦八十有四，且募义兵五千人，与民约曰：‘敌至则官军守原堡，民丁保山砦，义兵为游击’。”④ 嘉熙四年（1240），名将孟珙入蜀为四川宣抚使，他汲取宋金之战中广泛建立山水寨的经验，力主在四川修复和新建城寨，派甘闰筑合川钓鱼城，彭大雅筑重庆城，又筑了合江榕山城、合江安乐山城、江安三江碛、梁山赤牛城等城寨，在各战略要地

---

* 基金项目：西华师范大学重大探索性项目“四川古城寨遗存调查与研究”（项目编号：14A002）。

① 如《陈书》卷 35《熊昙朗传》有“时巴山，陈定亦拥兵立寨”。

② 郭相颖主编：《大足石刻铭文录》，重庆出版社 1999 年版，第 38 页。

③ （明）冯琦编，（明）陈邦瞻增辑：《宋史纪事本末》卷 24《蒙古取汴》，明万历刻本。

④ 《宋史》卷 449《高稼传》，清乾隆武英殿刻本。

初步建成了一批据点，但尚未形成完备体系。

淳祐三年（1243）初，余玠以四川制置使身份来到四川主持防务。他听从孟珙、播州冉氏兄弟等人的建议，力排众议，强力推进山城防御体系的建设，从1243—1251年的九年时间内整修或新修了大量山城。《宋史·余玠传》载："卒筑青居、大获、钓鱼、云顶、天生，凡十余城。"① 这些山城"皆因山为垒，棋布星分，为诸郡治所，屯兵聚粮为必守计"②，基本形成了以合川钓鱼城为核心的山城防御体系。

余玠离职后，继任余晦、蒲择之、朱禩孙等人继续主持筑城，新筑了一大批城寨，如渠县礼义城、兴文凌霄城、宜宾登高城、富顺虎头城、合川宜胜城、忠县黄华城、江北多功城等，使山城数量大增，山城之间的联系更为紧密，整个防御体系更加完备。除官方筑城外，百姓也有以一己之力筑寨的。因为他们所筑军事工事规模较小，设施简陋，且无官方衙署存在，故一般称"寨"，或作"砦"。如隆州井研人邓若水之子"筑山砦，以兵捍卫乡井"，并举家居其上。③

有意思的是，蒙古军队在与宋军交战中深感城寨的巨大军事价值，在宋降将刘整等人的建议下以其人之道还治其人之身，模仿宋军建立了一批城寨，意图割裂宋军城寨体系，实现"以城制城"战略。据统计，蒙军所建城寨大约有十余处，包括广安虎啸城、华蓥东安城、华蓥张广寨（也叫章广寨）、武胜武胜堡、合川马鬃城、虎头城等，主要集中在渠江流域，其作用主要为切断钓鱼城、大良城、礼义城诸城的联系并担负进攻钓鱼城的任务。

二　既往的田野考古工作

历史上文人学士登临游览宋蒙城寨者甚多，但详细、专业的田野考察开始于20世纪40年代④。新中国成立以来，地方文物管理部门开展了三次文物普查，对宋蒙城寨进行了详细的登录。除地方文物部门的普查工作外，不少科研院所和学者也进行了专业考察或调查工作，甚至有计划地进行了勘探和发掘，取得了引人注目的成绩。机构方面，西南师范学院历史系（今西南大学历史文化学院）、重庆市文化遗产研究院（重庆市文物考古所）、四川省文物考古研究院以及西华师范大学四川古城堡文化研究中心等单位所做工作较多。

西南师范学院历史系于1957年详细调查了钓鱼城遗址，并对钓鱼城的历史进行了深入考证。⑤ 2014年四川省文物考古研究院派员对钓鱼城、得汉城、青居城、运山城、大获城、小宁城、平梁城等重要城寨进行了初步调查。目前为止，对宋蒙城寨开展田野考古工作最多和最有成效的是重庆市文物考古所（重庆市文化遗产研究院、重庆市

① 《宋史》卷416《余玠传》，清乾隆武英殿刻本。

② 同上。

③ 《宋史》卷455《邓若水传》，清乾隆武英殿刻本。

④ 郭沫若先生在1942年6月曾到钓鱼城考察，事后他粗略记述了考察的经过及考察所得并撰成《钓鱼城访古》一文。参见郭沫若《郭沫若文集》第12集，人民文学出版社1959年版。该文收入胡昭曦、唐唯目《宋末四川战争史料选编》，四川人民出版社1984年版，第657—659页。

⑤ 西南师范学院历史系编：《钓鱼城史实考察》，四川人民出版社1980年版。

文化遗产保护中心）以及西华师范大学四川古城堡文化研究中心两个机构。除一些专业机构外，一些专家学者、社会人士的调查、考察活动更是数不胜数。其中胡昭曦、陈世松[①]、薛玉树[②]、唐唯目[③]、孙华[④]、唐冶泽[⑤]、安田[⑥]、马恒健[⑦]等人在考察之后均有成果面世，这些成果推动了宋蒙城寨的研究，扩大了宋蒙城寨在学界、政府和社会各界的影响。

现将胡昭曦先生和重庆市文化遗产研究院、四川古城堡文化研究中心的相关工作介绍如下。

（一）胡昭曦

胡昭曦先生是四川大学历史文化学院教授，主要从事宋史及巴蜀史研究。他是目前为止调查和研究巴蜀宋蒙古城寨的第一人：既是第一个全面深入调查的学者，也是相关学术成果最丰硕的学者。按照胡先生自己的说法，从 1974 年到 1984 年的 11 年时间里，先后在四川省内（含重庆）近 50 个县市实地考察，考察过与宋蒙战争有关的山城 15 座、水碛 2 处、铁锁关 1 处。[⑧] 山城有广安大良城、万县天生城、合川钓鱼城、江北多功城、合江神臂城、合江榕山城、合江安乐城、合江石盘寨、金堂云顶山城、宜宾登高山城、犍为紫云城（又作“子云城”）、渠县礼义城、富顺虎头城等。有时为解决某个问题，胡先生还对个别重要城寨多次反复调查。他曾自带卧具和炊事员，三上钓鱼城，终于解了钓鱼城抗蒙史实中的诸多疑惑。

胡先生的调查和研究有三个突出特点：

第一，注重碑刻、谱牒等文字材料的收集，并与文献记载进行互核。由于年代久远，很多碑刻遭受自然和人为的双重破坏，已不复往日风采，不少材料赖胡先生之力得以保存。胡先生详细记录过的碑刻材料有大良城、天生城、钓鱼城、多功城、云顶山城等。例如，调查泸州神臂城时，他搜集了当地《先氏族谱》和《余氏族谱》。《先氏族谱》中有

---

① 陈世松对泸州地区的宋蒙城寨考察较多，其成果主要体现为他与喻亨仁、赵永康合著的《宋元之际的泸州》（重庆出版社 1985 年版）一书。

② 薛玉树：《云顶山记》，四川省社会科学院出版社 1988 年版。

③ 唐唯目作为当地文物干部，有多种有关钓鱼城的论著，如《钓鱼城志》（重庆出版社 1983 年版）、《合川钓鱼城文史资料汇编》（内部资料）等。

④ 孙华：《羊马城与一字城》（《考古与文物》2011 年第 1 期）、《宋元四川山城的类型——兼谈川渝山城寨堡调研应注意的问题》（《西华师范大学学报（哲社版）》2015 年第 2 期）。

⑤ 唐冶泽对重庆境内的钓鱼城、多功城、白帝城、龙岩城（一作龙崖城）、黄华城等多个宋蒙城寨进行了考察，可参见唐冶泽、冯庆豪《老重庆影像志・老城门》（重庆出版社 2013 年版）以及唐冶泽《重庆南川龙岩城摩崖碑抗蒙史事考》（《四川文物》2010 年第 3 期）。

⑥ 安田及其家属热衷于四川古城堡的考察和推介工作，曾考察钓鱼城、大良城、得汉城、小宁城、平梁城、三龟九顶城等宋蒙城寨，参见安田《四川古城堡论集》，四川大学出版社 2013 年版。

⑦ 马恒健对巴蜀地区云顶城、大良城、得汉城、安乐山城、虎头城等宋蒙城寨进行过考察，参见马恒建《蒙军铁骑勒马大良城》（《龙门阵》2011 年第 5 期）、《凌霄城：南宋王朝最后的骨气》（《龙门阵》2009 年第 12 期）、《渠江之畔：蒙军三夺大良城》（《成都日报》2009 年 2 月 9 日）、《剑门苦竹寨》（《科学大观园》2011 年第 4 期）。

⑧ 胡昭曦：《我的科研工作回顾》，载《巴蜀历史考察研究》，巴蜀书社 2007 年版，第 444 页。

德祐二年（即景炎元年，1276）神臂城之战的详细记载，可补史阙。又如在调查犍为县紫云城时搜集到一本《蒙族源流》，记载了蒙古族一支从元代到民国的发展历史，具有一定的史料价值。

第二，重视城寨的聚落情况。胡先生作为历史学者，而非考古学者，这点颇为可贵。除城墙、城门等文物古迹外，他还关注今天生活在上面的人口、水源（水井和水塘的数量、流量，以此考察能供养多少人口）、田亩数等，这些材料对于研究当时山城的土地承载力很有参考价值。

第三，详记考察经过。对考察的时间、经历、采访对象、陪同人员、路线都有详细记载，给后人复核留下了珍贵资料。

正因为有此几个特点，我们在考察之前，都要仔细阅读胡先生的文章，列出需要重点关注的地方，并特意将我们的考察结果与胡先生成果形成不同时间的资料链。

（二）重庆市文物考古所（重庆市文化遗产研究院、重庆市文化遗产保护中心）

作为直辖市的市级文物考古专业机构，重庆市文物考古所对境内宋蒙城寨的田野考古工作十分关注，对白帝城、钓鱼城、老鼓楼、磐石城、天生城、黄华城等山城遗址进行了全面、深入的田野考古工作。

1. 奉节白帝城

最先开展科学意义上的考古调查、勘探和发掘的宋蒙城寨是奉节白帝城。

1998 年，为配合三峡工程建设，重庆市文物考古所在白帝城一带进行文物调查，发现了城墙、城门、排水设施等遗迹，为此对瞿塘峡西口长江两岸进行了全面踏勘和大规模发掘，发现了城墙、马面、街道以及民居建筑。历经数年，初步确认并复原了宋末白帝城的基本面貌，对白帝城的筑城方式和格局有了深入认识。经调查、勘探和发掘，确认宋末白帝城面积约 5000 平方米，内部可分白帝山、子阳城及两山间山坳部分，今天的白帝城实际只是古时白帝城中位于白帝山的部分。城墙长约 7000 米，有内城和外城及二道一字城。墙体为石块包砌夯土城墙。城门共发现 6 处，另有水门 1 处。在白帝城附近还发现几处相关军事城堡或设施的遗迹，如东门外数百米的擂鼓台小城，西门外宝塔坪附近的坞堡，南边水门外的偷水孔栈道，瞿塘峡口的锁江铁柱等。上述发现证明南宋白帝城不仅仅是一个军事堡垒，其本身亦是一个依托特殊山水地貌建成的军事攻防系统。①

2. 合川钓鱼城

2004—2010 年，为配合合川东城半岛开发、草街航电枢纽工程等周边基本建设项目，重庆市文物考古所在钓鱼城遗址进行了连续的调查、勘探，对奇胜门古地道、南水军码头进行了重点发掘及后续保护工作，取得了一系列的重要收获。通过调查基本廓清了钓鱼城遗址的整体布局。遗址由钓鱼山山顶环城，南、北一字墙及南北水军码头共同组成，另有连接南水军码头的城墙一道，现存各段城墙总长约 7320 米。其中北一字城墙和北水军码头的发现，解决了长期以来学术界对其是否存在和布局结构的疑问，同时加深了对钓鱼城防御纵深的理解，纠正了过去的一些错误看法。此外，对皇

---

① 重庆市文物考古所、重庆市文化遗产研究中心：《重庆文物考古十年》，重庆出版社 2010 年版，第 108—114 页。

洞、蒙军攻城地道进行了清理，获得了新的认识。对南水军码头和南一字城墙的清理证实了钓鱼城多次修筑的史实。

2011 年，为进一步廓清钓鱼城特殊的城防设施南一字城的整体布局和防御结构，重庆市文物考古所向国家文物局申请了主动发掘并得到批准。对南一字城西城墙上段的清理发现了排列规则的柱洞，与《守城录》《营造法式》等文献记载相符合，同时增进了对南一字城布局结构的认识以及城墙营建、使用、废弃这一演变序列。①

2013 年以来，重庆市文物考古所又连续多年对钓鱼城范家堰遗址进行了大面积发掘，清理出大量建筑遗迹和水塘遗迹，推测该处有可能是迁徙于此的合州州治遗址。2014 年底，四川古城堡文化研究中心派出 8 名研究生参与了发掘工作。

3. 渝中区老鼓楼遗址

重庆市文物考古所还发掘了渝中区老鼓楼遗址。该遗址虽然不是宋蒙城寨，却是统领宋军城寨的指挥中心——四川制置司所在。

从 2010—2013 年，重庆市文物考古所为配合城市建设，在渝中区巴县衙门片区的老鼓楼遗址进行了三期发掘工作。该遗址分 A、B、C 三区。A 区发现了包砖夯土高台建筑一座，B 区发现大片建筑基址，与 C 区的明代围墙式建筑合为一体，为明代衙署建筑。老鼓楼遗址的发掘为了解宋、明、清不同时期衙署的沿革提供了难得的资料。老鼓楼遗址被国家文物局评为 2012 年度全国十大考古新发现之一。

上述三项发掘工作意义重大。首先，发掘出了大量宋代遗迹遗物，一定程度上改变了过去钓鱼城保留至今的多为清代遗存的尴尬局面；其次，对白帝城和钓鱼城的平面布局、建筑过程、内部结构、筑城特点有了更深，甚至全新的认识，为其他古城寨宋代遗存的辨识和研究提供了宝贵的参考资料，是难得的“标型器”。在多年发掘的基础上，钓鱼城已于 2012 年 11 月被国家文物局列入《中国世界文化遗产预备名单》，为正式“申遗”迈出了重要一步。

总的来看，重庆市文物考古所的工作有如下特点：

第一，调查、勘探、发掘多手段并用。在全面调查的基础上进行了重点勘探和大面积发掘，改进了其他古城寨工作中多为地面踏查的工作方式，这使得收获远大于单纯的地面调查。

第二，工作有目标、有步骤。三个遗址均经历了多年田野工作，工作的细致程度前所未有，达到了全面了解考古对象的目的。

第三，工作过程科学，资料翔实可靠。由于是专业机构进行田野工作，除一般勘探、发掘技术保障外，还利用了 GPS、全站仪、航拍、建模等手段进行记录，留下了更全面、更便于后期处理、利用的第一手材料，可以说现代考古学理念和技术在这里得到了较充分的应用，从而将巴蜀地区宋蒙古城寨田野考古工作推进到了一个全新的高度。

（三）四川古城堡文化研究中心

2013 年 1 月，西华师范大学校级科研机构——四川古城堡文化研究中心成立。这是我国第一个以四川古城堡（以宋蒙城寨为主，兼及其他时代其他地区城寨、堡塞等军事

---

① 重庆市文化遗产研究院、重庆市文化遗产研究中心：《合川钓鱼城南一字城西城墙上段遗址》，载《考古重庆》(2012)，第 52—53 页。

防御设施）为研究对象的科研机构。中心成立之初即开展了对四川、重庆境内的古城寨的摸底工作。首先是资料的储备。该中心搜集整理了目前关于古城寨调查和研究的相关论著以及古籍材料。其次是开展实地考察和调查。截至 2017 年 2 月，在 4 年时间多里，中心先后考察了宋蒙城寨 39 处，其他时代城寨 30 余处。宋蒙城寨具体名单如下：金堂云顶城、遂宁蓬溪寨、遂宁灵泉山、乐山三龟九顶城、泸州神臂城、合江安乐山城、宜宾登高城、犍为子云城、兴文凌霄城、富顺虎头城、剑阁苦竹寨、盐亭紫金城、苍溪大获城、苍溪鹅顶堡、南充青居城、蓬安运山城、通江得汉城、平昌小宁城、巴中平梁城、达州龙爪城、开江黄城寨（荣城）、渠县礼义城、渠县大斌山、渠县小斌山、前锋大良城、前锋虎啸城、前锋小良城、华蓥东安城、华蓥章广寨、武胜武胜堡、合川钓鱼城、合川龙多山寨①、重庆城、梁平赤牛城、万州天生城、云阳磐石城、忠县皇华城、巫山天赐城、奉节白帝城。

除一般性考察外，中心与地方政府和文物部门合作，详细调查过大良城②、运山城③、青居城④、云顶城、神臂城⑤、得汉城、钓鱼城等多处宋蒙城寨遗址，获取了大量翔实的第一手资料，撰写并发表了一批调查简报和研究文章。中心考察过的明清、民国城寨数量较多，且与本文无关，此略。

四川古城堡文化中心的田野考察和调查有如下特点：

第一，多学科结合，团队合理。考察团队一般配备考古学、文献学、宋史方面专门人员，有时根据需要借用美术、旅游等学科教师。

第二，全面、科学记录，及时整理。每次考察前充分收集文献，制订详细考察计划，拟出重点需要解决的问题。在设备方面，配备基本的测绘仪器，如小型无人机、GPS、激光测距仪、绘图工具、照相机、摄像机、录音笔等。在文字、影像（摄影、摄像、录音）、绘图三个方面做好详细记录。一般而言，中心要考察的内容包括宏观和微观两个方面。宏观方面指城寨所处地理位置、山水形势、地形地貌与城寨的契合、古代交通路线等，微观方面则是城寨本身情况，如城寨的平面形状、大小、城墙、城门、交通路线、水井、水塘、碑刻、寺观、民居、古墓等。同时采集当地流传的口碑材料。这样的调查纠正了过去过于注重记录城内零散遗迹的不足。考察结束后指定专人及时完成考察纪要或考古调查报告。

第三，广泛推介，扩大社会认知。中心建立了“四川古城堡文化研究中心”网站，建起了“古城堡研究中心”和“巴蜀古城堡”两个 QQ 群，前者是内部工作群，后者是对外交流群，目前群友 80 余人。

相关学者和机构通过大量的田野考古工作，对巴蜀地区宋蒙城寨的大体情况已经有所了解，逐步形成了如下认识。

---

① 符永利、蒋晓春、罗洪彬：《重庆合川龙多山寨遗址调查简报》，《长江文明》2015 年第 2 期。

② 符永利、蒋九菊：《四川抗蒙战争遗产　广安大良城考古》，《大众考古》2014 年第 6 期。

③ 蒋晓春、雷晓龙、郝龙：《四川省蓬安县运山城遗址调查简报》，《西华师范大学学报（哲学社会科学版）》2015 年第 2 期。

④ 符永利、罗洪彬、唐鹏：《四川南充青居城遗址调查与初步研究》，《西华师范大学学报（哲学社会科学版）》2015 年第 2 期。

⑤ 符永利：《泸州神臂城调查纪略》，《长江文化论丛》2013 年年刊。

三 初步认识

（一）巴蜀地区宋蒙城寨保存现状

元代建立后，统治者对巴蜀大地随处可见的抗蒙城寨颇感心有余悸。景炎三年（1278）八月，安西王相府的奏折说："川蜀悉平，城邑山寨洞穴凡八十三，其渠州礼义城等处凡三十三所，宜以兵镇守，余悉撤毁。"① 此处的83处所指是"城邑山寨洞穴"，外延比本文的城寨要大一些。但马继业认为，奏折中所言应该是四川城寨中规模较大者，据他统计共有116处。② 经过对文献的搜集，目前已统计到巴蜀地区宋蒙城寨132处。

明清至民国，巴蜀地区城寨修建再次勃兴，除新建了大量寨子之外，对原有的宋蒙城寨也进行了部分修复和改建。在修复和改建中，部分宋蒙城寨面貌改观，甚至部分被拆毁。新中国成立后，开荒垦地、改土改田、破"四旧"、城乡建设诸多因素也导致了部分城寨的损坏。因此，在人为、自然等因素的综合作用下，宋蒙城寨能保留部分遗迹、遗物到今天实属不易，是珍贵的文化遗产。

通过对巴蜀地区数十个宋蒙城寨的实地考察和调查，笔者深感忧虑的是，社会各界对这些珍贵文化遗产的关注十分不够。主要表现在两个方面：一是社会各界不了解。比如乐山的"三龟九顶城"是非常重要的抗蒙据点，扼守着岷江、青衣江及大渡河，而且该城还位于世界文化遗产——乐山大佛景区内，至今保留着不少遗迹。但当地政府似乎未予以重视，甚至连景区有的导游都对该城一无所知，直至近期才有学者对其进行了专项调查。③ 泸州神臂城在历史地位和文物存留方面都可排在宋蒙城寨中的前几位，其文物价值和开发价值都十分巨大，有待地方政府更加重视。二是人为、自然破坏的情况时有发生。南充青居城是"防蒙八柱"之一，古城墙还有一些保留，但在前几年因为修建公路而拆掉了一大段城墙。广安大良城在几年前修建公路时拆掉了保存完好的东门城门及部分城墙。2008年"汶川大地震"时运山城东门门额震落于地，2016年夏青居城仅存的一个城门毁于滑坡。更多的古城寨则在时光的流逝中任由风吹雨打、杂草掩蔽。

（二）巴蜀地区宋蒙城寨的价值

放眼世界，防御性建筑比比皆是，即使是国内，长城、堡寨、碉楼、关隘等也种类繁多，随处可见。至于巴蜀地区的宋蒙城寨与国外同类遗址相较之独特性，可参阅安田先生论著④，兹不赘述。此处仅论及巴蜀地区宋蒙城寨本身所具之价值。

1. 历史信息丰富

部分古城寨在史书中有所记载⑤，但这些记载多数较为简略，仅仅提及地理位置、城

---

① 《元史》卷10《本纪第十世祖七》，清乾隆武英殿刻本。

② 马继业：《宋代城池防御探究》，硕士学位论文，山东师范大学，2005年。

③ 岳燕霞、廖华西：《乐山宋元古城堡遗址的历史与现状考察》，《四川教育学院学报》2012年第12期。

④ 安田、杨帆：《四川古城堡论集》，四川大学出版社2013年版。

⑤ 胡昭曦和唐唯目先生作了很好的搜集和整理工作，汇编成《宋末四川战争史料选编》一书，四川人民出版社1984年版。

寨形势、修建时间、修建者、攻守、陷落等史实。这些资料的重要性自不待言，但仅凭这些记载难以让人对该城寨有更深切、深入的认识，还得从古城寨遗址本身去寻求更多信息。

作为一个古城寨，往往有不少物质和非物质的遗存留存至今。物质遗存主要包括城墙、城门、地洞、衙署、营房、炮台、池塘、水井、民居、街市、寺观、碑刻、墓葬等遗迹。同时可能还留存了刀、剑、镞、礌石等兵器，碗、钵、盘、碟诸类日常生活用品等遗物。非物质的遗存包括传说、故事等口碑材料。上述遗迹遗物蕴涵了丰富的历史文化信息供我们解读。比如军事方面，城寨所处的地理位置、修建方式、修建者、修建时间、城寨格局、军事优势和劣势、攻守态势等；生活方面，衙署和居民区的分化、道路系统、与外界的联系、可耕田地数量及质量、可供养人数、宗教信仰等。如果还留存了部分题刻等文字资料，则弥足珍贵。如钓鱼城《王坚纪功碑》、运山城《宝祐张大悦纪功碑》、小宁城《淳祐张实筑城碑》、剑阁苦竹寨、金堂云顶城、南川龙崖城、兴文凌霄城、江北多功城门券上的题记等。又如，蒙军在宋蒙战争中也仿照宋军建造了一些城寨，在战争中起到了重要作用。但关于这些城寨的记载往往语焉不详，我们通过虎啸城、东安城、章广寨、武胜堡的初步调查，发现这些城寨与宋军所建城寨的有所区别。蒙军所建城寨重点考虑的是地理位置、地形地貌等因素，对城寨的大小、所能容纳的人口、是否有耕地之类并不做重点考虑。结合宋蒙当时的战争形势，这种情况比较好理解。宋军重在守城和守民，故需能支撑持久战的城寨，蒙军建城目的在于驻军并割裂宋军山城防御体系，与守民无关，是以有此差别。

2. 军事价值突出

宋蒙城寨是在总结以前坞堡、关隘、寨栅、山水寨等经验基础上形成的防御体系，集中了孟珙、李鸣复、彭大雅、冉氏兄弟、余玠等人的智慧，在宋蒙战争中逐渐形成并完善的。学术界对宋军的山城防御体系作了较多研究，意见大体一致。学术界认为这些山城分布于战略要地，位于大江大河沿岸或交通要道旁，既扼守了交通要道，又可互通声气。可以彼此策应，构成了两重防线："大获、大梁、运山、梁山、钓鱼，峙莫逾之势在前，古渝、凌云、神臂、天生、白帝，隆不拔之基于后。"① 从微观上看，各城寨多修建于拔地而起的桌状山之上，极难攀登，有一夫当关万夫莫开之势，加之城门、城墙、炮台、水师码头、地道等设施完善，官衙、水塘、田地一应俱全，可以长期坚守。蒙古骑兵在此难以施展其长处，往往损兵折将，攻无所得。史载"四川帅臣余玠大小三十六战，多有劳效"②，理宗也多次特诏嘉奖："余玠任四蜀，安危之寄已著，八年经理之功，敌不近边，岁则大稔。既浸还于旧观，将益懋于远图。畴其忠勤，足以褒勉，可进官二等。"③ 正是因为该体系的军事合理性，才使柔弱的南宋朝廷能延续数十年，甚至因为拖住了蒙古骑兵，从而减轻了欧洲各国的压力，一定程度上影响了世界历史的走向。

具体到各城寨，从选择到筑城方式、布局都有明显的军事考虑，甚至可谓绞尽脑汁，机关算尽。在选址上，一般选择的是异峰突起的桌状山，有陡立的山崖，上山途径不多，易守难攻。在城防设施修建方面，一般由城墙、城门、一字城、陡崖构成防御线，有时还

① （宋）阳枋：《字溪集》卷8《余大使祠堂记》，清文渊阁四库全书本。

② 《宋史》卷43《理宗本纪》，清乾隆武英殿刻本。

③ 《续资治通鉴》卷173，清嘉庆六年递刻本。

有内外几条防御线，增加了防御纵深。在城门的位置和修建方式上也多有考虑。如大良城的西门，位于一个袋形凹槽的口部，两侧均崖壁陡峻，无法攀登，控扼作用十分突出。有的城寨为了能出奇兵，还挖了隐秘的地道。

3. 文化景观遗产

以前学术界把古城寨看成一个文化遗址，只关注其城墙、城门等遗存。随着文物保护理念逐渐被文化遗产保护理念所取代，我们认为，宋蒙城寨在遗产属性上可划归文化景观遗产，这既是它们本身特点的反映，也有利于其可持续发展。

文化景观遗产概念是近二十年提出的，强调人与自然共同创造，是文化属性和自然属性的有机结合。该理念已经为国际社会普遍接受，并成为世界遗产名录中的重要类别。目前我国庐山、五台山、杭州西湖文化景观和红河哈尼梯田文化均已列入世界文化景观遗产名录。宋蒙城寨具有特殊的地理环境。从宏观上看，四川盆地上通陕西和西北，东接长江中下游地区，战略地位十分重要。盆地内的水系恰好呈树枝状，岷江、沱江、涪江、嘉陵江、渠江等几条大河都由北向南汇于长江并最终自西向东穿三峡而出。宋蒙战争中蒙军西线战场采取的正是顺流而下，东向出川的策略，而宋朝的防御思路也充分考虑到了巴蜀地区的宏观战略位置和内部河流格局，可谓防御体系与自然地理相适应的产物。从微观上看，四川盆地内部为方山丘陵地区，由紫红色砂岩和泥岩构成，经长年雨水冲刷和风化，形成了较多方山和桌状丘陵。这些方山、丘陵有的崖壁陡峭，高达数十上百米，而顶部宽平，面积可达数平方千米，土壤深厚，水源充足，适合居住和农耕。这种特殊的地理环境契合了战争防御的需要，因而在巴蜀历史上长盛不衰，宋蒙战争中更是发挥到了极致。

宋蒙城寨充分利用地理交通、地形地貌的特点，规划了一个又一个山城，每一个山城都是一个坚固的堡垒，数十上百个山城屹立于大江大河沿岸或交通要道附近的方山丘陵之上，形成了一道遍布巴蜀的独特文化景观。宋蒙城寨在宋代以后的日子里发生了一些有趣的变化，有的成了自然村落，有的成了宗教场所，更多的在明清时期得到了修缮并继续使用。这种不同时代的文化景观与宋元时期景观进行叠加，使今天的宋蒙城寨文化景观更为丰富多彩。

4. 文化产业价值

如今，文化产业开发已经成为国家和各级政府的重要工作，宋蒙城寨作为珍贵的文化遗产，在文化产业开发中具有独特的突出价值，前景十分光明。

第一，地理位置适中。不少城寨与中心城镇的距离往往较近。如钓鱼城、神臂城、多功城、大良城、运山城、大获城、云顶山城、平梁城等距离中心城镇的距离大多在 30 千米以内，有的仅数千米。这为市民开展近郊休闲游提供了便利。即使位置较偏僻的山城，如今也已成为探险者、驴友、攀岩爱好者的钟爱之地。

第二，城寨所在地势独特，风景秀丽。如前所述，它们一般位于江河沿线的奇峻山峰上，可观大河、可瞰田园、可登险峰。有的山上还田畴遍布、炊烟袅袅、梵呗悠悠，风景秀丽，如钓鱼城、神臂城、得汉城、大良城等。

第三，山城规模较大，适合利用开发。多数山城的面积在 1 平方千米以上，有较大空间可供利用，适合在不破坏历史文物、环境风貌的情况下修建旅游设施，开展旅游、探险、休闲、购物等活动。

第四，与现代旅游业的趋势相吻合。宋蒙城寨具有登山健身、军事体验、乡村体验、户外探险、历史教育等多重旅游功能。可根据山城本身特色有选择性地突出开发某些功能，契合市场需求。

第五，大量城寨处于未开发或初开发状态，便于高起点的规划设计。即使是开发最早、设施最完备的钓鱼城，也还在吃、住、行、游、娱、购等方面存在明显不足。[①] 神臂城、云顶山城、得汉城等处于初开发状态，其他城址基本处于纯自然状态，这种“白纸”状态适合描绘最美的图画。

5. 宝贵精神财富

巴蜀文化是中华文化大家庭中独具特色的一支地域文化。谭继和先生总结巴蜀文化的特质为开放性、整体性和开创性。[②] 从整个巴蜀历史来看，我们还应当看到巴蜀先民所具有的不屈不挠、奋勇抗争精神，前者为韧性，后者为烈性。巴蜀先民将这两个看似对立的精神完美融合在了一起，成为四川人性格的一个组成部分。巴蜀地区历来富庶繁华，文化昌盛，因此四川人（含重庆）给人印象多温文尔雅，知足闲适。但四川人的不屈精神早已积淀在他们的骨子里，从未泯灭，在面对外来巨大压力时往往能猛烈地迸发出来，这种精神在宋蒙战争中体现得十分明显。众所周知，抗战时期川军以极其低劣的装备创造出无数个辉煌的战绩，靠的就是这种精神。因此，我们今天研究宋蒙战争巴蜀战场、宋蒙城寨的时候，面对的不是一些冷冰冰的文献和文物，而是一颗颗火热的心，我们的工作其实也是在发掘和弘扬巴蜀先民不屈不挠、奋勇抗争的精神。

四 结语

宋蒙战争巴蜀战场的硝烟虽然早已散尽，但历史见证者——宋蒙城寨依然屹立。虽然已经残破不堪，但从残垣断壁、残碑断碣中仍然可以清晰地嗅到浓郁的历史信息，隐约听见鼓角争鸣、人喊马嘶的历史回声。宋蒙城寨上蕴含了太多的历史信息，凝聚了无数巴蜀先民心血，既是他们聪明才智的见证，更是巴蜀先民面对困境不屈抗争精神的物质载体，是先民留给我们的一笔宝贵精神财富。但令人遗憾的是，这些财富还有待进一步发掘。有鉴于此，我们认为当务之急是加强对巴蜀宋蒙城寨的全面深入调查，详细记录，摸清家底，在此基础上开展深入研究，明确文化价值，凝练精神财富，促进保护和可持续发展，弘扬巴蜀优秀传统文化。

（原载《黄河·黄土·黄种人》2016 年第 22 期）

---

① 谭波：《关于合川钓鱼城旅游规划的一些建议》，《资源与人居环境》2010 年第 8 期。

② 谭继和：《巴蜀文化的历史特征与四川特色文化的构建》，载《巴蜀文化辨思集》，四川人民出版社 2004 年版。

第三篇

会议述评与论文提要

十至十三世纪中国史国际学术研讨会暨中国宋史研究会第十七届年会综述

胡劲茵

2016年8月20日至21日，十至十三世纪中国史国际学术研讨会暨中国宋史研究第十七届年会在广州中山大学隆重召开。此次会议由中国宋史研究会、中山大学主办，中山大学历史系承办。正式与会学者234人，分别来自中国内地、中国台湾、中国香港和日本、韩国、美国、加拿大、荷兰等地的高等院校、研究机构、出版社以及文博单位，共进行主题报告2场，提交论文223篇，并提出相应评议205份。20日上午，大会举行了开幕式，中国史学会副会长、中山大学党委书记、中山大学历史学系陈春生教授向莅临的专家学者表达了热烈欢迎与衷心感谢之意，中国宋史研究会会长包伟民教授、台湾大学王德毅教授等致开幕词和做代表发言。在随后两天紧凑的时间里，9个会场、5个时段，总共41场的小组报告及讨论如火如荼地展开。相同或交叉的学术领域、写作和出版等各个层面及视角之间进行了充分的交流、辩难，此次大会的主要意旨得以圆满实现。以下谨就会议内容作简要纪述。

由于此次会议的参加者与提交论文的数量较大，为了达到更好的研讨效果，会议组织工作一方面提前接受分论坛的申请，由具有相近兴趣和课题的研究者自发组成专题论坛和讨论小组；另一方面按照提交论文的内容，代为结成专题讨论组，以便交流。体量较大的专题更划分成若干小组，也就是若干个讨论专场，5—7人为一场，保证每场100分钟的讨论时间。丰富的论文形成了多样的讨论主题，包括：晚宋人物与政治，宋代行旅、性别与生活（2场），宋辽金时期军事与外交（2场），宋金元易代研究，宋代法制史，“君臣之间”，宋金官吏与地方政治，宋代官员研究，宋代城市与乡村（2场），宋代社会经济史，宋代日常生活史（2场），宋金教育与科举（2场），宋代文献研究（3场），“南海1号”与宋代海上贸易（2场），九至十三世纪生命与生活史研究，方志材料与地方史研究（2场），宋代内廷与政治，多视角认识宋代的政治与制度（4场），近世中国视野中的宋元明变迁（2场），“熙丰印象”（2场），宋代思想史研究，政治文化（2场），知识的构成与实践（2场），宋代的宗教与文化，数字化工具与宋史研究：以CBDB的资料为中心等，共计25个专题，41场讨论，这些专题集中体现了近年宋史研究中较受关注的视角、材料以及方法。但也因为课题比较具体、分散，所以本文大体归纳为国家与政治、文化与社会、经济与社会、史料以及历史分期理论五个方面来作介绍。

第一是国家与政治方面。由25项讨论专题的分布来看，政治史毫无疑问仍是宋史研究的核心主题，本次会议所关注的宋代政治，其特点可以用其中一组的论题加以概括，即“多视角认识宋代的政治与制度”。至少有19个小组围绕政治的各种重要问题，包括人物、职官、法律、科举、内廷、外交、军事、君臣关系、地方政治、代表性的政治时段、政治文化等，展开了研究与讨论。

其中，晚宋人物备受关注。“晚宋人物与政治”小组的成员以蔡元定、吴潜、李宗勉、史弥远等人履职的经历为主要讨论对象，分析、总结南宋政治生态的特点及其影响。由个案研究出发，将视角置于时代的整体，理解其历史意义的方法，在政治人物研究上具有典范性。另一组的“宋代官员研究”，则兼及个案与群体、北宋和南宋，以及政治生活的其他层面，个案如以贾公直为例探讨北宋士大夫家族的政治联姻、文同仕宦汉中时期的理政实践与政治心态研究，还有折彦质及其时代、虞允文与他的交游；群体研究则有南宋潜邸出身官员的赏赐问题、北宋台谏对地方官的弹劾问题等。

法制、教育与科举是国家通过不同的政治方式与人群、社会发生联系的重要环节，其研究仍以制度为基础。在“宋代法律史”讨论组中，学者们对“审计”及具体的官员离任审计的法律解读、北宋的诉理所这一法律机构的探讨，是以厘清制度为主的；对《天圣令》和宋朝的断例如何继承创新，宋代司法与传统“经权”观关系的讨论，则既有制度层面的解析，更有理念层面的阐发。而在“宋金教育与科举”组中，研究层次是逐渐铺展开的，由具体制度到总体的社会影响。首先有金代“词赋状元即授应奉翰林文字”、宋代殿试评卷等两则具体制度的考释；然后是制度的“验证”，有关于苏轼进士科名次甲第问题的考证以及宋代科举制度的典型人物王曾的生平研究两篇论文；而后是通过皇帝的视学礼、“童子举”在区域社会的施行、州郡贡院兴修等讨论“外围”制度及其情况；最后则有更为宏观的考察，包括“一道德”的教育改革、两宋国民素质的对比、北宋开封人才井喷的现象、宋代学校教育的时代特征以及它们的历史影响等。在其他小组中，也有个别讨论科举制度的文章，如论科举对宋代学官管理的影响等，或在该组开放讨论时已参与其中。

内外、君臣、中央与地方三组关系，是中国传统政治史的脉络型问题，凸显其宋代特征是研究的主要目标。以下先看第一组，内外关系。此次会议的“宋代内廷与政治”小组，展现了“内”之研究的两个方向：内臣制度与内宫空间。前者包括了内臣及其制度两个内容，具体人物有冯从顺、李知顺的事迹考，具体制度有宗正寺、宣徽使的考探；后者研究的对象是龙德宫，探讨了宋徽宗与龙德宫的关系。值得注意的是，这些内朝的问题被关注无疑是由于它对外朝存在实质的历史影响。最后一篇讨论宋代西北防御体制下宦官问题的文章，观察视野更由内外朝廷的关系延伸至中央与地方、中国与外族之间。最外层的内外关系即是军事与外交，而在宋代，这类问题可以从宋辽金的多边视角来作审视，此次会议的“宋辽金时期军事与外交”讨论组正是如此。除了宋代方面的外事制度研究，如宋代外交往来中的“押伴”、辽金交聘使节入宋的程式、越南的“十二使君”等，以及军事建制与事件研究，如募兵制的负面影响、白豹城在环庆路东部拓疆中的作用、红袄军首领国用安、《水浒传》故事编年与结构等；辽金方面的同类研究也加入到了讨论之中，如辽朝耶律乙辛集团的兴亡、辽朝对漠北与西域的经略、金初武阶制度等，还有一篇论文从学术史的角度介绍了金毓黻先生在辽金史研究的成就。宋、辽、金史在视野、方法和论点上的沟通切磋，对于各自的研究都是重要的促进途径，而从多边视角观察其间关系，又使宋代的历史特征更为突出。

第二组，君臣关系。在突出宋代特色上，“君臣之间”历来又是一则重要的议题。此次会议以之为名的讨论组，继续发掘了更多崭新的“场景”：有两篇文章讨论了“公议”

的问题，一则以欧阳修书写范吕解仇之事为例，说明宋仁宗朝“公议”典范形成的过程及其背后皇权统摄力强化的事实，另一则即探讨仁宗朝后士大夫秉持“从公议”的政治理念与君主的“行独断”相互博弈的情况，两者观点之间恰正可议。两篇文章讨论了“求直言”的问题，一则简论宋朝皇帝的整体情况，其中提及诏求直言成为新旧党争的重要契机，另一则正具体探讨围绕宋哲宗即位求言诏新旧两党的政治博弈过程，两者又恰好可通。还有两篇文章关注宋代君臣际遇的问题，一则有具体对象吕颐浩与宋高宗，一则由“举遗逸”的制度切入。由于论题的相对集中，该组对宋代“与士大夫共治天下”的政治形态有了更加具体的发掘与推进。

第三组，中央与地方关系。中央与地方在机制上的运作方式，也是考察宋代国家政治的一个角度，“宋金官吏与地方政治”小组的论文，从宋代州县吏人群体的构成、吏人的归属和职责、吏人参与各项工作的心态、州县的分曹置案、“对移”制度等方面，通过对吏人的活动及其相关制度的扎实考证，展现地方行政的结构与方式。而最后一篇论文更指出金朝吏权大盛，吏员集团成了国家中央与地方政治的核心力量。该组的研究讨论不但将地方政治落到实处，还思考了宋金朝代之间的差异与联系，更丰富了基层政治人物与制度的研究材料及其发掘方法。其他小组也有相关研究，如南宋地方性备荒仓之兴衰、南宋时期荒政的运用、宋代的地方官属建筑，以及赣南社会动乱、好讼、兴学等特点的政治根源等。

一代政治必然有着某些代表性的时段，在宋代而言，则非“熙丰”莫属。此次会议的“熙丰印象”小组取其吉光片羽之实，意旨却在倡导由碎片至于整体的凝练。熙丰时期应该是怎样的面貌？有论文以宰相和台谏官的选任为对象，研究指出熙宁至元丰，君权与相权之间实现了权重的转换。有论文则分析宋代两位转运使“模范”的书写，同样提出了从熙宁之政到元丰之政切分转变的观点。熙宁与元丰的两位代表人物，王安石、宋神宗（哲宗）也是研究对象之一。关于王安石的生平行实与宋神宗的身后评价等经典话题，该组论文仍在史事考证、历史书写、与政治背景的关联等问题上进一步深入探讨。由内而外，该组两篇论文则从将帅、将帅家族及其与内政外事之关系，考察北宋中后期政治的变化。以上数篇所见“印象”似乎仍集中在传统的政治话题，而小组的最后两篇论文则稍有不同。其一是由《证类本草》探讨北宋医学知识的流变及其与医者社会身份转变的关系，其二是通过张载的医学知识进一步剖析其哲学思想中对感官认知的看法。从表面看，二者不同于此前的“熙丰印象”，但北宋中后期政治、文化、社会的变化实凝聚其中。看似“突兀”的切入点，其实也可以成为观察政治时代的一种新视角。

相对于医学知识或哲学思想方面的研究，令人感到的文化与政治的距离，政治文化确实更加容易被接受成为政治史研究的一环。宋代政治文化的研究已经成就了一些经典，而其关涉领域仍在开拓。此次会议的“政治文化”小组，关注五代宋初的内职与文官体系的权力结构关系、考察熙丰变法前后王安石形象的变化及其意蕴、讨论司马光最后18个月执政以和解破局的宗旨、分析宋理宗《敬天图》蕴含的宋代新型的应对灾异的政治文化、从宋人关于扬雄仕莽的争论考察忠节观念、专门讨论策问文本中反映的宋代礼学与礼制发展趋势等等，呈现出政治文化这一论题的深化。另外的两篇文章，一则是针对陈亮“六达帝廷”说的细考，一则从超越、去蔽的角度展望宋史叙述的发展方向，可以视为政治文化的思考方式对史学研究及其理论带来的反思意识的体现。

最后的介绍，回归以“多视角认识宋代的政治与制度”为题的讨论组，也是此次会议提交论文最多的一个大组。题下分为4个小组，其中两组侧重政治。组中论文的研究对象主要是各种政治事件，包括：赵普的权力变迁、柳永《玉楼春·星闱上笏金章贵》词的微义、“五鬼”之号的再现、沈括天文历学展现的政治思想、蔡京的去留、光武故事的应用、“王庶被拘”事件、吴曦事变后对安丙的妥协、岳珂对岳飞历史的重建、嘉定皇位继承等，通过对其政治过程的呈现与分析，研究者尝试了从不同的角度加深对两宋政治中各个重要时段的特征与影响的理解。另外两组侧重制度。组中研究除了有中央、地方两方面的制度以外，更有关注两者贯通制衡方面的制度。侧重中央制度者，包括：从工作日程安排与文书处理方式研究北宋中书宰执的政务运作、考察枢密院司法事权的诸层面、考证宋代对官员年老的待遇、聚焦刘后时期宋代御药院机构职能的发展透视皇权的形势等题；侧重地方制度者，包括：研究公文副本及其功能、县丞的设置与迁转以展现地方行政面貌两题。而尤为令人瞩目的是对贯通两者的研究题目，包括：解析文武换官制度以反思宋代的文武关系（其他小组也有对“重文抑武”政策再讨论的研究文章），并注意其制度带来的社会流动性；探讨宋代邸报的形制、传播方式及其对国家政治的作用；从宋代官僚体系运作中的“保明”制度看中央与地方如何保证信息的沟通以及权力制衡。该组名副其实，为宋代政治史的研究提供了更多新视野和新问题。

总体而言，单从论文数量便可体现出宋代史研究者对国家与政治问题的关注是众多领域之中最多的，而从论文的视野、方法与问题上看，宋代政治史的研究在范畴扩展的同时，也产生了学术层次的实际推进。

第二是文化与社会方面。仍然是从提交论文的数量上看，文化史是此次会议的第二大主题，有6个大组的内容可大致归入此类。除了一组集中在思想史的讨论上，其余各组均具有社会史研究的问题意识和理论背景。

“宋代思想史”研究小组，主要围绕思想家及其理论特点展开，包括张行成的易学、吕大钧与关学、孙复的事迹和著作、朱熹的天文左旋理论等，另有从王霸之辩反思朱熹理学以及从修史机构的协调考察宋代史学特点的两篇文章，对传统观点和固有领域有所开拓。广义的思想史研究，还包含了信仰与知识。信仰则除了佛道二教以外，还有官方和民间的系统，“宋代的宗教与文化”小组的论文均有涉猎。对宗教的关注，集中在若干具体问题的考释上，包括后周世宗的抑佛政策、长干舍利的历史流传状况及其与宋僧可政的关系，以及宋末元初全真道代表人物李道纯的生平事迹等。对其他信仰体系，一方面丰富了考察对象，另一方面则着重其与社会的相互影响，包括所研究的宋代对谶言或行或禁的矛盾态度、宋代御灾神迹的精神救荒作用、南宋道学与民间信仰和谐共存的形式、唐宋之际华山信仰世俗化的转变过程等问题，都展现了宋代社会特有的历史情态。

社会史的观察有许多不同视角，本次会议的“宋代行旅、性别与生活”“宋代日常生活史”“九至十三世纪生命与生活史”三个大组的研究，可以分作两种类型：一是性别、婚姻、家族、乡党、交游以及其他社会关系；二是医学、史学、哲学、艺术以及观念等社会认知。两者具现于生活方式之中，是探讨社会状况与社会形态的重要入口，而为了便于社会发展的中长时段观察，三组的研究也并不局限在宋朝。具体而言，在第一类中，五代沙陀贵族的婚姻与女性观仍保留北方游牧民族的特点，宋辽金孝子图的女性形象则反映出孝女孝妇观念的提倡加强，但《夷坚志》的宋代女性却显得至性和开放，而且在社会中同样具有流动性，不过在移动中又难免遭遇疾病、孕产等人身风险，等等，问题及其社会根源显然是值得交流讨论的。《齐东野语》的“莫氏别室子”案、朱熹《增损吕氏乡约》、福建路的碑铭、宋代的“戏人之诗”、东京的近郊、文人的书斋，从法律、制度、群体与个人交往方式、空间等层面，展现了宋代社会特点的构造过程。在第二类里，许叔微的医案专著、涑水学派的日常论史、女佛教徒的修行之“物”、南宋女装的“大袖”、南宋“忠义人”忠义的本质、大象形象的祥瑞或灾异、宋代童蒙顺应童心与成人化之争，乃至欧阳修集古、举子赴京、郊祀支出等费用，诸般日常生活方式与问题，十分丰富地展现出宋代社会的变化，并据此反思其历史意义。

在文化的大主题下，思想史与社会史融通交汇，宋代“知识世界”的发掘形成了一项独立的研究主题，而“知识的构成与实践”小组及其成员持续三届年会的纠合，更期待于达成方法论的某种共识：“知识”呈现的时代特点是研究的对象，梳理“知识”流传与演变的脉络是研究思路，而探讨构成源流的因素是研究的目标。小组中，无论是探索宋元方志“沿革”条目的编纂、金末士人李俊民的地方活动及其被认识的过程、宋代“化毒排脓内补散”的传承、北宋律学知识的革新、宋代士人术数知识的形成，还是黄震的学术与道教知识的关系、魏了翁和吴泳在边缘地区特殊的知识建构方式、宋代饮食书写中隐含的家国观以及北宋前期物类书写的题材及体裁的特点等等，都深入发掘各种“知识”的本身，而不是外行的简单描述，等同于进入到宋人的“头脑”之中，进而考虑“知识”所承载的意义，以及被塑造的力量来源：日常生活的政治性、学术的内在理路、社会阶层与物质的流动等等。

总体看来，文化问题在宋史研究中仍然颇受关注，不但在政治史中辟出了“政治文化”的主题，而且透过信仰与知识世界的探讨，促进了社会史、思想史、科技史等领域的跨界合作，也推动了各领域原有学术问题的深入。

第三是经济与社会方面。此次会议围绕经济展开的议题数量不少，但由于研究者试图观照的背景略有不同，于是相关论文也分布在许多小组之中。以下将从较为集中的小组开始介绍。

“宋代社会经济史”小组，顾名思义，即就经济史研究的若干主流问题展开讨论，包括：赋役制度，如研究北宋募役法改革前特殊户役的职役性质、南宋税制中摊丁入亩的趋势的两篇论文；市场经济，如以欧阳修书简的内容考察北宋文人的日常消费情况、由隆兴北伐导致的物价变动探讨南宋战争与物价的关系的两篇文章；还有宏观的经济模式与社会形态问题，如从宋代致贫因素解释的话语体系构建管窥社会阶层结构的进程，以及讨论宋代商品经济和商业发展问题、反思社会分期理论等。从议题的集中与深入程度看，小组的讨论应该是精彩、有效的。地方经济其实也是重要的主题之一，不过研究发表在其他小组中，如“方志材料与地方史研究”一组，研究者以温州乐清为例揭示宋元明之际两税的去货币化过程，还有以定州丝织业为对象考察当地经济在宋元明清转型的根源。又如“近世中国视野中的宋元明变迁”小组的部分文章，探讨了各种类型的财政制度问题：熙丰时期役钱征收的地方权限、盐榷政策模式与内藏财政职能的改变、岳家军以及宋蒙广西战场的后勤供应、金朝的白银货币化、元代官盐运销体制演变等等。又如其题目所展现的，他们讨论的财政问题并不止于宋代，而是被放置于由宋到明清的长时段中。

在社会经济史的研究中，城乡问题是基本问题之一，历来受到颇多关注，“宋代城市与乡村”小组的文章在该节之中也是最多的。组内议题的核心是城乡特点及其运营。被讨论特点的有，北宋洛阳、南京应天府、辽金大同府以及宋代的“耆分”，主要是从建制及其作用来谈。讨论运营的，切入点就比较丰富，包括：城市的医疗救助与疾病防预、水火灾防治与救助措施、富民等民间力量对城乡秩序的维系、女性在农业生产中的角色等等。

而此次会议最具特色的一则主题，即“‘南海1号’与宋代海上贸易”。早在会议开幕式之后，国家文物局水下文化遗产保护中心技术总监、“南海1号”沉船发掘保护项目领队孙键研究员，即以《“南海1号”沉船考古》为题，作了一场专题讲座，与参会学者们分享了十分宝贵的沉船考古信息。当然，“南海1号”的研究并不局限在沉船本身，而是提出了对传统关注较少的海域历史的思考。该组论文即是在这一方向的深入展开：通过陈伯陶的《宋台秋唱》、梅窝“李府食邑税山”界石的材料，研究宋代香港的历史；由正史《外国传》取代“四夷传”的变化、士人高丽观特征，探讨宋代对于“国际关系”观念的转变；宋朝在交州边境贸易中舍市舶而设博易的原因、日本博多承天寺“板渡”的来龙去脉及所涉环节、海外贸易法令实施中的官吏履职问题等研究，对宋代海上贸易的制度运作条分缕析；更从物品流通的角度，关注到福建槟榔消费的空前高涨与宋元时期海上贸易发展的密切关系。

第四是文献与考古材料的研究。正如上述“南海1号”沉船带来的刺激，史料的发掘与搜集始终是历史研究最为基础、关键的步骤。有志于此的研究者从不懈怠，此次会议的“宋代文献研究”“方志材料与地方史研究”“数字化工具和宋史研究：以CBDB的资料为中心”的三组论文正是其体现，成果大致有三类：一种是具体史料的命名、版本、辑佚、校勘、成书过程与内容结构的考释，包括有《宋史·选举志》、宋真宗《劝学诗》、《旧唐书》书名、宋本《洪氏集验方》、南宋道教文献《丹房镜源》、《〈永乐大典〉方志辑佚》、司马光《稽古录》、《说郛》本王易《燕北录》、《四明尊尧集》、苏轼《不获再会帖》、《江阳嵩高柴氏宗谱》等。一种是分析类型文献的生成与作用机制，包括：关于宋代敕榜的撰写、颁布、执行与接受等问题的探讨，关于考察南宋民间出版家陈起的书籍出版情况，解释造成南宋“进书”“进书仪”固定化与频繁化的原因，追寻宋季忠义人书写与宋元易代的关系，以吕祖谦家族为例讨论出土文献与族谱文献对照研究的方法与价值等。一种是发掘类型材料与具体问题研究的关系，包括：两宋税租簿籍与州县政务、《名公书判清明集》的养老资产书判与南宋法制修订、江南市镇的碑志材料与南宋地方信仰的发展、“林光朝热”与福建地方史的理学叙事、中国历代人物传记数据库（CBDB）的数据处理方式与研究问题等等。最后一条可以说是对较新发掘的材料手段进行实验评估，是十分有意义的成果，总共三则：一则对比了CBDB资料库与笔者利用一般手段编成的北宋中晚期中央官学博士年表，一则采用了CBDB和Pajek（社会网络分析工具）解析《仙溪志》，一则继续对比了CBDB与代表性传世文献《唐人姓名研究》对人名用字的收集与处理。三则研究既展示了数据库的使用方法，也强调了与传统文献研究结合的必然途径，既提出了数据库具有的局限性，也展现了其发现新问题的可能性。

第五是历史分期问题。本文放在最后作为总结的是两组宏观理论指向的议题。“宋金元易代研究”和“近世中国视野中的宋元明变迁”，看似第一组属于断代式、第二组属于社会发展阶段式的历史分期理论，但在选择的研究对象、方法与视角上实际已经基本贯通：在由宋到明的历史时段之中、宋金元改朝换代之际，由上而下，观察了国家的政治生态与决策；由下而上，观察了不同地域人群的家国观念与选择。前者有两篇文章，一则由南宋史料的复杂性窥见政局的快速反复，二则说明端平襄乱对南宋后期北疆政策奠定的影响。“近世中国视野中的宋元明变迁”小组中部分围绕财政制度的讨论，同样也属此类，宋金元虽各有特点，但也共同构成了对后世相关制度的影响。后者也有若干内容，包括“胡无百年之运”一说自南宋以来流传的背景与影响、“宁为玉碎，不为瓦全”观念在宋元之际的两难、山东灵崖寺僧人在政权更替下有着不同于士人的思考和选择、北渡家族则以求存为主淡化了对家国的忠诚观等。综合看来，对于唐宋转型抑或宋元明变迁的历史分期问题，研究者既有直接撰文进行理论探讨，也有寄寓具体史事进行实际分析。一切的结论或许都不是最重要的，就此次会议整体而言，宋史研究主动将自身置于多元的历史脉络中反思与推进，证明其仍然具有蓬勃的活力，并孕育着崭新的未来。

中国宋史研究会的年会，已经发展成为隔年举行的一场中外宋史学界的盛会。参加者人数愈众，地域与领域覆盖愈广，论文数量愈多，愈能体现研究发展的总体趋势，愈能发掘研磨切磋的同道中人。因此，本文尽量对会议的全部情况作了回顾梳理，俾便考察。若有理解不当之处，敬请见谅。

首届“两宋论坛”学术研讨会综述

马智慧

2016年11月5日，首届“两宋论坛”学术研讨会在杭州举行。作为首届“两宋论坛”的重要活动之一，研讨会邀请了中国宋史研究会原会长朱瑞熙，杭州市社会科学院南宋史研究中心主任何忠礼，陕西师范大学历史系教授李裕民，北京师范大学985特聘教授葛金芳，浙江大学宋学研究中心原主任、古籍研究所原所长龚延明，上海师范大学古籍研究所教授虞云国，中国宋史研究会原副会长张邦炜，杭州师范大学副校长何俊，河南大学经济学院名誉院长、中原发展研究院院长耿明斋，中国宋史研究会副会长、云南大学历史与档案学院院长黄纯艳，中国宋史研究会副会长、河南大学历史文化学院院长苗书梅，西北大学历史学院院长陈峰，中国宋史研究会副会长、杭州师范大学国学院副院长范立舟，华东师范大学古籍研究所所长顾宏义等宋史学界知名专家，以及青年学者70余人参加。学者们围绕“两宋与‘一带一路’战略、长江经济带战略”的主题，就宋代政治、经济贸易与海上丝绸之路、社会、文化、城市等诸多领域开展热烈讨论。

关于宋代政治问题研究。杭州市社会科学院南宋史研究中心主任何忠礼教授论述了南宋政治生态形成的原因，认为南宋虽然出现了四次权相专权的局面，但在一个半世纪的统治中，帝王仍牢牢地掌握着大权，士大夫在政治上也颇多发言权，阶级矛盾尚较缓和，整个社会相对显得和谐。浙江社会科学院经济研究所傅允生教授从制度变迁与经济发展视角，重新审视王安石变法，认为“青苗法”“免役法”有一个缺陷，即个别地方试点成功不等于在全国范围推广是一定可行的。

关于宋代经济贸易与海上丝绸之路问题研究。北京师范大学历史学院葛金芳教授对南宋海外贸易的性质进行了分析，认为就贸易的方式而言，两宋时期存在着两种性质截然不同的海外贸易——以民间舶商为主体的民营外贸和中外官方之间的贡赐贸易，民营外贸处在主导地位。中国宋史研究会副会长、云南大学历史与档案学院院长黄纯艳教授认为，宋代海上丝路取代陆上丝路确立了对外贸易的中心地位，中国近海区域市和福建、浙东沿海海洋性地域特征的形成，东南亚海岛地区及印度洋沿岸地区贸易的发展及早期伊斯兰化等因素相互激荡，促使南海贸易体系最终形成，并催生了若干新的海洋观念和海上信仰。中国宋史研究会副会长、中山大学历史系曹家齐教授以港口、市舶、航路与海运诸问题为中心，认为在中国海上交通发展史上，唐宋时期是空前繁荣的历史阶段，但学界对唐宋海上交通史研究还比较薄弱。同时需要注意的是，在中国古代交通史上并没有“海上丝绸之路”这个概念，但改革开放以后“海上丝绸之路”概念的出现，对许多学者的价值判断、情感意识等产生了一定影响，不少关于海上交通史的研究都带有一定的盲目拔高的因素，应从理性的研究立场出发，将其置于整个交通史中进行客观梳理和分析。中山大学国际关系学院执行院长魏志江教授认为，宋与高丽海上航路的发展，是中韩历史上海上丝绸之路发展、演变的重要时期，宋与高丽海上航线先后经过北部山东半岛的登州（今山东蓬莱）至高丽翁津（今朝鲜海州西南）航线和由明州（今浙江宁波）至高丽礼成江碧澜亭（今开城西海岸）航线的变迁。随着宋与高丽海上航路之开拓，两国海民相互形成了共同的宗教海神信仰意识，增进了两国人文典籍的交流，以及宋与高丽两国佛教文化的交流，成为此一时期宋与高丽海上丝绸之路的重要内涵。华东师范大学古籍研究所所长顾宏义教授依据宋神宗末、哲宗初高丽僧统义天《大觉国师文集》所载，探讨北宋神、哲两朝宋、高丽之间的海上交通情况，海商在宋、高丽交往间的作用，以及围绕义天入宋求法而开展的佛教、文化交流等，并对义天与宋朝僧人、官员交游其情况进行了考证，认为义天入宋求法，以及其汇编、刊行古、今及宋、辽、高丽等地佛籍，并回传宋地，促进了宋、高丽之间的佛学交流，从而形成宋、高丽两国间文化交往一大高潮。

关于宋代社会问题研究。西南大学历史文化学院副院长张文教授、济南大学历史与文化产业学院孙竞博士以开封为中心，将北宋城市居民依照资产多寡分为上、中、下三个阶层，分别对这三个阶层的资产状况与群体规模进行估测，认为宋代城市的财富分配格局呈现“金字塔形”，较前代贫富差距扩大了许多，原因在于城市中出现了两极分化的趋势：大商人、大官僚占据财富，而雇工等工商业群体却普遍贫困。河南大学历史文化学院马晓燕副教授分析了宋代救济鳏寡独老的方式及其演变，认为在宋代救济鳏寡独老方式的转变中，孟学的崛起与土地制度的变迁是两大重要推动因素。河南大学历史文化学院祁琛云副教授认为，随着财政中央化趋势的发展，地方政府陷入无钱可用的窘境，引起地方建设危机。在此情况下，地方政府采取开创多元化融资途径及委托民间人士管理工程建设等积极措施，通过调动更多社会力量参与地方建设，以应对建设资金匮乏、工程监管不力、劳动力不足等问题，进而有效推动地方公共建设事业的发展。河南大学中国古代史研究中心惠冬副教授认为，在中国荔枝的发展史中，宋朝是一个重要的转折时期，荔枝种植的地域格局发生了重要变化，并奠定了以后的发展趋势。原本沉寂的福建荔枝异军突起，不仅扩张了种植范围，品质也跃居首位；唐朝一度兴盛的川蜀荔枝由于气候原因及品质相对低劣，开始慢慢萎缩；传统的荔枝产地岭南则保持了稳健的发展势头。商品经济的发展与文人群体的品咏则是重要的社会因素。浙江工商大学人文学院历史系主任杨齐福教授从宋代科举举人籍贯入手，分析东南地区的社会开发，认为宋代特别是南宋时期，福建以及浙东温台地区科举人才的增多，在某种程度上促进了东南地区的开发。

关于宋代文化问题研究。杭州师范大学副校长何俊教授分析了顾炎武对宋学的取舍，认为顾炎武对宋学重视的是经世济民之学，而不关注命与天道，因此在方法上关注的是可以实证的知识，而不关注义理的阐释。其所取部分对清代学术有重要的导向作用。陕西师范大学历史系李裕民教授认为，高宗时虽然战乱频仍，但是文化仍然维持相当繁荣的景象，编印之书甚多，仅就笔记小说一项，粗略统计，流传至今者65种。对这些小说作具体的年代考证，并将考证的结果按年代先后列出，以便按系年查阅。中国宋史研究会副会长、杭州师范大学人文学院范立舟教授考证了范仲淹、张载授受关系，认为吕大临将先师张载的学说说成是受到范仲淹启发的结果，实际是抬高和烘托张载及其思想学说的高大正面的形象，这样，作为关学和洛学双重传人的吕大临的形象也就确立了。河北经贸大学法学院高楠教授将宋代笔记等史籍所涉杂剧内容缀合，分析杂剧在民间、宴会和宫廷演出之繁盛，以及与儒者、官员、时政之密切联系，认为优伶杂剧并非一时调笑的谐谑片断，而是直面两宋社会中的重大症结，顺应了百姓仇恨贪官的情感倾向，也合乎宋廷整顿吏治的现实需要。顺人主之所好，以攻其所蔽的表演技巧，既便利了优伶杂剧成功抗击时弊，舆情通道亦因此而拓展。禁演剧目之反复，罪罚伶人之非常规化，则成为宋代文化发展空间较为宽松的有力反证。此外，山东大学历史文化学院葛焕礼教授对“宋初三先生”之一的孙复的生平事迹及著作进行了考辨，浙江省社会科学院哲学所王宇研究员对陈亮“六达帝廷”说进行了考证，中国社会科学院历史研究所纪雪娟博士对日本藏宋僧文集研究进行钩沉，皆成一家之言。

关于宋代城市问题研究。杭州古都文化研究会会长林正秋教授分析了南宋定都杭州的经过和原因，认为北宋时杭州在综合实力方面已超过了苏州、南京、扬州、绍兴，成为“东南第一州”，且在五代时期几乎没有遭到过破坏，以杭州为都，便于调动浙东、浙西，提供交通、物资以及急需力量方面的便利。信阳师范学院历史文化学院肖红兵副教授分析了“帝都东移”背景下北宋洛阳作为陪都的四个政治表现：即修缮和重建洛阳城、设置西京官职机构、营建山陵和皇帝西巡以及君臣之间进行都洛辩议，认为北宋时期汴洛一体的政治格局，反映着10—13世纪中国政治中心迁移的动态过程。

宋史研究会原会长朱瑞熙教授指出，宋代在中国历史乃至世界文明史中的崇高地位毋庸置疑。首届“两宋论坛”学术研讨会探究、交流两宋历史文化，汲取历史经验，转化现实成果，对于宋史学界和经济社会发展，都是十分有益的事情。

在研讨会总结会上，河南大学历史文化学院院长苗书梅作学术总结，认为首届“两宋论坛”学术研讨会充分辩难论说、交流学术、激活见解、收获思想，体现了近期宋史研究的新内容、新视角和新方法。

安徽省首届二程理学研究会学术研讨会综述

程波涛　叶　澜

程颢（1032—1085），字伯淳，人称明道先生；程颐（1033—1107），字正叔，人称伊川先生，“二程”为兄弟，是宋明理学奠基人。2016 年 5 月 20—21 日，安徽省程颢程颐理学研究会召开成立暨学术研讨会，来自省内外哲学界、史学界、文学界、文艺界、法学界、经济学界、医学界等领域的 70 多位专家、学者与会，是安徽学界首次对二程理学深入交流的高水平的学术盛会。学者们围绕“程颢程颐理学的历史贡献及其当代价值”这一主题进行交流研讨，内容涉及二程理学的历史价值及其对当代文化建设的影响，二程文史考辨和思想内涵的挖掘，二程哲学范畴和具体概念的探究，二程理学的文化应用价值与当代意义，二程理学与医学的关系五个方面，内容丰富，亦有深度。现将主要观点简要综述如下：

一　二程理学的历史价值及其对当代文化建设的影响

二程理学有何历史价值，对当代文化建设有何影响，是学者们关心的重点，也是此次研讨会深度交流的热点话题。与会学者主要从二程理学对中国传统文化影响层面与当代意义层面进行研讨交流。

在二程理学对中国传统文化影响的理论研讨层面，安徽省社会科学院哲学所原所长、省文史馆馆员、程颢程颐理学研究会会长余秉颐研究员的主题发言，先从学术史的角度作了分析，认为二程提出“穷经以致用”的主张，突破了汉学皓首穷经、僵化烦琐的治学方法，使儒学以理学形式再度兴盛。二程作为北宋理学的开创者，其“存天理，去人欲”之说，后来被朱熹继承和发展。接着，又从学理的层面分析了二程以“理”作为哲学最高的范畴，认为二程理学的核心思想是理本论，或者说理本体论，而“性”是天理在人身上的体现，人的“本源之性”来自“天理”，是善的，而不善来自“气禀之性”，气禀之性是人们可以通过自身的修养而改变的，这种修养，从根本上说就是自觉地调节和控制自己的欲望和情感。最后，他在对“理”进行深度解读和阐释的基础上，又对“欲”“道”“气”“命”等相关范畴进行了系统的梳理与解读，一方面指出了二程理学的历史局限性，主要是其理本体论把封建伦理纲常神圣化、绝对化，宣扬“父子君臣，天下之定理”，体现了其为中国封建统治者服务的用意；另一方面，也从现代价值的角度评价二程理学，认为二程理学也是使人们理性地看待和处理社会和人生问题的哲学，是关于如何治国理政的哲学，是教人如何做人、如何安身立命的哲学，这是二程理学思想的精华，对于当前我国人民的人格塑造和道德建设具有现实意义。

在二程理学对当代文化建设的影响研讨层面，安徽省社会科学界联合会原党委书记、省政府参事程必定研究员认为，二程理学对构建当代中国的灵魂工程仍有借鉴价值。他结合习近平总书记归纳的中国优秀传统文化的精华主要体现在讲仁爱、重民生、守诚信、崇正义、尚和合、求大同等六个方面，与程颢程颐的有关论著作和行为作了对应性的系统梳理，认为二程理学也都有这些精华，并联系北宋时期的社会问题提出许多新论点，对孔孟时代的儒家思想有继承有发展更有突破，因而得到了历史的尊重与传承。在当代，二程理学的这些精华对建设社会主义核心价值体系，特别对重塑中华民族精神魂魄、构建当代中国灵魂工程，也有不可忽视的借鉴价值。

安徽大学艺术学院程波涛副教授和利辛一中程慧东老师从“民间理学”的层面，在实践层面探讨了二程理学的历史与当代价值。他们认为，程朱理学存在三种形态：精英理学（即思想家理学）、官方理学和民间理学。理学生成于精英理学，推广于官方理学，普及于民间理学。精英理学和官方理学属上层理学，民间理学属下层理学。二程理学通过官方教化、士子诵读、乡绅行范，上层理学思想渗入、浸润于民间，并与民间信仰、民间志求、民间经验融合而生成民间理学。民间理学一经形成，便贯穿于民众的人伦日用之中，发挥着巨大的社会效应。由此，探讨程朱理学的民间化（即民间理学）思路，可成为研究二程理学的新视角。他们还从天命观、追求个人和家庭福祉的功利观等视角，以徽州楹联为例，探讨了明清徽州民间理学重孝悌、讲礼义，以及忠、诚、敬、恕、恭、和等内容和特征，说明二程理学的民间化是对上层理学的传承，并从耕读传家、勤俭持家、吃亏是福、一忍为高等，探讨对民间经验的汲取，从而形成上层理学和民间经验相结合的道德观。他们还指出，程朱理学的民间化具有现代启示和应用价值，这为学界寻绎二程理学的民间化过程和重新发现其当代意义提供了新的研究思路。

二　二程理学的文史考辨和思想内涵的挖掘

学者们在研讨中从新安理学的盛衰经历、程朱理学本质的思考等方面，对二程理学进行了有广度的文史考和有深度的思想内涵挖掘，其中不乏对争议问题的深入探讨和富有新见的阐释。

安徽省社会科学院哲学所陶清研究员从多个方面总结了新安理学绵延传承近700年兴衰存亡的思想理论原因。他认为，新安理学盛衰的内在深刻原因，主要是对朱子理学尤其是朱熹本人的尊崇以致有时会趋于迷信和盲从，在历史上既引导又制约着新安理学的存在和发展。同样身为新安学者的戴震，则以“志存闻道”为治学旨归，并通过考据学方法，揭示了程朱理学援引老庄、诠释儒学经典的实质，以及因此而对儒家思想所造成的巨大危害，从而在根本上颠覆了程朱理学接续孔孟道统的传统观念，消解了新安理学得以成立的思想理论依据，新安理学因此而告终结。

安徽社会科学院现代哲学研究室陶武副研究员围绕程朱理学的核心命题“理欲之辨”进行再度思考。他梳理了“理”“天理”与“人欲”概念的历史流变，探讨了程朱理欲之辨的缘起、内容及其意义，认为二程理学是基于排斥释道、重建新儒学两个需要而提出理欲之辨的，从而彰显了程朱反映时代要求、体现时代精华的现实关怀；又基于传统儒家义利之辨，借鉴和吸收佛道二家理欲论说基础上提出独具理学特色的理欲之辨，凸显了程朱融会百家、综合创造之理论自觉。他通过对程朱理欲之辨的理论反思认为，任何理论学说都是时代精神的产物，必须与时偕行，在与时代潮流的互动交融中损益更化。今天看待理欲之辨的正确态度是，既要充分肯定理欲之辨对于当时统一思想和安定社会所发挥的积极作用，又要对其给社会发展和人民生活产生的负面影响给予深刻总结。

安徽省博物院副研究员魏宏伟和周媛以其院藏家谱中所载的家训为例，指出二程理学的“人性论”“伦理学说”和“修养论”等思想在家训中居于中心地位，说明二程理学在历史上对个人、家庭、宗族有着深刻影响，对当代社会也有启示。他们认为，当今社会传统道德观念濒临崩溃，尽管二程思想有其糟粕的一面，但其所提出的孝顺父母、和睦兄弟，内则提高涵养、增进学识，外能注重言谈、举止端正，对现世都具有教化意义。若能“取其精华、去其糟粕”，将劝人为善、为人思敬、对人思直、努力提高自我修养，必能净化社会风气、重建道德规范，使人们在追求物质生活的同时，亦不断提高其精神文化素质，实现内外兼修，浩气长存。

安徽省社会科学院哲学所副所长李季林副研究员对程颐一句传世久远、影响深厚的名言“饿死事小，失节事大”进行了深刻分析，认为其主张的贞节观是理学的一部分，其产生的社会背景和思想渊源，是针对当时社会上有人一味地“灭天理而穷人欲”、失身失节失礼的荒诞现实，从而提出“灭私欲则天理明”、守身守节守礼、维护社会道德、促进社会文明的要求，也并非简单地一律地反对寡妇改嫁，在人性上也没有那么决绝，而是赋有一定的理性色彩、人道主义和人文精神。他还认为，“饿死事小，失节事大”的现代启示是“富裕事小，失节事大”，因为一个人一旦有了可以失节而致富的心理，就会突破人之为人的道德底线，就难免有一天会违反纪律，进而就难免会违法犯罪。而一个人一旦没有了节操，也就丧失了人之为人的人格，进而沦为“非人”。

三　对二程哲学范畴和概念的探究

与会学者或以“生之谓性”“力命之辩”为切入口，或与周易《卦序》相联系，对二程哲学范畴和具体概念进行了深入探究，增加了研讨会的哲思意趣。

安徽人民出版社主编、安徽明德书院名誉院长丁怀超教授对二程的“生之谓性”作出了深刻的哲学诠释。他首先解释了告子“生之谓性”的源起，并对不同历史时期的释读和内涵进行了梳理，还联系程颢《定性书》的原文，探讨了程颢借用告子“生之谓性”表达性理的意旨，透过“人生气禀，各有性情”，阐释了“生”与“性”的关系和精神实质，使“生之谓性”思想内容的挖掘和阐释达到了一个新的高度。此外，他还对人性与心性问题深入探讨，并以马克思主义关于人的自然属性、社会属性和自我属性的观点为依据，结合当下现实，在哲学范畴层面对“人性”进行有学理深度的分析，丰富了“生之谓性”的思想内容，从而使人们对二程理学关于“人性”的精神内涵有了哲理性的认识。

安徽省社会科学院哲学所张盈盈博士以《道德自由的可能性——论二程“立命”向“义命”的转变》为题的发言，是以“力命之辨”为切入口，讨论二程哲学道德自由何以可能的问题。她指出，道德自由是人能获得的最深刻的自由之一，是建立在人对自然、社会和自我本性的认识基础上，逐渐由必然走向自由的一个过程，关键在于道德践履能否超越必然限制（天命）而获得自由。她又从二程“力命”的分析开始，得出“力不自命”

的结论，因为此“力”只是人作为自然个体存在的表征，并没有道德践履而“义命”的制约，只是对人的寿夭之命的制约，而二程通过对孟子“在我者”的探索，发现了道德自由的可能，即通过道德践履使“义命合一”“以义安命”，便能超越“命”的限制，实现道德自由。

众所周知，北宋理学家主要是通过解释《周易》而建构自己的哲学思想，安徽大学文学院副教授张洪海博士对程颐的《周易》卦序作出了哲学阐释。他从程颐《周易程氏传》中《易上下篇序》一文入手，通过对《序卦传》的对比，认为程颐对卦序的解释已经有了哲学层面的提升。程颐提出六十四卦的排列是以阴阳消长屈伸变化为基本依据的，把阴阳分别为形而下与形而上，并分别与器、道两个层面相契合，提出“动”比“静”更能反映宇宙存在状态的观点。张洪海博士的这些分析，进一步深化了对二程哲学范畴和概念的探究。

四　二程理学的文化应用价值与当代意义

从文化层面看二程理学有何应用价值，对当代有何意义，也是本次研讨会关注的热点，学者们的讨论涉及文化学、音乐学、历史学等多个方面，可谓角度新、视域广、新见多。

巢湖涂山文化研究中心主任程仲平的发言从程氏家风的视角，结合自己的人生经历，认为二程理学的文化应用价值在育家风上最为鲜明，并以程氏家风为例加以证明。他认为，程氏家风贵在理通，近千年来，中华民族各姓氏的家风传承都受到二程理学的文化影响，其后裔都注重立德树品，尚义明理，体现了中华民族传统文化的优秀品质。如今，仍要继承二程理学的文化精髓，育家风、铸灵魂，增强民族文化自信。

阜阳师范学院音乐舞蹈学院戎龚停副教授的发言，围绕二程文论对音乐本体、音乐主题和音乐形象的影响展开了讨论。他认为，二程的“心传之奥”可以视为当代音乐心理学的传统基础，“身心之学”和“心性之学”对丰富当代音乐心理学具有一定的借鉴意义，以此为延伸，对个人的性情、心性和艺术想象都有指向性，是音乐艺术中音乐本体、音乐主体和音乐形象三位统一的艺理之道。他还分析，音乐的主体性即为人性，人性决定着音乐的性情与品质，人的本性即是音乐所禀之理，正符合二程理学中“性即理也”的观点。在音乐创作和音乐传承传播等行为中，注重“理”与“欲”的关系协调，不能玩物丧志，应控制有度，在即兴表达自我情感之余，也应维护社会伦理，程颐“物极必反，其理须如此”的观点，对音乐创作和传承传播协调“理”与“欲”的关系，至今都具有重要启迪意义。

华夏茶书院程龙伟院长就二程“道器不二”观念对宋代“四雅”生活的影响作了发言，认为宋代书院盛行的“四雅”（点茶 、焚香、挂画、插花），思想底色是二程理学“道器不二”的思想。程颢认为，“形而上为道，形而下为器，须著如此说。器亦道，道亦器，但得道在，不系今与后，己与人”，这种“道器不二”的观念深刻影响着宋代文人的生活，从而出现了高品质的“四雅”生活。二程特别强调理为本体，这与二程重视形上性下有密切关系。他认为，从这个层面上说，研究传习二程思想，对匡正世风人心、传承优秀传统文化等方面不无意义。

安徽省美术家协会孟俊峰的发言，对洛阳嵩县二程祠道学堂中供奉的程颢、程颐两尊塑像的特征进行对比，发现两尊塑像在容貌外观上的差异有其内在原因。二程塑像作为二程思想的物质载体，具有一定的人文感性色彩，反映了后人的理想夙愿、道德风尚和审美趣味，对其供奉、祭拜，是后人对二程思想的怀念与崇敬，而塑像上的差异使人们准确地认识他们的思想，社会意义不可忽视。

安徽大学研究生岳金凤的发言，认为二程诚信观在明清徽商经营中也有充分体现。她认为，“诚”是二程思想理论的核心内容之一，作为伦理道德核心的诚信观对明清时期徽商的影响甚深，是徽商能够取得巨大成功的重要思想保证。二程的诚信观不但对徽商的发展起到了重要的教化和指导作用，对于我们做人做事、对于当今企业的发展也具有重要的借鉴价值和现实意义。

五　二程理学与医学的关系

鼎盛于明清时期的新安医学，其形成与发展与新安理学也有密切的联系，有学者将这种联系追溯二程理学，拓展了对二程理学的研究及其应用价值的评价。

安徽中医药大学公共艺术教学部杨硕鹏、卜菲菲两位老师的发言，分析了新安医学秉承程朱理学在哲学思想、方法及养生理念等诸多方面的思维传统，特别是程朱理学的“格物致知”“象数易学”等认识论，对新安医学的渗透和影响甚大，新安医学汲取和弘扬了程朱理学中的思想精髓，为中医学理论的发展以及临床实践提供了重要的发展动力。他们认为，正确全面认识程朱理学对新安医学的渗透与影响，有利于从历史角度重新认识中医学理论体系和框架的构建，溯本求源，古为今用。

安徽省第二人民医院程先平主任的发言，也从医学的角度切入二程“一物之理即万物之理”的思想，并以微量元素硒与环境对人体健康的影响为例，以数据、图表、图像为依据，阐释了人和万物是可以相通的，由此而阐释了程颢程颐创立的理学对社会发展和进步所作出的历史贡献，随着社会的发展，人类对自身和宇宙的认识不断深入，有必要扬弃二程理学，促进人的自我完善，推动社会和谐发展。

六　结语

二程理学凝聚着传统文化的诸多精华发扬了儒家文化积极入世、经世致用的文化担当精神，在近千年的中国传统社会中发挥着重要的影响。不过，改革开放以来学界对程朱理学的研究，有重“朱”轻“程”倾向，应该加以扭转。这次研讨会的交流虽然难以反映我国当代学界对二程理学研究的整体风貌，但对重新认知二程理学的文化价值、二程理学在宋明以来与社会的黏连和联系，及其在当代的意义等方面，都具有积极的作用。

［原载《安徽大学学报（哲学社会科学版）》2016 年第 6 期］

当代朱熹陈淳研究的新突破

——第三届海峡两岸朱熹陈淳学术研讨会综述

王凯立　许春伟

2016 年 6 月 24—25 日，由漳州市人民政府、（中国）朱子学会、国际儒联、厦门大学国学院、山东大学儒家文明协同创新中心、山东大学儒学高等研究院、闽南师大闽南文化研究院联合主办的“第三届海峡两岸朱熹陈淳学术研讨会”于漳州召开。来自韩国成均馆大学、外国语大学，日本早稻田大学、埼玉大学，台湾大学、成功大学、辅仁大学、东海大学，北京大学、清华大学、中国人民大学、华东师范大学、中山大学、南开大学、厦门大学等著名高校的百余名专家学者参加会议，提交 99 篇论文，针对朱子、陈淳的哲学思想与社会文化，以及东亚朱子学等方面展开讨论。

一　朱子哲学与工夫论

朱子哲学是中国乃至世界哲学史上的高峰，其体系宏大精美，内容广博深邃，闪耀着传统智慧永恒的时代光芒。对朱子哲学的研究不仅是朱子学的当代复兴，更关乎中华文化的当代发展。

朱子哲学本身的广博性决定了其研究向度的多样性。易学是朱子哲学的一个重要议题，韩国成均馆大学金圣基教授以伽达默尔（Gadamer）解释学观点为依据，建构易经哲学解释学的框架，指出《周易》的 64 卦、384 爻要求所有人每时每刻在主体判断下度过真正的人生，可以说是最明智地成就了“宗教的日常化”“神的真正超越”。这才是儒家哲学送给现今世俗化时代最卓越的“含蓄意义”。中山大学吴宁认为朱子易学气化论以易学为基础，合气和阴阳而论。在气的哲学性质上，朱熹认为气是形而下者，山东大学儒学高等研究院沈顺福则认为气当属形而上者，朱熹的观点值得商榷。

清华大学哲学系张鑫国博士分析了朱子对程颢“生之谓性”的诠释，指出程颢“生之谓性”道德哲学理念涉及理、气、心、性关系这一理学中最精细繁难的内容，虽历代主要学者均有所阐释，然欲真正理解其意，须立足理学道德哲学史中加详细哲学史料梳理之功。北京大学哲学系博士陈建美认为朱子的“情”论需放在“心统性情”的结构中看，朱子主张性善，情则可善可恶。情的善恶问题的更具体表达是四端七情的善恶问题。四端和七情没有本质上的不同，二者都是有善有恶。由于四端与性理的关联更紧密，七情的性理依据需要借助四端获得说明。山东大学儒学高等研究院曾振宇教授认为，天理之善属于绝对性的“元善”，“元善”意味着无条件性、先在性。天理之善是“至善”，不是与恶对立的善，而是超越了善恶对立的善。理善，所以“理之性”善；性善，所以仁善！仁在普遍的人性中是无条件的命令，无条件意味着自由，仁是儒家自由意志视域中的自由。厦门大学哲学系许春伟认为，朱子的军事思想主要从格正君心、精兵简政、戍边屯田等方面展开，为南宋朝廷内忧外患的局面开了一剂军事药方。福州大学中国思想文化史研究所杨肇中副教授认为，从公共哲学的视域透视以朱熹、王阳明与黄道周等为代表的宋明儒家的思想，能在其诸多理学命题中发现蕴含丰富的传统公共哲学观念，宋明儒家的关怀绝非“内在心性”一隅，其对社会政治问题的深入思考与回应是极富时代特色的。

工夫论是朱子哲学中的一个重要面向，它关乎成人成圣的修养方式与过程。台湾大学哲学系杜保瑞教授从朱熹“要求做工夫”谈起，说明了朱熹诸多说工夫的操作方法，有“立志”“唤醒”“精神”“收敛”“专一”等义，也讨论了朱熹借由静坐观念及师友之道所谈的修养活动的相关意见。“学”是朱子工夫论的重要内容。台湾辅仁大学哲学系潘小慧教授指出，朱子以为真正的、第一义的“学”，乃“为己”之学，为己工夫其要点在于明辨是非，依“是”而行，如此则为“善”。“学”之工夫的最终境界乃是“全体大用”。厦门大学哲学系朱人求教授认为，在一般的意义上，“全体大用”指“明德”，指“心具众理而应万事”，指“仁”及其发用，这是朱子的晚年定论。“全体大用”观体现在朱子的身心修炼与政治实践之中，它不仅是朱子哲学的基本精神，同时还在宋元明清的思想交锋、承传与创新中，上升为儒家精神的代名词，逐渐走向东亚世界。事实上，朱子修养工夫具有多方面的功能。台湾学者黄柏翰在现代科学的佐证下，认为工夫论除了圣贤教育的宗旨之外，同时也能是一种平易近人的生活艺术，具有身心疗愈的实际效益。

学界通常认为，朱子的工夫论思想经历了从“中和旧说”到“中和新说”的转变。广西财经学院陈林博士认为，朱子放弃“中和旧说”提出的工夫进路是由于这套工夫思想缺乏普适性，“中和新说”提出的为学工夫体系则适合普通大众，更具有普适性。浙江大学哲学系徐国明指出，朱子“格物说”实以“格物”为始点，为始下手处，以通乎“道”入圣人之域（“圣域”）。台湾成功大学中国文学系叶海烟教授认为，朱熹格物思想的知识论意义与伦理学意义值得探究，正是格物思想的这两个面向成就了朱熹不同于宋明心学的另类的“道德的形上学”。厦门大学哲学系蔡浪指出，朱子在阐释“诚意”概念时，将诚意、自欺、自慊、慎独四者联系起来，使之成为一相互联系的有机整体；王凯立认为朱熹诚意工夫的思想有三个发展阶段，而诚意工夫最终解决的是道德行为的动机问题，而非动力问题。华北水利水电大学马克思主义学院王志伟博士梳理了朱熹对《孟子》“求放心”的诠释，指出求放心的工夫是格物穷理的目标和归宿，同时贯穿了格物致知的全过程。求放心是为学的首要工夫，是为学之本，是为学目的。“求放心”既需要主敬，又需要格物穷理。南开大学哲学院吴亚楠博士从“持敬涵养”重新审视朱陆工夫之异同，并认为朱熹“道问学”的补充一定程度上弥补陆学的不足，但对于“道问学”过重的强调，既以他律道德冲淡了自律道德的优先性，亦以自然物理混淆于道德问题的解决，实有“支离”之失。

二　东亚朱子学

在思维方式、生活习惯等方面，朱子学对东亚人民的影响久远而深刻。如何传承和发展东亚朱子学既是当前的研究热点，也是学者义不容辞的责任。

在哲学层面，韩国朱子学会会长崔英辰教授将栗谷关于人心与道心之分的理论研究与朱子的人心道心说相比较，认为栗谷从正面批判了朱子关于人心道心具有“两个根源”的定论，而主张“一本论”。引入“本然之气”来构建理论，开创了人心道心的新局面。韩国成均馆大学宣炳三教授认为，“李栗谷对李退溪四七的批判是否正当”的问题核心在于“两情、两善”，四端七情是一个情感还是两个情感？七情之善与四端之善是一个善还是两个善？并作了一个思维实验，认为四端七情固是一个情感，退溪所主的四端七情固是不同所从来的情感，而不能违反性发为情的大原则。南昌大学江右研究中心田炳郁认为，朝鲜理学家的诠释对朱子的格物论在解训上有一定的发明，而他们对具体思索方式的讨论，在认识论上具有独特的意义。厦门大学哲学系谢晓东教授则研究了韩国大儒韩南塘的人心道心问题，指出韩南塘持有四端七情同质论，从而认为四端是兼善恶的。在韩南塘看来，道心与人心不但是七情，同时也是四端的表现形态。从义理的角度来看，南塘的相关思想意味着东亚儒学中人心道心问题的终结。日本早稻田大学田村有见惠博士主要考察朱熹在《朱子语类》《朱子文集》中对扬雄《太玄》“藏心于渊”的“心”的概念的理解，认为朱熹在解读《太玄》时，还围绕《太玄》中“心”的思想作出重要阐发。韩国成均馆大学儒学院高在锡教授认为朱子揭明《周易》本为筮书，消除了偏重义理的倾向，对朱子卜筮思想的分析将为象数易学的卜筮成为实现“圣学”的另一种修养方式提供契机。

在社会文化层面，韩国外国语大学姜真硕教授阐述了李退溪《朱子书节要》的编辑意义，认为它启发了我们如何接近道之本末、体会日常道理、省览为目的的读解模式。日本埼玉大学井上智胜教授论述了日本朱子学者林罗山的立场——神儒一致，认为林罗山的思想是特有的对儒教的吸纳方式的表现，是希望拔高日本的国际地位，找到能与“中华”“儒道”匹敌的文明标志。厦门大学吴光辉与梁青教授就近代以来日本视域下的朱子学与中国形象作了充分的探讨，认为自13世纪以后，朱子学的形象即与中国形象本身保持了高度的一致。在转型中，朱子学与中国形象都经历了一个被日本推崇敬仰、怀疑否定、最后被日本蔑视奴役抛弃的转折。筼筜书院王维生院长与戴美玲博士在历史梳理的基础上，结合当代朱子文化的传播与实践，探索当代朱子书院建设与发展的可行性，展望朱子文化传播及中华优秀文化的传承与发展。

三　朱子思想与社会文化

朱子思想来自民间，其与社会文化有着多方面的互动关系。陕西师范大学哲学系刘学智教授认为，朱熹以心分体用的“中和新说”是直接受到了程颐的启发，朱子后来在解释张载“心统性情”说时，以“中和新说”对此作了进一步的发挥，使这一观点更为鲜明。北京师范大学刘思宇反思了理学家的文学研究，他以朱熹为例，认为需要直面由诗歌文本呈现的诗人和他眼中的世界，区分开学术研究和寻找所谓“言外之意”的个人化的诗歌鉴赏，来看这位作为诗人的哲学家，在其一生的诗歌创作中怎样试图调和理学意识形态与人在应接外物时经验性情感的冲突。中央民族大学哲学与宗教学学院吴小丽深入分析了朱熹思想文化体系中援佛道入儒的主要特点，指出朱子主要从佛道中汲取天台宗、禅宗等养分，来发展完善自己的理论。

朱熹对经典文本的注解是其毕生思想工作的核心，其中亦反映出朱子思想与社会文化的多层次沟通。台湾东海大学哲学系蔡家和深入比较了朱子与戴震对《中庸》诠释之差异，指出二人对《中庸》之诠释实为理学与气学义理阐释的不同表现。淮北师范大学文学研究所王政与孙影论证了朱熹的《楚辞集注》具有文化诗学的价值。四川幼儿师范高等专科学校胡俊俊则以《论语解》《论语集注》为例，梳理了张栻与朱熹注解《论语》暗引故训的诸多相同之处。

现在很多地方社会中还随处可见朱子思想的痕迹，足见朱子思想对民间社会的影响力。上饶师范学院朱子学研究所胡荣明指出朱熹从其思想体系的圆融性出发赞同异姓为后，其门人陈淳却从一系列历史典故出发坚决反对异姓为后，南宋具有理学倾向的名公判官却从司法实践出发，对异姓能否为后给出了更灵活的处理方式。福州理工学院朱子文化研究中心方彦寿指出，朱熹在书院举行祭祀活动能使儒家的道统学说得到生动活泼的立体展现，目的是要使他的弟子从这些先圣先贤身上汲取教益，受到文化、道德的熏陶。厦门大学哲学系陈昊博士从朱熹“同安主簿”基层政治实践的历史史实出发，还原出了朱熹这一时期的思想转变历程。河南科技大学人文学院王灿副教授认为，从朱子的地方治理实践和卓越治绩中，可以发现他格外重视“敦教化”“薄税敛”和“抑豪强”，这三个重要面向是有着紧密联系的，并且与其天道观等思想浑然一体，密不可分。朱子格外重视《大学》，也是因为《大学》体现了其地方社会治理观的核心内容和层次性。福建社科院哲学所周元侠对朱子《增损吕氏乡约》的地方自治思想作出了归纳，认为德治是导向，礼治是手段，教化是目标。台湾学者刘焕云与吴进安深入分析了朱子学对台湾儒学的影响，并就台湾儒学的现代复兴作出了各自的思考。

四　陈淳思想与社会文化

在哲学思想层面，山东大学儒学高等研究院李亚信教授和蒋聚缘教授分别对陈淳的“义利之辨”和“恕论”作了探讨。李亚信教授以扎实的文献搜集辨析为基础，在充分理解文本基础上，将陈淳义利问题还原到程朱理学发展大背景下。在借鉴德性伦理学基本理论的基础上，剖析了陈淳义利之辨在意识、情感、认识、理性、意志等的要素，很好地实现了陈淳哲学话语与现代学术语言之间的对接。蒋聚缘教授认为恕是自己固有的仁义礼智等道德观念在社会关系上的应用，恕是学者做工夫处，具有非常突出的方法论意义。陈淳提出“欲求仁者，敬恕为宜”的看法，将忠体恕用发展为敬恕并进，敬恕并列是陈淳恕论思想的特色，也是他注重下学之功的体现。复旦大学陈碧强博士通过考察陈淳对心学派的杨慈湖的批判，展现了理学和心学在心性论、工夫论等方面的差异，深化了对心学与理学的认识，验证了陈淳在捍卫师门方面的贡献。江西师范大学邓庆平教授考察了陈淳严守朱子之教、吸收和消化朱学义理并逐渐实现自身思想成熟的历程，传达了陈淳对理学概念体系规范化诠释的学术贡献以及上达而下学的思想进路。台北商业大学许佩玉教授论证了《严陵讲义》学术地位的转变，认为《严陵讲义》中所阐述的陈淳学思渊源间接推尊了《北溪字义》，作为北溪之传的《严陵讲义》成为北溪之“传习录”。集美大学杨中启教授认为陈淳将鬼神阐发为阴阳之气的屈神往来，并从天地一气、气化流行的宇宙生成论立场，确保并预设了祭祀中人与鬼神感通的前提和动机。陈淳在批判佛老带来的世教不明的同时，也借用了世俗存有论意义上的妖怪的形而上威慑，最终不忘捍卫师门以及贯彻儒家德性修养实践之宗旨。

在社会文化层面，台湾淡江大学李蕙如教授探析了陈淳从祀孔庙的原因，说明了后世学者与统治者在仪式及制度上对陈淳延续道统贡献的承认。闽南师范大学李毅婷认为陈淳的外王思想主要包括三个方面：一、以人治为本质的德治论；二、以天理论证士庶通行宗法伦理制度的合法性；三、以诚祭祀鬼神，采用正礼祭祀合法的祭祀对象。陈淳的外王实践贯串其外王思想，二者高度统一、并无龃龉。张怡认为陈淳的教育思想中所体现的对个人的修养的重视，以及期求建立良好的社会秩序等，与当代社会有着不谋而合的契约。陈淳以其独特的宏观视角，不仅体现了当时社会政治的需要，更是对中国传统文化教育的发展起着积极的作用。

大会闭幕式上朱杰人教授指出：朱子思想来自民间，而陈淳让朱子思想回到民间，朱子的思想只有扎根民间才能永远不老，为此我们要向陈淳学习。此次会议与会者都有强烈的问题意识，研究视角独特，方法新颖，成果丰硕。此次会议的圆满召开无疑将成为朱熹陈淳思想研究的强大助力！

（原载《闽台文化研究》2016 年第 3 期）

全国第十九届苏轼研究学术会议暨苏轼与地域文化学术研讨会综述*

刘清泉

2015年10月16—20日，由中国苏轼研究学会、四川省社会科学界联合会和西华大学联合主办，四川省社会科学重点研究基地西华大学“地方文化资源保护与开发研究中心”、西华大学人文学院、眉山市三苏文化研究院、西华大学四川省人民政府文史研究馆蜀学研究中心共同承办的“全国第十九届苏轼研究学术会议暨苏轼与地域文化学术研讨会”在成都西华大学举行。

自2015年2月会议邀请函及“征文启事”发出之后，引起了国内外苏轼研究学者、爱好者的广泛关注，共收到参会论文85篇，字数约75万字。在95位作者中，有高校学者71人，地方学者24人；有男学者66人，女学者29人。可喜的是其中有8位作者为博士研究生和硕士研究生，由此可见传统文化研究后继有人。

与会代表分别来自北京、吉林、黑龙江、河北、河南、山东、江苏、安徽、浙江、福建、广东、海南、湖北、重庆、贵州、陕西、甘肃、四川、台湾以及俄罗斯、泰国、印度等地，共计120余位，具有相当的广泛性和代表性。来自中央和四川省的多家新闻媒体单位对此次研讨会进行了采访报道。

此次大会学术内容丰富，日程安排紧密，除了传统的开闭幕式外，共举办学术报告两场，先后有22位专家学者发言；举办学术讲座两场，分别是中国宋代文学研究会副会长、四川大学教授周裕锴与台湾著名学者江澄格教授主讲；进行了三个小组各两场共计六场小组讨论；一次学会理事会。

综览大会提交的论文，从内容角度看，可分为以下两大类别。

一　关于苏轼与地域文化研究

“苏轼与地域文化”是此次学术研讨会的主题。

中国苏轼研究会为了强化目标导向、凝聚研究力量和服务文化建设，经会长办公会决定，每届年会采用“应用研究、论题征文”的形式举办。但是前两届会议征文都没有达到理想目标。第17届（2011年）以“苏轼的和谐理念与实践”为论题征文，收到相关论文20篇，占论文总数的25%。第18届（2013年）以“三苏文化传承创新与地方文化建设”为论题征文，收到相关论文15篇，占论文总数的17%。本次研讨会即第19届以

* 本文发表于《西华大学学报（哲学社会科学版）》2016年第1期。

“苏轼与地域文化”为论题征文，收到相关论文51篇，占论文总数的60%，由此可见，本届年会在应用研究方面的突出成绩和长足进步。

与会学者从不同视角审视“苏轼与地域文化”这个论题，思考苏轼文化遗存的内容、特征、成因、影响、意义等，对于如何用好苏轼文化资源，将大有裨益。

（一）地域文化对苏轼的影响

潘殊闲的《试论巴蜀文化对苏轼的影响》认为，苏轼成为“人间不可无一难能有二”的人物不是偶然的，在诸多因素中，巴蜀地域文化的影响是巨大的。这种影响，要而言之有三：一是天府之国的毓秀；二是两河流域的滋养；三是巴蜀学派的晕染。这三种因素相互叠加，使巴蜀文人普遍具有异于他乡的特异禀赋。他们博览百家，较少束缚；他们想象丰富，敢于标新；他们厚积薄发，兼容并包；他们性格张扬，勇于担当。所以，一旦他们冲出夔门，有了合适的机缘，就会脱颖而出，一发不可收拾，且大多是百科全书式的通才、天才。而苏轼则是他们中的杰出代表。

杨胜宽的《苏轼对四川地方特色文化的推扬与受容》从眉山民间习俗与苏轼的游玩心性、眉山农耕文化与苏轼的悯农精神、眉山文化风尚与苏轼的治学特征等方面，揭示了苏轼无论对传统思想还是流行时尚，无论对传世经典还是民风世俗都加以继承发扬，这是他成为复合型的文学艺术家乃至文化巨人的原因。

其他如赖正和《试探三苏的成器与天地人的内在联系》、周云容《苏轼与青神王氏家族姻亲关系初考》、刘艳云《浅谈苏轼的古北岳情缘》、陆雪卉《浅析齐鲁酒文化与苏轼命运的交融》、饶学刚《苏东坡与荆楚民歌的情缘和嬗变》等文，从不同角度探讨了影响苏轼人生发展的某些因素。

（二）苏轼对地域文化的影响

1. 苏轼遗址。这类论文着重介绍蜀道、黄楼、赠砚亭、藤花旧馆、三苏坟等苏轼遗址或者相关诗文，指出它们是受苏轼影响的历史遗存，是地域文化的重要载体。见于尧军、欧忠剑《苏轼陆路出入蜀行迹初探》，伍联群《略论苏轼蜀道诗》，徐新民《巍巍黄楼耀徐州》，陈坚体《双村东坡文化》，颜正源、苏慎《藤花旧馆：常州景苏的人文地标》，乔建功、乔利涛《苏东坡葬郏的前前后后》，宋惠国《苏轼山东遗迹考》等文。

2. 苏轼对地域文化的影响。这类论文着重论述苏轼对凤翔、密州、徐州、利国、润州、河北、定州、黄州、惠州、儋州等地方的文化影响。见王渭清《苏轼签判凤翔的文学地理学意义》，古帅《北宋密州的灾荒与官方应对》，管仁福《苏轼徐州诗文精神意蕴与密州时期之关系》，陆明德《徐州苏轼文化的地方特色》，徐新民《刍议苏轼文化在徐州》，谭敦容《苏轼对徐州吏治文化的影响》，孟昭全《苏轼治理利国监的历史功绩及其现实意义》，叶升平、陈敏、吴赵伟、付伟《铸就四块艺金匾，烘托苏轼文化节》，喻世华《苏轼在润州的交游》，李占才《苏轼对河北地域文化的贡献》，李新、何秋野《苏轼知定州任内诗词文赋创作概览》，周新华《外放定州是苏轼人生中的一个重要节点》，李宗昌《燕赵文化与苏轼》，方星移《论苏东坡在黄州脱困智慧》，郭杏芳《苏轼对黄州文化的影响研究》，高利华《陆游入蜀诗文对苏轼黄州逆旅的感怀》，郭茜《苏轼与赤壁文化》，张小花《从〈与程正辅书七十五首〉看苏轼在惠州的生活状态与生存智慧》，韩国强《略论苏东坡对儋州文化的影响》，李景新《苏东坡的海南功业之综论》，刘敏《问汝平生功业，黄州惠州儋州》，杨挺《漂泊与栖居——黄州时期苏轼的活动空间与身份认同及其处境书写》，曾天《苏轼对地域文化的影响》，刘继增《眉派颍川苏氏家族建设考略》，乔建功、王宪斌《探析苏辙〈补子瞻赠姜唐佐秀才并序〉背后的故事——姜唐佐：凭吊苏坟第二人》，赵德坤《此心安处是吾乡——苏轼流寓文学及其禅学审视》等文。

（三）苏轼与地域文化的相互影响

刘清泉的《苏东坡与眉山》，从眉山对苏东坡的影响和苏东坡对眉山的影响两方面展开论述。指出苏东坡生活在眉山的时间大约为 25 年，这是他一生中最重要的幼年、童年和青少年时期。眉山的人文风物、学校教育和家庭教育，尤其母亲程夫人、父亲苏洵的教育，为苏东坡的成长打上了深深的烙印。苏东坡的立志报国、刚直不阿、仁爱之心、清廉之德、平易文风等人生底色就是在这一时期涂抹上去的。苏东坡成名之后，以他的影响力提升了眉山的影响力，苏东坡对眉山的发展产生了巨大而深远的影响。这个影响主要体现在文化、教育方面。近年来在城市建设上也产生了一定的影响。

二　其他有关苏轼研究

在会议主题之外，还有 34 篇论文，分别涉及苏轼文化、文学、思想和生平诸多方面。

（一）苏轼文化研究

1. 酒文化。如曾枣庄的《三苏与酒》，分别从三苏家世与酒、苏洵与酒、苏轼不能饮酒而好饮好酿酒、苏赋与酒、苏诗与酒、苏词与酒、苏辙与酒七个方面，阐述了三苏与酒的不解之缘。

2. 文化现象。如祁和晖、谭继和的《苏门“蜀学”门墙略观》指出，苏门“蜀学”为北宋哲学四大派之一，阐述洛、新、关、蜀四学的后世命运，分析苏门蜀学湮没原因。揭示了苏门蜀学融通儒道释三学而提出的“天地自然之道”“有无进退”之理，在当今尚“和”文化形成时代潮流之时，将应运而生。谭继和的《苏轼与文化中国》论述了苏轼蜀学的根本精神：儒道释“三教互鉴”与“三学会通”的文化观及其对文化中国的奉献。此外，还有苏泽民的《清贫东坡，一代廉臣》等文。

3. 医药文化。如庆振轩、丁沂璐提交的两篇论文《千金不换囊中术，上医元自能医国》《胸次岂无医国策，囊中幸有活人方》，阐述苏轼医学活动的特色，指出苏轼在一生的政治生涯中，有意识地将医道与治政结合，以医喻政，针对现实政治，在仁宗朝、神宗朝、哲宗朝不同时期，因时因事，对症下药，形成其论政为文的独特风貌。

4. 广告文化。如张馨心、庆振轩的《苏轼的“广告”及“广告意识”探论》指出，苏轼保存、推广圣散子，利民济世；推广使用秧马，推动农业发展；其《猪肉颂》《寒具诗》《菜羹赋》以及拼死食河豚的相关趣谈流传至今。探讨东坡的广告意识及其创作，有助于我们全面认识宋代的商业文化和苏轼研究的丰富性。此外，还有陈建裕的《苏轼诗文所载“秧马”用途说略》。

5. 旅游文化。如沈一民的《苏轼与中国古代地图学》指出，苏轼对地图学的重视主要体现在两个方面：一是在经学的系统下，以解读《禹贡》为契机关注地图学；二是在治政实践中，重视地图的军事价值。张翠爱的《论苏轼的休闲观》，阐述了苏轼的休闲观，即休闲是纯真心灵的自然状态，能够拥有从容心境、忙里偷闲、随遇而安、享受闲适这些纯真心灵自然状态的“闲人”，才配做江山风月的主人。苏轼的休闲观可实践于平日简朴、愉悦、高雅的生活中。通过对苏轼休闲观的内容和实践这两个方面的把握，也许有助于我们今天对休闲真谛的体悟。

6. 佛教文化。如周裕锴的《苏轼与佛教禅宗》，分别从苏轼的佛教因缘、苏轼的佛书阅读和接受、苏轼与僧侣的交往、佛教与苏轼的世界观和佛教与苏轼的文艺观五个方面展开，阐述了佛教对苏轼的影响。

（二）苏轼文学文献研究

1. 作品研究。如张志烈的《读〈超然台记〉断想》指出，苏轼《超然台记》是写他超然物外、所遇斯乘、无往不乐的生活体验。所谓超然，就是游于物之外，就是不为物所蔽，就是全面深刻地静观环境，审视现实，转换视角，以跳出目前情况的局限，用超越的心态看待困境，从而智慧地在当下找到维持身心内稳态的有利因素，并将之化为精神解脱的良药，以保持自己诗意栖居的乐观人生态度。这种行为哲学理念的形成，与他的核心价值观是密切关联的。中华优秀传统文化的教育熏陶，北宋社会矛盾与其生活实践的相互激励，是产生这一切的原因与条件。从意识渊源上看，《周易·乾·文言》《老子》（二十六章）和《庄子·逍遥游》都对东坡超然思想有重要启示。从全球文化发展进程看，苏轼超然思想与人类主流科学认识也相通相联。此外，还有林宜陵《君已思归梦巴峡——苏轼黄州时期诗词中对于蜀地的思乡情怀》、刘俞廷《“一樽还酹江月”新释》、杨松冀《苏轼〈念奴娇·赤壁怀古〉新探》、崔媞《略论苏轼诗歌自注及其生成》、张志杰《论宋代禁体雪诗及诗人创作心态的变迁》等文。

2. 文论研究。如高云鹏的《从三个诗学命题看苏东坡文论的佛禅背景》指出，苏轼看到了禅宗和诗歌表现对象、表达方式以及认知心理、判断标准上的相似性，提出了“诗以奇趣为宗，反常合道为趣”；苏东坡的“随物赋形”说则受到佛教的“现量”观以及禅宗“随缘自适”“逢场作戏”参悟方式的影响；“物无陋者”的审美观则受到佛教经典以及绘画、造像中丑怪形象和恐怖场景的影响。其他还有徐建芳《〈周易〉与苏轼的审美鉴赏论》、万燚《英语世界的苏轼“通变”文艺美学思想研究》、王万洪《“尚意”宗师苏轼》、商拓《试论苏轼诗歌的比喻艺术》、张思齐《苏轼对杜甫诗学的继承和发展》、谭杰丹《从“乌台诗案”看宋代诗体观念与诗学阐释的特点》等文。

3. 流派研究。如陈元锋的《翰林学士苏轼与元祐诗坛》指出，元祐元年至八年（1086—1093年），苏轼三入翰苑，任翰林学士、学士承旨，翰林学士成为其担任的最重要的政治职务和文化身份。同时，元祐时期也是苏轼文学创作的重要转变阶段，在苏轼周围，聚集了一批以馆职词臣为主体的文化精英，馆阁翰苑的唱和活动达到高潮，反映了苏轼及其门下诗人群体的文化生活和精神气质。欧阳修与苏轼前后相继，主盟文坛，以文章道德成为宋代翰林学士最杰出的典范。还有段莉萍、王斑的《论苏轼对西昆体的接受》。

4. 文献研究。如李如冰《苏轼〈仇池笔记〉的成书和校勘问题》、吴健《〈欧苏手简〉中的苏轼佚文》等文。

（三）苏轼思想研究

许外芳的《略论苏轼的魏晋风度》指出，苏轼具有典型的魏晋风度，这主要体现在谈禅论道、旷达情怀、茶酒清欢、山水之乐、谐谑讥讽、书画宗师、养生之道等八个方面。苏轼的魏晋风度的主要影响在于独立开放的文化人格、尊杜好陶的诗学理想和自是一家的豪放词风。此外，还有王庆的《“人生如梦，一樽还酹江月”——论苏轼之日神、酒神精神》。

为政思想研究如王友胜、侯娟娟《苏轼对宋丽关系的基本态度及其原因分析》和张帆《论苏轼的科举管理主张》。

（四）苏轼生平研究

刘尚荣的《评欧阳修与苏轼的忘年交契》指出，欧阳修是苏轼童稚时的偶像，苏轼读其文，诵其诗，想见其为人，私以为师。嘉祐二年礼部试，欧阳修彗眼识苏文，提拔为论文第二名，虽引起一场风波，但亦令科场风气大变。苏轼的成名之作《刑赏忠厚之至论》引出一桩趣闻。熙宁四年，欧、苏在颍州最后一次聚会，游宴赋诗，谈医论药，引荐诗友，探讨美学，交流“好士”的经验，领会人生的道理，共同度过一段美好时光。欧、苏年龄相差三十岁，结为忘年交，两代文宗相继完成了北宋诗文革新，联手创造了北宋文学的辉煌。历史上“欧苏”并称，给后人多方面的启迪。其他如刘晓凤《蜀中名士文与可——兼论对苏轼的影响》，何丹丽、付畠玮《论苏轼的多情人生》等文。

（五）苏轼的传播与接受研究

如祝尚书的《论“后东坡”时代》指出，宋徽宗崇宁以后的禁“元祐学术”，以北宋灭亡为代价而崩盘。在漫长的岁月中，苏轼虽被进一步污名化，但他又是最终的胜利者和受益者，否则其诗文很难上升到主流文学的地位，文学的发展也许还要经历更多的曲折。此外，还有范佳《刻书业发展与苏学传播》、申东城《简谈郭沫若“苏轼观”的嬗变》、张硕《典范的选择——论蜀僧宝昙、居简对苏轼诗歌的接受》、齐梅鹿《以“世界的视角”——苏轼乃中华大地域文化的流播者》等文。

苏轼早已成为世界文化名人，海外传播与接受成为近年来苏轼研究的一个亮点。本次大会也收到多篇这方面的论文。如庄逸云的《简论韩国古代诗话对苏轼的接受》指出，高丽、朝鲜时代的韩国诗话对苏轼的接受全面而深入，包括对其文艺观念、文学渊源、学习态度及文学史地位、作品风骨及意格、诗歌作法、生平际遇及轶事等方面都进行了探讨。在对苏轼的接受中，韩国诗话的观照视野受到儒家文化、中国诗话及中国诗坛风气的影响，且处处以苏轼为参照系考察韩国汉诗，呈现出主体性及开放性。冉驰、纪阳的《朝鲜诗人南羲采对苏轼诗歌的审美批评》指出，李氏朝鲜时期的南羲采所著《龟磵诗话》提到苏轼的诗话条目就有近五百条，占了总数的六分之一，超过了李白、杜甫。

上述论文有不少选题、观点堪称新颖，论据、论证堪称详赡，限于篇幅，此不赘述。

［原载《西华大学学报（哲学社会科学版）》2016年第1期］

第四篇

书评·新书序跋·书讯

书 评

宋史研究的一部新作

——《宋朝地方官员考核制度研究》读后

王晓龙

丁建军的专著《宋朝地方官员考核制度研究》2014 年 11 月由人民出版社出版。该书简要回顾了宋朝以前历代官员考核制度，对宋朝官员的职任考核与晋阶考核之间的区别及联系作了探析，对作为宋朝官员考核基础环节的印纸批书制度进行了深入论述，并在此基础上分别对宋朝路级监司、州县主官和监当官的考核展开系统研究，是一部较系统分析宋朝地方官员考核制度的学术专著。

在吸收前人研究成果的基础上，该书在下几个方面取得了新的突破：

一、将宋朝官员的考核制度区分为职任考核（年度考核、任满考核）与晋阶考核（磨勘考课），论证了职任考核、磨勘晋阶考课、注授差遣之间的相互关系，揭示了地方官员考核制度在宋朝官员管理体系中的地位和作用，指出地方官员考核制度是宋朝官员管理体系中的重要组成部分，认为所谓宋代考课法不振的传统观点有失片面。

二、对作为职任考核依据的宋朝官员印纸批书制度的探讨比前人更加系统和深入，指出正是记录宋朝地方官员年度和任满考核结果的印纸批书，以及这种印纸批书内容在晋阶考核与注授差遣时的参考和依据作用，将考核、晋阶、注授差遣有机地联系在一起。该书以印纸批书内容为重要参考依据，提出了宋朝在地方官员晋阶、注授差遣时不仅注重论资排辈，同时也注重官员的长期表现的观点。

三、宋朝对地方官员的考核是把双刃剑。由于受冗官、冗兵、冗费的压力，宋朝在地方官员考核内容方面过分偏重对地方官员上缴朝廷财赋业绩的考核，从而导致地方官员为完成考核指标而肆意横征暴敛，这在促进宋朝财政收入不断增加的同时，也为国敛怨，加剧了宋朝的官民矛盾和社会动乱。

四、在宋朝地方官员考核制度与其他官员管理制度中，存在不协调、不兼容甚至相互矛盾的问题。如保举制度规定官员晋升官阶和注授差遣时，必须获得规定数量的一定资格官员的保举状，若达不到对举主资格和举状数量的刚性要求，即使在日常考核中获得优秀，也难于升迁。再如，选官用人时的荫补制度和公开的卖官鬻爵、中国古代特有的官员丁忧制度等，都与考核制度奖优罚劣的原则相背离，从而在制度层面制约了宋朝地方官员考核制度的执行效果。

五、该书在探讨制度规定的同时，还揭示了宋朝地方官员考核制度实际运行中存在的弊病。由于在帝王专制官僚体制下，官场潜规则大行其道，不论是地方官员的年度考核及任满形成考核结论，还是考核结果与官员晋阶、获得新的差遣之关联，都未能使宋朝地方官员考核制度充分发挥奖优罚劣的奖惩作用。以至于"一个官员在官场的沉浮、升降，在相当多的时候，在很大程度上并不是由其人品、学识，为官清廉、业绩优秀与否来决定，而是由他与最高当权者的亲疏远近来决定的，甚至是由其无耻下作、剥下奉上、投机钻营的伎俩来决定的"。

该书最大的学术价值在于其从制度规定到制度运行，再到制度实际执行效果的研究理路，为制度史研究的深化作了有益探索。其附录中的三篇相关论文分别对宋徽宗朝的官员考核制度、宋朝丁忧制度对官员仕途的影响、宋朝官员的谥法作了专题研究，恰与考核制度的正文内容彼此呼应，从不同的角度深化了人们对宋朝地方官员考核与其他管理制度相互关系的认识。

（原载《河北学刊》2016 年第 2 期）

黑水城文献研究的又一力作

——《黑水城宋代军政文书研究》评介

张春兰

近年来黑水城文献研究佳作频出，《黑水城宋代军政文书研究》即是又一力作。该书是陈瑞青先生在其博士论文基础上对以往研究成果进行整合和重新审视而形成的一部著作，全书分为7章，共计25万余字，既有对传世史料和传统问题的关注，又有对出土文献和新问题的解剖与分析。

作者对新问题的认识尤为重要。此处兹举几例。例如鄜延路"策应环庆路军马"相关问题研究。这一临时性军事机构，产生于北宋宣和末、靖康年间，当时宋金激战，西夏也在西北地区对宋军展开大规模进攻。为应对西夏的进攻，陕西五路相互应援，在西夏军队侵扰环庆路时，鄜延路抽调人马，组成"策应环庆路军马"以支援环庆路的战斗。鄜延路"策应环庆路军马"的主要领导机构是鄜延路都总管司，其部队主要是由管内各"将"拣选的人马组成。由于各将之间的人马属于临时抽调，各平行"将"官之间没有直接的领导关系，因此战时将官的任命打破原有机制，各将官称统制。"策应环庆路军马"的主帅由都总管司任命，称都统制，故而"策应环庆路军马"又被称为统制司，统制司人马采用结成队伍的方式出战，采用三三制式的阵型。

再如"御前会合军马入援所"相关问题研究。"御前会合军马入援所"这一机构除见于俄藏黑水城宋代文书之外，《宋会要辑稿》《三朝北盟会编》《宋史》《靖康要录》《建炎以来系年要录》等宋代主要史籍均不见记载。不过，成书于南宋的《文忠集》［（宋）周必大：《文忠集》卷29，《四库全书》第1147册，台湾商务印书馆发行（下同），第321页］为我们提供了珍贵的印证资料，该书卷二十九《京西北路制置使孙公昭远行状》记载靖康元年（1126）"时闰十一月也，制置使钱盖遣统制官杜常、夏俶仅将士数万，至京西而溃，永兴路安抚使范致虚自称御前会合军马勤王入援所，号召诸路之师"。该机构是两宋之际宋金战争正酣、金军第二次围攻北宋都城汴京的历史背景下，陕西五路宣抚使范致虚会合诸路入援军队，为便于统一指挥而自行设立的临时性指挥机构；它存在的大致时间自靖康元年闰十一月丙辰之后至建炎元年（1127）七月丙午，共八个多月。"御前会合军马入援所"大致经历了三个阶段，即靖康元年十一月至靖康二年正月的筹备阶段，靖康二年正月至三月的入援阶段，靖康二年三月至建炎元年七月败守潼关阶段。尽管"御前会合军马入援所"在历史上只存在了八个多月，但其存续时间横跨两宋，在各种势力错综复杂的历史背景下，范致虚组织的陕西五路勤王兵马虽未完成勤王任务，但在这一时期也起到了一定的历史作用。

又如"西军"溃散兵员处置问题研究。在两宋之交的危难关头，为保证有充足的兵力与金军抗衡，宋朝各级军事指挥机构顺应当时金强宋弱的历史形势，充分考虑到北宋军队战斗力疲弱的客观情况，采取宽严并蓄的治军方法，在一定时期内起到安抚士卒、激励士气、惩治不法的重要作用，保存了“西军”的战斗力。范致虚领导的“御前会合军马入援所”在南宋初年的一项重要工作就是招收勤王战斗中的溃散兵员，并依据高宗即位赦书对这些逃兵散勇进行整编，重新使用。

此外，书中还探讨了陕西弓箭手的供给和升迁、宋代的司法诉讼、宋代的文书制度等问题，均有创见。

本书结构严谨，观点鲜明，史料翔实，论证有力，具有重要的学术价值，突出表现在以下几方面。

（一）视野开阔，史观先进

以往学界在叙述 10—13 世纪中国历史时，多以宋代为叙事主体，反映出以汉族政权为正统的狭隘史观。本书虽以《宋西北边境军政文书》为研究对象，但在探讨两宋之际陕西政治、军事、经济、司法等问题的同时，兼及该时期宋、夏、金之间的关系，北宋对金、夏入侵的应对措施和北宋将帅集团的内部矛盾等。如第 75 页文书记载靖康元年二月西夏军队进攻环庆路的情况，表明西夏军队没有在环庆路取得军事胜利；第 87 页文书反映靖康元年六月西夏军队对鄜延路进行军事骚扰的情况，尽管文书中没有记载西夏军队的规模，但从这次军事进攻造成“道路不通”的事实看，进攻鄜延路的西夏军队当不在少数。这种写法贯彻了中华大一统和历史上各民族政权一律平等的深邃理念。此外，作者对史实的分析体现出内外矛盾相结合的特点，更深层次地分析了其中的问题。

（二）材料新颖，内容丰赡

对新材料的充分解读和运用，是本书的突出特点。《俄藏黑水城文献》的整理与刊布，是 20 世纪 90 年代以来史学界的盛事。这批文献的面世，为辽、宋、夏、金、元史的研究提供了一座值得深挖的富矿。本书以《俄藏黑水城文献》第六册中的 109 页《宋西北边境军政文书》为研究对象，就其中的宋代鄜延路策应环庆路文书、追捕溃散兵员文书、仓司诉讼文书、德靖寨文书及军用物资文书进行整理和研究，并就文书中涉及的宋代蕃兵制度及宋代公文的草稿制度、贴黄制度、催办制度、保密制度和点检制度进行探讨。如第 39 页文书出现了“河北、河东沿边宣抚使司”这一机构，文书中提供了这一机构参与陕西南宋初年招收溃散兵员的新材料。再如第 20 页是弓箭手孟遇等向第七将将领申请差破白直人兵的申状，以往学术界对“白直”的总部只作过简介，没有系统研究成果，作者以文书为契机，利用大量典籍材料对宋代白直人的身份及服役情况进行了细致梳理，同时点明文书所记载的白直人兵是军队中与弓箭手马军配合作战的战辅人员。这种看法很有新意。上述研究皆是在传世史料和出土文献融会贯通的基础上展开，可视作充分利用新材料进行历史研究的成功范例。

（三）宏观把握，突出细节

本书虽从文书着手进行研究，但并不仅限于对文书内容的解读，而是将文书所提供的信息置于大的历史背景下进行考量，做到了宏观与微观的有机结合，并补充了许多历史细节。例如书中对范致虚领导的“御前会合军马入援所”和鄜延路“策应环庆路军马”等机构进行的系统研究，既可以印证已有史籍的相关记载，又可以纠正传世资料的疏失，更可以补充现有史籍所不载的内容。再如作者对“第七将”文书的集中剖析，具有很高价值。究其原委，典籍材料中关于宋代将兵法的材料异常丰富，这对我们全面了解宋代将兵法的总体情况提供了可能，但典籍材料关于宋代将兵法的描述是粗线条的，《宋西北边境军政文书》中的 109 页文书，绝大多数是第七将文书，目前尚未发现有如此丰富的材料集中到宋代地方上的某一个“将”，这为细致地解析两宋之际“将兵法”在陕西的实施情况提供了坚实的材料支撑。又如作者研究德靖寨文书时对王庶出逃一事的细节补充。建炎二年（1128）冬，鄜延路遭金军围攻，延安府告急。在此危急存亡的关头，陕西制置使王庶召泾原悍将曲端救援，曲端一味延宕，拒绝出兵，最后延安府失守，宋军推动了原告控制的鄜延路，永兴军路的一半也因此易主。王庶无奈出逃同端大营，结果被扣押，在陕西抚谕使谢亮的斡旋下才得以逃离。作者分析了王庶在逃离途中的路线、目标和防护措施。凡此种种，皆是在对文书进行充分分析和解读的基础之上，将其代入到当时的历史背景中去理解，既充分发挥了文书的价值，又解决了一些历史细节问题，这反映出作者对宋史总体状况熟练把握的深厚功力和挖掘新材料以还原历史细节的扎实功底。

（四）方法多样，注重创新

作为利用出土文献进行传统问题研究的新尝试，本书尽可能全面、系统地汲取和总结 20 世纪和 21 世纪初宋史、西夏史、金史等领域的研究成果，并且借鉴和利用民族学、档案学等学科的研究角度和方法，注重创新。具体而言，本书大致采用五种方法对黑水城文书进行研究。一为引用式研究法，即作者利用文书本身来研究宋代的军政问题。二为存疑式研究法，如作者在论证文书传入西夏的途径时采用了“大胆假设、小心求证”的研究方法，一步步推演出文书传入黑水城地区的路径，认为《宋西北边境军政文书》是金朝占领陕西后通过榷场贸易的形式进入西夏，在西夏境内制作完成《文海宝韵》，再由西夏内地流入现在的黑水城地区的。三为互证式研究法，这种方法重点挖掘文书的证史价值。如关于两宋之际陕西五路勤王兵的指挥机构“御前会合军马入援所”只在周必大《文忠集》中出现过一次，而《宋西北边境军政文书》中有 5 页文书涉及这一机构，作者利用这 5 页文书证实了“御前会合军马入援所”在这一时间段内确实存在，并进一步研究该机构的存续时间、兵员构成及在两宋之际的活动状况。四为补充式研究法，这种方法重点挖掘文书的补史价值。如第 92 页文书中出现的“背嵬队”，文书的撰拟时间是宣和七年正月，比典籍材料中“背嵬队”出现在南宋初年的记载要早。五为阐发式研究法，这种方法以文书为切入点，利用文书中涉及的问题“激活”学术办研究尚不充分的课题。这种研究方法虽以文书作为研究对象，但大量运用典籍材料加以论证，将相关问题的研究推向深入，最后再反观文书在所处时代的意义和价值。在研究过程中，作者既注重文书中所反映的问题，又不忽视文书的自身，诸如文书的贴黄制度、草稿制度等等，这种方法既能更好地解读、分析文书和研究问题，又加深了学界对宋代公文制度的认识。

在关注这部著作重要价值的同时，我们也应看到它存在的不足。作者擅长也着力颇多的内容，在于宋代的政治和军事问题，而对于黑水城文献所反映的宋代经济、法律等问题则未能深入展开，这一方面是由于黑水城文献包含的材料规模庞杂、内容丰富，呈现的面貌是残页断章，令人难以全部掌握，也不可能一一确认；另一方面也由于作者的知识结构有进一步完善的空间。尽管如此，本书作者的问题意识和解读、利用史料的功力，仍然是值得充分肯定的。

《黑水城宋代军政文书研究》一书的出版，必将在学界引起广泛而热烈的关注，为推动宋、西夏、金史的研究作出贡献。该研究成果不仅填补了学界对两宋之际陕西地区某些军政历史问题鲜少研究的空白，而且在研究方法和思路上提供了很好的借鉴，作者以史带论的研究和写作模式为学界提供了很好的范例。

（原载《宁夏社会科学》2016 年第 4 期）

一竿明月半床书，两度梅香毕生缘

——评方如金教授《陈亮研究论稿》

赵瑶丹　黄宗海

浙江师范大学方如金教授的学术专著《陈亮研究论稿》于2015年10月由河北大学出版社出版。《陈亮研究论稿》汇集了方如金教授近三十年来在各不同学术期刊及学术会议上就陈亮研究这一专题所发表的各类论文、发言稿和部分书评及访谈等文稿。《陈亮研究论稿》是方教授继1996年由人民出版社出版的《陈亮与南宋浙东学派研究》后，出版的又一陈亮研究学术专著。

《陈亮研究论稿》[①] 对陈亮及南宋浙东学派的政治、经济、军事、法制、文化、教育、人才、史学、妇女、宗教等思想，陈亮的交游活动、五次上书、陈朱论辩、朱唐台州事件、与永嘉学派的频繁交往、诗词文章及陈亮研究十大误区等问题进行了较为全面、深入的研究和探讨。同时对陈亮研究的相关问题特设附录进行介绍：一为方教授在有关陈亮研究大会上的三次讲话、邓广铭先生临终前夕给方教授的两封有关陈亮研究的书信以及方教授对恩师徐规先生的怀念文章；二为方家对方教授第一部陈亮研究学术专著《陈亮与南宋浙东学派研究》的评价；三为记者对方教授有关陈亮研究问题的专题采访；四为方教授在中外文化交流中有关陈亮研究的学术活动记录等。以上对陈亮研究的相关问题特设的附录增加和扩大了陈亮研究的学术信息和视野，是陈亮专题研究论文的补充、拓展和延伸。本书所收录的四十余篇论文，大部分已公开发表。其中多篇论文发表后被《新华文摘》《中国社会科学文摘》和人大报刊复印资料等刊物全文转载、论点摘编、全文复印。[②]

《陈亮研究论稿》大致有以下三个特色：

一　提出了一系列关于陈亮及陈亮学术思想的新见解

方教授在序文《陈亮的生平和著作》[③] 中从良好的家庭熏陶和启蒙教育、《酌古论》一举成名、五次上书和两次系狱、震动南宋思想界的“王霸义利”大辩论、“复仇自是平生志，勿谓儒臣鬓发苍”五个方面对陈亮生平和陈亮学术思想作了一番较为全面而又颇

---

① 方如金：《陈亮研究论稿》，河北大学出版社2015年版。

② 例如，《论南宋浙东学派的军事思想》，《浙江师范大学学报》2003年第6期，人大报刊复印资料《宋辽金元史》2004年第1期全文复印；《论陈亮“农商相籍”的重商思想及经商自救活动》，《清华大学学报》2011年第1期，后《新华文摘》2011年第8期，人大报刊复印资料《经济史》2011年第3期全文复印。

③ 方如金：《陈亮的生平和著作》，载《陈亮研究论稿》，河北大学出版社2015年版。

有见地的介绍。在《良好的家庭熏陶和启蒙教育》一节中，方教授依据翔实的史料厘清了陈亮的祖籍、出生地等问题，得出了不二的结论：陈亮系永康桥下二村人，明确指出“陈亮系尼姑所生”是神化、异化陈亮身世的结果，同时让我们明白了良好的家庭熏陶对孩子成长的重要作用。在《五次上书和两次系狱》一节中，方教授在邓广铭先生考证的基础上进一步指出陈亮两次系狱的重要原因是个人自负、豪爽、狂放的个性和经商致富而招人忌恨所致。在《复仇自是平生志，勿谓儒臣鬓发苍》一节中，作者充分肯定了陈亮《及第谢恩和御赐诗韵》这首答和诗的价值，方教授指出，像一般的答和诗一样，诗中少不了对皇帝的歌功颂德，但是诗中“复仇自是平生志，勿谓儒臣鬓发苍”句，更是直接表达了陈亮为国效命的夙愿和决心。陈亮当时已 51 岁，次年就去世了，复仇之志，老而弥坚，是十分可贵的。

在如何对陈亮历史地位界定方面，随着研究的不断深入，方教授对陈亮历史地位的界定越来越清晰和丰满。在原载《军事历史研究》中的《论陈亮的军事思想》一文中，方教授在把陈亮定位为“爱国主义思想家、文学家（词人）、教育家、史学理论家”的基础上，再次阐明陈亮是伟大的、不可多得的“军事谋略家”。① 方教授认为，陈亮的军事思想博大精深，气度非凡，他既能把抽象的军事理论寓于丰富、生动的史实中进行论述和阐明，又能从总体战略的高度来阐述军事问题，“同甫胸饶兵略，咄咄怀恢复之想”②，其军事理论论述令人读后“不觉慨然而叹，毛发森然上竖”。③ 在浙江古籍出版社出版的《龙川文集》序中，方教授结合自己多年研读陈亮文集心得以翔实的史料为证再次提出陈亮是“中国古代唯一一位杰出的状元思想家”的论断，这不仅是方教授个人对陈亮研究的提升，更是对陈亮历史地位的提炼，为陈亮研究又献上了一份厚重大礼。但方教授关于陈亮是“中国古代唯一一位杰出的状元思想家”的论断，受到个别人的无理指责，对此，方教授予以严厉批驳。方教授侃侃而论：作为思想家首先应该给后人留下一部具有鲜明特色的哲学理论著作；同时更应该在哲学思想上提出公认的值得称道的重要的哲学命题，“人中之龙，文中之虎”的同甫陈亮不仅留下了颇具特色、涵盖文史哲的《龙川文集》，更值得称道的是他阐释了“道在事中，道事统一”“天地人合一”“兼采王霸”等一系列唯物主义思想命题，创立了“重实事、实功、实利”“讲究经济，最切实用”的永康学派。陈亮既是永康学派的创始人，也是南宋浙东学派的杰出代表，又是清代以经世致用为显著特色的浙东史学的先驱和倡导者。陈亮创立的永康学派，构成中国传统文化中一种崭新的思想体系，丰富和完善了中国古代文化。所以方教授认为，陈亮不愧为中国古代唯一一位杰出的状元思想家。

方教授首次对陈亮“下系民生”“藏富于民”的思想进行了阐释，在《把同甫陈公“下系民生”这“桩大义，拆开收合”——论陈亮的民生思想》④ 一文中从倡谈以民为本、体恤百姓疾苦，力主轻徭薄赋、减轻百姓负担，关心特殊人群及弱势群体的安置与生计、维护社会稳定，主张行惠民之政、藏富于民，痛斥地方吏治腐败、强调建立防腐机

---

① 方如金：《论陈亮的军事思想》，《军事历史研究》1990 年第 3 期。

② 郭士望：《万历刻本龙川文集序》，载邓广铭《陈亮集》，中华书局 1987 年版，第 563—564 页。

③ 方孝孺：《读陈同甫上孝宗四书》，载邓广铭《陈亮集》，中华书局 1987 年版，第 560 页。

④ 赵瑶丹、方如金：《把同甫陈公“下系民生”这“桩大义，拆开收合”——论陈亮的民生思想》，（韩国）《人文学杂志》2014 年总第 96 期。

制、造福百姓五个方面对陈亮下系百姓，痛斥腐败的爱民、亲民思想作了一次较为全面的阐释。近年来，“民生”“反腐”成为高频词，在“民生”问题成为时代最强音之际，方如金教授通过深入挖掘陈亮的民生思想，揭示其时代特点和精神内涵，不仅具有历史价值，而且具有重要的现实意义。十八大后，中央提出“既打虎又拍苍蝇”的廉政建设口号，一场全方位的反腐运动拉开帷幕，而这显然可以从历史中寻找启示，八百多年前陈亮痛斥官吏贪腐，扼腕呐喊清明吏治，他曾发出“天下之官岂无一人有志于民哉”① 的感叹，将惠民希望寄托于清官能吏。陈亮除了将行惠民举措、行清明之政的希望寄托于贤臣能吏之外，还进一步提出惩治地方腐败的关键在于立法，“人道立而天下不可以无法矣。人心之多私，而以法为公，此天下之大势所以日趋于法而不可御也”。② 主张以法治国，建立完善的体制保障清明之政。陈亮的民生、反腐思想不仅是从社会稳定角度切入，而且具有以人为本的内涵，“天地之性，以人为贵”，立足对百姓的终极关怀，他希望南宋朝廷摆脱内忧外患，最终实现长治久安。对陈亮下系民生、坚决反腐思想的阐述，在陈亮研究领域方教授乃迄今为止第一人。该文原载于韩国忠南大学《人文学杂志》（2014 年总第 96 期）上，是方教授继哈佛大学学术交流③和讲学后又一次让陈亮研究成果走出国门，融入国际学术圈。

《论陈亮“农商互籍”的重商思想及经商自救活动》④ 是方教授与美国哈佛大学东亚语言文明系系主任包弼德教授合作科学研究项目“浙江金华地区祠堂、地形、古建筑、古村落及地方历史文化研究”成果之一，该文在《清华大学学报》2011 年第 1 期上一经发表，在学界立即引起较大反响，被《新华文摘》2011 年第 8 期全文转载，人民大学报刊复印资料《经济史》2011 年第 3 期全文复印，继而又有地方杂志《义乌方志》《永康志鉴》全文转载。该文获浙江省社科联第七届青年社会科学优秀成果三等奖，2012 年度浙江省高等学校科研成果二等奖，金华市第十七届哲学社会科学优秀成果二等奖。该文不仅有理有据地阐述了陈亮因商而富的现象，而且阐释了陈亮在文集中为何只字不提经商经历的原因。方教授认为，陈亮论证商业的重要性，褒扬合法经营的商人，一定程度上可以说是一种基于切身利益的呐喊。尽管宋代商品经济发达，经商盈利成为社会上较为普遍的行为，但是经商的合法性毕竟没有像科举入仕那样得到朝廷的认可，商人的社会地位、人格尊严及行业价值未得到社会的普遍认可和肯定，使陈亮在经商的过程中难免产生一种无以言状的自卑感，而且这一自卑感贯穿在他的言谈举止中。值得注意的是，在陈亮的存世文章中并没有正面提及他是如何经商发家致富的。方教授认为，正是因为陈亮自身有经商的切身体会，使得其来自实践的理论，显得丰富、系统而深刻。但对于满腹经纶的“天下奇材”陈亮来说，尽管屡经科考失利，科举的成败始终是成就一世才名的心结。陈亮的骨子里，文人应举才是正途的观念是根深蒂固、难以动摇的。因此，陈亮在通过经商致

---

① （宋）陈亮：《四弊》，载邓广铭《陈亮集》，中华书局 1987 年版，第 141 页。

② （宋）陈亮：《人法》，载邓广铭《陈亮集》，中华书局 1987 年版，第 124 页。

③ 方如金教授曾经于 2003 年 11 月 11 日至 25 日在哈佛大学东亚语言文明系博士研究生的读书报告会上作了题为《近百年来陈亮及浙东学派研究的有关问题》的演讲，受到与会者的欢迎和重视，引发广泛的探讨。

④ 赵瑶丹、方如金：《论陈亮“农商互籍”的重商思想及经商自救活动》，《清华大学学报》2011 年第 1 期。

富，解决了生计问题之后，迫切希望回到“能把笔为文”的生活中，终于在51岁时中了状元。陈亮为了生计进行业余经商致富的自救活动，不但使他走出了贫穷的困境，为他的学术研究和爱国活动提供了物质保障，而且充实、丰富、完善了他“农商互籍”的理论体系。

对陈亮妇女思想的关注，体现在《试论陈亮的妇女思想》一文，方教授在学术界首次从陈亮妇女思想的主要内容、陈亮对妇女社会贡献的充分肯定及对歧视妇女思想的鞭挞、对陈亮妇女思想的评价三个方面对陈亮的妇女思想进行了深入而又全面的探索，拓展了陈亮研究的纵深面。

二　对陈亮研究存在的诸多误区及致误原因的考证

方教授在《陈亮研究十大误区考论》一文中针对当前陈亮研究中存在的各种问题，从陈亮具体出生地，陈亮为尼姑所生，关于陈亮没有师承，陈亮到义乌何子刚馆舍求学，陈亮父亲下狱后何茂宏、何茂恭兄弟在经济上对陈亮的资助、帮助救陈父出狱，“乌伤四子”与“乌伤四君子”的混淆，陈亮、朱熹、吕祖谦三人同时讲学，《永康地景赋》作者为陈亮，关于陈亮“平生不能诗”之论，陈亮思想研究中忽略其“下系民生”思想十个方面，对陈亮研究存在的误区及诸多致误原因通过翔实的考证逐一进行梳理、澄清。

《血泪心声铸壮词——陈亮〈清玉案〉词写作地点和时间及内在价值考》[①] 一文，不仅考证了该词的写作地点当在永康芝英紫霄观，而且考证出该词的写作时间当为淳熙十六年（1189）春天，更从该词描绘了南宋时期芝英的重要历史情境和地理环境，记录了陈亮在紫霄观读书、赋词、弹琴的学习环境，进而从该词追寻陈亮创立“农商一事”“农商相籍”学说的源泉所在三个方面阐述了《清玉案》一词的价值。

《金华永康市县志中有关陈亮交游人物生卒年纠错与补正》[②] 一文，不仅一针见血地指出了《金华市志》载唐仲友享年82岁的错误，并通过严谨考证后指出其享年当为53岁；该文同时还考证出《永康县志》载应孟明享年82岁当是58岁之误；作者根据现留存于世的陈亮唯一行状《吏部侍郎章公德文行状》中“（章公德文）以疾，卒于正寝，实乾道九年闰正月之二日也”，明确指出章服卒于乾道九年（1173），再根据行状“享年六十有八”推算出章服生于崇宁五年（1106），填补了《永康县志》章服生卒年的空白。

再如《方志撰写中史料出处应有依据，引文原意不应曲解》[③] 一文指出张希盛先生《人龙文虎——陈亮的义乌情结》和《永康状元陈亮的义乌情结》两文中关于陈亮在义乌何子刚处求学的错误，考证认为陈亮是在永康何子刚的馆舍求学；何恢没有接济陈亮营救父亲出狱；“乌伤四子”的提法是对陈亮原作的曲解；陈亮23岁时没有参加任何考试，陈亮没有在23岁考取“漕台（相当于明清时代的秀才）”。

---

① 方如金、应业修：《血泪心声铸壮词——陈亮〈清玉案〉词写作地点和时间及内在价值考》，《温州大学学报（社会科学版）》2014年第6期。

② 赵瑶丹、方如金：《金华永康市县志中有关陈亮交游人物生卒年纠错与补正》，《中国地方志》2009年第9期。

③ 赵瑶丹、方如金：《方志撰写中史料出处应有依据，引文原意不应曲解》，《义乌方志》2009年第3期。

三 收集了许多弥足珍贵的陈亮轶文

方教授还通过自己博览群书，辑得陈亮散佚的多篇诗作，如《鸡笼岩》、送徐文子诗四首、《赠刘改之》等，并对辑得的诗作一一加以考证、赏析，这些诗作不仅丰富了陈亮研究的内容与文本，更是对“亮平生不能诗”论的有力反击，其价值之大，毋庸赘言。《陈亮研究论稿》一书还辑录了方教授对陈亮《满江红·怀韩子师尚书》《念奴娇·登多景楼》《水调歌头·送章德茂大卿使虏》《贺新郎·寄辛幼安 和见怀韵》等词作的精到解读，限于篇幅，在此不能一一列举，只能留待读者慢慢去发现。

除以上所涉及论文外，方教授《陈亮研究论稿》一书还特别对陈亮交友、义乌情结、重视教育、重视人才培养和他的爱国主义情怀、富国强民思想、财政思想、人才观等多个角度进行了系统深入的研究，提出了自己独到的见解。

由于输入、校对等诸多因素，书中也难免存在个别错误，如第22页“作者当时已52岁”句中“52岁”当为“51岁”之误；第77页和第226页中“南宋抗金名将韩世忠之第三子”皆为“第四子”之误等。然瑕不掩瑜，该专著资料翔实丰赡，论点确凿可信，具有许多创见，是一部极具学术价值的佳作。

方教授把研究陈亮作为毕生的追求，为了学术，数十年如一日守得住“一竿明月”，时常以“半床书”为伴的治学精神是我们学习的楷模。行文到此，顺祝方老福寿安康！更期盼方老花了近十年时间，七易其稿的另一陈亮研究专著《陈亮事迹著作编年》能早日付梓，以慰广大读者盼念之思。

［原载《温州大学学报（社会科学版）》2016年第4期］

王慧杰《宋朝遣辽使臣群体研究》评介

田　雪

北宋与辽对峙时期，每年向辽国派遣使臣，这些宋朝遣往辽国的使臣既是外交群体，同时也是传播中原文化的媒介。在宋辽一百多年的外交活动中，从维护宋辽和平关系这个角度看，使臣的活动和作用应当受到我们的肯定和重视。另外对于宋朝断代史的研究来说，“遣辽使臣”也是一个非常好的切入点，它关系到宋辽关系、宋代官制、礼仪制度、社会风俗、生态环境等多方面的内容，因此这个课题具有可续性、延展性、可塑性。

有鉴于此，2016 年 5 月，由社会科学文献出版社出版的王慧杰博士的专著《宋朝遣辽使臣群体研究》，遵循着以这一群体为研究对象，对这一群体在出身、素质、身份特征、对辽态度、宋辽礼仪规则、出使对其政治性格和宋辽关系影响等方面进行较为全面而系统的考察，从而展现了宋朝使臣群体在外交史、政治史、宋代官制史，甚至生态环境史、社会生活史中的表现，进而构建一个学术大背景，不仅能使人了解当时历史，而且对今天的外交人士也有一定启迪。

全书共 29 万余字，除绪论和结语外，共分七章。从考订宋朝遣辽使臣群体的姓名、出使时间、年龄、籍贯、出身、出使时的官职、出使的任务名称入手，分宋朝遣辽使臣群体的特点；宋朝遣辽使臣的整体素质和身份特征；宋朝对使臣的管理；宋辽交往过程的礼仪制度；宋朝使臣眼中的辽地生态环境和社会生活；宋朝使臣的对辽心态和使臣对宋辽关系的影响六个大的方面对宋朝遣辽使臣进行论述。

综观全书，该书存在以下几个显著的特点：

一、充分借鉴前人的已有相关研究成果。在王慧杰博士之前，专门以宋朝遣辽使臣为研究对象的成果主要是宋辽聘使的考订，排列使臣的出使年表。而对于其中的宋朝遣辽使臣群体，他们的出身、素质、身份特征、地域特征、对辽态度、出使所遵循的礼仪规则、出使后对其政治性格及对宋辽关系产生的影响，目前学界还没有清楚的认识。此前学术界还有较多篇幅论及宋朝遣辽聘使出使路线、宋辽关系等问题，数量相当庞大。然而，本书中王慧杰博士充分地借鉴了相关成果，历经十余年，对这些史料和学术动态的数据进行梳理和总结，既避免了重复研究，又在此基础上有所推进，并多有创获。如：关于宋朝遣辽使臣群体身份，正使多具备进士出身，副使多由荫补出身。关于宋朝遣辽使臣群体的籍贯分布，北方占绝对优势，北方多，南方少。在州一级行政区域内，多集中在政治经济文化发达的城市中心，其地域分布不均衡。在县域中，分布比较均衡。关于宋朝遣辽使臣群体家族性中，父子、兄弟、祖孙同使的情况普遍存在。关于宋朝遣辽使臣群体宰辅性，遣辽使臣在日后的仕宦中很多人位至宰辅，宰辅家庭中也有成员出使。关于出使对宋朝使臣性格的影响以及宋朝使臣所见辽地生态环境和社会生活等问题，都已独立成文发表。

二、广泛史料搜集，史学基础扎实。史学家傅斯年认为，历史研究应坚持有一份材料一分话，材料之外“一点也不越过去说”。可见史学研究对史料的依赖是必不可少的，所谓论从史出也说明史料的重要性。一般说来，史料搜集不充分会直接影响史学研究的成败。王慧杰博士这一点上用力尤多，如书中五个附表用功最勤。附表参考了傅乐焕的《宋辽聘使表稿》① 和聂崇岐的《宋辽交聘考》附表②。傅乐焕的著作以时间为线索，分别将宋朝遣辽使臣和辽国遣宋的使臣、出使时的官职考证出来，并列“备注”一栏进行校勘。聂崇岐著作中以使臣所承担的任务，分生辰国信使、正旦国信使、祭吊等国信使、泛使，对宋使及辽使分别进行考证。王慧杰博士以宋朝遣辽使臣为线索，增加使臣的出使年龄、籍贯、出身和使臣出使时的官职品位项目。另外，将文学作品做史料的解读，也是该书采取的重要研究途径。如：在考察当时在宋朝使臣眼中的辽国地域的生态环境和社会生活这一章，该书中以宋朝使臣的宋行记和诗作为中心材料，从被艺术加工过的文学作品中抽离出历史的客观内容，对文学作品作了精心的解读。

三、在对研究动态和史料的充分掌握基础上，自然就能发现问题，在论述过程中所关注的“点”也就丰富起来，因此全面细致也就成为该书的一个特点。书中附录了五个北宋不同时期的遣辽使臣表，表中对遣辽使臣的姓名、出使时间、年龄、籍贯、出身、官职品位、使臣类型、资料来源都作了细致的梳理和记录，这些表格整理出了对宋朝遣辽使臣群体研究的最基础的资料，非常有价值和意义。一般研究者对宋朝遣辽使臣的整体素质、家族性、宰辅性和使辽对宋朝使臣政治性格的影响不太重视，该书则在基础资料之上进行了详细论述。可以说通过如此分门缕析的整理，宋朝遣辽使臣群体的形象被更加清晰地复原出来：宋朝共遣往辽国使臣 725 人次，654 人。平均年龄为 50 岁左右，一般身体健康、仪表堂堂、性格谨重寡言、善于交际、精通文史、擅长外交应对，其出使时的官职品位文官以五、六品为主，武官以七、八品为主，并普遍存在着假官现象。

四、本书并非仅对宋朝遣辽使臣群体本身进行论述，而是以宋朝遣辽使臣群体作为观察宋代外交与社会的一个视角，对宋朝遣辽使臣的管理、宋辽外交礼仪、宋使眼中的辽地生态环境和社会生活等进行探讨，从而展现了宋朝使臣群体在外交史、政治史、宋代官制史，甚至生态环境史、社会生活史中的表现，进而构建一个学术大背景，凸显宋朝遣辽使臣群体的历史地位。期间，既有从宋朝使臣外交实践入手，探讨出使与党争，宋朝遣辽使臣所受赏罚不一致成因、颇具特色的宋辽礼仪制度和宋辽交往的潜规则，又有对宋朝使臣对契丹旧地、奚地、燕云地区的生态环境和社会生活研究的详细分析，例如：契丹旧地大风、多雪、寒冷，奚地青山碧水、冬季有雪但山暖、夏季少雨，堪称北方江南，燕云地区冬季寒冷、夏季炎热，其平原地带是契丹的粟产地。在辽统治下，契丹人、奚人和汉人社会生活出现融合。该著作同时还考察了宋使臣对辽心态，并对宋朝使臣在宋辽关系中的影响给出历史定位。尤其是该书第四章第一节中通过对宋朝使臣所行经的路线、馆舍与今天的地名对照的考证，补充了宋朝使臣从开封到白沟的路线，大体经过历史古城，开封城、魏都、相州、大名、雄州等，人文商业繁盛，可见宋辽交聘的驿站路线并没有走偏远的道路。由此这也可以看出该书作者在研究中，于细微处所作出的努力。

王慧杰博士对这一课题进行了多年的研究，详尽地搜集了资料，思路清晰，颇有创获。该书对传统社会群体研究、对宋代外交史、政治史研究乃至生态环境史研究，均具有

---

① 傅乐焕：《辽史丛考》，中华书局 1984 年版。

② 聂崇岐：《宋辽交聘考》，《宋史丛考》下册，中华书局 1980 年版。

一定的学术价值。值得一提的是:“宋朝遣辽使臣群体研究”这个课题具有可续性、延展性,其可塑性也很强,比如:在该书研究成果的基础之上,加上新的社会科学理论,如果能够从社会学角度,从群体的网络与宋辽外交这一侧重点对这一群体继续进行研究,相信还会对使臣群体有新的认识。另外群体研究也可以和个案研究相结合,如:对使臣中的欧阳修、陈襄、苏颂、沈括、苏辙、彭汝砺等使辽过程以及使辽诗,分别进行个案研究,这样有点有面,就更能丰满这一群体的人物形象,从不同角度深化我们对宋朝遣辽使臣群体的认识。

(原载《石家庄学院学报》2018 年第 1 期,题目为《一部史料考订与文本解读的力作——〈宋朝遣辽使臣群体研究〉评介》)

《两宋生态环境变迁史》评介

郑　鹏

21世纪以来，环境问题日趋严重，在越来越成为人们关注的社会焦点的同时，生态环境史的研究也越来越受到学者们的重视。华中师范大学张全明教授20世纪90年代便有志于中国传统的生态文化与生态环境变迁史方面的学术探索，1999年华中师范大学出版社出版的张全明等合著的《中华五千年生态文化》便是对中国传统生态文化与人与自然和谐关系研究的一个有益尝试，该书的出版也为作者从事生态环境史的研究奠定了良好基础。中华书局2015年12月出版的《两宋生态环境变迁史》正是其数十年来精心研究环境变迁问题的一部力作！《两宋生态环境变迁史》是一部断代生态环境史研究的著作，该书主要是研究发生在“两宋王朝”的时空范围内的生态环境变迁史。该书的出版不仅推进了断代生态环境变迁史的系统研究，有助于提高中国生态环境史研究的整体水平，而且拓展了环境史研究的广度和深度，同时在国家生态文明建设方面有资于借鉴。

《两宋生态环境变迁史》一书共分九章，上下两册。第一章主要介绍两宋生态环境变迁史研究的理论和方法；第二章至第七章分别研究“两宋王朝”这一时空范围内的气候环境、水环境、生物环境、地貌与土壤环境、矿物环境“五大环境要素”，即受人类活动影响的生态环境的历史；第八章研究两宋的生态环境灾害，即生态环境与人类社会活动相互影响与作用的历史；第九章研究两宋的生态意识与环境保护，即人类对生态环境的认识史。在《两宋生态环境变迁史》论述的过程中，作者既遵循“两宋王朝”这一特定的时空研究界限，但又不局限于此，有时也涉及“两宋时期”中国境内其他少数民族政权时空范围内的生态环境状况。反复诵读全书，该书主要有以下三个特点：

第一，论证严谨，迭有创见。论证严谨不仅在于论证前资料搜集、取舍、分析、利用的严谨性，而且在于在立足文献基础上论证、推断过程的严密性。分析某一时空的气候变化，其研究必须依赖历史文献的明确记载以及对文献记载中相关物候现象的推断和考古发掘的成果报告，从而辑录出该时空内长时段的气候变化资料，还要“运用现代信息技术，对收集的资料进行比较、分类与统计以及数字化和信息化处理”，然后才能进行分析论证，从而得出较为可靠的结论。如作者分析南宋气候变化时，首先辑录并统计出南宋临安地区152年间气候变迁资料，即“南宋时期冷、暖气候变迁状况表”，从而绘制出“南宋临安地区的冷、暖气候变迁状况统计表”和“南宋临安地区公元1201年至1260年每10年冬雪起止日期统计表”，以此为基础推究出“整个南宋时期以临安地区为代表的气候，是属于北宋末年以来中国历史上的‘第三个寒冷期’气候大周期性变迁的继续”的结论，从而补充了竺可桢在《中国近五千年以来气候变迁的初步研究》（《考古学报》1972年第1期）有关南宋后期向中国气候变迁史上“第四个温暖期”转化的说法的不足之处。

中国历史时期的生态环境状态及其变迁的评价问题是生态环境史研究中一个重要的理

论与实践问题。许多学者在评价时大多认为生态环境在中国古代早已恶化，如张车伟认为“在我国数千年的历史上，人口和生态问题虽在先秦时期就已初露端倪，但真正的恶化则始于北宋”（《北宋以来我国的人口增长、土地垦殖和生态环境》，《浙江社会科学》1999年第1期）。按理说，此类说法都有道理，在古史文献上都有一定的资料根据，但实际上，环境变迁是一个复杂的动态过程，有些环境要素在一个历史阶段破坏了，但在另一个历史阶段又可能恢复。针对中国历史时期生态环境的整体评价，作者认为生态环境的时空变化具有明显的阶段性、区域性与可逆性的特点，并据此将中国历史时期的生态环境变化分为五个阶段进行评价：原始社会至春秋战国时期为第一阶段，生态环境变化程度有限；秦汉隋唐为第二阶段，北方地区生态环境有一定的退化，呈反复、递进式发展；两宋至明中期为第三阶段，南方地区开发加速，生态灾害有一定程度的增加；明中期至清末为第四阶段，生态环境的变化地域推及山区、丘陵地带，生态整体日趋脆弱；近一百多年来为第五阶段，生态破坏远超前四阶段，大量环境问题日益严重。因此，作者认为“中国古代史上的环境问题，主要表现在特定历史时期的部分地区或个别环境要素方面出现了暂时的局部恶化或退化现象，但整体上仍在正常的范围内变化或波动”。

第二，资料翔实，依史立论。《两宋生态环境变迁史》作者从撰写到出版经历了十年之久，对文献的搜集、整理与利用都花了极大的工夫，这也使得该书的史料积淀极为深厚。作者在《两宋生态环境变迁史》十余年的撰写过程当中，查阅了数百种文献资料，尤其对宋代的文集、笔记以及各类史书进行了“竭泽而渔”式的收览，从而为两宋生态环境史的研究打下了扎实的文献基础。如该书“两宋的生态环境灾害”这一章节中各种灾害时空分布的统计长达七十多页，不仅反映了作者收集、整理资料方面的辛勤耕耘，而且证明了《两宋生态环境变迁史》的资料利用是极为翔实的。

历史研究主要靠史料说话，环境史的研究也不例外，两宋生态环境诸要素的变迁论证更需要大量的史料作为支撑。正如作者在文中所说“要开展对两宋生态环境史的具体研究，首先必须完整地阅读与收集资料，努力对有关这一时期的历史文献‘竭泽而渔’，然后加以分门别类的整理研究，最后才能在此基础上对这一课题的相关问题进行深入的研究”。如作者研究两宋的气候环境，首先广辑宋代的气候文献，主要有：“《宋史》《记纂渊海》路、府、县、乡、村等地方志书，以及文集、笔记和编年体、纪事本末体、通考、会典类史书中的相关的气象、气候记录等。”然后分别将北、南宋诸多史料当中的气象、气候记录辑录出来，并加以统计分析，从而在史料分析的基础上推究出两宋时期的气候变迁特点。广辑史料，依史立论，正是这种扎实、严谨的研究态度，确保了《两宋生态环境变迁史》研究结论的可靠性与可信度，从而在文献的角度保证了该书的特点和优势。

第三，图文结合，形象生动。环境史是一个交叉学科，需要综合利用地理学、生态学、历史学等多个学科的相关知识进行研究。生态环境的变化是一个复杂的动态过程，直接用文字将错综复杂的变化给予清晰的呈现，往往极为困难，破费笔墨。图表则正可弥补文字表述的不足，且能更为直观地呈现文字无法表述的要素。作者在《两宋生态环境变迁史》撰述过程中极为重视图表的绘制，据统计，《两宋生态环境变迁史》共收录图表多达130余幅。图表的绘制对于作者本身的研究来说，能够把错综复杂的事实描述更为具体化，在研究推论的史料使用当中也更为清晰。如两宋水灾分布变迁的研究，作者绘制出两宋水灾时空分布表、水灾时间分布表、水灾年度分布表、水灾季节分布表、水灾不同阶段差异表、水灾路区分布表、水灾年均比值分布图、水灾分布月份季节占比图，根据两宋水灾分布的诸多图表，作者对于两宋水灾的时空分布特点、评价就极为明晰了。同时大量图表合理的布局在各章的文字撰写之间，读者在阅读的过程当中，对两宋生态环境变迁的了解也更为直观了。

当然，《两宋生态环境变迁史》还有一些不足之处，正如作者在文中所说“由于有关宋代生态环境史料记载没有任何的针对性，其大多数是零散与非专业的，比较系统、细致地记载当时生态环境史变迁的资料可谓相当缺乏，因此，两宋生态环境史的研究仍然不能完全解决文献资料分布不平衡的时空差异甚至阙如等问题”。但瑕不掩瑜，作者经过十年工夫，倾注了大量心血的《两宋生态环境变迁史》无论在史料运用的广度上，还是研究论证的可靠性与可信度上，都不失为一部优秀的学术著作。

（原载《地理学报》2016年第4期）

《两宋谣谚与社会研究》读后

王　青

自20世纪初民俗学热开始兴起，学术界对于谣谚的研究呈现出史无前例的新面貌，该领域愈加受到研究者的关注。对古谣谚的收集整理工作，一方面出版和再版了清代杜文澜辑录的《古谣谚》，随后又有学者相继编写了《古今俗语集成》《中国近世谣谚》《二十五史谣谚通检》及《中国历代童谣辑注》等，对古今文献中的歌谣、谚语进行了较为全面的辑录工作。对于谣谚俗语进行系统研究的专著主要集中在80年代以后。学术性专著比如《民谣语》《中国歌谣》《歌谣小史》等，赏析性著作比如《古代民谣注析》《中国古代童谣赏析》《中国古代歌谣精品赏析》《民间歌谣精华赏析》等。这些著述对谣谚的研究多从传统的民间文学、语言、艺术、民俗角度出发，很少将其放置到社会史研究的背景下进行探讨。进入21世纪之后，对古代谣谚的研究趋于区域性和系统性，且被纳入了多学科视野，中国古代谣谚的研究呈现多元化趋势，研究深度和广度都有所拓展，但到目前为止，还没有出现一部研究断代谣谚与社会的论著，而2015年12月由中国社会科学出版社出版的赵瑶丹的《两宋谣谚与社会研究》一书则是一次有意义的尝试。

该书以反映两宋社会为取材的根本出发点，所选谣谚以宋代创作为主，包括在宋人的著作中予以引用、记录，也包括前人创作，在宋代或经过改编，或加以引用，同时包括后人记录的反映两宋社会的谣谚。内容上围绕着社会变迁对谣谚的影响，谣谚又对社会变迁发生作用这两条主轴线展开。作者在研究方法上参考了新社会文化史的研究理论，以传统的实证研究方法为主，借鉴社会学、传播学、舆论学、心理、语言、民俗、政治学等多学科的理论与方法，对两宋谣谚与社会开展了系统而多维的研究。

全书分“内容”与“传播”上下两篇，共包含六个专题章节。其中上篇“内容篇”主要内容包括：第一章“两宋谣谚的形式”，主要从形式的角度探讨两宋谣谚的创作方式和表现形式，论述了谣谚的表达方式、分类及与其他语言文学形式的关系、谣谚的异化等三方面内容，并对谣谚的特殊形式——谣谶进行了专门的分析，为之后的章节对谣谚内容、谣谚传播进行分析奠定基础。

第二章“两宋谣谚的社会背景”，主要从社会基础的角度探讨两宋谣谚的生发、传播、接受环境和两宋谣谚产生和传播的原因。指出阴阳五行、天人合一、佛道信仰、鬼神观念、占卜之风等传统的信仰观念，为谣谶文化的衍生繁荣奠定了重要思想基础；宋代教育的普及和文化的发展，为谣谚的繁荣作了重要的文化铺垫；宋代相对宽松的舆论环境成为民间谣谚得以长足发展与繁荣的重要背景；宋代发达的城乡经济促使经商范围拓展，流动人口增加，市民阶层兴起，同时分布于宋代广大农村的耕读之家也在不断地进行农谚的创作，这都为谣谚繁荣提供了巨大社会力量；宋朝构建了多样的传播渠道，加速了信息的传递，为谣谚的流传和接受提供了可靠有效的途径。除去分析以上社会条件对谣谚繁荣产生的巨大影响之外，作者还着重分析了社会政治危机、社会灾异、人物品评谣谚现象的盛行等谣谚生发的社会背景，并对影响两宋谣谚传播的因素进行了细致深入的探讨。

第三章“两宋谣谚中的社会内容”，主要从内容的角度，系统分析两宋谣谚中蕴含的政治、社会、文化等时代信息。从内外矛盾、政治制度、人物品评等方面揭示宋代谣谚中的政治生活；从经济状况、四时生产、地理环境、山河风物、民风民俗、家庭生活等方面揭示宋代谣谚中的社会生活；从谣谚中呈现的宋代科举社会，对音乐、书画、词人的评述，反映的伦理观念、宗教信仰等方面论析宋代谣谚的文化风貌。

下篇“传播篇”主要内容包括：第四章“两宋谣谚的传播”，主要从传播的角度，对谣谚的传播方式与载体、谣谚的创作与传播接受者、文人与谣谚的创作、传播及接受等内容进行研究。指出口耳相传、载于文字是谣谚的基本传播形式，重点考察臣子奏章与文人笔记两类传播载体，分析儿童、僧道巫觋以及社会各阶层的人在谣谚创作、传播、接受中的作用及表现，着力探讨宋代文人阶层对谣谚创作、传播的影响。

第五章“两宋谣谚在空间上的传播与分布”，主要从空间传播的视角，考察两宋谣谚在都城、城市与乡村以及不同区域间传播对宋代社会产生的影响。文中指出都城作为政治、经济、文化、军事中心，亦是舆论中心，都城谣谚无论是内容的广度、深度，还是传播空间、场所皆具有代表性，体现出鲜明的时代性。而城市作为统治者实施王权政治的据点和中心，对于政治事件反应更为敏感、迅速，因而城市民谚能够极为敏锐地反映时事。但仍不能忽视谣谚在乡村的传播，正是城乡之间的互动，谣谚才得以广泛传播和发展。对于谣谚的区域传播，作者认为方言对谣谚传播虽有影响，但并不构成决定性阻力。不同区域的人们在传播谣谚时，对其进行了再创造，使谣谚多样并呈现出地域性特点。

第六章“两宋谣谚在国家事务中的控制和接受”，主要以传播效果的视角，探讨谣谚在国家事务、人物命运、政治风波以及引导其他社会行为方面产生的影响及国家对谣谚采取的以禁谶为中心的控制措施。着重分析了朝廷采取禁谶措施，但又存在着君主信谶现象的矛盾，认为其实质上体现出最高统治阶层对谣谶的神秘性的信任和推崇。另外，作者还揭示了朝廷、地方社会对待文本制度的差异和国家政令与实际施政行为间的差异，指出这种复杂性是中国古代谣谚传播的真实状态。通过对两宋君主禁谶诏令及事例、两宋各时期谣谚数量分布的图文统计，揭示了时局动荡、社会舆论活跃程度和行政控制的加强三者之间步调较为一致的态势。

余论部分先从两宋谣谚蕴含的民众参与及忧患意识、民众谐趣和情感、民智与教化三方面揭示其社会史内涵，在探讨两宋谣谚传播的传承性与时代性、趋同性与地域性特点的基础上进一步阐述谣谚与社会的互动。

研读此书，发现有以下显著特点：

第一，史料翔实。较之以往，作者以断代书写的方式，限定了文献收集的时限，因而能够避免由于时间跨度大而易导致的文献收集不详尽的情况。作者对材料的搜集基于硕博学位论文的写作，并继续深入，发微抉隐，将散见于正史资料、文人笔记、地方志、墓志碑刻、家训、佛教典籍、名臣奏议等各类文献中的两宋谣谚辑录出来，并对不同资料与版本进行考辨、甄别研究，最后共辑得谣谚 838 条，为全书写作奠定了雄厚的史料基础。通览全书可明显感觉到该著述运用史料的丰富，作者在对每一个议题进行研究时，都采用了大量的谣谚来印证观点，此可谓该著述最为显著的一个特点。

第二，研究方法多样。除了传统的史学考证方法之外，作者还采用了计量史学方法。

例如第三章在阐述两宋谣谚的社会生活这一节内容时，利用扇形图的方式向读者清晰展示了宋代各项制度的谣谚数量及比例。又比如作者在第六章中论述禁谶的法律规定时，采用图表方式，对两宋历代君主禁谶（包括谣言、妖言）诏令及事例作了详细的整理介绍，为我们了解社会舆论活跃程度、朝廷的禁谶倾向、比较北宋和南宋禁令内容的差异以及分析禁谶诏令所反映的政局状态等问题的研究，提供了直观的统计数据。除此之外，全书还借鉴社会学、传播学、舆论学、心理学、语言学、民俗学、政治学等多学科的理论与方法，打破了学科界限，以一种跨学科方式来观察、思考和解决问题，对推进两宋谣谚与社会的互动研究具有开拓创新意义。

第三，论述系统而全面。该著述章节安排清晰明朗，由浅入深，全书就谣谚的形式、谣谚的创作者、谣谚产生和传播的原因、内容承载的政治、社会、文化等历史信息、整个传播过程所涉及的谣谚的传播方式与载体、创作主体及传播与接收过程、在空间上的分布以及国家对谣谚所持态度等问题都进行了细致深入的分析，有效拓展了谣谚与历史研究的视角和领域。

但此书还存在一些不足。史料翔实可谓本书最大的特点，但通览全书发现，正因史料丰富，因此作者在阐述某些观点时，存在很多大量列举史料但鲜见分析的情况，例如作者在第二章中阐释阴阳五行理论是催生谣谶的重要思想根源这一观点时，对荧惑的描写几乎全是在引用史料，仅用一句“荧惑在人世间化作童儿，以歌谣嬉戏的方式让人们感知”。① 作为衔接，论述过少，似乎不太妥当。另外，作者在行文过程中对某些章节缺少概括性总结或总结较为简单，削弱了该书的可读性。但瑕不掩瑜，该著述作为一部中国古代谣谚文化研究的专论，取材丰富，为两宋社会研究提供了新的史料，大大拓展了谣谚与历史研究的视域，具有重要的学术价值。

① 赵瑶丹：《两宋谣谚与社会研究》，中国社会科学出版社 2015 年版，第 55 页。

《宋代长江中游的环境与社会研究——以水利、民间信仰、族群为中心》读后

李　欣

对于长江中游地区的人地关系和社会变迁的研究，时有论著，特别是20世纪90年代以后，学术界开始更多地从生态环境入手去讨论人地关系与社会变迁。陈新立在《中国经济与社会史评论》上发表《长江流域环境史研究的回顾与展望》一文提到环境史研究分布在自然科学和人文社会科学两大领域，认为区域环境史研究能更深入地揭示人地关系演变的复杂性①，姜正杰等认为隋唐宋元是生态环境质量明显恶化的阶段②，而对于长江流域的研究主要是从水文气候以及动植物等方面入手，有关这方面的论文和著作也不在少数：杨果、陈曦《经济开发与环境变迁研究——宋元明时期的江汉平原》、蓝勇《历史时期西南经济开发与生态变迁》、张建民《10世纪以来长江中游区域环境、经济与社会变迁》、谭静怡《20世纪80年代以来生态环境史研究述评》、武仙竹《长江流域环境变化与人类活动的相互影响》等等，大多讨论的是区域内资源开发、人口运动与环境之间的关系。2016年11月由科学出版社出版的武汉大学历史学院副教授陈曦所著的《宋代长江中游的环境与社会研究——以水利、民间信仰、族群为中心》在汲收了前人们研究的基础上又有了新的进展，从另一个角度探讨了宋代长江中游的环境与社会变迁之间的关系。

《宋代长江中游的环境与社会研究——以水利、民间信仰、族群为中心》一书分为4章，共计26万字。由序引、绪言、正文四章、结语、参考文献五部分组成。在绪言中，作者着重说明了几个问题。第一，提到了几个相关概念：所涉及的考察范围即宋代长江中游地区，涉及现在的湖北、湖南、江西三个省份；对溪峒诸“蛮”的相关解释与看法。第二，说明了本书选题缘由：指出无论是与宋代长江下游的研究、还是与明清长江中游的研究相比，关于宋代长江中游的成果均显不足，许多重要课题有待挖掘和深化，该书选取以水利、信仰与族群问题为切入点将研究进一步推进。第三，主要介绍了相关评述，提到了此领域所涉及的不同方面的研究动态。在绪言的最后，介绍了该书结构。从陈曦教授的研究方向与相关文章著作可以看出，此书是她进行整理和升华的一部著作，这一著作将宋代长江中游地区的环境变迁与社会活动，抑或说是与社会变迁的相互关系从另一个视角很好地给我们呈现出来，推动了这一研究领域的新进展。

正文共四章，各章自成专题。第一章以荆湖北路为中心主要说明宋代地方水利建设与

---

① 陈新立：《长江流域环境史研究的回顾与展望》，《中国经济与社会史评论》2010年卷。

② 姜正杰、吴寒雨、齐金杰：《自然环境的变迁对中国历史进程的影响》，《科协论坛》2007年第2期。

地方水利秩序的构建。第二章分别以江陵府、峡州与归州、玉隆观等为例，并且以地方志等文书资料相互印证，探究环境、信仰与地方社会的关系。第三章考察宋代荆湖族群问题，通过溪峒与平原之间探讨诸“蛮”特点，并且以荆湖二路为例说明宋朝羁縻州治理理念的变化。第四章主要以考古资料为主，探讨了宋代长江中游地区社会变迁等相关问题。细读该书，有以下几个特点：

（一）视角新颖开阔

以往学界多关注于宋代长江下游，或者是明清时期长江中游的环境与社会的变迁，而对于宋代长江中游地区环境与社会活动关系的研究明显不足，作者以水利、信仰与族群问题为考察重点来揭示这一时代这一地区人文与自然的关系，视角新颖独特。开阔的视角贯穿于全书的始终。比如说书中在考究水利这一方面时，并没有把视野仅仅局限在宋代，而是追溯到了东晋时期，向下延伸到了明清，以此来向我们展示长江中游最重要的地区荆江河段数千年的变迁，这样长时段的考察研究才能保持它的连续性，才能更好地从总体上把握这种时代的变迁。再比如提到“蛮”的问题，以往多是从民族大融合的角度入手，而该书则是以朝廷在此设置的羁縻政策为关注点①，让我们能够更好地把握朝廷与这些所谓“蛮”所居住地区的互动关系，不得不说作者的视角很敏锐。

（二）实证研究与文献学相结合

该书不仅以文献资料为基础，而且注重考古发现和田野考察，并且借鉴环境学、民族学、宗教学等学科的理论研究方法相辅助。在谈到民间信仰——今南昌地区的许逊信仰这一问题时，更注重文献资料的运用，以宋明地方志作为印证材料，来探究南昌地区许逊信仰的变迁。② 该书的第四章也集中体现了将文献学与实证研究相结合这一研究方法，尤其是很好地运用了“巴东旧县坪”这一考古发掘，从出土瓷器的胎釉、纹饰、排列方式、功用、数量等可以再现当时的时代特色和地域特色，而且可以进一步研究该地区的制瓷业概况。③ 在说明环境变迁引起水利活动和水利秩序的变化时，将碑刻与古书记载相结合，指出在水利事务中以官方为主导，地方人士既希望借助官方的权威，又希望在地方事务中占据主导地位这种矛盾心理的变迁，这时的碑刻资料显得尤为重要。

（三）新见迭出

书中提出了许多具有牵动性意义的论题，比如在论述关于信仰与地方社会关系问题时，提出在宋代长江中游地区的佛教、道教、民间信仰以及三者的交汇，宗教、民间信仰与地方社会如何互动？《道藏》等宗教典籍是如何看待宗教、地方社会与朝廷之间的关系？这些典籍反映了何种宗教抑或地方观念？宋代所谓的“精英士人”留下众多记载，我们应该如何重新认识这些精英的宗教、地方与国家观念？这些新视角问题的提出有助于人们对相关问题的重新审视与整理。

---

① 陈曦：《宋代长江中游的环境与社会研究——以水利、民间信仰、族群为中心》，科学出版社2016年版，第144页。

② 同上书，第82页。

③ 同上书，第185页。

（四）重在解析，很有现实战略意义

该书解析透彻，论证明确，运用大量文献资料来阐释其观点，逻辑严谨。同时，所涉及的研究课题以及在文章中所提出的有待解决的问题对于解决现实问题具有战略意义。比如说该书从《宋会要辑稿》看宋代地方水利关系中的“民约”“旧例”与“官法”，考察了“官”与“民”在兴修水利建立水利秩序的过程中的角色扮演①，这种问题的分析与探讨对于我们今天面对同样的问题提供了思路与借鉴，因为水文条件的变化对本区域人类活动和生态环境的影响更大，正如李国琴在《江汉平原历代防洪方略研究》中所说，探究防洪与区域自然环境演变、社会历史发展的关系，不仅能够丰富灾荒史的研究，而且从国内外历代政府及民间防洪方略与措施中汲取得失、经验和教训，有助于我们更新防洪观念，合理有效制定实施防洪政策和措施②，所以说这样的研究很具有经济和社会意义。

书中通过对“金堤”变迁的研究，指出水利设施变迁的背后既有环境变迁的压力，又有人为活动的推动，二者相互渗透，相互作用。通过环境变迁与民间信仰者两者之间的互动关系，指出水环境的演变促使人们的水神崇拜观念发生变化，水神信仰逐步演化为对抗水体变化与水患侵袭的精神力量之一。对于族群，书中虽然有所论述，从唐宋在此设立的羁縻政策为出发点研究诸“蛮”与中原王朝的互动关系，但溪峒族与宋政权的关系有待进一步研究和探讨。总之，从长江中游的地域环境入手，分析了宋代荆湖北路水利建设与水利秩序的构建、水神崇拜的对象、水神庙址的分布特点与水神信仰，以及诸“蛮”等问题，来深入考究本地区的生态环境与人地关系，为相关领域的研究注入了新的活力。

最后，对该书提一点个人看法。书中多次提到“族群”，但对于“族群”这一概念的解析仍是模糊的。目前国内对于“族群”定义的研究讨论主要集中在英语和汉语的定义上，但由于不同的历史文化作用，不同的语义系统和思维方式以及处在不同的时代，所以说必须对“族群”进行多语言辨析③。另外，如果把长江中游这一地区放在整个长江流域中去考察研究可能会发现它更深处的作用意义，如同陈新立在《长江流域环境史研究的回顾与展望》一文中提到的那样，流域内巴蜀文明、楚文明、吴越文明交流密切，长江上、中、下游生态环境具有内在关联性④，类似于张敏在《论生态伦理学的生态——整体论进路》中提到的：生态整体论为我们解决生态问题提供了一种导向性原则，它使我们能够从一种整体的、生态的视野去看待问题⑤。

总的来说，陈曦教授所著的《宋代长江中游的环境与社会研究——以水利、民间信仰、族群为中心》一书，不失为一部近年来出版的优秀学术著作，对进一步揭示宋代区域发展的多样性与复杂性提供了有益的探索与分析。

---

① 陈曦：《宋代长江中游的环境与社会研究——以水利、民间信仰、族群为中心》，科学出版社2016年版，第38—47页。

② 李国琴：《江汉平原历代防洪方略研究》，硕士学位论文，华中师范大学，2013年。

③ 罗柳宁：《族群研究综述》，《西南民族大学学报（人文社科版）》2004年第4期。

④ 陈新立：《长江流域环境史研究的回顾与展望》，《中国经济与社会史评论》2010年卷。

⑤ 张敏：《论生态伦理学的生态——整体论进路》，博士学位论文，吉林大学，2008年。

新书序跋

《两宋君主论研究·序》

瞿林东

申慧青副教授的博士学位论文《两宋君主论研究》即将付梓，作者要我为之作序，这使我想到一些问题，于是欣然同意，写出这篇文字。

在中国古代历史上，夏、商、周时期的最高统治者称“王”，西周诸侯国统治者称“国君”，秦朝至清朝的最高统治者称“皇帝”，这都可以统称为“君主”。历代士人和史学家、政治家对“君主”都有一些论说与评价。从这个意义上说，中国有古老的“君主论”和“君主论”思想遗产。因此，在很久以前，我读到意大利人马基雅维利写的《君主论》一书，就很自然地联想到中国史学应当有关于“君主论”的研究著作。尽管各国的历史条件不同，所处历史时代各异，但作为历史理论的重要内容，都具有自身的价值。同时我也注意到，中国史学界同行有多种皇帝传的论著，而关于“皇帝论”的著作目前尚属少见，一般多在批判君主专制主义的论述中有所涉及。有鉴于此，深感厘清中国历史上的君主现象、皇帝现象作资料方面和理论方面的准备，是十分必要的。申慧青博士以两宋的君主论为研究对象，从诸多视角考察宋人对君主、皇帝的评论，揭示了宋代君主论的特点及其在理论上的成就，从而突破了对单一君主、个别皇帝进行研究的模式，发君主现象、皇帝现象研究之先声，具有突出的学术意义。

《两宋君主论研究》一书，视野开阔并善于运用合理的方法展开研究，以实现作者的撰述目标。作者一方面从宋代的重要文献如大型类书《太平御览》《册府元龟》，以及《稽古录》《资治通鉴》《唐鉴》《唐史论断》等历史撰述中，勾稽、梳理有关君主论的资料并予以论述；一方面从宋代士人的“正统论”“正心”说、“治心”说、“王霸义利之辨”等思想观念中，剖析其君主论的内涵。这样，作者就从文献中的君主观念和观念中的君主意识揭示出研究对象的丰富性，同时也反映出作者在研究路径和方法上的创新。以两部类书为例，作者对《太平御览·皇王部》和《册府元龟·帝王部》中的君主论，作了如下梳理和分析：一、科举制度与类书编纂，指出类书的发展与科举制度的联系；二、“帝王部”与类书编撰中位置的变化，表明君主论重要性的加强；三、从“帝王部”的选材与编目揭示帝王观的主旨；四、从应付科举到“典法将来”，彰显帝王观的重要；五、编纂方法的改进：“以时为序”与“依事分类”；六、《册府元龟·帝王部》诸小序及其思想价值。作者从上述六个方面，揭示出这两部类书关于君主及君主论的相关认识，以一种独特的形式反映了宋人的君主观念，给读者一个整体上的了解。

《两宋君主论研究》一书在研究路径与方法上，注意到以下三种逻辑关系：一是历史与史论的关系，二是思潮与史论的关系，三是制度与思潮的关系。作者在第一章中论述了君主制度的确立与君主论的产生，进而论述了君主论的发展与特点，展现出人们的社会存在决定了人们的思想这一普遍性法则的历史实用性。作者在第六章起首写道：“理学家们从‘治心’角度解说为君之道，提出了‘内圣外王’的观点，对当代和后世的君主论都有重要影响。不同于理学家所力倡的‘内圣外王’之道，以陈亮、叶适等为代表的浙东学派士人，以务实为准则，杂合‘王’‘霸’‘义’‘利’等观念，更强调君主治国的实际效果，他们的君主论也具有明确的‘经世’精神。”“降至南宋后期约四十年，民族矛盾激化，统治岌岌可危，然而从历史思想的发展来看，这一时期，又是一个总结与革新的时期，君主论的‘经世’与‘心性’俨然有互补之势。也正是在这一社会变革的背景下，君主论也有了新的突破，邓牧对君主专制的批判，虽然单薄且缺乏历史的分析，但也反映了那一变革时期思想的革新。”在这一总的思想指导下，作者对宋人君主论的两种思想倾向作了深入分析，进而指出义理内涵与经世致用合流的趋势。可以认为，这是把“表层”的君主论推向“深层”的君主论的重要环节，反映作者在分析、综合方面所下功夫至深，读来饶有兴味且多有启发。此外，作者还对宋代的经筵侍讲制度与君主论的关系有所论述，指出：“宋代是‘经筵’制度走向定型的时期。‘经筵’是古代帝王为习读经书而设置的御前讲席，虽然自汉代即有‘侍讲’官员之职，但‘经筵’一词出现是北宋仁宗朝的事情了。担任经筵侍讲的士大夫们通过为皇帝讲习儒经，阐发了他们对于君主的个人修养、政治韬略、治国方针等问题的看法，在一定程度上影响了君主的决策，成为联结君主与士大夫的重要纽带。”这是一种独特的“君主论”，作者引用李焘《续资治通鉴长编》、范祖禹《帝学》等书对此展开论述，亦颇有新意。

总起来看，开“君主现象”研究之先声，开阔的视野以及关注多方面逻辑联系的研究路径，呈现出作者的创新精神和学术风格，对推进这一领域的研究，具有借鉴和参考价值。本书的“后论”，概括宋人君主论的特点及历史影响，是全书在理论上的进一步升华，也给读者留下了许多思考。

最后，有几句话我是必须说的：对于这样一个难度很大的研究领域，作者能写出如此有分量的开拓性著作，足见其撰述的勇气和勤奋。

是为序。

撰于 2016 年 5 月 25 日

书　讯

【《从陈桥到厓山》】

虞云国著，九州出版社2016年9月出版。该书是专论两宋史的随笔书评集，收录文章近三十篇。全书兼具宋史学家的专业眼光与文史学者的生动文笔，通过对君臣名人的肖像摹绘，重大史事的独到解读，文化现象的别样诠释，制度层面的透辟剖析，最终以高屋建瓴的宋代总论，宏阔而纵深地展现了宋朝兴亡成败的逻辑轨迹，堪称是一部深入浅出而雅俗共赏的历史佳作。本书被《中华读书报》推荐为2016年度百佳图书，推荐语称："专业史家的著作，将有正本清源之效"。

【《北宋武将研究》（续编）】

何冠环著，花木兰文化出版社出版2016年3月出版。本书是香港树仁大学历史系何冠环教授所著《北宋武将研究》（2003）、《攀龙附凤：北宋潞州上党李氏外戚将门》（2013）的续篇，是作者关于北宋武将研究的另一项重要收获。全书分上中下三篇，共收录论文12篇，上篇为"外戚武将研究"，包括5篇论文，讨论了陈州宛丘符氏、保州保塞刘氏、开封浚仪石氏第三代传人石元孙和另一潞州上党李氏等外戚武将的兴衰，还有一篇讨论了李遵勗的妻子献穆大长公主。中篇"蕃将研究"，讨论北宋蕃将绥州高氏。下篇"武将研究续论"，分别讨论了杨家将的第四代后人杨畋的事迹、狄青长子狄咨卒年考、范恪事迹考、刘兼济事迹考。附录一篇是关于南宋初一则种师道神话的研究。本书资料丰富，除了常见的史书外，还大量征引出土墓志，以细致的笔触，对北宋武将进行了深入地挖掘，是近年来出版的一部优秀的宋史研究论著。本书也被收入王明荪教授主编的《古代历史文化研究辑刊》第十五辑，第13册。

【《宋代吏部尚书研究》】

惠鹏飞著，河南人民出版社2016年8月出版。该书对宋代吏部尚书的源流、组织结构、类别、职掌、籍贯、入仕途径、起家官、仕履、致仕、迁入、迁出、任期等内容，进行了比较系统地梳理和探讨。吏部尚书在宋代职官系统中占有重要地位。尚书之名始于秦代，吏部尚书则出现于曹魏时期，至唐始居六部之首。北宋前期吏部尚书阶官化，元丰改制后官复其职，领尚书左右选、侍郎左右选、司封司、司勋司、考功司、官告院等机构。吏部尚书有行、守、试、权、检校等不同类别，元丰改制前职掌视差遣而定，元丰改制后总领文武百官选试、注拟等政令；元丰改制后籍贯分布主要集中于南方五路；入仕途径以科举入仕尤其是进士出身为主；起家官大多为地方幕职州县官；任职前大多担任过吏部相关职务；南宋时期，以他官兼、兼权吏部尚书大量出现；大多逝于任上，致仕比例并不高；迁入官元丰改制前以宰相兼官和六部其他尚书最多，元丰改制后以六部长贰、地方官等为主；迁出官元丰改制前以尚书省左、右仆射最多，元丰改制后以执政和地方官为主；任期在元丰改制前较长，元丰改制后平均任期1年左右。

【《岳家军研究》】

史泠歌著，2016年8月由河北大学出版社出版。该书在前辈学者研究的基础上对岳家军进行了较系统的研究，共分为五章：从岳家军诞生的时代背景，岳家军将士的成分、指挥机关的发展变迁，岳家军的兵器种类与后勤供应途径，岳家军的军风军纪，后岳家军的退化等方面对岳家军进行了考察。书中对吴玠、韩世忠、刘锜等军队与岳家军的战斗力进行了比较，对岳飞之后的鄂州大军都统制进行了系统的树立排序。

【《两宋宗室研究——以制度考察为中心》】

何兆泉著，上海古籍出版社 2016 年 3 月出版。该书立足多元史料的利用分析和历史事实的还原呈现，突破皇权政治理论“先见”下研究范式的固化与局限，尽力通过丰富宗室自身的问题讨论来拓展史学思考。全书在前人研究基础上，以制度考察为中心，重点围绕两宋宗室的主要负责机构、谱牒编纂与人口管理、司法管辖与身份特权、宫学与宗学教育、选举途径、授官任职等相关专题，分别加以深入考察与分析阐述，并对两宋宗室的人口变化、宗室进士数量及比例、宗室近属的赐名授官、中央及地方宗室疏属任用等情况作出必要的计量统计分析，重新检讨所谓宗室“弃物”说等长久相沿的历史认识，从一个侧面考见两宋制度与人事的互动及其社会秩序建构过程，揭明宗室群体在宋代政治、社会诸层面的深切影响。

【《朝堂之外：北宋东京士人交游》】

梁建国著，中国社会科学出版社 2016 年 7 月出版。本书以北宋东京的具体时空为依托，立足于朝堂之外，探讨士人社会中形形色色的交游活动及其与都市空间的互动。本书围绕地方士人融入东京社会这一主线，选择拜谒、走访、宴饮、雅集、送别等五种最有代表性的交游，并联系这些活动所依存的朝廷制度、社会习俗等历史背景，分析各种人际关系的生成与维系。本书的讨论虽也涉及名公巨卿、达官显贵，但研究角度则是从宏大叙事到日常取向的转变，重点关注士人群体在朝堂之外的那些以往不被重视的生活内容，以期对士人的生存状态以及士人社会的诸多现象获得更为丰富、立体而深刻的认识。

【《宋代两京都市文化与文学》】

刘方著，中国社会科学出版社 2016 年 7 月出版。本书从宋代城市革命这一视角，系统研究宋代城市文学繁荣的特质及其成因，探讨宋代新型文学生产与城市文学的繁荣如何建构、丰富新的城市文化。繁华都市的公共空间，为都市文学书写提供了新的空间与平台，新的灵感与思绪，新的题材与内容，多重表达了不同阶层的创作主体和不同阅读受众群体的都市白日梦。另一方面都市文学的书写对于南宋都城的文化形象塑造，城市声誉的建构的作用。研究揭示和细致分析临安都市文化繁荣催生了近代意义的新型文学生产的萌生。以近代意义的文学生产三环节为结构线索，分别从都市文化繁荣与潜在新型文学消费群体的诞生，都市文化繁荣与坊刻业发展，文学传播现代传媒的物质基础的奠定和都市文化与新型文学生产者群体的聚集三个方面，揭示了新型文学生产这一中国文学史上从未有过的文学现象。

【《全宋笔记》第七编】

戴建国主编，大象出版社 2016 年 2 月出版。该成果系国家社科基金重大项目，项目首席专家、主编戴建国。全编共计 10 册，241 万余字，该编对 40 种宋人笔记进行了系统整理点校，所收笔记在学术界大部分属首次整理，对先前学术界已有整理本的文献也多有新的校正。该成果的问世，对于发掘和发挥这批文献的价值，传承祖国文化遗产，有着重要的学术价值和社会意义。

第七编目录：云谷杂记　　丛林盛事

诸蕃志　燕翼诒谋录　洞天清录　善诱文　希通录　宜斋野乘　蒙鞑备录　辛巳泣蕲录 芦浦笔记　黑鞑事略　朝野遗记　履斋示儿编　愧郯录　桯史　藏一话腴　吹剑录　吹剑续录　吹剑三录　吹剑四录　清夜录　螢雪丛说　负喧野录　自警编　考古质疑　开禧德安守城录　行营杂录　后村杂记　樵谈　枯崖漫录　宣政杂录　深雪偶谈　游宦纪闻　密斋笔记　江行杂录　坦斋通编　脚气集　困学纪闻　齐东野语

【《宋史全文》】

佚名撰，汪圣铎点校，中华书局2016年出版。该书是宋元之际时人所撰写的一部记述有宋一朝历史的编年体史书，起止时间为宋太祖建隆元年（960）到宋理宗景定五年（1264），作者不详。该书曾被认为是书坊为牟利而拼凑的一部质量低劣的书，点校者在对全书考察后认为，该书的撰写态度是认真的，在材料收集和取舍上是颇为用心的，仍是一部值得重视的、甚至是研究宋史不可不读的史书。该书虽然相当多内容取自《续资治通鉴长编》、《中兴两朝圣政》等书，但也存有这些史书缺失和不同的内容，特别是引用的大量宋人议论和关于宋理宗时期的记述，具有突出的价值。全书共九卷，以内容最为完整的四库本为底本，参以中华再造善本和台湾文海本，在校勘记中，对以前对本书做过点校的整理者的校记一并录入，两见并存，以备读者取舍。

【《张孝祥集编年校注》】

辛更儒笺注，中华书局2016年10月出版。全书共五册，150万字，出版得到国家古籍整理出版专项经费资助。张孝祥作品，长期以来，一直缺乏系统的整理，旧有的研究成果窜乱舛误之处颇多，已基本丧失学术价值，亟需新本替代。著者长期从事南宋文史研究，研究成果颇丰，准备充分。该书以《四部丛刊》初编影印本为底本，以国图所藏明刊本等为参校本，校以相关类书、史籍、总集，订误释疑，使版本臻于完善。笺注部分，包括史实、本事、人物、时间、地理景物、典章制度、典故词语等项。其中诗词除本事外，还详注与作品有关的典故词语。原本为四十卷，今增补为四十五卷，加上所著年谱四卷，附录四卷，可谓对张孝祥集的一次最新的全面整理。

【《〈宋史〉宰辅列传补正》】

刘云军著，河北大学出版社2016年10月出版，该书属于《宋史研究丛书》第四辑之一种。本书对《宋史》中的三十二位宰辅的传记进行集中补正，所涉及的宰辅主要集中于南宋高宗朝。对于每一篇宰辅列传，作者钩沉史料，尽可能进行详细补正。本书是目前为止大陆宋史学界对于《宋史》列传进行的篇幅比较大、比较系统的补证之作，对于推动《宋史》列传的研究具有一定学术价值。

【《朱子语录》】

李道传著，徐时仪、潘牧天整理，上海古籍出版社2016年版。《朱子语录》是以李道传《晦庵先生朱文公语录》宋刻本及明抄本合编而成，存辅广、李闳祖、李方子、潘时举、董铢、黄义刚、（上日下爰）渊、袭盖卿、廖谦、孙自修、潘履孙、汤泳、曾祖道、沈僩等十四家所记2275条语录，参校黄士毅、黎靖德《朱子语类》诸本。嘉定八年，李道传持节池阳，将其所收集的廖明德、辅广等多家笔记委托朱子及门弟子整理刊误，编为《朱子语录》四十三卷，简称“池录”，是现存最早的朱子语录编本。该本存不见于通行本的语录数十条，异文数千处，保存了未经删改的原生态朱熹讲学语言原貌，是研究朱子学的一部承上启下的重要文献，也是朱子思想和古白话研究的重要参考材料。

【《宋代墓志辑释》】

郭茂育 刘继保编著，中州古籍出版社2016年2月出版。该书共辑录宋代墓志226方，以新出土和尚未发表的为主，辅以其他书籍刊登过的墓志。本书为8开本，墓志辑录方式为拓片图像置前，后附录文。该书辑录的墓志大部分为北宋时期，极少量为南宋时期。从地域看，主要为河南、陕西、河北、山西这些北方地区，其中，以洛阳出土的最多和最为集中。从墓主身份看，主要为官僚士大夫家族和北宋宗室，但也收录有数方平民墓志。该书为首部辑录宋代墓志的著作，对研究宋代人物和家族史具有重要的史料价值。

第五篇

学人与学林

漆侠先生史学成就叙略

王晓薇

漆侠（1923. 3. 12—2001. 11. 2）出生于山东巨野县龙锢集，1944 年考入设在昆明的国立西南联合大学历史系，1946 年 6 月转回北京大学历史系学习，1948 年大学毕业，旋即考入北京大学文科研究所史学部，成为著名的宋史专家邓广铭先生的第一位研究生。1951 年 3 月入中国科学院近代史研究所任助理研究员，1953 年 12 月转入天津师范学院（河北大学前身）任教，1961 年晋升为副教授，1979 年晋升为教授，1984 年获得河北省第一个博士学位授予权。漆侠先生历任河北大学宋史研究室主任、社会科学研究所所长、历史研究所所长、宋史研究中心名誉主任、河北大学出版社总编辑、省管优秀专家、河北大学文科资深教授，河北省民盟副主委、河北省政协常委、河北省社科联副主席，并先后担任中国史学会理事、中国农民战争史学会理事长、中国宋史研究会会长、河北省历史学会会长等社会兼职。

漆侠先生在史学领域耕耘 50 余载，建树非凡，名闻遐迩。他始终坚持以马克思主义为指导研究历史，在中国古代史、宋辽夏金史、中国农民战争史、宋代经济史、宋代学术思想史等领域都有开创性研究，取得了举世瞩目的成就。先后出版了《隋末农民起义》《唐太宗》《王安石变法》《秦汉农民战争史》《两宋政治经济问题（合著）》《宋代经济史》《辽夏金经济史（合著）》《求实集》《知困集》《探知集》《宋学的发展和演变（遗著）》《历史研究法（遗著）》等学术专著，在国内外发表学术论文 150 余篇。漆侠先生在史学理论与方法上也形成了独到的系统见解，其以马克思主义为指导治史的理论独具特色、独树一帜。为更好传扬先生之学术，后学谨撰小文，略述先生之史学成就及治史特色。

一　漆侠先生与中国农民战争史研究

20 世纪 50 年代至 60 年代中期和 70 年代末至 80 年代中期，中国农民战争史的研究曾经有过两个高潮。漆侠先生对中国农民战争史的关注和研究从 20 世纪 50 年代，持续到 80 年代，恰好经历了这两个高潮。期间出版关于农战史的著作两部：《隋末农民起义》《秦汉农民战争史》；并在《中国历史人物论集》《人民日报》《光明日报》《新建设》《哲学研究》《文汇报》《文史哲》《中国史研究》等报刊上发表《方腊的起义》《关于我国农民战争史的研究》《关于中国农民战争的性质问题》《正确认识历史上的封建统治阶级和封建王朝》《农民是地主阶级的对立面，还是地主阶级的后备军?》《农民战争与让步政策》《读〈李自成〉——论农民的革命民主主义》《论“等贵贱，均贫富”——宋代农民的政治经济思想》等论文 18 篇。

漆侠先生的中国农民战争史研究，既有对于不同历史时期具体农民起义过程的考察，又有针对农民战争理论问题的探讨。主要特点和贡献有以下几个方面：

第一，对中国农民战争史进行有系统的贯通性研究。在中国农民战争史研究中的第一高潮中，漆侠先生着力于对于全国性的农民战争如秦汉农民战争和隋末农民起义等，进行全面、深刻地探索和论述，以填补农民战争史研究的若干历史空白。漆侠先生将“鸦片战争”以前的我国农民战争划分为三个阶段：东汉末年以前的农民战争，是以反封建依附化和反奴隶残余作为其主要特点和线索的。三国到唐宋的农民战争，打击的锋芒指向封建大土地所有制和豪族门阀的统治。而宋以后的农民战争，反对封建土地所有制和专制统治的斗争更加剧烈和高涨，其中还夹杂着反对落后经济关系的斗争。认为只有在填充了若干历史空白、较全面地论述各次农民战争的基础上，才可能写出一部首尾贯穿的农民战争史。《隋末农民起义》和《秦汉农民战争史》两部著作，可以看作是漆侠先生填补空白、贯通农民战争史研究阶段性的代表性成果。在第二次高潮中，漆侠先生探讨了西晋末年以流民为主的各地起义，唐末农民战争，宋代钟相、杨么起义和明代李自成起义，与此前论述的秦汉农民战争和隋末农民起义一起，关注范围几乎涵盖了中国古代农民起义的各个朝代。

第二，注重运用唯物史观的方法探讨农民战争史的重大理论问题。如对于农民起义性质问题的讨论中，漆侠先生运用了阶级斗争的理论，首先肯定了我国农民起义和农民战争，是在地主阶级的残酷的经济剥削政治压迫下爆发的，因而农民起义和农民战争就自始至终具有反封建压迫的性质；然后运用马克思主义生产力决定生产关系、生产关系反作用于生产力的唯物史观的基本原理，提出农民起义和农民战争，是封建主义生产方式内生产关系过度落后于生产力而引起的两者冲突的表现；农民战争清除了落后的经济关系以及封建生产关系的某些环节，或者说多少变动了生产关系，从而推动了社会生产力的发展。漆侠先生在中国农民战争史研究中对马克思主义的运用“有一个从感性到理论、从现象到本质、从具体到抽象、从偏颇到全面的认识过程”。初期受教条主义和“左”倾思想影响，曾认为农民战争是中国封建社会发展的“唯一动力”，到20世纪80年代学术界关于历史发展动力问题的大讨论中，漆先生发表《关于历史发展的动力问题》，则认为农民战争是中国封建社会发展的“真正动力”，而不再强调“唯一动力”。①

第三，坚持历史主义，注重对于农民战争史历史背景的分析，注重将农民起义和社会生活的各个方面或其侧面相联系。漆侠先生认为，要想真正抉发某一次或某几次农民战争的时代特征和规律，要想真正了解我国农民战争的特征和规律，必须加强对封建土地所有制及以此为基础的封建经济诸关系问题的研究；不只把封建统治者集团的政治措施（好的或坏的）叙述出来，而且应该具体分析各个时期政治制度等方面的变化；对于各个时期的法权的变化更应多加研究；其他如意识形态方面同农民战争也有关系。如在《正确认识历史上的封建统治阶级和封建王朝》一文中，漆先生认为“封建统治阶级在某些时期之内，也起过一定程度的推动作用”，要“正确认识封建统治阶级及其杰出的代表人物在历史上的作用”，“正确认识封建社会里主要王朝的历史地位”。王学典先生评价此文为“中国马克思主义历史学诞生以来，第一篇，也是唯一一篇全面阐发中国封建社会存在的

① 乔幼梅：《简论漆侠先生的史学体系》，载《漆侠与历史学：纪念漆侠先生逝世十周年文集》，河北大学出版社2012年版，第111页。

地位与意义的文章”，标志着新中国成立后中国史学界在如何对待“封建”的问题上终于摆脱了非历史主义的困扰①。又如在《农民战争与让步政策》一文中，漆侠先生认为应该用“一分为二”的观点来看待让步政策，承认它在客观上对历史的发展起着一定的推动作用。在“文化大革命”中，因“让步政策”受到批判，但漆侠先生始终坚持其历史主义的观点和看法。

漆侠先生对于全国性的农民战争史的深入研究，属于填补空白、贯通农民战争史研究的代表性成果；对重大理论问题的探索，是他学习、运用马克思主义理论指导史学实践的成果。二者有机结合，自成一家，成就卓著，成为当时中国农民战争史研究中的领军人物之一。在中国农民战争史研究的第二个高潮中，1978 年在上海召开了第一次全国性的中国农民战争史讨论会，并成立了中国农民战争史研究会，漆侠先生在 1981 年在西安召开的第二届年会上当选会长。此后，漆侠先生的学术研究虽然逐步转向了宋代经济史领域，但对农民战争史的研究仍继续关注，在促进学术发展、推动农民战争史学研究发展过程中也作出了突出贡献。

二　经典性代表作：《王安石变法》

早在西南联大读书期间，漆侠先生就对王安石变法产生浓厚兴趣，开始了初步的研究工作。北大复校后，漆侠先生完成学业的同时还发表了《摧兼并（王荆公新法精神之一）》《尹洙、王安石论“校事”》《李觏与孟子》等文章。此后，漆侠先生考取了北京大学著名宋史专家邓广铭先生的研究生，在邓先生的指导下，阅读了大量的北宋政治经济和王安石变法的基本史料，撰写出十几万字的硕士毕业论文《王荆公新法研究》。1951 年 3 月，漆侠先生由北京大学文科研究所史学部研究生肄业至中国科学院近代史研究所任助理研究员，担任著名史学家范文澜先生的助手，开始系统学习马列主义原著。先后发表《北宋熙宁时代农田水利事业的发展——王安石新法研究之一》《王安石新法的渊源》《论王安石的保甲法》。1959 年 3 月，《王安石变法》由上海人民出版社出版。20 世纪 60 年代以后，漆侠先生又陆续发表了《论王安石变法》《王安石的哲学思想》《再论王安石变法》《关于宋代差役法的几个问题》《关于王安石变法研究中的几个问题》《王安石的〈明妃曲〉》，这些文章作为附录收入 2001 年河北人民出版社《王安石变法》（增订本）。从某种意义上来说，漆侠先生对王安石及其变法的研究与其学术生涯相始终，成为其学术生命的重要组成部分。

20 世纪前半叶，学者们开始运用近世科学的观点和方法重新评价王安石及其变法，出现了一个研究高潮，尤以梁启超《王安石》影响最为持久；20 世纪后半叶，以唯物史观为指导的史学工作者对王安石及其变法作了再评价，代表性成果为漆侠先生《王安石变法》和邓广铭先生《北宋政治改革家王安石》②。漆侠先生《王安石变法》一书对北宋封建王朝的政治、经济、军事、对外关系等方面进行了深入研究，并借此揭示了王安石变法的广阔社会背景，阐明了变法要求的酝酿及其最终成熟原因，论证了新法的来源、内

---

①　王学典：《历史主义思潮的历史命运》，天津人民出版社 1995 年版，第 34—39 页。

②　李华瑞：《王安石历史地位沉浮与南宋以后社会历史变迁》，《王安石变法研究史》（代绪论），人民出版社 2004 年版，第 1—29 页。

容、实质和变法过程中的复杂曲折的斗争，并且指出了变法最终失败的根源所在。本书代表着漆侠先生以马列主义理论为指导研究宋代政治史所取得的超越前人的突破性成果，是漆侠先生研究宋史的第一部代表作。此书问世后，在史学界受到广泛而持久的赞誉。

《王安石变法》全面深入论证了新法的来源、内容、实质和变法过程中的复杂曲折的斗争。王安石推行各项新法的渊源，都来源于当时的政治经济实际，源于北宋时期在一路一州一县之间已有的改革实践；变法内容包括青苗、免役、市易均输、方田均税、保甲、保马、将兵法等。书中对有关新法的各种记载进行了校勘，予以补正，作为附录放在书后；对变法总过程作了叙述，其中变法过程中各派政治力量间的斗争写得较为充实，是此前研究中所未有的。

《王安石变法》书中以马克思阶级分析方法为指导，把王安石变法放在特定的历史环境中进行考察，指出王安石变法是地主阶级的一个改革运动，王安石是代表地主阶级利益的，这就从根本上同梁启超混淆时代的非科学的做法划清了界限。王安石变法改革不仅对宋封建专制统治起了巩固和加强的作用，而且对社会经济的发展起了一定的推动作用；司马光反变法派的政治运动是阻碍历史前进的，应当予以否定。

邓广铭先生对漆侠先生《王安石变法》一书予以高度评价，认为它“超越了前此所有的同类著作”。①《王安石变法》出版已有五十余年，虽然自20世纪80年代以来王安石变法研究有了很大进步，但是《王安石变法》经受住了时间的考验，迄今并没有出现足以超越的同类作品。

三 里程碑式巨著：《宋代经济史》

漆侠先生研究领域转向宋代经济史，也根源于王安石变法研究。因为王安石变法是个复杂问题，牵涉面很广，“不先了解宋代经济的具体状况，亦就很难全面、正确地了解这次改革的面貌。像针对商业资本而提出的市易法，如果不具体摸清商人经济力量在经济关系中所占的比重，以及他们对经济的发展究竟起着怎样的作用，那就不能正确说明这道法令的性质和作用”。②

同对中国农民战争史努力进行贯通性研究一样，漆侠先生曾计划与同道们一起撰写一部中国封建社会经济史。为此，他自入读西南联大以来二十多年间搜集积累了包括宋代经济在内的资料三百多万字，不幸于“文革”中全部被毁。自1973年重回学校后，漆先生决定“收缩阵地”，发挥自己在宋代经济史研究方面的优势，写出一部《宋代经济史》。“文革”结束后，他曾多次到河北大学图书馆、天津图书馆、南开大学图书馆、北京大学图书馆等处查阅780种史籍，抄录了140余万字的资料。这使他得以在短时间内，高质量完成了国家哲学社会科学“七五”规划重点项目“中国古代经济史断代研究”的课题，出版了《宋代经济史》（上、下册，上海人民出版社1987年2月、1988年7月初版）。

《宋代经济史（上、下）》，全面系统地考察论述了宋代农业、手工业、商业、城市经济的发展，并进而分析了宋代的社会生产关系和经济思想。全书篇章结构如下：上册包括代绪论和第一编。在代绪论中，以三万字的篇幅考察了中国封建经济制度演进的总过程，

① 邓广铭：《北宋政治改革家王安石》，人民出版社1997年版，第6页。
② 漆侠：《王安石变法》，上海人民出版社1979年版，第288页。

指出宋代社会经济的发展，在其中占有极为突出的地位。第一编专门论述农业生产力水平和农业中的生产关系，共分十二章，分别论述了农业生产力（人口、垦田、水利、工具等）的发展、商业性农业及多种经济作物的发展、各地区土地所有制的不平衡、占主导地位的土地所有制的演变、官私地租形态、国家赋役制度、地主阶级和农民阶级两大对抗阶级的状况等内容。下册包括第二编至第五编。第二编论述了手工业生产及诸关系，共九章，论述的范围包括矿冶、铸钱、军工生产、纺织、建筑、陶瓷、造纸、印刷、农产品加工等诸行业。第三编分四章，专门探讨了宋代封建国家的专利制度及与此密切相关的茶、盐、酒、矾等的生产和流通特点。第四编分五章论述了宋代商业的发展，包括城镇商品经济、商税征收、宋与周边少数民族及海外诸国的贸易、金属货币的流通和纸币的发行、物价变动、商业资本和高利贷资本的活动等内容。第五编分三章专述宋代经济思想，主要对地主阶级改革派、保守派、浙东事功派，以及农民阶级的经济思想进行了探讨。

《宋代经济史》的主要学术观点及贡献，可以概括为以下几个方面：

第一，中国封建时代社会生产的发展，大体上说秦汉时期是封建社会经济发展的第一个高峰，魏晋南北朝下降，隋唐时期是恢复上升阶段，到宋代达到第二个高峰，元代急剧下降，直到明中叶才恢复到宋代的水平。简言之，中国封建时代社会生产的发展，大致经历了逐次升高的两个马鞍形过程，宋代正处于第二马鞍形的最高峰。因此，在中国封建经济制度演进的总过程中，宋代社会经济的发展，具有划时代意义，占有极为突出的地位。

第二，宋代社会生产的发展存在着不平衡性。学术界普遍认为，中国封建社会经济发展到宋代，经济重心已自北方转移到南方，出现“北不如南”现象。本书分析认为除了北不如南外，宋代还存在着“西不如东”现象，以峡州（湖北宜昌）为中心，北至秦岭，南至海南岛，画一南北线，线西除其中成都府路、汉中盆地及梓州遂宁等河谷地区的农业生产堪与闽浙诸路媲美外，其余地区的农业生产远远落后于线东部的广大地区。受当地落后生产力的制约，西部地区社会经济制度同时存在着原始共有制、奴隶占有制、封建庄园农奴制等多种形态。宋代社会经济发展中的“北不如南”，仅仅是同一经济制度（封建租佃制）下的差别，而“西不如东”则不仅是量的差别，更多地表现了质的差别。这种差别也同样表现在手工业、商业等方面。

第三，“农业是国民经济的基础”。在古代社会，农业更是具有决定性意义的生产部门。本书以十二章的篇幅对宋代农业生产及一系列状况进行了全面的考察，指出宋代农业生产获得了前所未有的发展。除了劳动人口的增长、垦田面积的扩大、水利事业的兴盛、生产技术的提高、生产工具的改进、粮食亩产量的增长外，特别值得注意的是，在商品化粮食生产的基础上发展起来了蚕桑、果树、甘蔗、棉花、麻、药物、经济林木、养鱼等多种经营形式的专业化生产，而且由于这些专业已走向商品经济的道路，因而意义更加重大，成为宋代农业生产全面发展的一个突出的标志。本书在此基础上还以大量材料说明：凡是粮食生产发达的地区，提供的商品粮就多，经济作物的多种经营就得到发展，从而为手工业生产的发展打下了基础；而手工业生产发达的地区，城镇商业、货币流通也发展活跃起来。因此，粮食生产是开展多种经营，发展商品生产的基础。

第四，通过对宋代自耕农阶层的分析，提出了中国封建社会的长期性是封建剥削制度造成的这一新见解。在封建土地私有制诸表现形态中，最能适应生产力发展性质的，是自耕农民的小土地所有制。当封建国家赋税剥削较轻时，自耕农民得以发展，促进了社会经济的发展；当封建国家横征暴敛时，自耕农民阶层的衰落，又造成了社会经济的萎缩。因此，中国封建社会的长期性与封建租税剥削制度有直接而紧密的关系。而那种认为中国封建社会长期停滞是由小农经济造成的观点，是值得商榷的。

第五，十分重视对手工业及其内部关系的研究，特别是花大力气对私人手工业状态进行探讨。漆侠先生认为：宋代民间私人手工业的发展比前代有大幅度的提高，家庭手工业品朝商品化、多样化发展。更重要的是，许多原依附于农业的家庭手工业已开始转向独立的商品性生产，雇工生产亦随之广泛发展起来。这一现状是宋代社会经济关系中一个值得注意和研究的问题，它与新的经济因素亦即资本主义的因素有着直接的密切的联系。由于宋代社会生产力发展的不平衡性，这个新的经济关系因素可能在当时农业生产最发达，手工业、商业十分活跃的两浙、淮南、福建等路孕育萌生。

第六，自宋代起，封建国家征榷专利的范围日益扩大，征榷制度更加严密和完备，其中茶、盐、酒等征榷甚至成为专制主义中央集权制的物质基础和支柱，并为元、明、清诸代所继承。宋代征榷品范围的扩大以及封建国家对征榷品从生产至流通领域的全面控制，使封建国家原以农业税为主的财政税收结构发生了重要的变化。在征榷制度下，大商人同封建政权相结合，转化为官商（包括高利贷者），成为构成官僚、地主、商人三位一体的重要渠道之一。中国封建社会长期延续、迟滞，与这个三位一体亦有密切的关系。

第七，从多方面论述了商业的发展状况。指出宋代商业的发展并不是“虚假”的繁荣，而是有其相当坚实的基础的。从全国范围看，商业发展的广度主要表现为由一系列的城市、镇市和墟市组合而成的区域性市场自小而大地发展起来，形成以汴京为中心的北方市场，以东南六路为中心的东南市场及附属的两广市场，以成都府、梓州为中心的川蜀市场，由永兴军、太原、秦州三角地区组成的关陇市场。在这些大大小小的市场中，镇市成为州县和乡村之间进行贸易的中间环节。宋代商品经济发展的深度主要表现为货币经济的发展，包括商品信贷关系的发展。总之，宋代商品经济的发展已达到社会所能容纳的较高阶段。

《宋代经济史》在理论创新方面有以下几点：

第一，《宋代经济史》是在马克思主义指导下完成的一项研究课题。马克思主义理论与宋代社会经济关系的具体结合，虽然是首次，但这种结合是有机的而不是牵强的、机械的，是实事求是的而不是削足适履、教条主义式的，因而这种结合就赋有理论创新意义。

第二，以大量的事实材料为根据，论述了宋代社会经济的各个方面，如对封建地租诸形态及其演变的论述，地租决定地价理论的探讨，对商业资本、高利贷资本形态及其运动的分析，对茶盐生产销售过程中封建国家、所有者（茶园主等）、生产者和商人之间争夺剩余劳动的论述等等，使前资本主义形态的理论丰富起来，这是《宋代经济史》在理论上的一个重要贡献。

第三，《宋代经济史》对许多重大的关键性的问题都作出了高度概括，而这些概括富有理论的色彩。如以两个马鞍形来概括我国封建时代社会生产的趋势，宋的发展则处于第二个马鞍形的最高峰；对宋代社会生产发展的不平衡性，则以“北不如南”“西不如东”作为具体说明，而“北不如南”是“量的问题”，“西不如东”不仅是“量的问题”，而且还存在社会经济制度重大差别等“质的问题”。以“两个马鞍形”“北不如南”“西不如东”对宋代社会经济发展的特殊面貌加以高度概括，富有理论意义。

第四，《宋代经济史》综合了马克思主义和传统考据的方法，审辨检核了大量的原始材料，去伪存真，去粗取精，取得了良好的效果。该书使用的都是原始材料，其中一些较为重要的材料，别的论文或著作率先使用，该书使用一定注上著者的名字及其篇目，不掠他人之美，更为重要的是以示尊重他人的劳动。有些材料，如“计租定价”一语，不是传统考据方法能够了解其内涵的，而是以马克思主义的经济理论和方法来了解其内涵的。这种做法，既表明了马克思主义方法的主导作用，又强调对传统的考据方法加以重视。

第五，在论述方面的一些方法和特色。对水利事业，过去的论述往往以罗列的形式叙述出来。由于宋代水利事业极其发达，无法列述完备的，本书则根据各地区的特点，给以总结叙述：北方以疏导河流、从事淤田、扩大水稻种植为主，南方以两浙水网化、江东稳产高产田——“圩田”、以及浙江福建筑塘储水或围海造田等各自特点来论述；既充分肯定了人民群众对兴修水利的作用，对政府、个别官员和个别兴修水利人物的作用也加论述；既指出宋代水利的发达和进步，对地主豪绅对水利的破坏也予以批判。本书对宋代水利事业的研究，突破了过去的叙述方式和方法，多角度纵横交叉，形成宋代水利发展的一个立体画面。

《宋代经济史》被史学界誉为是“建国以来第一部大型的、具有很高学术价值的中国古代经济史断代研究的专著”，是“填补空白的奠基性巨著”[①]，是中国经济史和宋史研究中的“一部里程碑式的著作”。[②] 此书先后获国家教委颁发的全国高等学校人文社会科学研究优秀成果一等奖，国家社会科学基金项目优秀成果二等奖、首届郭沫若中国历史学奖二等奖，河北省哲学社会科学优秀成果一等奖诸奖项。

四 漆侠先生与辽夏金史研究

漆侠先生最早的一篇金史研究成果，是 1958 发表于《教学理论与实践》第 1 期的《女真建国及建国初期的社会状况》。同年在《历史教学》第 11 期发表了由他执笔的《关于中国古代中世史封建社会部分的分期分段问题》。也就是说，漆侠先生对中国封建社会历史分期的贯通性探讨与宋辽夏金代通史的断代性研究，几乎是同时展开的。

就中国封建社会历史，漆先生此后又陆续刊发了《中国封建社会历史分期问题》《二十等爵与封建制度》《关于中国封建经济制度发展阶段问题》《中国封建地主阶级的形成和演变》《宋代社会生产力的发展及其在中国古代经济发展过程中的地位》等论文；漆侠先生对辽夏金史的研究，则至 20 世纪 70 年代末才重新接续。1980 年秋，漆侠先生受教育部委托，在河北大学举办全国高校《宋辽金史》师资培训班，并在《中国历史年鉴》发表《宋辽金史研究的“大有”年》；漆侠先生在全力投入撰写宋代经济史的同时，发表了《女真族从原始社会向奴隶制社会的过渡》（《求实集》，1982）；《宋代经济史》出版次年（1989），发表了《契丹辽国建国初期的皇位继承问题》《契丹斡鲁朵（宫分）制经济分析——辽社会经济结构研究之一》；1991 年、1992 年分别发表了宋辽战争研究系列论文三篇；1993 年发表《契丹的役》；1994 年 3 月，与乔幼梅合著的《辽夏金经济史》出版，荣获河北省第五届（1994—1995）社会科学优秀成果著作类一等奖。

《辽夏金经济史》共分为三编：第一编《契丹辽国经济史》分 9 章，论述契丹族建国前的经济活动，建国初期奴隶制与农奴相结合的契丹经济体系，契丹辽国的社会生产、城

① 乔幼梅：《评〈宋代经济史〉》，《文史哲》1988 年第 2 期。
② 王曾瑜：《中国经济史和宋史研究的重大成果》，《晋阳学刊》1989 年第 4 期。

市和商业贸易、赋役制度和辽代的社会经济制度等；第二编《党项夏国经济史》分 5 章，论述党项建国前后的历史、发展，党项贵族统治集团的建国方针，西夏的社会生产、商业贸易及其与各族之间的交换、西夏宗法封建制等；第三编《女真金国经济史》分 8 章，论述女真族建国前后的经济活动及其社会性质的发展演变，金国的社会生产、商业贸易、土地制度和赋役制度、金代的社会阶级结构等。

《辽夏金经济史》中强调必须正确认识历史上的汉族与边疆少数民族的关系，强调民族平等。“在中华民族形成和建立一个统一的多民族国家之前，汉族固然有权建立自己的国家政权，汉族以外的其他民族，包括契丹、党项和女真诸族在内，同样有权建立自己的国家政权。”① 因此，对契丹辽国、党项夏国、女真金国的评价要同汉民族宋朝用同样的标准评价；契丹、党项和女真对边疆地区的初步开发，是不可磨灭的伟大业绩；在政治上虽然形成了宋、辽、夏或宋、金、夏三国鼎峙的局面，不是一个统一的国家，但中原和边疆的经济联系却不容忽视。

《辽夏金经济史》中总结概括了建立辽、夏、金王朝的契丹、党项、女真诸族发展的共同特点：第一，契丹等族都经历了原始社会阶段，并从父家长制阶段进入奴隶制，而后又演进到封建制。第二，从其建国之前到亡国，宗族一直作为经济实体贯彻其终始，对于社会经济制度的发展具有重要的意义。第三，宗族这个经济实体之所以重要，尤其在于它孕育着奴隶制和封建制两种经济成分，对以后的社会经济制度的演变起着决定性的作用。第四，事物的发展变化依赖于时间地点条件的转移变换。在契丹、党项和女真的宗族中，前两者寓存了两种经济成分，而女真族在进入中原地区之前宗族内没有封建经济成分。②

漆侠先生关于辽代政治制度的研究成果主要有 2 篇：《契丹辽国建国初期的皇位继承问题》《从对〈辽史〉列传的分析看辽国家体制》。《契丹辽国建国初期的皇位继承问题》一文，探讨了阿保机建国初期的皇位纷争和耶律德光身后的继承问题，总结了契丹辽国从兄终弟及制到父死子继制度的演变规律。《从对〈辽史〉列传的分析看辽国家体制》中，漆侠先生详细统计了《辽史》列传人物的民族出身、皇族和后族成员的家族房系情况，具体分析了契丹人、汉人在多民族国家政权中所占比重，皇族耶律氏、后族萧氏在辽国国家体制中处于绝对统治地位，耶律阿保机皇族、应天后萧氏后族的世袭特权，以韩、刘、马、赵四大家族为代表的幽蓟地主阶级等问题。在此基础上，对辽国家体制进行了剖析和概括。漆侠先生上述对辽代政治制度中重要问题的观点，“论证深刻，其中不乏为学术定谳者”③。

20 世纪 90 年代初，漆侠先生受恩师邓广铭先生面命，计划完成一部宋辽夏金史。因当时漆先生投入到了宋学研究，未及完成恩师之命，深以为憾④。2001 年 5 月《宋学的发展和演变》书稿即将完成时，漆侠先生即着手联合乔幼梅等先生申请了教育部资助项目“辽宋西夏金代通史”，惜乎先生于当年 11 月 2 日不幸辞世。漆侠先生去世后，弟子们在

① 漆侠、乔幼梅：《辽夏金经济史》，河北大学出版社 1994 年版，第 1 页。

② 漆侠、乔幼梅：《论辽夏金经济的发展及其历史地位》，《河北学刊》1994 年第 1 期。

③ 王善军：《漆侠先生的辽金史研究——〈漆侠全集〉读后》，载《漆侠与历史学：纪念漆侠先生逝世十周年文集》，河北大学出版社 2012 年版，第 234 页。

④ 漆侠：《悼念恩师邓广铭恭三先生》，载《仰止集：纪念邓广铭先生》，河北教育出版社 1999 年版，第 92 页。

王曾瑜先生的指导下，由河北大学宋史研究中心组织全国宋辽夏金史专家，最终于 2012 年 12 月出版《辽宋西夏金代通史》，完成漆侠先生遗愿。

五　晚年心血结晶：《宋学的发展和演变》

宋学在中国古代学术思想史上，占有极为重要的地位，因而也是一个颇值得深入研究的课题。然而对宋学的研究，也被认为是宋史研究最大的难题。“其困难在于即使作一个案研究，也需要很广的知识面，从纵的方面需要有儒家经典、诸子百家、佛经道藏等广博知识，从横的方面需要有宋代政治、经济、文化、制度等方面的广博知识。”① 漆侠先生于投老之年，依靠此前浓厚的学术积累，发扬勇于开拓创新的学术精神，完成了近 50 万字的皇皇巨制《宋学的发展和演变》。

《宋学的发展和演变》突破了此前以理学为主体的思想史旧框架，建立包括荆公新学等在内、全面涵盖宋代学术的全新理论框架。同时从思想与写作方法上对以往思想史研究的模式提出了批评，开辟了宋学研究的一条新路。漆侠先生认为，以往的宋代学术思想史研究，从内容到方法上都存在许多不足之处，大体存在两个偏向：一是以理学代替宋学。如在宋学建立过程中起着奠基者作用的宋初三先生的学术思想，仅被看作为理学的一个来源，使得宋学的奠基者反倒成为理学的附庸，这显然有悖于历史实际。二是大多数研究者贬低了荆公新学，否定了其在当时学术界的主导地位，甚至将其置于二程理学之下，亦违背了历史实际。② 先生在这部著作中，以宋学涵盖有宋一代学术，使此前被摈弃于宋代学术之外的如王安石及其代表的荆公新学派、苏蜀学派等也得到了充分的论述。由此摒弃了此前以理学为主体的旧的学术框架，形成了一个更富有内容、更切合宋代学术实际的新框架，从而纠正了此前的偏颇，并补其不足。

在这个全新的理论框架之下，《宋学的发展和演变》一书在对宋代学术思想的探索过程中，极其重视从整体上把握宋学形成、发展、演变的历史过程。《总论》部分从总体上概括了宋学发展和演变的历史过程，将宋学划分成形成、发展和演变三个大阶段，并在此后的诸编中分别给以详细的论述。是书第一编论述了自唐中叶以来到宋学形成以前的学术思想情况，指出了宋学的形成受到了佛道两家思想的深刻影响；第二编论述了北宋初年来学风、文风、政风的巨大变革，指出了范仲淹、欧阳修等思想家重视对社会实际的改革，以他们为代表的宋学开始形成；第三编宋学的发展阶段中，分别论述了荆公学派、司马光哲学、苏蜀学派和二程洛学等各学派的地位、作用和特点，并指明以王安石为代表的荆公学派占宋学发展的主导地位；第四编论述了二程理学在南宋的突然兴发，成为占主导地位官学的过程。理学的兴发，标志着宋学进入演变阶段。此后理学内部又分化为以朱熹为代表的理学及陆九渊为代表的“心学”，并出现了理学的对立面——以陈亮为代表的浙东事功派。此编最后，漆侠先生还计划对理学集大成者朱熹的思想进行深入分析，并对程朱系统的“明天理，灭人欲”进行总结和批判，惜乎对陆九渊唯心主义哲学与最后两章对理学的总结批判，还未及完成，便遽然辞世，对后学读者们而言，莫不是遗憾万分。然而这

① 王曾瑜：《宋史研究的回顾与展望》，《历史研究》1997 年第 4 期。

② 漆侠：《宋学的发展与演变》，《文史哲》1995 年第 1 期（是书《总论》）；李华瑞：《漆侠先生访谈录》，《史学史研究》2001 年第 3 期。

并未影响是书对宋学形成、发展和演变的历史轨迹的总体把握，《总论》部分与以后诸篇互相呼应，脉络清晰。

在这部遗作中，漆侠先生不仅建立起了以宋学为一代学术思想的新框架，而且着力探讨了此前学术界论述不够充分或全未接触的新问题。例如，在是书第三编第十二章《中庸之道与司马光哲学》中，作者指出司马光在宋代士大夫中最先论述《中庸》，最先提出了“道之要在治方寸之地”，亦即“治心”，以及正心、诚意等方法，此后的理学家包括二程、朱熹在内，都受了司马光的影响，因而对理学的形成有着重要的意义。由此肯定了以司马光为代表的温公学派在经学上的成就及其对宋学发展所产生的重要作用，使我们对于温公学派的认识更深入了一步。本编第十一章《王雱：一个早慧的才华四溢的思想家》，对这个由于当时时代政治斗争的影响，遭到反变法派横加诬蔑的才华四溢的思想家的思想给予了初步的整理，对王雱的《道德真经注》《南华真经新传》等著作进行了深入分析，肯定了其在老庄学探索中所作出的贡献，使读者第一次对于这个荆公学派的重要代表人物的思想有了一个全面的了解。其他又如对欧阳修在《诗》学上的贡献的分析（参见该书第六章第三小节），此前学者们普遍注重研究了欧阳修在经学上的贡献，而对其在《诗》学方面贡献的研究则失之简略；对苏蜀学派，漆侠先生把它作为一个在元祐年间与程颐所代表的洛学相抗争的学派进行了深入研究，探讨了苏氏父子在经学上的独到的造诣、对《易》《老子》哲学的阐发；对“蜀学”与“洛学”在哲学领域里的对立，也在是书中予以开拓性的探索，并指出“敬”是苏轼、程颐两派哲学思想领域中对立的焦点，但推演其对立的由来，则是苏、程两家对《中庸》的认识和看法存在根本性的分歧（参见该书第三编第十四、十六章）。这样在宋学的新框架下，开阔了宋代学术研究的领域，使宋代学术思想更丰富，内容更加新颖。

《宋学的发展和演变》虽非完璧，但无论从主体架构，还是从具体写作方法与思路，都为同道后学们探索宋学这一广阔的领域奠定了扎实的基础，为更进一步地深入研究这一领域指明了方向。同时，是书对中国哲学史的研究，从理论与方法上也提供了有益的借鉴。

六　漆侠先生的史学体系及其理论特色

漆侠先生自20世纪40年代投身于史学研究，因对王安石变法这一北宋时期最为关键的政治、经济问题的全面、深入研究而崭露头角，奠定了其史学研究的基础；50、60年代，除继续王安石变法的研究之外，漆侠先生以更大的精力投入到中国农民战争史的研究，出版《隋末农民起义》《唐太宗》《王安石变法》《秦汉农民战争史》4部专著；70年代中后期至80年代，漆侠先生研究重点转入经济史研究。《宋代经济史》无疑是一部里程碑式的巨著，标志着中国大陆对宋代经济史研究的大幅度进展；漆侠先生与乔幼梅先生合著的《辽夏金经济史》坚持民族平等观念，在诸如生态环境、宗族经济等方面，作了许多新的拓展；90年代初期开始，漆侠先生转向宋代学术思想史的研究。《宋学的发展和演变》代表了宋学研究的一条新路，也对以往的思想史研究模式提出了中肯的批评。

漆侠先生在中国古代史的各个重要领域和重大问题上都提出了富有创造性的观点，从而构建了一个独具特色的中国古代史研究的理论体系。乔幼梅先生将之概括为十点：第一，根据物质资料生产方式变更的普遍规律，对中国封建社会历史提出了三段分期法；第二，对中国古代史学发展史提出了四个时期两个高峰论；第三，以经济史研究作为突破，带动全局性的研究，是研究中国古代史的有效途径；第四，漆先生认为，必须高度重视中国封建社会生产力水平和社会经济制度发展的不平衡性；第五，研究古代哲学史、思想史，固然要对思想家的哲学思想进行追源溯流的静态研究，还必须要将其思想放在该时代的社会生活、经济生活和政治生活中进行动态研究；第六，必须正确认识历史上的汉族与边疆少数民族的关系；第七，宗族与宗族制度是我国古代历史发展中的一个突出的特点；第八，关于中国封建社会农民战争的研究；第九，关于历史人物的评价；第十，关于历史研究的方法。①

漆侠先生所建构的史学理论体系，有一个十分突出的特色，即始终坚持以马克思主义基本理论作为指导。漆侠先生自解放初开始接触和学习马克思主义。1951 年 3 月到 1953 年 12 月，漆侠先生曾在中国科学院近代史研究所，随著名史学家范文澜先生工作。范老认为漆侠先生对马克思主义理论的学习很认真。在同时代史学家中，漆侠先生真心学习马克思主义、真心信仰马克思主义、真心运用马克思主义，理论水平突出，被认为是“一位真诚的马克思主义史学家”。② 漆侠先生治史中坚持以马克思主义为指导，其著述无一不体现着这一理论特色。如里程碑式巨著《宋代经济史》，即是以马克思主义基本理论为指导，紧紧把握住生产力与生产关系之间的矛盾运动，通过分析两者之间相互制约、相互影响、相互促进的活动，揭示出宋代社会经济的丰富内涵。

时过境迁，“文化大革命”后许多人放弃马克思主义史学理论，或者不再强调以马克思主义治史。漆侠先生却在历经冲击和磨难之后，仍然坚持他的真诚信仰。面对着马列主义“过时论”甚嚣尘上，他强调坚持以马克思主义为指导治史，强调马克思主义理论素养如何，决定了一个史学工作者水平的高低。他的治史成就，是与他自觉地以马克思主义为指导分不开的，马克思主义的指导贯穿在他治史的全过程中。漆侠先生提出马克思主义理论是不断发展的，只有与生活、社会变革结合起来，才能显示旺盛的生命力。马克思主义是个实践问题，只有在实践中才能解决问题，空谈理论，除了重复马克思主义的原理外，与解决实际问题无补，所以马克思主义理论是在实践中同生活之树紧密结合，从而获得不断丰富和发展的。

七　遗著《历史研究法》与教学、人才培养

自 20 世纪 80 年代后期开始，漆侠先生专门为研究生开设了一门“历史研究法”课程，去世后《历史研究法》一书由弟子整理出版。本书包括绪论在内，分为《论治学》《论史学》《论史料》《论史观》《论方法》《论中国古代史学（上）》《论中国古代史学（下）》七讲，并“附录”了漆先生关于学习历史、研究历史的 10 篇文章。在谈到历史研究方法时，漆侠先生指出“历史研究的基本方法是搜集史料和考订史料的方法”，此外还有历史比较、统计、计量等方法，但马克思主义的研究方法是历史科学最高层次的研究方

---

①　乔幼梅：《简论漆侠先生的史学体系》，载《漆侠与历史学：纪念漆侠先生逝世十周年文集》，河北大学出版社 2012 年版，第 106—113 页。

②　王曾瑜：《一位真诚的马克思主义史学家》，《河北大学学报》2000 年 11 月 20 日。

法。马克思主义的历史研究法是“具体情况具体分析”，既包括唯物主义，也包括辩证法。① 漆侠先生积极汲取中国传统史学和西方史学的营养成分，由此形成了富有特色的马克思主义史学理论与方法，从而丰富与发展了中国的马克思主义史学。

漆侠先生在河北大学50年的教书育人工作中，始终坚持在教学第一线，呕心沥血、诲人不倦。他培养的研究生多数已成为各个单位的学术带头人和业务骨干，桃李遍天下。漆侠先生对学生既高标准，严要求，又竭力奖掖，呵护关爱。在教书育人中，积累了丰富的经验，形成了一套科学、完整、独具特色的方法。在培养研究生过程中，漆侠先生始终旗帜鲜明地强调将马克思主义原理与中国历史实际相结合，注重提高学生的科研能力和道德品质修养。他始终要求学生坚持“三个基本功”，即基本理论、基础知识和基本技能的训练。要求研究生经过三年的学习，马列主义基础理论水平要有一定高度，业务知识要有一定广度，专业学习要有一定深度。漆侠先生指定了《资本论》等10种经典马列著作作为必读书目并开设相关课程，以之作为提高研究生理论素养的主要途径；漆侠先生强调“只学历史，学不好历史；只学宋史，学不好宋史”，并尽量多地为研究生开设专业课、专题课，举办学术讲座，鼓励、支持参加学术会议，以拓展研究生的知识领域；在宋史专业学习中，漆侠先生指导研究生在阅读《宋会要辑稿》《续资治通鉴长编》等重要史籍，以及相关文集和小说笔记等一手资料后再选题撰文，并因材施教。漆侠先生“用马克思主义理论治史、执教、育人”的教学成果，荣获国家级优秀教学成果特等奖。

漆侠先生在海内外史学界享有崇高的声誉。他不仅多次成功地主办了国际性宋史研讨会，而且先后应邀赴美、日、新加坡及中国香港、中国台湾等地的众多兄弟院校进行学术交流和讲学，对加强海内外宋史学界的交流与合作，作出了重大贡献。漆侠先生晚年创建的河北大学宋史研究中心成为国内本领域唯一的“教育部省属高校人文社会科学重点研究基地”，为后人留下一个重要的学术机构和平台。先生虽已千古，然学术传承仍得以延续。后学弟子们，唯不懈努力，以告慰先生在天之灵。

---

① 漆侠：《历史研究法》第六讲《论方法》，河北大学出版社2003年版，第78—104页。

一位对宋史研究有特殊贡献的长者

——纪念程应镠先生百岁冥寿*

张邦炜

程应镠先生（1916—1994）是20世纪“上海十大史学家”① 之一。掐指算来，已仙逝20多年。人到老年常念旧。这些年来，我经常想到他，不时讲到他。讲到他对我国宋史研究的特殊贡献，讲到他的为人与治学之道。想到在他引领下工作的那些日子，想到他留给我的一些不理解或不甚理解的疑问。

我有幸认识程应镠先生，是因为参加编审《中国历史大辞典·宋史卷》。《中国历史大辞典》是20世纪70年代末、80年代初我国历史学界的一项重大工程，由当时资格最老、最具感召力的历史学家郑天挺先生任总主编，著名历史学者多半参与其中，担任分卷主编或编委。据介绍，这部大辞典“是迄今为止新中国编纂出版的第一部由国家组织编写的特大型历史专科辞典”，号称“当今世界上最全面、最权威的中国历史百科全书”。《中国历史大辞典》有14个分卷，《宋史卷》的主编是邓广铭、程应镠两先生。因邓先生忙于编撰《中国大百科全书·中国历史》辽宋西夏金史分册，《中国历史大辞典·宋史卷》由程先生全权负责。

我初次见到程先生，是在上海桂林路100号——现在的上海师大徐汇校区。1982年春，应程先生之约，我与徐规先生等前辈学者及朱瑞熙、王曾瑜等朋辈先进一同来到这里，在程先生主持下，编审《中国历史大辞典·宋史卷》。2012年秋，程先生的高足虞云国教授邀请我到上海师大访问，我当即欣然应允。因为在这个“书香惹人醉，花落梦里回”的地方，给我留下了不少美好的记忆和若干值得回味的往事。30年后，这里旧貌换新颜，装修整饬一新，让我几乎无法辨认。经云国兄提示，我才发现早餐饭厅就是从前的食堂，徐规先生和我等当年在此处拿着饭碗，和同学们一道，依次站立，排队打饭，然后回宿舍就餐。下榻的宾馆正是当年我们寄宿的招待所，外地来的7位学人在此住宿。两人一间屋，兼做办公室。刚从南京大学毕业、分配到上海师大任教的元史研究生，后来大名鼎鼎的萧功秦教授和我同住一室，徐规、颜克述两先生与我们毗邻而居。徐先生是温州平阳人，每餐必饮老白干，工作时总要打开收音机听越剧。越剧声音开得很大，并不影响徐先生工作。他是个“有脚书橱”，有宋一代史事大多烂熟于心，酒后头脑反而特别清醒，眼力非凡，一般无须查阅任何资料，就能迅速发现我们的错误，并快速一一予以纠正。程先生年纪稍长于徐先生，他请徐先生把关，可谓知人善任。此刻，我仿佛回到30年前的

---

* 本文原载《光明日报》2016年4月7日第10版，此次发表略作修改。

① 姜义华主编：《史魂：上海十大史学家》，上海辞书出版社2002年版。

时光，想得最多的、同云国兄谈得最多的无疑是我们的主编程应镠先生。

程先生最初给我的直觉印象有二：一是体格格外健旺。他身材高大，目光炯炯，有锻炼身体的好习惯。每天清早都看到他穿着当时很时尚的运动鞋，在学校大操场里跑步，他年轻时似乎是个体育运动爱好者。二是组织能力超群。他非常讲求效率，从不开会闲谈，依靠曾维华[①]、虞云国两位助手开展工作。行政事务一概由曾维华负责，编审事务则通过虞云国上传下达。任务一清二楚，工作井井有条，我们几乎没有任何事情和问题需要直接找程先生。

程先生事业心极强，为集中精力，全力以赴编撰大辞典，辞去校内一切事务，一人专心致志在家里办公。我们不便打扰，只是晚饭后偶尔到他家短暂拜望。程先生颇有长者之风，待人诚恳，乐于助人，有求必应。当时我刚调离西藏，到四川师大任教，想趁机观摩上海师大历史系的课堂教学。程先生立即安排，让我听他的大弟子李培栋老师讲课。李老师讲五代十国，讲得十分精彩，至今记忆犹新，给我启发很大。

当年从事国家特大重点科研项目，条件之艰苦，生活之简朴，在今天难以想象。参与者无任何好处，每人每天仅有生活补助费3毛6分钱。或许是为了弥补一下吧，离开上海前，程先生耗资40元，请我们在徐家汇衡山饭店吃了一顿淮扬菜，算是“奢侈”了一回。应邀作陪的有早年著有《宋金战争史略》一书的沈起炜老先生。其中一道鲜虾仁炒豌豆，味道异常鲜美，始终让人回味。

在程先生的精心组织和辛劳工作下，《中国历史大辞典·宋史卷》于1984年由上海辞书出版社印行，在各断代分卷中是最早出版的。这本辞书缺点虽然相当明显，正如程先生所说：最大的缺点是“所收词目远远不能符合读旧史时的需要”。[②] 然而直至20世纪初仍是宋史研究者案头必备的工具书。程先生对宋史研究的特殊贡献远不止此，主要在于以下两大方面。

其一，创建上海师大古籍整理研究所，将它建设成为我国宋史研究的重镇。《宋史》《续资治通鉴长编》两大部书标校本是由上海师大[③]组织整理的，其主持者主要是程先生。这两大部书标校本相继问世，在当年是宋史研究者的两大福音。程先生有远见、抱负大，他决心在此基础上迈出大步伐。他说：“宋代史料整理的工作，是大量的，没有一个相当长的时间，不认真组织人力，是整理不完的。”[④] 程先生为此网罗了不少人才，上海师大古籍所在20世纪80年代是宋史研究者人数最多，整体实力最强的单位，足以同当时以研究人才少而精著称的中国社科院历史所宋辽金元史研究室相媲美。后来宋史研究基地增多，但上海师大古籍所始终是我国最具实力的宋史研究重镇之一。2014年，在杭州宋史年会上，会员海选理事，上海师大当选理事者竟多达五位，成为一大“怪事”。其实怪事并不太怪，这在一定程度上表明上海师大宋史研究实力之强为学界同行所公认。营造这方

---

① 21世纪初，我到上海师大时，曾维华兄刚从科研处处长岗位上退下，他专程前来与我会面，共同述说着当年的往事趣事。

② 程应镠：《编辑〈中国历史大辞典·宋史卷〉后言》，载《程应镠史学文存·流金集》，上海人民出版社2010年版，第522页。

③ “文化大革命”期间，华东师大曾与上海师大合并，称上海师院。

④ 程应镠：《杂谈宋史研究》，载《程应镠史学文存·流金集》，上海人民出版社2010年版，第517页。

宋史研究重镇，程应镠先生厥功甚伟。难怪每当讲到、来到上海师大，我和同行们一样，总是情不自禁地想到程先生。

其二，主持宋史研究会秘书处，将它建设成为“会员之家”。程先生是宋史研究会的发起人和筹备组成员之一，并负责具体筹备工作。1980 年 10 月，宋史研究会成立大会暨第一届年会在上海师大召开，由程先生主办。程先生出任第一任秘书长，稍后又任副会长兼秘书长。第一本宋史年会论文集由邓广铭先生领衔主编，程先生具体操持。《宋史研究通讯》由程先生创办，并亲笔题写刊名。研究会在民政部注册、年审等相当琐细的事务，程先生都操心不少，由其弟子范荧等奔忙。研究会的规制最初是在程先生参与下制定、形成的。在知名学者当中，程先生是一位难得的办事能力极强的干才。打个不恰当的比方，当年的宋史研究会，如果说会长邓先生是“董事长”，那么程先生便是“总经理”。他为草创时期的研究会作了许多实事。当年，我到上海或路过上海，总是选择投宿桂林路 100 号，连招待所工作人员也要用欢迎的口气说一声“又来了”。因为我们研究会的秘书处就设在这里，这里熟人最多，来到这里多少有些回家的感觉。如果程先生健在，秘书处只怕仍然设在上海这个大都会。

程应镠先生给我留下的最深刻印象是爱惜人才，提携后进，并自有其特点。我在上海师大编审《中国历史大辞典》期间，程先生不仅做主引进了萧功秦等青年才俊，而且正千方百计将朱瑞熙从中国社科院近代史所调到上海师大，并准备让贤。程先生与朱瑞熙既无师生情谊，从前又无交集，看重的是他的学识。我后来致信程先生，将他盛赞为“韩荆州”，并非溢美之词。程先生爱才，具有兼容性，不拘一格。微观考据型、宏观探索型、微观宏观研究复合型三种人才，一概受到程先生的赏识和提携。经他建议留校的俞宗宪、刘昶、虞云国三位爱徒，照我看来，大体属于上述三种不同类型的人才。

俞宗宪属于第一种。我在上海师大期间，程先生指导的六位我国第一批古籍整理研究专业硕士生刚毕业不久。他们的毕业论文，我有幸拜读。俞宗宪的论文《宋代职官品阶制度研究》考论精详，受到邓广铭先生等史学名家称赞，很快被《文史》杂志采用，刊登在第 21 辑上。其他五篇论文质量都很不错，如李伟国有关宋代内库的探索、朱杰人有关苏舜钦的研究等等。至今我还记得，据朱杰人考证，苏舜钦的祖籍不是梓州铜山县（治今四川德阳市中江县广福镇），而是绵州盐泉县（治今四川绵阳市游仙区玉河镇）。此说虽然未获广泛认同，但我个人认为，可信度最高。程先生指导的这批硕士生水平这么高，一是由于在校内校外广聘名师授课，如天远地远从兰州请来我母校的郭晋稀老师讲音韵学。二是特别重视实习课，让每位研究生点校一本宋人笔记，如李伟国校欧阳修《归田录》、王松龄点苏轼《东坡志林》、俞宗宪标校苏辙《龙川略志·龙川别志》、朱杰人整理王銍《默记》等等，均由中华书局出版，收入唐宋史料笔记丛刊。程先生的弟子们由于基本功厚实，后来的成就往往不局限于某一领域。我见闻有限，据我所知，如李伟国系宋史、文献学、敦煌学专家，朱杰人则是宋代文学、文献学、朱子学等方面的行家里手，李、朱二位均为出版大家。

刘昶属于第二种。来上海师大前，我就知道他的大名。刘昶读本科时所作《试论中国封建社会长期延续的原因》一文很有见地，经程先生认可，先在《上海师大学报》1980 年第 4 期上发表，《历史研究》1981 年第 2 期全文重登。文章开篇敏锐地提出：“中国封建社会为什么这样漫长？历史，特别是现实，把这个严峻的课题摆在人们的面前，迫切地要求回答。”于是在史学界引发一场相当热烈的再讨论。我老来记忆力差，但始终记住文章里的这句话："六道轮回，出路何在？"因我与萧功秦同住一室，我亲眼看到，刘昶及程先生门下的在读硕士生、后来成长为中国中古史及宗教学专家的严耀中教授等不时来找萧功秦谈论学问。这或许可以称为学术小沙龙。这些青年才俊思想如此活跃，固然是时代使然，只怕与程先生的倡导也不无关系。

虞云国属于第三种。刚到上海师大，就听说虞云国虽然年纪轻轻，但很不简单。1980年秋，他是唯一列席宋史研究会第一届年会的在读本科生，提交年会的论文《从海上之盟到绍兴和议期间的兵变》占有史料相当全面，被邓广铭先生收入他主编的年会论文集。编审《中国历史大辞典·宋史卷》期间，虞云国作为程应镠先生的学术助手，态度异常严肃认真，搜寻核查考索之功很强。徐规先生和我等在程先生近前，夸奖他。程先生谦逊地说："虞云国不是我程应镠培养出来的，而是社会造就的，他进大学时水平已经很不错。"其实，虞云国走上研究宋史之路缘于程先生引领，他发表的第一篇宋史论文经程先生点拨并厘正。起初我仅仅认为虞云国与俞宗宪相似，是个能成大器的历史文献学好苗子。离开上海前，他以其新近发表的大作《经典作家对拿破仑的不同评价及其原因和启示》相赠。论文理论性强，表现出相当高的抽象思维能力，与刘昶在伯仲之间。我才恍然大悟，虞云国是位不可多得的复合型人才。

或许因为程应镠先生有1957年的遭遇，在很长时间里，我对程先生的身世与阅历知之甚少。在我心目中，仅仅将程先生定位为一位学风严谨的古籍整理专家，甚至误以为他自来是个象牙塔里的迂夫子，因而留下了一些疑问。最大的疑问是，与微观考据型人才相比，程先生为什么更赏识宏观探索型与复合型人才？据说还特别欣赏擅长理论思维的赵俪生老师的高足葛金芳师弟，并给予很大支持。后来读过《程应镠自述》及虞云国所著《程应镠评传》等传记资料，才发现我从前的定位大谬不然，于是疑问迎刃而解。

程应镠先生青年时代的经历跌宕起伏，丰富多彩，颇具传奇性。与其同龄人赵俪生老师性格虽然不尽相同，但经历则多有惊人的相似之处。青年时代的程、赵二先生都属于理想主义者，或可定位为"党外布尔什维克"。程应镠先生20世纪30年代在北平读大学时，酷好写诗著文，参加北方左联，创办文学刊物。在民族危亡关头，投身"一二·九"爱国学生运动，加入民族解放先锋队，奔赴抗战前线，在八路军115师当过战地记者，到过宝塔山下的延安。稍后又跟随奉命潜伏的同学、中共党员、有"红色卧底"之称的赵荣声到洛阳，相继在第一战区长官卫立煌司令部、13军汤恩伯部任上校秘书。抗战胜利后，在反独裁、争民主的斗争中，他壮怀激烈，加入民盟，被特务盯梢，上了黑名单。程先生绝非读死书的书呆子，他志向高远，写下"斗争文字疾风雷""报国谁知白首心"等诗句以言志。青年时代的程先生是令人崇敬的战士、斗士和勇士。

程先生先后就读于燕京大学、西南联大等名校，迭经沈从文、闻一多等文史名家指点，其治学主张与方法在当时相当前卫，至今仍很有价值。按照我的粗浅领会，其主要精神或可概括为"三个交融结合"。程先生反对食古不化，主张古与今交融结合：以史为鉴，古为今用。他强调史料不等于史学，主张史与论交融结合：重视理论，推崇会通，既追求高屋建瓴，又鄙弃不根之论。他认为史无文则不行，主张文与史交融结合：文笔简练明快，生动流畅。程先生的《南北朝史话》《范仲淹新传》和《司马光新传》等史学论著即是其治学主张与方法的具体体现。依我看来，程先生如果1957年不被错划，是不会主要从事古籍整理的，必有更多更好更加厚重的史学论著问世，像《南北朝史话》一样，令专家交口称赞，让读者齐声叫好。

据说，文化有京派与海派之分。对两者一概贬斥者有之，如鲁迅："在京者近官，近海者近商"，"'京派'是官的帮闲，'海派'则是商的帮忙。"一概肯定者也有之，如曹聚仁："京派笃旧，海派骛新，各有所长。"① 更为普遍的是扬京抑海，视京派为正宗，视海派为异类。在某些方言如四川话中，"海派"属于贬义词。其实广义的海派文化，其内涵和外延都具有不确定性，是个相当含混的概念。至于海派史学一说，只怕更难成立。"识大而不遗细，泛览而会其通"的吕思勉先生，"纵论古今，横说中外"的周谷城先生，较早用历史唯物论探索我国古史的李亚农先生，力图"以史经世"的陈旭麓先生，同属当代"上海十大史学家"，但他们的学术追求和治学风格各不相同，差异性远远大于同一性。如果一定要将程应镠先生视为海派史学家，那么我坚定地认为：海派不"海"。程先生治学，标新不立异，严谨而笃实，不另类，很正宗。我怀念程先生这位对我国宋史研究有特殊贡献的长者。

2016 年 3 月于海南琼海

① 参看陈旭麓《说"海派"》，《陈旭麓文集》第 2 卷，华东师范大学出版社 1997 年版，第 598—602 页。

为现当代知识人作谱传的史学思考

——以拙编《程应镠先生编年事辑》为例

虞云国

一

今年是程应镠先生（笔名流金）百年诞辰，我在 2001 年私家版《流金集·诗文编》附录《事迹诗文编年》的基础上增订编纂了这部《程应镠先生编年事辑》（下称《事辑》）。那个《事迹诗文编年》仅二万字，如今的《事辑》则扩增至 30 余万字。之所以发心作如此规模的订补，百年纪念因素固然是不容否认的因素，却还有其他原因。其一，流金师家人向我敞开先师现存的全部遗稿，包括四种日记、若干遗信、“文化大革命”家书、未刊诗稿与友朋来函等，为这次大规模增订构筑了坚实的基础。其二，自 2001 年以后，又积累了相当数量此前未见的相关文献，包括师母李宗蕖先生《留夷集》的相关记述，子女友朋的追思与弟子学生的回忆，提供了许多关于流金师的亲历见闻。其三，也是最关键一点，在披阅新材料过程中，我益发感到，有必要改变《事迹诗文编年》相对私人化的倾向，把流金师的生平遭际与坎坷命运作为中国现当代知识分子的微观个案，以一朵浪花的视角去反观 20 世纪中国历史的九曲回澜。

作为史书体裁，“编年事辑”属于梁启超所说“人的专史”中的“年谱”类。据杨殿珣的《中国历代年谱总目》，年谱名以“编年”与“事辑”者，清代以前已有所见，但合而命名的嚆矢之作，或始自张荫麟的《沈括编年事辑》。这一年谱体以蒋天枢的《陈寅恪先生编年事辑》最负盛名而堪称典范，其《题识》自述命名道：“所知粗疏缺略，不敢名曰年谱，故题‘编年事辑’云”，似隐含未定稿或初稿之意。近年以来，“一人之史”的编年事辑时有问世，作者大体两类，一是谱主的弟子或后人，二是与谱主并无直接交集的研究者。关于谱主称谓，前一类编者概以“先生”相称，后一类既有沿称“先生”陈规者，也有直呼其名者。作为编著者，出自程门的我，理应尊称“先生”，但私意以为，频频以“先生”之称见诸行文，不仅让读者感到这部《事辑》具有强烈师门化倾向（这点正是我力图避免的），而且易使自己偏离相对中立的研究取向。纠结再三，决定在编者叙事时略去尊称，好在即便如此，行文仍明确表达出叙述对象的谱主与他者之主客关系。这一做法的主观意图，无非让我作为研究者尽可能保持客观理性的价值取向，以期表明：这部《事辑》绝非一味颂师的树碑之作，而是旨在为当代学人的立传之作。

二

一部富有价值的传记作品（包括编年事辑这种体裁），研究者如何选择合适的传主或谱主?

在《中国历史研究法补编·人的专史的对相》里，梁启超曾提出过具体的建议。归结起来，大体三点，一是要有相对重要的研究价值，二是可以成为新的研究角度，三是必须具备起码的资料。这里，对第一点再作申说。

流金师出身于官宦世家，尽管出生之时，家道已渐中落，但仍衣食无忧，能进入学赀不菲的燕京大学就学，毕业后也不愁有较好的出路，从事他所挚爱的文学创作或学术研究。他大学时代就从事文学创作，参加过北方“左联”，在昆明时期，两度成为沈从文主编文学副刊的助手。他的文学活动持续至20世纪40年代晚期，由于这层关系，他不仅与沈从文的师友之情持续超过半个世纪，与宋淇、凤子、杨刚、碧野、天蓝、陈纪滢等也都有交集。他先后求学燕京大学与西南联大，师长辈里有陈寅恪、顾颉刚、邓之诚、张荫麟、郭绍虞、陆侃如、严景曜、雷洁琼等大师名家；同窗挚友中有丁则良、徐高阮、钟开莱、陈志让、王勉、王逊、熊德基、王永兴等，堪称“坐中多是豪英”。

他属于“五四”启蒙思潮下熏陶出来的那代知识分子，西方的民主思想与传统的家国情怀构筑起那代知识精英的价值观。但跨入大学之门不久，“中华民族到了最危险的时候”，“华北之大已放不下一张平静的课桌”，他没有选择不问国难踅入书斋走纯学者或纯文人的道路，而是义无反顾地投身“一二·九”运动，与燕大与清华的学生骨干柯华、龚澎、刘春、赵宗复、周游、葛力、陈其五、陈翰伯、赵荣声、冯契等结下了“与子同袍”之谊。他们中间，一部分走上了职业革命家之路，一部分则成为后来的学界翘楚。

卢沟桥事变拉开全民族抗日救亡的大幕，他先后在敌后战场与正面战场从事抗战活动。终因痛感在正面战场难有作为，便转入教育界。昆明时期，他以师友闻一多、吴晗之介加入了民盟，共同声讨国民党制造的“一二·一”惨案。闻一多被暗杀，他也上了黑名单，被迫亡命。不久，他以最年轻教授成为上海“大教联”骨干，一方面积极参加争民主、反迫害的斗争，一方面以政论、杂文抨击时政，在第一时间为《展望》撰写《欢迎人民解放军》的社论迎来了政权易帜。

鼎革前后，他以大学教授兼民盟骨干的双重身份，分别与吕思勉、廖世承、孙大雨、戴望舒、陈子展、张芝联、徐中玉、许杰、彭文应、陈仁炳、陈新桂等有了交集。20世纪50年代中期主政上海师院历史系后，与周谷城、刘佛年、谭其骧、蔡尚思、魏建猷、张家驹、陈旭麓等沪上名流颇有往还。1957年，又与沈志远、陆诒、刘哲民、刘海粟等结为“右派”难友。其后沉沦二十年，复出以后，先后与邓广铭、陈乐素创立中国宋史研究会，作为《中国历史大辞典》编委与邓广铭共同主编了《宋史卷》，与京沪两地文史名家周一良、王钟翰、胡道静、施蛰存、陈九思、钱伯城、杨廷福、江辛眉等，或再续旧谊或订立新交（各时段的人际关系颇有重叠部分）。

他的亲属中也是名人济济，曾任国民党中宣部长与台湾政权首任教育部长的程天放是他的同族叔祖，胞弟程应铨则亲炙梁思成；妻舅之中，李宗恩作为1948年首届院士，是协和医院首任华人院长，李宗津则是著名油画家，李宗瀛是《大公报》特派驻港记者。

综观流金师丰富多彩的人生经历与跨界多元的人际交往，他尽管不是梁启超所说“可以作时代或学问中心”的大人物，却也有相当知名度，兼之为后人留下了足资利用的函档文稿，完全适合选为个案，以其跌宕起伏的人生沉浮与关系网络来凸显20世纪中国风云变幻、波澜诡谲中知识分子的奋斗追求与命运遭际。

三

然而，选择这样距今不远的知识人作为个案，在史学研究上却面临着两难的困惑。陈寅恪曾明确主张，史家应该规避以当代史作为研究对象。他的先世是晚清变局的亲历者，自己对清末民初的旧闻掌故也了如指掌，却对学生明确表示："我自己不能做这方面的研究。认真做，就要动感情。那样，看问题就不客观了，所以我不能做。"（石泉、李涵：《追忆先师寅恪先生》）这一取向，旨在让历史研究保持客观中立的取向，尽量不掺杂进个人的感情成分，用心是良苦的。惟其如此，陈寅恪的史学论著中没有关于清末民初的研究之作，有之，唯自述家史的《寒柳堂记梦未定稿》，既以"其中复有可惜者存焉"，兼以揭示其身历"数十年间兴废盛衰之关键"。

但是，当代学人是否就应据此完全拒斥现当代课题？似也未必尽然。当代人研究当代史，也有后人无以企及的优势，许多亲历的场景与细节，往往是后来研究者仅凭冷冰冰干巴巴的文献记述难以把握体悟的。此即吕思勉在《历史研究法》里所说："以当时的人，了解当时的事，只是苦于事实的真相不能尽知，如其知之，则其了解之程度，必出于异时人之上。这就是再造已往之所以要紧。"故而他认为，当代学者在再造现当代的"已往"上负有"要紧"的使命。尤其在当前，史学界对某些特殊事件或特定时段的研究仍难充分展开的情势下，如何将亲历其事、身经其境者的回忆史料与文献函档有效地传之后世，便是当代史学工作者义不容辞的职责。正是基于这一思考，我不惮寡闻与浅薄，充分利用业已掌握的史料，尽可能真实"再造"谱主"已往"的经历与命运，以期为现当代知识分子留下有意义的个案。当然，如何做到陈寅恪所说的"既不诬前人，亦免误来者"，真实的"再造已往"这点上，我努力恪守他在《寒柳堂记梦》里提澌的两条，一是"此文所记，皆有证验"；二是"排除恩怨毁誉求一持平之论断"。关于前一点，不仅所有征引文献都标明来历，还对谱主与他人凡有记误与错讹的当时记录或事后回忆，都竭尽所能地作了考索与证验。关于后一点，我在提纲挈领叙述事要时，也尽量只从《事辑》系年文献中提炼事实或要点，而力图避免对所述事实本身作倾向强烈的主观评判（即使内心确有已见）。陈寅恪说过："古今中外，哪里有作学问能完全脱离政治之事？但两者之间，自然有区别，不能混为一谈。因为作学问与政治不同，毕竟有它自己的独立性的。"（王钟翰《陈寅恪先生杂忆》）这一价值中立原则，也是史家应该遵守的职业原则。韦伯曾告诫研究者，必须"承认'令人不舒服的'事实"（《以学术为业》）。这在我编《事辑》过程中也时有遭遇。试举一例，"文革"期间，流金师发落到横沙岛，漫漫长夜面对海浪江涛，却有意境迥异的两首绝句，一首说"海上涛来云似墨，天边雁字月如霜。夜窗犹忆惊风雨，老眼婆娑泪万行"；另一首却说"江涛汹涌横沙岛，海浪掀腾六月天。满目葱茏人换世，红旗飘荡晓风前"。对这一"令人不舒服的"矛盾心境，我只是实录两诗而不作评判，而把这一耐人寻味的现象留给读者去咀嚼寻味。

四

在《文史通义·答客问》里，章学诚将史著分为三种体制："有比次之书，有独断之学，有考索之功，三者各有所主，而不能相通"；他既鄙薄比次之书，并有独断之学与考索之功不能兼具的取向："高明者，多独断之学；沉潜者，尚考索之功；天下学术不能不具此二途。"吕思勉却对章氏之说颇有修正，他认为，在史学研究的最后一步，料理经过考订的史料以成一书的阶段，不妨借用章氏所说的比次之业、考索之功、独断之学，作为各不相同的撰著方式。他进而指出："学问之家，所以或事比次，或专考据，或则独断者，固由才性之殊，亦或以所值时势之不同，从事于其时之所当务也。"（《文史通义评》）也就是说，史学著述的不同模式，既与史家个人才性有关，也与时势的特定需要有关。他对章氏鄙薄比次之书不尽以为然，在他看来："盖弘识通裁，亦不能废钩稽纂辑；而学术愈精，分工愈细，钩稽纂辑亦不能谓非一业也。"他甚至推重比次之业的地位与作用，堪与考索之功、独断之学鼎足而三："唯比次之功，实亦卓然自立，初无惭于考据，而通则原理亦必自兹而出焉。"他的意思很明确：卓然自立的比次之业，应该既以考索之功为基础，更以独断之学为鹄的。

这部归入年谱范畴的《事辑》，当然属于章氏所谓的"比次之书"。之所以最后成书时，选择比次材料的史著体裁，一方面当然自觉以我个人目前的才性与认知，尚难客观冷静地出之以传记之体；另一方面，更是充分顾及某些历史事件与特殊时段的评断，目前还有许多言之有忌的约束。既然如此，通过比次史料，保存一代文献，不失为明智理性的选择。我不敢自许这部《事辑》有章学诚推许的"独断"与吕思勉期待的"通裁"，但在抉择、比次史料的过程中，仍企望以朴实本真的文献记注与史事考索，"欲往事之不忘"，同时也具体而微地蕴涵着我对中国现当代知识分子命运的历史认识与价值判断。至于已否达到章氏所高悬的"藏往似智"的目标，虽心向往之，却不敢自信。

五

最近，饶有兴味地读到王明珂在其《反思史学与史学反思》上的题记，以荷塘与蛙鸣来比喻历史整体与历史记忆的微妙关系：

如在一个夏夜，荷塘边有许多不同品种的青蛙争鸣。不久我们会被一个声音吸引，一个洪亮的声音，那便是"典范历史"；被忽略、压抑的其他蛙鸣，便是"边缘历史"。我们对历史的整体了解，在于倾听它们间的争鸣与合鸣，并由此体会荷塘蛙群的社会生态：一个隐藏的景。

他强调应该以"反思史学"对"典范史学"进行补正、批判与反思。

王明珂所说的"典范史学"，与从古迄今的主流史学（或曰官方史学）有相似之处。这层意思，鲁迅早就说过：

> "官修"而加以"钦定"的正史也一样，不但本纪咧，列传咧，要摆"史架子"；里面也不敢说什么。……野史和杂说自然也免不了有讹传，挟恩怨，但看往事却可以较分明，因为它究竟不像正史那样地装腔作势（《华盖集·这个与那个》）。

鲁迅说的"官史"与"野史"，也许可以对应"典范史学"与"边缘史学"，尽管没有那么史学理论化，但道理是相通的。

实际上，自 20 世纪 80 年代后，中国大陆的"边缘史学"，也曾小荷初露，虽然一再被"典范史学"的镗鞳之声所掩盖。冯骥才编过《一百个人的十年》，将 100 个普通人在十年“文化大革命”期间各不相同的经历汇为一编，“尽可能反映这一历经十年、全社会大劫难异常复杂的全貌”。除此之外，关于反右派斗争、“三年自然灾害”、红卫兵运动、“上山下乡”运动、“五七干校”等历史事件，也颇有边缘性的回忆或史著问世。当然，他们在做这一工作时，未必都自觉上升到“边缘史学”的理论层面。

唯其如此，王明珂对“反思史学”与“史学反思”的理论思考无疑赋有启示价值。他认为，一般人习以为常的“典范史学”所书写的“并不一定是最真实的过去”，只不过是权力中心视野所青睐或关注的记忆与过往；而“反思史学”尤其应该强调对那些被主流历史书写有意无意遗忘的非主流记忆、边缘记忆、底层记忆；这样建立起来的多元记忆，才能构筑起真正为全民族认同的共同记忆。

综观流金师以及与之交往颇契的同学友朋所构成的知识精英群体，有两个颇为关键年份与关键事件：1935 年的“一二・九”运动与 1957 年的“反右派”运动。从《事辑》不难发现，他们都是“一二・九”运动的弄潮儿，面对“救亡压倒启蒙”的内外大势，先是投身抗日救亡，而后又主动拥抱新民主主义革命，期待迎来一个自由民主的新国家。政权易帜以后，他们也都期望为新政权贡献自己的知识与才华，绝大多数知识精英在“鸣放”期间的言论，无非是自以为际遇升平年代，由“五四”思潮植入的启蒙根性再次勃发，初衷还是希望以直言议政为新政权有所献替，却出乎意料地折翅于“丁酉”之殇。谱主与他所交往的知识精英，在各自领域都有相当知名度，但毕竟难以比肩他们名满天下的师友沈从文、闻一多、吴晗、周一良等人。由此说来，对这一知识群体的历史书写似乎也可归入“边缘史学”的范畴。倘若能为经历新旧时代的沧桑剧变与世运播弄的 100 个边缘知识人作成年谱长编或编年事辑，留下 100 份资料翔实而足资征信的边缘记忆，对中国现当代知识分子的历史记忆才庶几可能构成真实共同记忆的一部分。

六

一部成功的历史人物编年事辑，实际上就是人物传记的资料长编，在编纂法上理应汲取中国史传的成功经验。在这一方面，流金师自己就既有理论的思考（《谈历史人物的研究》），也有个案的实践（《范仲淹新传》与《司马光新传》）。我在编著这部《事辑》时，即自觉借鉴他强调的思路与用过的方法。

任何人都生活在各自有异的社会关系中，研究历史人物，必须充分了解他和其他人的关系，才能认识这个人本质的东西，才能见其本色。这是完全契合“人的本质是各种社会关系的总和”这一社会学基本原理的。职此之故，这部《事辑》不仅着力比次有关谱主行事思想的文献资料，而且有意辑集与他关系密切的师友同学的来往书函与酬酢诗词，旨在他与所属知识精英群体的关系发掘中，在同一群体的浮雕背景中衬托谱主的个案形象，使其在广阔真实的社会联系中更具立体感。

任何人又都生活在世运安排的特定时代中，研究历史人物，必须把握他所处的那个时代，既要知人论世，也要据世论人，洞察时代对他的影响，认识他的时代局限。作为个案的流金师同样如此，他的个人命运与人生抉择也与他所亲历的时代脉动休戚相关，必然受到社会潮流的卷挟与历史走向的左右。惟其如此，我在编纂《事辑》时，力图对决定其命运的时代变动与历史事件，诸如“一二・九”运动，抗日战争，昆明“一二・一”运动，反内战、反迫害运动，反右与“文化大革命”，也都在叙事纲要中给以客观中性的交代，以期在时代变动中安顿谱主，在谱主命运中折射时代。

历史上没有完人，而人又是最复杂的，研究历史人物，尤其要求全面。流金师最反对“因研究的偏颇而造成传主形象的不完整”（《就〈司马光新传〉答客问》）。我正是遵循这一原则来编纂他自己的《事辑》。在《事辑》里，我既编入了他面对“右派”指控之初怒不可遏拍案而起的家属回忆，也辑录了他以怨愤痛苦之心违心认领自己确是“右派”的日记片断，没有把他塑述成宁折不屈的斗士形象。我认为，只有这样，才是真正的尊重历史。

流金师撰写人物传记，只是努力把“事实叙述清楚，不作渲染也不发议论”（《范仲淹新传·自序》）。这部《事辑》也勉力贯彻他的这一主张。比次材料之外，在编者叙事部分，我也“不作渲染也不发议论”。我同样深信，只要在钩考比次文献史料时对其中事实有全方位的把握与穿透性的理解，价值判断与客观事实之间的思考，完全可以留待读者与后人去回味。

在思考与回味中，后来者也许仍能领悟到谱主与他那知识精英群体以自身的抉择与命运的摆布曾经奏响的欢乐与悲怆！

（原载《中华读书报》2016 年 10 月 26 日）

四川大学古籍整理研究所（1983—2016）发展纪实

郑 伟

一 不忘初心，牢记使命：历史与现状

为保护国家文化遗产，推进国家古籍整理事业，中共中央在1981年9月发布的《关于整理我国古籍的指示》中明确指出："整理古籍，把祖国宝贵的文化遗产继承下来，是一项十分重要的、关系到子孙后代的工作。"1983年，教育部决定在全国条件较好的大学组织成立第一批古籍整理研究机构；同年4月，四川大学古籍整理研究所（简称"川大古籍所"）作为其中之一获教育部批准筹建，是从事古典文献整理与研究的专门机构，著名学者徐中舒、缪钺、杨明照、赵振铎、胡昭曦、曾枣庄、刘琳等曾先后担任学术带头人和行政负责人。现任所长舒大刚、副所长尹波。目前，全所共有在岗教职员工24人，其中正高职称8人（含日本籍教授1人），副高职称8人（含外聘日本籍、中国台湾2人，新进特聘副研究员1人），中级职称7人（含全职博士后1人、新进专职博后1人），初级1人。另有兼职博士后8人。设有哲学文献、历史文献、文学文献三个研究室，相关研究平台有国际儒学研究院、四川省哲学社会科学重点研究基地儒学研究中心、四川省社会科学重点研究基地杨慎研究中心以及宋代文化数据中心、青城国学研究所。四川大学古籍所上继文翁石室"七经"教育之遗泽，下承四川国学院保存国粹、弘扬国学之传统，上下求索，左右开拓，形成了宋代文献、儒学文献、巴蜀文献和计算机辅助古籍整理等特色研究方向。建所30年来，先后承担了国家社科基金重大项目暨一般项目、教育部重点基地重大项目暨规划项目、国家"211工程""985工程"重点学科建设项目、全国高校古委会古籍整理及四川省哲学社会科学规划项目等100余项，发表学术论文1600余篇，出版专著160余部1200余册，获省部级以上奖励或荣誉30余项。

二 立足文献，传承文明：特色学科

（一）历史文献学：国家重点学科、省重点学科

蜀学历史悠久，远可溯及2250余年前文翁石室办学兴蜀，其源也久矣。长期以来，川大学人上承"蜀学"求实创新的传统，治史多从文献入手，故历史文献学学科亦有着悠久的发展历程，在古文字学、儒学文献、出土文献、宋辽金元文献以及其他重要文献的整理与研究等方面成就斐然。2004年，四川大学历史文献学被四川省教育厅批准为"省级重点学科"。2007年，在国家五年一轮的重点学科考核、新增与认定工作中，历史文献

学又被教育部批准为国家重点学科，成为目前全国本专业首个全国重点学科。

（二）中国儒学：新建学科

2004 年，本所在历史学专门史专业下增设“中国经学史”方向，进行博士生招收和培养工作。2005 年 11 月，四川大学经教育部批准，在历史学一级学科范围内正式设置中国儒学博士点，并由本所实施建设。招收儒学史、儒家思想、儒学文献、经学史、儒学文化、儒学与当代社会等专业方向的硕博士研究生。鉴于本所儒学学科建设所取得的成绩，国际儒学联合会、北京纳通医疗集团于 2010 年起特在四川大学国际儒学研究院设立“纳通儒学奖学奖教金”，以鼓励和支持我校儒学学科建设和儒学人才培养工作。

三 “宋学·儒学·蜀学·古籍现代化”：研究特色

第一，宋代文献与文化研究。宋代研究历来是四川大学的强项，本所自成立起就开始进行宋代文献的整理与研究，尤其以《全宋文》编纂为基础，形成宋代文献整理和宋代文化研究的特色和优势，成为本所科研的重点方向之一。除了标志性工程《全宋文》外，其他重要代表成果还有：《中华大典·宋辽金元文学分典》《宋集珍本丛刊》《三苏全书》《司马光全集》《朱熹集》《宋人年谱丛刊》《宋代人物数据索引》《张栻全集》《刘克庄集》等等。值得一提的是本所还与台湾“中央研究院”、美国哈佛大学联合整理和研制了网络版《宋会要辑稿》。该网络版共约 1500 万字，繁体重排，精加标点、校勘，为此书的第一个新式整理本。本所同人就宋代文化研究若干问题在海内外各种刊物上发表有大量论文。此外，本所还创办有专门学术刊物《宋代文化研究》辑刊，分别由线装书局、巴蜀书社和四川大学出版社等出版单位出版，目前已出版 24 辑。

第二，儒学文献与儒家文化研究。四川大学前身文翁石室、锦江书院、尊经书院以及四川国学院，都以儒学研究为传统，涌现了廖平、吴之英、宋育仁、龚道耕、蒙文通等学术大师。廖先生“长于《春秋》，善说礼制”，兼治群经，尤其是在讨论今古文经问题上创获尤多。蒙先生的《古史甄微》《经学抉原》等名著，在学术界产生了深远的影响，至今仍为学人称道。由于政治及学术大环境的影响，儒学文献的整理与研究在四川大学曾一度中衰，但一直薪火相传、不绝如缕，到 20 世纪末迎来了再次振兴的契机。1997 年，古籍所同仁提出了编纂《儒藏》的设想，开始着手儒学文献调查与搜集，并从编纂《历代学案》《诸子集成》系列与《易学集成》入手，最后凝结为《儒藏》工程。其他儒学方面主要代表成果有：《中国儒学通案》《儒学文献通论》《中国孝经学史》《近百年儒学文献研究史》《四川大学〈儒藏〉学术丛书》《儒藏论丛》系列等。另办有学术刊物《儒藏论坛》，目前已出版共 12 辑。

第三，巴蜀文献与巴蜀文化研究。本所作为西南地区古籍文献的主要研究机构，对身处的巴蜀大地亦具有深厚情感和报效服务的责任。凭借丰富的古籍整理知识，本所自成立之后，亦一直关注巴蜀文献的整理与研究。其标志性代表工程为《巴蜀全书》，其他主要代表成果有《〈华阳国志〉新校注》《〈全蜀艺文志〉校点》《宋代蜀文辑存校补》《巴蜀文献要览》《廖平全集》等。

第四，电子技术辅助古籍整理研究。本所是全国众多高等学校古籍所中最早采用计算机进行古籍整理研究的单位，在运用现代技术促进历史文献信息处理方面一度走在全国同行前列。早在1985年，教育部古委会就拨专款在本所进行计算机辅助古籍整理实验，在全国高校系统中建立了第一批计算机实验室。本所研究人员积极对外合作，与有关专家研究制作可供古籍整理、辞书编目之用的“汉语拼音索引自动生成系统”“中文四角号码自动生成系统”“中文笔划索引自动生成系统”和“宋代地方志人物数据管理系统”；同时，还承担了教育部项目“计算机在古籍整理中的应用”、古委会项目“IDX索引编制系统”。1997年，本所历史文献学专业在全国率先进行专业创新，设立“计算机与历史文献信息处理”研究方向，这一举措深受出版界、新闻界、图书档案界等用人单位的欢迎。这一研究特色始终贯穿于本所绝大多数科研项目的实施过程，扮演着不可或缺的重要角色。

表1　　四川大学古籍所历届负责人

姓名	职务	任期	
徐中舒	顾　问	1983—1991	著名历史学家、学部委员、资深教授、博导
缪钺	名誉所长	1983—1995	著名历史学家、资深教授、博导
杨明照	所　长	1983—1984.7	著名文献学家、资深教授、博导
赵振铎	副所长	1983—1984.7	语言学家、教授、博导
胡昭曦	副所长	1983—1984.7	历史学家、教授、博导
曾枣庄	副所长	1984.7—1995.5	文学史家、教授
刘琳	副所长	1984.7—1995.5	历史学家、教授
王晓波	副所长	1990.11—1995.5	研究员
李文泽	副所长	1995.6—1998.8	研究员、博导
舒大刚	副所长	1995.6—1998.5	博士、研究员、博导
	所　长	1998.5至今	
尹　波	副所长	2012.9至今	研究员

四　精诚团结、众志成城：在岗科研队伍

郭齐，男，1952年生，四川内江人，研究员，文学硕士，博士生导师。主要从事中国古代文献整理研究及中国传统文化研究，重点方向是宋代文献整理研究及宋代文化研究，出版有《朱熹集》《朱熹传》《朱子学新探》等。

舒大刚，男，1959年生，重庆秀山人，史学博士，研究员，博士生导师。主要从事历史文献学、中国儒学、国学研究，著有《中国孝经学史》《儒学文献通论》（主编并主撰）等，担任中国孔子基金会重大项目《儒藏》主编、国家社科基金重大项目、四川省重大文化工程《巴蜀全书》总编纂。兼任中华孔子学会副会长、国际儒学联合会理事兼学术委员会副主任、中国孔子基金会理事兼学术委员会副主任。

王智勇，男，1960年生，四川古蔺人，文学硕士，研究员，硕士生导师。主要从事宋代文献的整理与宋代历史文化的研究，出版有《靖康要录笺注》《南宋吴氏家族的兴亡》《宋代诏令全集》等。

黄锦君，女，1960生，四川崇州人，文学博士，副研究员，硕士生导师。主要从事历史文献学、汉语史、宋代文化等的研究，撰有《两宋后妃事迹编年》《二程语录语法研究》《道璨全集校注》等。

吴洪泽，男，1963年生，四川名山人，文学博士，副研究员，硕士生导师。主要研究方向为历史文献及古籍整理手段的现代化，出版有《宋人年谱集目》《计算机在古籍整理中的应用》《宋代蜀文存校补》《全宋文篇目分类索引》等。

尹波，男，1963年生，四川成都人，研究馆员。主要从事宋代文献、儒学文献的整理与研究，出版有《朱熹集》（合著）《宋人年谱丛刊》（合作）《曹彦约集》等。

向以鲜，男，1963年生，四川万源人，文学硕士，研究员，硕士生导师。主要从事宋代文献、巴蜀文献的整理研究以及现代诗歌的创作，著有《超越江湖的诗人》《唐诗弥撒曲》《中国石刻艺术编年史》《我的孔子》等。

杨世文，男，1965年生，重庆潼南人，史学博士，研究员，博士生导师。研究重点在历史文献学、儒学文化与中国学术史，出版有《走出汉学——宋代经典辨疑思潮研究》《张栻集》《魏晋学案》《近百年儒学文献研究史》等。

彭华，字印川，男，1969年生，四川丹棱人，史学博士，教授，硕士生导师。主要从事先秦两汉史、近现代学术史以及中国儒学、巴蜀文化研究，著有《燕国史稿》《阴阳五行研究（先秦篇）》《马寅初全传》等。

王小红，女，1973年生，重庆梁平人，史学博士，研究员，硕士生导师。主要从事历史文献学和历史地理学的科研与教学工作，出版有《宋代〈禹贡〉学研究》《章太炎儒学论集》等著作。

张尚英，女，1976年生，四川荣县人，史学博士，副研究员。主要从事儒学文献与巴蜀文献研究，著有《宋代春秋学专题研究》等。

霞绍晖，男，1976年生，四川江油人，史学硕士，馆员，在读博士生。主要从事儒学文献、巴蜀文献研究，出版有《玉田书室诗稿笺注》。

李冬梅，女，1977年生，辽宁葫芦岛人，史学博士，副研究员，硕士生导师。主要从事于历史文献学研究，以儒学文献、宋代文献、巴蜀文献领域为主，出版有《苏辙〈诗集传〉新探》《宋代〈诗经〉学专题研究》《龚道耕儒学论集》等。

田君，男，1981年生，湖北省武汉市人，史学博士，副教授。主要从事历史文献学、乐学、经学、儒学、艺术史学的研究。出版有《岳飞集》《顾亭林年谱》《古乐七考》等。

郑伟，男，汉族，1983年生，四川成都人，史学博士，助理研究员。主要从事历史文献学、中国经学史研究，出版有《廖平著述考》《穀梁春秋经传古义疏》。

杜春雷，男，1984年生，山东淄博人，文学博士，助理研究员。主要从事古籍文献、元代诗文和巴蜀文化研究。

戴莹莹，女，1984年生，江苏连云港人，文学博士，讲师。主要从事中国古代文学、佛教文学与中国儒学研究，著有《敦煌文化》等。

秦际明，男，1986年生，广西全州人，中国哲学博士，统招博士后。主要从事经学、蜀学与儒家思想研究。

廖文辉，男，1987年生，重庆秀山人。历史学博士，助理研究员。主要从事近代儒学、蜀学，以及清代财政史、边疆史等领域研究。

汪璐，女，1987年生，重庆黔江人，硕士，助理馆员。主要从事以巴蜀文献为主的历史文献研究。

引进专家

王瑞来，男，1956年生，黑龙江人，史学博士，日本学习院大学东洋文化研究所研究员，并执教于早稻田大学，现为四川大学讲座教授，主要从事以宋代为主的历史学与文献学研究。出版有《鹤林玉露》《宋宰辅编年录校补》《隆平集校证》以及《王瑞来学术文丛》（5卷本）等。

白井顺，女，1974年生，日本籍，博士，四川大学特聘副研究员，主要从事宋明理学研究与朝鲜儒学研究，出版有《朱子语类译注》（日语版）等。

郭懿仪，女，1979年生，中国台湾台南人，博士，四川大学特聘副研究员，主要从事语音学、词汇学与佛典语言学的研究，著有《〈大广益会玉篇〉直音字研究》及《东汉佛经复合词研究》等。

五　凝聚核心价值，弘扬人文精神：标志性学术成果

（一）大型标志性成果之一：《汉语大字典》

《汉语大字典》8卷，徐中舒主编，李格非、赵振铎常务副主编。

《汉语大字典》由本所创始人徐中舒先生、赵振铎先生等组织四川、湖北两省学者共同完成。是一部以解释汉字的形、音、义为主要任务的大型语文工具书，是目前收录文字最多、释义最全的汉语字典。1975年由国家出版事业管理局在广州召开的全国词典编写出版规划会议上提出，经周恩来、邓小平同志批准组织编写。1978年，国务院将其列为国家文化建设中的一项重点科研项目；1983年，又被正式列为哲学社会科学“六五”规划的国家重点科研项目。是书由川、鄂两省承担编写任务的三百余名同志，历时十年，于1984年编成初稿，并于1985年开始分卷定稿，由四川辞书出版社、湖北辞书出版社联合陆续出版，1990年全书出齐，前后历时16年。

该书由前言、凡例、部首排检法说明、汉语大字典部首表、新旧字形对照举例、分卷检字表、正文和附录组成，系汉字楷书单字的汇编，共计收列单字56000余个。在继承前人成果的基础上，注意汲取今人的新成果。注重形、音、义的密切配合，尽可能历时地、正确地反映汉字形、音、义的发展。在单字编排上，按部首编排法排列，部首以传统的《康熙字典》214部为基础，酌情删并，共立200部。单字条目主要由字头、解形、注音、释义、引证组成。在通行的楷书繁体字条目下注音释义，简化字和异体字仅注明繁简和异体关系，不再注音释义。在字形搜列上，于楷书单字条目下收列能够反映形体演变关系的、有代表性的甲骨文、金文、小篆和隶书形体，并简要说明其结构的演变，释文和现代例证用简化字，其余用繁体字。在字音标注上，采用三段标注，分为现代音、中古音、上古音三段，基本反映出字音的变迁历程。在字义解释上，不仅注重收列常用字的常用义，而且注意考释常用字的生僻义和生僻字的义项，适当地收录了复音词的词素义。多义字一般按照本义、引申义、通假义的顺序排列。在举例引证上，要求从原著直接引用，注重例证在语言中的典范性、时段性和全面性。此外，对用文字难以描绘或较罕见的名物字，则附插图，以助释义。

是书对汉字进行了一次空前规模的大整理，系我国文化建设的一项历史性的工程，其体例完整、规模宏大、释词严谨、举证科学，在汲取前人、时贤研究成果的基础上，踵事增华、开拓创新，产生了极为深远的影响，先后荣获国家图书奖、中国图书奖、国家辞书奖等奖项，被列入中华人民共和国常备书目。该字典作为我国文字史和字典史上的一座里程碑，与《汉语大词典》一起被誉为汉语语文辞典的“双璧”，对于汉语史和中华民族文化史具有不可磨灭的贡献，其所蕴含的学术价值及其发挥的社会效用更是无法估量。故日本汉学家森濑寿三教授给李格非教授的来信中说：“这道事业，也可以说是和修建长城一样的艰巨和伟大。”值得一提的是，《汉语大字典》的编纂也为本所成立训练了队伍，积累了经验，特别是为将来长足进行的古籍文献整理研究工作奠定了文字学、文献学等基本功底。

（二）大型标志性成果之二：《全宋文》

《全宋文》，四川大学古籍所编，曾枣庄、刘琳主编。上海辞书出版社、安徽教育出版社 2006 年联合出版。

《全宋文》是迄今为止我国最大的断代文章总集，它收录了全部宋代的单篇散文、骈文和诗词以外的韵文，字数多达一亿字。该书为研究宋代文化提供了十分丰富的资料。该书一经出版即受到国内外学界广泛关注和高度评价，被日本学者誉为“开创新纪元的事业”。1995 年获全国高等院校古委会重点项目优秀奖；2009 年，获四川省第十三次哲学社会科学优秀成果一等奖和教育部第五届中国高校人文社会科学研究优秀成果二等奖。是书从 1985 年开始编纂，1988 年出版第一册；1994 年，前 50 册由巴蜀书社出版完毕后，因经费问题停止出版。直至 2006 年 6 月，上海辞书出版社、安徽教育出版社联合，一次性推出全套完整的《全宋文》，共计 360 册，8345 卷。全书具有如下特点：

1. 规模庞大：全书约一亿字，收文近 20 万篇，含宋文作者近万人。是目前最齐全、最庞大的宋代文章渊海，也是中国迄今最大的断代文章总集。

2. 搜罗广博：为编此书，遍查全国各大图书馆的上万种图书数据，包括各类罕见的孤本珍本图书碑帖和出土石刻碑文。

3. 收文齐全：全书所收作者近万，95% 的宋文均从散见于上万种图书中收集而来：部分已佚文集收集佚文达十余卷，可局部恢复该类佚集；还辑得传世文集集外佚文甚多，有的达百篇；其收集宋代诏令更为《宋大诏令集》10 倍之多。

4. 覆盖面广：全书所收文章，从政治、军事、经济、法律、外交、思想、文学、艺术、音乐、考古、科技、医药等方方面面，为宋代文化研究各领域研究者提供了丰富的资料。

5. 体例合理：每位宋文作者均有小传，并注明所据资料；所收文章皆详注出处，且除正式出处外还以“又见”领起，注明此文又见于何书，多者达数十处，为研究者提供了极其有用的校勘线索；此外，重要异文均附有校记。

（三）大型标志性成果之三：《儒藏》

《儒藏》是汇聚儒学成果的大型丛书，是孔孟以来历代儒家学术成就的集大成。该项目启动于 1997 年，先后列入“国家 211 工程”“国家 985 工程”重大项目，2004 年又列为中国孔子基金会重大项目，2016 年列为贵阳孔学堂重大项目。历经二十年编纂，目前，

《儒藏》成果已经形成精装本、线装本两大体系。

1. 精装本《儒藏》650册

精装本《儒藏》是对2500余年间儒家各宗、各派、各类成果的最大结集，共收录自先秦至清末（或民初）儒学文献5000余种，分经、论、史三部（下设24个子目）编排，总字数将近5亿字，预计精装650余册。该书是儒家经学、子学、史学等成就的集中展示，也是孔子、孟子、荀子、董仲舒、韩愈、程颐、朱熹、王阳明、王夫之、黄宗羲，以迄廖季平、康有为等历代儒学大师思想学术的精粹汇编，涉及信仰、哲学、道德、知识、政治、经济、军事、礼乐、文学、艺术等多个方面的内容，是儒家学术文化的分类编辑，也是中华学术主干内容的完整呈现。

专家认为，在国内倡导儒学文献整理的单位中，四川大学《儒藏》具有起步早、进展快、方法新、格局大、出版多、成果丰等特点。目前，已出版精装本《儒藏》总计363册，其中含“史部”274册、“经部”89册，基本实现了对儒家历史文献的完整出版和儒家经学文献的陆续推介。后续待出版共计280册，其中含“经部”160册，“论部”120册。

该书创新“三藏二十四目”的编纂体例，采用“影印加点校”“叙录加提要”等方式，在图书分类、经典导览、学术叙事、内容点评等方面，皆卓有创新，已被学界广泛认可。

2. 线装本《儒藏精华》260册

《儒藏》规模宏大，为将其中最为精华的部分展现出来，使读者快速把握儒学文献的精髓。本所在基本完成精装本《儒藏》编纂的基础上，由中国孔子基金会筹集资金资助，2015年启动线装本《儒藏精华》编纂。历时两年半完成。

《儒藏精华》从《儒藏》中精选儒家精粹论著90种（1.5万余页），分装260册，进行精细校勘和加工，采用线装、函套、朱墨套印等传统印制方式，以古色古香的形貌呈现于学人面前。丛书前有《儒藏精华总目》二册，系所收各书的内容提要。各书天头，多附校勘记，朱红排印。

线装本《儒藏精华》在内容上凝聚了儒学精髓，在形式上又继承了传统印刷的精华，既能简捷地了解儒学，也可唯美地呈现古典印刷技艺，与精装本《儒藏》一精一全，相辅相成。

20年来，《儒藏》推出的数批成果，已赢得学界与社会各界的关注和好评，被誉为“文化复兴的圆梦工程”“千古儒学第一藏”“用书籍构筑起来的儒学史”，成为与《大藏经》《道藏》鼎足而三的中华文化标志性成果。《人民日报》《光明日报》《解放军报》《中国社会科学报》《中国教育报》《中国文化报》《中国新闻出版报》《大众日报》等主流媒体，相继发表系列专题评论文章予以报道，海内外学术名家纷纷发表学术论文给予点评。

其成果也已经为国内外数百家图书馆和大学所收藏，海外知名大学如美国哈佛大学、斯坦福大学、耶鲁大学、康奈尔大学，日本京都大学、大阪大学，韩国成均馆大学、高丽大学，新加坡国家图书馆等均藏有精装版《儒藏》。此次线装版《儒藏精华》首发式成功举行，《儒藏》必将走进更多人的视野，留在更多海内外学者的案头。可以说，《儒藏》已成为中国文化自信自强、走出去的重头产品。

（四）大型标志性成果之四：《巴蜀全书》

《巴蜀全书》系国家社科基金重大项目、四川省重大文化工程，是四川省人文学科迄今为止由政府组织的最大的文化工程。计划收集和整理自先秦至清末民初的历代巴蜀学人撰著的重要典籍，以及其他作者撰著的反映巴蜀历史文化的作品，编纂汇集成巴蜀文献的大型丛书（含“巴蜀文献联合目录”“巴蜀文献精品集萃”“巴蜀文献珍本善本”三大类型），总共将整理出版一千余册，实现对巴蜀文献有史以来规模最大、体例最新、使用最方便的编录和整理出版。

整个工程将对历史上巴蜀文献的存佚状况进行调查研究，计划对两千余种巴蜀文献编制联合目录和内容提要；对五百余部、二十余万篇巴蜀文献进行精心校点或注释、评析；对一百余种巴蜀善本、珍本文献进行考察和再造。同时为贯彻省委“编出水平，编成精品”的指示，和领导小组“求精求全”“振兴蜀学”的号召，鼓励各地编纂各类资料齐全的专题丛书，积极支持各地开展巴蜀文化与巴蜀文献的系统研究，争取多出成果、多出人才、形成学派。

《巴蜀文献联合目录》：根据“辨章学术，考镜源流”的旨趣，拟对巴蜀文献的历史和现状进行全面普查和系统考证，探明巴蜀文献的总量、存佚、传承和收藏情况，以目录的方式揭示巴蜀文献的历史和现状。

《巴蜀文献精品集萃》：本着“去粗取精，古为今用”的宗旨，按照历史价值、学术价值、文化价值“三结合”的原则，遵循时间性、代表性、地域性、独特性“四统一”的标准，从浩繁的巴蜀古籍文献中认真遴选五百余种精品文献，特别是要将那些在中华传统文化体系中具有首创性和独特性的巴蜀古籍文献汇集起来，进行校勘、标点或注释、疏证，挖掘其中的思想内涵和治蜀经验，为当代社会、经济、政治、文化建设服务。

再造《巴蜀文献珍本善本》：结合传统修复技艺和现代印刷技术，对百余种巴蜀文献珍稀版本进行修复、考证和整理，以古色古香的方式予以重印，抢救巴蜀文化遗产，传承巴蜀文明。

该项目的前期成果已陆续由人民出版社、中华书局、上海古籍出版社、四川人民出版社、四川大学出版社、河北人民出版社、浙江古籍出版社、巴蜀书社、四川辞书出版社等单位分批出版。

华东师范大学古籍研究所简介

华东师范大学古籍研究所

华东师范大学古籍研究所是国家教育部全国高等院校古籍整理研究工作委员会直接联系的高校古籍研究所之一，并获高校古委会重点资助，主要从事于古籍整理及其研究与研究生培养工作。古籍所的前身是成立于20世纪70年代的古籍整理研究室，承担过中华书局标点本《二十四史》中的《新唐书》《新五代史》的整理工作，1983年升格为研究所。起初设有文学、历史、教育史、哲学与科技史、辞书编纂等研究室，此后调整为文学、历史、哲学史与版本目录学等4个研究室，现有中国古典文献学、中国古代文学两个专业方向。历任所长为徐震堮、李国钧、朱杰人、严佐之、陈大康、顾宏义。现有专任教师15人，其中具有正高级职称7人，副高级职称5人。古籍所是国务院学位办批准的全国第一批招收硕士、博士研究生的学术机构之一，自1978年恢复研究生招生制度以来，已培养了一百多名博士、硕士研究生。

古籍研究所创所时所长为徐震堮教授、副所长为程俊英教授。徐震堮（1901—1986）字声越，浙江嘉善人。1923年毕业于东南大学（原南京高等师范学堂）文史部，1939年入浙江大学执教，20世纪50年代初院系调整，转入华东师范大学中文系任教授，曾被选为上海市政协委员。1982年华东师大古籍整理研究所成立后，任所长，并受聘为国务院古籍整理小组成员，博士研究生导师。1984年后任古籍所名誉所长。其中学时受业于章太炎门人朱宗莱和谭献弟子刘毓盘，学习文字、音韵、训诂、考证和词章；入大学后，又从王瀣、吴梅受诗、词、曲之学，柳诒徵尝称许其所作诗词“清隽苍老，卓然名家”。此外，徐震堮先生好读外文，遂通英、法、德、意、俄、西班牙六国文字及世界语，并用以翻译、写作，向国外介绍我国的古典名著和新文学作品，所创作的世界语诗歌曾流传于国内外，增进了国际上对中国文化的了解。其于古籍整理和研究方面，编著亦甚宏富，有《唐诗宋词选》《汉魏六朝小说选注》《三家注李长吉歌诗》《敦煌变文集校记补正》《再补》《世说新语校笺》等，其中《世说新语校笺》一书，费二十余年之功，偏重释词，清通简要，别具特色，深为学术界所重视。

程俊英（1901—1993），女，福建福州人。北京女子高等师范学校国文部毕业。1919年，参加“五四”运动，同年主编《益世报·女子周刊》。20世纪20年代初，发表《周代学在王官考》《汉魏时代之心理测验》《诗人之注意及兴趣》《诗之修辞》等论文。此后任教于北京女子师范大学、上海暨南大学私立培成女校、大夏大学。50年代初任教华东师范大学，为中文系副主任，1973年被迫退休。1978年复职，任古籍研究所副所长。其主要研究方向是中国古典文学，尤精先秦文学研究，是国内著名《诗经》专家，先后撰写或合作撰写出版的专著有《诗经译注》《诗经漫话》《诗经选译》《诗经注析》等。此外，还校点整理《论语正义》《论语集解》与《诗毛氏传流》等清儒经学注疏名著。

古籍所前辈学者还有：周子美（1896—1998）字君实，号子美，后以号行，浙江湖州人。1913 年毕业于浙江法政学校政治经济科。1917 年加入南社。1924 年受同乡刘承幹之邀，任嘉业堂藏书楼编目部主任 8 年之久，编成《嘉业堂藏书目录》《嘉业堂明刊善本书目》《嘉业堂抄校本目录》等十几种书目，影响所及，于 1924 年被吸收为中华图书馆协会第一届会员。1932 年发表《慈云楼藏书志考》，受到行家好评。自是年秋，任圣约翰大学中文系教员、副教授，兼任震旦大学文学院、中法国立工学院教授。1952 年调入华东师范大学，历任中文系、教育学系副教授，1971 年调入廿四史标点组（古籍研究所前身），参加《新唐书》《新五代史》的点校工作，后遂为古籍研究所版本目录学教授。著有《庄氏史案考》《洛阳伽蓝记注》《施北研年谱》《翰墨因缘》《南浔镇志稿》等，编辑校印了《南林丛刊》（初集 5 种，次集 7 种）、《万洁斋丛刊》7 种、《邈园丛书》26 种、《蟫隐庐丛书》21 种和《浔溪词征》《蓬山两寓贤诗抄》《永乐大典本金刚经》《聊斋志异拾遗》《礼耕堂诗集》《楝花矶随笔》等，共计 72 种。

潘雨廷（1925—1991），号观玩客，上海人。1949 年毕业于上海圣约翰大学教育系，先后师从周善培、唐文治、熊十力、马一浮、杨践形、薛学潜等先生研究中西学术，自 70 年代初始从事道教文化研究，融会贯通，自成一家，对道教史学及易学皆有很深造诣。1978 年受聘于华东师范大学讲授易学，后任古籍研究所教授和哲学研究室主任。1985 年后担任上海市道教协会副会长，1988 年兼任《上海道教》主编，担任中国《周易》研究会副会长。代表著作有《周易终始》《周易表解》《易学史论文集》《周易参同契考证》等，并点校整理清代学者李道平所撰《周易集解纂疏》。

李国钧（1930—2001），河南临颍人。1955 年北京师范大学教育系学校教育专业毕业，1958 年华东师范大学教育史专业研究生毕业，先后任华东师范大学教育系中国教育史教研室主任，古籍研究所副所长、所长；尝为国家教委高校古籍整理研究工作委员会委员、上海市古籍整理出版规划小组顾问等。长期潜心中国教育史教学与研究，及中国教育文献的整理研究工作，尤专明清教育史的研究。其著有《王船山教育思想初探》《颜元教育思想简论》等，主持和参与编撰了六卷本《中国教育通史》《中国教育家评传》（1989 年获全国首届优秀教育理论著作奖）、《中国教育通史》（1992 年获全国优秀教育图书一等奖、“吴玉章奖”等奖）、《中国教育思想通史》《中国书院史》《中华大典·教育典》《中国古代太学志丛刊》等。

裴汝诚（1931—2013），天津人。1955 年毕业于天津师范学院，1958 年研究生毕业于东北师范大学历史系，随即任教于上海师范学院历史系。1971 年任《宋史》标点组组长。1981 年调入华东师范大学古籍研究所，教授。长期从事宋史及宋代文献整理与研究，2006 年中华书局启动“二十四史及清史稿点校本修订计划”后，再与戴建国教授共同主持《宋史》点校本的修订工作。校点《王安石年谱三种》，此外还参与《续资治通鉴长编》和《文献通考》的点校整理工作，与人合作整理《忠肃集》《净德集》《东斋纪事》《春明退朝录》等十几种文集、笔记，合著《续资治通鉴长编考略》《校勘述略》《十大史学家》，撰有论文集《半粟集》等。

现有专任教师中的严佐之教授、刘永翔教授为华东师大终身教授。严佐之，安徽歙县人。1981 年华东师大古籍研究室研究生毕业，留校任教，古籍研究所中国古典文献学专业博士生导师；华东师范大学学术委员会委员，华东师范大学思勉人文高等研究院特聘研究员、中国经典研究中心主任；全国古籍整理出版规划领导小组成员，教育部全国高等院校古籍整理研究工作委员会委员、项目评审专家组成员。严佐之先后师从顾廷龙、潘景郑、徐震堮、周子美等前辈大家，学兼众长，旨归会通，为国内外知名的古籍整理研究和目录版本学专家。其代表作《古籍版本学概论》《近三百年古籍目录举要》被北大等高校古典文献学专业列为研究生考试参考书。自20世纪90年代初以来，参与主持《朱子全书》《顾炎武全集》编纂校点整理，现今正主持国家社会基金重大项目《朱子学文献整理与研究》。

刘永翔，浙江龙游人。1981年华东师大古籍研究室研究生毕业，留校任教，古籍研究所中国古代文学专业博士生导师；华东师范大学思勉人文高等研究院特聘研究员，全国古籍整理出版规划领导小组成员。其师从徐震堮先生，长期从事宋代文史及古代文论研究，兼擅古、骈文及旧体诗词创作，是著名中国古代文史研究专家。著有《清波杂志校注》《蓬山舟影》等，合著有《文学的艺术》《古典文学鉴赏论》《袁枚续诗品详注》《先秦两汉散文选》等。主编或合作整理《胡云翼集》《中华古文观止》《上海图书馆藏明代尺牍》《明清上海稀见文献五种》《沧趣楼诗文集》等。其中《清波杂志校注》一书，被誉为“当今校点注释本之上上乘”。

受前辈学者熏陶影响，古籍研究所形成了谙熟文献、兼容文史，考据徵实、义理求真之严谨学风，形成特色，点校整理以及研究成果在国内外学术界享有较高的学术声誉。自廿四史标点组成立以来，点校整理的重要古籍于《新五代史》（1974年中华书局出版）、《新唐书》（1975年中华书局出版）以外，尚结合自身多学科的特点和优势，承担并完成了整理《王文公文集》（1974年上海人民出版社出版）、《容斋随笔》（1978年上海古籍出版社出版）、《续资治通鉴长编》（1979—1993年中华书局出版，与上海师大古籍整理研究所合作）、《朱子全书》（2002年上海古籍出版社、安徽教育出版社出版）、《中华大典·教育典》（2012年上海古籍出版社出版）、《顾炎武全集》（2012年上海古籍出版社出版）、《朱子学文献大系·近思录专辑》（2015年华东师范大学出版社出版）等，在海内外学术界产生了重大的影响。其中《续资治通鉴长编》于1983年获得1979年至1982年上海高校文科科研成果一等奖。三十余年来，古籍研究所先后承担国家级、省部级研究课题近40项，出版学术著作及古籍整理著作过百种，发表学术论文300余篇，获得省部级以上科研成果奖7项。近年来，随着《朱子学文献整理与研究》项目的展开深入，古籍所的研究方向主要集中在唐宋文史文献整理与研究、朱子学文献整理与研究方面。

古籍研究所因前身为整理《新唐书》《新五代史》的廿四史标点组，所以唐宋文史文献的整理与研究，一直受到全所教师的重视。而自裴汝诚先生调入以来，有关宋史研究与宋代文献整理也成为古籍所的学术研究重点之一，取得了不少成果。以下介绍其他教师的部分涉宋专著与古籍整理。

古籍整理：朱杰人《默记》，中华书局1981年版；《朱子格言精义》，上海书店出版社1993年版。朱菊如、段飏、潘雨廷、李德清《齐东野语校注》，华东师范大学出版社1987年版。郑明、王义耀《野客丛书》，上海古籍出版社1991年版。戴扬本《汉书详节》，上海古籍出版社2007年版。顾宏义《景德传灯录译注》，上海书店出版社2009年版。《宋代日记丛编》《金元日记丛编》（合作），上海书店出版社2013年版。《曾公遗录》，中华书局2016年版。《宋元谱录丛编》（主编），上海书店出版社2015—2017年版。唐玲《唐庚诗集校注》，中华书局2016年版。

专著：顾宏义《教育政策与宋代两浙教育》，湖北教育出版社2003年版；《宋初政治研究——以皇位授受为中心》，华东师范大学出版社 2010 年版；《宋朝方志考》，上海古籍出版社 2010 年版；《金元方志考》，上海古籍出版社 2012 年版；《宋代〈四书〉文献论考》，上海古籍出版社 2014 年版；《宋事论考》，华中科技大学出版社 2017 年版。王铁《宋代易学》，上海古籍出版社 2005 年版。刘成国《荆公新学研究》，上海古籍出版社 2006 年版；《变革中的文人与文学》，浙江大学出版社 2011 年版。戴扬本《北宋转运使考述》，上海古籍出版社 2007 年版。方笑一《北宋新学与文学——以王安石为中心》，上海古籍出版社 2008 年版；《经学、科举与宋代古文》，浙江大学出版社 2017 年版。李伟国、顾宏义主编《裴汝诚教授八秩寿庆论文集》，中华书局 2011 年版。丁红旗《唐宋〈文选〉学史论》，上海人民出版社 2015 年版。

第六篇

博士论文提要与博士后出站报告摘要

博士论文提要

【宋代科举考官制度研究】

夏亚飞

宋代御药院充当了殿试管理机构，殿试考官主要有主考官——皇帝，初考官，覆考官，详定官，编排官，封弥官，誊录官和监门官等。省试考官机构主要是礼部贡院，省试考官分内帘官和外帘官，内帘官主要有知贡举、同知贡举、参详官、点检试卷官、监试官等考官，外帘官主要有封弥官、誊录官、编排官、对读官、监门官、巡铺官等考官。发解试考官主要有监试官和考试官等。

宋代科举考官选任一般要求所选考官为科举出身，有较高的文学素养。殿试考官一般以两制官、馆阁官和台谏官等充任。省试权知贡举在北宋前期和中期主要以翰林学士充任，权同知贡举主要以知制诰充任，自宋哲宗朝至南宋，知贡举、同知贡举主要以六部长贰充任。省试监试官一直以台谏官充任，封弥官在北宋多以台谏、三馆、三司等职位较高的官员充任，在南宋多以六部诸司郎中、员外郎，寺、监长官以上官员充任。参详官主要以寺、监长官，六部诸司郎中、员外郎充任，点检试卷官以三馆秘阁官、学官充任。北宋省试别头试考官主要以三馆、秘阁官充任，南宋增设省试别头试监试官，皆以监察御史充任。四川类省试考官主要有监试官和考试官，监试官多以转运副使、转运判官、知州、提点刑狱官充任，考试官多以知州、转运判官、提点刑狱官充任。诸路府州军监发解试考官主要由诸路转运司选任，选任的资格是本州的判官、录事参军等官员。诸州发解试监试官主要以通判充任。开封府发解试和国子监发解试主要由朝廷主持选任考官。北宋主要以三馆、秘阁官充任开封府、国子监发解试考官；南宋以秘书省官充任国子监发解试考官相比北宋大幅下降，以监察御史充任国子监发解试监试官成为南宋一大特色。

宋代殿试考官命题方式是考官拟定题目，皇帝确定试题。在考试过程中，考官负责向考生解释试题。殿试考官在考生入考场之前编排考生的座次，并向考生公布座位图。殿试考官阅卷考校采用三级考校试卷制度，总体过程分初考、覆考、详定三级考校程序。殿试考官阅卷对诗赋音韵、避讳、字数、文风都有严格的标准和要求。殿试考官阅卷和评定等级后，皇帝根据情况升降和裁决考生的等级和名次。省试知贡举负责审查考生的家状、保状、籍贯等考试手续。省试知贡举官具有负责命题的相关职责，在命题之前须参阅各地试题和往年试题，在考试过程中负责向考生解释试题。省试考官在考生入场之前编排考生座次，并向考生公布座位榜图。省试监门官负责考场的门禁工作，巡铺官负责监督和维持考场秩序。宋代省试考官阅卷逐渐发展为三级阅卷考校。省试考官阅卷对诗赋音韵、字数、文风都有严格的标准和要求。发解试考官负责审查考生的籍贯、身份、疾病、言行操守和犯法情况。发解试考官命题时须参考往年的考题，不能阿谀权贵，不能涉及边防机密，不能断章取义。发解试考官在阅卷考校时批写“通”“否”和黜落原因。

宋代对科举考官的监督方式主要有皇帝监督，中书等大臣监督，省试、类省试、发解试中的监试官监督。宋代在各种别头试制度的基础上，逐渐形成了一套考官回避制度，回避的方式以考生回避考官为主，考官回避考生为辅。宋廷在实行省试别头试之初，回避考官的考生仅限于知举官亲戚，至南宋孝宗回避的范围由内帘官亲戚、门客考生扩大到外帘官亲戚、门客考生。开封府、国子监发解试考官的亲戚考生须参加别头试。诸州发解试考官的亲属、门客考生须参加转运司别头试。四川类省试内帘官与外帘官的亲嫌考生都要参加别头试。考官回避考生，主要表现为考官回避亲属和回避籍贯。针对科举考试的过程中不断出现的考官作弊、受贿、考校不公等问题，宋廷集中力量审理重大影响的科考案，不仅对相关责任考官严惩不贷，而且逐步制定了惩治法令，完善了考官制度。

宋代科举考官制度主要有以下四个特征：考官种类和人数逐渐增多，考官选任具有差遣性，考官职责分工更加细密，考官管理更加严密。宋代科举考官制度在实际运行过程中存在的问题，主要表现在四个方面：在考官命题方面，断章取义，文义不通，泄露试题；在考官监考巡考方面，考官监考巡考不力，渎职舞弊；在考官封弥誊录方面，考官拆换卷首，偷换试卷，誊录脱误，毁弃试卷；在考官阅卷考校方面，不认真考校试卷，通同作弊。宋代严密的考官管理制度在一定程度上抑制了朋党政治，有利于科举考试的公平公正和选拔优秀人才。宋代科举考官制度对后世元明清科举考官制度的发展、成熟产生了深远的影响，主要表现在四个方面：在考官设置上，采用内帘官和外帘官之制；在考官选任上，要求所选考官为科举出身；在考官防范上，采取封弥誊录制度；在阅卷考校上，采取多级考官考校制度。

【宋代宰府僚吏研究】

于士倬

宋代宰府僚吏设置的做法可上溯到唐代。唐初以三省长官为宰相，为适应宰相居本省治事的需要，出现了宰相直辖的僚吏。这些僚吏因为从属三省，又称作省吏，逐渐成为宰相处理政务案牍文字的重要助手。盛唐时期的宰相张说对中书门下诸房僚吏的设置进行了规范，标志着唐代宰府僚吏体制的形成。唐亡后，建立于中书门下（政事堂）的宰相僚吏组织为五代和宋继承，成为北宋前期宰府僚吏制度的基本形式。

在宋代中枢政治机构中，宰府僚吏一职因其身份的限制，往往较为隐匿而未得在政治活动中多有显露，然在行政事务的实际运作中，因其上承下递的角色而发挥自己特有的影响。无论在北宋时期的熙丰新政，抑或南宋宰相专权时期，通过对宰府僚吏的设置、人事安排变化的考察和分析，对于该时期中枢政治的构成特点及朝廷上下内外诸多政策的实际推行情况，皆可借以获得更为深刻的认识。

自北宋初至神宗元丰中，北宋宰府僚吏在经历了中书门下五房堂后官、中书五房检正官等一系列的体制调整后，最终形成了三省制下的以左右司郎官为主要成员的宰属体系。这一变化的发生，是元丰官制改革的结果。尚书都省成为宰府，左右司郎官成为宰僚，实现了北宋统治集团用士人取代吏员充任宰属的初衷。这一目标的实现包含了两层含义。首先，宰府属僚最终完全的士人化，在文官士人充任这一职位的前提下，宰府僚吏政治地位实现跃升，成了中、高阶朝官的清选要职与进身之阶。这一点在本文对神宗、哲宗时期，任职宰属者的相关统计结果中表现十分充分。此外，宋廷使尚书都省属官成为宰属，将中书门下诸房这一唐六典制度外，只是伴随宰相办公地点的固定化而产生的机制纳入到三省制的框架中。从此，宰僚作为对两汉宰相辟举士人为掾史旧例的制度史意义的回归，活跃于两宋时期。宋人因此称呼左右司郎官（及南宋复活的检正）等宰僚为宰士，也即宰府之士。

南宋初，面临内外诸多军政事务亟待处理，出于集中事权，提高行政效率的需要，实现了中书、门下诚省的合署。其时，熙宁间曾经作为主要宰属的检正中书五房公事一职虽省罢已久，又以中书、门下省检正诸房公事的名称，恢复其行政监督的主要职能，并与都省左右司巧同构成了新的宰属体系。宰相在尚书都省以左右司郎官为宰僚，在中书、门下省以检正为宰僚。在专权宰相的背景下，宰僚与宰相存在着紧密关系，因而宰僚的任免受到宰相人事变动的影响也极为显著。终南宋一朝，持续面临的外敌威胁使宰相兼枢密使逐渐固定，宰僚事权扩张的另一出口在枢密院系统，机速房与宰府体系的融合是其突出表现。因而该时期宰府僚吏的诸多特点，无不与南宋的政治和军事形势密切相关。

【五代宋初军政职官制度与人事变迁研究】

刘　冲

唐末战乱频仍，“赏郡”观念流行，此即以地方州镇节度使、防御使、团练使与刺史职位作为统军将领相应军功的酬赏。州级长官则需按刺、团、防、节次序升迁。故而建梁前后朱温所任命的藩镇节度使中，武将出身者占绝对优势。末帝即位后试图对该结构进行改革，但收效甚微。朱氏政权灭亡后，后梁节度使群体被李存勖全盘接收。他采取以子弟亲信为节度使、由宦官出任监军架空藩帅等激进措施加强集权，却因侵犯代北集团等的利益而失败。明宗上台后废除上述政策，全面起用各集团人员，并通过整编禁军加强对地方与外敌的威慑以巩固统治。

由于“赏郡”观念及等级秩序等因素，禁军将领开始大量领有节防团刺衔，就节度使而言，其带职方式则分为遥领与兼领。此制一方面给予任职者以额外利益与荣誉，另一方面也可将其罢军职外放为实任节度使以保持皇权对禁军的控制。宋朝建立后，在禁军将领的人事调动上仍沿袭此一惯例。在制度上，则废除最高层级的军职，将统军者级别降低；设置马、步军都虞候等新职位，并将其纳入到禁军将领的升迁渠道中，不断增多迁转层级。这一进程由于战争等的影响，进展较为缓慢，在真宗至仁宗前期方形成“管军八位”的升迁次序。在此过程中，岁月序迁的因素逐渐超越了奖励军功的影响。与此同时，在禁军将领上层，五代时军职与所领节防团刺衔的严格对应关系也被打破，某一军职可带职衔的选项增多，提供给任命者更多的选择。节度使在缓慢退出地方统治舞台的同时逐渐虚衔化，成了边防统帅都部署的任职资格。

制度变迁与政治观念的背后，隐藏着皇权与军功集团既相互利用又互相斗争的关系，“赏郡”实际为两者之间的利益分割。军功集团在服务于皇权的同时，也努力通过集团内部政治联姻、提供给子弟良好出仕途径等方式维持家世，但随着皇权的抑制、自然的新陈代谢以及政治变动等，这种努力宣告失败。从后周起，皇帝着力于培养潜邸旧臣势力掌管朝政，以逐步取代旧军功集团人员；至宋朝时，前朝潜邸臣僚已然转化为旧功臣集团，成为新统治者的防范对象。太宗则对其幕府人员教以忠孝之道，绝对的君臣关系随潜邸政治的扩张而弥散于朝廷之间。仁宗时，随着士人的觉醒，新型士大夫崛起，加之旧臣人数锐减、皇帝年幼等因素，潜邸旧臣这股政治势力也逐渐退出政治舞台，北宋政治得到刷新。

【从内地到边郡——宋代扬州城市与经济研究**】**

何　适

扬州是长江下游以及大运河沿线的重要城市。唐、宋两个时期，扬州城市与区域经济的兴衰状况，形成较为明显的对照。宋代扬州的相对衰落，是唐宋之际以及两宋之际政治格局的变动所造成的，其中地理因素起着至为关键的作用。唐宋之际政局的变动，导致强化中央集权及削弱地方势力的需求不断增加。在这个过程中，地方政区的幅员往往呈缩小的趋势。宋代扬州的政区幅员与唐代扬州鼎盛时期相比，是后者西、北、东三面数个属县析出之后的剩余。政区幅员的缩小，削弱了宋代扬州城市与区域经济的地位。这种政区地理的变动，是比较唐宋两个时期的扬州一个不可忽视的内在因素。而两宋之际政治格局的变动，使得扬州从“内地”转变为“边郡”，成为当时南北政权对峙的前沿地带。这种军政地理格局的变动，相当程度上改变了扬州的城市属性以及区域的战略地位，使得南宋时期的扬州与北宋时期相比，经济社会呈现出相当不同的风貌。宋代扬州城市与经济的发展演变，就是在上述两个大的背景下进行的。

就城市而言，北宋时期，对地方城池建设不甚措意，扬州城池沿袭着五代末期的规模，并无大的更改。这与强化中央集权及削弱地方势力的总趋势是合拍的。南宋时期，扬州城池建设的次数与规模，都远远超过北宋时期，而孝宗朝的扬州修城举措最为突出，期间形成了宋代扬州的三城格局。这是南宋扬州城市属性以及战略地位的一种反映，同时也体现了南宋孝宗朝政治取向的特色，可视为“孝宗恢复”在地方社会的一种实际行动。就经济而言，宋代扬州虽然整体上较唐时的鼎盛为衰落，但在这种宏观认识之下，有三点需要特别注意：一、在两宋时期相对和平的环境里，扬州的经济呈逐步恢复与发展的态势。即便南宋时期扬州处在边境地带，其人口总数也仍然呈不断增长的趋势，甚至一度超过北宋时期的水平。这是扬州经济社会发展的一个重要表征。二、与扬州经济的相对衰落相对应，宋代真州经济地位的凸显，有一个历史的过程，并非一入宋便超过扬州，而且事实上也未取代扬州的经济地位。真州的前身只是扬州下辖的一个镇，其作为统县政区的存在，只是在宋真宗朝才最终定型。这种时间的区分，对于客观评估宋代扬州的经济状况，乃至于淮东整体的经济情状，都有实际的意义。三、南宋与北宋两个时期，扬州的军政地理环境发生重大的变化，这种变化影响到扬州经济社会的多个方面。若着眼于官方与民间的区分，则北宋扬州经济社会的发展，民间自由参与其中的程度要更高一些；南宋时期，官方调控扬州经济的举措更为频繁，而商人在扬州经济社会恢复与发展中的作用也更为引人注目。

博士后出站报告摘要

【宋代帝后像研究】

黎　晟

清乾隆十二年（1747）十月辛巳，清高宗弘历在内务府库中注意到一批继承自前明宫廷的历代帝后、圣贤与名臣画像“未经启视，尘封蛀蚀，不无侵损”，于是命将图像中“或有损缺，概令补缀完好，应重装者，即付装潢”。两年后，这些经统一装裱的画像大多被奉藏于整修一新的南薰殿中。乾隆作《南薰殿奉藏图像记》，刊刻于石，立于殿前。因而这批画像又被称为南薰殿图像。其中一批宋代制作的宋代帝后像是南薰殿图像中较早的画像。它们一方面可以作为讨论中国肖像画发展的对象；另一方面又是我们了解宋代帝后御容奉祀制度的重要图像证据。

本文尝试从艺术史与历史学两方面着手展开讨论。首先从南薰殿宋代帝后画像的图像考察出发，辨别其中的宋代图像，分析其与各类宗教偶像、家族祖先像图式的关联，考察其形制与功能；其次，对宋代帝后像奉安作整体考察，分析宋代御容制作与奉安行为背后的政治与文化动机；最后，展开对宋代御容奉祀制度的讨论。相关研究主要涉及以下几点：

一、南薰殿图像的成立、播迁与存佚

通过对史料的梳理，本文认为，作为现存南薰殿图像中最早的作品那批宋代帝后画像由宫廷制作。南宋覆灭后，元、明两代宫廷在庋藏这些图像的同时，还制作了本朝帝后像。最终这些不同时期制作的帝后图像被清廷继承，并于乾隆时期统一装裱藏于南薰殿中。

清末至民国初年，原本一直藏于深宫中的南薰殿图像不得不在各种政治势力与军事力量的影响下，分别经古物陈列所、国立历史博物馆、北平故宫博物院的保管与收藏，播迁、流离于各处，并最终散落于北京、台北两地。本文通过对这一过程的追溯，比对清代图目的记载，考察南薰殿图像的存佚与现藏地。

二、南薰殿宋代图像的鉴定

现存南薰殿宋代帝后图像计有挂轴29幅，帝后半身像册2幅。这些画像大小尺寸不一，有坐像、半身像与立像三种类型。本文通过对相关图像细节的逐一分析，认为这些画像并非如以往所认识的，全是宋代作品。如《宋代帝像》册与《宋代后像》册制作于明代。《宋太祖半身像》轴（白衣幞头，“赵太祖”款）、《宋徽宗半身像》轴、《宋宣祖坐像》轴、《宣祖后坐像》轴问题较大，也不应被视为宋人作品。余下制作于宋代的帝后像挂轴，按先后顺序，在画法与服制上体现出的某些演化痕迹，符合我们对于宋代美术史与服饰史的认识。图像尺寸与图式的差异也大致与宋代御容奉祀制度的变化相吻合。

三、南薰殿宋代帝后像的图像分析

针对南薰殿宋代图像的图式差异，本文分别从半身像、立像、坐像三个类型展开分析。这些图式渊源有自，功能各异。其中的半身像继承了唐代以来的写真像传统，有可能是作为制作像主正式画像的标准像。立像与坐像分别源于秦汉以来的立姿群像图式与早期的宗教偶像图式。本文注意到了这些宋代画像保持着较为统一的半侧面姿态，并详细考察了宋代各类夫妇对坐像、祭祀中的祖先像和各类家庭图像，认为立像与坐像具有明确的祭祀功能，且只有存在于一个由众多帝、后画像并存，或帝后像对挂的空间结构中才具有合理性。这将有助于我们还原这些画像可能的功能与展示方式。

四、帝后的相貌与肖像画

南薰殿宋代帝后像在像主相貌的刻画上表现出较大的差异。各种史料表明，宋人对于祭祀所用画像与像主的相似度上抱有较高的期望。但帝后画像除作为皇家子孙缅怀祖先的对象外，还作为皇权，甚至是帝国形象的代表。本文通过对写真像制作传统的分析，结合历代文献对帝王、皇后相貌的文字描述的讨论，认为现存的宋代帝后画像在尽量忠实面容特征的基础上，还杂糅了当时的相术理论、宗教造像的某些特点，体现了宋代肖像画的风格特征。这在一定程度上满足了宋人对于帝后形象的想象。其中某些图像细节还透露出当时政治生态的影响。

五、帝后像的类型与制作制度

制作帝后像有着久远的传统。制作前朝帝后像多与先秦时期出现的圣王崇拜传统有关，突出规鉴目的。而制作本朝帝后像始于南北朝时期，唐代始有系统制作当代帝王像的记载，其样式与功能不一。这些本朝帝后像或被制作为宗教偶像样式，以神化皇权；或被制作为祖先像，用于皇家祭祀；或表现帝后的日常生活，来满足宫廷生活的需要。史料中也留有不少宋御容制作的记载。通过对文献的梳理，本文认为，祭祀所用御容的制作较为严格，通常有宫廷图画院画师的参与。北宋前期由工部和内侍省共同负责。哲宗、徽宗时，又由太常寺总管，工部与内侍省差官共同负责。南宋时由礼部与太常寺详定礼例后，由都大主管官按样制作。

六、帝后像的奉祀

宋代的帝后像被奉安于从中央到地方的寺观、皇家的宫殿和馆阁、皇家宗亲宅的神御殿中。其奉祀制度也日趋严密。除接受日常的奉祀之外，部分神御殿中的帝王像还成为国家祭祀的一部分，在国忌日行香。本文通过文献的梳理，详细考察了宋代各个时期神御殿设置、宋室南渡时御容南迁情况、南宋重建御容奉祀的过程。讨论了神御殿设立过程中君臣在现实政治、礼法观念与亲情人伦的矛盾冲突下的权衡与变通。在附录“两宋神御殿考”中还逐一考辨了两宋各神御殿的立、废过程，以及奉安其中的帝后像的情况。

综合而言，本文认为，古人通过种种圣君贤臣像、孝子烈女像、宗教神像、祖先偶像等画像，在文字之外，用图像完成了对于历史、宗教神系与家族历史的构建。南薰殿宋代帝后像作为现存较早的，当时制作的肖像画作品，展现了中国传统肖像画制作的观念。作为祖先像，又体现了宋人祖先图像的图式结构与空间展示方式。而作为帝后像而言，它的性质是多重的。宋代众多的神御一方面指向了皇室的祖先。作为当朝帝后的先父、先母，他们受到帝王家人礼的祭祀。我们看到，天章阁、钦先孝思殿之类宫殿馆阁中的帝后像多是帝后并列张挂，形成一朝帝后的家世系统。这与墓主夫妇像、卷轴画中的父母像的结构基本一致。另一方面又指代了治统的脉络。作为当朝帝王先帝的象征，它们证明了当朝帝王统治的合理性。我们看到，在景灵宫、会圣宫与应天禅院中，先帝们或按在位的先后顺序排列，或列于圣祖赵玄朗两旁，展现了一个神圣的治统序列，暗示了当朝帝王是这一脉络的延续，并最终会进入这一神圣的脉络中。宋之后的元明清各朝，也妥善保管了这些前朝帝后图像，它们又成为帝统与道脉的代表，得以继续发挥它们礼仪象征物的价值。

第七篇

海外研究动态

2014年日本的五代宋元史研究*

[日] 井黑忍撰　蔡春娟编译

回顾2014年的五代宋元史研究，可以看到与往年一样，今年的热点仍然在国际关系及海外交流方面。同时，对宋代的国家统治，尤其是北宋末年政治状况的研究热情及力作也值得关注。

国际、外交。古松崇志《契丹与宋之间的国信使与仪礼》（《东洋史研究》73—2）指出，虽然契丹与宋朝两国在名义上是平等的，但从对待国信使的仪礼与接待上，可看出宋朝对契丹方存在让步。藤野月子《对契丹与中原王朝婚姻外交的认识》（《史渊》151）认为，名义上的亲族关系与实际上有无婚姻关系是两回事，对契丹来说，向宋朝试探婚姻，是为了达到增加岁币的目的。渡边美树《契丹的西方政策与对宋形势》（《史草》55）对以往主要着眼于辽宋两国外交的研究提出了疑义，认为应同时考虑与吐蕃诸部的关系。关于这个问题，主张重新认识“册封体制”论、“东亚世界”论等框架概念的广濑宪雄在《古代日本外交史》中也已指出。今后我们应该关注这个课题。丰岛悠果《金朝的外交制度和高丽使节》（《东洋史研究》73—3）以金接待外交使节的制度为基础，通过解读1204年32名高丽使节留存的文章，复原了他们的行程。

池田荣史《东亚蒙古入侵相关地区资料集》（平成23—27年度科研费报告书）对于蒙古帝国及与其出征日本这一事件有关联的中国、韩国及日本的相关遗迹进行了实地调查，汇集为此报告书。服部英雄《蒙古袭来》（山川出版社）多关注考古发掘成果、《蒙古袭来绘词》等日本方面的史料。中村和之《北来的蒙古入侵》（《历史和地理》677）指出，蒙古帝国并未将日本列岛列入其东北亚政策范畴内，而是要确立在阿姆河下游流域及萨哈林岛（元时称骨嵬，即今库页岛）的统治体制；他的《中世纪及近代的阿伊努论》（《岩波讲座：日本历史20》）将13至18世纪阿伊努的居住地变迁与元明交替以及土木之变后明朝势力衰弱等政治变动联系起来考察。山内晋次《东亚海域论》（《岩波讲座：日本历史20》）以人、物、文化情报的变动为切入点，探讨了9世纪后东亚海域的历史动向，并通过与东南亚海域和印度洋海域的比较研究，展示其特性。

宫纪子《江户时代出土的博多圣福寺银锭》（《东方学研究论集》日英文分册）列举了元禄、享保年间在博多圣福寺墓地出土的金银锭、铜权等，考察了蒙元末期有关银锭铸造、管理等相关问题，并指出出土地点可能是博多纲首谢国明子孙的墓。伊藤幸司《海域网略中的五山》（岛尾新编、小岛毅主编《东亚的五山文化》，东大出版会）探讨了五山禅僧的交游网络以及由他们担任的中世纪外交角色等问题。高田时雄《保留八思巴字刻文的须弥山研墨》（《关西大学东西学术研究所纪要》47）通过解读关西大学图书馆内

---

* 本文原载《中国史研究动态》2016年第2期。

藤文库所藏研墨中八思巴字刻文，认为这是某人用八思巴字作装饰文字的产物，它可能是明代以后的物件。木下尚子《陶瓷贸易所见10至16世纪琉球列岛与中国福建及台湾的关系》（《熊本大学文学部论丛》105）通过对出土遗物及遗址的分析，指出以13世纪中期为界，瓷器进入琉球列岛的路线发生很大变化。13世纪中期以前，瓷器是由九州经北线进入琉球，而13世纪后期到14世纪前期，福建闽江一带所产瓷器经由先岛诸岛经南线进入琉球。高野绘莉香《黄山谷跋、李公麟画〈五马图卷〉的传人》（《史观》171）通过搜寻与书画作品的题跋、鉴藏印有关的宋代文人的随笔、著录文字，解读了李公麟《五马图卷》相关问题。

政治、军事。山根直生《藩镇再考》（《七隈史学》16）指出，唐后期因为具有极强时代性的军阀被看作藩镇，于是本来存在于一定地域的“藩镇”与藩镇体制这一用语都被普遍化了。这一观点，在以藩镇研究为毕生事业的栗原益男论著《唐宋变革期的国家与社会》中并未提及。森部丰《8世纪中期至10世纪的北中国政治史与粟特人》（《粟特人与东欧亚大陆的文化交流》）从新出墓志等材料入手，探讨了“唐宋变革”时期对中国历史的展开起的重要作用，又探讨了对欧亚大陆东部带来极大变动的粟特系武士的活动及其历史作用。松本宝宣《唐末五代前期的朝仪》（《立命馆东洋史学》37）指出，在五代，皇帝有意通过仪礼抬高原本低下的权威，整肃君臣关系，在此基础上，五日一次的朝拜制度才确立起来。

山根直生《唐宋两朝的地理样态与边界》（《史学研究》285）从唐宋时期州等差的观点，比较宋辽间与宋越间的边界。青木敦《“地狭人稠”与“地旷人稀”》（渡边节夫编《近代国家的形成与种族》，劲草书房）认为，宋朝的统治体制，一方面是针对土地、人口比率存在巨大差异的不同地区产生的社会问题，尝试用那个地区特有的方法来解决；一方面是以个别地域性的问题为背景来制定全国性的政策。他在《宋代民事法的世界》（庆大出版会）一书中收入的诸论文，其实证积累与超越时代、地域问题的定位，也支撑了如上论点。藤本猛《风流天子与“君主独裁制”》（京大学术出版会）从徽宗与蔡京的关系中描绘出一幅新的宋代历史像，指出我们可以看到“君主独裁制”中君主的主体性。小林隆道《宋代的赐额敕牒与刻石》（《碑铭研究》2）关注石碑上所刻官文书的物质性，他从形态、表现手法的变化等方面入手，认为徽宗朝出现了一种新的倾向，即此时人们除关注刻石外，还力图保存原文书，可以说徽宗朝是一个转折期，其背景在于来自官民双方的意愿。小林晃《南宋后期两淮防卫军的统制政策》（《历史学研究》923）认为依靠浙西和籴的发运司体制，及因公田法的施行而将公租米作为两淮防卫军的军粮等措施，实现了安定供给，抑制了军阀化倾向。尤东进《〈宋史·兵志〉评价及其“史源”》（《早稻田大学大学院文学研究科纪要》59—4）提出了《宋史·兵志》的问题加以探讨。齐藤忠和《宋代募兵制研究》（勉诚出版）从制度层面和社会方面对宋代军队进行了考察。

吉野正史《“耶律、萧”与“移剌、石抹”之间》（《东方学》127）将契丹姓汉字表记的变化与金代政治史联系起来考察。吉本智慧子《契丹女子命名习俗再考察》（《立命馆文学》638）对以往研究提出了疑义，认为契丹人的名和姓依据契丹文字音韵复原可知，契丹人使用“萧”这个汉姓，并不是取代与耶律氏通婚的氏族。同氏《五体合璧夜巡牌女真大字考释》（《立命馆语言文化研究》25—2）解读了畏吾儿蒙古语、八思巴字、阿拉伯文字、女真大字、汉字五种文字合璧的夜巡牌，指出这面牌符可以证明元代东北地区的女真人仍在使用女真文字。毛利英介《契丹令史蔡志顺》（《关西大学东西学术研究所纪要》47）指出，蔡志顺具有皇帝及国家财产、仓库管理人的身份，当时与皇帝亲近的、隶属关系强的汉人都具备契丹口语及写作能力。关于契丹陵墓的研究，武田和哉等《〈依据数字存档技术对契丹国历史考古语言资料的复原研究与集成〉研究班2013年研究活动成果报告》（《大谷大学真宗综合研究所研究纪要》31）收录了实地考察辽代佛塔、辽墓壁画中的乐器、出土陶瓷器、辽河流域的辽代城址及陵墓等的论作。渡边久等《〈混一疆里历代国都之图〉的历史分析》（平成23—25年度科研费报告书）在龙谷大学藏《混一图》的数字保存、修复与复制工作的基础上，对海域、非洲、阿姆河中下游流域、蒙古高原等进行了考察，并对龙谷本的制作年代进行了推测。樱井智美《蒙古时代的济渎祭祀》（《明大亚洲史论集》18）从国家祭祀的角度考察了蒙古时代“奄有四海”的认识。松田孝一《〈岭北省题名记〉的复原》（《13、14世纪东亚史料通信》23）将在蒙古国哈拉和林新发现的碑文断片与已知材料结合，复原了该碑，暂且定名为《岭北省题名记》。

松井太《关于敦煌诸石窟的畏吾儿语题记铭文札记（二）》（《人文社会论丛》人文科学32）认为蒙古时代在畏吾儿佛教徒中流行的文殊信仰、五台山信仰与巡拜，可能是受到了藏传佛教的影响。中田美绘《沙陀的唐中兴与五台山》（《日本古代中世的佛教与东亚》）认为，沙陀为了彰显统治中原的正统性而保护五台山，五台山方面也在唐灭亡后将沙陀政权视为新的庇护人，而与之积极结合。藤原崇人《旃檀瑞像的迁转与10—14世纪欧亚大陆东部的王权》（《日本古代中世的佛教与东亚》）认为，作为释迦牟尼分身的瑞像具有真人性质，故能保障政权的正统性，这种认识虽经时代变迁但被传承下来，历代统治者为了否定旧体制、构筑新体制，往往在政治上利用瑞像。作者利用图像的空间配置法进行的研究极具说服力。乙坂智子《元代汉族官员针对崇佛的奏谏》（《横滨市立大学论丛》65—2、3）认为，对汉族儒士而言，崇佛的奏谏不过是关注士人社会的评价而已，而对蒙古统治者来说，崇佛是自身超越宗教和理念的普遍绝对存在。

法律、经济、社会。青木敦《地方法的蓄积及其法典化》（山本英史编《中国近世的规范和秩序》，研文出版）认为，在南宋初期，因原有中央政府文件丢失于战乱，在重新构建法律体系时，只能依赖于胥吏的记忆和存于地方的文献记录，如此地方特有的文化、习惯则被编入法典。大泽正昭《南宋判语所见地方实力者和豪民》（山本英史编《中国近世的规范和秩序》，研文出版）通过考察南宋判语，认为对于官府来说，地方实力者和豪民在推行地方事务中起了妨碍作用，而对于地方民众来说，豪民等承担地方公共事务，部分取代了“共同体”的作用，维持了基层社会的再生产。他的《江西北部历史调查报告》（《上智史学》59）实地考察了《清明集》中所描绘的土地，探讨了判语所依据的地理、人文环境。小林义广《北宋末南宋初吉州士人家族与地域社会》（《名古屋大学东洋史研究报告》38）以王庭珪为主线考察了北宋末南宋初吉州统治秩序再建的过程。

岛居一康《唐宋时期经济史研究的现状及课题》（《为了新历史学》285）总结了20世纪唐宋经济史研究的状况，主要对自己的研究给以定位，及介绍了自己的课题。市村导人《从土地生产力概念所见中国水稻种植》（《东方学报》京都89）针对此前农业史领域重视的集约型农业技术，建议应重新认识以维持和提高土地生产力为目的的“省力型”农耕技术。作者提出了一个全新的观点，但也不能否认其论证不足。松泽博《西夏文贸易契约文书集（一）》（《东洋史苑》82）对《俄藏黑水城文献》中用草书西夏文记载的贸易契约文书进行了解读，例如与普渡寺有关的契约文书，仅仅一个月的记载就能整理出

64条史料以及由此导出的考察结果，光是研读史料花费的时间和精力就不由得让人产生敬意。盐卓悟《唐宋时期的夜市》（《东洋史研究》73—2）认为夜市的起源可以追溯到汉代，并从其与夜禁的关系入手，分析了汉代型、唐代型、宋代型夜市各自的特点。陈涛《唐宋时期制墨业重心南移补论》（《明大亚洲史论集》18）将考古资料与文献史料结合考察，认为唐中期以后南方制墨业开始发展，五代十国时期发展加速，到北宋中期制墨业重心由北方转移到江浙地区。

久保田和男《开封废都与临安定都》（新宫学编《近代东亚比较都城史的诸相》，白帝社）将文书行政、祭祀等首都机能离开开封视为“废都”，文章展示的废都过程，使我们得知作为一个首都应该具备的机能和应有的姿态，且文章从“消失”过程中体现价值的方法论极为明显。久保田《宋都开封的旧城与旧城空间》（《都市文化研究》16）着眼于皇帝、官僚与庶民的关系，通过考察在信息灵通的开封旧城举行的祝祭及其仪礼，认为其与隋唐时期长安的皇城有着类似性。高桥弘臣《南宋临安的粮食问题》（《爱媛大学法文学部论集》人文学科37）从临安的粮食问题入手，考察了因战乱流民流入长安、浙西路天灾、粮食供应量减少而引起的饥荒，及官府施行的支米、施粥等赈济政策的具体内容。山崎觉士《宋代明州城的都市空间与楼店务地（下）》（佛教大《历史学部论集》4）以绍兴年间经界法所定官有地的等级基准，把宝庆、开庆年间的状况重叠考察，复原了宋代明州城的都市空间。但是该论证忽视城市百年间的变迁，难以成立。渡边健哉《元大都的形成过程》（《近代东亚比较都城史的诸相》，白帝社）指出，元代将金中都与元大都两城合一形成新的都市空间，金中都的存在限定了大都城的开发方向，导致北部土地未开发。

船田善之《蒙古时代华北地域社会命令文及其刻石的意义》（《东洋史研究》73—1）注意到命令文的刻石立碑行为源于其自身是令旨，地方社会的宗教事务依靠蒙古诸王、地方官、道士互相协助推进，有的文书完全没有遵守中央政府规定的书式，这表明了蒙古帝国的分权体制，以及诸王兀鲁思具有一定的自立性。饭山知保《蒙元统治与晋北地方精英的变动》（《碑铭研究》2）分析了《定襄金石考》所收碑刻资料中地方精英家族的关系、出仕道路等，指出辽宋金三代精英家族具有连续性，而到蒙古时代断裂。村冈伦《从石刻史料探究探马赤军的历史》（《西域历史语言研究集刊》7）指出，蒙古时代屯驻在征服地的探马赤军，定居后与汉人联姻，随着逐步的融合、杂居，逐渐也从事农业、畜牧业生产。

思想、宗教。小岛毅《宋代经学与政治》（小南一郎编《学问的样貌》，汲古书院）从《尚书》与《毛诗》的文言解释比较了王安石与朱熹的经学思想，认为他们的经学思想都与政治密不可分，在宋代经学的新潮流中都占有重要地位。王国尧《中唐儒学复兴运动与晚唐五代文学》（《明大亚洲史论集》18）对晚唐五代时期儒学低迷不振的情况进行了考察。鹤成久章《〈四书纂疏〉所引朱子学文献》（《中国中世文学研究》63、64）分析了赵顺孙撰《四书纂疏》所引朱熹著作、语录及后学的著作等，明确了其中的史料价值。福谷彬《〈资治通鉴纲目〉与朱子的春秋学》（《东方学》127）认为朱熹直书事实，再加上自己的毁誉褒贬，明显是继承了传统的春秋学，《资治通鉴纲目》即其春秋学的成果。新田元规《程颐、朱熹在祖先祭祀案中身份的含义》（《中国哲学研究》27）认为朱熹的道德修养论，理论上具有将万民视为礼的实践主体的普遍性，实际上是具有特殊性的，因为他采用了在庶民中不可能实施的“宗子法”，这就将礼的主体限定为读书人阶层。近藤一成《到底文天祥因何而死》（《早稻田大学大学院文学研究科纪要》59—4）认为文天祥之死，与侠士交往及与弟弟分担忠孝的观念都有关系，并指出今后要关注文天祥狱中笔记的流传、文集编纂等课题。汤浅阳子《“众乐”及其变奏》（三重大《人文论丛》31）发现了北宋中期从欧阳修时代到苏轼时代地方官情趣的变化，认为地方官游乐、闲居的情趣，逐渐由与民共乐的“众乐”向私人的精神满足转移。大木康《宋真宗的“劝学文”》（《大东文化大学汉学会志》53）追寻了极具实际意义和功利性的“劝学文”假借科举改革者宋真宗之名流传的过程。鹤成久章《中国近代的书院与宋明理学》（《学问的样貌》）认为，举业是为人的学问，而讲学是为己的学问，无论朱子学还是阳明学，都是学问的生命。大岛立子《元朝儒学理念的渗透与教育》（《中国近世的规范和秩序》）认为元代社学的设立，是对非读书人阶层也进行家族理念、家族法渗透教育的机会。

荒见泰史《九、十世纪中国斋会的兴盛与十王信仰》（国立历史民俗博物馆、松尾恒一编《东亚的宗教文化》，岩田书院）认为，8世纪中叶，伴随着唐朝中央权力衰弱，地方新兴地主阶层及节度使等武人层成为佛教的依赖，十王信仰等扎根于乡村的地域信仰，以及以庶民阶层为对象的斋会兴盛起来。山田俊《宋代〈阴符经〉的接受》（《东方宗教》123）认为北宋作为行为准则的《阴符经》，到南宋成为炼丹文献，这种流变从宋代撰述的《阴符经》诸注释之间的相互关系及系统可以得到证明。松下道信《〈还丹秘诀养赤子神方〉与〈抱一函三秘诀〉》（《集刊东洋学》110）认为，萧应叟受张伯端性命说影响，所著《度人经内义》介于南宋许明道《养赤子神方》和元朝金月岩《抱一函三秘诀》之间，并探明了以南宗为首的内丹道诸派与全真教融合的过程。王燕萍《关于宋代巫觋研究的问题及可能性》（《都市文化研究》16）认为宋代废太卜署，巫觋信仰与官僚制度剥离，渗透到民间社会和人们的日常生活中。作者还从巫觋信仰的状况及其在信仰体系中的地位等方面对以往的研究进行了梳理。

罗翠恂《唐宋时期四川地区的千手千眼观音菩萨像》（《明大亚洲史论集》18）追踪了四川地区千手观音的年代分布及图像、形式的变化，认为四川地区的千手观音以《千手经》系统的变相图为主流，通过《大悲咒》与禅宗结成一体。吴道玄的佛画真迹早已失传，大原嘉丰《五代到宋初佛画中吴道玄样式的展开》（《佛教联结的亚洲》）对吴道玄佛画样式的形成和展开过程进行了讨论。认为吴道玄以墨线为主体，略敷淡彩于墨痕中的作画技法，以及使用绢为作画底材，达到了减少颜料使用以节俭费用和简化工程以削减人工费的效果，这与五代宋初佛教盛行政策相吻合，促成了大规模的建寺与寺观壁画制作的流行。希望作者以后能进一步关注受吴道玄样式影响而在寺观墙壁上全景构图的“华北系佛画”，以及美术的地域性问题。

展望。下面三篇论文对我们思考今后的研究方向大有启示。宫纪子《蒙古王族与汉人技术主义集团》（《学问的样貌》）、石野一晴《杨贵妃观音的源流》（《佛教联结的亚洲》）、饭山知保《一个唐兀家族的规范与礼仪》［《亚洲学刊（Asia Major）》27-1］。

宫纪子的论文认为，在金末技术主义高涨基础上，蒙古国初期华北地区又进一步接受、吸收伊斯兰科学技术，并创造出一些科技成果，这些知识又通过入元僧人传到日本。这里让人吃惊的是传导这些技术的主导者。花剌子模人牙老瓦赤父子及蒙古王族中人通过建立学校、培育人才，将伊斯兰科技传入蒙古，在这个过程中他们扮演了庇护者的角色。另一方面，许衡、刘秉忠等旧金出身的汉人参与政权中心的最初身份是医者、占卜师等，因而可以想象当时在华北地区存在着一个汉人技术主义集团，他们具备着强大冲击力，足以改变儒学、中华等表象掩盖下的旧知识体系。

石野一晴的论文从京都泉涌寺的杨贵妃观音入手，关注中国观音女性化的问题。他从北宋时期以汝州香山为舞台出现的妙善传说开始，讨论了南宋时期其经由杭州传到日本的过程。这并不是一个新颖的话题，然而作者仔细审读已有史料，发现流传过程背后隐藏的诸如对南宋时期记忆的模糊，以及金元时期迂回曲折的复兴之路。不仅填补了以往研究的空白，且超越了以往成果。文章还指出妙善传说经金朝唐国公主和元朝韩道生得以复活，江户时代朝廷的女性在支持观音信仰中起了重要作用。

饭山知保的论文通过分析河南濮阳西夏唐兀氏后裔杨氏一族所藏《述善集》及其乡约等内容，探寻了14世纪至今少数民族汉化的过程。认为在元明交替的重要转折点，蒙古时代杨氏祖先留下的文化遗产成为这个家族再次凝聚在一起的核心精神，家族中的进士重新彰显了祖先的事迹，稳固了自身的士人地位。《述善集》在其编纂、继承过程中留存的凝聚唐兀家族的核心内容并不是一成不变的，而是按时代需求灵活变更。这似乎有了“民族”概念的意味。

综观以上三篇论文，其共同点是切合了近几年重视宋元时期华北地区研究的趋势。然而，若研究仅限于宋元华北地域，就难以看到宋元时期诸现象与其他朝代的联系，以及华北地区与其他地区的关系。但是，以上三篇文章很好地解决了这个问题。作者把宋元时期放在一个长时段和广阔空间，来论证时代现象及其在历史发展中的地位，不仅将欧亚大陆、中国、日本从空间上联系起来考察，且在时间上一直延伸到现代，如此，宋元时期华北地区的重要性就显现出来了。若要进一步深化研究，还要与前朝，即宋代华北地区社会史的研究结合起来，尤其是有关民族、学术、宗教等问题，就更有必要与地域社会的状况联系起来考察。我们要在已有政治、制度史研究丰硕成果的基础上，通过踏实的实证研究，一层一层剥开重重表面，有意识地去揭开隐藏在现象背后的实质。

本文编译自日本《史学杂志》第124编第5号《2014年的历史学界》

第八篇

宋代遗存

考古发现与研究

南宋临安城太庙建筑遗址复原探讨*

李 祯

南宋自建炎元年（1127）康王赵构于应天府（今河南商丘）即位，至德祐二年（1276）元军侵入临安（今浙江杭州），临安作为南宋的都城，有一百三十八年的历史。① 太庙是帝王祭祀祖先的宗庙，其规模和形制仅次于皇宫大内。据文献记载，南宋太庙始建于宋高宗绍兴四年（1134）②，后屡经扩建与修缮。1995 年初开始，在杭州市上城区紫阳山东麓陆续发现了南宋太庙东围墙、东门门址及大型夯土台基等遗址。紧邻南宋太庙遗址北部和南部的是南宋三省六部遗址，其北部偏西是南宋临安府治府学、恭圣仁烈皇后宅遗址，北部偏东是南宋德寿宫遗址，南部偏西是南宋临安皇城遗址。这些建筑遗址的发现，为研究南宋历史、杭州城市历史及南宋官式建筑营造制度提供了重要实物依据。而南宋临安城太庙遗址，以其突出的考古价值、历史价值和艺术价值，被评为 1995 年全国十大考古新发现之一。

一 考古发现

1995 年 5—9 月、1997 年底—1998 年 2 月，杭州市文物考古研究所在中山南路西侧太庙巷以北、察院前巷以南的区域先后进行了两次考古发掘，发现了一组南宋时期的大型建筑遗址。其中，东围墙遗迹 Q1，门址 M1，砖铺道路遗迹 L5，房屋基址 F4、F5，室外砖铺地面 D1、D2、D3，散水 S1，排水沟 G1、G2，砖砌结构 Z1 等，被推断为南宋太庙遗址（见图 1③）。两次发掘较为重要的收获是东围墙遗迹 Q1、东门门址 M1、砖铺道路遗迹 L5、大型房屋基址 F4 和 F5 的发现。

东围墙遗迹 Q1 位于整个发掘区的东部，揭露长度约 80 米，围墙基础宽 1. 9 米，墙身厚 1. 7 米，残高 0—1. 1 米，全部用规则条石错缝砌成，墙内用石块及黄黏土填充。围墙内置散水沟，外侧为南宋御街。这一发现为太庙的东界线确定提供了一个重要依据。

东门门址 M1 位于已揭露的东围墙北段，门道宽 4. 8 米。门址内有一门槛基槽，其南侧平置一长方形柱础石，北侧柱础无存，说明原建有门楼。门道内有一向西延伸的道路 L5，其宽度略大于门址，约 5. 55 米（见图 2④）。从门址的宽度和位置来看，M1 应该不

---

* 本文原载《华中建筑》2016 年第 11 期，此次发表略有修改。

① 绍兴八年（1138）宋室南迁，定都杭州，改称临安府。

② （宋）潜说友：《咸淳临安志》卷 3《太庙》：“太庙，在瑞石山之左，绍兴四年诏守臣梁汝嘉造，用太常少卿江端友之请也。”

③ 图片根据杭州市文物考古所《南宋太庙遗址》（文物出版社 2007 年版）改绘。

④ 同上。

是太庙的正门。

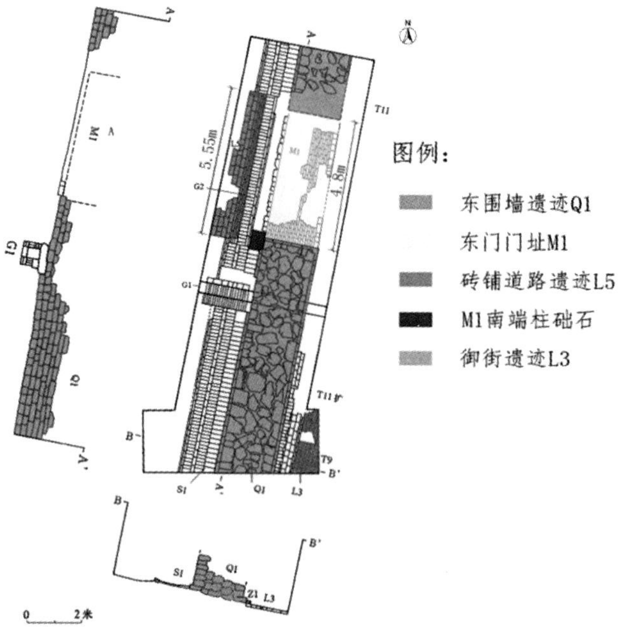

图1 南宋太庙遗迹分布

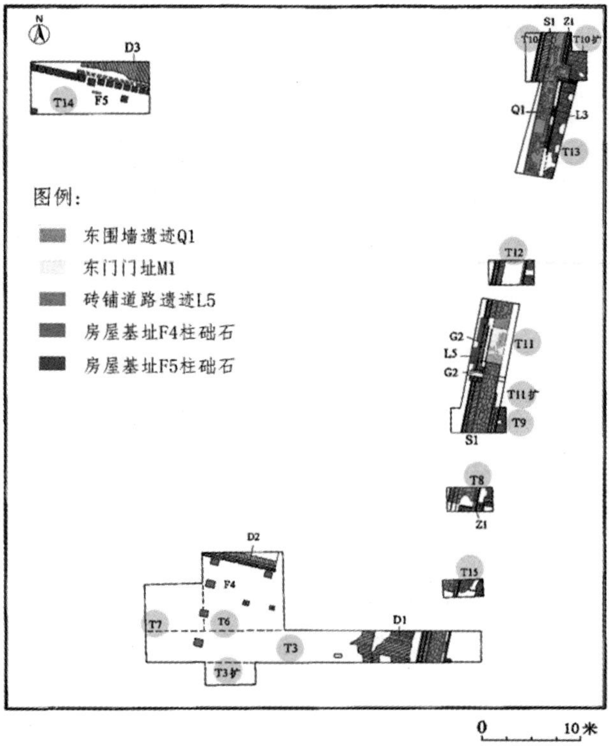

图2 T9、T11、T11扩内Q1与L3平剖

房屋基址 F5 位于发掘区中部偏北，仅发掘其局部遗迹，面积约 105 平方米。房屋基础为一大型夯土台基，其北侧发现后檐墙基础一段，近东西向，揭露长度 14.8 米，并向东西延伸。该墙基建造方式独特，系用 15 块大小不等的方形柱础石平置，柱础石间留有 20—28 厘米不等的空隙，空隙处以长方砖侧砌嵌实。墙基北侧用长条砖包砌，宽约 0.45 米，外侧接砖面，从铺设方式来看，应为室外砖面（见图 3①）。从 F5 发掘的位置和建筑构件的大小来看，应为太庙的主体建筑，推测为正殿。

发掘区域东南部另发现一房屋基址 F4，揭露面积约 250 平方米。夯土台基北侧发现了东西向的砖墙基础，残长 9 米，厚 0.33 米，长方砖侧砌而成，相当规整，视为后檐墙，砖墙外侧再以平砖包砌，外接砖面。紧靠后檐墙基础内侧发现两柱础石 1、2 号，其中 1 号柱础石稍大，边长大于 74 厘米，它们中心点的间距为 6 米。台基中部另发现两规格较小的柱础石 3 号和 4 号，它们之间的间距为 3.45 米。在 1 号柱础石的南部发现 3 个纵向排列的柱础坑，编号为 5、6、7 号，大多长 120 厘米、宽 110 厘米、深 45 厘米（见图 4②）。从这些数据看，该建筑规模小于太庙正殿，其性质当属太庙的附属建筑。

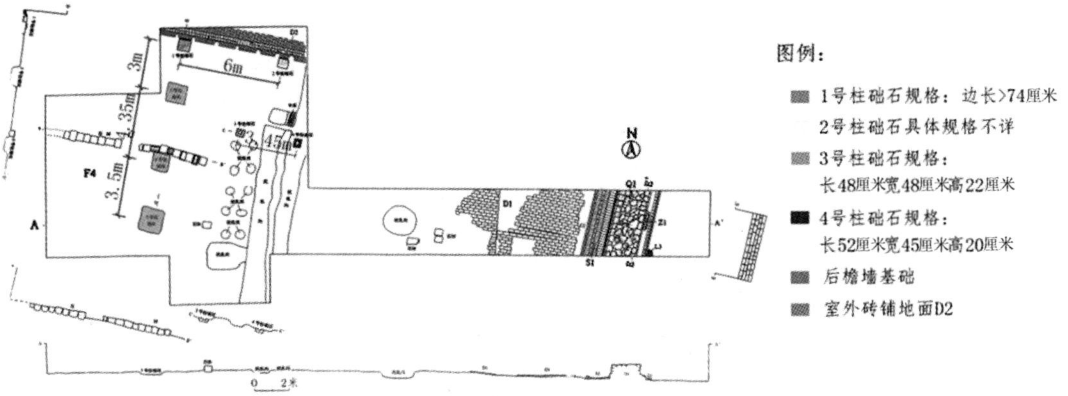

图 3　T14 内 F5 及 D3 平剖

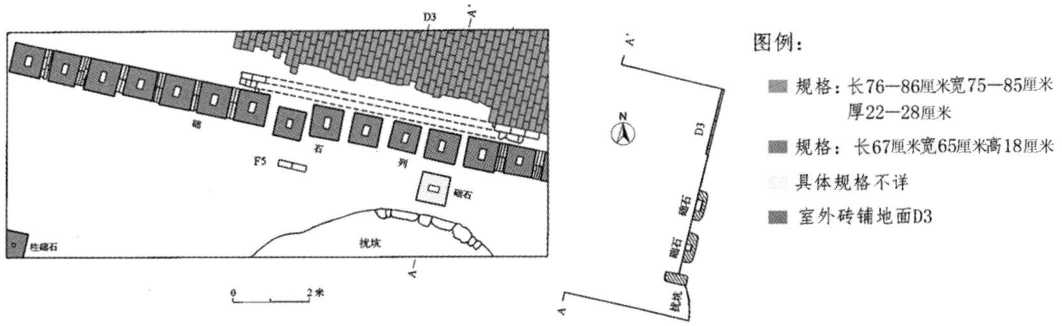

图 4　T3、T3 扩、T6、T7 内南宋太庙与御街遗迹

① 图片根据杭州市文物考古所《南宋太庙遗址》（文物出版社 2007 年版）改绘。

② 同上。

二 建制始末

除考古发掘资料外，历史文献亦为南宋临安城太庙的复原提供了依据，通过相关文献的梳理分析，对太庙的历史沿革有一清晰的认识，试图进一步还原其真实的历史风貌。现绘制历史文献记录表1如下：

表1 文献记载太庙建筑情况

序号	时间	文献出处	内容	备注
1	绍兴四年（1134）	《咸淳临安志》卷3《太庙》	太庙，在瑞石山之左，绍兴四年诏守臣梁汝嘉造，用太常少卿江端友之请也	始创
	绍兴五年（1135）	《中兴礼书》卷95	闰二月二十一日……依庙制合设四神门外，更置棂星门两重，今来止修立棂星门，即未有神门，欲乞将西壁屋五间内那三间修做南神门，余两间依旧	
2	绍兴十年（1140）	《中兴礼书》卷95	正月八日，知临安府张澄言：缘今太庙殿室东西止阔七丈二尺，南北止深三丈一尺。本府今相度与太庙殿两次间各添展一间，各阔二丈六尺，通本殿身共七间。及于殿身前檐五间，各添插一椽，高一丈五尺。并于殿后将新添二间与旧殿屋五间共七间，各添插两椽，通阔一十二丈四尺，深六丈。其后面两稍间转角高与旧屋难以一平，微显两重檐槽，用护缝板订接殿椽，遮影造作，即依得建康府太庙殿室地步丈尺	正殿扩建为七间
3	绍兴十二年（1142）	《宋会要辑稿》礼一五之一八	五月二十六日，礼部、太常寺言：太庙殿室之后修建别庙，安奉大行皇帝（后）神主。欲于见今太庙北墙外展套地步九丈，可以修建别庙殿室三间。其合修筑墙，并修立别庙南棂星门，及修砌班道等，并乞依图本修筑安立。兼依大观二年建置别庙礼例，系各置神厨并斋舍，遇祭享，各差行事官。缘太庙别无地穿，欲就用太庙神厨、斋舍。从之	向北扩展，增建三间别庙殿室，且修筑围墙，置别庙南棂星门
4	绍兴十三年（1143）	《宋会要辑稿》礼一五之一八、一九；礼二之七、八	九月十八日，上曰：太庙窄隘，宿斋处与神御殿逼近，人迹喧杂，行礼不肃。可令展套地步，添盖宿斋处所	向东北扩展，增建斋厅
		《宋会要辑稿》礼二之七、八	九月二十一日，礼部侍郎王赏等言：已降指挥，太庙斋居逼近庙室，致有喧杂，令礼部、太常寺同临安府相度地步增展。寻相度到太庙斋厅后隔墙南省仓内有敖四间，及傍有空地，若拆去敖屋，其地南北九丈、东西十一丈，可以将见今绞缚厅移那向后，兼北墙与别庙后墙一齐	

续表

序号	时间	文献出处	内容	备注
5	绍兴十六年（1146）	《中兴礼书》卷95	四月二十二日，礼部、太常寺言：……今见正庙七间，通设祖宗神主。置于安设礼器，地步狭窄。今相视西向墙内有地一十余丈，欲从西增建六间，通一十三间，为十一室，东西两间为夹室，以称严奉。兼见今太庙未有东西廊室屋，欲乞增盖廊庑及西神门，以应庙制 五月十五日，礼部、太常寺言：两浙转运司申，奉旨增修太庙，所有创盖祭器库屋五间，及摋移妨碍册宝殿三间未有地步。契勘得省仓屋三间，东西阔九丈，南北长一十丈，正在太庙地步北壁中。若行展套，可以随宜修盖。……除合展套西南角，今见墙外行路两丈，充行事官随宜过往道路外，有力斜照直妨碍近北东西两丈五尺不需展套，可以随宜摋移修盖神厨等屋	正殿向西扩展为十三间，增建东西廊、西神门；向西北扩展，增建祭器库、册宝殿
		《宋会要辑稿》礼一五之一九	八月十五日，礼部、太常寺言：两浙转运司奉旨增修太庙殿室、廊庑、神门。先相视到墙内地步，充添盖殿宇外所有创盖祭器屋六椽、库屋五间，及摋移妨碍册宝殿三门，亦未有地步。今看详，欲依两浙转运司相度，展套省仓屋三间地步，东西阔九丈，南北长一十丈	
6	绍兴十九年（1149）	《宋会要辑稿》礼一五之一九	五月三日，太庙奉安所言：乞修盖将来大礼斋殿等，太常寺相视得初献厅搭盖斋殿地步。……并监官直舍西南墙角开门，通夹墙内空地巡道，委是利便	改建斋殿
7	淳熙十四年（1187）	《中兴礼书续编》卷68	十一月十九日，礼部、太常寺、两浙转运司、临安府言：臣等今月初六日躬亲前诣太庙奉安所相度，条具下项：将来大行太上皇帝神主祔庙添置殿室一间，合阔一丈五尺，系在大殿东壁，与东门、廊庑及斋殿相连，若行摋移斋殿向东，委是费用工物浩大。今相度得自今东神门外斋殿基址至太庙殿内东廊基有空地一丈五寸，若将空地增展修盖，尚少地段四尺五寸。臣等今欲将斋殿西廊那入向东四尺五寸，可以添置殿室一间，既无相妨。若依此修盖，其斋殿东廊亦合那入向西四尺五寸。所有南神门、东神门及泰阶东踏道亦合取正盖造修砌	正殿向东扩建为十四间，斋殿两廊，南、东神门均向东移

续表

序号	时间	文献出处	内容	备注
7	淳熙十四年（1187）	《中兴礼书续编》卷68	十二月十九日，礼部、太常寺言：……照得旧来诸室并挟室一十三间，以仁宗一室为中，见与御路及南神门一直相对。今来于东畔添创一室，若将御路及南神门掇移向东，即在仁宗及英宗两室之间，却与殿柱相对。其神门未识合与不合，依旧更合取自朝廷指挥施行。礼部、太常寺检准今年十一月十九日已降指挥，所有南神门、东神门及太阶合取正盖造，今勘当欲令两浙转运司照令已降指挥，将南神门东取正盖造，所有当中泰阶今欲乞向东接阔取正修砌	正殿向东扩建为十四间，斋殿两廊，南、东神门均向东移
8	绍熙五年（1194）	《建炎以来朝野杂记》甲集卷2	自绍熙五年冬始而别建一殿，以奉祧主于大殿之西，今谓四祖殿者是也	正殿之西建四祖殿
9	嘉定十四年（1221）	《宋会要辑稿》礼一五之二二	正月二十八日……太庙奉安所言：嘉定十三年十一月内东壁居民于旬日两次遗火，逼近宗庙，设有不测，岂不利害，若不预申防虞，时间仓促，难以救护。欲乞于皇帝位版屋西壁围墙宽阔去处，拆开围墙，添置柜子门一座，里外关锁，或制不测拥塞，道路不通，启开救护。欲乞照玉牒所体例，添置石室一所于蛇亭池，于北壁面东计置起造石室一带三间，以备不虞。所有见盖乐工屋一十二间，内五间移盖于蛇亭池子之西，外有乐工屋七间拆去后壁夹墙，车移向后七尺，庶得于石室四向宽阔，实为便当	正殿西壁增添柜子、门，外置蛇亭池子、乐工屋
10	景定五年（1264）	《咸淳临安志》卷3	以垣南民居逼近，厚给以直，令徙他处。即其地作至斋阁子四十四楹，前窾墙为小门。又斥粮料院、白马神祠，依山拓地为庙堧	向南扩展，建斋阁子

三　复原推想

通过对考古报告的分析，再结合文献资料的梳理，首先对太庙的范围与布局进行推测，确定太庙的功能布局大小，再对主殿的建筑形制作一复原设计。

（一）范围

太庙东界较为明确：（1）据《咸淳临安志·皇城图》（见图5）所示，太庙临御街而立。（2）据潜说友《咸淳临安志》卷3《行在所录》郊庙记载："太庙在瑞石山以东。"（3）由于T3东端发现的部分墙体遗迹破坏较为严重，为搞清楚整体结构，沿着该段墙体的大致走向，由南而北，相继布小型探沟5条，T8、T9、T10、T11、T12（见图1）。该墙体在这些探沟中均有发现，而且在其外侧又发现了南宋时的道路遗迹，结合墙体的构筑规模及其门址的位置判断，这段墙体为东围墙。故太庙东界应在今中山南路西侧约6米处。

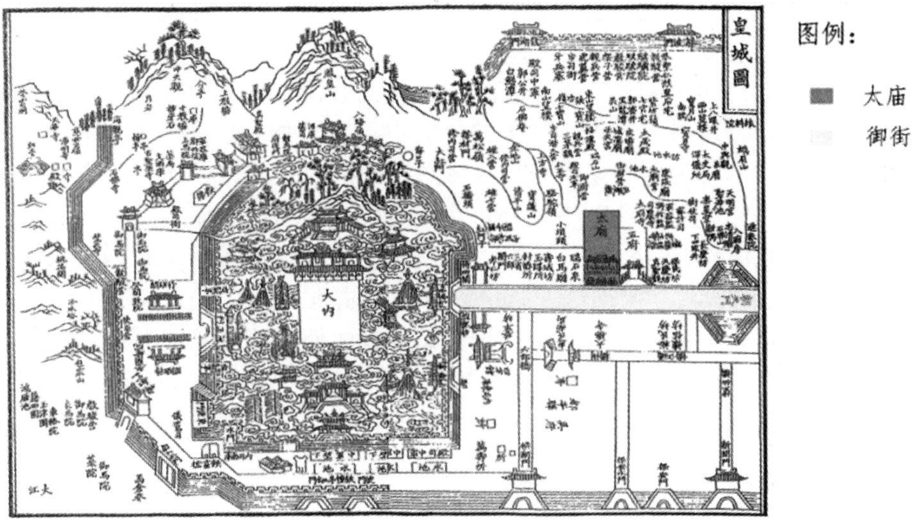

图5　《咸淳临安志》卷3《行在所录·皇城图》

太庙南界尚未明确：（1）在太庙巷东段北侧布置T3，发现南宋大型夯土基础和部分墙体；在T3扩、T6、T7等探沟内相继发现夯土基础的延伸部分和砖墙等遗迹（见图1）。这表明，在太庙巷东北附近有建筑群，因此太庙南垣不可能到太庙巷就截止。（2）据《咸淳临安志·皇城图》所示，太庙南邻瑞石泉，现称紫阳泉，根据当今紫阳泉位置大致可确定太庙南垣应到紫阳山麓。故太庙南界在景定五年以后可至今紫阳山南麓，现太庙巷以南的太庙巷小学、原江干区垃圾中转站、江干区红十字会医院等单位皆应在太庙范围内。

太庙北、西界由于考古发掘场地限制和文献稀缺，尚不明确。

（二）布局

综合以上分析，除景定五年新建至斋阁子外，其主要建筑为：正殿及其东西廊、东西南神门，正殿北偏东有别庙及其棂星门，北偏西有祭器库、册宝殿，以西有四祖庙，东北有斋殿及其东西廊，南部有宰生所、神厨、神库等屋，东棂星门和南棂星门。此外还有乐工屋、石室、蛇亭池等附属建筑。根据文献记载，绘制建筑尺寸表2如下（取1宋尺等于0.316米）：

表2 **太庙建筑尺寸**

建筑	属性	东西长度		南北长度		位置	时间
正殿	单体	7.2丈	22.75米	3.1丈	9.8米	中部	绍兴五年
		12.4丈	39.18米	6丈	18.96米		绍兴十年
		19.5丈	61.62米	7丈	22.12米		绍兴十六年
		21丈	66.36米	7丈	22.12米		淳熙十四年
斋殿	群体	10丈	31.6米	9丈	28.44米	东北部	绍兴十三年
四祖殿	单体	不详				西部	绍熙五年
别庙	单体	不详	9丈	28.44米	北部偏东	绍兴十二年	
祭器库、册宝殿	群体	9丈	28.44米	10丈	31.6米	北部偏西	绍兴十六年

我国古代建筑群空间布局存在着一定的尺度比例关系，特别是礼制建筑，傅熹年先生对此作了精湛的论析，著有专作①。他通过分析中岳庙、岱庙、曲阜孔庙的平面图发现，它们都是以方5丈的网格为面积模数布置庙域总平面的，且庙内建筑及其余空间所占格数基本为整数。如中岳庙庙区东西宽占11格，南北宽占25格，为55丈×125丈；庙内主殿院东西宽5格，南北深占12格，为25丈×60丈；主殿峻极殿前殿庭东西宽占4格，南北深占6格，为20丈×30丈。根据这一结论，现以考古发掘东门门址M1中心为基点，向四周画方5丈的网格，结合前述的分析结论，试寻找太庙可能的功能布局大小。

经推测，如图6，太庙庙区东西宽占13格，南北深占10格，为65丈×50丈；庙内正殿院东西宽占6.5格，南北深占4.5格，为32.5丈×22.5丈。

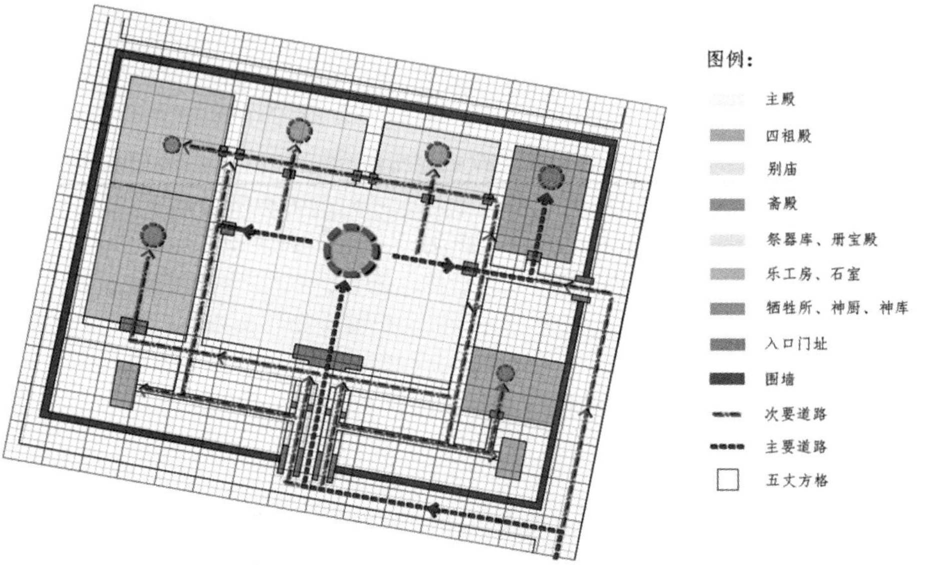

图6 太庙复原设计平面功能分区推想

① 傅熹年：《中国古代城市规划建筑群布局及建筑设计方法研究（上册）》，中国建筑工业出版社2001年版，第37页。

（三）主殿建筑形制

主殿建筑形制为：建于二层台基之上；重檐歇山顶；殿身十架椽，身内双槽，身外副阶周匝；殿身外转七铺作，重拱，出双抄双下昂，里转五铺作，重拱，出双抄。副阶外转五铺作，重拱，出单抄单下昂，里转四铺作出单抄；殿身用二等才（8.25 寸×5.5 寸），副阶用三等才（7.5 寸×5.5 寸）。如图 7—图 10①。

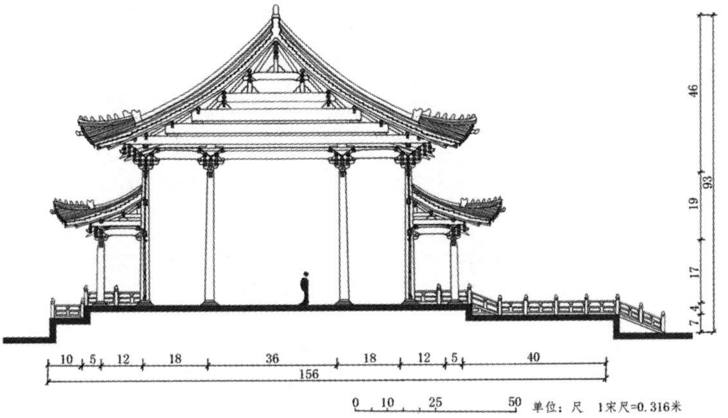

图 7　太庙建筑组群复原想象平面

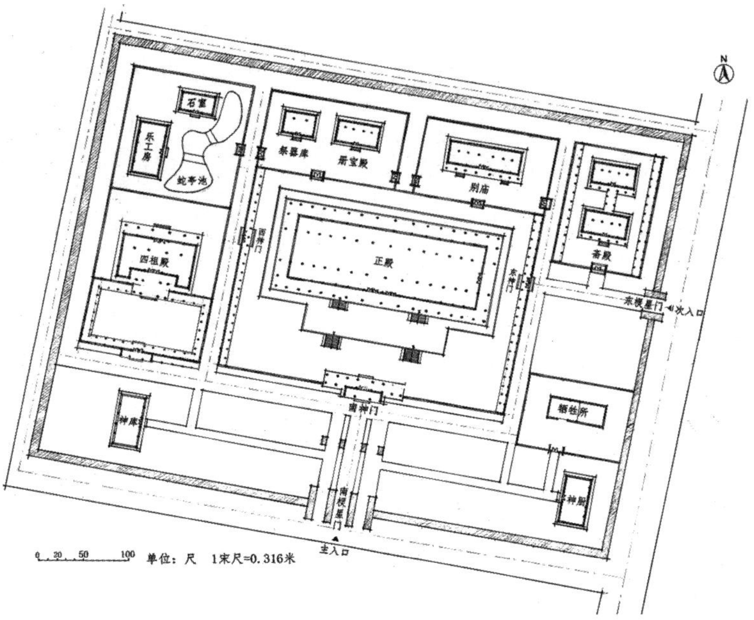

图 8　太庙正殿复原想象纵剖

① 图片来源：作者自绘。

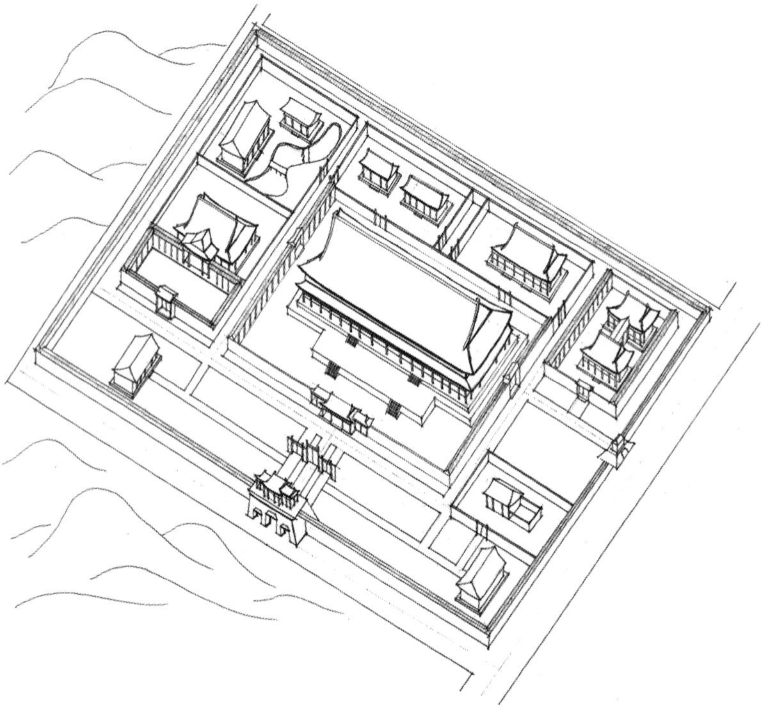

图9　太庙正殿复原想象正立面

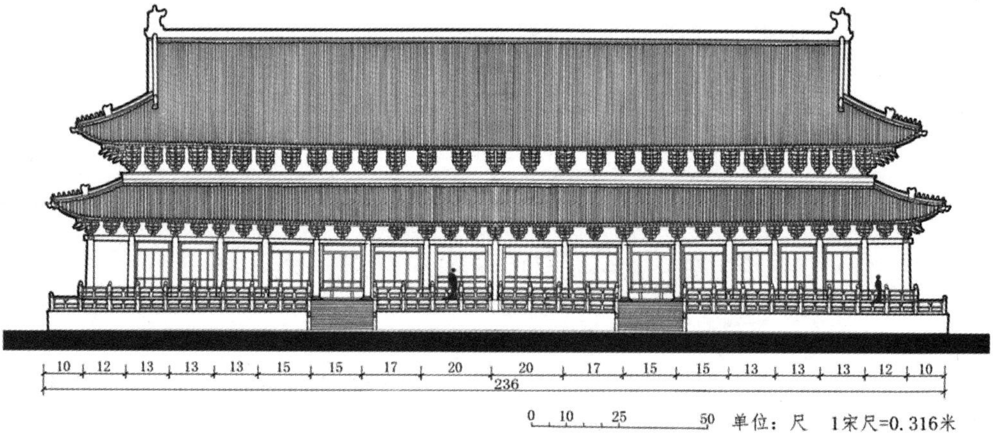

图10　太庙建筑组群复原想象轴

四　结语

综上所述，通过考古报告的研究和相关文献资料的解读，发现南宋临安城太庙是一个功能布局完善，营造考究的一组规模宏大的建筑群体，在相关证据的佐证下，初步提出了南宋临安城太庙可能的一种历史风貌，这为今后研究南宋时期宗庙规模和建筑形制提供了一个参考。

参考文献

（宋）李诫：《营造法式》，商务印书馆1954年版。

（宋）潜说友：《咸淳临安志》，浙江古籍出版社2012年版。

（宋）李心传：《建炎以来朝野杂记》，中华书局2000年版。

（清）徐松：《宋会要辑稿》，中华书局2012年版。

（清）徐松：《中兴礼书·中兴礼书续编》，国家图书馆藏蒋光煦抄本。

朱光亚：《南宋太庙朝向布局考》，载《建筑历史与理论研究文集（1927—1997）》，中国建筑工业出版社1997年版，第107—115页。

唐俊杰：《南宋太庙研究》，《文博》1999年第5期。

傅伯星、胡安森：《南宋皇城探秘》，杭州出版社2002年版。

郭黛姮：《中国古代建筑史·第三卷·宋、辽、金、西夏建筑》，中国建筑工业出版社2003年版。

潘谷西：《中国建筑史》，中国建筑工业出版社2004年版。

唐俊杰：《临安城考古的回顾与展望》，《杭州文博》2006年第2期。

杭州市文物考古所：《南宋太庙遗址》，文物出版社2007年版。

徐吉军：《南宋都城临安》，杭州出版社2008年版。

刘未：《南宋临安城复原研究》，博士学位论文，北京大学，2011年。

河南汝州宋赵廷美墓地考略*

孙　锦

2012年10月，汝州市陵头村村民在建造葡萄种植基地时挖出5件墓前石雕像，遂引起各方关注。实际上，早在20世纪80年代就有3个石刻人像头部暴露于地面，当时文物部门命名为“陵头石刻人”，并于1983年公布为临汝县第一批文物保护单位。这次发现后经有关专家调查确认，此处应为北宋魏王赵廷美墓地。由此，汝州赵廷美墓开始进入人们视野，并频频见诸新闻媒体。2013年，汝州市政府将魏王赵廷美墓保护工作列入重要议事日程。2014年10月17日，宋魏王研究会在河南汝州成立，并由赵宋南外宗研究会主持，在汝州陵头牛脾山北麓举行了甲午年宋魏王赵公廷美祭典，来自海内外300多名魏王后裔及宗亲代表参加祭拜活动。同时确定，每年农历九月初六为宋魏王赵廷美的公祭日，举办一年一度的祭祀盛典和相关文化经济交流活动。① 笔者不揣浅陋，现对汝州赵廷美墓地略作考证，以就教于方家。

一　赵廷美其人与墓园现状

赵廷美（947—984），本名赵匡美，太平兴国初，改今名。宋太祖赵匡胤四弟，父赵弘殷，母昭宪太后杜氏。太宗即位，任开封府尹，封齐王，后进封秦王。太平兴国七年，被诬告有异谋，出为西京留守。复坐与卢多逊交通，降为涪陵县公，房州安置。雍熙元年（984）病死，追封涪王，谥悼。真宗咸平二年闰三月，追复官爵，诏择汝、邓地，改葬汝州梁县之新丰乡。其后，赵廷美的直系子孙均祔葬于此。仁宗即位，赠太师、尚书令。徽宗即位，改封魏王。②

赵廷美之死，实际上是宫廷内斗、争夺皇位的牺牲品。开宝九年（976），宋太祖赵匡胤逝世。遵照皇太后杜氏的“金匮之盟”，赵匡胤临死之前，将皇位传给了弟弟赵光义。按照“金匮之盟”的约定，太宗也应将皇位传给弟弟廷美，再由廷美传给太祖之子，如此一直保持年长之君在位，赵家江山便能得以永固。但赵光义登基后才四五年，宋太祖两子“德昭不得其死，德芳相继夭绝，廷美始不自安”。赵廷美于是暗中谋划，阴谋早日篡夺皇位。宋太宗太平兴国七年（982），赵廷美谋划篡夺皇位的阴谋泄露，宋太宗赵光义遂罢免了他的开封府尹，降其为西京（今洛阳）留守，赵廷美一脉宗室由此迁居到了西京。但赵廷美暗中仍与兵部尚书卢多逊频繁勾结，遂事情败露被削去一切官职，后降秦

---

* 本文原载《中原文物》2016年第4期，此次发表略有修改。

① 李春等：《赵氏后裔宗室汝州寻根问祖》，《大河报》2014年10月24日。

② 《宋史·宗室一》卷244“魏王廷美”条，中华书局1977年标点本。

王封爵为涪陵县公。宋太宗雍熙元年（984），赵廷美举家迁至房州不久，因忧悸成疾而卒，年仅38岁。①

据现场调查，赵廷美墓位于汝州市陵头镇陵头村东南部，墓地经过土地平整，地面已无形迹可寻。赵廷美墓南依牛脾山，地势开阔，形胜气佳。牛脾山为八百里伏牛山的余脉，形状颇像牛的脾脏。现地面大致呈东南仰高、西北低垂的漫坡状（见图1），与位于河南巩义市北宋皇陵南高北低、东穹西垂的地貌特征完全相同，也符合“五音姓利”中赵姓角音所利的吉地。目前已暴露的墓前神道石雕像有9件，呈东西两侧相向对称排列，两列石雕像东西间距约9米。其中东列2件，分别为石虎和文官。西列石雕像保存较为完整（见图2），由南向北依次是望柱1件、石人1件（疑是牵马官）、虎1件、羊1件、武官1件、文官1件（从虎、羊之间所空位置看，应为两虎、两羊）。从望柱至文官南北相距约35米，羊至武官间距3.6米，武官至文官间距3.53米。文官再向北4米为1件石门狮，坐北向南，较之西列石雕像向东收约2米。

图1　赵廷美墓（由北向南）

图2　赵廷美墓（由南向北）

① 《宋史·后妃上》卷242“太祖母昭宪杜太后”条、《宋史·宗室一》卷244“魏王廷美”条，中华书局1977年标点本。

图3　西列石雕像（由南向北）

在现存石雕像中，东列石虎、西列文官和门狮保存较好。石虎长 0.83 米，宽 0.59 米，高 1.30 米。底座三层，上座长 0.88 米，宽 0.61 米，高 0.16 米；中座长 1.20 米，宽 0.78 米，高 0.31 米；下座长 1.28 米，宽 0.97 米。文官宽 0.55 米，厚 0.40 米，残高 1.89 米，复原高约 2 米。底部暴露一层石座，上座宽 0.56 米，高 0.16 米。门狮身宽 0.45 米，厚 0.70 米，高 1.25 米。底座三层，上座长 0.72 米，宽 0.51 米，高 0.16 米；中座长 1.00 米，宽 0.72 米，高 0.31 米；下座长 1.10 米，宽 0.86 米，高不明。

图4　东列石虎

图5　西列文官

图6　西列文官

图7　西列门狮

按照宋代礼制，赵廷美追复官爵仍为秦王，而亲王享用一品礼。亲王一品礼“坟高一丈八尺，墓田方九十步”。赵廷美墓前神道石雕像数量，则高于北宋勋戚大臣“坟所有石羊、虎、望柱各二，三品以上加石人二人”的规定。① 除目前没有发现石宫人和其他石门狮外，而与北宋记载的“康、定二陵制度”，“其石作比安陵减三分之一，每

① 《宋史·礼二十七》卷124“诏葬”条，中华书局1977年标点本。

陵四神门外各设狮子二，南神门内宫人二，文武官各二，石羊、石虎各四，石马各二，并控马者，望柱石二”基本相同。[①] 这也与北宋皇后陵的石雕像数量相一致，显然高于北宋礼制的相关规定。但在石雕像尺寸方面，与同时期的宋真宗章怀潘皇后陵文武官身高 271—273 厘米不能相提并论，也较赵匡胤永昌陵陪葬墓石雕像文武官身高 250—260 厘米略小。而宋真宗章怀潘皇后陵石雕像东西列间距 38.8 米，赵匡胤永昌陵陪葬墓石雕像东西列间距 12.2—14.5 米，也较赵廷美墓石雕像东西列间距为宽。[②] 但其石雕像的青石材质、雕刻技法和形象刻画等方面，与北宋皇陵石雕像如出一辙，应是来自于同一采石场和相同的工匠。

图 8　西列羊

据明《正德汝州志》记载，魏悼园“在州西北脾山。按神道碑云：宋太祖弟秦王廷美之墓。今其地有附兆一十余冢。”[③] 清毕沅《中州金石记》和姚晏《中州金石目》等书均著录有：《秦王宫诸丧祔悼园记》（熙宁五年五月，吴道签正书）、《宗室陈国公祔葬记》（熙宁六年六月，马士明正书）和《赠魏王廷美告词敕》（政和三年五月，李邦昌行书）三碑。表明此三碑至清代犹存，惜此地面今已不存形迹。从目前在陵头村发现的石雕像所处位置、年代和数量，结合相关史料记载看，这里确系北宋赵廷美墓地无疑，应是除河南巩义市北宋皇陵外唯一一处北宋宗室子孙的安葬地。

二　赵廷美墓地时称“南坟”

南宋初年，赵廷美墓地作为“南坟”也为南宋皇帝所惦念。据《文献通考》记载：“高宗建炎元年五月一日，应永安军祖宗陵寝、西京应天禅院、会圣宫影殿、西坟，可差西京留守及台官一员，日下前去躬亲省视，如合修奉去处一面措置，仍密具奏闻。南坟委汝州守臣依次。”[④] 这里的永安军祖宗陵寝，显然是指位于今巩义市的北宋皇陵。西京应天禅院建于宋真宗天禧元年，《续资治通鉴》宋纪三十三记载：“西京应天禅院太祖皇帝神御殿成，为屋凡九百九十一区。己未，命宰相向敏中为奉安圣容礼仪使，入内都知张景宗管勾迎奉，左谏议大夫戚纶告永昌陵。”由此可知，西京应天禅院位于今洛阳市区，是陈设宋代开国皇帝宋太祖圣容的场所。会圣宫位于今偃师市山化镇寺沟村凤台山上，南与

① 《宋会要辑稿·礼》，中华书局 1957 年版。
② 河南省文物考古研究所编：《北宋皇陵》，中州古籍出版社 1997 年版，第 47—57 页。
③ 正德《汝州志·陵墓》，《天一阁藏明代方志选刊》，上海古籍书店 1963 影印本。
④ （宋）马端临：《文献通考》卷 126，中华书局 1986 年版。

北宋皇陵隔伊洛河相望。建于宋仁宗天圣八年，影殿内相继陈设有宋太祖、太宗、真宗、仁宗、英宗等已故皇帝的御容。北宋著名文学家欧阳修，为此曾撰有《会圣宫颂》，现地面上仍存有《新修西京永安县会圣宫碑铭》1 通。

上述西坟和南坟所葬者何人？至南宋时即已弄不清楚。程大昌（1123—1195）所撰的《演繁露》卷 14 这样写道："国朝宗子自祔葬山陵之外，又有南坟、西坟。问诸宗子，多南渡后始生，无知之者。建炎二年十月，知汝州张抃奏核其州官遁窜之罪。有赵叔潜者，结衔云保义郎添差管辖舒王已下坟园；有承节郎王世斌者，其衔即云管辖魏王已下坟园。此之舒、魏二王坟，南、西二坟也耶。"依据《文献通考》，西坟由西京留守省视、南坟归汝州守臣省视，程大昌认为同属汝州管辖的舒、魏二王坟分别为南坟和西坟，显然是错误的。笔者认为，所谓西坟、南坟，应是以现位于巩义市北宋皇陵为中心，在其西、南两个方位建造的墓园。符合此方位的，西坟应指位于洛阳白马寺附近的顺祖康陵和翼祖定陵，南坟是指位于汝州牛脾山赵廷美的秦悼园。

北宋开国皇帝赵匡胤祖籍涿郡，其祖陵早年即葬于原籍。赵匡胤于建隆元年发动陈桥兵变代周称帝后，即在同年九月奉玉册追封祖上三代：谥高祖曰文献皇帝，庙号僖祖，高祖妣崔氏曰文懿皇后；曾祖曰惠元皇帝，庙号顺祖，曾祖妣桑氏曰惠明皇后；祖曰简恭皇帝，庙号翼祖，祖妣刘氏曰简穆皇后；皇考曰武昭皇帝，庙号宣祖。其顺祖和翼祖二陵，至真宗始命营奉，原定二陵制度比安陵减五分之一，石作减三分之一。因时过境迁，二陵原茔域难以确指，遂于景德二年正月将迎到神柩，以一品礼葬于河南府河南县。尽管康、定二陵未按原定制度安葬，但从宋真宗开始，朝拜本朝已故皇帝陵寝时，都要差官祭奠先祖二陵。如大中祥符四年正月二十八日，宋真宗至汾阳，途停西京，遣知制诰钱惟演诣一品坟，以香币、酒脯祭告。仍诏俟朝拜诸陵日，差官以少牢致祭。作为赵氏迁葬祖陵，宋高宗即位之初，就遣官躬亲省视，也就不足为奇了。同为大中祥符四年，宋真宗祀汾阳，经巩县祭奠皇陵时，曾命中使遍祭皇亲诸亲坟及汝州秦王坟。因此，所谓南坟即是北宋宗室除陪葬皇陵外的唯一一处墓地，这就难怪宋高宗即位伊始便遣官祭奠了。

三　赵廷美墓地祔葬的陪葬墓

据不完全统计，已知赵廷美墓地祔葬的陪葬墓数量约 80 座（见附表），实际上这里祔葬的陪葬墓数量要多出许多。

一是史料中记载赵廷美 10 个孩子、数十个孙子的墓并不在其中。据宋人杨杰《无为集》卷 8"国朝宗室世系表序"："秦悼王之子名以德，德生承，承生克，克生叔，叔生之，之生季。"

据此可知，从赵廷美至之字辈，约有六代人埋葬于汝州。赵廷美 10 个孩子皆为德字辈，其中两人无子。赵廷美孙子皆为承字辈，《宋史》赵廷美传记述：德恭 2 子，德隆 1 子，德彝 7 子，德雍 2 子，德钧 11 子，德钦 1 子，德文子 6 人（只提到承显 1 人），德存 1 子。在《宋史》宗室世系表中，除德文房又明确 3 子姓名外，德雍房还增加了 4 子，这样赵廷美孙子辈计有 35 人之多。而本文附表中祔葬赵廷美墓地的陪葬墓，只有承睦、承裔、承操 3 人，赵廷美的 10 个孩子、其他 32 个孙子均不在列。

二是赵廷美墓地碑刻上记述的熙宁五年和熙宁六年两次祔葬诸丧也没有列入。清《八琼室金石补正》录入有《脾山悼园监护等题记》（熙宁五年五月壬寅）和《祔葬陈国公监护等题记》（熙宁六年六月壬午）二碑。其中，《脾山悼园监护等题记》碑，方二尺一寸，十一行，行十六字，正书，在汝州。“熙宁五年壬子岁春正月，诏奉秦王宫诸丧祔于临汝脾山悼园之次，以入内供奉王修己为监护，又以入内供奉曹贻孙专职脾山之役。自三月辛卯始事。迄四月丁巳成功，至五月壬寅遂克。”《祔葬陈国公监护等题记》碑方二尺，十三行，行十七、十八字，字经七分，正书，在汝州。“宋宗室陈国公以熙宁六年正月甲寅死，有诏葬于汝州梁县秦悼王坟之次，及举诸丧祔焉。……自三月庚午经始迄六年壬午遂克葬。”（注：陈国公者，秦悼王之孙、颍川郡王德彝之子承锡也。据宗室世系表，承锡有谥曰荣僖）① 据此可知，熙宁五年和熙宁六年曾两次安葬赵廷美之后诸丧，而在附表中也没有被列入。

另外，在秦悼王赵廷美嫡长孙、高密郡慈惠王赵德恭嫡长子赵承庆墓前，也曾立有神道碑。据宋人杨杰《无为集》卷 11“故武信军节度使谥康简追封循国公神道碑”文：“公讳承庆，字祐之，初名承宗。秦悼王之嫡长孙、高密郡慈惠王讳某之嫡长子。公享年三十有九。……葬后四十年，公子欲以公善美昭示来世，乃具行实请文，以立碑于隧道。铭曰：……葬亲汝城。”这样，赵廷美之孙子辈就有承睦、承裔、承操、承锡、承庆 5 人祔葬于赵廷美墓地。按照宋代葬制，未成年子女也要葬于父母亲墓地，因此赵廷美墓地祔葬的陪葬墓数量约达数百座之多。

附表　　宋宗室埋葬汝州梁县一览

序号	墓志、记名称	埋葬年月	埋葬地址	资料来源
1	秦王廷美	咸平二年	梁县之新丰县	《宋史・宗室传》
2	宗室内园使忠州刺史殇子故右班殿直（克威）墓记	景祐二年正月	梁县之先域	宋庠《元宪集》卷 34
3	宗室内园使贵州刺史殇子（承裔第五子）墓记	同上	同上	同上
4	宗室怀州刺史殇女（承庆第十一女）墓记	同上	同上	同上
5	防御使进封饶阳侯（克巳）墓志铭	庆历四年四月	梁县	宋祁《景文集》卷 58
6	皇从兄赠虔州观察使（承睦）墓志铭	同上	同上	同上
7	皇兄赠昭化军节度使追封祈国公（承裔）墓志铭	嘉祐五年十月	同上	刘敞《公是集》卷 52
8	皇侄赠洺州防御使广平侯（克温）墓志铭	同上	秦悼王之园	同上
9	皇侄赠泾州观察使安定侯（承操）墓志铭	同上	梁县	同上

① （清）陆增祥：《八琼室金石补正》卷 104，文物出版社 1985 年版。

续表

序号	墓志、记名称	埋葬年月	埋葬地址	资料来源
10	皇侄赠邠州观察使追封新平侯（克构）墓志铭	嘉祐五年十月	梁县	刘敞《公是集》卷52
11	皇侄赠右武卫大将军（克萧）墓志铭	同上	同上	同上
12	皇侄行右清道率府率兼御史大夫轻车都尉（克协）墓志铭	同上	同上	同上
13	皇侄孙赠右武卫大将军（叔詹）墓志铭	同上	同上	同上
14	皇兄故深州团练使承训妻、安定郡夫人张氏墓志铭	同上	同上	同上
15	皇侄故和州防御使历阳侯（克周）夫人、安福县郡王氏墓志铭	同上	同上	同上
16	皇侄右屯卫大将军克戒妻、大宁县郡李氏墓志铭	同上	同上	同上
17	皇侄右监门卫将军克仓妻、追封仙游县君李氏墓志铭	同上	同上	同上
18	皇侄右监门卫将军克常妻、濮阳县君卢氏墓志铭	同上	同上	同上
19	皇侄孙故右内率府副率叔舍石记	同上	同上	刘敞《公是集》卷54
20	故右监门率府率克壮石记	同上	同上	同上
21	皇侄孙故太子右内率府副率叔罕石记	同上	同上	同上
22	皇侄孙右内率府副率叔疾石记	同上	同上	同上
23	皇侄玄孙故右内率府率季培石记	同上	同上	同上
24	皇侄玄孙故右内率府副率持之石记	同上	同上	同上
25	皇侄孙太子右内率府副率叔䤳石记	同上	同上	同上
26	故右监门率府率克播石记	同上	同上	同上
27	皇再从姪曾孙、太子右内率府副率化之石记	同上	同上	同上

续表

序号	墓志、记名称	埋葬年月	埋葬地址	资料来源
28	皇侄孙、故右监门率府率叔亹石记	嘉祐五年十月	梁县	刘敞《公是集》卷54
29	皇侄孙故太子右内率府副率叔萧石记	同上	同上	同上
30	皇侄孙故内率府副率叔闾石记	同上	同上	同上
31	皇侄孙故右监门率府率叔僧石记	同上	同上	同上
32	皇再从姪孙右千牛将军叔策妻、万年县君王氏石记	同上	同上	同上
33	赠怀州防御使河内侯赵公（克贤）墓志铭	嘉祐八年十月	汝阴县	郑獬《勋溪集》卷20
34	赠陈州观察使赵公（克辟）墓志铭	同上	同上	同上
35	赠右屯卫大将军赵公（叔趾）墓志铭	熙宁二年十一月	梁县	苏颂《苏魏公文集》卷60
36	寿昌县君王氏（叔绩妻）墓志铭	同上	同上	同上
37	宗室故赠同州观察使冯翊侯（叔藻）墓志铭	熙宁八年十月	同上	沈括《长兴集》卷15
38	宗室故深州防御使饶阳侯克巳妻长宁县君武氏墓志铭	同上	同上	同上
39	宗室故赠虔州观察使南康侯（克凝）墓志铭	同上	同上	同上
40	宗室右龙武军大将军莱州团练使克懋妻、安寿县君武氏墓志铭	同上	同上	同上
41	宋宗室右监门率府率叔羁妻翁氏墓志铭	元丰三年二月	同上	王安礼《王魏公集》卷7
42	宋宗室故湖州管内观察使赠镇宁军节度使追封仪国公（克勤）墓志铭	同上	同上	同上
43	宗室故骐骥使赠博州防御使追封博平侯（叔乐）墓志铭	大观元年三月	同上	慕容彦逢《摛文堂集》卷14
44	宗室故赠武康军节度观察留后封洋川郡公（叔澹）墓志铭	同上	同上	同上
45	宗室故左侍禁（叔志）墓志铭	同上	同上	同上

续表

序号	墓志、记名称	埋葬年月	埋葬地址	资料来源
46	宗室故怀州防御使河内侯（徽之）墓志铭	大观元年三月	梁县	慕容彦逢《摛文堂集》卷14
47	宗室赠保庆军节度观察留后追封房陵郡公（叔尊）墓志铭	同上	同上	同上
48	宗室故西头供奉官（叔珰）墓志铭	同上	同上	同上
49	宗室故左班殿直（叔珪）石志	同上	同上	同上
50	宗室赠密州观察使追封高密侯（叔郑）墓志铭	同上	同上	同上
51	宗室赠安化军节度观察留后追封高密郡公（叔纳）墓志铭	同上	同上	同上
52	宗室赠安化军节度观察留后追封高密郡公（叔峙）墓志铭	同上	同上	同上
53	宗室泾州观察使（叔皮）第十七子石志	同上	同上	同上
54	宗室故西头供奉官（升之）墓志铭	同上	同上	同上
55	宗室故右班殿直（叔官）石志	同上	同上	同上
56	宗室赠同州观察使追封冯翊侯（爵之）墓志铭	同上	同上	同上
57	宗室赠安化军节度观察留后追封高密郡公（叔耘）墓志铭	同上	同上	同上
58	宗室赠润州观察使追封丹阳侯（叔前）墓志铭	同上	同上	同上
59	宗室故右班殿直（翊之）墓志铭	同上	同上	同上
60	宗室故密州观察使追封高密侯（矢之）墓志铭	同上	同上	同上
61	宗室故左班殿直（叔濋）墓志铭	同上	同上	同上
62	宗室故左班殿直（田之）石志	同上	同上	同上
63	宗室丹州防御使（叔履）第五子石志	同上	同上	同上

续表

序号	墓志、记名称	埋葬年月	埋葬地址	资料来源
64	宗室故右监门卫大将军赠怀州防御使追封河内侯（叔佾）墓志铭	大观元年三月	梁县	慕容彦逢《摛文堂集》卷14
65	宗室故左班殿直（叔弗）墓志铭	同上	同上	同上
66	宗室故赠泉州观察使追封清源侯（叔绀）墓志铭	同上	同上	同上
67	宗室东头供奉官（叔瑛）夫人王氏墓志铭	同上	同上	同上
68	故仁和县君王氏（惠之妻）墓志铭	同上	同上	同上
69	宗室左侍禁（训之）夫人龚氏墓志铭	同上	同上	同上
70	故德安县君彭氏（叔干妻）墓志铭	同上	同上	同上
71	华阴侯（克告）妻杜氏墓志铭	同上	同上	同上
72	故和义郡君胡氏（叔彖妻）墓志铭	同上	同上	同上
73	故仙源县君郑氏（田之妻）墓志铭	同上	同上	同上
74	宗室右侍禁（叔庞）夫人李氏墓志铭	同上	同上	同上
75	赵叔慈妻贾氏墓志铭	同上	同上	同上
76	宗室东头供奉官（叔骁）夫人方氏墓志铭	同上	同上	同上
77	宗室东头供奉官（叔寄）夫人张氏墓志铭	同上	同上	同上
78	宗室内殿崇班（叔蓬）第三女石志	同上	同上	同上
79	宗室舒州防御使（叔涉）第四女石志	同上	同上	同上
80	宗室西头供奉官（叔蹊）第四女石志	同上	同上	同上

2014年度“南海Ⅰ号”宋代沉船保护发掘简报*

王元林　肖达顺

“南海Ⅰ号”宋代沉船于1987年8月发现于广东川山群岛海域，水深22—24米，沉船首向240°。历经多年水下考古调查，至2007年12月28日采用沉箱套取、整体打捞出水并异地安放于广东海上丝绸之路博物馆“水晶宫”。经2009年、2011年两次试发掘①，于2013年11月28日启动该沉船的全面保护发掘，2014年2月正式开始以6×6平方米探方发掘方法清理沉箱内沉船堆积，总发掘面积达398.6平方米。至2014年12月底，完成了沉船表面覆盖的回填黄沙堆积和海泥淤积的清理，基本揭露出沉船船体及船货表面轮廓（见图1），出土了一批以瓷器占大宗的沉船遗物。

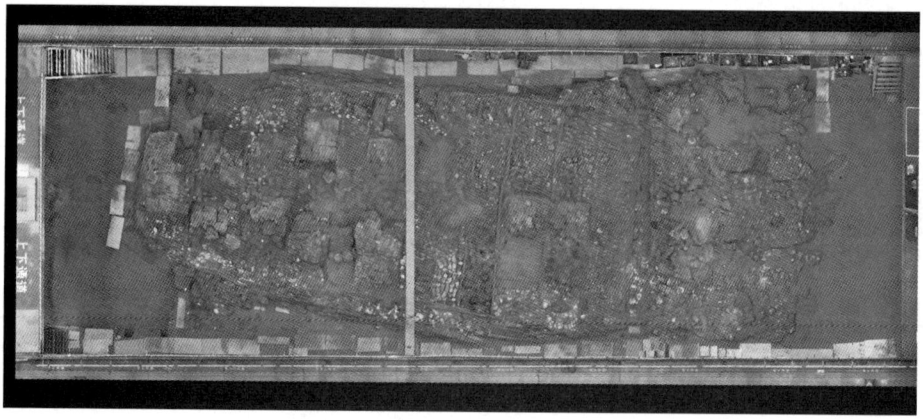

图1　沉船正摄像（2014年12月22日摄）

一　文化堆积

（一）堆积层位

从水下考古调查和本次发掘发现，该沉船覆盖于约1—1.5米深的海泥之下，木船体

*　本文原载《考古》2016年第12期，此次发表略有修改。

①　广东省文物考古研究所编：《“南海Ⅰ号”的考古试掘》，科学出版社2011年版。

上部及周缘分布大面积凝结物，受渔业生产、水下调查和遗物提取以及海洋动力等影响，地层堆积受不同程度扰动，但堆积层位基本清晰，以下选择沉箱内纵向剖面 2014NH Ⅰ T0101（以下省去2014NH Ⅰ，下同）至 T0601 西壁和横向剖面 T0401 与 T0402 南壁为例分别描述。

1. T0101 至 T0601 西壁剖面

该剖面以沉箱为限，纵跨沉船首尾，已清理深度达 1.9 米，大致可划分为 5 层。

第 1 层，黄色沙土，土质疏松，除个别凝结物突起较高处，基本分布全沉箱，南北两端及中部局部堆积较深厚，局部羼杂黏质海泥，夹杂渔网和少量石网坠、铅坠、贝壳等，包含少量碗底、口沿等瓷器残片和个别铜镜、铜钱等。厚约 0.05—1.68 米。

第 2 层，黄褐色海泥淤积土，胶结状海泥，纯净而黏腻细密，除个别凝结物阻隔外，基本分布全沉箱，随沉船表面轮廓起伏而变化，南端及中后部稍厚，包含少量海贝类残骸和渔网、铅坠、石网坠、铁锅残片、残木块等，出土较多白釉、绿釉和青釉瓷片，器形有青釉碗、盘口沿等，白釉罐、执壶、碗、盘等，绿釉印花碟等。深约 0.05—1.72 米、厚约 0.1—0.68 米。

第 3 层，灰黑色淤泥层，中部平缓，南北两端分布较厚，上部较致密坚硬，羼杂极细砂粒，易剥离，下部沙土较疏松，夹杂大小体量差异明显的海贝，有较多网坠，包含较多瓷器及残瓷碎片，器形有碗底、口沿等，另包含有少量铜钱、铁器、铁块、铅块、木块等。深约 0.05—1.72 米、厚约 0.05—0.7 米。

第 4 层，黑灰色和灰褐色泥沙沉积层，包括沉船本体和固有凝结物在内的较复杂堆积，依堆积层次和包含物不同，可区分为 4a、4b、4c 三个亚层。

4a 层，黑灰色海泥沉积黏土层，分布于船尾后部，自南向北倾斜，堆积疏松，夹杂大量瓷片和海贝，另有散落船木和漆木器残件等。深约 0.52—1.7 米、厚约 0.05—0.34 米。

4b 层，凝结物成片分布层，主要分布于船尾后部，自南向北倾斜，逐渐变薄，末端呈明显青灰色钙化凝结层，船艏外亦有小面积分布，包含大量散落铁钉、少量铁锅、瓷片、木块和大量海生物残骸等。深约 0.4—1.74 米、厚约 0.05—0.58 米。

4c 层，黑灰和灰褐色泥沙层，较疏松，湿而不黏，其分布亦随沉船表面轮廓起伏变化，主要堆积在船货表面及船货间隙，厚度不均，夹杂大量细小海生物残骸，包含大量散落瓷器和碎瓷片及金银器等散落船载物品，且船尾后部灰褐色泥沙中散落大量船木构件及漆木器残件等。深约 0.45—1.9 米，厚约 0.1—0.42 米。该层以下暴露较清晰的船体结构轮廓和各隔舱内以成摞码放瓷器为主的船货。

第 5 层，青灰色海泥层，暴露于沉船首尾外侧，且自沉船首尾向外倾斜，黏性高，致密硬实，较纯净，包含少量细小海贝，无文化遗物。

2. T0401 与 T0402 南壁剖面

该剖面以沉箱为限，横跨沉船左右，已清理深度近 1 米，大致可划分为 5 层。

第 1 层，黄色沙土，土质疏松，局部混杂湿黏海泥。除个别凝结物突起较高处，基本全方分布，且东西两端堆积较厚。厚约 0—0.8 米。

第 2 层，黄褐色海泥淤积土，胶结状海泥，纯净而湿黏，分布较为平缓，中部堆积较薄，东西部较厚，叠压的大型凝结物和船板周围扰乱较严重，凝结物表面布满渔网、铅坠、石坠、绳索等。出土有较多白釉、青白釉、绿釉、酱釉瓷器残片和部分渔网和铅、石网坠等。深约 0—0. 78 米，厚约 0. 1—0. 42 米。

第 3 层，灰黑色海泥淤积土，胶结状海泥，但较第 2 层柔软，纯净而湿黏，船木周围扰乱严重，部分直接叠压在隔舱上，夹杂大量海生物残骸，包含较多瓷器残片和大小不等的凝结物。深约 0. 24—0. 78 米，厚约 0. 05—0. 32 米。

第 4 层，灰褐色泥沙土，较松散，包含大量较细小海贝残骸，散落大量瓷器和残瓷片、铜钱、铜环、朱砂及金银器等。深约 0. 26—0. 78 米，厚约 0. 05—0. 23 米。该层之下为沉船本体在内堆积，木船左右舷板和隔舱的轮廓较为清晰。

第 5 层，青灰色黏质海泥层，分布于沉船外侧左右，且自沉船向外倾斜，黏性高，致密硬实，较纯净，包含少量细小海贝，无文化遗物。

（二）堆积成因和特点

从上述两处剖面的层位堆积来看，第 1 层为 2007 年整体打捞沉船作业期间灌沙形成的回填黄沙土层，遍布全探方，不同区域厚度不同。第 2、3 层为沉船沉没后的晚期黄褐和灰黑色黏质海泥自然淤积。第 4 层为早期海泥淤积层，主要为沉船沉没过程中及之后船表被扰动而散乱的船货间的海泥淤积，该层出土大量被扰乱的且残碎的瓷片、碎木块、凝结物残块等。其中，4a 层为晚期散落漂移原位的大量瓷片层，4b 层为散落的大量铁钉、少量铁锅、瓷片、木块及大量海生物分泌物和残骸腐烂钙化凝结而成，其下的灰褐黏质淤泥加散木和瓷片、细小海贝松散层为 4c 层。第 4 层以下已暴露的船货堆积主要为原位保存的凸起较高的铁钉铁锅类凝结物和摆放整齐的瓷器及木船体。第 5 层为原生青灰色黏质海泥，属于沉船沉没前自然海泥淤积，受沉船沉没挤压而抬升包裹了木船四周，自船体向外存在较明显的坡状倾斜。总之，第 2 至 4c 层为船沉没后至 1987 年发现时期的历史沉积过程，其中第 2、3 层属沉船上部沉积淤泥，4a、4b、4c 层为沉没时期及以后的较长时期内所形成。

沉船堆积层位和包含物表明，虽然存在从对其发现、水下调查、发掘，以及 2007 年打捞工作前后都有不同程度的扰动，但区分明显，也能够观察到一些海洋沉积和沉船文化层位堆积的特点。

一是除了船外与船内的第 1、2、3 层堆积无差异外，沉船内外的下层层位堆积存在一些不同迹象，主要表现在第 4c 层，船外 4c 层多散落一些沉船下沉期间或之后水流冲击而漂出船外的大量瓷片、船木、漆木器及凝结物残块等，而船内 4c 层堆积则是船货表层被水流激荡和渔网拖移扰乱而形成的散落瓷片、金银器、铜环、铜钱、朱砂、锡珠等混杂早期海泥堆积。

二是海洋沉积环境下的地层包含物存在一些特殊性，最突出的是文化层的可穿越性，由于在水下 2、3 层海泥淤积层在海底形成过程中及之后都是松软可穿透，船内 3、4 层堆积中发现大量不同时期的石质或铅质网坠，以及第三隔舱左侧出土的青花瓷碗即可说明。其次是由于水下环境的特殊性，文化堆积内涵较为单一，人为干扰较少或可知，沉船内外的文化堆积内涵主要是沉船本身及其受扰动或原样摆放的船货堆积，掺杂了沉没后水上渔业活动扰动等可知活动。

三是船沉没后受船体部分结构开裂、海洋动力激荡、渔业活动拖曳等因素影响，木船散木和船货被移动甚至凝结，经过了较长期的反复扰动和沉积过程，使得沉船上部结构和船货装载方式不得而知，形成了第 4 层较复杂混乱的层位堆积，但从自上而下的瓷片层、凝结物层和瓷片散木混杂层堆积也反映了船货受扰动发生位移的先后沉积过程。

二　凝结物

从多次水下调查与整体打捞分析，木船本体甲板上部及周缘大部分覆盖厚薄不均的凝结物，凝结物之上沉积1米余厚的黏质海泥，仅部分堆积较高的凝结物露出于海泥沙土之外。除此前部分凝结物已被提取出水或扰动，本次发掘第1层以下出露少部分，大面积以铁质凝结物为主的船货主要从第2层露出，有的大型凝结物露出伸入船体内，现暴露面积61.88平方米。

依凝结形成和包含物可分为两类，一类以甲板货为主的铁钉铁锅类，另一类是散落漂移的瓷器、铁钉、铁锅、铜钱、木块等沉船遗物与海生物贝壳和钙化物的混合凝结物，往往成片分布于沉船边缘和后部。铁钉和铁锅凝结物绝大部分为甲板货，因铁质锈蚀和海生物作用，绝大多数凝结为一体，不宜剥离。铁钉一般用竹篾捆绑成粗细两端相间的束把，成捆平行垒放于甲板表面，如N：021铁钉凝结物（见图2），而铁锅亦用竹篾捆绑成4至5个一小叠，成摞倒扣码放，排列整齐，如N：003铁锅凝结物（见图3）。

图2　铁钉凝结物（2014NHIⅣ：021）

图3　铁锅凝结物（2014NHIⅣ：003）

三　船体

清除上部淤泥和部分凝结物后，沉船表面轮廓基本暴露，船体结构较为完整，船型扁胖，船艏平头微起翘，两侧船舷略弧曲，艄艉部弧收，具有一定的型深，但艄艉部分受损残缺，轿屋等上部建筑和舵杆、桅杆等断裂散落，右后部微倾斜下沉。残长约21.91米，最大船宽约9.87米，分布轮廓面积约179.15平方米。

左右两舷侧板为多重板搭接结构，主要为三重板结构，左船舷强力甲板或称水线甲板结构保存较好，船内各隔舱板也有不同程度暴露，已发现14道木质隔舱板，舱壁板上部残损，下部保存较好，发现宽窄不均的13道横向水密隔舱。隔舱最宽的是首舱1.93米，最窄的是第十三舱0.83米。在隔舱间还存在以舵、桅为中心左右对称的两道首尾纵向小隔舱和货物隔板。

沉船表层舺板绝大多数无存，部分隔舱间保留有舺板痕迹，如第十舱左半部残存一片约2×1.68平方米的疑似舺板。第六舱右半部暴露厚重的可倒桅托梁，第十三隔舱与尾舱间的隔舱板中部发现舵孔一处，残存部分呈半月形，较厚重，外孔径0.66米，内孔径0.26—0.36米，两侧尾封板为倾斜结构。尾部左右两端发现装载瓷器船货的小舱室各一处，以舵孔为中心呈对称布局，分别距离舵孔1.5米，整体呈燕尾状结构。

四 船货

清理发现的金银器、铜环、钱币、锡器、漆木器、朱砂和部分瓷器等散落于各舱室上表面及四周，原有装载位置和方式不明，且数量相对较少的漆木器、金银饰品、锡碗等，是否为贸易船货，值得关注。但是，船艏至船艉各船舱表面显露的船货主体状况较为清晰，除甲板以上主要装载铁锅和铁钉外，舱室内主要为码放整齐的各类瓷器，部分舱室上部码放铁锅和铁钉（见图2和3）。

艏舱：甲板以上堆放铁钉和铁锅，舱内码放瓷器，有景德镇窑系的影青芒口碗、花口碗，龙泉窑系的青釉刻花碗、盘，德化窑系白瓷或青白瓷大碗（盘）、大小喇叭口瓶、大小粉盒，磁灶窑系酱釉罐、小口鸡腿瓶等；

二舱：中部甲板以上堆满铁钉和铁锅，舱内瓷器有景德镇窑系的影青花口碗，龙泉窑系的青釉花口碗、刻花碗、盘，德化窑系白瓷或青白瓷花口大碗（盘）、大小喇叭口瓶、大小粉盒、葫芦瓶，磁灶窑系酱釉大小罐、小口鸡腿瓶等；

三舱：中部甲板以上分别堆有铁钉和铁锅，舱内瓷器有龙泉窑系的青釉刻花碗、盘，德化窑系白瓷或青白瓷花口大碗（盘），闽清义窑系的青釉出筋葵口碗、刻花碗、弦纹碗，磁灶窑系酱釉小口鸡腿瓶等；

四舱：左右部甲板以上都堆有铁锅和铁钉，多数铁锅倒扣于铁钉之上，舱内瓷器有景德镇窑系影青菊瓣碗、婴戏纹碗、花口盘，龙泉窑系青釉刻花大碗，德化窑系白瓷或青白瓷大小瓷壶、粉盒及刻花大碗（盘），磁灶窑系酱釉小口鸡腿瓶等；

五舱：甲板以上左半部堆有铁锅，右半部堆放铁钉，舱内瓷器有景德镇窑系影青花口盘，德化窑系刻花大碗、宽平沿大盘、大小粉盒、两系罐等；

六舱：甲板以上左右方皆堆有铁钉，舱内瓷器有龙泉窑系青釉刻花大碗，德化窑系白瓷或青白瓷刻花大碗（盘），建窑系黑釉盏等；

七舱：左船舷边堆有铁钉，舱内瓷器有景德镇影青花口盏，龙泉窑系青釉刻花大碗、盘、碟、盏、出筋小碗，德化窑系白瓷或青白瓷刻花大碗（盘）、两系罐、四系罐、执壶、大小喇叭口瓶，磁灶窑系绿釉印花碟、酱釉小口罐、四系大小罐、小口鸡腿瓶等；

八舱：中部侧立一大块铁钉类凝结物，舱内瓷器左半部有闽清义窑系青釉刻花葵口碗，少量磁灶窑系的酱釉小口罐，右半部基本为磁灶窑系的酱釉印字四系大罐；

九舱：左半部主要以酱釉四系罐为主，中部右半部散落一些银锭和龙泉窑系青釉碗，德化窑白瓷或青白瓷大小粉盒、执壶，闽清义窑青釉碗，磁灶窑绿釉瓶等；

十舱：甲板以上中部堆有银锭和铁钉凝结物，舱内瓷器以闽清义窑系青釉碗为主，另有少量德化窑系白瓷大碗（盘）；

十一舱：甲板以上中部左侧以铁锅凝结物为主，右侧有铁锅和铁钉凝结物，舱内左半部主要是德化窑系青白瓷大盘、锯齿口大盘和闽清义窑系青釉碗，右半部则是闽清义窑青釉碗为主的瓷器；

十二舱：基本以闽清义窑青釉碗为主的瓷器；

十三舱：中部有数块铁钉类凝结物，舱内瓷器主要有龙泉窑系青釉刻花碗和德化窑系白瓷或青白瓷刻花大碗（盘）、四系罐等；

尾舱：指左右纵向两个小隔舱，左舱码放德化窑系白釉大碗，右舱装载有龙泉青釉刻花碗、花口盏等瓷器，而两个小隔舱与舵孔之间区域为大片散乱铁钉和铁锅凝结物所覆盖，局部可见成摞的青白釉菊瓣碟和青瓷碗。

五　出土遗物

本年度清理提取船内及其周边散落的被扰乱的大量遗物，其中以瓷器为大宗，其次是以凝结物形态出现的铁器，另有大量铜钱、铜环以及一些金、银、锡、石、铅、漆木器、朱砂等遗物，还有大量海生物贝壳类和少量植物种子等自然遗物。截至 2014 年底，共出土完整器物 1780 件（套），其中瓷器 1454 件、金器 118 件（套）、银器 22 件、铜器 45 件、铁器 11 件（约 800 个铁钉）、锡器 4 件，其他 146 件，提取船木和木材 81 件，采集铜钱、朱砂、骨骸、果核、串饰、水银等标本 867 件。

（一）瓷器

出土瓷器多为被扰乱而破碎严重者，主要有影青瓷、青瓷、白瓷、酱釉瓷、黑釉瓷等。

1. 白釉瓷

多为福建德化窑系产品，胎色青白或灰白，少数雪白胎质致密，部分胎质略显粗糙，有砂眼。不同器形施釉方式略有不同，碗、盘等内外施釉，足底或器底多露胎；瓶、壶等多外壁及口沿施釉，内壁和器底不施釉。釉层较薄，不透明。器形多样，有碗、盘、瓶、壶、罐、器盖、粉盒、军持等，以小器型为主，器形较大者较少。装饰方法主要有刻画和模制印花两种，以后者为主，部分器底施有墨书。

碗、盘，器形较大，敞口、弧腹、圈足，内壁饰刻画花纹。标本 T0401③：18，白釉刻画花大碗，外底部墨书“S”形款，口径 26. 8 厘米、高 6. 5 厘米、足径 8. 8 厘米、胎厚 0. 2—0. 5 厘米。

壶，可分为执壶、扁壶和瓜棱壶等。标本 T0302②：48（见图 4），执壶，喇叭口、圆鼓腹、圈足，流细长、宽带曲形把，肩、底部各一周莲瓣纹，腹身印瓜棱纹和仰莲纹，外底部墨书“东山”款，口径 7. 2 厘米、通高 21 厘米、足径 7. 2 厘米、腹径 13. 4 厘米。标本 T0301②：10（见图 5），白釉六棱印花纹执壶，喇叭口，细长颈，下腹鼓凸，平底，曲流细长，曲形把施凹凸棱，六棱模印花卉纹，钮盖施重瓣覆莲纹，通高 16. 5 厘米、腹径 13 厘米。标本 T0502④：170，德化窑白瓷“福、寿”印花卉纹扁壶，整体呈扁圆形，长直口，四周饰两列联珠纹，正反面各印一卧鹿及“福”“禄”，细长流，把缺失，通高 8. 4 厘米、腹径 6. 8 厘米、腹厚 4. 2 厘米、口径 2. 4 厘米、流长 2. 6 厘米、足径 3. 4 厘米、胎厚 0. 1—0. 4 厘米。标本 T0402②：72（见图 6），八瓣瓜棱执壶，斜直口、圆鼓腹、平底内凹、细流、把残断，颈肩部施一周模印云纹和莲瓣纹，高 7. 7 厘米、腹径 9. 5 厘米、口径 2. 5 厘米、底径 7. 3 厘米。标本 T0402②：65（见图7），白釉印花仰莲纹军持，盖缺失，子母口，直颈，肩腹处外凸，平底，斜直流，肩部施印花纹，腹部施云纹，通高 12 厘米、口径 5.9 厘米、足径 6.1 厘米、腹径 10.8 厘米。

图4 白釉瓜棱执壶（T0302②：48）

图5 白釉六棱印花纹执壶（T0301②：10）

图6 白釉八瓣瓜棱执壶（T0402②：72）

图7 白釉印花仰莲纹军持（T0402②：65）

瓶和罐器形较小。瓶可分为葫芦瓶和喇叭口瓶，通体分段模制，葫芦瓶整体呈葫芦形，部分瓶身印有草叶纹，素面较多。标本 T0402②：51（见图 8），斜直口，鼓腹，矮圈足，上腹部模印一周草叶纹，口径 0.9 厘米、高 9.5 厘米、底径 4.1 厘米。喇叭口瓶为直颈微敞，圆弧腹，喇叭口，多数颈腹部间有对接痕迹，饰一道弦纹，瓶身多为素面，少数印有瓜棱纹、莲瓣纹。标本 T0101②：5（见图 9），高圈足外撇，肩部以下模印莲瓣纹，口径 5.3 厘米、高 9.5 厘米、底径 5.6 厘米、胎厚 0.2—0.4 厘米。有少数花口喇叭瓶，瓶身通体印缠枝花卉纹，底部为仰莲纹。标本 T0501④：5（见图 10），圈足外撇，口径 5.7 厘米、高 12.6 厘米、底径 6.8 厘米。

图8 白釉草叶纹葫芦瓶（T0402②：51）

图9 白釉莲瓣纹喇叭口瓶（T0101②：5）

图10 白釉花口喇叭瓶（T0501④：5）

罐，可分为双系罐和四系罐，造型、纹饰基本一致，直口，圆弧腹，下腹内收，平底或内凹。罐身多为通体印草叶纹和仰莲纹，或者是瓜棱纹，还有少量联珠纹加四格刻画花卉纹。标本 T0402②：154（见图 11），双系罐，肩部施一周细小联珠纹，其下通体施草叶纹，口径 2.8 厘米、高 8.3 厘米、腹径 6.8 厘米、底径 3.8 厘米。标本 T0302②：17（见图 12），四系罐，自肩部至下腹部分三段，分别施莲瓣纹、草叶纹和卷云纹，口径 4 厘米、高 10.7 厘米、腹径 10.4 厘米、底径 5 厘米。标本 T0502④：69（见图 13），乳钉纹四系盖罐，盖缺失，敛口，斜弧腹，矮圈足，肩部施四个扁圆孔系钮和上下两道乳钉纹，腹部等分五格，内施刻画花卉纹，高 14.5 厘米、口径 5 厘米、最大腹径 12 厘米、底径 6.5 厘米。

图 11　白釉草叶纹双系罐（T0402②：154）

图 12　白釉四系罐（T0302②：17）

图 13　白釉乳钉纹四系盖罐（T0502④：69）

粉盒，器形分大小，带盖，以素面为主，少数盒身有瓜棱纹，盒盖印有花卉纹。标本 T0402②：283，八棱圆弧形花卉纹粉盒，子母扣，盒身平底内凹，盒盖以四道凸旋纹分成内外区，内区施一朵花卉纹，外区施对称草叶纹各一对，均呈模印细线状，通高 5 厘米、腹径 10.5 厘米。标本 T0101③：49，圆弧状，子母扣，盒盖施细线状模印花卉纹，盒身平底内凹，通高 2.5 厘米、腹径 5 厘米。

器盖，有大小形制之分，小器盖制作随意，素面，而大器盖则制作精美，表面印有精美莲瓣纹等。标本 T0502④：80（见图 14），子母口，圆孔纽，圆弧面分三区，自内向外分别饰莲瓣、草叶和莲瓣纹，宽 6.8 厘米、高 2.2 厘米。

图 14　白釉莲瓣纹器盖（T0502④：80）

2. 影青釉瓷

以江西景德镇窑系的产品为主，有少部分为福建德化窑的青白釉瓷。白胎，胎体轻薄，质地致密。内外壁均施釉，仅底部不施釉。釉色青白淡雅，造型精美；德化窑的青白瓷积釉处呈淡青色。主要器形有芒口碗、撇口碗、大碗、花口碗（盏）、花口盘等。多为敞口、弧腹，也有少量宽折沿。纹饰以素面为主，少数内壁印有莲花纹、菊瓣纹和婴戏纹等。底足多为饼足，也有部分圈足。标本 T0402②：219（见图 15），撇口碗，斜直腹，矮圈足，内底饰一乳钉，青白釉色光亮，口径 15.5 厘米、高 4.5 厘米、底径 4.3 厘米。标本 T0402②：263（见图 16），菊瓣纹碟，青白釉，内底施一朵五瓣花叶，外底内凹，口径 10.8 厘米、高 2 厘米、底径 6 厘米。标本 T0101③：55，葵口碟，双重葵口，之间施卷草纹，内底施花卉纹，矮圈足，胎体轻薄，口径 17.8 厘米、高 3.5 厘米、底径 4.8 厘米、胎厚 0.2—0.3 厘米。标本 T0502④：144（见图 17），圆形器盖顶部粘接一卧狗，通高 5.5 厘米、口径 6.3 厘米。

图 15 影青釉瓷碗
（T0402②：219）

图 16 青白釉菊瓣纹碟
（T0402②：263）

图 17 卧狗纽圆形器盖
（T0502④：144）

3. 青釉瓷

根据瓷器的整体特点将其分为三类。

第一类，以浙江龙泉窑系产品为主，少数为福建北部仿龙泉窑的产品。胎体发灰、发青，质地致密，胎体厚重。内外施釉，仅圈足或底部不施釉。釉色青绿润泽，少量发黄绿，为厚胎薄釉。器形主要有大镦碗、敞口碗、折腹碗、花形碟（盏）、花口碗、出筋小碗等。多为敞口、弧腹、圈足。装饰纹饰以植物性纹饰为主，多在器物内壁刻画写意莲花纹，部分以细线将内壁分为 4 格至 6 格并在各开光饰卷草纹。标本 T0502④：191（见图 18），敞口，斜折沿，直腹，矮圈足，以三道平行竖细线将内壁分为 4 格并在各开光饰交叉卷草纹，外表施莲瓣纹，口径 13.3 厘米、高 6.2 厘米、足径 5.4 厘米。标本 T0102②：32（见图 19），花口碗，斜直腹，矮圈足，以 2 道平行弧线将内壁分为 6 格并在各开光饰卷草纹，底部施花卉纹，口径 18.8 厘米、高 4.7 厘米、底径 6.3 厘米。标本 T0402②：59，沿微外折，斜弧腹，矮圈足，内表施花卉纹，口径 18 厘米、高 5 厘米、底径 6.3 厘米。标本 T0502④：105（见图 20），刻画花卉纹折腹碗，斜直壁，内底宽平，外底矮圈足，内表施刻画花纹，口径 19.5 厘米、高 4.3 厘米、足径 6.8 厘米。

第二类，主要是福建闽清义窑系产品，产品质量较好。胎色灰黄或灰白，胎体较薄，胎土略有夹砂。内壁满釉，外壁施釉不及底。釉色多为浅黄绿釉，有玻璃光泽，釉质略显不均，器表稍有气孔，主要器形为各式碗，如敞口碗和葵口碗，纹饰多装饰在碗内壁，刻画有各种写意卷草纹云纹、简易莲花纹、弦纹等。相比于龙泉窑系刻画纹碗，闽清义窑除釉质略黯淡、胎体较轻薄粗糙外，内壁纹饰明显简单写意。标本 T0301③：19，葵口，矮圈足，内表施刻画花纹，口径 16 厘米、高 4.7 厘米、底径 5.7

厘米。标本 T0402②：33，直口，斜弧腹，矮圈足，内表施刻画花纹，口径 18.4 厘米、高 7.8 厘米、足径 6.6 厘米。

图 18　青釉瓷碗
（T0502④：191）

图 19　青釉瓷碗
（T0102②：32）

图 20　青釉瓷碗
（T0502④：105）

第三类，仍为福建闽清义窑系产品。胎体厚重，胎色发灰，胎土夹砂较多，器表砂眼多。施黄绿釉或灰绿釉，多有流釉滴釉现象，色泽黯淡，釉质不均，釉不到底，内底或外壁下腹多露胎。器形多仅见形体较小的弦纹碗。标本 T0401③：1（见图 21），尖圆唇，敞口，弧腹，圈足，内壁口部下有一圈凹弦纹，底部有一圈凸弦纹，外壁下部露灰白胎，圈足内有刮削乳突痕迹，口径 14.7 厘米、底径 5 厘米、高 4.4 厘米。

图 21　闽清义窑青釉瓷碗
T0401③：1

4. 酱釉瓷

多为福建晋江磁灶窑系产品。胎质较粗糙，胎色发红或灰釉质较差，有酱红、酱黄或酱绿等多种颜色，多外壁及口沿施釉，釉不及底，各器形下腹以下均露胎。多素面，少见有纹饰，仅部分器物肩部印有文字。主要器形有四系罐、小口罐、壶、小口鸡腿瓶、器盖、盏等。器盖表面及器纽施釉。盏数量较少，为板沿、直口、斜直腹、小平底内凹。四系罐有大、小两种尺寸，形制一致，均为口沿外撇、束颈、溜肩、圆鼓腹、小平底，肩部饰四个桥形横系。标本 T0402①：3（见图 22），平底内凹，酱褐釉，肩部四个桥形横系之间压印四处“六字□”字款，口径 12.8 厘米、高 38 厘米、腹径 34.8 厘米、底径 14.8 厘米、胎厚 0.8—1 厘米。小口罐为敞口、束颈、溜肩、鼓腹、大平底，部分底部有墨书。标本 T0102②：21（见图 23），酱褐釉，外底施墨书“高记”，口径 3.5 厘米、高 10 厘米、底径 19.2 厘米、胎厚 0.3—0.5 厘米。标本 T0502④：35（见图 24），酱褐釉壶，敞口，束颈，鼓腹，平底内凹，曲把，流残断，颈部施数道凹凸旋纹，肩腹部压印一周平行短竖槽，酱褐釉不及底，近底部露胎处墨书“舖前公用”四字，口径 9 厘米、高 18.5 厘米、腹径 19 厘米、底径 10.5 厘米。小口鸡腿瓶仅口部及周边施釉，小口、鼓肩、深长腹、小平底，腹身有明显的弦纹。标本 T0402②：280（见图 25），口肩部施酱褐釉，且有流釉痕迹，口径 2.8 厘米、高 31.4 厘米、底径 7.6 厘米、胎厚 0.2—0.6 厘米。标本 T0502④：122，酱黄釉盏，平折沿，浅斜腹，平底内凹，内底施花卉纹，口径 9 厘米、高 2 厘米、底径 3 厘米。标本 T0402②：81（见图 26），酱褐釉盏，口径 9 厘米、高 2 厘米、底径 3 厘米。

图 22 酱褐釉四系罐（T0402①：3）

图 23 酱褐釉小口罐（T0102②：21）

图 24 酱褐釉壶（T0502④：35）

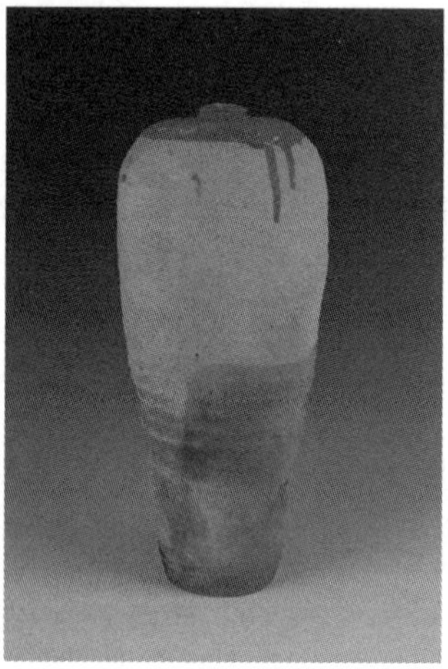

图 25 酱褐釉小口鸡腿瓶（T0402②：280）

图 26 酱褐釉盏（T0402②：81）

5. 绿釉瓷

福建晋江磁灶窑系产品，胎色多发红，胎质较软，吸水较强。通体施绿釉，个别底部无釉。釉质较差，个别返银呈黑色。主要器形有三足瓜棱香薰、印花纹碟、细颈瓶、直颈瓶等。三足瓜棱香薰形制特别，略有残缺，直口、束颈、垂腹、平底、底接三兽形足，口沿接方形板耳，腹呈瓜棱状，盖面圆隆，盖面饰三个圆形透气穿孔，盖纽为张口回首卧狮。标本 T0302②：47，口径 10.2 厘米、通高 17.5 厘米、腹径 12.6 厘米、足高 4 厘米、胎厚 0.3—0.6 厘米。碟为花口、平折沿、弧腹、平底，碟口、腹、内底压印花卉纹。标本 T0402②：38（见图 27），口径 10.7 厘米、高 1.6 厘米、底径 6.2 厘米、胎厚 0.3 厘米。细颈瓶为撇口、长细颈、垂腹、小圈足，部分颈部有数圈弦纹，腹部饰有褐点彩。标本 T0402②：41（见图 28），颈肩部饰两道凹旋纹，口径 1.9 厘米、高 7.9 厘米、腹径 4.5 厘米、足径 3.1 厘米。直颈瓶为平折沿、直颈、溜肩、弧腹，腹部有褐彩装饰。标本 T0402②：280，口颈残断，平底，残高 50 厘米、腹径 14 厘米、底径 9.5 厘米。

图 27　绿釉印花纹碟（T0402②：38）

图 28　绿釉细颈瓶（T0402②：41）

6. 黑釉瓷

福建晋江磁灶窑系产品，胎色灰黄，胎质较细腻坚硬，釉色黑而发亮，器形仅见小碗或盏。标本 T0402②：230，黑褐釉碗，敞口，弧腹，矮圈足，外表下腹至底露胎，口径 11 厘米、高 4.8 厘米、足径 3.8 厘米、胎厚 0.2—0.3 厘米。

（二）金属器

金属器大致可分贸易货物和生活用品两种。贸易货物有铁钉和铁锅、铜钱、铜环、银铤等；生活用品有各式金饰件、银戒指、铜戒指、锡碗和小锡珠等。

1. 金器

金器出土数量品种较多，主要包括项链、臂钏、手镯、戒指、胸佩、带饰、耳环、耳坠、铭文金页及其他条形、方座形零散饰件和金箔、金饼等，大部分出土于 T0201 东部左船舷外的一个小漆盒内，还有几件残断缨络胸佩出土于 T0301 东北部③层扰乱土中，其余金饰件较小，散落于沉船中后部各处。

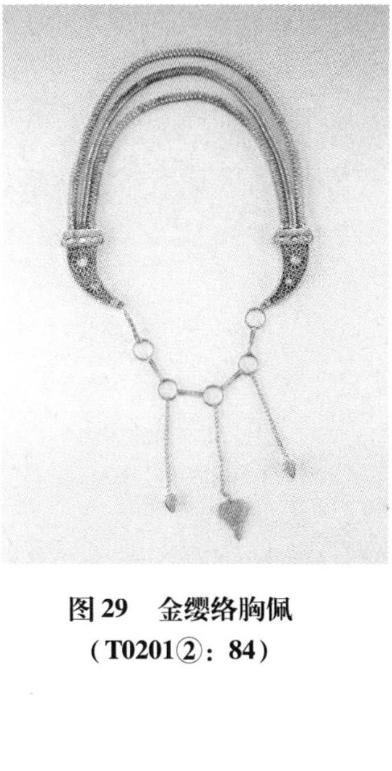

图 29　金缨络胸佩（T0201②：84）

缨络胸佩，6 件。标本 T0201②：84（见图 29），自然展开上下通长 34 厘米、左右宽 21.8 厘米，净重 270 克。该胸佩可分上下四个部分：其一为金链组合，其中两条四出棘棱状金链，是为棘棱单体两两紧密相扣而成，中间还夹一条单体金环压扁两两紧密十字交错相扣而成的金链，三链两端各有小环口接月牙状牌饰背上的横条；其二为两侧月牙状牌饰，牌饰从上到下分四部分，最上额部饰三角折线波浪状堆珠纹饰，其下眉间有三孔座，当用以镶嵌宝石，孔座四周亦饰有堆珠纹饰，额眉背后挂一两端卷曲数圈的横条，用以接链条环口，主体为月牙状牌饰，正面中部有大小两孔座，环绕着菊花瓣，余部填以卷草纹，其上勾勒线条皆密布炸珠焊缀联珠纹饰，尾部为挂环结构，其中一侧还接一长钩以备胸饰整体的开合；其三为五环结构，环间以表面也加饰堆珠饰的扁条相连；其四为三条分别接三个挂饰的垂链结构，垂链为滴水状单体环环相扣而成，上端分别接中间三环，下端左右链接小鹰嘴桃，桃形主体密布掐丝和炸珠焊缀饰，中间有一周接合痕，中链接心形牌饰，主体饰繁复卷草纹，勾勒线条亦密布炸珠焊缀的联珠和鱼子纹饰。

图30　铭文金页（T0201②：46）

铭文金页，11 件，金箔经数重折叠后成书页状，主要有两种规格。其一如 T0201②：51，长 10.4 厘米、宽 5.4 厘米，净重 40.758 克，正面四角及长边中部各有印铭，惜模糊不清，有待考究；其二如 T0201②：46（见图 30），较前者厚且重，正面中部有“韩四郎”印铭，四角各有印铭，亦模糊不清，长 9.8 厘米、宽 3.2 厘米，净重 42.236 克。

戒指，6 件，分方形和六角形两种戒面。标本 T0201②：63（见图 31），方形戒面，戒面上略起一周包廓成须弥座状的宝石座，四边中部各起一犬齿状抓手以固定宝石，惜未见宝石，指孔扁圆，指环外圈略微起棱，内壁较平以便贴指，戒指整体显厚重大气，宽 3.2 厘米、通高 2.8 厘米，净重 38.993 克。标本 T0201②：49（见图 32），六角形戒面，戒面上起一周包廓成须弥座状的宝石座，座下还饰一周梳齿纹，六角各起一犬齿状抓手以固定宝石，亦未见宝石，指孔扁圆，指环外圈略微起棱，内壁较平以便贴指，戒指整体亦显厚重大气，宽 2.9 厘米、通高 3.2 厘米，净重 36.965 克。标本 T0201②：78（见图 33），戒面简洁，环体上粗下细，内外环面略起棱，两边起棱明显，顶面上有一凹槽，槽边饰六出状焊接堆珠装饰，槽内镶小金饼并由槽边四抓手固定，宽 2.65 厘米、通高 2.65 厘米，净重 16.721 克。

图31　金戒指（T0201②：63）

图32　金戒指（T0201②：49）

图33　金戒指（T0201②：78）

手镯，4 件。标本 T0302③：2（见图 34），錾刻花蕊纹片状环饰，出土状为两重，被压扁平，部分卷曲，外圈表面压印两组缠枝四季花蕊纹，中间间一突棱，花蕊间约为网格状底纹，两端子母口穿针锁合，周长约 17.1 厘米、宽 2.8 厘米，重 38.062 克。内圈表面饰压印一组缠枝四季花蕊纹，两端钝圆，并各有一穿孔，应还有小构件锁合，已失，周长约17.5厘米、宽2.2厘米，重32.938克。标本T0401④：38（见图35），重叠状实心环形，环体两端各饰一个十面体方块，方块有几面饰有扁圈，环身被六组弦纹结构分割成中心对称的七个部分——由两端向中心两边。第一部分盘缠麻花金线，第二部分环饰扫帚状针点饰，第三部分两组卷草状针点饰与刻印花蕊纹组合，最后中部为折线波浪纹与印花卷草纹组合，直径约8.4厘米、截面直径1厘米，重137.760克。标本T0402④：1，椭圆形环缺，内壁较平以便贴手，外壁饰对龙纹，缺口两端刻画相对龙头，两边龙颈刻龙鳞，中部饰两组卷草纹，其间间以针点饰方框，龙鳞与卷草纹间空白饰有三角形针点饰。长径8.8厘米、短径7.3厘米、截面直径1.2厘米，净重126.919克。这两件手镯是否属铜鎏金制品，还需进一步的科技检测。

图34　金手镯（T0302③：2）

图35　金手镯（T0401④：38）

耳环，24件。标本T0201②：79（见图36），金丝卷成圆形，一端尖头，一端卷成弹簧状，并附带一颗十面体穿孔小金粒，尖头端可插进出弹簧圈以开合，单体直径约2.7厘米，一对净重5.720克。标本T0401④：9（见图37），省去弹簧状结构，用多面体带孔金块连接，较为粗重，一对净重20.016克。

图36　金耳环（T0201②：79）

图37　金耳环（T0401④：9）

另外，出土较多零散小件金器，包括金链、方座形、菱形、长方条形饰件，灯笼形、玲珑形、石榴形、鹰嘴桃形、心形等坠饰或佩饰，器体虽小，但锤锞、錾刻的形式多样，器身满饰掐丝、垒丝、炸珠焊缀的连珠纹或麻花纹等，繁复富丽，形制装饰风格独特。

2. 银器

银器主要为银铤，另有个别银戒指等。银铤集中堆放在沉船中心部位，部分散落周

图 38　银锭（T0501④：54）

边，已提取 20 件。分大小两种，大者最大长 13.2 厘米、最大宽 8.7 厘米、厚 3 厘米，小者最大长 9.7 厘米、最大宽 6.5 厘米、厚 2.7 厘米不等。个别经保护处理后铭文清晰可见。标本 T0501④：54（见图 38），两边弧突，中部收腰，北部及侧面有蜂窝状气孔，最大长 11.4 厘米、最大宽 7.3 厘米、厚 1.7 厘米，重 970 克。正面中部印有铭文“重二十五两”和“杭四二郎”，四角钤印“……东”，其余字迹不清。

3. 铜器

铜器主要有铜钱、铜环、铜镜、铜盘、铜指环、鎏金铜环、铜锥、铜带扣、三足支架等。

铜钱为铜器大宗，遍布沉船各处，主要分布于船体中后部。本阶段出土铜钱 14000 余枚，其中约 6900 枚可辨识钱文，可辨钱铭有少量唐代“开元通宝”“乾元重宝”钱，主要属北宋时期，早者如“淳化元宝”钱，晚者有“宣和通宝”钱，另有南宋早期的“建炎通宝”“绍兴元宝”钱等。

铜环也有大量出土，多是散落各处，但也有发现成摞装在粉盒中，共 108 件。一般直径 9 厘米、环径 0.55 厘米。标本 T0401③：13（见图 39），同出 13 件，大小一致。

铜镜，共 10 件。形制基本一致，皆有长柄，镜背多有印铭，但基本都是字迹模糊难辨。标本 T0402②：184（见图 40），六瓣葵花边，背面中部有长方形铭印，下方接长执柄。镜身宽 8.5 厘米、高 9 厘米，柄长 2.4 厘米、宽 1.5 厘米到 1.7 厘米。

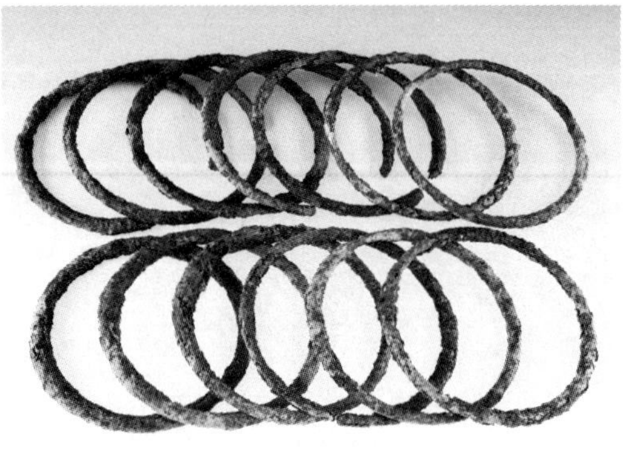

图 39　铜环（T0401③：13）

图 40　铜镜（T0402②：184）

其他铜制品共 6 件。铜戒指发现数枚，形制简单，仅铜环上有一简洁圆饼作戒面，约显两层，表层粗糙。标本 T0402④：3，宽 2.1 厘米、通高 1.7 厘米、环径约 0.25 厘米、戒面直径 1.3 厘米。

4. 铁器

铁器在沉船表面主要以凝结物形态大量出现，铁钉与铁锅占绝大多数。

铁钉，成堆凝结成大块，分布在沉船表面各处。个别小凝结块可见捆绑竹篾条之类的有机物，大块凝结物上也能辨认出成捆状的小块轮廓。铁钉单体大致上半部为扁长方体，下半部渐收成扁尖，T0202 中的凝结物 N：021 上的一枚较为完整铁钉长 27.5 厘米、宽 2.5 厘米、厚 1.5 厘米。标本 T0202③：5（见图 41），均为尾端长方形渐变尖形的片状铲钉，长 20—35 厘米、尾端宽 2—3.5 厘米、厚 1—2 厘米。

铁锅，多以大块凝结物形式出现，以 T0401 中西部最为集中，其余各处亦有一些。铁锅 5 到 10 件用竹篾捆绑隔垫，可分为单把圜底铁锅和圆口圜底铁锅两种，单体器身平滑匀称，厚薄几与现代无异，口径大至 36 厘米、小至 28 厘米不等。标本 NO39（见图 42），数件铁锅叠套，单体口径 28 厘米、深 7 厘米。

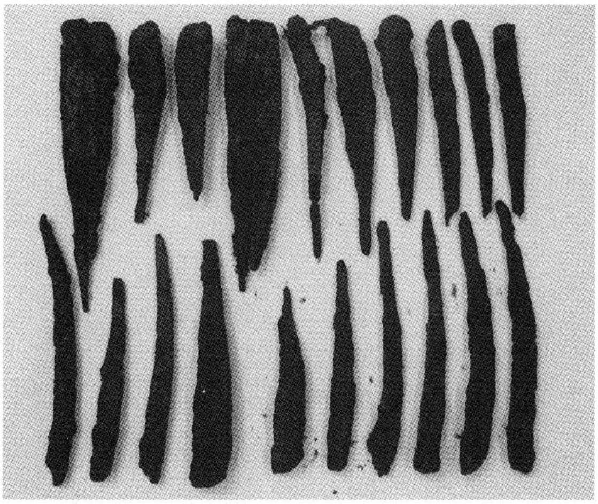

图 41　铲钉（T0202③：5）

图 42　铁锅（NO39）

5. 锡器

锡器可见锡碗、锡碟和锡珠等。

锡碗，有少量发现，个体较小，皆被侵蚀严重，器表难见真容。标本 T0502④：189，直口，下腹弧收接圈足，口径 8.5 厘米、高 5 厘米、底径 3.2 厘米。

锡珠，大量出土于沉船中部，T0301 西部和 T0302 东部区域尤其多，T0301 北部隔舱中的一件残破罐上发现成堆小锡珠，主要以黑色为主，单体直径 0.21—0.72 厘米不等，重 0.004—0.673 克不等（见图 43），还有一些呈红黄色小珠子材质有待确认。

图 43　小锡珠（T0301②：80）

（三）漆木器

共采集标本 12 件，主要分布于沉船中后部，大多散乱残破，从木条、木片残存结构和散见的若干剔犀、剔红及青漆器残片形制看，可辨器形有印章、木桶、木盘、漆

图44 剔犀团花云纹漆盘（T0501③：12）

盒、漆盘和小木雕等。漆器可分为青漆盘、黑褐漆盒、剔犀漆盒、剔红漆盒等。标本T0501③：12（见图44），剔犀团花云纹漆盘，沉船尾部左后侧出土，边略残，木胎，敞口，斜弧腹，矮圈足，通体髹饰红黑漆，外底黑褐漆素面，盘面装饰卷草云纹雕花，由中心卷草纹团花向周边衍生，直至口部，卷草边髹鲜红漆线，口部内壁也有两周红漆弦纹，整体呈黑地红花的剔犀工艺。

（四）朱砂

主要散布于沉船中后部隔舱表面，采集标本117件，出土总重量13千克，颗粒大小不一，最大颗粒重0.09千克。标本T0401④：14（见图45），集中散布于第十舱左端，重9.19千克。

图45 朱砂（T0401④：14）

（五）其他

沉船尾部的散乱堆积中发现有液态水银，应属船载物品。在淤泥中还发现有一些植物果核、动物骨骼等。此外，沉船内淤泥中还发现130余件石质遗物和大量铅质网坠，石器除无孔鹅卵石外，绝大多数为穿孔或麻绳捆扎的石网坠，除了部分可能属于沉船所载外，大多数应属于附近渔业生产遗存，虽因沉船拖挂遗落，但不属于沉船遗物。

六 结语

通过本年度的保护性发掘，已清理完成回填堆积和晚期海泥淤积，取得了一定收获，对该沉船考古主要有以下几个方面的初步认识。

第一，随着大量凝结物的提取，沉船左右舷板、水线甲板、隔舱板、舵承孔等船体结构已经暴露，船桅托梁、甲板、船壳板、底板和小隔板部分显露，船体表面残存结构基本清晰，船板搭接等部分造船工艺比较明确。从已发掘暴露的船体判断，“南海Ⅰ号”沉船属于我国古代三大船型的“福船”类型，船体保存较好，在以往的宋元沉船考古中鲜见。

第二，船内各舱之间的船载货物品种具有一定的规律性，装载方法逐步明了，已提取出来的船货基本面貌越来越清晰，且新发现了一批器物类型，船货构成更加丰富，瓷器种类、样式、窑口等在原来出水发现基础上更加充实，几乎囊括了当时南方主要窑口与瓷器种类，大部分产自江西、福建和浙江，金银铜锡和漆木器等其他发现也更加引人注目，尤其以一些器形较为特殊的外销瓷器、浓郁异域风格的金饰品和剔犀、剔红漆盒等更加值得深思。

第三，“南海Ⅰ号”沉船是一条满载货物的沉船，从已发现船载货物的时代分析，铜钱中最晚年号为南宋早期宋高宗时期（1131—1162）的“绍兴元宝”款，而金页和银锭铭文都与国内出土的南宋时期同类货币一致，瓷器中的景德镇窑青白釉婴戏纹碗与江西出土南宋嘉泰元年（1201）“青白釉孩儿戏水纹碗”南宋中期纪年瓷相同①，福建晋江磁灶窑酱黑釉和绿釉器物的大部分为土尾庵、蜘蛛山等窑址的南宋晚期产品②，部分器物也与南宋晚期的“华光礁Ⅰ号”等沉船出水品相一致。据此推测该沉船应属南宋中晚期，较确切年代期待进一步的沉船中下部考古发掘。

第四，由于仅清理完成了沉船上部淤积物，对船体中下部结构和整体船型、保存状况、建造地、用材、工艺和年代等沉船性质，船载货物构成和遗物区分、瓷器产地与窑口，沉船出航路线和去向、沉没原因、价值认知及造船史、海外贸易和交通等相关学科，乃至科技检测等方面的深度研究还有待持续的发掘整理工作。

附记：“南海Ⅰ号”沉船保护发掘项目的保护组、测绘组、打捞组等成员付出了辛勤劳动，在此一并致以谢忱！

领队：孙键 刘成基 魏峻
参加发掘人员：孙键 刘成基 魏峻 刘志远
丁见祥 郭雁冰 王元林 黎飞艳
肖达顺 胡思源 林唐欧 余万勤
王志杰 赵峰 陈士松 陈浩天
叶道阳 徐安民 龚海洋
绘图：林唐欧 刘慧茹
照相：黎飞艳
执笔：王元林 肖达顺

① 彭适凡主编：《宋元纪年青白瓷》，庄万里文化基金会，1998 年。
② 福建博物院、晋江市博物馆：《磁灶窑址》，科学出版社 2011 年版。

济南市长清区崮云湖发现的宋氏家族墓地

济南市考古研究所长清区文管所

2012 年 12 月，济南市考古研究所、长清区文管所在长清区崮云湖办事处抢救发掘了三座宋代石室墓葬，共出土墓志 2 盒，各类随葬品 30 余件。墓葬位于 104 国道与长清区工业一路路口西 0.5 公里的山前丘陵缓坡地带，系挖楼槽过程中发现。三墓距地表深约 4 米，墓道均向南，东西并排，自西向东为 M1、M2、M3。现将三座墓葬发掘收获分别介绍如下。

一、 M1

1. 墓葬形制

M1 为穹窿顶石室墓，墓向 197°。南为墓道，北为墓室。墓道长 3.6 米、宽 1.3—1.6 米，最深 1.92 米，南端存阶梯式墓道 4 级，以下为斜坡直至墓门。发现时墓顶已被挖开，石块掉落室内淤土上。从痕迹来看石块朝向墓室内的一侧加工细致，呈带凿点的弧面，其余几面均加工粗糙。

墓室由墓门、甬道、主室三部分组成。墓道北端为石砌墓门，门外有两侧立柱和中间封门石。三块封门石立砌在立柱之内。两门柱外侧紧贴墓道，用不规则的石块以及青砖砌出立墙。墓门由两扇门扉、一块门楣石组成，门楣石有凹槽，门扉有门轴，上端插入门楣石凹槽，下端插入铺地石的凹槽内。门扉高 1.6 米，宽均为 0.5 米。

墓门内是甬道。甬道长度即为主室墓壁的厚度。上部为券顶，由 14 块楔形砖组成，券洞高 1.6 米，宽 1 米。其下左右各一块立柱石。立柱石底面又有石榫，插入下面的石板凹槽中，石高 1.36 米。甬道内贴门扉内侧还有一门槛石挡住门扉。

主室为圆形石筑穹隆顶，由大小不一石块层层平砌而成，向上逐渐内收，只残剩最下面的六层，石块之间用白灰粘结。主室内径 3.4 米，残墓顶至地面高度为 2.5 米，石板铺地。甬道向南 0.6 米处为石砌棺床，高 0.56 米，石板外侧有石刻花纹。

石棺床上放置两具木棺，两棺均东西向，腐朽较甚，北棺尚存一块盖板。北棺长 2.1 米，宽 0.4—0.6 米，底部铺有厚度为 0.03—0.05 米的膏泥，其上又铺一层厚约为 0.02 米的黄沙。骨架头向西，葬式为侧身屈肢。棺内头西有长方形漆箱，已朽，只剩朱黑两色漆皮。内置圆铜盒、鎏金铜带扣、亚字形铜镜各一件。骨架下有铜钱若干。

南棺略小，长 2 米，宽 0.4 米，棺内亦铺厚度为 0.03 米的青灰膏泥，骨架头向西，葬式为俯身直肢。头骨西部放置白瓷盏、白瓷粉盒各一件，圆铜镜各一件，铜小勺、铜簪各一件。骨架下有铜钱若干。

淤土中有黑瓷碗两件，金耳铛两件，及不可辨识的漆器一件。

2. 出土器物

该墓共出土器物 15 件，其中瓷器 4 件，铜器 7 件，金器 2 件，漆器 2 件。

(1) 瓷器　　4 件。

白瓷粉盒 1 件（M1：11）敞口圆唇，盒身子母口稍敛，无盒盖，呈十二花瓣状。白胎白釉，子母口扣合处及底外无釉，器底稍内凹，有戳印。口径 5.2 厘米，底径 4.8 厘米，高 2.9 厘米。

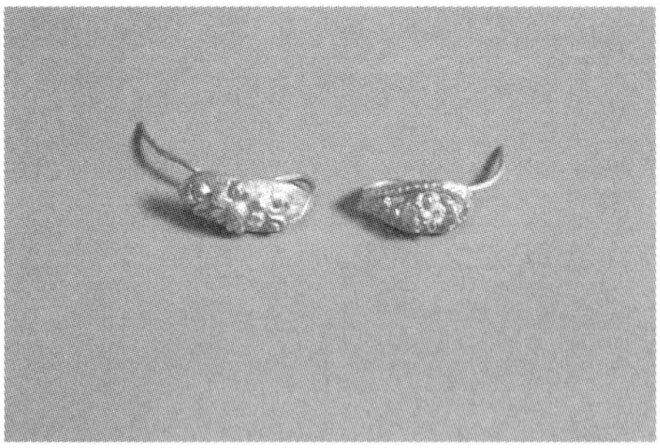

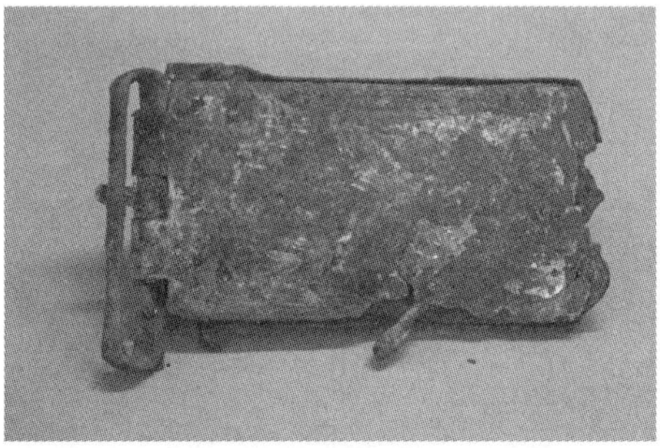

白瓷盏 1 件（M1：10）敞口圆唇，器身呈十二花瓣状，底部稍内凹，稍残。白胎白釉，口径 10. 8 厘米，底径 5. 6 厘米，高 2. 6 厘米。

黑瓷碗 2 件 大小形制均不同。1 件（M1：5）。圆唇侈口，斜直腹，小圈足较窄。黑釉褐胎，圈足及底外、口沿内外无釉，其余均施黑釉，器内无垫烧痕迹。口径 12. 4 厘米，底径 3. 8 厘米，高 4. 8 厘米。1 件，兔毫黑釉碗（M1：7）圆唇敞口，深腹，小圈足。黄白胎，内外施黑釉，口沿内外、底外、圈足均不施釉，腹外施釉不到底。圈足外部胎体近紫色，口部无釉处包银边。黑釉有褐色窑变，纹理细密呈兔毫状。口径 12. 8 厘米，底径 4. 1 厘米，高 6 厘米。

（2）铜器 7 件。

铜镜 1 件（M1：9）。圆形，圆钮，素缘。正面边缘略薄。缘宽 0. 9 厘米，直径 11. 9

厘米。

铜簪1件（M1：12）。铜条折成“L”形，表面鎏金，长16.8厘米。

铜小勺1件（M1：13）。长14.6厘米，其中柄长10厘米。小勺长约0.8厘米。

铜带扣1件（M1：8）。表面鎏金，大致呈方形。长13厘米，宽7.5厘米。

铜盒1件（M1：15）。有盖，圆形，全为铜制，素面。内有粉状物，已经板结。直径7厘米，壁厚0.7厘米。

铜镜1件（M1：16）。亚字形。素面，素缘，圆钮。钮一侧铸有阳文，外有竖长方形双层边框，内容有两行，中间有隔线。文字为“湖州仪凤桥真正石家青铜镜”。边长16厘米，缘宽1.3厘米。

铜器1件（M1：4）。器形不明，出土于南棺内。

（3）金器2件。

金耳铛2件（M1：1－1、1－2）。长约2厘米，均有花瓣装饰。出土在淤土内。

（4）漆器2件。

漆盒1件（M1：6）。大致呈长方形。位于头骨西侧，内置圆铜盒、亚字型铜镜、铜带扣。漆器1件（M1：2），器形不可辨认，出土在淤土内。

（5）铜钱29枚。

“开元通宝”1枚。行书“淳化元宝”1枚、真书“至道元宝”1枚。真书“咸平元宝”1枚、真书“景德元宝”1枚、楷书“祥符元宝”1枚、楷书“祥符通宝”1枚、楷书“天禧通宝”1枚。真书“明道元宝”1枚、篆书“皇宋通宝”2枚、真书“至和通宝”1枚、真书“嘉佑元宝”1枚。真书“熙宁元宝”1枚、“熙宁重宝”1枚、篆书“熙宁元宝”2枚，篆书“元丰通宝”1枚、行书“元丰通宝”1枚。行书“元祐通宝”2枚、行书“绍圣元宝”1枚、篆书“绍圣元宝”1枚。楷书“圣宋元宝”1枚、篆书“圣宋元宝”1枚、隶书“崇宁重宝”1枚、瘦金体“崇宁通宝”1枚、瘦金体“大观通宝”1枚、篆体“宣和通宝”1枚。

二、 M2

1. 墓葬形制

M2平面大致呈方形，墓向290°。全为石砌，墓顶上方正中放置一盒墓志。

墓室东西2.3米，南北2米，石块铺底。直壁。墓室中间有东西向石墙将墓室隔为南北二室，石墙由两块立石撑起横石三块，形成三个方形过洞。墓顶用两排石块平铺垒砌，石块长1.2—1.3米，宽0.4—0.6米，厚0.3米。

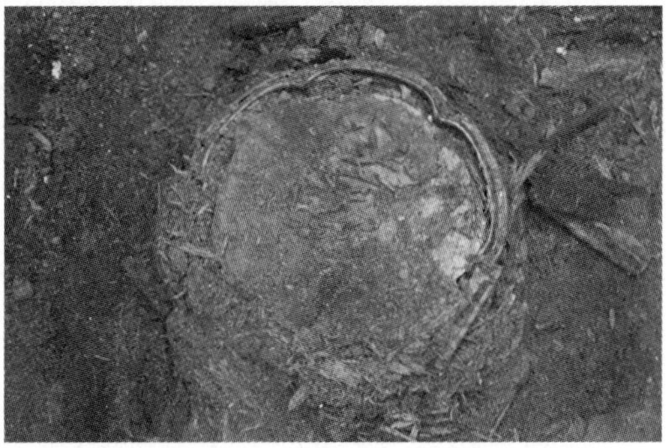

南室宽0.87米，内置一木棺，仅存漆皮和棺环，长约1.9米，宽0.6米。底部铺0.03—0.05米厚的膏泥。骨架头向西，葬式不明。股骨间置铜印章一件，腰部有玛瑙珠两件、银带扣一件，头部北侧放置花瓣形漆奁一件，腐朽较甚，内置小银盒一件、方木镜匣一件、铜镜一件。头侧置铜小勺一件。棺角的位置共置铁环四件。

北室宽0.91米，内置一木棺，仅存漆皮和棺环。长1.9米，宽0.6米，骨架已朽成粉末。头向西，葬式不明。棺内头骨南侧置漆奁一件，已残碎。内置花瓣状铜镜一件、铜小勺一件，金簪一件。另有小瓷盅、小铜杯、小铜盒、漆盒、香囊各一件，内均有粉状、板结状残留物。棺角处有铁环两件。

2. 出土器物

M2出土随葬品22件，石质墓志1盒。其中漆木器4件，铜器7件，金器1件，银器2件，铁器6件，玛瑙珠2件。

（1）墓志1盒。（M2：1）。

青石质方形。盖身同大，边长0.7米，厚0.14米。志盖呈平顶式，篆书两行十字，“宋故将士郎宋公墓誌名”，志身楷书，共33行，满行41字，字周有格线。自铭“宋将士郎宋参军墓志铭”，“朝散郎致仕□骑都尉赐绯鱼袋张棠撰”，“朝奉郎通判宁化军管勾学事□□内劝农事云骑尉赐绯鱼袋孟孝孙书并篆”，“任从礼刊”。

拓片全文为：（见附件文档）

（2）漆木器4件。

漆奁盒2件。一件（M2：3）。位于南室棺内，出土时已朽碎。木胎朱漆，平面呈花瓣状，奁盖、奁身口沿均有薄银片扣，奁身高度不详。盒内放置木质镜匣、铜方镜、银盒各一件。另一件，（M2：9）。位于北室棺内，残碎。木胎朱漆，内置器物7件。

圆漆盒1件（M2：9－3）。置于北室漆奁内。木胎黑漆，圆形，直径12厘米，保存较差。

木镜匣1件。（M2：3－1），木质，一面髹黑漆，方形，边长11厘米，与方镜同出，中间有圆孔。置于南室漆奁内。

（3）铜器7件。

方镜，1件（M2：3－2）正方形，边长10.2厘米，平缘，厚0.5厘米。圆钮已残，正面有银色镀层。镜背钮侧铸有阳文，外有竖方形双层边框，内文“湖州真石家念二叔照子”，置于南室漆奁内。

花瓣形铜镜，1件（M2：9－1）。呈葵花瓣状。直径15厘米，置于北室漆奁内。

印章1件（M2：4）。边长3.4，厚1.1厘米。钮高2.4，厚1厘米。印文铸成，阳文篆书“挺”。

小勺1件（M2：2）。长15厘米，木柄已朽，出土于南室。

小铜杯1件（M2：9－4）。厚0.1厘米，直径4厘米，出土于北室漆奁内。

小铜盒，1件（M2：9－5）。直径5厘米，带盖，出土于北室漆奁内。

铜饰1件（M2：8）。呈柱状，器形不可辨。

（4）银器2件。

银盒1件。（M2：3－3），直径4.5，高2.8厘米，内残留板结状硬化物。（置于南室漆奁内。

银带扣1件（M2：6），长12.8，宽6厘米。一面浮雕打马球图案，一面线刻楼台水鸟图案，局部有鎏金。

（5）金器1件。

金簪，（M2：9－2）。长19厘米，置于北室漆奁内。

（6）瓷器1件。

（M2：9－6）。白瓷，直径约3.3厘米，置于北室漆奁内。

（7）玛瑙珠2件。

（M2：7、17）。直径1厘米，红色，其中一个有双孔，一个有三孔，相通。

（8）铁器6件。

棺环（M2：11—16）。铁质，直径10厘米。

（9）小香囊1件。

位于北室漆奁内，系一对麻织小袋。

（10）铜钱34枚。

“开元通宝”1枚、“乾元重宝”1枚。

楷书“太平通宝”1枚、行书“淳化元宝”1枚、行书“至道元宝”2枚。

真书“咸平元宝”1枚、真书“景德元宝”1枚、楷书“祥符元宝”1枚、楷书“祥符通宝”2枚、楷书“天禧通宝”1枚。

楷书“天圣元宝”1 枚、篆书“皇宋通宝”2 枚、真书“至和元宝”1 枚。

真书“治平元宝”1 枚。

真书“熙宁元宝”1 枚、“熙宁重宝”1 枚、篆书“熙宁元宝”1 枚，篆书“元丰通宝”1 枚、行书“元丰通宝”2 枚。

行书“元祐通宝”1 枚、篆书“元祐通宝”1 枚、行书“绍圣元宝”1 枚、篆书“绍圣元宝”1 枚、篆书“元符通宝”2 枚。

楷书“圣宋元宝”1 枚、篆书“圣宋元宝”1 枚、真书“政和通宝”1 枚、篆书“政和通宝”1 枚、瘦金体“大观通宝”1 枚。

三、 M3

1. 墓葬形制

M3 是穹窿顶石室墓，墓向 197°，形状结构与 M1 相同。由墓道、墓室组成。

墓道位于南边，长 3.6 米，南端有三级台阶，其余为斜坡。

墓室全为石砌，由外甬道、墓门、内甬道、主室构成。外甬道位于墓门之外，长 1.3 米、宽 1.5 米，高 2 米。用三块长方形石板封门，地面、两壁、平顶均用石块垒砌。北端紧挨墓门。墓门上有门楣石，中有两块门扉石，西侧一块已残。石高 1.6 米，宽 0.65 米。上下皆有榫卯插入门楣和底部石板中。门内地面挡有门槛石。

门扉内又有甬道，是在主室墙壁上，石块垒砌的券洞，宽 1 米，高 1.7 米，起券部分是 14 块楔形砖垒砌而成，下为立柱石，高约 1 米，底部有石榫插入铺地石的圆孔中。

主室平面呈圆形，内径 3.7 米，残高 3.9 米，发现时穹隆顶最中的藻井石已被挪动。此石为长方形，中间浮雕八瓣莲花。墓壁全为石块砌筑，以石灰填缝，靠近墓门一面加工精细，其余面粗糙。墓底为石板平铺，距墓门1米处即为石棺床，高出地面0.5米。棺床全为石板砌筑。

室内人骨已被扰乱，棺床上发现残缺趾骨，棺床南发现头骨两个。墓志位于棺床南侧，已被翻动，志盖志身已经分离，志盖破碎。另有零星铜钱若干。

2. 出土器物

墓志1盒。M3：1，已碎。盖身同大，志盖呈平顶式，篆书两行共6字，“助教宋□之墓”。志身长宽各62厘米，厚13厘米，刻楷书26行，满行30字。自铭“炎宋故助教宋明□墓志铭”，“朝奉郎致仕云骑尉赐绯鱼袋张棠撰”，“宣德郎知沧州乐陵县事孟孝孙书”，“任从礼刊”。

拓片全文见附件文档。

铜钱21枚。

“开元通宝”1枚。

行书“淳化元宝”1枚、行书“至道元宝”1枚。

真书“咸平元宝”1枚、真书“景德元宝”1枚、楷书“祥符元宝”2枚。

真书“嘉佑通宝”1枚、真书“嘉佑元宝”1枚。

真书“治平元宝”1枚、篆书“治平元宝”1枚。

真书“熙宁元宝”1枚、篆书“熙宁元宝”1枚，篆书“元丰通宝”1枚、行书“元丰通宝”2枚。

行书“元祐通宝”1枚、真书“绍圣元宝”1枚、篆书“元符通宝”1枚。

篆书“圣宋元宝”2枚。

四、 相关问题

1. 墓主人身份

M3出土墓志记载：墓主为宋炤及其夫人吴氏，夫人吴氏先逝，宋炤新逝后，按照习俗归祔乃入祖茔。宋炤死亡年代和二人下葬年代为北宋大观元年（1107）。从主室内残存的两头骨看，情况是符合的。宋炤（1049—1107），世为齐州长清人，祖元，父惟德，母傅氏。大观元年（1107）二月十五日卒于家，是年八月十九日葬于长清县和平乡千秋里先茔之西南。夫人吴氏，冀州观察推官吴孝思之女，先37年而亡，同日祔葬。

M2出土墓志记载：墓主为宋挺及其夫人，宋挺系宋炤之子，吴氏所出。宋挺死亡年代为政和元年（1111）。M2南室内出土“挺”字印章，骨架当系宋挺无疑，北室当为其妻。其妻姓氏未在志文中提及。宋挺（1065—1111），宋炤之子，政和元年二月九日终于家，是年七月葬于长清县和平乡千秋里祖茔之西南。有一子昌嗣。

M1 无墓志出土，但根据 M3 志文中提到的“祖茔”和主室内两具骨架来看，其墓主人也应为吴氏家族成员。

2. 墓志撰书人、刊刻人身份

M2、M3 的墓志撰文人均为张棠，由志文可知，此人为宋挺之子宋昌嗣的岳父。书丹人均为孟孝孙，M3 墓志记载，为宋炤之女婿的父亲在宋史中查无记载。先后“知沧州乐陵县事”“通判宁化军管勾学事兼管内劝农事”。两墓志刊刻人均为任从礼。

3. 葬俗情况

祖茔的情况。M3 志文中有“……葬于长清县和平乡千秋里先茔之西南五步后别域也……归其母傅氏于祖域之次……”。M2 志文中有“……迁柩于长清县和平乡千秋里祖茔西南后乃考之域卜用……”。可知：其一，宋家祖茔即在此地。其二，按照辈分的高低，由东北向西南依次排列，应为其埋葬之制。其三，M3 志文提到的“归其母傅氏于祖域之次”说明，除了上述三墓外，应该尚有未发现的宋氏家族墓葬。

归袝习俗。按照 M2、M3 的志文，我们可以知道：第一，只有男性死亡，妻子才可以一同归袝入祖茔。宋炤之妻吴氏，早逝 37 年而不得入即为例子。第二，根据发现来看，夫妇归袝入祖茔，同室埋葬的只是一夫一妻。

4. 墓葬时代

M2、M3 的入葬年代均在志文中详细提及，分别为 1111 年、1107 年。

M1 未出墓志，其钱币年代最晚的为徽宗晚期的“宣和通宝”，为三墓中最晚。另根据前述祖茔埋葬规律可知，M1 也比其余两墓晚，甚至可能就是 M2 志文中提到的宋挺的独子宋昌嗣。由此可断 M1 年代应为徽宗晚期。

执笔：刘剑、郭俊峰、李铭、刘斌

（附文一） M2 墓志铭志文：

宋故将士郎宋公墓志铭

宋将士郎宋参军墓志铭

朝散郎致仕云骑尉赐绯鱼袋张□撰

朝奉郎通判宁化军管勾学事兼管内劝农事云骑尉赐绯鱼袋孟

孝孙 书并篆

炎宋政和纪元二月九日将士郎宋参军逝于家□因是知君平许负之术不无世儒宗孔圣者夫子之●道不谈易此书为诞谩盖切于图仕者务学以□命数神形之术以学有精粗惑于中否不

专信尚又甚者●慢骂斥外之皆未□于极致也夫生死厚薄□人不语与怪力同为其不可训也然圣人亦未尝深斥之荀●卿氏著书非相义亦主教汉儒史学者九□之数阴阳与焉然则斯术古所有者夫是二学力固不能叛吾●夫子之道终实归之孟子谓归斯受之宜勿深斥其说也余少学儒仕而喜外书默鉴人物宦游阅人为多●指人事颇与意会观将士君之殁明矣。君讳挺，字直夫，世为齐州长清人。自幼余见之愿确有立生平二年已就外傅因主教者引退。乃祖意家少幹人，曰白屋农业，取科入官非易，善守本业亦良子孙。直夫闻而为书，数百言赴庭上之大槩六患不□书力能勤，名禄可致。祖异其言，知有志操，复选求明师，延至门下。长应●乡举不利于秋官，愤然束书游□学，积岁月裕学问，归应进士科，两占举名家颇给闺门内外肃然有常，乃●互有仰慕，以其子议婚于余□息幺益相知爱。每念直夫户混民藉，意其业履取仕必矣。视其神形则疑之，●一日命术霍文□过余门以直夫问于霍对知其生幺推考之难仕会。（后空四字）朝制以实贡易科举，又三●年，直夫名先方物而上□集试逌中选颇高射策（后空四字）殿庭名在中流崇宁五年春吉音始至余记霍●生前言见而□□之复谓余曰请姑视之言已志辄复□又曰斯人阨在四十六七何言官闻而未尝语于外●第。疑直夫独异历观□仕任人虽甚静重善韬晦者，自然气焰发越明泽充旺直夫独衰薐之态露□□□●方今贡等与春集□试名巍峨者昌第后率注州府教官惊初仕清选时直夫等级当得而已失之调静难●军司户参军府□代子外艰□左目苦游风□动时□幺乃甚从吉调定武军司法参军方俟阙期偶时景●佳二三平日□□邂逅雅游清言次风眩恭至友人扶掖以归。翌日竟乖药喜年，过五九之数未四旬浃天●数有定先矣。

夫余匍匐往弔痛怆已而徐徵霍生之言，余素亦以神形疑之。疑斯決矣故余伤而不悲然素赏其温重端秀复憾其神慢而姿□常若有□且良夫志之色。呜呼，禀悲不粹也，学非不至也。性沉奥于中●孝和于内，恭信于外，特喜蓄书，家富编简，善操觚□翰墨之妙，自得于心。寺祠亭馆题榜，人以得其笔为荣●□□法不下唐颜真卿之□□参之以褚遂良之熟清赋咏章句以至遇事思识率多过人亲和方大有属□其自负待者固亦重才艺不为□忧行义不□不卓赋予者其细如是可谓有其具为不及用洌井之绠百寻而不以汲莫邪之锋曾未一口惜哉直夫昆弟终鲜。曾祖元不仕，祖惟德父炤并守本州助教。母吴氏，冀州观察推官孝思之女，继王氏、娶□氏。一男曰昌嗣，余之子婿也。□□绍父之学大卢孤子绊以干蠱硋肆□。女三人，长适通判宁化军孟朝奉，次子舜咨宁幼孙男□曰□□将自其居迁柩于长清县和平乡千秋里祖茔西南后乃考之域卜用。是年七月丙申□□，翌日癸酉时用乙穴位厍昌嗣预以志铭恳于余曰丐于他人不能详实。嗟乎，余与之缔姻好□□年岁丁亥乙尝为君考之志。辛卯今又铭君之墓，浮生泡幻，急景流驶，况君之□□不及□□□直夫勤一生以取职位而不得。须臾□之不幸为其余亦欲为之详道其□善。与夫不幸者土□□□若后□□以旧学□□辞勉为序□系之铭词曰

骥将驰而縶□□□不器而毁玼□锦方机揆刃断之□材可栋燎原炉之吁嗟乎君以之任从礼刊

（附文二）M3 墓志铭志文：

助教宋明□墓

炎宋故助教宋明□墓志铭
朝奉郎致仕云骑尉赐绯鱼袋张棠撰
宣德郎知沧州乐陵县事孟孝孙书

君讳炤，字明□，世为齐州长清人。曾祖知（以下为七个小字）下字今属圣祖讳，祖元皆故不仕。父惟德，故守本●州助教。母曰王、曰刘、曰孙三氏皆逝。君出傅氏，尝以赀输助边用，少霑仕名□。●母年九十卧病累岁，以是中常悒悒，食寐不宁，积忧而疾，久甚羸茶，众医不治。●大观元年二月十五日终于家，享年五十有九，一乡善士怆痛之。后十八日，母●傅氏常所苦不加剧，遽不食，若酣寝然，奄忽继逝。家齐城通达，世有生事，至明●州非特肯构，承守智用，长于卷舒，乐运其才。役下任事佗人不能者卒有成効。●营治久之，增展其先畴，高广其先庐，里人率指数为美。君赋性乐易，胷中洞然，●无织介崄怨，虽处优足虚而不耀。约於奉己，廉於受人，恕於待物。温恭检畏，稀●接人事，杜门淡如也。属昆弟终鲜既孑立绊于家务中。每媿恨不能自殖于儒●学，平日香火恪敬，外艺花果饰亭槛以娱性，聚经史教子孙以进业。不容略与●俗斡，不计资费使之，附丽贤善。是以男挺文行秀于士林，累拔秋场解学。制复●古寘貢首掇辟廱高等登崇宁五年仕籍，方以将士郎待新平郡司户参军阙●孙昌嗣力学有立，可嗣世科。始娶吴氏，冀州观察推官孝思之女，先三十七年●而亡，挺即其出。继王氏，妇道绰备，贤顺有斡识，内助之力居多皃相为厚福者。●一女嫁宣德郎知沧州乐陵县孟孝孙之子舜钦，孙男一，昌嗣也。孙女三，长适●舜钦同母弟舜咨余，幼曾孙二，曰庆长，曰庆孙，方其色养母氏也榜游息之堂●曰戏綵。盖五世之人重重见于一门而非旁支，此未易可跂及者。呜呼，树欲静●而风不停，挺之修已致禄，克承先志，门望必大，始纾命服五鼎驷马未荣而陟●岵缠哀此又乡之贤善人所嘅叹者是年问龟食吉龙集丁亥八月朔日甲寅●十九日壬申葬于长清县和平乡千秋里先茔之西南五步后别域也举吴氏●祔。同日归其母傅氏于祖域之次。余之息女妇于昌嗣，又久同乡居熟君之●详，月日有期。孝嗣以志圹见托，不腆之文，辄不让不愧者庶几书实示众垂久。●又释所悲于铭曰（下为空白）●父成之艰固怀显欲子得又艰□伸报复反哺适荣弃養何速尘界障魔竟谁●全足缺陷苦恼空门所烛事咈初心。呜呼，明州有为善诚身行非悳无遗族忧●嗣贤而禄青鸟相居新阡吉卜归息近先□为后福。

任从礼刊。

●为每行墓文的末尾

（原载《文物》2016 年第 2 期）

安徽南陵铁拐宋墓发掘简报*

安徽省文物考古研究所　南陵县文物管理所

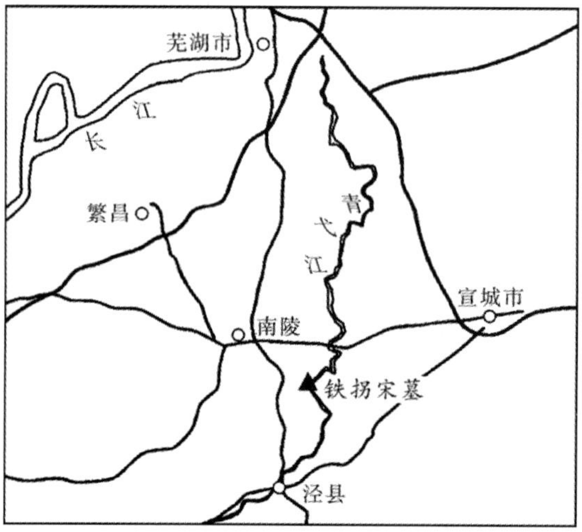

图一　墓葬位置

2014年6—9月，安徽省文物考古研究所会同南陵县文物管理所对在基本建设过程中发现的两座宋代灌浆墓（编号14NTMI、14NTM2，以下简称M1、M2）进行了抢救性发掘。墓葬位于安徽省芜湖市南陵县弋江镇铁拐村铁拐组西北约800米处，南侧约30米有一溪流自西北至东南转折汇入青弋江（见图一）。从地貌、地势来看，墓葬地表原或有封土，但现已不存。

发掘工作分为两个阶段：第一阶段为田野发掘，主要工作是清理早期被盗的M2，并将M1分块打包运至南陵县博物馆准备室内清理；第二阶段为室内清理，主要对M1木棺及随葬器物进行发掘和现场临时保护，包括文物清洗、棺液取样、脆弱文物（丝绸、纸张）揭取及骨骼鉴定等。与此同时，对发掘区附近进行了大面积考古勘探，但由于周边已遭严重破坏，除发现南部残存少量建筑遗迹外，暂未发现更多与墓葬相关的线索。现将发掘情况简报如下。

一　墓葬形制

本次发掘的两座墓葬相距约2米，形制基本相同，均为竖穴土坑灌浆重棺墓，未见墓道（见图二）。灌浆是由糯米浆、石灰、石子混合而成的三合土，厚0.3—0.5米。因基本建设时已将其上部及周边挖空，墓葬开口及墓圹遭到破坏，暴露出灌浆层及外棺顶部。但从残存断面观察，耕土层厚约0.3米，其下即为生土，外棺顶部距地表约0.8米，墓圹打破生土，墓圹大小与灌浆层外廓基本一致。

M1灌浆层长约4.8米、外宽2.5—2.8米、残高1.7米。两重木棺，保存基本完整，结构相同，头向165°。棺盖、底、侧板及挡板均为单页大木做成并以榫卯结构连接，侧板和盖板斜中带弧，前端大、后端小，挡板与侧板榫卯连接处再用圆叶钉加固。盖板与棺身接口亦用榫卯，再加七根棺钉镇钉。两棺内外均髹朱漆。外棺朱漆已剥落，仅残存痕

* 本文原载《文物》2016年第12期，此次发表略有修改。

迹，长3.7米、宽1.02—1.25米、高1.54—1.66米。内棺靠近外棺尾部居中放置，长2.4米、宽0.68—0.74米、高0.85—0.9米。内棺尾端设有托板（见图三）。

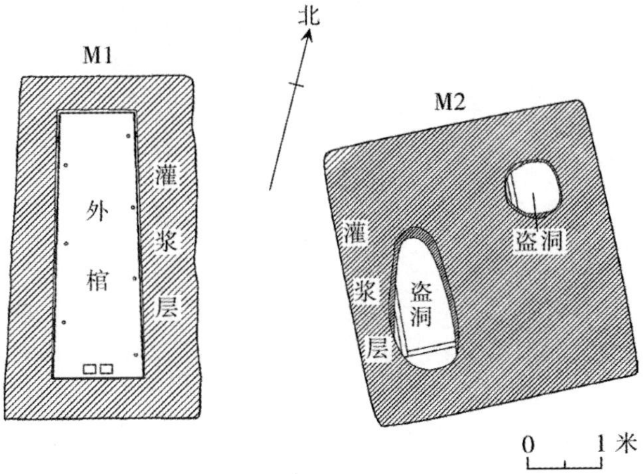

图二　M1、M2平面分布

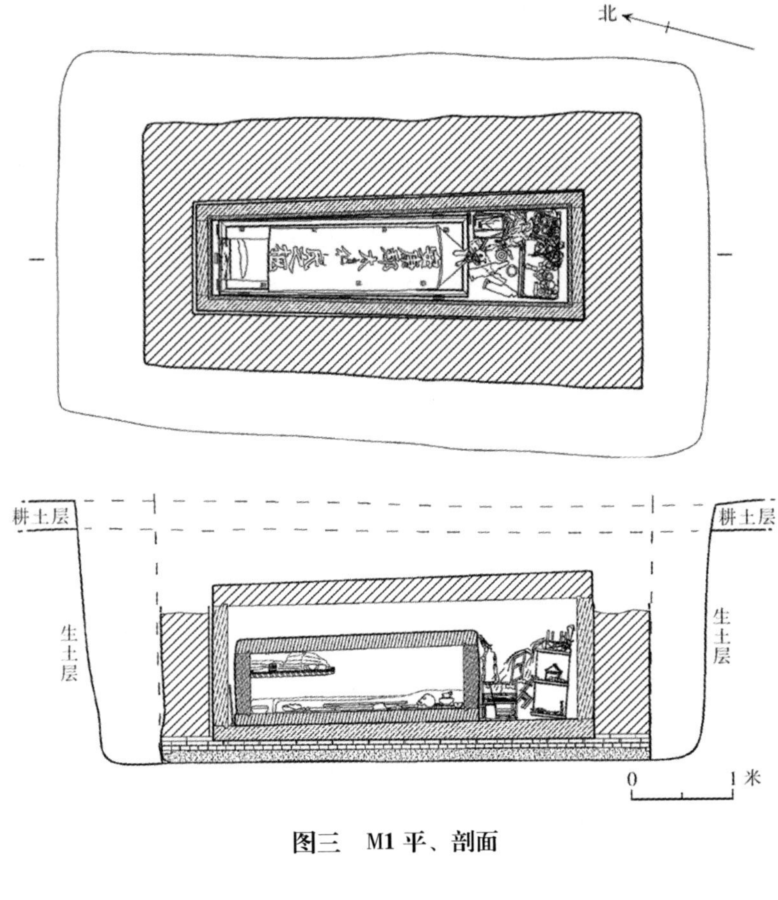

图三　M1平、剖面

M2 为异穴合葬（编号 M2a 和 M2b），M2a 位于西侧，M2b 位于东侧，中部以熟土墙间隔，相距约 0.5 米。灌浆层长约 4 米、外宽 3.7 米、残高 1.7 米，顶部各有一处盗洞，墓室内充满淤泥和积水。M2a、M2b 均为重棺，头向 155°，因早年被盗掘损毁严重，内外棺盖板及上半部已不存，残存结构与 M1 基本相同，仅 M2b 外棺前部加横板设置头箱。M2a 外棺长 3.2 米、宽 1.2 米、残高 0.6 米；内棺长 2.5 米、宽 0.9 米、高 0.8 米。M2b 外棺长 3.25 米、宽 1.1 米、残高 0.6 米；内棺长 2.4 米、宽 0.8 米、高 0.5 米。

二　出土器物

本次发掘的两座墓葬规模不大，但出土器物较为丰富，达 200 余件（套）。为便于把握出土器物的分布规律，现以墓葬的空间分布为序，择部分器物介绍如下。

（一）M1

M1 内、外棺内均充满积水，并散发出浓烈的香味。外棺内前端摆放有一个三层木架格，随葬器物分层码放；内棺居后放置，其上覆盖荒帷及旌铭；架格与内棺之间放置床架、床榻、桌、椅、衣架及谷仓等；紧贴内棺外壁周边站立 13 件木片俑，少量器物可能因浮力作用已偏移原始位置（见图四）。

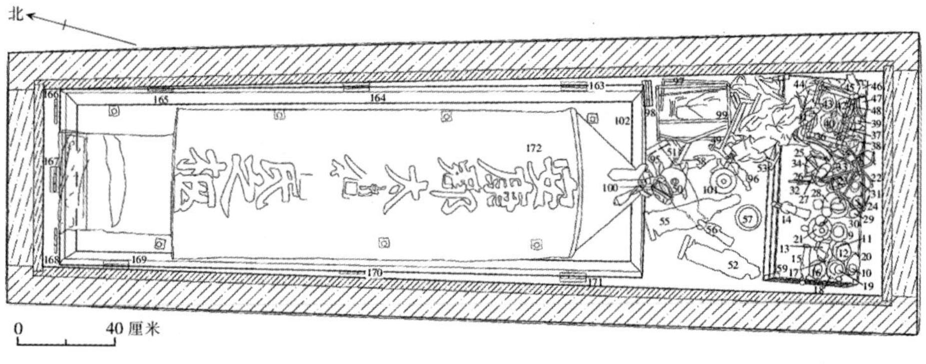

图四　M1 外棺内器物平面分布

9、11、16—18、29、30、33、35、37、40—44、46. 锡碟　10. 木核桃　12、19. 果实模型　13、23—25、27、34、39、45. 锡碗　14、15、56、58、96. 木女俑　20、31、38、48、57. 锡盒　21. 锡台盏　22. 木伞　26. 锡勺　28. 锡盏托　32. 锡筷　36. 木桌　47. 木藕节　49. 木衣架　50. 谷仓　51. 木椅　52、55、95、98、163—171. 木片俑　53. 木盆架　59. 木架格　97. 木床榻　99. 木床架　100. 竹铭杠　101. 锡唾盂及渣斗　102. 荒帷　172. 旌铭（1—8 为灌浆层、棺板及棺钉等，未标注）

1. 木架格区域

木架格分三层：上层以锡器为主，包括碟、碗、盒等，器形较小，部分碟、盒内放置木质或织物质的果实模型，其上覆盖有倒扣的木桌和倾覆的木伞；中层主要为锡注碗、锡三足炉、铅执壶、木轿、木俑等；底层主要为木房屋模型和木俑等（见图五）。

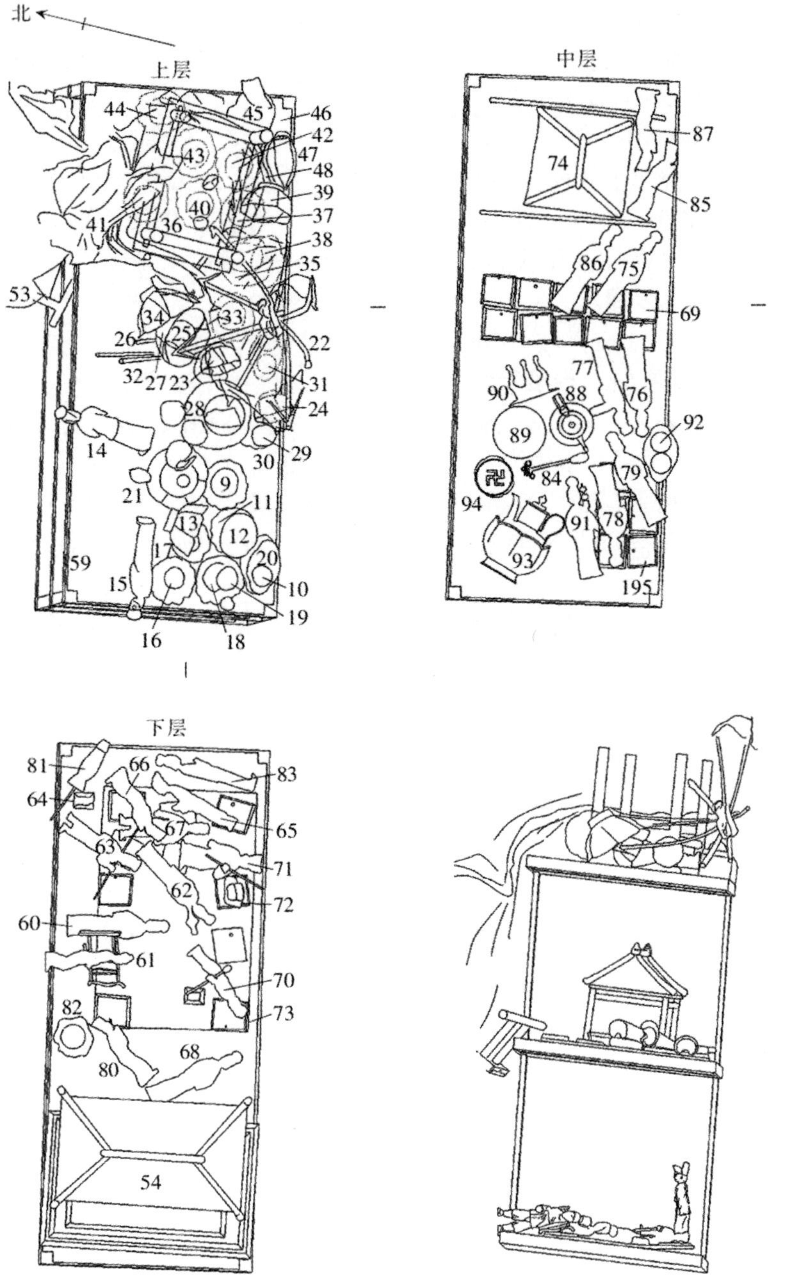

图五　M1 木架格区域平、剖面

9、11、16—18、29、30、33、35、37、40—44、46. 锡碟　10. 木核桃　12、19. 果实模型　13、23—25、27、34、39、45. 锡碗　14、15、60、62、68、75—79、83、86、91. 木女俑　20、31、38、48、92. 锡盒　21. 锡台盏　22、81. 木伞　26、84. 锡勺　28、82. 锡盏托　32. 锡筷　36. 木桌　47. 木藕节　53. 木盆架　54. 木房屋模型　59. 木架格　61、63、65—67、70—72、80、85、87. 木男俑　64. 木箱匣　69、73、195. 木底座　74. 木轿　88. 铅执壶　89. 锡套盒　90. 锡三足炉　93. 锡注碗　94. 锡盏及器盖

锡碟　16 件。标本 M1：30，十二瓣葵口，斜直壁，平底微凸。内盛织物质果实模型。口径 8. 3 厘米、底径 4. 8 厘米、高 1. 9 厘米（见图六：1）。

锡碗　8 件。标本 M1：25，六瓣葵口，弧腹较深，高圈足。口径 10. 8 厘米、足径 4. 2 厘米、高 6. 1 厘米（见图六：2）。

锡盒　5 件。标本 M1：48，四瓣海棠花子母口，直壁，假腹浅平底，足中空，无盖。内盛木质果实模型。口径 8. 8 厘米、足径 9. 4 厘米、高 5. 2 厘米（见图六：3）。

木架格　1 件（M1：59）。三层，长方形框架结构，使用攒边打槽装板，每层设四根单枨，其中两端与四根立柱使用榫接，中间两根纵枨与攒边木条使用钉接，其上铺设薄板。长 86 厘米、宽 34. 8 厘米、高 62 厘米（见图六：5）。

木房屋模型　1 件（M1：54）。由一房屋和庭院组成。房屋为单层庑殿顶建筑，正脊及垂脊设脊兽形象，尾部卷曲；抬梁式木构架，未见斗拱，单檐，攒边门，直棂窗。三开间，明间跨度较大，次间较小。屋内设一桌一椅。木桌平面呈长方形，两侧桌面与桌腿间有壶门形牙条，两端桌腿间设单枨。木椅为出头式直搭脑，竖靠背。院落围墙接于房屋次间外侧，顶有檐瓦，院中建有杆栏式花园。表面部分饰有朱墨彩绘。房屋面阔 25. 3 厘米、进深 11. 2 厘米、高 19. 6 厘米，院落面阔 34 厘米、进深 22 厘米、高 8. 8 厘米（见图六：4、图九）。

图六　M1 木架格区域出土器物

1. 锡碟（M1：30）　2. 锡碗（M1：25）　3. 锡盒（M1：48）　4. 木房屋模型（M1：54）　5. 木架格（M1：59）　6. 木女伎乐俑（M1：62）　7. 木男武士俑（M1：70）　8. 木男仆从俑（M1：61）（4 为 1/8，5 为 1/25，余为 1/4）

木女俑　16件，包括伎乐俑10件（见图一〇）、奉食俑6件（见图一一），部分已移位至内棺与木架格之间区域。标本M1：62，伎乐俑。头戴冠髻，身着衣裙，怀抱琵琶。高16.7厘米（见图六：6、图一七）。

木男俑　11件，包括轿夫俑4件（见图一二）、武士俑4件和仆从俑3件（见图一三）。标本M1：70，武士俑。头戴幞头，系膝裙，左手持骨朵。高13.6厘米（见图六：7）。标本M1：61，仆从俑。头裹巾，左肩扛交椅，作行走状。交椅为圆形搭脑，竖靠背，腿部交叉。器表有彩绘。高14.2厘米（见图六：8）。

2. 内棺与木架格之间区域

主要为床榻、椅、衣架等的木质家具类明器，另有少量锡器和木女俑原应置于木架格上。此外，将倒扣在木架格上的木桌归入此区域一并介绍。

图七　M1内棺与木架格之间区域出土器物

1. 木床榻（M1：97）　2. 木床架（M1：99）　3. 木椅（M1：51）　4. 木桌（M1：36）　5. 木衣架（M1：49）　（均约为1/10）

木床榻　1组（M1：97）。围子床，四足，三面有围板。榻为框架结构，无托泥。床长29.8厘米、宽14.7厘米、高16厘米，围板高6.5厘米；榻长26.7厘米、宽7.4厘米、高8.4厘米（见图七：1、图一四）。

木床架 1件（M1：99）。置于床周，有帷帐残痕。长27.5—33.3厘米、宽24.7厘米、高40.4厘米（见图七：2）。

木椅 1件（M1：51）。附足承。出头式直搭脑，横靠背微后倾，椅座前面及两侧面有横枨及壶门形牙条，前枨较低，其下亦存有壶门形牙条，靠背残存椅披系带。足承前面及两侧面牙条呈壶门形。椅长16.9厘米、宽14.9厘米、高31.3厘米，足承长15.2厘米、宽5.3厘米、高4.5厘米（见图七：3、图一五）。

木桌 1件（M1：36）。平面呈长方形，框架结构，腿脚粗，桌面与腿之间有牙条和牙头，牙条呈壶门形，四面均设单枨。长24.5厘米、宽16厘米、高21.5厘米、腿径1.8厘米（见图七：4、图一六）。

木衣架 1件（M1：49）。横杆两头搭脑出头，立柱间用两横枨相连，底座由长方块厚方木构成，方木下方中间凿成半圆形桥孔，上方两端饰抱鼓。长31.6、宽26、高31.3厘米（见图七：5）。

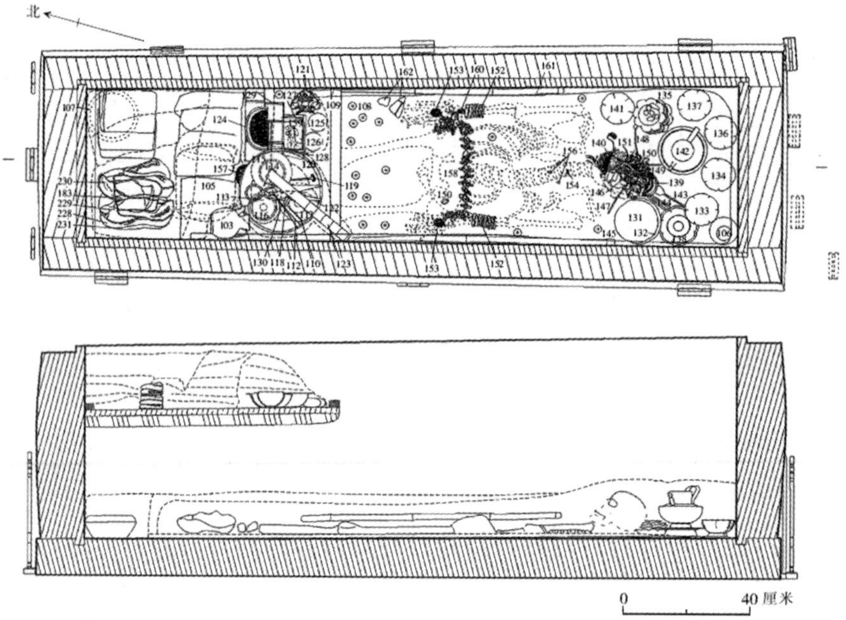

图八 M1内棺平、剖面

103.青白瓷执壶 105.竹编 106.酱釉瓶 107.铜盂 108.铜钱 109.木托板 110.铁针 112.竹针 113、114.白瓷钵 115.铜钵 116、141.铜盏 117、138.铜盏托 118.铜铃 119、143.铜勺 120.铜盆 121.银对蝶 122.铁剪 123.木尺 124.木梳 125、126.银盒 127.铜镜 128.木盒 129.木奁 130.线团 131—134、136、137.铜碗 135.锡碟 139、140.银梳篦 142.铜注碗及盏台 144.铜筷 145、161.竹竿 146.头发 147.银步摇 148.金簪 149.金钗 150.水晶珠 151、159.金耳坠 152.银缠钏 153、156.银饰 154.金饰 157.银帔坠 158.铜钱串 160.铅饰 162.粽子 183.袜 228—231.鞋 （104、111、155、173—182、184—227为丝织品等，未标注）

图九　木房屋模型（内设一桌一椅）（M1：54）

图一〇　木女伎乐俑

图一一　木女奉食俑

图一二　木男轿夫俑与木轿

图一三　木男武士俑与仆从俑

图一四　木床榻（M1：97）之围子床

图一五 木椅（M1：51）

图一六 木桌（M1：36）

3. 内棺外周区域

棺顶残存旌铭及荒帷。旌铭平铺叠压在荒帷之上，前端挂有谷仓和竹铭杠悬于棺头；荒帷垂于水线以下的部分已腐烂。棺外四周站立 13 件木片俑，其中，棺头 4 件、棺尾及两侧各 3 件。

木片俑 13 件。牌位式造型，分 2 式。

Ⅰ式 1 件（M1：52）。以黑彩绘出人物形象。头顶冠，似有犄角，豹鼻虬鬓，双目圆睁，身着束带长衣，足蹬皂靴。右侧持圆形盾牌，左侧持戈屈握于胸前，探头、弓背、踮脚，单足立于长方形底座之上，俑与底座之间榫接。通高约 34.5 厘米、宽 10.3 厘米、木片厚 0.9 厘米、底座厚 3.3 厘米（见图一八）。

图一七 木女伎乐俑（M1：62）

图一八 Ⅰ式木片俑（M1：52）

图一九 Ⅱ式木片俑（M1：171）

Ⅱ式　12 件。以黑彩绘出人物形象。标本 M1：171，身材修长，头戴冕冠，冕冠之上有较大的圆形标志，身着宽袖曳地长衣，足着履。双手执笏板抱于胸前，直立于长方形底座之上，俑与底座之间榫接。通高约 40.6 厘米、宽 9.7 厘米、木片厚 1 厘米、底座厚 3.5 厘米（见图一九）。

旌铭　1 件（M1：172）。紫红色长条形旌幡，三角形幡头，尾端钉有施彩绘的压木条。旌铭上书白字“安康郡太□□氏之柩”，其中姓氏右半部分字迹消退，模糊不清。根据残存字迹推测应为“安康郡太君管（或简）氏之柩”。长约 290 厘米、宽 40—62 厘米（见图二〇）。

图二〇　旌铭（M1：172）

图二一　白瓷钵（M1：113）

图二二　青白瓷执壶（M1：103）

图二三　酱釉瓶（M1：106）

图二四 铜注碗及盏台（M1：142）

图二五 银步摇（M1：147）

4. 内棺棺内区域

棺盖及棺内两侧贴有女性人物画像，但部分残缺不全。随葬器物主要放置于靠近棺尾端的木托板之上。墓主包裹在被子之内，肉体已完全腐化，骨架保存基本完整，指甲、头发尚存，特别是头骨保存近乎完好。身着衣服发生粘连，推测应不少于三层。墓主身下铺一张两侧缝有竹竿的草席，再下铺有两层双面黑漆厚纸及大量黄纸，纸已腐，最下层为底板，散布铜钱200枚，钱文上限为“开元通宝”，下限为“元符通宝”（见图八）。

托板区域　托板上放置有4个包袱和少量衣物等，大体分为三区。南区主要摆放墓主生前实用器具——东侧为装饰用品包袱，内有木奁、木梳、铜镜、银盒及首饰等；西侧为生活用具，分两层：上层为女红包袱，内有针线、铁剪、木尺等，下层有铜盏托、铜盆、青白瓷执壶、白瓷钵等。中区主要是衣服包袱，多数为单衣。北区西侧为装有叠放的绣花鞋的包袱，东侧主要为冬衣和百褶裙等。

棺头区域　棺头西侧放置酱釉瓶1件，另有铜碗、盏、盏托、注碗及盏台和锡碟共10件（套），呈半圆形包围在墓主头顶及两侧。

墓主周边区域　墓主头饰银步摇、银梳篦（见图二六）、金簪（见图二七：左）、金钗（见图二七：右）、金耳坠（见图二八）等，手臂戴银缠钏，腹部压铜钱串（共83枚），右手之下有粽子2只，足穿绣花鞋。

白瓷钵　2件。芒口微敛，圆唇，弧腹，小平底微上凸。口部箍银钔。通体施白釉，足底釉色泛青。标本M1：113，口径7.4厘米、底径2.2厘米、高4.9厘米（见图二一、图三〇：1）。

青白瓷执壶　1件（M1：103）。喇叭形口微侈，尖唇，斜直颈，溜肩，球腹，浅圈足。肩部一侧为曲流，另一侧为扁条形把手。口及腹外壁有轮作整修痕。灰白胎。通体施青白釉，釉不及底，流、把手与肩部结合处积釉略呈青黄色。口径4.9厘米、最大腹径9.4厘米、足径6.5厘米、高12.4厘米（见图二二、图三〇：3）。

酱釉瓶　1件（M1：106）。直口，圆唇稍外卷，束颈较短，圆肩，肩以下渐收，浅圈足微敛，底微上凸。灰白胎。器表施酱釉，釉不及底，有流釉现象。口径4.3厘米、最大腹径8.9厘米、足径5.4厘米、高12.7厘米（见图二三、图三〇：2）。

铜注碗及盏台　1件（M1：142）。注子折肩，直流，曲柄，盖有扣可与曲柄相接；温碗直口，方唇，深弧腹，平底；盏台六瓣葵口，宽平沿，浅盘，圈足，内底中心有一较高的圆台，台顶有一周凸棱。注子最大腹径 11.6 厘米、高 10.8 厘米，温碗口径 13.8 厘米、底径 6.8 厘米、高 5.1 厘米，盏台口径 15.6 厘米、高 3.8 厘米（见图二四、图三〇：7）。

银步摇　1 件（M1：147）。器表鎏金。细银（或铜）丝做成螺旋式枝条系于扁条形簪首上，银（或铜）丝另一端为四叶片四花朵。长 20.4 厘米（见图二五）。

银帔坠　1 件（M1：157）。器表鎏金。水滴状，顶端镶环。主体图案为双龙戏珠。出土时，发现多处穿有织线和织物。高 94 厘米、最宽处 7.1 厘米（见封底、图三〇：6）。

铁剪　1 件（M1：122）。细腰，柄为铁条曲折呈“8”字形交口，刀片呈窄长三角形。柄环宽 5.4 厘米、长 24.2 厘米（见图三〇：4）。

木尺　1 件（M1：123）。以中心线分为前后两段，前段有五个刻度，后段无刻度。长 32.4 厘米（见图三〇：5）。

竹编　1 件（M1：105）。竹骨，正背以两片单层丝绸缝合。推测为手扇，但未见扇柄。长 24.2 厘米、宽 20.5 厘米（见图二九）。

图二六　银梳篦（M1：139、140）

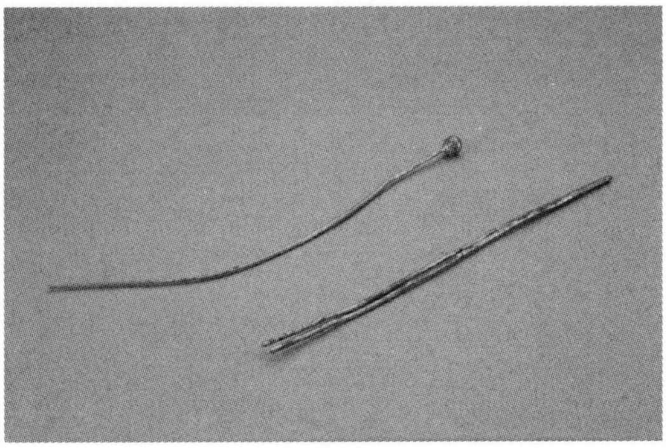

图二七　金簪（M1：148）、金钗（M1：149）

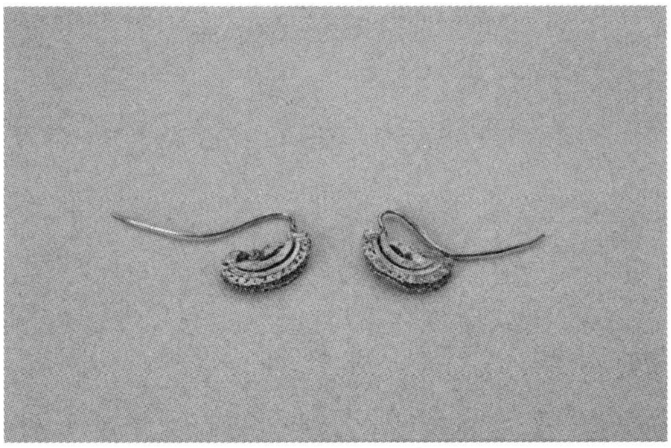

图二八　金耳坠（M1：151）

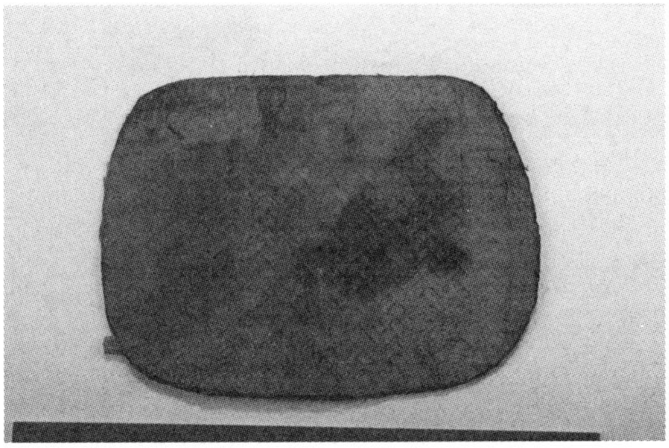

图二九　竹编（M1：105）

窄袖褙子　1 件（M1：174）。直领，对襟，腋下开胯，短衣身，长袖，袖口窄收。衣长 64.5 厘米、肩宽 39 厘米、袖长 44.5 厘米、袖宽 12.2—37 厘米（见图三一）。

宽袖褙子　1 件（M1：175）。直领，对襟，腋下开胯，长衣身，长袖，袖口略收。衣长 108.3 厘米、肩宽 83 厘米、袖长 33 厘米、袖宽 34—39 厘米（见图三二）。

贴画　位于内棺盖板、前挡板及两侧板内侧。画中人物似为同一妇人，衣饰不同，部分残缺不全。其中盖板内侧根据上半部分推测应有五排，每排三幅画像，疑为墓主生时写照。每幅长约42厘米、宽17.7厘米（见图三三）。

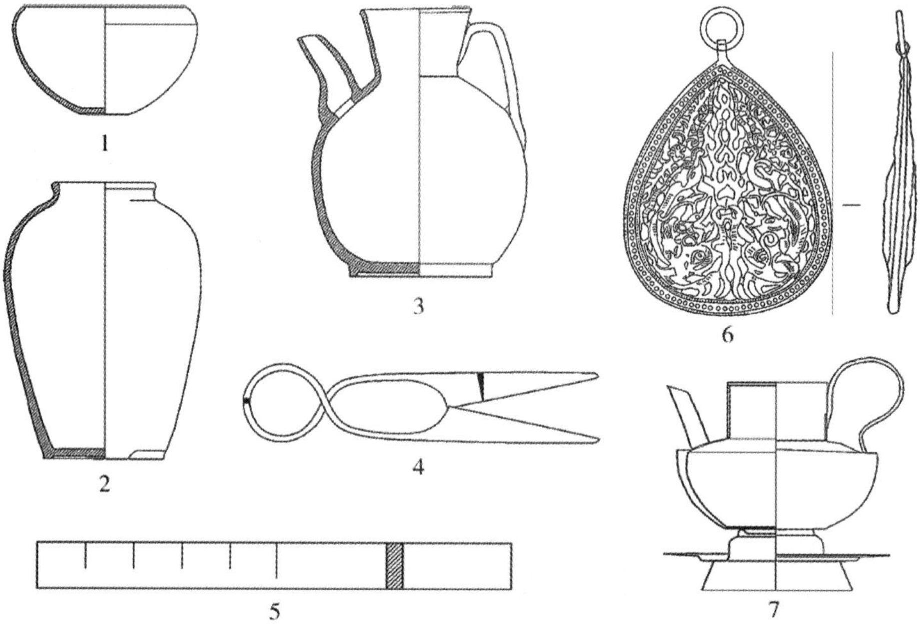

图三〇　M1内棺棺内出土器物

1. 白瓷钵（M1：113）　2. 酱釉瓶（M1：106）　3. 青白瓷执壶（M1：103）　4. 铁剪（M1：122）　5. 木尺（M1：123）　6. 银帔坠（M1：157）　7. 铜注碗及盏台（M1：142）　（1—3为1/4，6为1/3，余为1/6）

图三一　窄袖褙子（M1：174）

图三二　宽袖褙子（M1：175）

图三三　内棺盖板内侧贴画（局部）

（二）M2

M2 由于早年被盗严重，墓圹内满是积水和淤泥，仅出土陶、瓷器及铜钱等 10 余件（套）。现择部分器物介绍如下。

青瓷盏　2件。敞口微侈，圆唇，斜直腹，小平底，矮圈足。内底有脐圈。器表施青釉。标本M2a：10，口径10.7厘米、足径3.1厘米、高4.9厘米（见图三四）。

青瓷碗　2件。敞口微侈，圆唇，深弧腹，小平底，圈足。外沿下和近足处各刻一周弦纹，外壁剔刻仰莲纹三重。内底有脐圈。灰白胎，胎体略显厚重，胎质细且坚。器表施青釉，釉色青翠，釉面莹润有开片，圈足处釉呈黄褐色。标本M2a：8，口径13.3厘米、足径4.7厘米、高7.8厘米（见图三五）。

图三四　青瓷盏（M2a：10）

图三五　青瓷碗（M2a：8）

三　结语

根据地层关系、平面分布、墓葬形制、埋葬方式及随葬器物特征等综合分析，本次发掘的两座墓葬应为家族墓，时间跨度不长。

（一）建造方法

根据对M1、M2的解剖，发现其建造方法应是先挖竖穴并整平后，将底面刷浆加固，堆入石灰层以防潮，再加铺青砖并安置外棺、内棺，之后在四周及顶部覆盖隔层，随之灌入由糯米浆、石灰、石子混合而成的三合土进行保护，最后封土成型。

（二）墓葬年代

M1虽未发现墓志，但从随葬的铜钱和旌铭可以判定其大致年代。出土铜钱年号皆为"元符"（1098—1100）以前，故M1的年代上限应为1098年。从旌铭"安康郡太□□氏之柩"分析，墓主应为一名朝廷命妇——安康郡太君。据《宋史·职官十·叙封》载，宋太祖建隆三年（962），确立了文武群臣母、妻的封号为国（太）夫人、郡（太）夫人、郡（太）君、县（太）君四等[①]。据《宋大诏令集》，宋徽宗政和二年（1112）十二月二十三日改命妇封号为夫人、淑人、硕人、令人、恭人、宜人、室人、孺人八等，并延续以后历朝[②]。以上说明"郡（太）君""县（太）君"封号的最后使用时间是政和二

① 《宋史·职官十》，中华书局1977年标点本，第4084—4085页。

② 《改命妇封号御笔》，《宋大诏令集·政事一七·官制五》，中华书局1962年版。

年，因此可初步推断墓主卒年应不晚于政和二年。另《司马氏书仪》卷7《丧仪三·卜宅兆葬日》载，“今五服年月，敕王公以下皆三月而葬”。[①] 故M1葬年下限应不晚于政和三年（1113）。

M2早年被盗严重，出土器物较少。其中铜钱最晚年号为“元丰”（1078—1085），故推断M2年代上限应为1078年。

此外，M1、M2出土的随葬器物在目前所发现的北宋墓，特别是长江下游地区的北宋墓中，较为常见。其中，M1出土的青白瓷执壶与繁昌象形山宋墓[②]出土的青白瓷执壶相似，锡碗与政和八年（1118）合肥马绍庭夫妇墓2号棺出土的漆碗[③]形制基本相同，铁剪与蓝田吕氏家族墓M15[④] 及至和二年（1055）江阴孙四娘子墓[⑤]出土的铁剪相同；M2出土的青白瓷碗与元祐七年（1092）滁州张之纥墓[⑥]中Ⅱ式青白瓷碗相似。同时，M1中出土的锡器应为明器，实物原型或类似明器亦多有发现，如三足炉与蓝田吕氏家族墓M5中的石熏炉相近，勺、筷、渣斗、钵、盏托与政和八年合肥马绍庭夫妇墓出土的同类器基本相同。

综上所述，M1、M2的年代应为北宋晚期。

本次发掘的两座墓葬，出土器物丰富、制作精美、类型多样，保存基本完整的纺织品、造型多样的木俑及房屋家具组合等在安徽地区尚属首次发现，填补了本地区宋元考古工作的空白，为研究宋代社会结构、经济发展及葬制风俗等提供了重要的实物资料。

附记：参加本次发掘工作的人员有徐繁、彭可市、谢　军、王陵华、姚　耘、章静茹、孙茂梅、姚政权、徐　靖、张　辉。

勘　探：郝胜利
摄　影：程京安　杨小宝
绘　图：张　辉　李新民
执　笔：张　辉　孙茂梅

① （宋）司马光撰：《司马氏书仪》卷7《丧仪三·卜宅兆葬日》，清同治七年刻本。
② 陈衍麟：《繁昌县象形山宋墓清理简报》，《文物研究》第七辑，黄山书社1991年版。
③ 合肥市文物管理处：《合肥北宋马绍庭夫妻合葬墓》，《文物》1991年第3期。
④ 陕西省考古研究院等：《异世同调——陕西蓝田吕氏家族墓地出土文物》，中华书局2013年版。
⑤ 苏州博物馆等：《江阴北宋“瑞昌县君”孙四娘子墓》，《文物》1982年第12期。
⑥ 滁县地区行署文化局等：《安徽全椒西石北宋墓》，《文物》1988年第11期。

从丽水地区纪年墓材料看龙泉窑兴衰过程*

陈芳红　郑建明

从目前的考古材料来看，龙泉地区窑业的创烧当在唐代，而龙泉窑的发展则在北宋早中期，北宋晚期形成自己的特色，南宋早期因乳浊釉类产品的创烧而迎来了根本性的转折，南宋中晚期至元代是其最兴盛的时期，明代早期仍生产相当数量的精细瓷器，明代中期以后逐渐衰落。这一发展脉络在丽水地区以纪年墓为代表的墓葬中有一个清晰的表现。丽水市处浙江省西南部，浙闽两省交界处，东南与温州市接壤，东北与台州市相连，北邻金华，西接衢州，西南则与福建省为邻，是浙江陆域面积最大的一个地级市，下辖莲都区、龙泉市、云和县、庆元县、松阳县、遂昌县、缙云县、青田县和景宁畲族自治县等九县市区。这一地区是龙泉窑的核心分布区。

一　西晋至北宋早期

丽水地区出土有瓷器的最早纪年墓，为西晋、南朝时期，在缙云、云和与龙泉等地均有发现，产品可以划分成两种类型，一种是胎色较深，呈深灰色或灰黑色，连带着釉色亦较深。由于这类器物的胎色深质粗，因此我们亦发现了施化妆土的现象。除青釉产品外，还有黑釉类器物。这类产品在金衢地区同时期的婺州窑中习见，器型、胎釉特征基本一致，在本地区窑址没有发现的情况下，我们有更多的理由相信是从金衢地区输入的（见图1—图3）。另外一种产品胎色较浅，连带釉色亦较为浅，呈翠青色，这种釉色既不见于越窑与婺州窑，也与瓯窑目前发现的东晋南朝时期窑址产品面貌相差比较大，其产地目前并不清楚（见图4—图5）。朱伯谦先生根据此种情况认为可能是本地生产的，聊备一说吧。

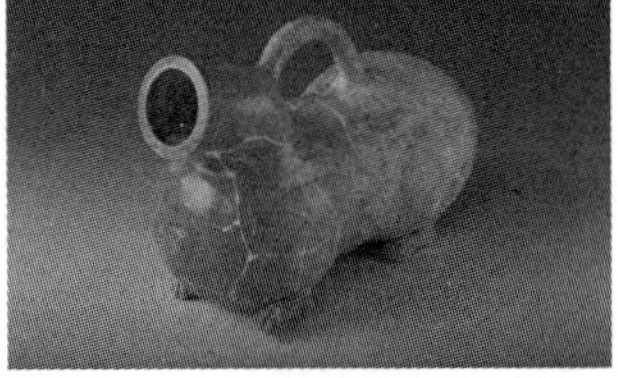

图1

图2

图3

* 本文原载《文物天地》2016年第7期，此次发表略有修改。

图4

图5

隋至北宋早期之间，丽水地区纪年墓阙如。各县市博物馆所藏器物中这一时期的器物数量亦不是很多，这些器物当是多年来从墓葬中陆续出土，但出土情况均无详细记录。产品中以碗类器物为主，其中的多角罐类器物颇具特色，胎质普遍较为粗松，釉色青黄而容易剥落。素面为主，在庆元博物馆藏有多件带简单褐彩的器物。这类器物在胎釉特征上与本地的黄坛等窑址较为接近，亦与婺州窑产品相似，总体上还是受婺州窑影响而出现的。同时兼具福建一带的特征，尤其是靠近福建的庆元地区，其褐彩类器物在闽北地区有大量的存在。据此，可以认为这一时期龙泉地区窑业的规模非常之小，特征不明显，主要仍旧是受婺州窑影响。

二　北宋中期前后

到了北宋中期前后，虽然纪年墓仍旧不见，但在龙泉与庆元地区可以确定的是这一时期的墓葬数量明显增多，各县市博物馆收藏的器物亦较丰富，器物即传统上称为淡青釉的产品。以龙泉查田上墩墓葬中出土的三件器物最具代表性：一件执壶、一件盘口壶与一件五管瓶。这三件器物胎釉特征基本一致：胎色灰白，淡青色釉施釉均匀，釉层薄而透明，玻璃质感强，釉面莹润饱满，满釉垫圈垫烧。装饰上繁简不一，执壶最为简单，仅在颈部有数道细弦纹，腹部由两道一组的凸弦纹划分成四瓜棱形；盘口壶的上腹部与盖面有简单的鸡冠状堆贴；五管瓶装饰最为复杂，肩部堆贴短的多角形花口管，管之间划细花，之下为鸡冠状堆贴一圈，中上腹部近似装饰覆莲纹，近似于浅浮雕，下腹双凸弦纹分成六格，内填以细划花纹。盖下部呈浮雕的重莲瓣形，瓣脊凸起，瓣面填以细茎络，刻划细腻。盖项以荷叶与荷花蕾作纽，旁边堆贴以四只小鸭，昂首优游（见图6）。这几件淡青釉产品代表了龙泉窑的基本生产水平：已能生产部分高质量的产品，并形成一定的风格。

图6

从整个丽水地区的墓葬出土情况来看，淡青釉龙泉窑瓷器以龙泉市最为集中，其次是庆元县，而这两个县市的出土地点，根据有据可查的资料，又主要集中在龙泉南区与庆元的竹口一带，这是符合这一时期的窑业生产主要集中在龙泉与庆元两县市交界的金村地区这一事实的。说明这一时期的龙泉窑青瓷的生产规模并不是很大，其市场主要集中在本地区范围内，甚至集中在更小范围的窑场周边地区。

除龙泉与庆元两县市的窑业生产区外，此类产品在松阳亦有少量出土。

松阳县位于龙泉的东北部，从地理环境上看，这里是浙江中西部的金（华）衢（州）盆地向西、南边山区过渡的边缘地带，以多山为主要特征，但山势尚不是十分陡峻。从水系上看，这里是瓯江上游地区，作为瓯江支流的松荫溪是县内第一大河，其横切而过的中部松古平原为浙西南最大的山间平原，由此孕育了丽水地区最早的县——松阳县，它始设于公元199年，历史上是浙江西南部的政治、经济、文化中心，处州的粮仓。松阳也是浙西南地区的交通要道，旧时陆上古道纵横，可通金华、衢州、丽水、龙泉，同时经水路下达丽水、青田、温州。松阳自古为连通处州与衢州、丽水、温州的交通要冲。重要的交通枢纽位置，造就了松阳灿烂的历史文化，博物馆的大量各类文物见证了松阳的文明历程，尤其以龙泉窑青瓷为具特色，数量多、质量精、序列全。

正是沿着松阴溪，北可达金衢、南可通龙泉、福建的这一条古道，可能是龙泉窑早期陆上往北输出的重要通道，虽然早期龙泉窑淡青釉阶段的产品产量比较低，但还是沿着这一通道达到了松阳等地区。

除龙泉窑淡青釉产品外，丽水地区诸博物馆所藏这一时期的瓷器数量不多，北边的缙云等地区既有越窑系青瓷，也有婺州窑系青瓷，另外有一部分产品釉色偏淡，与南朝时期这一地区的青瓷器一样，我们仍旧不能明确其产地。庆元地区则有一定数量以青黄釉、彩绘为基本特征、胎釉质量比较粗的福建地区风格青瓷器。

这种复杂的瓷器出土与分布格局来看，这一时期的龙泉窑无论在产量还是影响上比较小，甚至连占领本地区市场的能力都没有。

同时这一时期整个丽水地区的瓷器出土数量并不是很多，产品质量亦不高，档次普遍较低，也从一个方面反映了这一时期的丽水地区在文化上尚无法与浙北的一些地区相比。

三　北宋晚期至南宋早期

北宋晚期整个丽水地区出土的龙泉窑青瓷无论是数量还是质量均有迅速的提升（见图7、图8），并且出现了较高等级的纪年墓葬。

图7

图8

松阳的程大雅墓虽然没有正式发掘，但仍旧保留了24件瓷器，其中龙泉青瓷9件、青白瓷12件、建窑黑釉盏1件、不明窑口青瓷2件。这一出土状况与中国南方地区主要的窑业格局是相吻合的（见图9—图12）。

图9

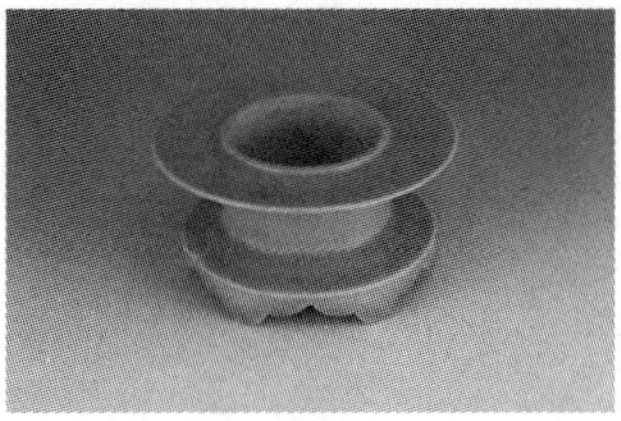

图10

图11

图12

以生产高质量青白瓷闻名的湖田窑创烧于五代，发展于北宋早期，兴盛于北宋晚期至南宋早期，北宋晚期到南宋早期的青白瓷胎质精细，胎壁薄腻，体薄透光，釉色莹润亮丽，釉质如玉，釉面晶莹碧透，造型秀美精巧。装饰以刻花、划花为主，印花装饰渐趋流行，纹饰仍以莲荷、牡丹、菊花等为主，手法简练，技巧娴熟。① 同时北宋晚期至南宋早期的湖田窑产量巨大，产品遍及大半个中国，深受国内外消费者的喜爱。浙江地区亦不例外，除大量输入这一时期的青白瓷产品外，还引进烧窑技术，直接在本地区烧制青白瓷，这一类型的窑址在浙江西南部地区有较大数量存在。程大雅墓葬随葬的器物以青白瓷为主，正是湖田窑居于这一鼎盛时期的反映。南方越窑衰落、龙泉窑尚未完全兴起，湖田窑基本处于一家独大的地位。

而占据第二位的龙泉窑青瓷，不仅数量多，并且质量亦很高，尤其是执壶与三足炉类器物，与越窑已完全不同，极为少见，这一方面表现了龙泉窑居于迅速上升的阶段，同时也反映了它已摆脱越窑的影响，无论是胎釉特征还是装饰风格、装烧工艺等方面，均开始形成自己的特色，龙泉窑作为一个独立的窑口开始真正登上历史的舞台。

建窑的数量不多，仅有一件盏，作银扣，胎釉质量很高，也是其典型的产品。而从其口沿扣银的做法来看，这类产品是受到相当的珍视的。说明建窑亦已于此时成为一大名窑。

两件不能确定窑口的器物胎釉质量比较粗，胎中夹杂有较多的粗颗粒，而釉色青黄，玻璃质感不强。不排除是来自于金衢地区的可能性，这一地区的窑业虽然一直品质不是很高，但其生命力非常顽强，似乎是浙江窑业历史最为悠久的地区。

---

① 陈雨前：《宋代景德镇青白瓷的历史分期及其特征》，《中国陶瓷》2007年第6期。

从丽水地区各博物馆的馆藏瓷器来看，龙泉窑亦成了大宗，数量多、质量高，但从全国范围内来看，此类产品仍旧主要集中在丽水地区，尤其是丽水的龙泉、庆元与松阳三个县，与北宋早中期的格局相比，变化并不是很大。说明这一时期的龙泉窑产品还是以地方消费为主体，松阳的北输通道的地位仍旧不容小觑。

从产品的类型上看，墓葬中出土的五管瓶类器物比例非常之高，这种器物几乎成了本地区独具特色葬俗的一种反映。同时也从一个方面反映了这一时期的龙泉窑仍主要是一个区域性窑口。

四 南宋中期

龙泉窑成规模、成序列的烧造当始于金村地区，到了北宋晚期左右扩展到大窑等地，从窑址的发掘成果来看，到了南宋早期，大窑地区开始引进乳浊釉类产品的生产，这一技术变革不仅迅速奠定了大窑取代金村成为新的窑业生产中心的地位，并且真正形成了传统上我们所谓的龙泉窑乳浊厚釉青瓷，从而开启了龙泉窑全面繁盛的时代。

乳浊釉青釉的发生、发展与兴衰的过程，通过这几年我们在龙泉地区的努力，已经形成一个初步的认识，从目前的窑址材料来看，应该出现于南宋早期，成熟于南宋中期甚至更早，鼎盛于南宋中期至元代，明代仍旧烧造部分高质量的青瓷器，但元代晚期至明代整体上处于下坡时期。

从纪年墓来看，南宋早期的乳浊釉纪年材料阙如，但南宋中期左右的材料在本地区则有不少。主要有：丽水市区的何偁墓、李垕妻姜氏墓、庆元的胡纮夫妇合葬墓、松阳庆元元年墓。这几个墓以何偁墓最早，为公元 1178 年，出土的两件龙泉窑青瓷已完全乳浊化没有问题，但釉层仍旧较薄，是单次施釉的薄釉（见图 13）；与之相隔不到 20 年，继之的松阳庆元元年（1195）墓中出土的六件龙泉窑器物釉层明显更厚，玉质感明显加强，但多次施釉的痕迹并不明显（见图 14）；而之后十年左右的庆元胡纮夫妇墓葬中（胡纮卒于 1203 年，其妻迁葬于 1205 年），多次施釉的痕迹已十分明显，釉层更厚，玉质感更强，已与龙泉窑湿润如玉的鼎盛时期产品非常接近（见图 15—图 18），这一时期的产品大概延续了 20 年，1222 年丽水的李垕妻墓出土的器物特征与胡纮夫妇墓出土的器物非常一致（见图 20、图 21）。

图 13

图 14

图 15

图 16

图 17

图 18

图 19

图 20

图 21

从丽水地区这一时期纪年墓材料建立的龙泉窑乳浊釉的起源及兴盛过程，总体脉络不会错，这也与我们通过窑址材料建立的发展过程基本吻合。但这个过程过于简单，龙泉的窑业非常庞杂，实际的发展过程比这个要复杂得多。

通过这几年的调查，我们将龙泉地区的窑业发展至少划分成三个类型：金村类型、大窑类型（包括石隆与溪口）、东区类型，这几处类型多数时间各有特色、齐头并进。

金村类型北宋淡青釉产品上开始的透明薄釉和刻画花装饰特征，一经出现就表现出强大生命力，并在北宋晚期至南宋早期达到顶峰，到南宋中期，虽然由繁入简，但薄釉刻画花装饰仍是金村地区主流，应该一直延续至元明时期，南宋晚期则在此类鼓凸莲瓣纹装饰的乳浊釉产品基础上，生产一批极精致的厚釉类产品，进一步大窑化而自身特征不断减少。元明时期则已与大窑地区几无区别。

大窑地区在北宋晚期接受金村地区窑业的影响开始烧造瓷器，两地面貌非常接近，南宋早期开始接受汝窑影响生产一种失透的产品，南宋中期左右迅速发展成主流，并出现多次上釉的厚釉类产品，从而为龙泉窑开创了一个全新的局面。南宋中期左右大窑的乳浊釉青瓷烧造技术迅速扩张到金村、石隆、溪口以及东区，成为时代的主流，南宋晚期—元代达到鼎盛，其高质量的青瓷产品生产一直延续到明代早期。石隆与溪口可以与大窑看成是同一类型，是大窑的重要补充。

东区的情况相对比较复杂。从目前的考古材料来看，最早的出现时间可能与溪口、石隆等地差不多，约在北宋末或两宋之际，面貌上亦为透明薄釉刻画花产品。虽然东区在南宋至元代有少量窑址如云和梓坊亦生产质量较高的厚釉青瓷，甚至是黑胎产品，但整体上看，南宋及以后这种刻画花薄釉技术延续性与繁荣性甚至超过了金村地区，进入元明时期，则以模印、刻画、堆贴、修挖等技法，极尽装饰之能事，几乎是整个龙泉地区最富装饰性的一个类型。

龙泉博物馆藏的开禧年间的碗，可看成是对纪年墓建立发展过程的一个补充，该碗釉层薄，但失透，内腹有简单的刻画花装饰，与差不多同时期的胡纮夫妇合葬墓出土的器物迥然有别，这种类型的器物在金村与龙泉东区均有大量的存在，可以看成是另外两个类型的典型器物（见图19）。

再求之于丽水地区的诸博物馆中，此种刻画花风格器物亦不在少数，说明其仍旧占据相当的生产规模。

这一时期有纪年龙泉窑青瓷的出土在丽水地区仍旧不是大宗，但在江西吉水、清江、南昌县、四川的彭山、湖北的武昌等地均有发现，反映了这一时期的龙泉窑已完全成为一个全国性的大窑场。

而再从本地区纪年墓出土瓷器的整体情况来看，龙泉窑成了绝对的主流，胡纮夫人墓中出土三件青白瓷，数量已远远无法与松阳庆元元年墓相比了，且器型较小，品质较低，胎釉质量亦不高，说明这一时期的湖田窑已完全处于衰落状态，其地位已被龙泉窑所取代。

何偁墓中的青黄色釉粗瓷，再次显示这一类型产品的强大生命力。出土的彩绘瓷器，从胎釉等特征看，很可能来自于福建地区，说明这一时期闽北的影响仍在持续。

五 南宋晚期至明代早中期

这一时期的龙泉窑影响力国内几乎没有一个窑口可以出其右，丽水的沈道生与叶梦登夫妻两墓中出土的青瓷质量非常之高，可能是生前实用，死后随葬（见图22、图23）。专用的随葬明器当然也有，如成对出现的龙虎瓶，可能是早期五管瓶类器物的发展与延续，但比例远远低于前一时期，在整个的窑业中并不显得如何地突出与突兀。而缙云明代系列家族墓中普遍随葬以小盖罐，内装谷物，当已形成又一种特殊的葬俗，这类小罐在丽水乃至闽北地区有广泛的分布，数量颇为庞大，也可以看成是这一地区独特葬俗的一种反映（见图24）。

图22

图23

图24

从丽水地区来看，龙泉博物馆藏的青瓷器无论是在品质还是在数量上均远远超过其他地区，更凸显了龙泉地区无与伦比的地位。而从全国范围来看，这一时期的龙泉窑，仅纪年墓材料，除南方地区外，在远及河北、辽宁等北方省份亦有分布。而作为博物馆的珍贵藏品，更是遍及海内外。

六 明代晚期至清代

这一时期的墓葬已基本超过考古的范畴，不仅纪年墓非常少，即使是普通墓葬，也很少发掘。在遂昌地区的两座这一时期的纪年墓葬中，均没有随葬龙泉窑青瓷。这当然不能代表龙泉窑的全部，但多少可以从一个侧面反映了龙泉窑的极度衰微。这一时期的龙泉窑质量极度下降，规模也跟着迅速萎缩，甚至一直作为窑业中心的龙泉地区，大有被庆元竹口所取代之势。

由于庆元地区在窑业生产中相对地位的上升，丽水地区诸博物馆这一时期的藏品，除主要见于龙泉外，庆元亦有相当的数量，这种格局似乎又回复到了最早的淡青釉时期的那种状况。龙泉窑重新回复到一个地方小窑口的状态。

以上是以墓葬为主、结合丽水地区各博物馆藏品而对龙泉窑的发展脉络作的一个粗线条梳理，这一发展脉络是与我们通过窑址考古所建立的发展过程基本一致的。

大足宋代道教造像的神祇图像源流再探索

胡文和

内容摘要：本文分为四部分。第一部分：宋代道教造像的神祇图像和时代背景。笔者将北宋至南宋绍兴时期（1060—1162）的道教石刻造像分作两表排列。道教神祇最多，时代相对集中的造像龛窟，主要是在南宋绍兴中兴时期（1131—1162），其与北宋初期就已经制定的道教神祇体系关系密切。第二部分：大足舒成岩道教造像龛排列的奥秘。北宋京城玉清昭应宫和北宋初期其他道观的建成，内中所供奉的道教神祇（塑像、图像），标志着宋代官方指定的道教神祇图画体系的形成。第三部分：大足南山三清古洞——立体的《朝元图》。三清古洞（题额系后代补刻）建造于南宋绍兴24年（1154）之前。山西芮城永乐宫三清殿道教壁画《朝元图》制作于元代，但形象所着的服饰形制都完全是宋代的；表现的神祇体系，不仅与玉清昭应宫供奉的道教神祇体系基本相似，而且与南宋道教经典所载的相符合。笔者将大足南山“三清古洞”图像形制、主要神祇的位置，与永乐宫三清殿《朝元图》的相比较，前者凿造时代要比后者的壁画早150余年左右，但所表现的道教神祇体系、主神的造型和服饰及方位安排，其余环绕主神的其他神像的数量，都基本相似。所以，南山三清古洞题材原来应是《朝元图》。第四部分：石门山第10号三皇洞题材内容再检讨。笔者通过论证认为石门山第10号窟不应再称名为三皇洞，应恢复其原来在宋代的定名：圣府洞。

通过对大足宋代，主要是南宋时期的道教龛窟中图像，与宋代官方制定的道教神祇绘画造型、神祇的排位等，作比对研究，可以说明它们是反映了北宋初期修建玉清昭应宫、天庆观时，对唐、宋道教神祇图像的整合，修订道教的“圣真位号”，深刻影响后世的实物见证。

关键词：大足宋代道像　道教神祇排位　朝元图　石门山圣府洞

一、 宋代道教造像的神祇图像和雕刻时代背景

此处我们首先对大足的道教造像题材、时代作简要列表，以俾读者一目了然，继作第二步研究。

表 1　　大足宋代道教石刻造像龛窟内容纪年排列表

遗址	龛窟号数	题材	时代	造像内容	备注
石篆山	8	太上老君	元丰 6 年（1083）	窟内中心主像为太上老君，其左右边各雕刻 7 尊真人、法师像	基本完好
高坪乡老君庙	8	三官大帝	建炎 4 年（1130）	龛内雕刻天、地、水三官大帝	基本完好
舒成岩	5	玉皇	绍兴 13 年（1143）	窟中尊主像为玉皇，其侍者中有一捧印的妇女形象	完好
石门山	2	玉皇	绍兴 16 年（1146）	窟中尊主像为玉皇，左右各有一协侍，另有神将千里眼、顺风耳	完好
天山乡峰山寺	7	圣母	绍兴 6 年（1136）	造像不详	据《大足石刻铭文录》略有风化①
舒成岩	2	东岳大帝	绍兴 22 年（1152）	窟中尊主像为头戴无旒冕冠的东岳大帝，左右侧各有一协侍，有捧印的侍者	基本完好
舒成岩	1	淑明皇后	绍兴 23 年（1153）	窟中尊主像为身着宋代皇室后、妃服饰的淑明皇后，有侍者捧印	基本完好

表 1 中的道像都有镌造的纪年题刻。

表 2　　大足宋代道教石刻造像龛窟内容排列表

遗址	龛窟号数	题材	时代	造像内容	备注
舒成岩	4	三清	绍兴年间（1131—1162）	龛内造三清像	基本完好

---

①　据郭相颖主编：《大足石刻铭文录》，第 356 页载，龛中存“丙辰绍兴六年八月十□□攻镌作处士文玠记”“造圣母”的残刻，但造像情况不详，重庆出版社 1999 年 12 月版。据［北宋］宋绶、宋敏求编：《宋大诏令集》卷第 135，“大中祥符五年”（1012）真宗诏“奉上圣祖母懿号曰元天大圣后”；“天禧元年”（1017）又诏“太极观上圣祖母元天大圣后徽号册”，同书卷第 136、475、480 页，中华书局 1962 年 8 月版。安岳老君岩有一龛中所造三像，从左至右（依像的方位定位）镌刻有名号为：“北极紫微大帝”、“圣祖”、“元天大圣后”，笔者曾考订该处道教造像时代至迟应在南宋，所以大足的“圣母”实即“元天大圣后”，参见胡文和《四川道教佛教石窟艺术》，道教图版二十六（A），正文第 133 页注①，四川人民出版社 1994 年版。

续表

遗址	龛窟号数	题材	时代	造像内容	备注
舒成岩	3	紫微大帝①	绍兴年间（1131—1162）	龛内主像为紫微大帝，左右协侍分别为天蓬大元帅、天猷副元帅，有捧印的侍者	基本完好
南山	3	注生后土圣母	绍兴24年之前（1131—1154）	窟内正壁上雕刻三位圣母像，左右壁上分别雕刻“九天监生大神”“九天送生夫人”。	基本完好
南山	4	“三清古洞”②	绍兴24年之前（1131—1154）	窟中心柱正壁上层雕刻三清，左右壁上各雕刻一御；下层左右壁上分别雕刻一御一元君；窟左右、后壁上雕刻“360应感天尊”（现存231尊）③；靠窟门口左右壁上雕刻黄道12星宫的象征物	基本完好
宝顶山大佛湾	16	云雷音图	绍兴年间（1131—1162）	龛内雕刻风伯雨师、雷公电母	基本完好
石门山	7	五通大帝	绍兴年间（1131—1162）	龛内雕刻独脚踏风火轮的五通大帝	头部原为泥补塑，现被盗
石门山	10	“三皇洞”	绍兴年间（1131—1162）	窟内雕刻三皇（？），天府四圣：天蓬大元帅、天猷副元帅、佑圣真君、翊圣保德真君，以及其他道教神像	右壁清代崩塌，现已修复，原损毁的部分像不存

① 该龛，《大足石刻志略》载其存字为：“紫微殿使日直元君司□□□院事（下泐）/无极上相判丰都使掌岩道士王（下泐）”（《大足石刻研究》第331页）；《大足石刻铭文录》的拓本照片显示应为：“紫微殿使日直元君同判□院事王　举撰/无极上相判丰都使掌岩道士王　用之开洞”（第292页图3—5），这在编为第2号的东岳大帝龛右壁上方。而“紫微大帝”龛左壁上方有一下置莲座，上覆宝盖的牌位中仅存“五月二十五日甲子”数字，牌位形制应系宋制。“王举”作为“紫微殿使”“同判□院事”书写了东岳大帝造像龛的题刻，其他“绍兴十三年”龛中又书写了造“玉皇”的题刻（《大足石刻铭文录》第290页），实际上这些“龛”的宗教性质作用和功能就是祭祀道教神祇的“殿”，那么“紫微殿”就是现编为第3号题刻已泐的龛，主尊就是“紫微大帝”，其凿造时间应在绍兴13—22年（1143—1152）之间。

② 该窟中中心柱上龛额题刻的“三清古洞”不是宋代题刻。在窟门右壁柱上有［清］康熙60年（1721）“妆修玉皇古洞天尊碑记”的题刻，由此可知“三清古洞”题刻也是其后改刻的，参见刘长久、胡文和、李永翘《大足石刻研究》，第522页，（原）四川省社会科学院出版社1985年版。

③ 同上引［清］康熙60年（1721）“妆修玉皇古洞天尊碑记”中有“又将三元火官并三百六十应感天尊一一金妆”，第522页。据碑刻可知，清初妆修的定名，有可能是遵从前代碑刻中的定名，但迄今未发现明代的妆修碑记。

续表

遗址	龛窟号数	题材	时代	造像内容	备注
石门山	11	东岳大生宝忏经变相	绍兴年间（1131—1162）	龛内正壁主神像为东岳大帝、淑明皇后，配以 75 司、地狱诸图像，无捧印的侍者	部分造像原来自然损坏

关于表 2 中的道教造像，其时代都定在南宋绍兴时期（1131—1162），那是因为：舒成岩的第 3 号紫微大帝龛和第 4 号三清像龛紧邻，其两侧的第 2 号东岳大帝雕刻于绍兴 22 年（1152），第 5 号玉皇大帝雕刻于绍兴 13 年（1143），第 3、4 号凿造的时代就应在绍兴 13—22 年（1143—1152）之间。南山第 3 号注生后土圣母窟和第 4 号“三清古洞”，其功德主都是大足邑人“何正言”父子，绍兴 24 年（1154）在大足北山观音坡第 1 号地藏、引路王菩萨龛留有造像题刻①。由此也可以确定这两窟的凿造时代也应在绍兴 24 年（1154）或之前。关于“注生后土圣母”的由来：宋真宗于大中祥符 5 年（1012）下诏“改奉祇宫曰太宁宫，设后土圣母像”②。宋徽宗又于政和 6 年（1116）10 月 15 日御笔手诏“后土尊号”：“王者父天而母地。事天明，事地察（略）。以玉册、玉宝昭告上帝（略）。谨以是德上徽号，曰‘承天效法厚德光大’，以兢兢业业母事之体。可令有司，检会故实，择日恭上，布告中外。”③

“石门山圣府洞”原应题刻在第 10 号三皇洞窟的窟门额枋上，［清］乾隆乙卯年（1795）9 月 11 日崩颓，是年复修，“圣府洞”的相关题刻遂复刻在现岩壁位置上，与原来的洞额位置分离，这就有可能使现在的考察研究者误认为是清代复修时的题额。该洞窟后又再次崩颓，20 世纪 80 年代后期又经修复，但右壁上造像，除了里端的“传言玉女”和“天猷副元帅”，外端的翊圣保德真君像（原断裂为三段），余皆损坏。因此，该窟造像题材定名颇值得探讨。石门山第 10 号三皇洞，正确的定名应为圣府洞，因为在与第 11 号龛相邻的岩壁上，横刻真书“石门山圣府洞”，“字径尺余”，小楷书题刻“戊戌淳熙五年中元从事皇佛监判官宋以通书”，末刻“山主文道盛造”。同处第 3 号药师佛龛，绍兴 21 年（1151）10 月 30 日的造像题刻为“住持文道盛书”④，“淳熙五年”（1178），同一个文道盛造“圣府洞”完工，其间仅相距 20 余年，始造时期应有可能是在绍兴年间。同处第 11 号东岳大生宝忏经变相龛，龛中主像应为东岳大帝和淑明皇后。东岳头戴朝天幞头（幞头的双翅向上直翘），为宋代帝王所戴的幞头形制之一，第 10 号“圣府洞”左壁第 5 像（由里往外数）头上戴的也是朝天幞头；淑明皇后头戴凤冠或翟冠，原刻似有博鬓，腰系大带，前系蔽膝，有霞帔，基本上属宋代后妃所着的翟衣一类形制；特别是二像宝座靠背上方的左右卷杀都为龙头，其身份是无可置疑的了。该龛左边的岩壁下部光滑如

① 参见刘长久、胡文和、李永翘编《大足石刻研究》，第 451 页。

② 参见清·徐松辑 陈智超整理《宋会要辑稿补编》卷 244，第 28 页（下），全国图书馆文献缩微复制中心出版，1988 年 7 月版。

③ 参见［北宋］宋绶、宋敏求同编《宋大诏令集》卷 137，第 489 页，中华书局 1962 年版。

④ 参见前引《大足石刻研究》，第 339、341 页。

镜，上壁即乾隆乙卯年（1795）复刻的“淳熙五年”书刻的6个真书大字“石门山圣府洞”，因此可以认定该龛的雕刻时代在此之前，抑或亦为绍兴年间（1131—1162）。

至于宝顶山大佛湾第16号“云雷音图”龛所雕刻的“风伯雨师、雷公电母”，并不是作为佛教密宗神衹雕刻在那里，而是按照宋代国家祭祀仪典应该供奉的神衹雕刻的，其时代也应该在南宋绍兴中兴时期。宋真宗祥符初（1008）制定了祭祀“风伯、雨师、雷师”祭坛的尺寸。从宋神宗熙宁（1088）始又制定了祭祀“风师、雨师、雷神”的乐章①。

大足半边寺有一窟造像，为道佛像合窟，窟高185厘米，宽258厘米，深240厘米。正壁雕刻的3尊坐像，被当地乡民重妆，现在所能见到的是中像为一坐莲台的像，据说是观音像（?），双手持净瓶；左右为玉皇、圣母像。三像的头部经后代修补。三像的上壁均雕（线）刻有牌位，上覆宝盖，下置莲座，这是典型的宋代样式，惜题刻漶甚，只有玉皇顶上竖刻“昊天玉皇上帝”6字可辨，圣母顶上的“圣母”2字可辨，字径2厘米。“昊天玉皇上帝”名号出于徽宗政和6年（1136）4月29日的御笔手诏②。圣母像应为“元天大圣后”像。

窟左右壁造像分上下两层：上层正中各坐一天尊像，立2侍者。其左立5真君，右立6真君像；下层各横列11真君像。左右壁真君像头上侧岩壁面，均有线刻的小牌，上覆宝盖，下置莲座，其中镌刻名号，字径2厘米。右壁像多风化，石质呈粉状，镌名漶灭。左壁像镌名尚可辨识的有：

正中天尊像头左侧镌名为“长生保命天尊”，即所谓的圣祖，赵宋皇室的先祖“圣祖上灵高道九天同命保生天尊大帝”③。左壁下层11真君像均在头部的左侧石壁上镌名，从内至外为：(1）女（疑录字有误，应为“太“字）阴真君。(2）金星真君。(3）木星真君。(4）水星真君。(5）火星真君。(6）土星真君。(7）罗睺真君。(8）计都真君。(9）紫星真君。(10）月勃真君。(11）太阳真君。按：玉清昭应宫太初殿前八殿，据前引《宋会要辑稿补编》载“太初殿前对设八殿，以奉天蓬、真武、九曜、十二元辰、东西斗、天曹官”。关于“九曜”，饶宗颐先生指出“七曜加上罗睺、计都，成九曜（即九执历）”。七曜即：太阴、太阳、木星、火星、土星、金星、水星④。九曜像在唐宋时代是不少画家擅长的题材。《宣和画谱》卷一《张僧繇传》、卷二《张素卿传》、卷三《曹仲元传》、卷四《孙知微传》等，都记载这些画家绘有“九曜”图像藏于宣和御府。木、火、土、金、水五星图像，故宫博物院的孟嗣徽曾有专门研究⑤。半边寺的为“十一曜”，于九曜又加上“紫星”、“月勃”，也是有出处的，宋人仿《道子墨宝》，其中第21幅即绘

---

① 分别参见［元］脱脱等撰《宋史》卷103，〈礼志·六〉，(合订本）第四册，第2517页；卷137，(合订本）第五册，第3215—3217页，中华书局1977年点校本。

② 参见前引《宋大诏令集》卷第136，第481页，“政和六年四月二十九日上玉皇上帝尊号御笔手诏。”

③ 参见前引《宋大诏令集》卷第136，第480页，“天禧元年正月壬寅”《上圣祖圣号仙衣册》诏。

④ 参见饶宗颐《选堂集材》中册，第771页，中华书局香港分局1982年版。

⑤ 孟嗣徽《五星图像考原——以藏经洞遗书为例》，载《艺术史研究》第三辑，第397—419页，中山大学出版社2001年版。

的“十一曜星君”①，半边寺的名号与之完全相符合，只是前者因造像大多风化过甚，不能再从造型方面作比对。

半边寺的这窟造像，造像镌记残，失纪年，审视造像内容、现存的神祇名号、镌记牌位形制，应该是属于宋刻，时代当在南前期②。

我们将有宋一代，北宋至南宋绍兴时期（1060—1162）的道教石刻造像，在表1、表2中作了排列。从两表中，可以看出，北宋（960—1126）大足的道教石刻造像现存的只有石篆山元丰6年（1083）雕造的第8号老君龛；而道教神祇最多、时代相对最集中的造像龛窟，主要都是在南宋绍兴中兴时期，此时期也是大足宋代佛教造像和雕刻艺术发展到极致的阶段。

根据表1、表2的排列，道教神祇题材龛窟最多的，时代又同为绍兴时期，为舒成岩石窟遗址，现存有5龛窟。再据第2号龛的题刻中有“紫微殿使值日元君同判□院事王举撰”“无极上相判丰都使掌岩道士王　用之开洞”，第1号龛的题刻中有“掌岩道士王　用之建洞”，舒成岩道教石窟遗址在那时应为一个道观。龛窟中所镌造的神祇都被赵宋皇室敕予了封号③，又集中镌造在此处，其与北宋初期就已经基本制定的道教神祇造像体系在道观中排列的位置，又有什么样的关系呢，当是值得探讨的。

二、 舒成岩道教造像龛排列的奥秘

梁思成先生曾指出“有宋一代，宫庭多崇奉道教，故宫观最盛”“玉清昭应宫艺术之精，冠于北宋历朝宫观”④；据金维诺、罗世平研究，玉清昭应宫和北宋初期其他道观的建成，标志着宋代官方制定的道教神祇图画体系的形成⑤。北宋玉清昭应宫，起缘于澶渊盟后的“天书封祀”⑥，初名“昭应宫”，地处北宋都城汴京（今河南省开封市）西北天波门外旧内殿直院，始建于大中祥符元年（1008）4月⑦，竣工于大中7年（1014）⑧，10余年后于仁宗天圣7年（1029）焚毁⑨。关于玉清昭应宫所供奉的道教神祇体系，以及供奉这些神祇（图画、塑像）的建筑如何按等级安排的基本形制，据《宋会要辑稿补编》中所载，使我们对玉清昭应宫中道教神祇塑像和图像体系有了概括的印象。供奉道教最高神的三清殿并非正殿，宫中最突出的是玉皇，乃众仙天子，直接部属是三十二天（帝）；玉皇下是圣祖，这个圣祖就是大中祥符5年（1012）10月戊午日宋真宗梦见降于延恩殿的所谓赵宋皇室的始祖，“九天司命上卿保生天尊赵玄朗”⑩，其部属是6位仙官；圣祖下

---

① 孟嗣徽《五星图像考原——以藏经洞遗书为例》，载《艺术史研究》第三辑，第397—419页，中山大学出版社2001年版。

② 再参见前引《大足石刻铭文录》第357页。

③ 参见前引《宋史》第4册，卷105《礼志（八）》，第2250页，中华书局1977年点校本。

④ 参见梁思成《中国建筑史》，第146、142页，百花文艺出版社1998年版。

⑤ 参见金维诺、罗世平《中国宗教美术史》，第174页，江西美术出版社1995年版。

⑥ 参见《宋史纪事本末》第1册，卷22《天书封祀》，第161—176页，中华书局1977年版。

⑦ ［宋］李焘编著:《续资治通鉴长编》第6册，卷68，第1534页，中华书局1980年版。

⑧ ［清］徐松辑，陈智超整理《宋会要辑稿补编》卷244，第24—25页。

⑨ 《宋史》第4册，卷102《礼志（五）》，第2498页。

⑩ 据前引《续资治通鉴长编》第6册，第1797—1798页。

是紫微宫北极天皇大帝，天一、太一侍卫左右，部署是紫微垣众星神及二十八宿；其次是太微垣五帝、南斗，部属是太微垣星神；然后是天市垣众神；而天蓬、真武、九曜、东斗、西斗、天曹、七元、翊圣则是职司神。大中祥符2年（1009）6月前夕，玉清昭应宫总体方案出台，其主殿有两座，即供奉玉皇、北极紫微的两座殿，而少微、天市分居两个三门的门楼，二十八宿在紫微周围，两者神位等级设计非常类似。

不过，在玉清昭应宫总体设计出台前夕，大中祥符2年（1009）4月“庚戌，令太常礼院详定天庆道场斋醮仪式，颁诸州”①。斋醮仪式中一个重要的方面就是神位，太常礼院是国家大礼的职司机构，主持修订醮仪，打上国家大礼中神位制度的印记是可以想象的。据《宋会要辑稿》（礼五之一八），大中祥符2年（1009）6月之前，真宗下诏在全国州、府、县“择空闲官地，以官钱及工匠建道观一，以‘天庆’为额。若百姓愿舍地备财修建者，亦听”。天庆观中神祇等级的总体布局，其主要殿堂的设置，据前引《宋会要辑稿》（礼五之一八）所载，应是“三清为上，玉皇次之，圣祖又次之，北极又次之”②。显然是按照玉清昭应宫的布局形成行事。但是，并不是所有天庆观的殿堂设计及其相关图绘是依照玉清昭应宫样式，有些天庆观中玉皇殿的样式是模仿上清太平宫，例如广东路韶州的天庆观③。《云笈七签》卷103记载太宗时期建上清太平宫，中正之位列四大殿，分别是通明殿（即玉皇殿）、紫微殿、七元殿、翊圣（保德真君）殿④。玉清昭应宫的玉皇、紫微殿先后秩序也是依照上清太平宫。

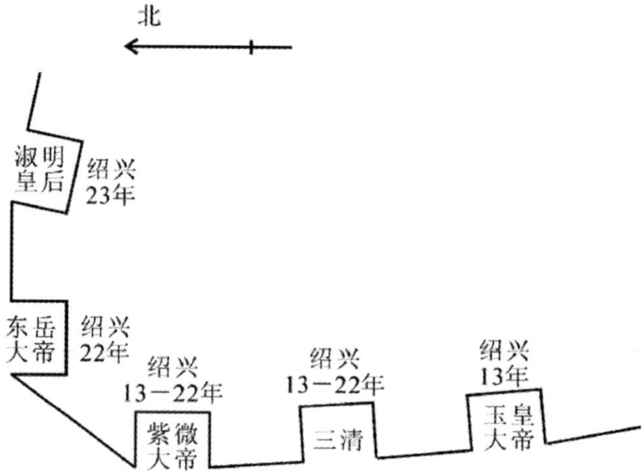

插图1　舒成岩道像龛平面位置示意图

现在我们再返回来检视大足宋代道教龛窟造像是否有受到玉清昭应宫道教神祇图像影

① 前引《续资治通鉴长编》第6册，第1604页。

② 参见前引《宋会要辑稿》（一）第11册，第474页上。

③ 参见［宋］祝穆：《方舆胜览》卷35，第638页，中华书局2003年版。

④ a. 参见前引《正统道藏》第38册，第314页。b. 据前引《宋大诏令集》卷135载：太平兴国6年（981）11月壬戌“封翊圣将军诏：太平宫神，禀命上元，降灵下土（略），宜加美号，用答神休。其封神为翊圣将军”，第473页。

响的成分。据王象之《舆地纪胜》卷161《昌州景物上·下》中载，宋代昌州（今大足县地区）没有以“天庆”为额的道观。北宋时期，大足只有石篆山有元丰6年（1083）镌造的“老君龛”。而大足道教造像的兴盛是在赵宋皇室南渡后的绍兴中兴时期（1131—1162），其中最值得注意和玩味的就是舒成岩（半边庙）道教造像，此处现在的5龛道像，原来的编号是（1）淑明皇后、（2）东岳大帝、（3）紫微大帝、（4）三清、（5）玉皇大帝。现在看来，这样的编号顺序是完全错误的，误导了我们对该处道像神阶等级的定位考察。五龛道像中，（5）玉皇大帝龛镌造最早，是在绍兴13年（1142）；（4）三清龛、（3）紫微大帝龛，前文已考，应在绍兴13—22年间（1142—1152），其次为（2）东岳大帝，绍兴22年（1152）、（1）淑明皇后，绍兴23年（1153）（参见插图1）。至此，我们才恍然大悟，舒成岩道像龛位置排列顺序，与玉清昭应宫的殿堂设计，何其相似！在玉清昭应宫中，三清殿并不是正殿，舒成岩也是将三清像龛排列在玉皇大帝像龛的右边（以龛中主像方位定位）。不过，编号（5）玉皇大帝龛和编号（3）紫微大帝龛之间，原来安排可能不是（4）三清龛，这个位置应是安排“圣祖”龛。而“圣祖”龛应该供奉宋太祖、宋太宗皇帝作为其协侍。因此，唯一令人不解的是，据玉清昭应宫的形制，玉皇殿的后面就应是“圣祖”殿，舒成岩此处却未镌造。只是玉皇龛的左右壁上各有一头戴通天冠，身着与玉皇相似服饰的形象。这两个形象的身份如何定位，既无题刻又无可参考的图像，似乎难以确定。

但是据《宋会要辑稿补编》卷244中载：真宗大中祥符5年（1012）11月诏：“‘玉皇殿’宜以‘太初’为名，‘圣祖’殿以‘明庆’为名。凡建正殿三。前殿奉玉皇。次殿奉圣祖。又次奉紫微、二十八宿。东位又建二圣殿，奉太祖、太宗，凡二室，配享功臣”①。这段文献使我们明白，在玉清昭应宫中紫微殿东位建有二圣殿，供奉赵宋开国二君，宋太祖、宋太宗。再据《宋会要辑稿补编》卷18224〈奉迎圣像〉中载：“真宗大中祥符五年（1012）七月五日，修玉清昭清宫使丁谓言：本宫将来正殿设玉皇大天帝像。又于别殿设圣祖天尊大帝、太祖皇帝、太宗皇帝像，营缮将就，命良工铸造。（略）六年三月二十二日，李溥言：玉皇大帝、圣祖天尊、太祖皇帝、太宗皇帝，四殿圣像熔范已成”②。同卷又载迎请这四尊圣像的尊号为：“（略）具大驾卤簿自宫城东出景龙门至宫载像，以平盘辂上加金华盖之饰。玉皇辂名曰‘迎真’，圣祖曰‘迎圣’，太祖曰‘奉圣’，太宗曰‘奉宸’。每辂二内臣夹侍。”③ 据此，我们可以断定：大足舒成岩现编为（5）号龛主尊为玉皇大帝（造像题刻中已确指），龛左右壁两位头戴通天冠（不是进贤冠！）服饰与玉皇完全相似的这两个形象身份分别应为：宋太祖、宋太宗（二像颏下都有三绺胡须）（图1、图2）。

三、 南山三清古洞——立体的《朝元图》

南山三清古洞中心柱正面开凿有上下两龛（插图2、3；图3）。上层龛正壁主像系三清，通高85厘米，坐身高50厘米。上层左右壁上各雕刻一御，坐身高67厘米，皆头戴

---

① 参见前引［清］徐松辑，陈智超整理《宋会要辑稿补编》，第25页上。

② 同上注所引，第26页上。

③ 同上注所引，第801页上。

冕冠（无旒），两耳侧垂黈纩，身着圆领宽袖大袍，项下佩方心曲领，双手于胸前捧玉圭，端坐在宝座上，宝座靠背上方两的卷杀为龙头（图4、图5）。下层龛左右壁内侧各雕刻一御，坐身高66厘米，其造型、服饰与龛上层的御相似，也是头戴冕冠（无旒）。

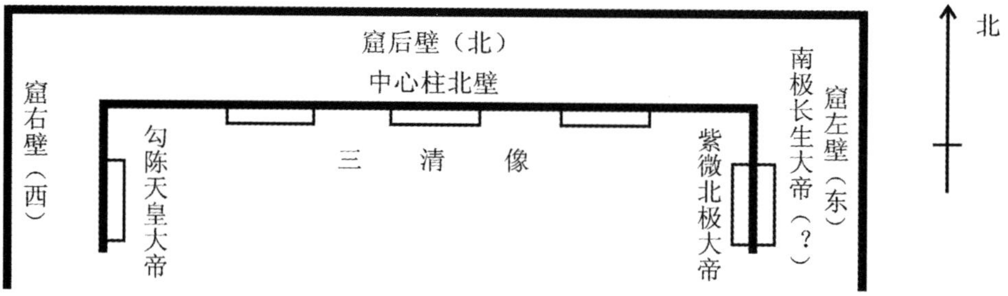

插图2　大足南山三清古洞中心柱窟正面上龛主神方位平面示意图之一

插图3　大足南山三清古洞中心柱窟正面下龛主神方位平面示意图之二

龛左右壁外侧，各雕刻一个元君，坐身高66厘米，位置比相邻的御略低，二元君皆头梳高髻，凤冠霞帔，披帛绕身，双手捧笏，其宝座的形制与御的相似（图6、图7）。

该窟中心柱外左壁（东）上龛内，中心主像装束类帝王，头戴冕旒，身着宽袖袍，胸佩方心曲领，双手捧玉圭，立于瑞云上。其四周共雕刻有19尊像，分三层站立，有的执宝盖罩主像头上，有的执日、月宝扇作背屏障，有的举幡、旄、幢，有的执笏，有的捧瓶、盘，尽皆衣饰华丽，气派壮观，且姿态各异（图8）。

窟左、右、后壁，有一高100厘米的“门”形台基，台基上面雕刻的像现存231尊，分六层排列，各像立身高46厘米，有的形象身着文官服饰，有的形象身着甲胄，姿态不一。

窟左右壁外侧，从上至下，各直列6个小圆龛，内中雕刻的形象象征黄道十二星宫。

该窟凿造时代为南宋绍兴24年之前（1131—1154），窟名，中心柱正面上龛龛额题刻“三清古洞”，而［清］康熙60年（1721）的妆修碑记中又称该窟为“玉皇古洞”，那就证实“三清古洞”也应为后来题刻。中心柱正面（北）上龛正壁三个呈盘坐姿的主像定名为三清，参照舒成岩第4号龛中同时代的三清造像，应该是成立的。其次，上龛中的二御，下龛中的二御和二元君，过去我们曾依据北宋宁全真、林灵真的《灵宝领救济度金书·科仪成立品》，将四御二元君分别定名为：玉皇大天尊玄穹高上帝、中天北极紫微大帝、南极长生大帝、东极青华大帝，后土皇地祇、白玉龟台九灵太真金母元君（西王母)[1]。中心柱外左壁（东）的浮雕图像定名为：玉帝巡游图[2]。窟左、右，后壁上现存的231尊造像是根据康熙60年（1721）的妆修碑定名为“三百六十应感天尊”。现在我们试根据新的资料重新说明该窟的图像内容。

最近，山西芮城永乐宫三清殿道教壁画《朝元图》原色原貌的修复图得以公布，这就给我们认识南山三清古洞图像内容新的启示。

三清殿壁画《朝元图》表现的是群神朝拜元始天尊的阵容。按照道教教义，群神井然有序地分布于宫殿四墙体的内壁和中间神龛外侧三面的墙壁上。整个壁画中的天神地祇分别以八位主神为中心排列（参见插图4永乐宫三清殿内部方位示意图）。这八位主神的名号及其位置排列是：

南极长生大帝，绘于三清神龛东壁外侧，为主像，道教尊为四御之一。

东极青华太乙救苦天尊，即东极大帝，又称东王公、木公、东王父和青灵始老君，绘于三清神龛西壁外侧，四御之一。

紫微大帝，绘于殿的北壁东段，即中宫北极紫微大帝，四御之一，在封建时代是代表帝王的星君（图9）。

勾陈大帝，绘于殿的北壁西段，即勾陈星宫天皇大帝，四御之一，协助玉皇大帝执掌南北极与天地人三才，统御诸星并主持人间兵革之事（图10）。

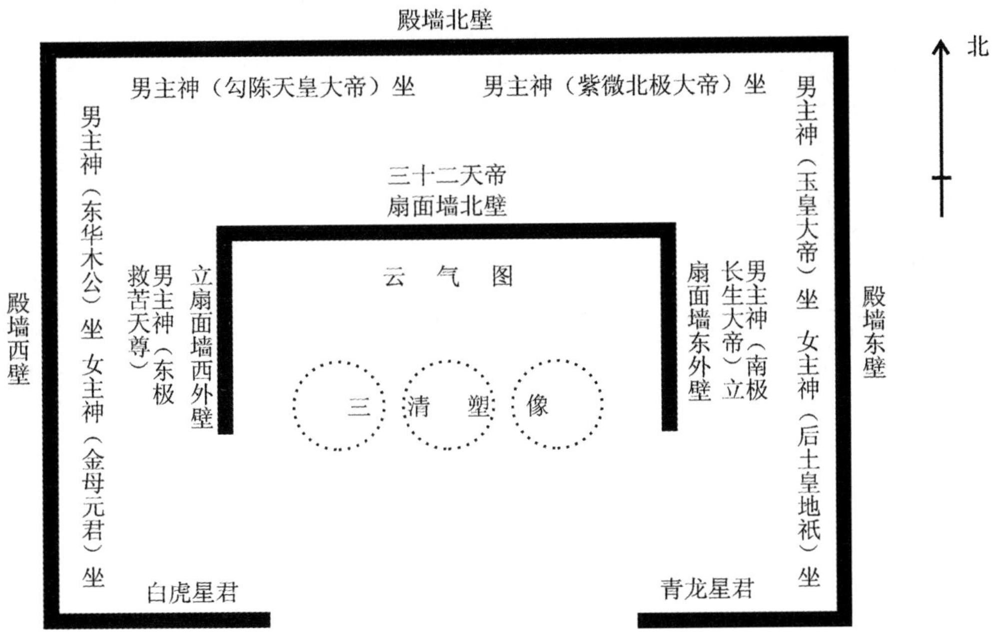

插图4　永乐宫三清殿内部主神方位平面示意图

玉皇大帝，绘于大殿东壁北部，是作为天地间的主神而受到尊崇，北宋政和6年（1116）宋徽宗恭上尊号为：太上开天执符御历含真体道昊天玉皇上帝（图11）。

---

① 参见胡文和《中国道教石刻艺术史》下册，第267页，高等教育出版社2004年8月版。

② 同前注所引，第267页。

后土皇地祇，绘于大殿东壁南部，即后土玄天大圣后，生万物，统率万邦黎民，被称为天地之母（图12）。

东华木公，绘于大殿西壁北部，即东华上相木公青童道君，又称东王公，金、元时期活跃于北方的全真道尊奉东华帝君为教主（图13）。

金母元君，绘于西壁南部，即白玉龟台九灵太真金母元君，又称西王母（图14）。

六位大帝和后土皇地祇、金母元君神像尺寸比较大，都位于构图的主要位置上，南极和东极大帝为立像，其余六位为坐像。诸大帝，后土皇地祇、金母元君都头有圆光；前者均头戴冕旒，后两位都头戴凤冠，左右有叶状的两博鬓，服鞠衣，加霞帔，大带（双绶、玉佩）①，其大袖袖口处作羽翼状（这是神仙化象征的表现）②。

此外，殿内四壁环绕八尊主像还绘有282尊道府群神，前后排列四层，均呈立姿。这些群神像有：玄元十子，三十二天帝君，十一曜，北斗七星，天、地、水三官，绘于北壁西段，站立在（不是呈坐姿）勾陈大帝右侧前列，天官喜相、地官怒相、水官怪相；南斗六星，二十八宿，十二元神，扶桑、丰都二帝，五岳四渎，太乙及八卦、雷部诸神，天府四圣，等等③。

永乐宫三清殿的《朝元图》壁画制作于元代，但形象所着的服饰形制都完全是宋代的；表现的神祇体系，不仅与玉清昭应宫供奉的道教神祇体系基本相似，而且与南宋王契真《上清灵宝大法》说做“黄箓大斋醮谢真灵”所请的神祇体系（有360位，从简只请160位）相符合。据经典中所载，其所请圣真中的主神为：“元始天尊、灵宝天尊、道德天尊；太上昊天玉皇大帝、中宫紫微北极大帝、勾陈星宫天星大帝、后土皇地祇；南极长生大帝、太一救苦天尊；东华上相木公青童道君、白玉龟台九灵太真金母元君（下略）。”④ 其粉本无疑应是源自宋代道画，或宋代道观中的壁画。

现在我们将南山三清古洞图像形制、主要神祇的位置，与永乐宫三清殿《朝元图》的相比较，就会发现两者有惊人的相似之处。三清古洞中心柱正面上龛中，三清是面南而盘坐。龛左壁（东）的一御，比照永乐宫的，其名号应是紫微北极大帝；龛右壁（西）的一御，其名号应是勾陈天皇大帝。下龛，龛左壁（东）一男一女主神像，比照永乐宫的，其名号应分别是：玉皇大帝，后土皇地祇；龛右壁（西）一男一女主神像，其名号应分别是：东华木公，金母元君。中心柱外左壁（东）所雕刻的图像，其主神名号，比照永乐宫的，其名号就应是南极长生大帝⑤。永乐宫《朝元图》中的南极长生大帝造型是，呈立姿，头戴冕旒，身着有十二章的广袖朝服，腰间束金玉带，系蔽膝、佩绶，双手执一柄香炉，头部上方有饰帐幕的宝冠，前后有侍从。“三清古洞”中的原来定名为“玉帝出巡图”，但正壁下龛内已有呈坐姿的玉皇大帝，在同一处就不应再表现同名号的神

① 参见周锡保《中国古代服饰史》，第289页“博鬓”条，第297页女图四，头戴莲花冠或团冠的女像左右有叶状的博鬓。

② 同前注所引，第181页传为吴道子作《送子天王图》中，女主像冠饰两旁各有二博鬓，领缘及两肩、袖处均作羽翼状。唐·李华《咏史》诗有：“日照昆仑山、羽人披羽衣”句。盖羽人有乘云驾云雾的神化，故历来画神仙者，往往如羽翼状。

③ 参见永乐宫壁画《朝元图》释文及人物图示说明，中国书店2009年版。

④ 参见《正统道藏》第53册，第334页，台北·新文丰出版社1978年影印版。

⑤ 参见永乐宫壁画《朝元图》释文及人物图示说明，中国书店2009年版。

祇。中心柱外右壁（西），比照永乐宫的，就应该是雕刻东极救苦天尊，而现状是只有一通清代的摩崖碑刻，原来没有雕刻图像的痕迹。此外，窟左右、后壁上雕刻的三百余尊道教天神像（现完好的为231尊）呈六层排列，窟门口有两根石柱，柱身上高浮雕一盘绕柱身的龙。

通过以上的比对，可以得出的结论是：大足南山三清古洞凿造时代要比永乐宫三清殿的壁画早150余年左右，但所表现的道教神祇体系，主神的造型和服饰及方位安排，其余环绕主神的其他神像的数量，都是那样的相似。所以，我们认为：南山三清古洞的题材内容应定名为：宋代唯一以雕刻形式表现的道教《朝元图》。

四、 石门山第10号三皇洞题材内容再检讨

舒成岩第3号紫微大帝龛也当引起我们重视，龛中主像为紫微大帝，其左右夹侍分别为天蓬大元帅、天猷副元帅，按此图像。石门山第10号“三皇洞”的图像题材内容当值得反思（图15）。

石门山第2号玉皇大帝龛是该处南宋有纪年题刻最早的道教造像，为绍兴16年（1146）。第10号三皇洞在该龛右边夹道尽头处，刚好在第2号玉皇龛的背后。其名称的由来，最早见于［清］乾隆40年（1775）大足邑人李型廉撰著的《游石门山记》中载：“转而南，有三皇洞，豁然开朗，诸像列眉，垂旒执笏，犹见太古衣冠”①；其后，陈习删先贤《大足石刻志略》中定名为“三皇窟”②。胡文和的著作中也沿袭了这样的定名③，将该窟正壁上的三尊主像定名为道教“上三皇”“中三皇”“下三皇”中的第2种说法④。窟中的四个道教护法神，根据《道子墨宝》第11幅图所绘有名号的神将图像比对，定名为（1）天蓬大元帅、（2）天猷副元帅、（3）翊圣保德真君、（4）佑圣真君，应无误⑤。而且与官方饮定将这4位神将供奉在同一殿的规定相符合。徽宗政和3年（1113）4月24日下诏：

“以福宁殿东，今上诞圣之地作玉清和阳宫。凡为正殿三，夹殿六。前曰玉虚，以奉三清、玉皇、圣祖、北极天皇、元天大圣后、后土等九位。东夹曰灵一，以奉天蓬、天猷、翊圣、真武。”⑥

再据舒成岩第3号紫微大帝龛，主像两侧的协侍是天蓬大元帅、天猷副元帅，因这两个神将的造型与石门山该洞中完全相似，定名应无误（图16），那么三皇洞正壁三位主像的身份当认真推敲。按玉清昭应宫道教神祇塑像和图像的排列，“圣祖下是紫微宫北极天皇大帝，天一、太一侍卫左右，部署是紫微垣众星神及二十八宿”⑦，那么三皇洞正壁的

---

① 参见前引载《民国重修大足县志》卷一〈山脈〉，转载于《大足石刻研究》第337页。

② 《大足石刻研究》，第340页。

③ 胡文和：《四川道教佛教石窟艺术》，第204—205页，四川人民出版社1994年10月版。

④ 杨逢时：《中国正统道藏大辞典》，第53页，台湾逸群图书有限公司1985年7月版。

⑤ 《道子墨宝》，应为宋人仿［唐］吴道子的笔法作的道画，无作者名，上海人民美术出版社1963年影印本。胡文和原撰《四川道教佛教石窟艺术》时，曾在本院图书馆中参阅过，但现在去向不明。

⑥ 据前引《宋会要辑稿补编》，第802页。

⑦ 据前引《宋会要辑稿补编》，第25页。

中像就似应重新定名为紫微北极天皇大帝，其左右两侧像的身份分别似应为“天一”“太一”。据前引《宋会要辑稿补编》中载“紫微夹殿奉天一、太一”。《宋史》卷49《天文志第二·紫微垣》中说“太一一星，在天一南，相近一度，亦天帝神也”①，两者相合。而后世的《三才图会》（紫微垣）条解说：“天乙一星，在紫宫门，逼閶阖门右星之南。天帝之神也，主战斗，知人吉凶者也。占明而有光，则阴阳和，万物成，人主吉。不然，反是。太乙一星，在天乙南相近，亦天帝神也。主使十六神，知风雨、水旱、兵革、饥馑、疾疫、灾害。所主之国也，占不明，或移徙，则有灾。星经云：天乙、太乙，二星主王即位。微，则废立不当，其人变色，则宗庙不享食已。”② 实际上是沿袭了宋代的文献释义。［北宋］张商英的《三才定位图》中记载的道教神灵系统，玉皇殿诸神之下即紫微垣众神③。所以，石门山三皇洞似有可能是将北极紫微天皇大帝、天一、太一神同时雕刻在正壁上。

该窟左壁上部雕刻有28位形象，按从内至外顺序：各像高50厘米。第1像为男性，戴束发冠，着团领宽袖袍，双手抱如意，端坐椅上（图17）。该形象造型与《三才定位图》中的圣祖赵玄朗颇有些相似。后者头戴莲花冠，冠前有“笔立”，面有三绺长须，身着交领道袍，盘腿坐在束腰方座上，双手执一柄如意。其头部上方题写：圣祖上灵九天司命保生天尊大帝（参考插图5）④。第2、3像为女性，凤冠霞帔，宝缯在颈后成环形，再从两侧垂地（图18）。第6—14像为女性，女真人形象，有发披脑后，着对襟宽袖长袍，捧笏而立。第15—28像为男性官员装束，头戴进贤冠、朝服、朝靴俱全，腹部有组条垂地，双手捧笏肃立（图19）。在第2—28像脚下，雕有一通排祥云。左壁下面3位头戴通天冠（图20—22）；另外2位，一头戴朝天幞头，一头戴直脚幞头，但都身着帝王服饰的形象，其身份似应是太微垣五帝，而在玉清昭应宫中，前三门楼的太微五帝都是塑像；或为五方五帝，前引《道子墨宝》第5、6、7、8、9、10幅五方五帝图像，第9、10幅中的形象即头戴直脚、朝天幞头。可惜三皇洞的右壁像已毁，原来壁上的造像应与左壁的对称。值得注意的是，现存左壁上层第15—28位，共14尊的形象造型和服饰都基本相似，右壁上原来也应有14尊造型基本相似的形象，合计28尊，似应为28宿。二十八宿之所以造型相似，那是因为宋徽宗宣和元年（1119）下诏“图写九星二十八宿朝元冠服颁行天下”，改变“九星二十八宿真形，有服牛乘马，操戈执戟者，有戎衣端坐，露顶跣足者，或裸袒其体，皆怪诞万状”的形象，而且“躬御丹青，图写九星二十八宿朝元冠服图”⑤。在山西芮城永乐宫《朝元图》壁画中，二十八宿分布在紫微、勾陈两大帝的前后。其造型是，冠饰基本相似，均着团领宽袖袍服，项下佩方心曲领，双手捧笏。各星宿的身份是各以冠饰额山上的一种动物象征表示。所以，三皇洞正壁、左右壁上、下层排列的道教神祇应该是出自宋代官方已经整合了的道教神灵系统。道典有《太上洞神三皇仪》《洞神三皇七十二君斋方忏》《太上洞神三皇传授仪》，其内容和列举的神祇，都与石门山第

---

① 据前引《宋史》第2册，第981—982页。

② ［明］王圻、王思义编集：《三才图会》，影印［明］万历刻本，上海古籍出版社1988年6月版。

③ 参见《正统道藏》第4册，第653页。

④ 墨图出自《正统道藏》第4册，第656页。

⑤ 参见前引［北宋］宋绶、宋敏求同编：《宋大诏令集》卷第136，第482页。

10 号窟无关[①]。由于没有更多的参照物比对，我们对三皇洞中诸神像身份的定位，尚待方家指正。

又，今石门山第 10 号窟三皇洞的名称始源于［清］大足邑人李型廉于乾隆乙未冬(1835) 撰著的《游石门山记》，李氏定名的根据不详，而后世未加辨识遂沿袭是错误的。因此，我们认为，石门山第 10 号窟不应再称名为“三皇洞”，应该恢复其原来在宋代的定名——圣府洞。

五、 结语

通过以上对大足宋代，主要是南宋时期的道教龛窟中图像，也包括第五卷《安岳石窟艺术》中已讨论了的宋代老君岩道教造像，与宋代道教神祇绘画造型、神祇的排位等，作比对研究，可以说是反映了北宋初期修建玉清昭应宫、天庆观时，对唐、宋道教神祇图像的整合，修订道教的“圣真位号”，深刻影响后世的实物见证。其次，永乐宫三清殿《朝元图》壁画各人物形象的线描造型，充分展现了中国绘画传统线描的高度成就，由唐代的周密、宋代的顿挫，发展到元代的这幅《朝元图》，变为雄健圆浑、沉稳有力，吸收了“吴带当风”的精神，用笔概括简练，遒劲流畅，并力求变化，顿挫中有节奏感。而大足道教龛窟中的人物形象造型，同样是以宋代绘画铁线描的技艺用雕刻刀法表现的，与永乐宫的线描造型比较，有异曲同工之妙。由于大足的宋代道教造像的粉本是源于宋代道画，据《宣和画谱》所载的很多代表作品早已绝传，遂使我们现在能据这些传世的雕刻图像对宋代道画技艺取得的高度成就管中窥豹。

插图 5　“三才定位图”中的赵玄朗墨图

（原载《大足学刊》第一辑，2016 年 11 月）

① 参见《正统道藏》第 30 册，第 673—679 页，同册第 680—683 页；第 55 册，153—160 页。

图1 大足舒成岩第5号玉皇大帝龛左壁宋太祖像

图2 大足舒成岩第5号玉皇大帝龛右壁宋太宗像

图3 大足南山三清古洞 南宋绍兴年间（1131—1162）

图4　大足南山三清古洞中心柱上龛左壁　北极紫微大帝

图5　大足南山三清古洞中心柱上龛右壁　勾陈天皇大帝

图6 大足南山三清古洞中心柱下龛左壁 玉皇大帝 后土皇祇

图7 大足南山三清古洞中心柱下龛右壁 东华木公 金母元君

图8　大足南山三清古典中心柱外东壁（左）　南极长生大帝（?）

图9　紫微北极大帝　山西芮城永乐宫《朝元图》

图10　勾陈天皇大帝　山西芮城永乐宫《朝元图》

图 11　玉皇大帝　山西芮城永乐宫《朝元图》

图 12　后土皇祇　山西芮城永乐宫《朝元图》

图 13　东华木公　山西芮城永乐宫《朝元图》

图 14　金母元君　山西芮城永乐宫《朝元图》

图15　大足石门山圣府洞（原名三皇洞）

图16　大足舒成岩第3号紫微大帝龛

图17　大足石门山圣府洞左壁上层第1位像　赵玄朗（?）

图18　大足石门山圣府洞左壁上层第2、3位女神祇像

图19　大足石门山圣府洞左壁上层第15—18位像　进贤冠　身着团领宽袖朝服双手捧笏（以下19—28位像造型与这5位基本相似）

图 20　大足石门山圣府洞左壁下层神祇像　第 2、3、4 位头戴通天冠
第 5 位头戴朝天幞头

图 21　圣府洞左壁下层第 3 位
神祇像头部特写

图 22　圣府洞左壁下层第 4 位
神祇像头部特写

历史名人遗泽

2016年岳飞纪念活动

第一部分：合肥市岳飞精神传承研究会成立

2016年3月20日上午，在岳飞诞辰913周年即将到来之际，合肥市岳飞精神传承研究会第一届会员大会暨成立大会成功召开。莅临会议的有合肥市政协秘书长袁文长，合肥市民政局党委委员、副局长曹晓红，安徽历史文化研究中心主任翁飞等，还有来自宜兴市、宿州市、凤台县的岳飞思想研究会代表。此次会议选举产生合肥市岳飞精神传承研究会理事会、监事会、领导机构，合肥市岳飞精神传承研究会会长岳辅金、合肥市政协秘书长袁文长分别致辞。在成立大会结束后，所有领导、嘉宾共同见证由岳飞思想研究会敬赠的“岳王宝鼎”揭幕仪式。此尊宝鼎采用青铜铸造，重999斤，由杭州岳王庙文保所所长沈立新先生设计。宝鼎正面刻有“岳王宝鼎”字样，背面刻有“扬天地正气，振民族精神”字样。据岳飞思想研究会会长岳朝军介绍，岳王宝鼎目前全国仅有9尊，这是第9尊，此尊宝鼎安坐“安徽岳飞思想文化交流中心”（展馆），有着“九九归一”的意味，意义重大。合肥市岳飞精神传承研究会的成立，对于用高视角、宽视线、广视野来考量和挖掘岳飞精神的当代价值，并将其实现价值最大化，无疑具有重大的现实意义和深远的历史意义。

第二部分：重庆举办纪念岳飞诞辰913周年春祭大典

2016年3月23日是岳飞诞辰913周年纪念日，来自社会各界人士、加拿大、韩国、日本和中国台湾地区的岳飞后裔代表及岳氏宗亲500多人汇聚重庆，参加由岳飞思想研究会主办的纪念民族英雄岳飞诞辰913周年暨关岳庙首届岳飞春祭祈福大典活动。在祭祀现场，重庆93岁的中国远征军老兵左继豪老先生带领500余名参会人员高唱岳飞《满江红》，岳飞思想研究会会长岳朝军先生在祭祀大典上颂读祭文，表达对民族英雄岳飞的缅怀与纪念。重庆市人民政府台湾事务办公室、重庆市渝中区统战部、重庆市渝中区台办、渝中区民宗委、岳飞思想研究会、重庆市岳飞文化交流协会敬献花篮，重庆市渝中区统战部副部长、区台办主任严甄明代表渝中区统战部致辞。来自韩国、日本及中国台湾地区宗亲代表，学者、嘉宾、岳研会副会长、各分会、各省市岳氏后裔代表依次虔诚上香，表达对岳飞的深切缅怀。岳飞思想研究会会长岳朝军介绍，今年的岳飞诞辰春祭大典选在重庆关岳庙举办，具有特殊的现实意义。因为重庆是一座英雄城市，关岳庙也是中华民族抵御外辱的见证地之一，也是海峡两岸岳飞精神文化交流的重要平台。岳朝军表示，此次活动是缅怀英雄岳飞的纪念活动，也是一次秉承“精忠报国，忠孝传家”的优良传统，弘扬中华优秀传统文化的爱国主义教育实践的活动。

第三部分：　台湾日月潭文武庙与江西九江县中华贤母园缔结友好景区

2016年4月7日，台湾日月潭文武庙与江西九江县中华贤母园缔结友好景区签约仪式，台湾日月潭文武庙董事长张德林，江西省台办副巡视员陈幸福，中共九江市委副书记占勇，吉林省军区原司令员岳惠来将军、天津警备区原参谋长岳久成将军，岳飞思想研究会会长岳朝军，岳飞思想研究会高级顾问刘建中，九江市旅发委主任张文丽，九江市台办主任周三连，中新社、新华网、人民网、《江西日报》、《九江日报》等媒体以及九江县委书记徐耀纯、县委副书记赵和平、县人大常委会主任罗会林、县政协主席李照培等人出席仪式。台湾日月潭文武庙董事长张德林在致辞中说，岳飞是中华历史上杰出的英雄。日月潭文武庙与中华贤母园缔结友好景区，就是为了让更多人了解我们的贤母文化、岳飞文化，让更多人感受到中华传统文化之美，让更多人参与到两岸文化交流活动中来。两岸文化同宗同源，开展文化交流合作，具有良好的基础和氛围。台湾文武庙与中华贤母园结为友好景区，希望传达传承中华文化、弘扬岳飞精神的文化认同。岳飞思想研究会会长岳朝军说，九江县是岳母姚太夫人的长眠之所，是岳飞的第二故乡。岳飞思想研究会将进一步加强与九江县的合作，共同提升贤母文化、岳飞文化的内涵和影响力。仪式结束后，台湾日月潭文武庙董事长张德林一行在岳飞思想研究会会长岳朝军、岳惠来、岳久成将军等陪同下前往九江岳母祠岳母墓祭拜伟大的中华贤母姚太夫人。4月8日台湾日月潭文武庙董事长张德林，岳飞思想研究会会长岳朝军，中华贤母园管理处主任梅秀伟一行拜访了东林寺方丈大安大和尚。会见中，大安法师对九江县中华贤母园与台湾日月潭文武庙缔结友好景区深表热烈祝贺，并详细地阐述了岳飞与东林寺的深厚因缘，高度评价了岳飞作为一代英雄精忠报国所具有的浩然正气。台湾日月潭文武庙与江西九江县中华贤母园缔结友好景区，这是岳飞思想研究会继2012年促成台湾日月潭文武庙与浙江杭州岳王庙、河南汤阴岳飞庙、2015年与重庆关岳庙缔结友好兄弟庙宇后，2016年推动促成的又一项两岸重大文化交流成果。

第四部分：　赤峰岳飞思想研究会成立

2016年7月29日，赤峰岳飞思想研究会成立庆典大会在赤峰市金尊宾馆隆重召开。来自海内外的岳飞后裔代表、岳飞思想研究会及各地分会负责人代表、社会各界爱国友人、宋史研究专家学者，地方领导及嘉宾共100多人出席成立庆典大会。赤峰岳飞思想研究会会长岳国军说：举国上下，社会主义核心价值观深入人心，书香社会，中华优秀传统文化落地生根。岳飞是我国历史上的英雄代表，传承岳飞思想文化，以爱国、孝道为切入点，让核心价值观落实、落地，是赤峰岳飞思想研究会的一片初衷。会上，赤峰市岳飞思想研究会副会长岳向军向大家通报了赤峰岳研会前期的筹备情况。赤峰市有关部门领导宣读了关于赤峰岳飞思想研究会批复文件。会上，岳飞思想研究会会长岳朝军说：赤峰岳飞思想研究会的成立，为进一步弘扬岳飞的爱国主义精神、更好地研究岳飞的历史、弘扬了社会正能量，搭建了一个重要平台。中国宋史研究会副会长兼秘书长姜锡东教授在祝词中说道：河北大学宋史研究中心，是教育部的重点研究基地，研究岳飞，是宋史研究的一个重要组成部分，希望我们以后加强与岳飞思想研究会的交流与合作。在中国的历史上，特别是在国家危难时刻，岳飞是“精忠报国”的一面旗帜、一个代表。不仅在中国，就是在全世界，岳飞也是全人类爱好和平的正义力量的突出代表！正义是不可战胜的。

（供稿：全国岳飞思想研究会）

第六届中国范仲淹国际学术大会

第六届中国范仲淹国际学术大会于2016年10月15日在岳阳市举行。本次大会由中国范仲淹研究会、中共岳阳市委宣传部和北京大学历史文化研究所联合举办。全国政协委员、海军中将范印华，中国范仲淹研究会会长、北京大学教授范国强，新加坡国立大学中文系主任、教授陈荣照，美国纽约州立大学李弘祺教授，日本学习院大学教授王瑞来，中共岳阳市委常委、宣传部长马娜出席开幕式并致辞，来自海内外的300多位学者、专家和媒体代表参加了学术大会。中国范仲淹研究会副会长范崇嬿主持开幕式。

国际学术大会组委会主席、中国范仲淹研究会会长范国强教授在开幕辞中介绍，970年前的今天，范仲淹写下千古名篇《岳阳楼记》，在《岳阳楼记》中所倡导的“先天下之忧而忧，后天下之乐而乐”思想情操，千百年来激励着无数仁人志士为祖国、为人民奋斗不息，已成为中华民族宝贵的文化财富与思想瑰宝。今天，来自中国和世界各地的专家、学者相聚在举世闻名的洞庭湖畔、岳阳楼下，隆重纪念范仲淹《岳阳楼记》诞生970周年，隆重举行第六届中国范仲淹国际学术大会，重读不朽名篇《岳阳楼记》，纵论“忧患意识与担当精神”，这是中国学术界和国际学术界的一次盛会。本届国标学术大会的主题是“《岳阳楼记》的历史与现实意义”。

范印华将军在讲话中指出，北宋著名思想家范仲淹的《岳阳楼记》，不仅仅是一篇中国古代散文的巅峰之作，而是一篇包含着巨大思想内涵的新儒学美文。“不以物喜，不以己悲”“居庙堂之高则忧其民，处江湖之远忧其君”“先天下之忧而忧，后天下之乐而乐”是范仲淹新儒学思想的核心内涵。

范仲淹在北宋倡导的新儒学以及在此基础上发展起来的宋明理学，对中华文明产生了深刻影响，是中国传统文化的重要组成部分。新儒学思想同中华民族形成和发展过程中所产生的其他思想文化一道，记载了中华民族自古以来在建设家园的奋斗中开展的精神活动、进行的理性思维、创造的文化成果，反映了中华民族的精神追求，是中华民族生生不息、发展壮大的重要滋养。中华文明，不仅对中国发展产生了深刻影响，而且对人类文明进步作出了重大贡献。

日本学习院大学王瑞来教授在致辞中讲：在我的历史研究生涯中，对一个历史人物孜孜不倦、锲而不舍地研究了30年的，只有范仲淹。为什么我会如此关注范仲淹？众所周知，在中国，称得上圣人的，只有孔子和孟子。但我认为，范仲淹则是继孔孟之后的又一位圣人。历来多为研究者所瞩目的，是范仲淹主持庆历新政，防御西夏这些政治、军事的建树与事功。然而，我觉得除此之外，范仲淹研究还有更多的领域有待扩展。北宋太宗朝开科取士蔚成规模，真宗朝制度建设底定，澶渊之盟的缔结带来和平环境，在士大夫政治的大环境下，范仲淹引导了宋朝的精神建设。在我看来，这是范仲淹最具时代意义的一个方面。这其中包括提携“宋初三先生”胡瑗、孙复、石介和张载、李觏，促进了理学的创立与发展；还有包括站在高位对北宋古文运动的亲身参与与推动，同时与欧阳修等人一起对五代以来士风的道德清理。对此，理学集大成者朱熹一语中的地指出：“本朝忠义之风，却是自范文正作成起来也。”范仲淹代表着一个时代，在他身上隐含有解码时代的要素。

大会主席范国强教授介绍：本届国际学术大会汇聚了范仲淹研究领域的最新学术成果，大会设一个主会场、五个分会场，在两天的议程中，将有100余篇高质量的研究论文在大会上宣读交流，朱瑞熙、张希清、李弘祺、李裕民、杨国宜、卢荻等二十余位国内外知名专家、学者参与点评。

大会宣读了第三届中国范仲淹国际学术评比“优秀论文、专著奖”名单：北京大学教授张希清先生论文《“以天下为己任”——范仲淹为官之道研究》；安徽师范大学教授杨国宜先生论文《略论范仲淹反腐败》；美国纽约州立大学教授李弘祺先生论文《范仲淹与北宋书院制度》；四川师范大学教授毛丽娅女士论文《试论范仲淹赋体现的民本思想》；商丘师范学院教授郭文佳先生论文《范仲淹与应天书院》；安徽省蚌埠市人大常委会李丛昕先生论文《范词〈剔银灯·与欧阳公席上分题〉考析》；河南省宁陵县史志办副主任马学庆先生论文《范仲淹〈上执政书〉内涵及价值考析》；甘肃省庆阳市政协特约文史撰稿人慕甲騉先生论文《范仲淹的民族融合思想与实践》；新加坡国立大学教授陈荣照先生专著《范仲淹研究》；中国人民大学教授诸葛忆兵先生专著《范仲淹传》；河南范仲淹研究会杨德堂先生编著《范仲淹研究丛书》；庆阳市范仲淹研究会刘文戈、马啸先生编著《范仲淹与庆阳论文集》；湖南学者季铁峥先生专著《吾谁与归——范仲淹与滕子京的生死情》。

这是一次学术研究的盛会，也是一次学习弘扬中华优秀传统文化的盛会，必将对社会主义核心价值观的树立，对思想理论和文明建设起积极的推动作用。

（供稿：中国范仲淹研究会）

2016年廊坊市首届杨家将文化旅游节

2016年6月3日至5日，廊坊市杨家将文化研究会联合廊坊市广文广新局、廊坊市旅游局、廊坊市广阳区人民政府，举办了廊坊市首届杨家将文化旅游节，活动具体由中共广阳区委宣传部、廊坊市广阳区文化体育局组织，广阳区北旺乡人民政府、廊坊孔雀海房地产开发有限公司协办。

此次盛会是廊坊市杨家将文化研究第一阶段的重要成果展示：2013年北旺乡许各庄村杨家后人首次祭祖，经媒体报道后，廊坊市杨家将文化研究步入正轨。2014年4月，经过紧张筹备，廊坊市杨家将文化研究会成立，成为继陕西神木县杨家将文化研究会之后，国内第二家正式注册成立的杨家将文化研究团体。2014年10月，通过遗址访问、史料整理、全国宗亲联络沟通，廊坊杨家将文化研究会编辑印行了第一期会刊《杨家将文化研究》。2015年，通过进一步工作，确定了廊坊市杨家将文化研究五大方向：杨业（令公）埋骨廊坊市香河县五百户镇后土门楼村；杨延昭（六郎）主持秘密修建廊坊市永清县至保定市雄县的宋辽地下古栈道，目前为国家级文保单位；杨延昭（六郎）驻守“三关”长达16年，其中淤口、益津两关位于廊坊所属霸州市；廊坊及其周边地区上千的村镇因宋辽战争、杨家将文化得名；明朝瀛西杨家将后裔在京津廊地区建功立业。根据这样的文化背景，廊坊市首届杨家将文化旅游节安排了十大活动：杨家将文化旅游节开幕式，杨家将历史人物群雕揭幕，杨家将历史文物简板展，明朝瀛西杨家将文物展，“杨家将题材”书画展，杨家将武术展演，《杨端嫡传族谱》国内宗亲发布会，廊坊杨家将文化论坛，民间大戏台“说唱杨家将”，廊坊市杨家将文化遗址（香河县后土门楼村、霸州市益津关）参观。

文化旅游节组委会邀请中国宋史研究会（河北大学）、中国社会科学院宋辽史专家参会，邀请国内宗亲代表、热衷于历史文化的公益企业家参加盛会，游客人次高达数万。此次活动的成功举办，使国内杨家将宗亲、宋辽历史专家学者了解了廊坊杨家将文化的丰厚，在当地起到了广泛而深刻的宣传推介作用。基于五大研究方向，廊坊市在全国形成了杨家将文化研究高地，廊坊市把杨家将文化列为城市重要历史文化遗存；廊坊杨家将文化研究会归纳总结的杨家将文化精神——“保家卫国、忠贞大义、清白传家”，被列为廊坊市民精神的重要组成部分。活动结束后，廊坊杨家将文化研究会编辑印行了第二期会刊——《廊坊市首届杨家将文化旅游节专刊》，并绘制了“廊坊区域杨家将文化分布图”，杨家将在廊坊地区的遗址、传说、区域分布一目了然。

凭着廊坊市首届杨家将文化旅游节巨大的影响力，廊坊杨家将文化研究会提出打造“由北而南纵贯廊坊全境的杨家将旅游文化产业带”的发展构想，并开始与香河县联系，在后土门楼村联合打造全球杨家将后裔祭祖、文化交流基地——杨令公广场，作为该旅游文化产业带的龙头，使杨家将文化这一中华民族精神文明精髓得以与时俱进、落地开花。

（供稿：庞永力）

神木杨家将文化研究会
2016 年大事记

3 月 7 日，中华杨氏联谊总会陕西分会顾问杨浩民，副会长兼秘书长杨勇一行三人，来杨家将文化研究会调研并考察杨家城，旨在汇集力量，推动杨家将文化研究，共建全球杨家将文化研究的学术高地。

4 月 5 日（清明节），第五届民间公祭杨家将活动在杨家城举行。百余骑车或步行者结集杨家城参加公祭仪式。

4 月 14 日，陕西省作家协会副主席，榆林市政府挂职副秘书长冷梦考察杨家城。

4 月 15—17 日，杨家将文化研究会乔振明、马安亮等领导参加陕西华阴、潼关举行的“四知”文化节暨全球杨氏祭祖大典。

4 月 17 日，陕西师范大学体育学院教授周勇、朱丽萍一行，调研神木文化旅游及武术文化开展情况。调研组认为神木是杨家将文化的发源地，弘扬杨家将武术文化，传承杨家将尚武精神，打造杨家将旅游品牌，神木具有得天独厚的条件。

5 月初，共青团神木团县委、神木县文旅集团联合开展了“读杨家将故事，编杨家将歌谣”征文活动。征收到 230 件作品，评出一、二、三等奖 9 件，精选 64 件编辑出版了《杨家将歌谣》一书。

5 月 14 日，神木县杨家将武术队参加榆林市首届武术交流大赛载誉而归。在陈式拳、罗汉拳、武术器械等项目中，许永昌等参赛者捧回奖牌、奖状 17 块（张）。

5 月 25 日，著名学者余秋雨在杨家城调研考察，并于 26 日在会议中心作了报告。

6 月 4—6 日，杨研会一行 8 人，应邀参加廊坊市首届杨家将文化旅游节，会长杨清和代表杨家将文化研究会致辞，与会期间考察了古栈道、益津关和古北口杨业庙。

6 月 16—18 日，杨家将文化研究会与县文旅集团在神木举办杨家将武术交流表演。河北唐山市武术协会常务副会长、国际武道联盟传统武术黑道七段、六合门杨延昭武术传人李文静大师，唐山市武术协会秘书长杨晓光，六合门武术教练刘海山、刘东、大柳塔武术协会杨虎强等参加表演。

6 月 21 日，省“长城沿线旅游廊道”评选组，在市县有关部门领导的陪同下，调研考察杨家将故里杨家城。

7 月 10 日，由神木县文旅集团、团县委主办，陕北民俗大观园承办的“杨家将文武双修夏令营”在神木县陕北民俗大观园开营。

8 月 2 日，国家文化部文化传媒集团运营总监、国家文化产业规划设计研究院院长、国家文化市场调查评估中心主任邢晨声教授一行 8 人考察杨家城。

11 月 2 日，陕西师范大学体育学院党委书记、院长史兵等一行考察杨家城，调研杨家将武术文化开发研究课题。

11 月 14 日，中南大学文学院教授欧阳友权考察杨家城，并与驻会人员就杨家将文化深入研究进行了座谈交流。

11 月 23 日，中共神木县委常委、宣传部长雷晴初，县政府副县长汪洋在杨家将文化研究会调研。

11 月 29 日，副会长折和平应邀在榆林职业技术学院神木校区作《杨家将名满天下根在神木》专题报告。

（供稿：神木县杨家将文化研究会）

附　　录

2016年宋史论著目录

壹　专著

一　综论

从陈桥到厓山　虞云国著　九州岛出版社　2016年9月
大宋王朝　颜廷瑞著　长江文艺出版社　2016年11月
葛金芳教授七十寿庆文集　曾育荣主编　中山大学出版社　2016年1月
南宋王朝　黄少、刘冠均著　安徽文艺出版社　2016年6月
宋朝果然很有料（第二、三卷）　张晓珉著　工人出版社　2016年1月
宋辽金元史讲稿　柴德赓著　商务印书馆　2016年9月
宋史会议论文集2014　邓小南、范立舟主编　中国社会科学出版社　2016年7月
宋史研究论丛（第十八辑）　姜锡东主编　河北大学出版社　2016年9月
宋史研究论丛（第十九辑）　姜锡东主编　河北大学出版社　2016年12月
唐宋历史评论（第二辑）　包伟民、刘后滨主编　社会科学文献出版社　2016年6月
研宋三集　蔡崇禧、邹陈惠仪、梁思乐著　香港研宋学会　2016年6月
一看就懂大宋史　程晓南著　中国法制出版社　2016年9月
易中天中华史第十七卷：大宋革新　易中天著　浙江文艺出版社　2016年8月
原来你是这样的宋朝　吴钩著　长江文艺出版社　2016年9月
这才是北宋史　余耀华著　中国书籍出版社　2016年6月

二　政治与官制

北宋的外戚与政治　黄纯怡著　万卷楼出版社　2016年3月
礼遇与知止：宋代闲散与不适任官员　林煌达著　新学林出版社　2016年9月
两宋君主论研究　申慧青著　人民出版社　2016年12月
两宋宗室研究——以制度考察为中心　何兆泉著　上海古籍出版社　2016年3月
南宋初期政治史研究　［日］寺地遵著　复旦大学出版社　2016年4月
宋代吏部尚书研究　惠鹏飞著　河南人民出版社　2016年8月
宋真宗的朝野　张晓林著　现代出版社　2016年11月
唐宋天文星占与帝王政治　赵贞　北京大学出版社　2016年4月
唐宋时期地方政治制度变迁史　贾玉英著　人民出版社　2016年8月
周必大的历史世界：南宋高、孝、光、宁四朝士关系之研究　许浩然著　凤凰出版社　2016年10月

三　军事

北宋武将研究续编　何冠环著　花木兰文化出版社　2016年9月
岳家军研究　史泠歌著　河北大学出版社　2016年8月
中国战争史（第五卷）五代十国时期—宋朝（北宋. 南宋）时期　武国卿著　人民出版社　2016年

1月

四 法律

宋代法律文明研究　王晓龙、郭东旭著　人民出版社　2016年1月

宋代老年人法律保护研究　石璠著　花木兰文化出版社　2016年9月

宋代买卖契约的法律效力问题研究　高玉玲著　安徽师范大学出版社　2016年4月

宋代民族法制相关问题研究　陈武强著　中国社会科学出版社　2016年1月

宋例研究　李云龙著　花木兰文化出版社　2016年9月

学校、法律、地方社会——宋元的学产纠纷与争讼　李如钧著　台大出版中心　2016年11月

五 民族关系

宋朝遣辽使臣群体研究　王慧杰著　社会科学文献出版社　2016年5月

六 中外关系

宋日贸易研究——以在日宋商为中心　赵莹波著　花木兰文化出版社　2016年9月

唐宋元东亚关系研究　赵莹波著　上海社会科学院出版社　2016年6月

七 社会

朝堂之外：北宋东京士人交游　梁建国著　中国社会科学出版社　2016年7月

南宋都城钩沉　裘本培著　浙江大学出版社　2016年5月

陕北历史文化暨宋代府州折家将历史文化学术研讨会论文集　折武彦、高建国主编　陕西人民出版社　2016年12月

宋朝短信　宋燕著　作家出版社　2016年11月

宋代东南寺院修造与碑记书写的时代变迁——以温州寺碑记为中心的考察　吴铮强　第四届海峡两岸"宋代社会文化"学术研讨会论文集　中国文化大学华冈出版部　2016年7月

宋代长江中游的环境与社会研究：以水利、民间信仰、族群为中心　陈曦著　科学出版社　2016年1月

行万里路：宋代的旅行与文化　沈荣华著　浙江大学出版社　2016年2月

一起去看宋朝的活色生香　陈华胜著　新世界出版社　2016年9月

八 经济

两宋货币史（上、下）　汪圣铎著　社会科学文献出版社　2016年3月

宋代消费史　何辉著　九州岛出版社　2016年6月

中华茶史（宋辽金元卷）　沈冬梅、黄纯艳、孙洪升著　陕西师范大学出版社　2016年9月

九 教育

宋代历史教育研究　吴桂翎著　人民出版社　2016年6月

十 科学技术

南宋医药发展研究　朱德明著　人民出版社　2016年11月

南宋官窑　叶国珍著　西泠印社　2016年11月

《〈仁斋直指方论〉比对与新用》（第二辑）　卢祥之、余瀛鳌著　贵州科技出版社　2016年3月

宋代气象灾害史料（诗卷）　赵超著　科学出版社　2016年11月

宋代五大名窑科学技术国际学术讨论会论文集　史宁昌、苗建民著　科学出版社　2016年10月

十一　学术思想

北宋礼学研究　刘丰著　中国社会科学出版社　2016 年 4 月
二程经学思想研究　姜海军　北京师范大学出版社　2016 年 3 月
北宋五子心性论与佛教心性论关系研究　耿静波著　中国社会科学出版社　2016 年 3 月
南宋史事易学研究　续晓琼著　人民出版社　2016 年 10 月
宋代理学三书随札　钱穆著　生活・读书・新知三联书店　2016 年 7 月
宋学讲习概论　吕变庭、张婷著　科学出版社　2016 年 6 月
新宋学（第五辑）　王水照主编　复旦大学出版社　2016 年 8 月
朱熹及其后学的历史学考察　陈支平　商务印书馆　2016 年 11 月

十二　宗教

变迁之神：南宋时期的民间信仰　［美］韩森著　包伟民译　中西书局　2016 年 6 月
道教图像、考古与仪式　宋代道教的演变与特色　黎志添编著　香港中文大学　2016 年 12 月

十三　史学

历史的严妆——解读道学阴影下的南宋史学　［美］蔡涵墨著　中华书局　2016 年 4 月

十四　历史地理

汴京之中国历史影响研究史　惠鹏飞著　河南人民出版社　2016 年 6 月
生态环境变迁与社会嬗变互动——以夏代至北宋时期黄河中下游地区为中心　王星光、张强、尚群昌著　人民出版社　2016 年 9 月
宋代福建庙学的历史地理学分析　田志馥著　经济管理出版社　2016 年 11 月
图说南宋杭州地名故事　傅伯星著　西泠印社　2016 年 7 月
《中国历史地图集》南宋元时期西北边疆图地理考释　邓锐龄著　中国藏学出版社　2016 年 8 月

十五　语言文字

彩图详解三字经百家姓千字文　（宋）王应麟等撰　吉林文史出版社　2016 年 10 月
宋代动结式的及物性研究　王丹霞著　北京语言大学出版社　2016 年 6 月
宋代韵书史研究——系韵书源流考　李子君著　社会科学文献出版社　2016 年 8 月

十六　文学

白话容斋随笔精选　（宋）洪迈撰　中国华侨出版社　2016 年 1 月
北宋仁宗词坛研究　魏玮著　知识产权出版社　2016 年 6 月
北宋诗学与书画艺术的交融历程　史月梅著　郑州大学出版社　2016 年 12 月
曾是惊鸿照影来　陆游全词　（宋）陆游撰　吴松林注　敦煌文艺出版社　2016 年 4 月
贯通与驾驭：宋代文体学述论　谷曙光著　人民文学出版社　2016 年 5 月
豪放词　（宋）苏轼　万卷出版公司　2016 年 3 月
花千树：宋词是一朵情花　李会诗著　中国人民大学出版社　2016 年 6 月
淮南皓月冷千山：南宋后期词　顾易生、徐培均、袁震宇主编　黄山书社　2016 年 12 月
稼轩长短句　（宋）辛弃疾撰，（明）李濂评　北京联合出版公司　2016 年 4 月
迦陵讲演集（全 7 册）　叶嘉莹著　北京大学出版社　2016 年 5 月
江河交汇润州城——北宋文人荟萃录　刘建国著　江苏大学出版社　2016 年 2 月

南宋杂事诗（全2册）（清）厉鹗撰　浙江人民美术出版社　2016年1月
宋诗史释　曾祥波著　中国社会科学出版社　2016年8月
宋代杜诗学史　魏景波著　中国社会科学出版社　2016年9月
宋代两京都市文化与文学　刘方著　中国社会科学出版社　2016年7月
宋代集句词评注（诗书教育系列）　张福清著　暨南大学出版社　2016年8月
宋代律赋与科举——一种文学体式的制度浮沉　许瑶丽著　人民出版社　2016年12月
宋代生态诗学研究　曹瑞娟著　中国社会科学出版社　2016年8月
宋代诗学视域下的桃花源主题　杨宏著　中国社会科学出版社　2016年9月
宋代文学思想史　张毅著　中华书局　2016年3月
宋代文章学　马茂军著　社会科学文献出版社　2016年2月
宋词背后的秘密　林玉玫著　北京联合出版公司　2016年1月
唐宋记体散文研究　赵燕著　浙江大学出版社　2016年11月
陶文鹏说宋诗　陶文鹏著　中华书局　2016年11月
万丈风尘，写我沧桑：豪放词人传　周蕾著　哈尔滨出版社　2016年3月
《文则》　文章精义　李性学著　人民文学出版社　2016年12月
萧索时代的激情壮怀——南宋著名文学家作品与情感　李升泉著　中国人民解放军国防大学出版社　2016年11月
昨夜西风凋碧树：北宋早期词　顾易生、徐培均、袁震宇著　黄山书社　2016年12月

十七　文化艺术

摆一桌绝妙的宋朝茶席　李开周著　时报出版　2016年8月
彬彬衣风馨千秋——宋代汉族服饰研究　张蓓蓓著　北京大学出版社　2016年4月
禅意东方　居住空间13——宋代美学　黄滢、马勇著　华中科技大学出版社　2016年9月
美的焦虑：北宋士大夫的审美思想与追求（海外汉学丛书）　［美］艾朗诺著　上海古籍出版社　2016年1月
历代名家册页：宋代人物　本书编委会主编　浙江人民美术出版社　2016年6月
历代名家尺牍精选系列（宋代卷）　陈钝之主编　天津人民美术出版社　2016年12月
礼乐的风景：城市文明演变下的宋代公共园林　毛华松著　中国建筑工业出版社　2016年3月
米芾书法集（精装全两册）　（宋）米芾撰　汕头大学出版社　2016年5月
南宋院画录　（清）厉鹗撰　浙江人民美术出版社　2016年1月
青铜器与宋代文化史　陈芳妹著　台湾大学出版中心　2016年5月
奢华之色——宋元明金银器研究　扬之水著　中华书局　2016年6月
宋朝故事　书法菩提　张晓林著　现代出版社　2016年11月
历代名家册页：宋代花鸟　本书编委会主编　浙江人民美术出版社　2016年6月
宋画大系（3卷）　金墨主编　中信出版社　2016年4月
宋人画册　郑振铎主编　浙江人民美术出版社　2016年6月
宋代心画书学观念研究　杨开飞著　中国社会科学出版社　2016年11月
宋代文化研究（第二十二辑）　四川大学古籍整理研究所、四川大学宋代文化研究中心、四川大学出版社　2016年7月
宋代音乐研究文论集（11卷本）　洛秦主编　上海音乐学院出版社　2016年10月
王诜《烟江叠嶂图》研究　张荣国著　上海人民出版社　2016年8月
艺术公开课：宋画三讲　曾孜荣著　中信出版社　2016年12月
优游之道——宋代士大夫休闲文化及其意蕴　赵玉强著　上海古籍出版社　2016年12月
知不足斋钞校本南宋院画录（外一种）　（清）厉鹗撰　中华书局　2016年8月

中国历代画论大观——第二编——宋代画论（一）（二）　俞剑华著　江苏美术出版社　2016 年 9 月
中国历代书法理论评注（宋代卷）　杨成寅著　杭州出版社　2016 年 12 月
中华图像文化史——宋代卷（上、下）　邵晓峰著　中国摄影出版社　2016 年 6 月

十八　文献

彩图全解　资治通鉴　（宋）司马光撰　思履主编　中国华侨出版社　2016 年 10 月
崇贤馆藏书　中国历代文选：南宋文选　杨庆存、张玉璞编撰　北京联合出版公司　2016 年 5 月
道命录　（宋）李心传撰　上海古籍出版社　2016 年 12 月
东坡志林（精装典藏本）　（宋）苏轼撰　万卷出版社　2016 年 6 月
古史　（宋）苏辙撰　舒大刚、舒星、尤潇潇校点　四川大学出版社　2016 年 10 月
嘉定赤城志（全二册）　（宋）齐硕修（宋）陈耆卿纂　上海古籍出版社　2016 年 10 月
建炎以来系年要录（全四册）　（宋）李心传撰　中华书局　2016 年 5 月
静嘉堂秘籍志（上中下）　［日］河田罴编　上海古籍出版社　2016 年 12 月
愧郯录　（宋）岳珂撰　朗润校　中华书局　2016 年 1 月
梦溪笔谈　（宋）沈括撰　郭丽娜编译　魏文彪主编　江苏科学技术出版社　2016 年 11 月
梦溪笔谈全鉴　（宋）沈括撰　中国纺织出版社　2016 年 11 月
南华真经循本（中国思想史资料丛刊）　（宋）罗勉道撰　中华书局　2016 年 3 月
女科百问　（宋）齐仲甫撰　中国医药科技出版社　2016 年 4 月
片玉词　（宋）周邦彦撰　广陵书社　2016 年 1 月
秦观词　（宋）秦观撰　杨圆媛注　中州古籍出版社　2016 年 1 月
容斋随笔　（宋）洪迈撰　线装书局　2016 年 5 月
容斋随笔　（宋）洪迈撰　线装书局　2016 年 8 月
容斋随笔全鉴　（宋）洪迈撰　蔡践解译　中国纺织出版社　2016 年 2 月
诗集传　（宋）朱熹撰　北京联合出版公司　2016 年 4 月
史浩集（上、中、下）　（宋）史浩撰　浙江古籍出版社　2016 年 8 月
宋代历史文献研究　宋史研究丛书（第四辑）　汪圣铎著　河北大学出版社　2016 年 12 月
宋代墓志辑释（精）　郭茂育、刘继保著　中州古籍出版社　2016 年 2 月
《宋史》宰辅列传补正　刘云军著　河北大学出版社　2016 年 10 月
宋史全文（全 9 册）　汪圣铎点校　中华书局　2016 年 1 月
宋史翼　（清）陆心源撰　浙江古籍出版社　2016 年 1 月
通鉴纪事本末（全 12 册）（宋）袁枢撰　中华书局　2016 年 5 月
文彦博集校注（上下）　（宋）文彦博撰　申利校注　中华书局　2016 年 2 月
线装中华国粹　梦溪笔谈　（宋）沈括撰　二十一世纪出版集团　2016 年 10 月
线装中华国粹系列　容斋随笔　（宋）洪迈撰　二十一世纪出版集团　2016 年 10 月
辛弃疾集编年笺注　（宋）辛弃疾撰　辛更儒笺注　中华书局　2016 年 5 月
镡津文集　（宋）契嵩撰　钟东、江晖点校　上海古籍出版社　2016 年 9 月
新五代史　（宋）欧阳修撰　中华书局　2016 年 6 月
徐铉集校注　李振中著　中华书局　2016 年 10 月
艺文丛刊：蔬食谱　山家清供　食宪鸿秘　（宋）陈达叟等撰　韩雅慧点校　浙江人民美术出版社　2016 年 10 月
影印南宋官版尚书正义　（唐）孔颖达撰　北京大学出版社　2016 年 1 月
玉海　（宋）王应麟撰　广陵书社　2016 年 6 月
张孝祥集编年校注　（宋）张孝祥撰　辛更儒校注　中华书局　2016 年 10 月
中国藏黑水城汉文献的整理与研究（上中下）　孙继民著　中国社会科学出版社　2016 年 10 月

周官新义　（宋）王安石撰　杨小召校　四川大学出版社　2016 年 1 月

十九　考古与文物

泸县宋代墓葬石刻艺术　肖卫东等著　四川民族出版社　2016 年 3 月
南宋都城临安研究——以考古为中心（全 2 册）　杜正贤著　上海古籍出版社　2016 年 12 月

二十　人物

北宋四大家李成、范宽、郭熙、崔白——中国好丹青　李成著　四川美术出版社　2016 年 11 月
北宋政治改革家王安石　邓广铭著　北京出版社　2016 年 3 月
不倾城・不倾国・只倾我所有——宋代才子词传　吴韵汐著　哈尔滨出版社　2016 年 3 月
程应镠先生编年事辑　虞云国著　上海人民出版社　2016 年 11 月
从《剑南诗稿》论陆游的饮食生活　汪育正　花木兰文化出版社　2016 年 9 月
大宋真天子——一代仁君赵匡胤　王立新著　北京大学出版社　2016 年 4 月
大宋帝国三百年：真宗赵恒（第三卷・上下册）　金纲著　江苏文艺出版社　2016 年 4 月
砥柱中流：韩世忠传　吴启雷著　上海交通大学出版社　2016 年 11 月
红袖添香夜读书——北宋文人往事　李强著　人民文学出版社　2016 年 6 月
欧阳修的饮茶生活　蔡佩珈著　花木兰出版社　2016 年 9 月
匣中剑——南宋名臣张孝祥　沈光金著　安徽文艺出版社　2016 年 9 月

贰　期刊论文

一　综论

告诉你一个真实的两宋王朝　虞云国　解放日报　2016 年 2 月 11 日第 7 版
浅析宋代文化在中国历史中的地位　刘川　决策探索（下半月）　2016 年第 10 期
宋代文化的辉煌与博大　张希春、张怀胜　才智　2016 年第 25 期
宋朝如何从陈桥走向厓山　虞云国　中华读书报　2016 年 9 月 21 日第 10 版
宋朝文化的底蕴与发展　任红宾、张怀胜　才智　2016 年第 28 期
我们应当如何看待宋朝　虞云国　同舟共进　2016 年第 4 期

二　政治与官制

包拯嘉祐三年新任差遣释证——兼谈仁宗至神宗时期台谏职能之变化　曹家齐　文史　2016 年第 3 期
“杯酒释兵权”本质：宋太祖赵匡胤“以腐败换兵权”　丁守卫　决策探索（上半月）　2016 年第 6 期
北宋九域图志所考　桂始馨　中国地方志　2016 年第 2 期
北宋甄选政治精英有何借鉴　李之亮　领导文萃　2016 年第 5 期
北宋甄选政治精英有何借鉴　李之亮　人才资源开发　2016 年第 9 期
北宋甄选政治精英有何借鉴　李之亮　党政视野　2016 年第 2 期
北宋府州折氏的忠诚与世袭制　姜锡东　社会科学战线　2016 年第 10 期
北宋精致的分权制衡　赵冬梅　领导文萃　2016 年第 8 期
北宋灭亡与宦官——驳北宋无“阉祸”论　汪圣铎　铜仁学院学报　2016 年第 1 期
北宋时期转对制度补考　任石　史学集刊　2016 年第 5 期
北宋太常礼院及礼仪院探究　张志云、汤勤福　求是学刊　2016 年第 3 期
北宋熙宁四年东明县民上访事件与变法君臣的危机处置　黄敏捷　史学月刊　2016 年第 7 期
北宋元丰改制“重塑”尚书省的过程　古丽巍　中国史研究　2015 年第 2 期

北宋元丰以前日常朝参制度考略 任石 文史 2016年第3期
北宋党争中的温情——君子政治与胸怀 王英 边疆经济与文化 2016年第1期
北宋的“两件革新大事” 张圣 中国会计报 2016年2月26日第12版
北宋的变法和党争——历史教学感悟 王艳文 中国校外教育 2016年第10期
北宋的奢靡之风及其治理 何欣峰 河南师范大学学报（哲学社会科学版） 2016年第1期
北宋三京留守司御史台考论 张吉寅 首都师范大学学报（社会科学版） 2016年第6期
北宋定都开封原因初探 李龙 赤峰学院学报（汉文哲学社会科学版） 2016年第6期
北宋官员休假制度述论 赵伶伶 牡丹江大学学报 2016年第2期
北宋翰林医官院（局）的官制与沿革 徐桁 新西部（理论版） 2016年第20期
北宋后期状元释褐职任考 周腊生 湖北职业技术学院学报 2016年第3期
北宋皇位继承的地理术数“观察”与“预言” 潘晟 中华文史论丛 2016年第4期
北宋京朝官“磨勘法”形成述论 张亦冰 中华文史论丛 2016年第4期
变革下的日常：北宋熙宁时期的理政之道 古丽巍 文史 2016年第3期
“不畏浮云遮望眼、只缘身在最高层”——王安石逝世930周年再谈“王安石变法” 姜锡东 光明日报 2016年8月24日第14版
蔡元定谪贬道州原因探析 顾宏义 河北大学学报（哲学社会科学版） 2016年第4期
曹勋与“太祖誓约”的传说 蔡涵墨、陈元 中国史研究 2016年第4期
从《孤桐》看“王安石变法” 罗臻庆 文史杂志 2016年第3期
从《桂海虞衡志》看范成大治桂 张翠方 广西师范大学学报（哲学社会科学版） 2016年第3期
从历史中可以学到什么：王安石变法的启示 宋丙涛 政治经济学评论 2016年第5期
从内部控制角度看宋代职官制度对当代企业的启示 叶伟 中小企业管理与科技（上旬刊） 2016年第9期
从濮议看北宋英宗时期的文人之争 王旭、刘莹 兰州教育学院学报 2016年第10期
从仁宗朝台谏弹劾看北宋的官场舆论 徐红 上海师范大学学报（哲学社会科学版） 2016年第5期
从士大夫朋党斗争浅析北宋政治 高竞秋 新西部（理论版） 2016年第12期
从“宋代近世说”到日本的“天职”——内藤湖南中国论的政治目的分析 黄艳 四川大学学报（哲学社会科学版） 2016年第3期
从唐宋诗词看科举制度由唐至宋的人文进步性 滕云 玉林师范学院学报 2016年第6期
重评王安石变法——兼论宋代史学风气的转变 王云飞 开封大学学报 2016年第4期
大相国寺宝奎殿御书故事与两宋帝王政治运作 宋晓希、黄博 江西社会科学 2016年第7期
地方官制稳定北宋江山 康冀楠 开封日报 2016年3月4日第4版
二程关于政治改革的构想与实践 敦鹏 现代哲学 2016年第2期
翰林学士与宋高宗朝政局 傅绍磊、郑兴华 兰台世界 2016年第11期
建炎元年李纲的“国是”及其失败 陈忻 重庆师范大学学报（哲学社会科学版） 2016年第1期
简析“北宋四子”的政治理想——以《近思录·卷八》为中心 罗贵绒 武汉科技大学学报（社会科学版） 2016年第1期
禁野史与秦祥瑞 晏建怀 同舟共进 2016年第1期
“君前臣名”与“诸侯不名”——宋初“乞呼名”辨析 史帅帅 商丘师范学院学报 2016年第8期
“狸猫换太子”传说的虚与实——后真宗时代：宋代士大夫政治下的权力博弈 王瑞来 文史哲 2016年第2期
李纲宣和水灾奏议的历史书写 张吉寅 北京社会科学 2016年第10期
力量的角逐：宋代科举怀挟论述 游君彦 江汉大学学报（社会科学版） 2016年第4期
辽、宋、金册封西夏“皇帝”始末考 赵坤 河北北方学院学报（社会科学版） 2016年第3期
辽穆宗草原本位政策辨——兼评宋太祖“先南后北”战略 林鹄 中国史研究 2016年第2期

略论北宋入合仪与文德殿月朔视朝仪　任石　古籍整理研究学刊　2016 年第 4 期
略论南宋高孝两朝之“禅位”　何忠礼　第四届海峡两岸“宋代社会文化”学术研讨会论文集　中国文化大学华冈出版部　2016 年 7 月
略述宋代科举上请制度　游君彦　历史教学（下半月刊）　2016 年第 9 期
略论岳飞与南宋及金朝政局变化的利害关系　吕变庭　河北大学学报（哲学社会科学版）　2016 年第 6 期
论两宋时期禁谶与应谶的矛盾性　赵瑶丹　浙江学刊　2016 年第 5 期
论范仲淹庆历改革的原因　李亚娟　佳木斯职业学院学报　2016 年第 12 期
论南宋名臣魏了翁“督视”任命的由来　陈昆、唐芙蓉　开封教育学院学报　2016 年第 9 期
论宋代的举官制度——以崔与之的举人为中心　何忠礼　浙江大学学报（人文社会科学版）　2016 年第 4 期
论宋代官员黜降原因　程天芹　渭南师范学院学报　2016 年第 23 期
论宋神宗熙宁年间的两次诏求直言　陈晓俭　河北北方学院学报（社会科学版）　2016 年第 11 期
论熙宁时期中书财政权力的演变　郭晶波　沈阳师范大学学报（社会科学版）　2016 年第 1 期
论张浚势力的政治态度与宋、金的应对　倪洪　烟台大学学报（哲学社会科学版）　2016 年第 3 期
南宋的缉熙殿　魏繁星　华夏文化　2016 年第 4 期
南宋的“藩镇”之制　王轶英　兰台世界　2016 年第 1 期
南宋地方政治探微——以朱熹按劾唐仲友事件为中心　高柯立　唐宋历史评论　2016 年第 2 辑
南宋嘉定末年皇位继承问题新考——以宁宗的旨意为视角　韩冠群　江西社会科学　2016 年第 7 期
南宋中期朝廷对四川的经营：以吴挺事迹为例　王化雨　四川师范大学学报（社会科学版）　2016 年第 6 期
“南人不可为相”小议　黄健　湖北广播电视大学学报　2016 年第 8 期
女性与皇权——向太后与宋徽宗继位考论　刘江　东方论坛　2016 年第 5 期
破冤气与回天意——济王争议与南宋后期政治（1225—1275）　方震华　新史学　2016 年第 2 期
浅谈宋代“祖宗之法”影响下的谏官制度　袁雪萍　西安航空学院学报　2016 年第 6 期
浅谈宋代的“有偿公文”制度　申世星　秘书之友　2016 年第 6 期
浅析宋代政府对谶谣的规避防控　孙朋朋　湖北科技学院学报　2016 年第 6 期
浅析《宋人佚简》中的官称过呼问题　杨倩描　兰州学刊　2016 年第 4 期
浅议宋代地方监察制度中的廉政建设及其现代启示　辛怡阳　经济研究导刊　2016 年第 27 期
庆历新政不是“抓权和搂钱”　陈峰　中国社会科学报　2016 年 6 月 28 日第 4 版
庆历新政与北宋早期思想　江小夏　山东社会科学　2016 年第 S1 期
琼管安抚司设置时间考——兼论宋代海南岛最高行政机构设置及其职能变迁　查群　中国历史地理论丛 2016 年第 2 期
宋朝为何没修一座“紫禁城”　陈忠海　廉政瞭望（上半月）　2016 年第 6 期
宋初进士行卷考析　李少伟　洛阳理工学院学报（社会科学版）　2016 年第 6 期
宋初南北文士的互动与南方文士的崛起——聚焦于徐铉及其后学的考察　张维玲　台大文史哲学报 2016 年第 85 期
宋代崇文院双重职能探析——以三馆秘阁官实职、贴职为中心　龚延明　北京大学学报（哲学社会科学版）　2016 年第 4 期
宋代档案机构设置及文书管理制度　于宏艳　兰台世界　2016 年增刊
宋代的“德运”之争与大火星的祭祀　赵贞　石家庄学院学报　2016 年第 12 期
宋代的官竹园与司竹监　郭洋辰　农业考古　2016 年第 4 期
宋代的朋党之争　江小涛　领导文萃　2016 年第 10 期（5 月下）
宋代的朋党之争　江小涛　人才资源开发　2016 年第 15 期

宋代地方建设危机及其应对研究　祁琛云　河南大学学报（社科版）　2016年第2期
宋代地方政府权力制衡机制研究　屈超立　廉政文化研究　2016年第3期
宋代地方政府权力制衡机制研究　屈超立　政法论坛　2016年第2期
宋代对刘禹锡的政治评价及其文化背景　杨碧海　许昌学院学报　2016年第3期
宋代东宫虚化现象探究　范帅、陈峰　历史教学（下半月刊）　2016年第5期
宋代福州镇官的设置及其职能流变　王晓萌　学术研究　2016年第5期
宋代官员告身的追缴　戴建国　浙江学刊　2016年第4期
宋代官员履历造假屡禁不绝　完颜绍元　当代广西　2016年第17期
宋代官员履历造假缘何屡禁不绝　完颜绍元　人民论坛　2016年第9期
宋代官员日记中的公务旅行　黄纯艳　北京日报　2016年9月26日
宋代海南岛“市舶”考辨　陈少丰　濮阳职业技术学院学报　2016年第3期
宋代廉政政策对当今反腐倡廉建设之摭议　李海涛、杨欣、商植桐　张家口职业技术学院学报　2016年第3期
宋代疾疢官员之探讨　林煌达　第四届海峡两岸“宋代社会文化”学术研讨会论文集　中国文化大学华冈出版部　2016年7月
宋代架阁库的形成和管理　高琼、靳梦妮　北京档案　2016年第3期
宋代科举冒贯管窥　谢威风　邢台学院学报　2016年第4期
宋代科举策文的话语分析　方笑一　兰州学刊　2016年第6期
宋代科举回避制度述论　夏亚飞　江西社会科学　2016年第12期
宋代的驸马与政局　黄纯怡　第四届海峡两岸“宋代社会文化”学术研讨会论文集　中国文化大学华冈出版部　2016年7月
宋代民谣传播与社会政治变革　田志光、孙朋朋　中州学刊　2016年第7期
宋代南京应天府的职官体系　韩桂华　史学汇刊　2016年第35期
宋代品官常服制度研究　王嘉、袁燕　现代装饰（理论）　2016年第5期
宋代如何预防官吏贪赃　李晓巧　党政视野　2016年第6期
宋代三省、枢密院首席吏人比较研究　武小平　求索　2016第4期
宋代誊录制度、书札考试制度与尚意书风　刘超　书法　2016年第5期
宋代文官常秩死因探析　邱丽维　唐山师范学院学报　2016年第1期
宋代刑部建制述论——制度史的静态研究　龚延明　河北大学学报（哲学社会科学版）　2016年第5期
宋代廨舍的营缮与移徙　韩凯凯　唐山师范学院学报　2016年第6期
宋代谢表及其政治功能　杨芹　中州学刊　2016年第10期
宋代宣徽使初探　仝建平　安徽史学　2016年第4期
宋代巡辖使臣考述　田海粟　河北北方学院学报（社会科学版）　2016年第3期
宋代益俸养廉及其相关思考　王英　科技展望　2016年第1期
宋代“淫祀”观及地方官员的政治实践　王瑜　西安电子科技大学学报（社会科学版）　2016年第6期
宋代招抚使始置时间与设置缘由考　惠鹏飞　平顶山学院学报　2016年第1期
宋代真迹官告文书的解读与研究——以首次面世的司马伋吕祖谦真迹官告为中心　龚延明　中华文史论丛　2016年第1期
宋代政治生活中的“花语”解读　纪昌兰　宋代文化研究　2016年第22期
尚书任期考述　惠鹏飞　长江师范学院学报　2016年第2期
尚书中书门下三省制新论　甄鹏　中国石油大学胜利学院学报　2016年第2期
绍兴后期高宗对中枢体制的调整——以汤思退再次“兼权”参政为中心的考察　雷震　西夏研究　2016年第1期

《邵氏闻见录》与南宋初年政治——以其中有关王安石的记叙为讨论中心 叶菁 暨南学报（哲学社会科学版） 2016年第8期
试论南宋初期宗室群体势力的崛起——以宋高宗朝宗室群体势力的发展为重心 孙朋朋 湖北工程学院学报 2016年第4期
试论南宋的社会政治生态及其成因 何忠礼 国际社会科学杂志（中文版） 2016年第3期
试论宋代的“草泽”参政 孙方圆 史学集刊 2016年第6期
试论宋代士大夫的一种从政精神——以范仲淹“公罪不可无，私罪不可有”为中心 王军营、陈峰 安徽史学 2016年第1期
试析宋代士大夫劝谏皇帝时的恐惧使用 赵治乐、杨果 史学集刊 2016年第1期
《宋史·职官志》“爵一十二”试解——兼析宋代《官品令》中的爵位序列 郭桂坤 中国史研究 2016年第3期
《宋史·选举志》“御书院”考 夏亚飞 中国史研究 2016年第1期
宋太宗朝宰执集团研究——以年龄为中心的考察 张其凡、张睿 河北大学学报（哲学社会科学版） 2016年第7期
宋孝宗朝翰林学士述论 傅绍磊、郑兴华 兰台世界 2016年第20期
宋元时期“都”“图”探析 陈宏进 唐山师范学院学报 2016年第1期
宋元鼎革之际赵宋皇室的动向——以驸马杨镇为例 朱春悦 绍兴文理学院学报（哲学社会科学版） 2016年第6期
宋真宗仁宗朝状元释褐职任考 周腊生 湖北职业技术学院学报 2016年第3期
“苏东坡之问”与司马光的困局 刘后滨 文史天地 2016年第7期
唐末至宋初定难军节度使及其僚属的兼官与带职 邓文韬 西夏研究 2016年第4期
唐宋“驻京办”官至副宰相 宋京 人才资源开发 2016年第19期
王安石变法：一次背离儒家核心思想的尝试 李方遒 税务研究 2016年第8期
王安石变法的顶层设计 罗强烈 贵阳文史 2016年第4期
王安石变法的得失对当今改革方法论的启示 罗虹宇 中国集体经济 2016年第33期
王安石变法失败的组织原因 罗强烈 贵阳文史 2016年第6期
王安石的鄞县施政与熙宁变法之异同 张邦炜 首都师范大学学报 2016年第1期
王安石接待群众“上访” 罗强烈 贵阳文史 2016年第5期
王安石行政法制思想与当代中国的法治政府建设 李祥、张玉强 重庆第二师范学院学报 2016年第3期
王安石政治哲学发微 梁涛 北京师范大学学报（社会科学版） 2016年第3期
为何说王安石改革失败败在舆论 陈忠海 廉政瞭望（上半月） 2016年第8期
写在石碑上的科举史——“进士题名”沿革梳理 李晓頔 名作欣赏 2016年第14期
徐谓礼文书签押附注词考 石声伟 中华文史论丛 2016年第4期
言谏独立与相权没落——宋代言谏官制与相权关系略考 周子睿 法制与社会 2016年第19期
沿袭与趋势：宋代东宫衰微之原因 范帅 史学月刊 2016年第11期
以苏氏兄弟为中心的姻亲集团与党争 李云根 兰台世界 2016年第7期
余靖《从政六箴》化用典故的廉政意蕴（一） 赖井洋 韶关学院学报 2016年第5期
御书赏赐的文治气象——宋太宗与唐宋御书政治文化的传承和转型 宋晓希 北京社会科学 2016年第12期
岳飞冤狱与监察制度的异化 肖建新 中州学刊 2016年第1期
乐制改革所见北宋景祐政治 胡劲茵 史学月刊 2016年第12期
由包拯官德与廉洁从检看检察干警的廉政之风 雷智博 法制博览 2016年第20期
由冲突主义重看王安石变法的失败原因 尹杰 法制博览 2016年第3期

由岳飞之死看南宋高宗时期的内政与外交政策　徐盛雷　采写编　2016年第1期
由“宰相失座”想到的　李伟明　党的生活（黑龙江）　2016年第12期
赵匡胤的政治遗嘱　丁辉　文史博览　2016年第5期
政事、政争与政局：北宋元祐吏额事件发微　王化雨　史林　2016年第1期
朱熹对时文的批评——兼论朱熹的科举改良思想　赵聃　中华文化论坛　2016年第1期
“专达”的“闲职”？——唐至北宋太常礼院沿革考　张晓宇　严耕望先生百龄纪念学术研讨会论文 2016
《周礼》“比闾什伍”与王安石保甲经制研究　俞菁慧　中国史研究　2016年第2期
奏钞复用与北宋元丰改制后的三省政务运作　周曲洋　文史　2016年第3期

三　军事与治安

北宋仁宗朝禁军兵力分布　尤东进　中国社会科学报　2016年10月17日第4版
北宋更戍法研究　尤丹丹　吉林广播电视大学学报　2016年第6期
北宋禁军中的异族兵探析　尤东进　中华文史论丛　2016年第4期
北宋时期的黄河御夏战略　郭志安、王晓薇　北方论丛　2016年第3期
北宋王韶、王厚的西北经略与边疆安全——以军政经略为中心　王连旗　宁夏社会科学　2016年第1期
北宋禁军编制的演变与“置将法”的实施　雷家圣　第四届海峡两岸“宋代社会文化”学术研讨会论文集　中国文化大学华冈出版部　2016年7月
筚篥堡大捷　北宋抗击西夏的转折点　牛勃　甘肃日报　2016年2月23日第10版
点亮兵书《武经总要》　谢祥皓　孙子研究　2016年第5期
钓鱼城之战是历史上著名战役之一　刘道平　钓鱼城与世界十三世纪史学术研讨会论文集　2016年4月
范仲淹边防思想与实践述论　魏鸿　军事历史　2016年第1期
范仲淹御夏战争对《孙子兵法》的实践应用　刘涛　孙子研究　2016年第2期
《郭遘墓志》所见元丰年间宋夏战争相关事情　马立群、孔德翊　兰台世界　2016年第8期
“汉唐旧疆”话语下的宋神宗开边　黄纯艳　历史研究　2016年第1期
葭芦寨到晋宁军——宋金河东堡寨典型个案研究　邓文韬　保定学院学报　2016年第2期
论北宋黄河防治中的兵夫检计　郭志安　宋史研究论丛　2016年第18辑
南宋大军仓的设置与运营　杨芳　上海商学院学报　2016年第4期
南宋初期陕西军政之危机——以“王庶被拘”事件为中心　王军营　甘肃社会科学　2016年第5期
南宋柘皋与濠州之战及张俊战绩的论析　史泠歌　宋史研究论丛　2016年第18辑
南宋海防体系及其职能　黄纯艳　海洋文明研究　2016年8月
南宋江防体系的构成及职能　黄纯艳　河北大学学报（哲学社会科学版）　2016年第5期
南宋荆湖地区军事补给体制的构建与运作——兼论宋元襄樊之战失利之原因　周曲洋　学术研究　2016年第3期
南宋与蒙元战争中的洋州　蔡东洲　陕西理工学院学报（社会科学版）　2016年第3期
侬智高起事影响下宋王朝在岭南地区治策的调整　蓝武　广西师范大学学报（哲学社会科学版）　2016年第6期
论宋代广西地缘军事防御体系的构建　郑维宽　广西社会科学　2016年第4期
论北宋前期中央政府对湘西边地的控制——以彭仕羲之乱为中心的考察　黄义军　吉首大学学报（社会科学版）　2016年第2期
论延州在宋夏和战中的战略地位　陈朔　石家庄学院学报　2016年第2期
“器利而工善”——论宋代攻城头车　贾国涛　装饰　2016年第10期
浅攻进筑：范仲淹在北宋对西夏作战中的战略思想　李昌宪　河南大学学报（社会科学版）　2016年第4期

浅析岢岚县历代的军事防御——以宋、明时期的长城防御体系为例　徐琳　淮北职业技术学院学报　2016年第5期
生逢宋代：北宋士林将坛说　陈峰　读书　2016年第10期
试论儒家思想和官僚政治对北宋军事科技政策制定的影响　杨明　兰州教育学院学报　2016年第7期
试论宋神宗熙宁时期的宋越战争　雷家圣　宋史会议论文集2014　中国社会科学出版社　2016年6月
试论宋太祖“先南后北”统一策略制定之始末　孙朋朋　绥化学院学报　2016年第9期
宋朝军事实力真的“积贫积弱”吗？　杨小明、王坚　解放日报　2016年8月30日
宋朝与北邦的间谍战　赖晨　文史春秋　2016年第2期
宋朝应对羁縻州变乱若干措施新探　廖寅、王晓龙　求索　2016年第4期
宋代民变若干成因新探　廖寅、王晓龙　兰州学刊　2016年第4期
宋代“团”制新论　周倩、王旭　南都学坛　2016年第6期
宋代地方兵器生产机构论略——以作院、都作院为中心　范建文　北方论丛　2016年第3期
宋代“御戎论”的传播与意义——从科举用书谈起　钱云　中国文化研究　2016年第4期
宋代的战船种类与水战方式　黄纯艳　国际社会科学杂志（中文版）　2016年第3期
宋代武学的分布及其初步探究　李春晓　社科纵横　2016年第8期
宋代军旗的多重功能　范爱萍　档案天地　2016年第3期
宋代庆阳府“地理形胜”与军事遗迹述略　雷兴鹤　吉首大学学报（社会科学版）　2016年第37期
宋代农民起义再论　杨瑞璟、仇志云　长江大学学报（社科版）　2016年第12期
宋金对河州的经略——以买地券为中心的考察　他维宏、康兆庆　青海民族大学学报（社会科学版）　2016年第3期
宋金绍兴辛巳战事新探——以南宋三衙诸军为中心　范学辉　济南大学学报（社会科学版）　2016年第4期
宋神宗开边的战争责任与政治解说——兼谈古代东亚国际关系研究中的历史逻辑与现代话语　黄纯艳　厦门大学学报　2016年第6期
宋太宗朝军功虚报现象钩沉——以土墱寨、唐河、徐河三次战斗为考察中心　丁建军、赵寅达　河北学刊　2016年第7期
宋夏好水川之战问题再探　安北江　宁夏师范学院学报　2016年第5期
宋元之交东南沿海的海盗、山贼与地方政局——以潮漳陈五虎、陈吊眼集团为例　吴榕青　海交史研究　2016年第2期
文武之间：宋代“儒将”观念的演变　尤学工、翟士航　郑州大学学报（哲学社会科学版）　2016年第5期
夏竦的西疆经略思想——兼与韩琦、范仲淹比较　郝旭东　天中学刊　2016年第5期
杨大渊家族归降与宋蒙（元）东川战局　蔡东洲、刘菊　西华师范大学学报　2016年第1期
岳家军三大问题考辨　李裕民　浙江学刊　2016年第1期
岳家军第四次北伐主要战役论析　史泠歌　历史文献研究　2016年第36辑
岳家军的指挥机关的名称与演变　史泠歌　铜仁学院学报　2016年第1期
运山城与白帝城的比较研究——以宋元时期为中心　李帆　贵阳学院学报（社会科学版）　2016年第3期
再论蒙古进征大理国之缘起及蒙哥与忽必烈间的争斗问题——以所谓“斡腹”之谋为主线　温海清　中华文史论丛　2016年第1期
中国古代保密理论的发展（下）——宋明清时期：复苏和再发展　熊剑平　保密工作　2016年第2期
“筑城固守”与“荆蜀相资”：晚宋川蜀防御政策的调整及影响——以钓鱼城战役前后为中心　彭锋　四川师范大学学报（社会科学版）　2016年第2期
舟楫之利与南宋国运兴亡——军事史视角的考察　黄纯艳　思想战线　2016年第3期

四　法律

榜示·读示·门示——《名公书判清明集》所见宋代司法中的信息公开　朱文慧　浙江学刊　2015年第5期
北宋亲邻法令的演变与运行实态　高楠　宋史会议论文集2014　中国社会科学出版社　2016年6月
北宋时期的出版统制与“进奏院案”　刘晓伟　重庆社会科学　2016年第6期
被“包公戏”扭曲的宋朝司法制度　吴钩　同舟共进　2016年第4期
从《乞禁商旅过外国状》看苏轼对北宋海外贸易法令弊端的补救　杨丁宇　中国苏轼研究　2016年第6辑
从《宋刑统》剖析我国宋代司法审判制　谢伟帆　语文建设　2016年第15期
从《洗冤集录》看尸伤检验之审慎　张连举　政法学刊　2016年第4期
从《洗冤集录》看宋代法治思想发展　任庆华　兰台世界　2016年第12期
从《洗冤集录》看宋代司法检验制度　张福坤　人民法院报　2016年第12期
从《洗冤集录》看宋代刑事司法纠错制度存在的缺陷　田莉姝、成思亮　贵州大学学报（社会科学版）2016年第6期
从“文学”到“吏事”——唐宋判文演变的法律文化探析　张中秋、朱仕金　法学　2016年第6期
敦煌伯3813唐判与宋代花判　沈如泉　敦煌研究　2016年第1期
法律抑或信仰？——纠纷情境中南宋民众的选择机制探讨　朱文慧　论道终南　2016年
法律制度史与新法律史——美国学者马伯良宋代法律史研究的两种范式　孙健　国际汉学　2016年第4期
论北宋中央政府对动物资源的保护　尹美霖　边疆经济与文化　2016年第2期
论断例作为宋代法源的地位　陈诚　法制博览　2016年第36期
论宋代直诉案件审查对地方司法实践的影响　杨钦云　法制与社会　2016年第35期
论宋代“审计”的法制内涵　肖建新　会计之友　2016年第22期
论宋代的立法与司法文明——以民事领域为中心　王晓龙　社会科学战线　2016年第4期
论唐宋司法制度对西夏司法制度的影响　姜歆　西夏研究　2016年第2期
马伯良的宋代“新法律史”研究——立足于《名公书判清明集》英译本的考察　孙健　中国史研究动态　2016年第3期
名实之辨：宋代法典编纂与政务运行　刘佳佳　赣南师范学院学报　2016年第4期
南宋范应铃法律思想探析——以《名公书判清明集》为中心　李倩文　河北北方学院学报（社会科学版）　2016年第1期
试论北宋《农田利害条约》的内容及影响　朱正西、衣保中、董静懿　山西农业大学学报（社会科学版）　2016年第5期
浅析《折狱龟鉴》中的侦查思想　贾甲麟　法制博览　2016年第19期
浅析宋代版权保护出现的原因　张元斌　法制博览　2016年第12期
浅析宋代版权保护的特点　张元斌　法制与社会　2016年第10期
浅析宋代法律对弱势群体的医疗保障　杜菁、梁永宣、孟永亮　世界中西医结合杂志　2016年第3期
浅析《宋刑统》中的盗窃　梁超　法制博览　2016年第12期
宋朝对士大夫官僚法律知识改善措施、失败及其影响研究　胡兴东　思想战线　2016年第2期
宋朝法律形式及其变迁问题研究　胡兴东　北方法学　2016年第1期
宋朝官员涉酒案件的违法处治　杨小敏　天水师范学院学报　2016年第1期
宋朝民族立法与司法问题研究　黄山杉　思想战线　2016年第1期
宋朝司法中的“情理法不协”及对判例的影响　胡兴东　人民法院报·法律文化周刊　2016年9月
宋朝健讼现象解析　周熔熔　法制博览　2016年第4期

宋词中的无讼观念　孙静蕊　天中学刊　2016年第6期
宋代版权保护产生原因、措施及局限　强琛　长江大学学报（社科版）　2016年第11期
宋代茶叶贸易的法律保护与历史启发　程艳　农业考古　2016年第2期
宋代的义利思想的法律影响——从《名公书判清明集》的案例说开　钟海涛　商　2016年第24期
宋代的一件知识产权保护案　张京凯　学习时报　2016年1月28日第4版
宋代法官的职业操守——对府州司理参军、司法参军的履职考察　霍存福　北方论丛　2016年第6期
宋代封驳制度蕴含的法治精神探析　孟宪玉、史峰、赵银祥　湘潮（下半月）　2016年第1期
宋代海上贸易立法之探析　谭阿勇　河南科技学院学报　2016年第5期
宋代“鞫谳分司”：“听”“断”合一与分立的体制机制考察　霍存福　社会科学辑刊　2016年第6期
宋代女性的人身权初探　邱飞飞　商　2016年第12期
宋代判决书的时代风格　张文勇　公民与法（法学版）　2016年第12期
宋代判例问题考辨　胡兴东　云南师范大学学报（哲学社会科学版）　2016年第1期
宋代司法讲原则兼顾人情　唐宝民　文史博览　2016年第6期
宋代司法权分割为何失灵　李可　检察日报　2016年2月25日第3版
宋代行政法律思想的历史考察　李清章、张京、孙媛　法制与社会　2016年第14期
宋代州府司法形式化的历史考察——以诸曹官为中心　汪庆红　甘肃政法学院学报　2016年第1期
宋代重士政策与法律的互动　王红丽　法制博览　2016年第11期
《宋刑统》目录分类技术探析　周世江　图书馆研究　2016年第3期
探究宋代翻异别勘制度的现代司法借鉴　冯一轩　法制与社会　2016年第35期
唐宋时期分家律法演进趋势论析　王美华　人文杂志　2016年第4期
唐宋女子继承制度研究　周艺荣　商　2016年第31期
有感宋太宗赵匡义法律思想论略　李清章、李燕芳、张京　衡水学院学报　2016年第6期
与王安石比较视角下苏轼的法制思想　苏子营　海南热带海洋学院学报　2016年第6期
中晚唐至北宋前期赋役立法的走向　吴树国　光明日报　2016年10月13日第16版

五　民族关系

包拯使辽事迹的探讨　蒋武雄　第四届海峡两岸“宋代社会文化”学术研讨会论文集　中国文化大学华冈出版部　2016年7月
北宋朝贡贸易中的于阗社会经济　安北江　和田师范专科学校学报　2016年第2期
北宋辽西夏时期的民族交融与词曲流变　陈平、黄志浩　社会科学家　2016年第9期
北宋中原汉族与塞北契丹族的饮食文化交流　贺雪娇　郑州航空工业管理学院学报（社会科学版）　2016年第2期
从宋辽关系论古代中国国际法的滥觞　李雨浓　文史博览（理论）　2016年第1期
大理国的朝贡及其影响　段玉明　学术探索　2016年第1期
大理国使入宋问题新探——熙宁九年后大理贡使“不常来”及政和入宋路线变化原因之考　曹家齐　中山大学学报（社会科学版）　2016年第2期
大理国与宋贸易探析　高同同、仇钰奕　唐山师范学院学报　2016年第4期
高校历史教学中历史人物评价标准与民族史观问题的探讨——以岳飞是否为民族英雄为例　王雷　内蒙古教育（职教版）　2016年第1期
华夏与夷狄：关于女真族形象的文化想象　阮怡　中央民族大学学报（哲学社会科学版）　2016年第6期
和议之前契丹、女真对宋政策对比研究　李志勇　黑龙江史志　2016年第10期
洪迈屈金及其原因探究　朱洁　社会科学战线　2016年第5期
进退之间：北宋治理南江诸“蛮”的理念及其变化　陈曦　宋史会议论文集2014　中国社会科学出版社

2016年7月
历史上的茶马古道及其社会文化功能 郭志清 福建茶叶 2016年第12期
略论宋初以贸易手段遏制夷狄入侵的思想 郑炜 敦煌学辑刊 2016年第4期
论宋代文学对西夏文学的影响 赵阳 兰州学刊 2016年第8期
论宋代祖国内地和藏区主要经济关系的性质问题 毛阳海 西藏大学学报（社会科学版） 2016年第3期
美术史研究中的宋辽御容往来 张鹏 故宫博物院院刊 2016年第3期
南宋士人关于“蛮”的文化心态之转变——以周去非《岭外代答》为中心的考察 李凯 中央民族大学学报（哲学社会科学版） 2016年第3期
生熟无界：羁縻政策视域下的族群互融——以宋代西南民族地区为例 董春林 广西民族研究 2016年第6期
宋代域外行记形塑“他者”形象之策略——以使金行记为中心 阮怡 西北民族大学学报（哲学社会科学版） 2016年第5期
宋臣韩缜与宋辽划界交涉始末 蒋武雄 东吴历史学报 2016年第35期
宋朝对辽金出版物禁令及政策分析 刘潇 出版广角 2016年第23期
宋王朝与大理国的关系对彝族地区的影响述评 岳瑞芝、王莹 学周刊 2016年第4期
苏轼论宋夏关系 陈伟庆 西夏研究 2016年第2期
《涑水记闻》中的宋辽关系 崔士岚 辽宁工程技术大学学报（社会科学版） 2016年第2期
隋唐民族政策与北宋“积弱”局面的形成——以陕北党项为中心 刘翠萍 西夏研究 2016年第2期
唐宋两朝在川西北地区的羁縻政策 黄辛建、次旦顿珠 西藏大学学报（社会科学版） 2016年第4期

六 中外关系

北宋与高丽的交往 杨静 科技展望 2016年第1期
北宋与高丽使节往来二题 王霞 北华大学学报（社会科学版） 2016年第2期
朝鲜高丽朝文人李齐贤对宋诗及江西诗派的文学选择 朴哲希 辽东学院学报（社会科学版） 2016年第6期
朝鲜诗人对欧阳修“非诗能穷人”和“穷而后工”的论辩 曹春茹 中国文学研究 2016年第2期
《高丽图经》里的徐兢航路和群山岛 郭长根、张晖 温州大学学报（社会科学版） 2016年第6期
韩国岭南学派及其九曲歌系诗歌——朱熹《九曲棹歌》之影响 来玉英 延边大学学报（社会科学版） 2016年第2期
江户时代日本诗话中的苏轼研究 王志钢 文化学刊 2016年第4期
欧阳修《朋党论》在朝鲜汉文学中的接受历程 付春明 中国文学研究 2016年第1期
欧阳修与朝鲜朝正祖“文体反正”运动——以正祖与馆阁文人的接受情况为主 金春兰、王启东 东疆学刊 2016年第3期
南宋绘画对日本水墨画的影响探析 黄亮 荣宝斋 2016年第8期
浅析朝鲜文人对辛弃疾的评述——兼勘正朴现圭所做相关研究 袁成 上饶师范学院学报 2016年第4期
宋代商人在对外交往中的政治作用 黄纯艳 人民论坛 2016年第9期
宋代丝绸之路新特点 马巍 文史杂志 2016年第5期
宋代未立市舶机构港口之海外贸易 陈少丰 海交史研究 2016年第1期
宋代雷州港的对外贸易研究 申友良 社科纵横 2016年第3期
宋代铜钱“国际范儿” 陈忠海 中国商报 2016年11月3日
宋代铜钱的“国际化” 陈忠海 中国发展观察 2016年第12期
宋元外销瓷的窑口与输出港口 ［日］森达也 考古与文物 2016年第6期

宋元明时期波斯绿松石入华考　陈春晓　北京大学学报（哲学社会科学版）　2016 年第 1 期
宋元交替之际的东南飘海商人——以朝鲜半岛史料为基础　刘永连、王洋　海交史研究　2016 年第 1 期
唐宋福建海上交通与对外佛教文化交流　谢重光　福州大学学报（哲学社会科学版）　2016 年第 3 期
周敦颐著作在日本的传播　陈弘、张京华、周欣　图书馆　2016 年第 9 期
朱熹的经学与解经语言在古代越南的沿革：从《四书章句集注》到《四书约解》的案例研究阮俊强　国际汉学　2016 年第 2 期

七　社会

北宋的仕宦家训　陈延斌　中国纪检监察报　2016 年 9 月 19 日第 6 版
北宋陵墓的守护人员　石悦　淮南师范学院学报　2016 年第 2 期
北宋王诜之家族及其经济状况考　杨宝宝　黑龙江教育学院学报　2016 年第 5 期
北宋宰辅家族与皇族联姻现象考论　李云根　宜春学院学报　2016 年第 2 期
汴京与燕京：南宋使金文人笔下的“双城记”　王昊　中国高校社会科学　2016 年第 2 期
“常”与“非常”：宋代家礼中的吉服　杨逸　中共济南市委党校学报　2016 年第 2 期
财富改变关系：宋代富民阶层成长机理研究　张锦鹏　云南社会科学　2016 年第 6 期
从《虢国夫人游春图》和《清明上河图》看唐宋妇女社会地位的变迁　杨涛　兰台世界　2016 年第 10 期
从洪迈《夷坚志》看宋代医患关系　李占立　中国医学人文　2016 年第 7 期
从《山家清供》管窥宋代士人的饮食文化　章原　楚雄师范学院学报　2016 年第 8 期
从宋词看宋代妇女的命运　师步越　文学教育（上）　2016 年第 2 期
从周密《武林旧事》看南宋临安城的酒文化　李欣　陕西广播电视大学学报　2016 年第 4 期
大俗大雅：宋代文人生活一瞥　邓小南　文汇报　2016 年 3 月 18 日第 W05 版
《东京梦华录》中呈现的北宋时期的游戏活动　刘秉果　体育科研　2016 年第 5 期
府州折氏家族析论　薛正昌　西夏研究　2016 年第 1 期
佛教世俗化下的宋代节日　孙谦　边疆经济与文化　2016 年第 1 期
“复礼”抑或“从俗”：论宋代家礼中的婚礼　杨逸　民俗研究　2016 年第 2 期
皈依瓶堆塑来源　隋璐　兰台世界　2016 年第 6 期
桂林石刻中所见上巳节研究　鲍刚　桂林师范高等专科学校学报　2016 年第 6 期
弘农杨氏后裔在北宋的播迁分布及入仕途径考述　谢婧　江西社会科学　2016 年第 1 期
江南义庄及文化遗产研究　李湘云　江南论坛　2016 年第 8 期
交年节在汴京的创建及流传　程民生　河北大学学报（哲学社会科学版）　2016 年第 3 期
解码宋代茶文化　李树友　开封日报　2016 年 11 月 30 日
禁绝与超越——浅析宋辽历史语境下的胡服“吊敦”　张玲　时尚设计与工程　2016 年第 4 期
“开禁”还是“飨宴”？——汉唐北宋赐酺举措缘起、背景与施行动因的再探讨　杨国誉　北京社会科学　2016 年第 12 期
科举社会中四明楼氏的盛衰　唐燮军、邢莺莺　宁波大学学报（人文科学版）　2016 年第 2 期
科举与家族：墓志所见北宋临城王氏家族的兴起　武亚南　邢台学院学报　2016 年第 4 期
空前繁华的南宋临安夜市　王中亚　中国商报　2016 年 11 月 23 日第 P08 版
腊八粥在宋代汴京的创制及后代的变异　程民生　历史教学（下半月刊）　2016 年第 11 期
两宋时期成都的游江娱乐活动　刘术　四川旅游学院学报　2016 年第 2 期
两宋时期的蜀地形象及其嬗变　曹鹏程　四川师范大学学报（社会科学版）　2016 年第 2 期
论两宋时期钱镠传说的流变　谢芳、陈华文　民俗研究　2016 年第 2 期
论宋代东莱吕氏家族与“中原文献之传”　罗莹　唐都学刊　2016 年第 5 期
论宋代厚奁的原因　苏倩雯　海南热带海洋学院学报　2016 年第 6 期

论宋代吴县范氏家族的忠恕家学　田甘　盐城师范学院学报（人文社会科学版）　2016 年第 4 期
论宋代吴县范氏家族节俭固穷的家风　田甘　山西农业大学学报（社会科学版）　2016 年第 1 期
论唐宋时期播州“上下杨”与“前后杨”　叶成勇　地方文化研究　2016 年第 4 期
论五代入宋之际士人的心态演变　袁辉　南海学刊　2016 年第 4 期
南宋代茶宴述论　陈刚俊　农业考古　2016 年第 5 期
南宋到元朝的社会变迁：以家族观念为中心的考察　申万里　中原文化研究　2016 年第 4 期
南宋福建人在两广的社会网络　郑文豪　福建师范大学学报（哲学社会科学版）　2016 年第 2 期
南宋国民素质高于唐朝与北宋　李裕民　国际社会科学杂志（中文版）　2016 年第 3 期
南宋临安民间体育述考　张剑威、王彬彬、汤卫东　吉林体育学院学报　2016 年第 5 期
南宋临安的饥馑及其对策　［日］高桥弘臣　国际社会科学杂志（中文版）　2016 年第 3 期
南宋名相周必大家世初考——兼与方诚峰先生商榷　邹锦良　历史文献研究　2016 年第 37 辑
南宋时的杭州是怎样一番景象？　徐墉　杭州日报　2016 年 6 月 3 日第 A02 版
南宋时期湖南路之社仓　何书林　王江燕　文山学院学报　2016 年第 5 期
南宋文人的文化生活——以林希逸与文人雅士的交游为中心　王晚霞　闽江学院学报　2016 年第 1 期
南宋中期真率会考　庞明启　中国矿业大学学报（社会科学版）　2016 年第 4 期
你所不知道的大宋福利　萍行　小康　2016 年第 19 期
盘点中国古代休假制度　宋代假期最多　内蒙古人大　2016 年第 11 期
七夕节在宋代汴京的裂变与鼎盛　程民生　中州学刊　2016 年第 1 期
浅论两宋古都和明州的茶文化特色及意义　陈伟权　中国茶叶　2016 年第 12 期
山西夏县司马光：《训俭》醒一人　《家范》正万家　中国纪检监察　2016 年第 17 期
“绍祚中兴”时的舌尖记忆——从陆游的饮食诗谈起　周一农　绍兴文理学院学报（哲学社会科学版）　2016 年第 1 期
舌尖上的黄州——苏轼与东坡肉、东坡羹　谭若丽　北方文学（下旬）　2016 年第 9 期
舌尖上的宋朝厨娘　柳静　文史博览　2016 年第 6 期
渗透与融合：宋代节日的道教化　余敏芳　中国道教　2016 年第 6 期
试论北宋时期的民意观　张云筝、田冰　焦作师范高等专科学校学报　2016 年第 4 期
试论史书在宋代流传时的名人效应　燕永成　人文杂志　2016 年第 6 期
试论释省常西湖莲社之特色——以《杭州西湖昭庆寺结莲社集》为中心　黄文翰、陈元锋　江苏第二师范学院学报　2016 年第 1 期
试论宋朝政府应对突发火灾的救助举措　王晓龙、刘怡　宋史研究论丛　2016 年第 18 辑
试论宋代禅僧与士大夫的交游——以释晓莹著《罗湖野录》和《云卧纪谈》为中心的考察　金建锋　商丘师范学院学报　2016 年第 1 期
试论宋代社会的赌场与赌风　纪昌兰　首都师范大学学报（社会科学版）　2016 年第 2 期
试论族谱粉饰现象背后的宗族建构与策略选择——以《诗山凤坡梁氏宗谱》为例　王菲菲　中国社会经济史研究　2016 年第 4 期
司马光家族世系考　李燕青　运城学院学报　2016 年第 5 期
司马光《书仪》的撰作及现代启示　潘斌　唐都学刊　2016 年第 1 期
宋朝的福利院、救助站和公共墓地　王国华　证券时报　2016 年 4 月 13 日第 A03 版
宋朝的三仓　王国华　证券时报　2016 年 2 月 5 日第 A03 版
宋朝对孝行的表彰与奖励　王艳　西夏研究　2016 年第 1 期
宋朝放任土地兼并的后果　陈忠海　中国发展观察　2016 年第 24 期
宋朝京城的一天　吴桐、梁颖瑜　同舟共进　2016 年第 4 期
宋朝养老体系建设研析　焦音学、孙庆刚　兰台世界　2016 年第 6 期
宋朝赈灾小考　王国华　证券时报　2016 年 3 月 30 日第 A03 版

宋淳祐时期贵族妇女着装形态考释 张玲 中国国家博物馆馆刊 2016年第6期
宋代拆迁缘由研究 贺雪娇 牡丹江大学学报 2016年第6期
宋代成都士庶的"游山玩水" 刘术 地方文化研究 2016年第3期
宋代辞赋的灾害书写 王焕然 辽东学院学报(社会科学版) 2016年第6期
宋代的拆迁研究 贺雪娇 郑州航空工业管理学院学报(社会科学版) 2016年第4期
宋代的斗茶乐 伊羽雪 粤海风 2016年第1期
宋代的海难与海难救助 黄纯艳 云南社会科学 2016年第2期
宋代的民间舆情述论 孙朋朋 佳木斯大学社会科学学院学报 2016年第2期
宋代的社会保障与社会稳定 李华瑞 党政视野 2016年第5期
宋代的社会保障与社会稳定 李华瑞 探索与争鸣 2016年第3期
宋代的社会贫困线及其社会意义 孙竞、张文 思想战线 2016年第3期
宋人的夜间生活 张彦晓 郑州航空工业管理学院学报(社会科学版) 2016年第1期
宋代:"点茶斗茶"的行为艺术 赵争耀 西部大开发 2016年第7期
宋代定婚制度初探 李节 中州大学学报 2016年第2期
宋代观赏灯述论 张彦晓 长江师范学院学报 2016年第5期
宋代官药局为何兴盛 韦钦国 中国中医药报 2016年10月24日第8版
宋代官办药局的设立及功能评价 刘清明 环球中医药 2016年第8期
宋代官方丧葬补助政策 沈宗宪 第四届海峡两岸"宋代社会文化"学术研讨会论文集 中国文化大学华冈出版部 2016年7月
宋代花卉入饮研究 郭丽冰 广东开放大学学报 2016年第6期
宋代家训中的廉俭思想 赵宏欣 商丘职业技术学院学报 2016年第4期
宋代家训中的人生哲学 赵宏欣 濮阳职业技术学院学报 2016年第1期
宋代救济鳏寡独老的方式及其演变 马晓燕 河南师范大学学报(哲学社会科学版) 2016年第1期
宋代两浙路蝗灾及政府应对措施 金城 绍兴文理学院学报(哲学社会科学版) 2016年第3期
宋代两浙路海溢灾害及政府的应对措施 金城 浙江水利水电学院学报 2016年第4期
宋代流民问题及政府行政管理应对研究 高强 兰台世界 2016年第15期
宋代民间竞技体育对城市人文旅游业的推动 孟珊 兰台世界 2016年第16期
宋代民间社团对基层社会治理影响几何 游彪 人民论坛 2016年第30期
宋代民间士人"尚医"现象初探 张建东、王有芳 兰台世界 2016年第7期
宋代女性参与体育活动项目的研究 李秀瑶、黎明华 内江科技 2016年第7期
宋代女性行旅风险问题续探 铁爱花 浙江学刊 2016年第4期
宋代女作家的生死观研究 王曦 昌吉学院学报 2016年第5期
宋代女子缠足的特点及其成因探析 刘妍 学理论 2016年第11期
宋代浦城吴氏家族及其姻亲考论 李云根 武夷学院学报 2016年第4期
宋代七夕主题的拓展与新变 张嘉媛 集宁师范学院学报 2016年第1期
宋代乳母与妾的区别及联系 程郁 上海师范大学学报(哲学社会科学版) 2016年第6期
宋代杉木文化研究 罗启龙 凯里学院学报 2016年第4期
宋代杉木文化研究 罗启龙、徐红 洛阳师范学院学报 2016年第6期
宋代商人的社会流动与宋代社会结构变迁 冯芸 武汉理工大学学报(社会科学版) 2016年第1期
宋代社会救济制度及其弊端 罗开元、罗霜 社会福利(理论版) 2016年第4期
宋代士人的私人通信与游访——立足于相关制度和社会背景之考察 曹家齐 中华文史论丛 2016年第4期
宋代体育赏赐研究 戴羽 成都体育学院学报 2016年第6期
宋代瓦舍文化现象探析 杨庐丽 开封大学学报 2016年第3期

宋代为何体育事业空前繁荣？　蔡栋　文史博览　2016年第10期
宋代文人的屏风情节　郝远　天津职业院校联合学报　2016年第4期
宋代“五行人名”现象初探　朱孟臻　寻根　2016年第3期
宋代杨家武艺产生及其影响之探究　王腾飞　中华武术（研究）　2016年第9期
宋代养老机构的救济标准及其实施　石璠　老龄科学研究　2016年第11期
宋代药政革新的社会影响研究　郭慧　江西中医药大学学报　2016年第5期
宋代以降的家礼实践与乡村礼俗重建　何斯琴　社会治理　2016年第1期
宋代怡老社辑论　陈小辉　集宁师范学院学报　2016年第1期
宋代缘何出现规模空前的文人群体　王学泰　同舟共进　2016年第8期
宋代灾害流言的传播心理与应对策略　方燕　四川师范大学学报（社会科学版）　2016年第5期
宋代浙闽赣地区的科举谣谶传播　赵瑶丹　东岳论丛　2016年第5期
宋代纸质明器的盛行及其原因　徐吉军　浙江学刊　2016年第6期
宋代斫鲜之会盛行原因探析　骆亚琪　湘南学院学报　2016年第6期
宋代自治性福利制度发展的观念因素及现代意蕴　朱俊生、袁铎珍　社会保障研究　2016年第6期
宋明以来的中国成人礼　萧放　博览群书　2016年第2期
宋时元宵节中的女性民俗　刘敏　阜阳师范学院学报（社会科学版）　2016年第3期
《宋史·列女传》中女性形象的分类及其塑造方法　唐丽、王立增　昌吉学院学报　2016年第2期
宋龙溪九龙里银塘杨氏的历史遭遇——《金鳌杨氏家谱》个案研究之一　杨强　闽台文化研究　2016年第2期
宋龙溪九龙里银塘杨氏的历史遭遇——《金鳌杨氏家谱》个案研究之二　杨强　闽台文化研究　2016年第4期
宋人如何抗灾救灾　王国华　中国商报　2016年6月15日
宋元之际的吕师孟及其家族初探　申万里　南开学报（哲学社会科学版）　2016年第2期
宋元时期开封人口南迁原因考述　祁琛云　焦作师专学报　2016年第3期
宋元之际江南儒士的文化心态管窥——以驳正四库馆臣“王奕食元禄”说为中心　黄二宁　扬州大学学报（人文社会科学版）　2016年第1期
宋元之际的吕师孟及其家族初探　申万里　南开学报（哲学社会科学版）　2016年第2期
苏东坡的黄州饮食生活及黄州东坡菜系的形成　史智鹏　黄冈职业技术学院学报　2016年第5期
俗人雅事——宋代墓葬图像中的“茶事”　丁雨　装饰　2016年第8期
俗世雅韵——宋人生活与器用之逸事　陈彦姝　装饰　2016年第1期
她的“面容”——试论两宋女性的镜中之影　胡译文　美术研究　2016年第3期
探析宋代药局的急救及惠民作用　杜菁、梁永宣、孟永亮　中国中医基础医学杂志　2016年第4期
唐宋时期落第士人群体研究　黄云鹤　古籍整理研究学刊　2016年第2期
唐宋“劝富济贫”救荒政策研究　薛政超　江西社会科学　2016年第2期
唐宋葬事择吉避忌的若干变化　吴羽　中国史研究　2016年第5期
晚年陆游的乡居身份与自我意识——兼及南宋“退居型士大夫”的提出　林岩　华南师范大学学报（社会科学版）　2016年第1期
文化世俗化与南宋市民意识的兴起　周膺、吴晶　国际社会科学杂志（中文版）　2016年第3期
杨亿家训　福建史志　2016年第5期
《瑶台步月图》女性冠饰考　王惠莹、陈芳　艺术设计研究　2016年第4期
由宋代陶瓷鸟食罐初探宋代笼鸟文化　王翔灏　大众文艺　2016年第15期
“云萍录”与南宋士人的交际　杨亿力　史学月刊　2016年第1期
允文允武——北宋家族文武转化探析　姜勇　宋史会议论文集2014　中国社会科学出版社　2016年6月
文明演变下宋代公共园林的教化空间类型及教化游赏研究　毛华松　中国风景园林学会2016年会论文

集 2016 年 3 月
曾巩女性墓志铭中的贤妻形象 林雪云 盐城师范学院学报（人文社会科学版） 2016 年第 5 期
张杅事迹钩沉——张栻家族人物杂考 杨世文 西华师范大学学报（哲学社会科学版） 2016 年第 1 期
张咏与宋初成都的游乐之风 刘术 成都大学学报（社会科学版） 2016 年第 5 期
赵宋王朝“崇文抑武”政策背景下的体育发展探究 高志强 兰台世界 2016 年第 14 期
真德秀家训 沈志 福建史志 2016 年第 2 期
脂粉艺术与宋代女性的面妆之美 纪昌兰 国学 2016 年第 3 辑
中国古代扶贫实践及其当代价值 孙竞、张文 人民日报 2016 年 2 月 25 日
朱熹的慈善思想及其社仓实践 李涛、李金闯 中国非营利评论 2016 年第 2 期
朱熹的社仓法及其对元明的影响 王德毅 国际社会科学杂志（中文版） 2016 年第 3 期
朱熹的社仓设计及其流变 陈支平 中国经济史研究 2016 年第 6 期
朱熹父子与杨时家族的渊源关系 赖长奇 吉首大学学报（社会科学版） 2016 年第 1 期
朱熹再传弟子冯去非家世及交游考 冯青 南昌大学学报（人文社会科学版） 2016 年第 6 期
朱熹的齐家思想与当今家庭伦理构建刍议 邓颖 湖北经济学院学报（人文社会科学版） 2016 年第 11 期
朱熹祭典的保护与传承 蒋玉瑞 政协天地 2016 年第 9 期
《朱子家礼》与传统继承 韦佳妤、姚源清 当代贵州 2016 年第 1 期
族谱中所见周必大家世行实再考 邹锦良、蔡剑烽 宋史研究论丛 2016 年第 18 辑
作为园林意象化表征的宋代“宴射” 何晓静 同济大学学报（社会科学版） 2016 年第 6 期

八 经济

饱受争议的北宋土地兼并：商业繁荣的推手或杀手 雷霆 经济资料译丛 2016 年第 4 期
北宋熙宁青苗借贷及其经义论辩——以王安石《周礼》学为线索 俞菁慧、雷博 历史研究 2016 年第 2 期
北宋后期的西北土地开发与边疆安全 王连旗、李玉洁 兰州学刊 2016 年第 11 期
北宋开封瓦子的经营特色 马欢欢 河南教育学院学报（哲学社会科学版） 2016 年第 1 期
北宋时期湖南地区食盐来源初探 张超凡 盐业史研究 2016 年第 3 期
北宋时期汉江上游洪涝灾害及其对农业经济发展影响研究 刘嘉慧、查小春 江西农业学报 2016 年第 1 期
北宋丝织业：穿针引线织锦绣 康冀楠 开封日报 2016 年 8 月 10 日第 4 版
北宋三司使在北宋财政制度改革中的角色探析 周欢、张洪江 兰台世界 2016 年第 8 期
北宋致仕官员住房状况论析 李梅 广东社会科学 2016 年第 3 期
北宋的商业繁荣与“城管”难题 段立新 文史博览 2016 年第 11 期
从宋代笑话中看宋人的文化消费 陈飞雪 邢台学院学报 2016 年第 2 期
从苏东坡租房说起 凤晓龙 中国房地产金融 2016 年第 4 期
从北宋农田水利法看当前农水改革 张伟兵 中国水利报 2016 年 6 月 30 日第 5 版
从人口状况看宋代扬州的经济发展与城市属性 何适 城市史研究 2016 年第 35 辑
从汝窑的兴衰看宋代官窑制度的形成 韦璇 开封大学学报 2016 年第 2 期
从《名公书判清明集》看南宋田宅交易的原则 杨国林 平顶山学院学报 2016 年第 6 期
从宋代笔记看宋人花卉消费 金城 名作欣赏 2016 年第 11 期
从市场经济的发展看宋代工艺美术品的商品化 杨海霞 美与时代（上） 2016 年第 12 期
从《天盛律令》看西夏转运司与地方财政制度——兼与宋代地方财政制度比较 骆详译、李天石 中国经济史研究 2016 年第 3 期
“大宋东京梦华”商标授权记 杨恒飞 河南科技 2016 年第 14 期

大宋王朝的“货币战争” 杜平 金融博览（财富） 2016年第9期
大宋王朝和宋朝人有多少钱可花 何辉 辽宁日报 2016年7月19日第15版
典田的性质与权益——基于清代与宋代的比较研究 龙登高、温方方、邱永志 历史研究 2016年第5期
赋税制探索与变法试验——名家荟萃的宋代赋税 蔡昌 中国财政 2016年第12期
关于国家干预经济成本的思考——从国家干预主义角度看王安石与司马光变法之争 李明思 临沂大学学报 2016年第1期
广西宋代钱监的历史作用探究 张荣军 广西社会科学 2016年第10期
海上丝绸之路之历史遗存——宋代市舶银铤考 刘翔 区域金融研究 2016年第11期
河流上的繁荣：宋朝水路运输与海外贸易 高雅婷、代谦 经济评论 2016年第2期
黄河水患对开封经济影响研究 邢馨月 中国市场 2016年第18期
基于历史角度浅析宋代茶叶政策 毛杰 福建茶叶 2016年第4期
嘉定铁钱版别多 朱积良 中国商报 2016年6月2日第P07版
“建国通宝”钱考辨 陈克双 中国钱币 2016年第5期
讲述800年前“丝绸之府” 俞吉吉 浙江日报 2016年6月9日第8版
角色转变与职能沿传：南宋内藏库的财政实态——以《建炎以来朝野杂记》相关记载为中心 董春林 北京社会科学 2016年第2期
鹿胎消费与宋人的环保意识 王旭、郭声波 中国农史 2016年第1期
略论市舶司制度及其对宋元时期泉州海外贸易之影响 黄晖菲 泉州师范学院学报 2016年第5期
略论宋代泉州刻书 王展妮、彭菲 兰台世界 2016年第6期
论北宋陕西路矿冶业与西北边防 姚媛媛 华夏文化 2016年第2期
论宋代公使库在王安石变法中的变化及影响 王丽 史学集刊 2016年第1期
论宋代的近海贸易 黄纯艳 第四届海峡两岸“宋代社会文化”学术研讨会论文集 中国文化大学华冈出版部 2016年7月
论宋代的近海贸易 黄纯艳 中国经济史研究 2016年第2期
论宋代商品经济的繁荣发展 赖宝成 边疆经济与文化 2016年第8期
论宋代艺术品市场的繁荣兴盛 纪菲菲 美术大观 2016年第10期
论宋代音乐商品化模式的形成及现代启示 匡传英、赵娜 美与时代（下） 2016年第3期
论隋唐大运河对汴宋地区的影响 戚文闯 晋城职业技术学院学报 2016年第2期
南宋的酒库与军费 李华瑞 人文杂志 2016年第3期
南宋两淮地区货币问题研究 刘坤新、罗忠青 中国商论 2016年第16期
南宋榷场与书画回流 段莹 故宫博物院院刊 2016年第3期
南宋广西市马的货物流动与长程贸易 任建敏 “中央研究院”历史语言研究所集刊 2016年9月
南宋砧基籍研究——基于《名公书判清明集》的分析 陆红 中国农史 2016年第6期
南宋书籍印造成本及其利润 章宏伟 中国出版史研究 2016年第3期
南宋时期的“称提”及其历史启示 叶伟颖 齐齐哈尔大学学报（哲学社会科学版） 2016年第2期
民间消费与国运：宋朝的一面镜子 叶雷 上海证券报 2016年7月
农商社会视野下的南宋经济再评价 葛金芳 国际社会科学杂志（中文版） 2016年第3期
耦合视域：宋代“海上丝路”贸易与漆器文化生产 陈纳维、潘天波 历史教学（下半月刊） 2016年第4期
浅论北宋图书事业的繁荣及原因 苏冰 决策探索（下半月） 2016年第6期
浅谈宋代旅游与经济 朱波涛 边疆经济与文化 2016年第2期
商业化与地权分配：来自十一世纪宋代的历史证据 林友宏、李楠 财经研究 2016年第1期
《清明上河图》里的北宋商业社会 李蒙 光彩 2016年第2期

曲直之别——对北宋官窑之传统文献再解读　李政、刘丹妮　民族艺术研究　2016 年第 3 期
上供视角下的北宋两税法　胡燕　曲靖师范学院学报　2016 年第 1 期
生态环境视域下宋代长江沿线的手工业活动　谭静怡　北方论丛　2016 年第 3 期
试论宋代江南地区经济地位转变　赵宜聪　焦作大学学报　2016 年第 3 期
宋朝政府对夜市的干预与管理　张金花　首都师范大学学报（社会科学版）　2016 年第 2 期
宋朝公务员的工资单　刘洋　开封日报　2016 年 9 月 29 日第 4 版
宋朝乡村催税人的演变——兼论明代粮长的起源　朱瑞熙　河北大学学报（哲学社会科学版）　2016 年第 1 期
宋代潮州笔架山窑研究三题——兴衰史、外销开城的产品及“麻姑进酒壶”之正名　郭学雷　东方收藏　2016 年第 9 期
宋代“城市文明”开启城镇化道路　陈国灿　山西政协报　2016 年 6 月 8 日第 C 版
宋代船舶与南方民众的日常生计　黄纯艳　中国社会经济史研究　2016 年第 2 期
宋代的真珠　钟佳玲　第四届海峡两岸“宋代社会文化”学术研讨会论文集　中国文化大学华冈出版部　2016 年 7 月
宋代的罂粟　程民生　国际社会科学杂志（中文版）　2016 年第 3 期
宋代的“物资转输区域”　张勇　云南社会科学　2016 年第 4 期
宋代发生了一场“城市革命”吗？　周云逸　中华读书报　2016 年 2 月 17 日第 13 版
宋代房屋住宅租金问题探析　陈界妃　商　2016 年第 12 期
宋代房屋租金问题探析　唐黎标　上海房地　2016 年第 7 期
宋代赋役征差簿账制度考述　戴建国　历史研究　2016 年第 3 期
宋代富民阶层成长的制度空间：以交易费用为视角　张锦鹏　中国经济史研究　2016 年第 5 期
宋代官员群体租房现象探析　韩凯凯　邢台学院学报　2016 年第 1 期
宋代高薪和清代养廉的反思　赵立波　领导之友　2016 年第 10 期
宋代耕牛价格水平蠡测　唐晔、张婷　中国经济史研究　2016 年第 1 期
宋代工商业者的职业流动——以笔记小说为中心的考察　贾灿灿　三峡大学学报（人文社会科学版）　2016 年第 5 期
宋代广西瓷业繁荣之原因探析　汪常明、陈强强　广西民族师范学院学报　2016 年第 1 期
宋代广西地区移民与农业发展研究　衣保中、朱正西　中国农史　2016 年第 3 期
宋代国家对户绝财产的侵占情况　瞿大静　安徽文学（下半月）　2016 年第 12 期
宋代海南地区东路移民的若干问题　张朔人　闽商文化研究　2016 年第 2 期
宋代海上丝绸之路广西口岸发展与西南地区的交通贸易　陆韧、苏月秋　长安大学学报（社会科学版）　2016 年第 2 期
宋代翰林图画院画师政治经济状况和社会地位　罗新华　韶关学院学报　2016 年第 1 期
宋代湖南地区的茶业经济研究　周方高、彭露　中国农史　2016 年第 4 期
宋代花卉交易盛行原因　蒲三霞　西昌学院学报（社会科学版）　2016 年第 1 期
宋代酒类买扑制度的演变逻辑　刘超凤、郭风平、杨乙丹　兰台世界　2016 年第 24 期
宋代雷州港衰落的原因探究　申友良　社科纵横　2016 年第 4 期
宋代两浙路私营金银器制造业的发展经营　邓莉丽　艺术科技　2016 年第 11 期
宋代农业的快速发展　刘洋　开封日报　2016 年 7 月 27 日第 4 版
宋代榷茶制下的茶叶市场价格分析　陶觉逊　农业考古　2016 年第 5 期
宋代榷茶法变革的特点与规律研究　赵宏欣　福建茶叶　2016 年第 10 期
宋代“乳香”考——兼及《庆元条法事类》中的相关内容　［日］土肥佑子　国际社会科学杂志（中文版）　2016 年第 3 期
宋代山区开发与商品经济发展　何姣　武汉理工大学学报（社会科学版）　2016 年第 1 期

宋代陕南地区农业发展探析马元元　王瑞蕾　陕西理工学院学报（社会科学版）　2016 年第 1 期
宋代书坊业的发展及其成因　徐金铸　贵图学苑　2016 年第 1 期
宋代文人的“稿酬”　陈棣芳　文史杂志　2016 年第 5 期
宋代兴起的“城市文明”　陈国灿　北京日报　2016 年 4 月 25 日第 19 版
宋代坐仓析论　范建文　中国史研究　2016 年第 1 期
宋、明税源与财政供养人员规模比较　李华瑞　中国经济史研究　2016 年第 1 期
宋神宗时期陕西钞盐法中的官商互动　王申　历史教学（下半月刊）　2016 年第 12 期
宋元纸币流通及其在世界货币史上的地位：兼论中西方货币史演变路径的差异　管汉晖　经济资料译丛　2016 年第 3 期
宋至明清广东经济发展从边缘到重心的嬗变廓见　黄滨、张斌　广州大学学报（社会科学版）　2016 年第 2 期
唐代中叶至北宋末年庐州的人口增长与农业发展　董明、徐涛　巢湖学院学报　2016 年第 4 期
唐代中叶至北宋末年皖江地区的茶叶生产　董明　农业考古　2016 年第 5 期
唐宋时期池州的人口发展与农业繁荣　董明　池州学院学报　2016 年第 5 期
唐宋时期粮食年成奏报制度述论——从天圣《赋役令》宋 4 条不能复原为唐令说起　顾成瑞、刘欣　中国农史　2016 年第 2 期
唐宋对期制笔业重心的地理变迁　陈涛　徐州工程学院学报（社会科学版）　2016 年第 5 期
唐宋乡村户等版籍演进新议　张亦冰　史学月刊　2016 年第 1 期
唐宋河北平原麦作变迁述论　王昊　河北师范大学学报（哲学社会科学版）　2016 年第 4 期
滕宗谅监饶州酒税　仝相卿　中华文史论丛　2016 年第 1 期
王安石变法的得失对当今改革方法论的启示　罗虹宇　中国集体经济　2016 年第 33 期
王安石变法：被斩断的重商主义之路　李冬君　党政视野　2016 年第 6 期
“抑配民户”与“形势冒请”——北宋青苗法五十年的官贷困境　张呈忠　人文杂志　2016 年第 7 期
由私济公：宋代内藏财政的职能变奏　董春林　河北师范大学学报（哲社版）　2016 年第 4 期
由虚及实：宋代内藏库借贷模式的流变　董春林　历史教学（下半月）　2016 年第 7 期
再论宋代城门税　李合群　社会科学　2016 年第 11 期
中国粮食储备制度的历史沿革（五）——宋朝时期　刘坚　中国粮食经济　2016 年第 11 期
中国古代牛的用途和黄牛、水牛　王曾瑜　铜仁学报　2016 年第 1 期
中国古代运输业官民关系的演化规律及启示——以宋代为例　逯宇、荣朝和　北京交通大学学报（社会科学版）　2016 年第 2 期
中国最富有的是哪个朝代？（三）　杜平　金融博览（财富）　2016 年第 12 期

九　教育

安萨里与朱熹教育思想比较研究　艾文迪、钟周　清华大学教育研究　2016 年第 4 期
白鹭洲书院的兴建背景与历史兴衰　丁功谊　荆楚学刊　2016 年第 1 期
程颢、程颐书院教育活动考证及其历史影响评析　黄思记　安阳师范学院学报　2016 年第 4 期
从李侗授学朱熹看其教育思想的体现　陈利华　武夷学院学报　2016 年第 1 期
从宋诗看宋代书院的选址环境与功能　许丞栋　河北学刊　2016 年第 3 期
二程与嵩阳书院　于晓红　新西部（理论版）　2016 年第 7 期
范仲淹的庆历兴学与书院教育　朱汉民　湖南大学学报（社会科学版）　2016 年第 2 期
古代教育中宋代蒙学教育发展的特点和原因探究　万超　教育现代化　2016 年第 21 期
简谈宋代女性教育问题　苟晓　边疆经济与文化　2016 年第 2 期
略论张载的教育思想——兼论对大学生自我提升的启示　魏云锋　宿州教育学院学报　2016 年第 2 期
论景祐兴学　刘冲　首都师范大学学报（社会科学版）　2016 年第 2 期

论“齐家”需求与宋代蒙学教育勃兴的关系　王处辉、宗新华　广东社会科学　2016 年第 3 期
论宋代官德教育　王志立　中州学刊　2016 年第 9 期
论宋代宗正寺、宗正司对宗室教育的保障作用　刘迪　铜仁学院学报　2016 年第 1 期
论朱熹对教育两阶段的划分　王彬　河北广播电视大学学报　2016 年第 4 期
论朱熹阅读理论体系的建构　金雷磊　武夷学院学报　2016 年第 10 期
论朱熹《小学》对当今小学德育变革的启示　冯文全、杨慧　中国德育　2016 年第 22 期
民间助学与宋代江西教育的勃兴　杨杰　嘉应学院学报　2016 年第 4 期
南宋理学与书院教育宗旨　洪银香、朱汉民　湖南大学学报（社会科学版）　2016 年第 2 期
南宋杨辉数学教育思想探析　谢峰　中外企业家　2016 年第 23 期
欧阳修诫子：玉不琢　不成器　鱼宏亮　中国纪检监察　2016 年第 10 期
欧阳修的德育思想及其当代价值　李佳　南昌大学学报（人文社会科学版）　2016 年第 4 期
陪都南京对应天书院建立发展的作用及影响　贾光、徐泽源　商丘职业技术学院学报　2016 年第 3 期
萍乡宗濂书院考略　张劲松　萍乡学院学报　2016 年第 2 期
浅论宋代蒙学教材以及对当今儿童教材编写的启示　朱芸莹　兰州教育学院学报　2016 年第 4 期
庆历兴学——宋代官学教育自发向自觉的转折　姜锡东、许丞栋　河北大学学报（哲学社会科学版）　2016 年第 2 期
石鼓书院：湖湘学派的重要基地　邓洪波、颜为　湖南大学学报（社会科学版）　2016 年第 2 期
斯文未绝：南宋四川山城防御体系下的学校教育　粟品孝　西华师范大学学报（哲学社会科学版）　2016 年第 1 期
试论儒家理学思想对北宋美术教育的影响　张叶露　艺术科技　2016 年第 5 期
嵩阳书院：程朱理学发祥地之一　宫嵩涛　博览群书　2016 年第 3 期
宋代儒学教育的演变、特点及其启示　贾芳芳、宋学文　河北大学学报（哲学社会科学版）　2016 年第 1 期
宋代书院教育对现代成人教育教学的启示　赵国栋　当代继续教育　2016 年第 3 期
宋代书院藏书论略　李光生　河南科技学院学报　2016 年第 3 期
宋代私学教育对当今民办教育发展的启示　臧春婷　现代交际　2016 年第 9 期
宋代重庆书院探析　吴洪成、王培培、王亚平　重庆高教研究　2016 年第 1 期
宋代官学教育经费及其政策　陈滔　现代交际　2016 年第 7 期
宋代蒙学教育及其现代启示　赵宏欣　黑龙江教育学院学报　2016 年第 2 期
宋代学校教育的时代特征——着眼于唐宋变革与会通的观察　张邦炜　四川师范大学学报　2016 年第 5 期
宋人的儿童观——兼论“近世幼教文化两大路线之争”　周扬波　江苏师范大学学报（哲学社会科学版）　2016 年第 5 期
宋儒大家执鞭教育的价值取向及对传统文化再造辉煌的深远意义　冉毅　船山学刊　2016 年第 6 期
苏轼的教育思想及教育实践研究——评《苏轼教育思想研究》　陈慧勤　新闻与写作　2016 年第 10 期
苏轼教育信号思想探微　李忠鹏　中华文化论坛　2016 年第 7 期
真德秀谕俗文教化思想研究　董秀丽　安康学院学报　2016 年第 6 期
朱熹“小学”教育思想及实践　赵迟科　教导刊（下旬）　2016 年第 3 期
朱熹《小学》与其童蒙教化体系的构建　陈兴华　教育评论　2016 年第 1 期
朱熹童蒙道德教育思想研究　姜波、刘艳　齐鲁师范学院学报　2016 年第 2 期
朱熹启发式教学思想对当前中学政治教学的启示　芦晓勇　亚太教育　2016 年第 24 期
朱熹与柏拉图的教育思想比较研究　张仙　求知导刊　2016 年第 5 期
朱熹与书院文化　朱清　学术评论　2016 年第 5 期
朱熹《观书有感》之读书方法探微　易思平　名作欣赏　2016 年第 14 期

朱子读书法及其对现代教学的启示　朱芸莹　开封教育学院学报　2016年第4期
《朱子家训》和《颜氏家训》家庭教育思想的比较研究　王晓真　太原大学教育学院学报（自然科学版）　2016年第1期
尊严师道、敦品砺行　宋代书院中的师道精神　于述胜　人民论坛　2016年第25期

十　科学技术

北宋前期实学型地方官员马仲甫研究——兼论“碧纱笼”技术的最初应用时间　崔玉谦　科学史研究论丛　2016年第2辑
北宋徽宗朝药政文书《和剂局方·进表》译评　唐廷猷　中国现代中药　2016年第12期
北宋“刘家针铺”铜版印刷广告浅析　陈云　科技与创新　2016年第12期
北宋的科技奖励　王艳　信阳师范学院学报（哲学社会科学版）　2016年第1期
北宋科学和技术活动参与者的构成　苏湛　科学文化评论　2016年第4期
北宋晚期汝官瓷的特点　张爱麾、王掌权　科技展望　2016年第2期
北宋杨天惠《彰明附子记》译评　唐廷猷　中国现代中药　2016年第7期
北宋七宝阿育王塔造型源流探讨　陈清香　第四届海峡两岸“宋代社会文化”学术研讨会论文集　中国文化大学华冈出版部　2016年7月
被误读的机械图像——宋画《柳阴云碓图》的命名与内容研究　王冬松　装饰　2016年第1期
汴京对火药应用发展的贡献　程民生　军事历史研究　2016年第6期
冰糖葫芦治好贵妃“怪病”　刘小平　中国中医药报　2016年2月17日第8版
长沙名医妙取喉中鱼钩　刘大恒　文史博览　2016年第8期
从《备急灸法》论影响艾灸疗效的因素　谢蕴卓　上海针灸杂志　2016年第10期
从万春圩看北宋安徽地区科技发展及后世影响　张鹏　科技展望　2016年第6期
窦材《扁鹊心书》用灸的学术思想及特点　王丽、井明鑫、刘清国　北京中医药大学学报　2016年第8期
古诗《生查子·元夕》中天文现象的数学模型建立与分析　张克功、杜吉梁　兰州石化职业技术学院学报　2016年第2期
广西窑田岭窑出土北宋瓷片胎釉化学组成研究　郑琳、赵志强、张鋆　文物世界　2016年第6期
脚气病要了朱熹的命　刘绍义　文史博览　2016年第7期
景德镇宋代龙窑复活探索　吴永开　中国陶瓷　2016年第5期
两宋时期泉州地区的造桥技术　吴艺娟　福建文博　2016年第1期
《律吕新书》“小分”算法解析　吕畅　音乐探索　2016年第4期
南宋名园研究方法与实践　鲍沁星、宋恬恬　南方建筑　2016年第4期
南宋如何保障饮水卫生　郭华悦　湖南安全与防灾　2016年第4期
南宋官窑瓷玉质感形成要素研究　叶国珍　中国陶瓷工业　2016年第5期
南宋官窑制胎原料的科技分析——兼谈制瓷工艺对锶同位素比值的影响　李合、侯佳钰、丁银忠、金贵善、唐俊杰、王光尧　中国陶瓷　2016年第8期
宁波二灵塔的建造艺术及内涵价值　杨晓维　浙江建筑　2016年第1期
庞安时论治瘟疫学术思想及其对后世的影响　许霞、安静　安徽中医药大学学报　2016年第3期
泉州南宋海船船壳的多重板鱼鳞式搭接技术　何国卫　海交史研究　2016年第1期
《仁斋直指方论》学术思想研究　桂诗琪、于峥、屈伸、孙红、杨威　中国中医基础医学杂志　2016年第6期
《仁斋直指方论》学术思想研究　杨威、屈伸、孙红、于峥　中国中医基础医学杂志　2016年第9期
冗繁削尽留清瘦、画到生时是熟时——以方塔园为原型的宋代园林建构之思考　张剑飞、李晶晶　中外建筑　2016年第9期

汝窑的发展及工艺特征　张浩、王强山　现代装饰（理论）　2016年第8期
食粥所见的宋人饮食疗养观　张聿璥　暨南史学　2016年第19期
试论宋代砚的种类与用途　孟月　保定学院学报　2016年第1期
试论《杨辉算法》与南宋经济领域中的几个计量数学问题　吕变庭　中国经济史研究　2016年第4期
顺物之性　宋代人怎么搞生态环保　黄亚明　中国商报　2016年1月13日第P08版
《四景山水图》中的南宋文人园林造景手法探讨　朱翥　风景园林　2016年第2期
宋慈《洗冤集录》产生的历史文化条件——纪念宋慈诞辰830周年　黄瑞亭　中国法医学杂志　2016年第4期
宋代巴蜀郡圃兴盛及其原因浅析　李闻杰　四川民族学院学报　2016年第3期
宋代巴蜀郡圃空间布局及其特点初探　李闻杰　内江师范学院学报　2016年第11期
宋代测水平技术——"水平法"与"旱平法"辨析　周龙、仪德刚　广西民族大学学报（自然科学版）　2016年第2期
宋代城市楼阁营建思想及其空间布局研究　毛华松、张杨珽　西部人居环境学刊　2016年第4期
宋代城市及园林植物的传承与演变　齐君、郝娉婷　中国园林　2016年第2期
宋代道教医疗与日常生活——以《夷坚志》为中心　张园园　科学经济社会　2016年第3期
宋代的士人与医方——以《苏沈内翰良方》为中心的考察　易素梅　人文杂志　2016年第11期
宋代的"环保"理念　吴钩　北京日报　2016年3月7日第16版
宋代斗拱在当代纪念性建筑中的应用研究　孙泽民　中外建筑　2016年第9期
宋代斗拱的特点与结构分析　李相思　大众文艺　2016年第4期
宋代绞经花纱织造工艺及其数学建模　蔡欣、李佩　纺织学报　2016年第11期
宋代绞经丝织物研究　蔡欣　丝绸　2016年第2期
宋代榨油方法的初步研究　程军　古今农业　2016年第2期
宋代含药食方临床应用情况的分析与探讨　范宁、奚茜、林殷　环球中医药　2016年第4期
宋代文人的四般闲事对现代养生的指导意义　徐睿瑶、李俊德　世界中西医结合杂志　2016年第4期
宋代养生文化述论　王晓宏　辽宁医学院学报（社会科学版）　2016年第4期
宋代医籍《外科精要》临证用药配伍规律的数据挖掘研究　李廷保　甘肃中医药大学学报　2016年第5期
宋代婴香方之香跋　吴清　中国集体经济　2016年第5期
宋代浙南温州滨海平原埭的修筑活动　康武刚　农业考古　2016年第4期
宋代的"环保"理念　吴钩　北京日报　2016年3月7日第16版
宋式木构屋盖自重及材份制相似关系　陈金永、师希望、牛庆芳、魏剑伟、李铁英、赵燕霞　土木建筑与环境工程　2016年第5期
宋元时期瓷器裹足支烧工艺浅析　丁雨　文物　2016年第10期
四川宋代内部楼阁密檐式砖塔的营造特征研究——以井研县三江白塔为例　艾笑竹、周波　室内设计与装修　2016年第10期
《苏沈良方》中制散方与煮散方临床应用研究　汪晓蓉、朱向东　北京中医药　2016年第6期
唐北宋官修书目所见农学观念　葛小寒　自然辩证法研究　2016年第2期
唐宋医方钩沉　潘华信、王莉　中医药文化　2016年第1期
《太平惠民和剂局方》香药考　付璐、林燕、马燕冬　中华中医药杂志　2016年第10期
通济堰碑刻水利图解读　高元武　山西档案　2016年第4期
王执中与《针灸资生经》　秦琴、柴铁劬、王嘉慧、周蕾　中国针灸　2016年第7期
先进的宋代纸币防伪技术　张一凡　中国防伪报道　2016年第3期
《针灸资生经》关于火针疗法应用浅析　贾蒙蒙、杨丹红　江西中医药大学学报　2016年第4期
中国古代历史文学对南宋火药发展的影响　赵澜晰　文学教育（下）　2016年第11期

中国唐宋时期五星盈缩差算法的演变轨迹——从爻象历到盈缩历　唐泉　科学技术哲学研究　2016 年第 2 期
《养生类纂》养生思想与特色探讨　陈玉鹏、林慧光　江西中医药大学学报　2016 年第 5 期
一代名儒陆九渊的医学情怀　李丛　中医药文化　2016 年第 3 期
《茔原总录》与“磁偏角”略考　余格格　自然科学史研究　2016 年第 4 期
《营造法式》参数化——殿堂式大木作的算法生形　陈晓卫、王曦　华中建筑　2016 年第 12 期
《营造法式》探微——“分心斗底槽”及“金箱斗底槽”概念研究　陈斯亮、林源、刘启波　建筑与文化　2016 年第 10 期
《游宦纪闻》所载药物相关史料研究　鄢洁、梁永宣　世界中西医结合杂志　2016 年第 2 期

十一　学术思想

爱物何以可能？——朱熹的生态伦理观探析　李涛　伦理学研究　2016 年第 1 期
白玉蟾金丹派南宗与朱熹理学关系新考　盖建民　湖北大学学报（哲学社会科学版）　2016 年第 2 期
辨体与变体：朱熹的文体学思想论析　任竞泽　厦门大学学报（哲学社会科学版）　2016 年第 6 期
“辨正新学之违僻者”：晁说之《儒言》述论　王治田　西南交通大学学报（社会科学版）　2016 年第 5 期
陈荣捷对朱熹中国哲学范畴论的价值阐释　郑秋月　学术交流　2016 年第 10 期
陈亮与朱熹“义利王霸”之辨新探　胡长海　九江学院学报（社会科学版）　2016 年第 2 期
诚斋理学思想新论　许家星　哲学研究　2016 年第 7 期
程颢：“识仁”感通百姓心　赵金刚　中国纪检监察　2016 年第 18 期
程朱理学知行观浅析　王欢　中共乐山市委党校学报　2016 年第 4 期
“憧憧往来，朋从尔思”——程颢理学与《易》学会通之道德形上思想析论　赖贵三　国学学刊　2016 年第 1 期
重建“儒者之学”——朱子《大学》补传成说及对各家格物论的批评　张新国　中州学刊　2016 年第 6 期
《慈湖诗传》的“以《易》释《诗》”　程刚　河北师范大学学报（哲学社会科学版）　2016 年第 5 期
从词臣背景看真德秀与理学的关系　许浩然　北京大学学报（哲学社会科学版）　2016 年第 5 期
从《大学》八目透视朱熹的内圣外王观　戴先英　黄山学院学报　2016 年第 4 期
从鹅湖之会看吕祖谦的理学之功　杜海军　浙江师范大学学报（社会科学版）　2016 年第 5 期
从“非韩”思潮看苏轼对韩愈的褒贬　俞志容　安徽职业技术学院学报　2016 年第 3 期
从交游看欧阳修与宋学发展的关系——以北宋至和至治平年间为考察对象　徐红　湖南科技大学学报（社会科学版）　2016 年第 1 期
从理性的《诗经》学到理学的《诗经》学——以欧阳修《诗本义》与朱熹《诗集传》为中心　秦蓁　广西社会科学　2016 年第 5 期
从历史观出发看朱子的“理一分殊”　赵金刚　江苏社会科学　2016 年第 4 期
从蒙、颐二卦看张载的养正工夫论——以《横渠易说》为文献基础　刘泉、林乐昌　船山学刊　2016 年第 6 期
从儒、佛关系看朱熹诠释《孟子》的转向　王治伟　聊城大学学报（社会科学版）　2016 年第 4 期
从“四门之学”到“四书学”——兼论四书系统的结构与功能　康宇　人文杂志　2016 年第 8 期
从苏轼诗词中透视其哲学思想　杨菲　安徽文学（下半月）　2016 年第 12 期
从《续世说》看宋代文人孔平仲的儒学情怀　齐慧源、侯家旭　沈阳师范大学学报（社会科学版）　2016 年第 1 期
从义理之性到血气心知：朱熹与戴震人性论的比较　吴磊　芜湖职业技术学院学报　2016 年第 2 期
从朱熹《小学》看儒家礼仪教育与孝德的契合　卢巧玲　人文天下　2016 年第 20 期

从族类到气类：论朱熹的“异姓存祀”观 胡荣明 学术界 2016年第1期
大慧宗杲视域中的儒学本源、工夫与伦理 代玉民 福建论坛（人文社会科学版） 2016年第4期
“大智并观”——宋徽宗《老子》注反映的儒道融合思想 万曼璐 南京师范大学文学院学报 2016年第1期
当代学者所界定的“宋学” 朱汉民、王琦 中国书法 2016年第8期
道教与道家思想对苏轼的影响研究 陆雪卉 乐山师范学院学报 2016年第11期
道统的重建与儒学的复兴——论二程政治哲学形成的历史背景与思想渊源 敦鹏 保定学院学报 2016年第2期
道统与政统——王安石与宋代孔庙配享的位向问题 郭畑 河南大学学报（社会科学版） 2016年第1期
道学“思”的传统——从洛学到闽学 衷鑫恣 江淮论坛 2016年第2期
度正发掘遂宁理学大儒傅耆始末 胡传淮、陈名扬 寻根 2016年第3期
鹅湖之会与林张之辩 冯毅 新产经 2016年第12期
鹅湖之会 樊蔚泉 电影文学 2016年第22期
二程治道论的内涵及其思想史背景 纪晏如 中正历史学刊 2016年第19期
范式转换背景下的中庸观新形态——北宋明教契嵩的《中庸》新范式探析 代玉民 江苏行政学院学报 2016年第2期
冯友兰、钱穆对朱熹心性论的不同诠释及其学术冲突 乐爱国 中共宁波市委党校学报 2016年第6期
冯友兰晚年朱熹哲学研究的新意——对朱熹“道”的阐释 乐爱国 南京社会科学 2016年第7期
古今断裂与儒家政治哲学的重要转折——以汉宋对《论语》“温故而知新”的诠释分歧为中心 王进 哲学研究 2016年第5期
“关学”的精神 陈来 陕西师范大学学报（哲学社会科学版） 2016年第3期
“关学洛学化”辨析 刘学智 中国哲学史 2016年第3期
关于张载心性论与佛教关系的几点思考——基于佛教视角所作的考察 马骁 科技展望 2016年第24期
公体正用，体用一如——朱熹的公正哲学及其三维建构 郝永 古代文明 2016年第4期
弘扬“关学精神”的里程碑 陈祖武 陕西师范大学学报（哲学社会科学版） 2016年第3期
何以知而不行？——朱熹论道德失败 傅齐纨 理论 2016年第11期
洪迈以史学为基础的解易理路发微 王长红 人文杂志 2016年第10期
胡瑗“明体达用之学”在应用技术大学中的传承与应用 毕文健 教育评论 2016年第1期
回归与重构——宋人治《诗》的两面 程建 大连理工大学学报（社会科学版） 2016年第1期
即体即用与体用分离——张栻与朱熹的太极之辩 王丽梅 孔子研究 2016年第5期
进德修身 经世济民——“横渠四句”的现实意义阐发 邢祥虎 美与时代（下） 2016年第4期
《近思录》中仕途经营的义利之辩 徐代鸿 伦理学研究 2016年第3期
“尽数拆洗”与“万世规矩准绳”——朱熹的礼学著述及其历史影响论析 冯兵 人文杂志 2016年第8期
旧学商量加邃密 新知培养转深沉——朱熹论读书 林静梅 潍坊学院学报 2016年第3期
科学事实与价值——以朱熹的科学研究为例 黄昊、张丹丹 贵州社会科学 2016年第12期
孔子与张载的道德教育之比较 于丽燕 牡丹江大学学报 2016年第2期
孔子与朱熹是怎样解读《周易》文化宝典的——走出历来某些释《易》权威版本误区 胡志勇 学习月刊 2016年第12期
莱布尼茨力本论与张载气本论比较研究 张璐、谷晓芸 科学技术哲学研究 2016年第4期
刻书、辨书、读书与南宋道学的展开——以二程著作为中心 陆敏珍 哲学与文化 2016年第10期
理学对二程史学思想的影响 张九衡 牡丹江教育学院学报 2016年第2期

理学对南宋文人画的影响　王新　艺术科技　2016 年第 5 期
理学发生史观研究　徐星慧　经营管理者　2016 年第 15 期
理学化经学视域下的《诗集传·二南》阐释　刘娟　中州学刊　2016 年第 9 期
理学诠释法的超越性本质——以朱熹对“以意逆志”的诠释为中心　袭业超　玉林师范学院学报　2016 年第 6 期
理学视界的环境审美——论周敦颐的环境美学思想　陈望衡、齐君　湖南社会科学　2016 年第 6 期
理学视域下的多维解读——欧阳修散文经典化历程考论（1127—1279）　裴云龙　求是学刊　2016 年第 5 期
理学文化研究的自我超越——新版《朱子大传》的思想升华　鹿博　浙江社会科学　2016 年第 7 期
礼理一体：朱熹与《三礼》的对话（上）　彭卫民　社会科学论坛　2016 年第 11 期
李光的主体特征、生命意识与文学创作　丁楹　佛山科学技术学院学报（社会科学版）　2016 年第 2 期
李光易学的“时”义探析　梁从峨　周易研究　2016 年第 5 期
“六经皆史”说的理学渊源及其意蕴　刘雄伟　史学集刊　2016 年第 1 期
刘敞《春秋》学之经与史、经与传关系　侯步云　兰台世界　2016 年第 16 期
陆九渊《荆国王文公祠堂记》刍议——兼论朱、陆之争　杨高凡　宋史研究论丛　2016 年第 18 辑
略论司马光的“诚”德及其当代意义　王晶冰、闫凌波、朱颖原　山西高等学校社会科学学报　2016 年第 12 期
略论王应麟的运气思想　吕变庭　中原文化研究　2016 年第 2 期
略评张载哲学体系　王柯欢　开封教育学院学报　2016 年第 9 期
论程颐以“理”解《春秋》　侯步云　古籍整理研究学刊　2016 年第 5 期
论程朱理学与藏传佛学的入世之变——以朱熹和宗喀巴为中心　魏艳枫　杭州师范大学学报（社会科学版）　2016 年第 5 期
论船山与朱熹理欲观的异同　韩雪　当代中国价值观研究　2016 年第 4 期
论道统思想对宋代民族观的影响　李克建　西南民族大学学报（人文社科版）　2016 年第 8 期
论二程对张载《西铭》的接受　姜辉　华夏文化　2016 年第 2 期
论吕祖谦的天道观　汤元宋　浙江学刊　2016 年第 1 期
论明人对朱熹经学的质疑——以郝敬为例　陈德明　上饶师范学院学报　2016 年第 4 期
论牟宗三对张载“心”的释义　刘兆玉　理论界　2016 年第 5 期
论南宋休闲哲学的社会背景　章辉、杨增艳　湖州师范学院学报　2016 年第 7 期
论邵雍思想之结构、来历与其数理论、观物说对于理学之影响（三之一）　戴景贤　长江学术　2016 年第 4 期
论宋代理学与新学的关系——以二者的沟通和相近为主　蔡方鹿、李琛　哲学研究　2016 年第 7 期
论宋学背景下王安石对韩愈的承与变　高玮、邓莹辉　东南学术　2016 年第 2 期
论陶渊明儒者人格的生成及效用——南宋理学家对陶渊明儒者人格的认同及影响　刘宗镐　科学经济社会　2016 年第 2 期
论王安石佛禅诗中的佛禅思想　史俊杰　九江学院学报（社会科学版）　2016 年第 1 期
论王安石道本体之嬗变　胡金旺　武汉理工大学学报（社会科学版）　2016 年第 4 期
论王安石对《中庸》的诠释——兼论与二程诠释的异同　张培高、詹石窗　哲学研究　2016 年第 2 期
论文同的“形理两全”说　陈相锋　艺术工作　2016 年第 4 期
论先秦至宋代仁学思想的学术演变　钟小明　理论月刊　2016 年第 9 期
论张载“大心”与“变化气质”的成性进路　范茹丹　忻州师范学院学报　2016 年第 3 期
论张载变化气质说的哲理基础　张建民　齐鲁学刊　2016 年第 2 期
论张载的宗教观　马鑫焱　西北民族大学学报（哲学社会科学版）　2016 年第 3 期
论张载哲学思想与西方哲学思想的异同　孙业成、赵敏　湖南社会科学　2016 年第 5 期

论朱熹的“理生气” 沈顺福 中国哲学史 2016年第3期
论朱熹对孔子“思无邪”的误读 董利伟、孙雪萍 盐城师范学院学报（人文社会科学版） 2016年第6期
论朱熹仁学视域中的公正思想——兼与《尚书正义》和《礼记正义》比较 钟小明、乐爱国 东南学术 2016年第3期
论朱熹文道观与其哲学思想之关系 赵聃 古籍整理研究学刊 2016年第1期
论朱熹“圣贤气象”的美学意义 洪永稳 兰州学刊 2016年第6期
论朱熹对《大学》篇的经、传划分 黄君良 闽学研究 2016年第3期
论朱熹对佛道幸福观的继承与超越 陶有浩 沈阳大学学报（社会科学版） 2016年第3期
论朱子对孔子“性相近”的诠释——兼论新儒家牟宗三的诠解 李涛 社会科学家 2016年第8期
论朱子哲学中的“太极”与“理一分殊” 赖尚清 中国哲学史 2016年第11期
吕本中“活法”说内涵生成的理学观照 左志南 新疆大学学报（哲学·人文社会科学版） 2016年第6期
吕大钧思想与关学的深化 王晓如 中原文化研究 2016年第6期
吕大临礼学思想初探 姜波 哈尔滨学院学报 2016年第7期
吕惠卿《道德真经传》中的政治思想 牟晓丽 赤峰学院学报（汉文哲学社会科学版） 2016年第5期
吕祖谦“得中原文献之传”考辨 蒋伟胜 浙江工商大学学报 2016年第4期
“勉斋之说，有朱子所未发者”——论勉斋的《中庸》学及其思想意义 许家星 江汉论坛 2016年第1期
“民胞物与，天人合一”——论张载天道本体论与人性论的贯通关系 张璐、谷晓芸 自然辩证法研究 2016年第6期
民国时期冯友兰、贺麟对于朱熹哲学的不同诠释 乐爱国 上饶师范学院学报 2016年第2期
民国时期朱熹哲学研究中的日本影响 乐爱国、陈昊 武汉大学学报（人文科学版） 2016年第6期
明代心学工夫论与周敦颐的“主静”思想 田智、周建刚 湘潭大学学报（哲学社会科学版） 2016年第5期
明理与过言——论张载对庄子的评述 刘泉 宝鸡文理学院学报（社会科学版） 2016年第3期
南宋湖湘学派对周敦颐的推崇及其思想动因 肖永明、申蔚竹 湖南社会科学 2016年第2期
南宋区域学术互动研究——以吕祖谦为中心的考察 刘玉民 贵州社会科学 2016年第7期
南宋时期理学与功利学关系探讨 蔡方鹿、邓洁 社会科学战线 2016年第2期
《南行集》中的江水意象与苏轼哲学思考发轫 刘亚文 陕西学前师范学院学报 2016年第5期
南轩的理学思想 王立新 船山学刊 2016年第3期
内省与超越：宋代士人的价值取向 袁咏心 长江大学学报（社科版） 2016年第8期
欧阳修儒学复兴时代语境下的《诗经》学阐释 秦蓁 中华文化论坛 2016年第6期
仁学视野中的“万物一体”论（上） 陈来 河北学刊 2016年第3期
仁学视野中的“万物一体”论（下） 陈来 河北学刊 2016年第4期
儒家系统的宇宙论及其变迁——董仲舒、张载、戴震之比较研究 冯达文 社会科学战线 2016年第10期
儒者化的庄子——王安石的庄学思想 张娜 广西师范大学学报（哲学社会科学版） 2016年第5期
浅论陈亮的义利观及其当代价值 杨青青 江西电力职业技术学院学报 2016年第1期
浅谈北宋儒释思想与僧人的儒化现象——读陈植锷《北宋文化史述论》有感 邓泰 名作欣赏 2016年第6期
浅谈苏轼的道家思想 张杰 赤子（上中旬） 2016年第22期
浅析张载的“关学思想”及其对关中文化的影响 聂静斯 新丝路（下旬） 2016年第5期

浅谈朱熹理欲观的现代意义　李敏　商　2016 年第 8 期
浅析朱熹的“存天理灭人欲”　周振瑰　才智　2016 年第 29 期
浅析李翱《复性书》对宋代理学的影响　宋力　兰州教育学院学报　2016 年第 2 期
浅论苏轼对于生命本体的态度　张倩倩　赤峰学院学报（汉文哲学社会科学版）　2016 年第 1 期
诠释与致用：王安石、阮元经学思想比较研究　潘链钰　河北科技大学学报（社会科学版）　2016 年第 3 期
邵雍易学思想新探　徐海涛　湖北社会科学　2016 年第 2 期
生态伦理视域下的闽学——以朱熹为中心　林晓青　湖北广播电视大学学报　2016 年第 2 期
事功与心性的离合：历史、思想语境中的浙东学派建构　王锟、金晓刚　浙江社会科学　2016 年第 3 期
事功追求与兵学研习——南宋永嘉学派薛季宣军事思想探微　刘春霞　安康学院学报　2016 年第 5 期
试论苏轼对于传统儒家和谐理念的接受　李新、李韩喆　乐山师范学院学报　2016 年第 2 期
试析宋代新儒学对道教思想的融摄　王蕾　商丘师范学院学报　2016 年第 5 期
司马光《潜虚》政治哲学思想初探——以《气图》和《体图》为中心　王冉冉、邓瑞全　浙江学刊　2016 年第 4 期
司马光儒门史学实践的内在冲突——兼论程颐、朱熹与司马光史观之差异　孙颖涛　史学月刊　2016 年第 11 期
司马光《太玄集注》中的君子与小人　侯道儒　台大历史学报　2016 年第 58 期
《四书》本《大学》与《礼记·大学》：两种文本的比较　李纪祥　文史哲　2016 年第 4 期
宋朝学派的发展历程及其对现代学术发展的启示　徐丽　开封教育学院学报　2016 年第 5 期
宋初经学思想初探——以宋初三先生为例　路鹏飞　东南大学学报（哲学社会科学版）　2016 年 6 月第 18 卷增刊
宋初“性善论”与“性善恶混”说的演进过程与分别　王俊彦　第四届海峡两岸“宋代社会文化”学术研讨会论文集　中国文化大学华冈出版部　2016 年 7 月
宋代程朱理学发展历史背景及其影响解析　陈一辉　产业与科技论坛　2016 年第 19 期
宋代对《大学》诠释的另一路数　夏福英　光明日报　2016 年 5 月 12 日第 16 版
宋代理学正统地位的确立过程研究——以南宋后期为中心　陈微　湖南科技学院学报　2016 年第 1 期
宋代吏隐文化的精神内涵　郝美娟、程磊　西北大学学报（哲学社会科学版）　2016 年第 2 期
宋代儒学与书学的关系　杨开飞　中国书法　2016 年第 7 期
宋代《尚书》学成就及影响　陈良中　中国社会科学报　2016 年 3 月 15 日第 6 版
宋代蜀学研究新识　胡昭曦　中国社会科学报　2016 年 8 月 19 日
宋代遂宁理学大儒傅耆与理学开山祖师周敦颐　胡传淮、陈名扬　文史杂志　2016 年第 1 期
宋代疑古思潮与朱熹《诗集传》的里巷歌谣之说　何昆　兰台世界　2016 年第 8 期
宋代易学中的数字五——以朱震为中心　李震　周易研究　2016 年第 1 期
宋人对以“道”论诗的修正——兼论宋末“以诗言理学”的兴起　祝尚书　西华师范大学学报（哲学社会科学版）　2016 年第 2 期
宋明儒学与浙东学术——董平学术论集　董平　孔学堂　2016 年第 2 期
宋型文化背景下宋代道统论之发展——以孟子道统地位的确立历程为中心　武勇　湖北社会科学　2016 年第 8 期
宋型文化背景下的宋代孟子升格运动　武勇　现代哲学　2016 年第 2 期
宋学与宋代市民文艺的关系　裴晓冬　学术交流　2016 年第 6 期
宋学研究应将外在诠释与内在诠释统一　杨世利　葛金芳教授七十寿庆文集　中山大学出版社　2016 年 1 月
苏轼对庄子思想的接受简论　杜鹏飞　名作欣赏　2016 年第 5 期
苏轼辨孟考　安文研　云南大学学报（社会科学版）　2016 年第 3 期

苏轼道本论与工夫论关系探微 胡金旺 南昌大学学报（人文社会科学版） 2016 年第 1 期
苏轼的“命”观 徐建芳 理论月刊 2016 年第 10 期
苏轼的君子小人论 孙君恒、孙宇辰 博览群书 2016 年第 5 期
苏轼民本思想与中国传统文化的渊源及启示 汤建平 文史杂志 2016 年第 5 期
苏轼“物化”论对晁补之画学思想的影响 李艳 赤峰学院学报（汉文哲学社会科学版） 2016 年第 1 期
苏轼“形”“意”观的探讨 聂涛 民族艺林 2016 年第 4 期
苏轼被贬时期的佛禅思想 弓芊 现代语文（学术综合版） 2016 年第 10 期
苏轼“《春秋》书法”观及其理论基础 杨金平 中华文化论坛 2016 年第 5 期
苏轼的经子之学与叶梦得的追慕之趣 潘殊闲 吉林师范大学学报（人文社会科学版） 2016 年第 6 期
苏辙礼论与史论关系之探究 蒋义斌 第四届海峡两岸“宋代社会文化”学术研讨会论文集 中国文化大学华冈出版部 2016 年 7 月
苏辙《诗集传》以史为据的阐释特征 刘茜 浙江学刊 2016 年第 1 期
孙复《春秋尊王发微》探赜 王耀祖 管子学刊 2016 年第 1 期
太极动静问题比较研究——从朱熹到李滉 刘艳 南昌大学学报（人文社会科学版） 2016 年第 5 期
唐君毅、牟宗三、钱穆对朱熹仁学的不同诠释 乐爱国 东岳论丛 2016 年第 8 期
唐君毅、牟宗三对朱熹格致说的不同阐释 姜家君、乐爱国 福建论坛（人文社会科学版） 2016 年第 11 期
唐宋孟子诠释之演进与孟子升格研究 郭畑 孔子研究 2016 年第 9 期
唐宋道统新探 周炽成 社会科学文摘 2016 年第 4 期
唐宋道统新探 周炽成 哲学研究 2016 年第 3 期
藤原惺窝对朱熹四书学的阐发——以《大学要略》为例 张品端 历史文献研究 2016 年第 37 辑
体用分离——张栻与朱熹的太极之辩 王丽梅 孔子研究 2016 年第 5 期
体用论与传统儒家形而上学 沈顺福 哲学研究 2016 年第 7 期
“天即人 人即天”——朱熹的境界形而上学 宁新昌 佛山科学技术学院学报（社会科学版） 2016 年第 3 期
玩味与涵泳：宋代解经学的一个重要方法 谷继明 中国哲学史 2016 年第 3 期
王安石建构“春秋学”的交游策略 杨天保、陈朋亲 南昌大学学报（人文社会科学版） 2016 年第 3 期
王安石《周礼》诠释的新义 潘斌 唐都学刊 2016 年第 6 期
王夫之、朱熹《诗经》经文评论比较 朱卫平 船山学刊 2016 年第 2 期
《温公家范》中的孝道观述论 张仁玺 东方论坛 2016 年第 5 期
修其本亦难胜之——欧阳修《本论》发覆 徐波 中国图书评论 2016 年第 6 期
医务礼仪的哲学探析——以朱熹礼学为例 李占立、赵群 中国医学伦理学 2016 年第 3 期
“一带一路”的“张载命题” 王义桅 人民日报（海外版） 2016 年 1 月 19 日第 1 版
“一以贯之”之本义澄清——兼论朱熹的“误读”及其意义 席玥桐、刘永春 科学经济社会 2016 年第 2 期
引君当道致君尧舜——二程论格君心之非 李永富 东岳论丛 2016 年第 11 期
宇宙论与价值论之重合与纠缠——朱熹思想中理气关系问题新探 杨俊峰 东方论坛 2016 年第 3 期
由心的出入问题反思张栻之学的式微 李可心 中国哲学史 2016 年第 3 期
再论《近思录》的取材成书与价值取向 王传龙 厦门大学学报（哲学社会科学版） 2016 年第 1 期
“造化何在，吾心而已”——张九成理学体系建构特点及其意义 左志南 南昌大学学报（人文社会科学版） 2016 年第 11 期
张九成对《论语》的禅学解读 韩焕忠 湖湘论坛 2016 年第 14 期

张栻、朱熹对“太极”与“性”关系的不同解读 吴亚楠 江淮论坛 2016年第1期
张栻“太极”即“性”说辨析 吴亚楠 中国哲学史 2016年第2期
张栻对周敦颐之学的继承与发展 周建刚 求索 2016年第11期
张栻宗族思想探析 胡长海 宜宾学院学报 2016年第4期
张载“存天理灭人欲”思想在明末清初的影响及其意义——以清代初期《正蒙》注为核心的考察 张瑞元 宝鸡文理学院学报（社会科学版） 2016年第6期
张载“大心”说的道德使命 莫平安、钟小辉 保险职业学院学报 2016年第5期
张载的“民胞物与”及当代价值 关玉杰 商 2016年第11期
张载：民吾同胞，物吾与也 于文博 中国纪检监察 2016年第19期
张载对《孟子》的诠释及朱子对其的扬弃 李敬峰 兰州学刊 2016年第5期
张载对儒家“仁”学思想的改造及“仁”学定位 郭锋航 宝鸡文理学院学报（社会科学版） 2016年第3期
张载思想对中国体育文化的影响和启示 南秀玲、张金桥 当代体育科技 2016年第24期
张载如何“继绝学” 赵馥洁 光明日报 2016年8月22日第16版
张载的人学思想及其时代价值 夏宇尘、刘天杰 江西社会科学 2016年第12期
张载气化思想考察 孙德仁 西安工业大学学报 2016年第9期
张载及其“横渠四句” 肖伟光 人民日报（海外版） 2016年10月11日第10版
张载四句：中国精神的绝句 肖云儒 光明日报 2016年8月16日第10版
张载“四为句”旨趣新说 石荣伦 连云港师范高等专科学校学报 2016年第3期
张载“四有句”诠解 郑济洲 河北学刊 2016年第2期
张载：“四为”“六有”泽被后世 龚仕建 人民日报（海外版） 2016年11月26日第8版
张载“太虚”哲学初探 张景瑞 宝鸡文理学院学报（社会科学版） 2016年第3期
张载“天道性命相贯通”思想探析 王亚楠 宝鸡文理学院学报（社会科学版） 2016年第3期
张载“天人合一”思想及其特色 林乐昌 长安大学学报（社会科学版） 2016年第3期
张载《西铭》中的三种秩序 杨奇凡 濮阳职业技术学院学报 2016年第6期
张载学术使命意识的深湛义蕴及其现代启示 赵馥洁 华夏文化 2016年第4期
张载的生态哲学思想及其对生态文明建设的意义 兰佳敏 西安建筑科技大学学报（社会科学版） 2016年第5期
张载《正蒙》中“德”之意蕴及其教育意义 朱慧芸 陕西教育（高教） 2016年第7期
张载哲学思想中的“有无”探析 李文斌 陕西学前师范学院学报 2016年第12期
哲学解释学与朱熹诚信思想考论 兰浩 海南师范大学学报（社会科学版） 2016年第10期
郑伯谦《周礼》诠释的特色 杨玲、潘斌 湖北民族学院学报（哲学社会科学版） 2016年第3期
郑汝谐《论语意原》的诠释特色 唐明贵 廊坊师范学院学报（社会科学版） 2016年第2期
郑玄、孔颖达与朱熹对《中庸》诠释的异同 张培高、吴祖刚 西南民族大学学报（人文社科版） 2016年第4期
“中国”观念的重塑——论宋初的谨辨华夷与诋佛尊经 李晓红、刘培 理论学刊 2016年第1期
《中庸》的君子观——以《中庸章句》为基础 何善蒙、楼闻佳 集美大学学报（哲社版） 2016年第2期
周敦颐“诚”的道德思想研究 许敬辉 河北民族师范学院学报 2016年第4期
周敦颐“公”之价值观下的法治思想 傅秋涛 湖南科技学院学报 2016年第1期
周敦颐《太极图说》的理学心理学思想述略 陈坤、李佳 黑龙江社会科学 2016年第5期
周敦颐《通书》“无欲”思想初探 王雪霏 太原城市职业技术学院学报 2016年第12期
周敦颐与北宋理学之形成 周建刚 湖南科技学院学报 2016年第6期
周敦颐与宋明理学思想谱系的相关问题 周建刚 湖南科技学院学报 2016年第7期

朱熹、陈亮王霸之辨新论　杨世利　黄河科技大学学报　2016 年第 6 期
朱熹的《格物补传》和王阳明的《大学问》——围绕《大学》版本的两派分歧　林可济　福建论坛（人文社会科学版）　2016 年第 3 期
朱熹诚信思想对佛教因果报应说的疏离研究　兰浩　宁夏社会科学　2016 年第 6 期
朱熹“出入释老”发微　刘永强　国学学刊　2016 年第 4 期
朱熹《论语集注》所表现的伦理学形态——以仁、义、礼三个概念为中心　陈华波　唐都学刊　2016 年第 6 期
朱熹的“理”：“生生之理”还是“只存有而不活动”——以唐君毅、牟宗三的不同诠释为中心　乐爱国　厦门大学学报（哲学社会科学版）　2016 年第 1 期
朱熹的“理”：“所以然”还是“所当然”——以李相显、唐君毅的观点为中心　乐爱国　四川大学学报（哲学社会科学版）　2016 年第 2 期
朱熹的“理生气”说　冯兵　中国社会科学报　2016 年 6 月 7 日第 2 版
朱熹的“天地之心”与理气的关系——以唐君毅、牟宗三的不同诠释为中心　乐爱国　徐州工程学院学报（社会科学版）　2016 年第 5 期
朱熹的“天地之心”意识论——一神论与无神论在本体维度的跨文化思考　任博克、郭晨　燕山大学学报（哲学社会科学版）　2016 年第 4 期
朱熹的另一个论敌——陈亮哲学与陆九渊的亲和性　［日］中岛谅　贵阳学院学报（社会科学版）　2016 年第 4 期
朱熹的儒家“恤民”“爱民”思想与践行　黄家鹏　福建理论学习　2016 年第 6 期
朱熹的易学推类方法论探析　郎需瑞　周易研究　2016 年第 4 期
朱熹德福观及其当代价值　陶有浩　上饶师范学院学报　2016 年第 5 期
朱熹对苏轼《易传》《书传》不同评价原因的探析　段天姝　学术探索　2016 年第 2 期
朱熹对《乐记》的理学化阐释　孙小迪　交响（西安音乐学院学报）　2016 年第 3 期
朱熹对《五经》鬼神观的诠释　翟奎凤　河北学刊　2016 年第 6 期
朱熹经典诠释方法论及其启示　陶文萍　学理论　2016 年第 2 期
朱熹经学诠释视角下的工夫论　康宇　哲学动态　2016 年第 1 期
朱熹礼学本体论研究　许慧敏、许伟　山东行政学院学报　2016 年第 2 期
朱熹理学思想对领导干部道德自律的借鉴意义　董励华　中共福建省委党校学报　2016 年第 3 期
朱熹“理一分殊”思想的形成——以《延平答问》为核心的思想史研究　许伟　江南大学学报（人文社会科学版）　2016 年第 2 期
朱熹“明天理，灭人欲”当代价值新解　方彦寿　东南学术　2016 年第 3 期
朱熹批判扬雄意图探析　陈伦敦　武夷学院学报　2016 年第 2 期
朱熹儒学思想述论　杨锦富　贵州文史丛刊　2016 年第 2 期
朱熹释屈原之“忠”　孙光　光明日报　2016 年 6 月 24 日第 11 版
朱熹“十六字心传法”之发微　刘腾飞　太原师范学院学报（社会科学版）　2016 年第 6 期
朱熹义利观的当代价值　冯兵　光明日报　2016 年 8 月 3 日第 14 版
朱熹哲学中的欲望与秩序　崔亨植　管子学刊　2016 年第 3 期
朱熹正义思想探析　朱璐　哲学研究　2016 年第 4 期
朱熹中期内圣道学学术旨归论　徐公喜、吴京红　上饶师范学院学报　2016 年第 1 期
朱震所述易学传承谱系之管见　陶英娜　周易研究　2016 年第 1 期
朱子理学思想在福建的传播和影响　林元昌、周虹云　武夷学院学报　2016 年第 11 期
朱子理学与明清廉政文化建设　周振华、余龙生　廉政文化研究　2016 年第 6 期
朱子学公私观的一种政治史考察——以“雪川事变”为线索　陈晓杰　复旦学报（社会科学版）　2016 年第 3 期

《诸儒鸣道》中的江公望及其心性说　邱佳慧　第四届海峡两岸“宋代社会文化”学术研讨会论文集　中国文化大学华冈出版部　2016 年 7 月
字学：王安石学术嬗变的枢纽　胡金旺　学术交流　2016 年第 3 期
“醉”：宋代蜀学之审美境界　谭玉龙　文艺评论　2016 年第 11 期

十二　宗教

北宋敕额牒格式探析　赵静　滨州学院学报　2016 年第 1 期
北宋景灵宫国忌行香略论　王蒙　宗教学研究　2016 年第 2 期
北宋云门宗僧人数量考实　葛洲子　南京晓庄学院学报　2016 年第 3 期
北宋法远禅师与浮山佛教文化的兴盛　宋豪飞　池州学院学报　2016 年第 1 期
北宋时期河南地区禅宗宗派与分布研究　赵娜　北方论丛　2016 年第 6 期
禅宗祖师像的图像模式研究——以禅宗三祖僧璨像为中心　陈粟裕　世界宗教研究　2016 年第 4 期
刍论北宋太宗朝峨眉山普贤道场的确立　韩坤　中华文化论坛　2016 年第 1 期
从宋真宗西祀汾阴看北宋汾阴后土祠地位　姚媛媛　运城学院学报　2016 年第 2 期
福州福寿宫摩尼教神祇探原　彭晓静、杨富学　世界宗教研究　2016 年第 3 期
甘博藏《报父母恩重经变》之文化融合研究　杨丽婷　美与时代（下）　2016 年第 5 期
古琴与修行——以宋代白玉蟾的诗文为例　陈进国　文化遗产　2016 年第 2 期
基于禅宗心性论与宋明理学心性论关系所作的思考——以分灯禅、朱熹、陆九渊心性思想为例　耿静波　船山学刊　2016 年第 2 期
略论宋代东南沿海的海神崇拜现象——以两浙地区为中心　陈国灿、鲁玉洁　江西社会科学　2016 年第 7 期
论南宋“吃菜事魔”与明教、白莲教的关系　范立舟　杭州师范大学学报（社会科学版）　2016 年第 3 期
眉山水陆考　侯冲、张蓓蓓　华东师范大学学报（哲学社会科学版）　2016 年第 1 期
南宋高僧灵隐慧远行实地考察　黄豪　宗教学研究　2016 年第 1 期
“上无攀仰，下绝己躬”——雪窦重显禅学思想摭论　刘弋枫　西南交通大学学报（社会科学版）　2016 年第 1 期
神照本如生平及其思想　释可祥　法音　2016 年第 11 期
宋词中的道教美学思想　唐君红　中国宗教　2016 年第 12 期
宋代文人对《抱朴子内篇》的接受　张振谦　兰州学刊　2016 年第 3 期
宋代道教驱邪模式与世俗政治关系初探　张悦　史林　2016 年第 5 期
宋代成都佛教义学及其与巴蜀禅僧的关系　段玉明　西南民族大学学报（人文社科版）　2016 年第 4 期
宋代民变与摩尼教的蟠结和原委　杨富学、彭晓静　石河子大学学报　2016 年第 3 期
宋代陆使君信仰研究——兼论蜀三大神合祀的区域祠神整合　陈晔　江西社会科学　2016 年第 2 期
宋代水上信仰的神灵体系及其新变　黄纯艳　史学集刊　2016 年第 6 期
宋徽宗时的道士和道官群　王曾瑜　华中国学　2016 年总 5 卷
宋元时期兴化军文人对妈祖形象的建构　钟祺　海峡教育研究　2016 年第 1 期
宋儒的佛教识度与儒佛关系　李承贵　福建论坛（人文社会科学版）　2016 年第 4 期
宋太祖与《开宝藏》　田建平　中国出版史研究　2016 年第 1 期
宋元清规儒家化考论　杨逸　宗教学研究　2016 年第 4 期
苏轼与道教内丹养生　张振谦　哈尔滨工业大学学报（社会科学版）　2016 年第 6 期
唐宋外丹新类型初探　盖菲　宗教学研究　2016 年第 2 期
唐宋舍利信仰变化——以泾川出土舍利铭文为例　赵世金、马振颖　西夏研究　2016 年第 3 期
唐宋舍利信仰的变化——以泾川出土舍利铭文为例　马振颖、赵世金　天水师范学院学报　2016 年第

4 期

《夷坚志》所见南宋四川的民间信仰与民生　杨宗红　求索　2016 年第 9 期

《夷坚志》所见宋代僧道的另一面（下）　刘树友　渭南师范学院学报　2016 年第 11 期

在调和与融通之间：唐宋变迁视野下的三教互动　虞云国　河北大学学报（哲学社会科学版）　2016 年第 2 期

周世宗禁佛与北宋初期佛教政策的转变　潘其光　开封大学学报　2016 年第 2 期

十三　史学

从“陈桥兵变”与“烛影斧声”谈史学观　高伟　内蒙古民族大学学报（社会科学版）　2016 年第 3 期

从《资治通鉴》的编撰看司马光的编辑能力　李小娟　运城学院学报　2016 年第 2 期

从《资治通鉴》看历史如何资治　刘后滨　秘书工作　2016 年第 11 期

从《王安石传》看梁启超的新史学思想　徐静　宜春学院学报　2016 年第 8 期

“大宋史”之说不可取　景爱　中国社会科学报　2016 年 5 月 3 日第 4 版

故事与发明故事：“半部论语治天下”考　陆敏珍　学术月刊　2016 年第 4 期

故事与发明故事：“半部论语治天下”考　陆敏珍　第四届海峡两岸“宋代社会文化”学术研讨会论文集　中国文化大学华冈出版部　2016 年 7 月

何谓“中古”？——“中古”一词及其指涉时段在中国史学中的模塑　谢伟杰　中国中古史集刊（第二辑）　商务印书馆　2016 年

论流人记忆书写中的直笔与曲笔——以《松漠纪闻》与《宁古塔志》的比较为中心　周乔木　福建广播电视大学学报　2016 年第 6 期

论司马光的历史盛衰总结　庞天佑　武陵学刊　2016 年第 3 期

论苏轼的史学成就　李哲　南昌师范学院学报　2016 年第 5 期

论宋代图经向方志的转变——以图的变化为中心　王旭　史学史研究　2016 年第 2 期

南宋浙东史学大发展原因探析　邢莺莺　名作欣赏　2016 年第 5 期

欧阳修撰写《范仲淹神道碑》理念探析　仝相卿　第四届海峡两岸“宋代社会文化”学术研讨会论文集　中国文化大学华冈出版部　2016 年 7 月

欧阳修自传的史学价值与叙事策略　王莹　中州学刊　2016 年第 10 期

司马光儒门史学实践的内在冲突——兼论程颐、朱熹与司马光史观之差异　孙颖涛　史学月刊　2016 年第 11 期

宋代历史评论的价值、缺陷与嬗变　张宇　东南学术　2016 年第 4 期

宋代历史评论何以走向繁荣　张宇　中国社会科学报　2016 年 4 月 18 日第 4 版

宋代政治史研究应把握四要素　田志光　中国社会科学报　2016 年 11 月 28 日第 4 版

苏洵《嘉佑集·史论》初探　常征江　史学史研究　2016 年第 1 期

苏辙对司马迁的史学批评　娄梦然　华中师范大学研究生学报　2016 年第 2 期

天命、梦兆与妇德实践——《宋史·高宗宪圣慈烈吴皇后传》内容试探　施译涵　兴大人文学报　2016 年第 56 期

王夫之《宋论》中对文天祥的批判　熊锐　中国典籍与文化　2016 年第 3 期

汪藻诗歌的史料与文献价值考论　戎默　南昌师范学院学报　2016 年第 8 期

疑古惑经与经世致用的史家风范——欧阳修的历史观与治史方法　黄惠运　三峡大学学报（人文社会科学版）　2016 年第 5 期

袁枢的读者意识及其编撰策略——以《通鉴纪事本末》为考察对象　晋海学　山西大学学报（哲学社会科学版）　2016 年第 6 期

十四　历史地理

北宋东京的人口分布与空间利用　梁建国　中国经济史研究　2016 年第 6 期
北宋东京金水河的作用及其保护措施　孙婧悦　华北水利水电大学学报（社会科学版）　2016 年第 5 期
北宋东京与太原间驿路考　王文楚　中华文史论丛　2016 年第 1 期
北宋东西陆路交通之经营　李华瑞　求索　2016 年第 2 期
北宋黄河流域的河患与城市水患　李大旗　三门峡职业技术学院学报　2016 年第 4 期
北宋“黄河清”现象探析　王琳珂　唐山师范学院学报　2016 年第 3 期
北宋士人的地理意识与家乡观念——从欧阳修的“思颍”与“薄吉州”入手　方丽萍　临沂大学学报　2016 年第 4 期
“北宋梁山”与“包头梁山”的形成原因及性质研究　程玉娟　才智　2016 年第 27 期
北宋路域耕地面积重建及时空特征分析　何凡能、李美娇、刘浩龙　地理学报　2016 年第 11 期
北宋吕大防《长安图》补绘研究　王树声、崔凯、王凯　城市规划　2016 年第 12 期
北宋中期路域耕地面积的再估算　李美娇、何凡能、刘浩龙　地理研究　2016 年第 12 期
北宋时期汴河的治理及其漕运管理　刘春迎　开封大学学报　2016 年第 3 期
北宋时期密州板桥镇的兴起　史铭镜　荆楚学刊　2016 年第 3 期
程大昌对西北边疆故土的地理认知——基于《北边备对》历史地理价值分析　马巍　华夏文化　2016 年第 3 期
传承、纪念与寄托——宋代府名浅析　周玥　东岳论丛　2016 年第 4 期
从“临江扩城备战”到“两江四岸发展”——唐宋虔州城市格局演变　吴运江、刘小刚、李炎　华中建筑　2016 年第 10 期
从镇州兴废看宋代海南岛经略思想的演变　查群　海南师范大学学报（社会科学版）　2016 年第 5 期
从宋版“京城四图”看临安城基本保障系统的构建　姜青青　国际社会科学杂志（中文版）　2016 年第 3 期
达州塔陀史实考述　蔡东洲、刘菊　四川文理学院学报　2016 年第 3 期
地理空间与交游场域——南宋临安百官宅考论　许浩然　史林　2016 年第 1 期
古代城市里坊制的变迁　赖晨　文史春秋　2016 年第 4 期
汉江上游北宋时期洪水事件的沉积记录和文献记录对比　靳俊芳、殷淑燕、王学佳　山地学报　2016 年第 3 期
9—13 世纪山会平原水环境与水利系统演变　耿金　中国历史地理论丛　2016 年第 3 期
两宋乡治体系中“管”的几个问题　朱奎泽　甘肃社会科学　2016 年第 6 期
论宋代的“物资转输区域”　张勇　云南社会科学　2016 年第 4 期
论隋唐大运河对汴宋地区的影响　戚文闯　晋城职业技术学院学报　2016 年第 2 期
《洛阳名园记》之“大字寺园”考　李优优　文学教育（上）　2016 年第 5 期
《妙胜院敕碑》释考——兼论天水、昧谷、西、邽之地望　蔡副全　中国边疆史地研究　2016 年第 4 期
南京应天府研究——以建制为中心　韩桂华　第四届海峡两岸“宋代社会文化”学术研讨会论文集　中国文化大学华冈出版部　2016 年 7 月
南宋森林覆盖率及其变迁原因研究　张全明　国际社会科学杂志（中文版）　2016 年第 3 期
南宋孝宗朝扬州城池建设考——兼论地方视野下的“孝宗恢复”　何适　史林　2016 年第 2 期
浅析《清明上河图》中的城市空间格局　魏海龙　科技创新导报　2016 年第 9 期
《清明上河图》中的市肆研究　袁朝晖、钟灵毓　建筑与文化　2016 年第 11 期
试论北宋西京洛阳宫城、皇城的布局及其演变　韩建华　考古　2016 年第 11 期
水利，水害与城市：北宋开封兴衰的历史启示　郝媛媛　三门峡职业技术学院学报　2016 年第 4 期
宋《平江图》与古代苏州城市的规划与布局　俞绳方　中国文化遗产　2016 年第 1 期

宋朝信武殿所在地辨——兼与陈子彬、齐敬之先生商榷　郭爱民　华北水利水电大学学报（社会科学版）　2016 年第 6 期
宋代地图学的发展与苏轼对地图学的关注　沈一民　西华大学学报（哲学社会科学版）　2016 年第 2 期
宋代运河的水情与航行　黄纯艳　史学月刊　2016 年第 6 期
宋代长江航行方式及港口体系　黄纯艳　上海师范大学学报（哲学社会科学版）　2016 年第 1 期
宋代近海航路考述　黄纯艳　中华文史论丛　2016 年第 1 期
宋代湖州城的"界"与"坊"　来亚文、钟翀　杭州师范大学学报（社会科学版）　2016 年第 1 期
宋代以来常州城中的"厢"——城市厢坊制的平面格局及演变研究之一叶　钟翀、方毓琦、王晓媛、徐婕莉、胡晶晶　杭州师范大学学报（社会科学版）　2016 年第 1 期
宋代三种物资转输地理格局的分解　张勇　史林　2016 年第 2 期
宋代乡村"管"制再释　包伟民　中国史研究　2016 年第 3 期
宋都开封——北方水城地脉的变迁与维护　李亚卿　中国经贸导刊　2016 年第 32 期
宋与北汉交通道路研究　马巍、张健　山西广播电视大学学报　2016 年第 3 期
宋元石塘、长沙与南海地名的稳定化趋势　李彩霞　海南师范大学学报（社会科学版）　2016 年第 7 期
隋唐至北宋时期河洛地区与周边区域的文化交流　顾懿德　科技视界　2016 年第 18 期
太原城市形态回溯——从北宋到明初　行鸣、傅婷婷　华中建筑　2016 年第 7 期
唐宋时期犍为县治所略考　任江　中国历史地理论丛　2016 年第 4 期
王朝疆域下宋人的"西南"区域观念及演变　杜芝明　云南社会科学　2016 年第 6 期
王朝疆域下宋人的"西南"区域观念探究　杜芝明　社会科学文摘　2016 年第 12 期
新旧叠加：中国近古乡都制度的继承与演化　包伟民　中国经济史研究　2016 年第 2 期

十五　语言文字

程朱二氏"四声互用"说考源　刘晓南　语文研究　2016 年第 4 期
《辞源》等"法乳"条指谬　程民生　南都学坛　2016 年第 2 期
从宋代笔记看宋人语音观念　凌宏惠　湘南学院学报　2016 年第 3 期
《都城纪胜》语言研究　黄辉玲　上海师范大学学报　2016 年 2 月
关于汉字异读音处理的探讨——从秦桧名读音谈起　张萍　河南广播电视大学学报　2016 年第 4 期
关于北宋版《通典》所见之"鞊鞨"——对"鞊鞨"一词的文献学考察　胡梧挺　中国典籍与文化　2016 年第 2 期
洪迈《容斋随笔》语言研究　纪国峰　语文建设　2016 年第 8 期
黑水城出土宋代汉文社会文献词语选释　邵天松　常熟理工学院学报　2016 年第 5 期
《集韵》新增特殊小韵考　雷励　兴义民族师范学院学报　2016 年第 4 期
《梦溪笔谈》词语考释　陈路　绵阳师范学院学报　2016 年第 1 期
《能改斋漫录》科举词汇考释　王中宇、王虎　辽东学院学报（社会科学版）　2016 年第 3 期
"泥活字"一词源流小考　方晓阳　中国出版史研究　2016 年第 2 期
李焘改编《说文解字五音韵谱》的历史意义　白石将人　中国典籍与文化　2016 年第 3 期
《齐东野语》中的亲属称谓语研究　吕玲娣　阜阳师范学院学报（社会科学版）　2016 年第 2 期
《碛砂藏》随函音义所见宋代福建方音考　李广宽　长江学术　2016 年第 1 期
《全宋词》中汉语量词的分布特征及其修辞之美　彭慧　汉字文化　2016 年第 3 期
《说文偏旁字源》研究　何山　辞书研究　2016 年第 4 期
宋代的方言观及方言研究论略　王耀东　语文研究　2016 年第 2 期
宋代笔记词语选释　陈路　重庆文理学院学报（社会科学版）　2016 年第 3 期
宋代笔记与宋人构词理论探析　凌宏惠　宜春学院学报　2016 年第 8 期
宋金对峙时期南方文献中官话方言词考察　张海媚　汉语学报　2016 年第 1 期

宋末梦真诗韵与安徽宣城吴语 丁治民 语文研究 2016 年第 4 期
《宋史·选举志》词汇研究 王虎、张彤 古籍整理研究学刊 2016 年第 3 期
《云麓漫钞》词汇研究与《汉语大词典》词目订正 王中宇、陈晓东 绥化学院学报 2016 年第 6 期
《云麓漫钞》词汇研究与《汉语大词典》词目订正 王虎、王中宇 衡阳师范学院学报 2016 年第 2 期

十六 文学

《爱莲说》美在意趣丰富——周敦颐《爱莲说》文化审视初探 江鑫梅 语文知识 2016 年第 7 期
白居易的闲适诗创作对苏轼诗的影响 郑元清 湖北经济学院学报（人文社会科学版） 2016 年第 1 期
白石词的色彩表现艺术 周媛 安庆师范学院学报（社会科学版） 2016 年第 1 期
白体接受视域下邵雍与司马光诗歌比较论析 庞明启 湖北社会科学 2016 年第 2 期
百代之中：宋代行记的文体自觉与定型 成玮 文学遗产 2016 年第 4 期
北宋东京樊楼与古代文学创作探析 景遐东、史悦 湖北师范学院学报（哲学社会科学版） 2016 年第 3 期
北宋新旧党争影响下的笔记小说创作 程国赋、叶菁 陕西师范大学学报（哲学社会科学版） 2016 年第 6 期
北宋经学与文学关系之宏观考察 高明峰 河北科技师范学院学报（社会科学版） 2016 年第 1 期
北宋前期词作中转调与犯调现象研究 姚逸超 暨南学报（哲学社会科学版） 2016 年第 8 期
北宋润州词中的都市风情 李辉 社科纵横 2016 年第 11 期
北宋诗僧释守卓颂古诗研究 叶德平 第十八届韩中文化论坛论文 2016 年 9 月
北宋士人的人格特征与其笔记创作的新变 刘师健 湘潭大学学报（哲学社会科学版） 2016 年第 2 期
北宋吏、隐与老庄之学 张记忠 中国文学研究 2016 年第 4 期
北宋著名学者王得臣论杜注杜考论 吴怀东、徐昕 淮南师范学院学报 2016 年第 1 期
比较研究方法在《容斋随笔》文学作品中的使用 李张召 佳木斯职业学院学报 2016 年第 8 期
比喻在婉约词中的美感体现 蒋文胜 辽东学院学报（社会科学版） 2016 年第 3 期
笔作剑锋长——简论辛弃疾词中的“剑”意象 甄强 佳木斯大学社会科学学报 2016 年第 4 期
汴京词都论——汴京对宋词发展的巨大贡献 程民生 社会科学战线 2016 年第 4 期
“别是一家”与“自是一家”——唐宋词论之“本色论”辨析 王永豪、吴恺 中国石油大学学报（社会科学版） 2016 年第 2 期
“不得体”的社交表达：陆游的人际关系诗歌论析 吕肖奂 四川大学学报（哲学社会科学版） 2016 年第 1 期
蔡伸与向子諲词作优劣论辩 李璇 闽江学院学报 2016 年第 4 期
曹冠词之特征探析 郑斌 西昌学院学报（社会科学版） 2016 年第 3 期
“茶酒古道”与北宋文人 何申 文学自由谈 2016 年第 5 期
茶与苏东坡写茶作品的研究 亓元 福建茶叶 2016 年第 3 期
茶中禅理——基于黄庭坚茶诗作品的具体分析 申田 福建茶叶 2016 年第 11 期
陈廷焯把握碧山词路径及其再评估 张兆勇 三峡大学学报（人文社会科学版） 2016 年第 2 期
陈廷焯与王国维对贺铸词评价的比较研究 朱庆林 长春教育学院学报 2016 年第 3 期
程垓思乡词研究 何倩 名作欣赏 2016 年第 26 期
陈龙川及其寿词浅析 陈晨、高侠 牡丹江大学学报 2016 年第 1 期
诚斋诗小品 邓国栋 秘书 2016 年第 4 期
城市空间视角下的宋词创作 刘睿 云南师范大学学报（哲学社会科学版） 2016 年第 4 期
城市雅集、文学场域与湖州城镇文化的建构——以北宋湖州六客亭雅集及其经典化为核心的探索 刘方 湖州师范学院学报 2016 年第 5 期
从《白雨斋词话》对宋词的评论看其“沉郁”说 贺文锋 牡丹江师范学院学报（哲学社会科学版）

2016年第4期
从北宋杜诗写本异同看学杜风尚与宋调成熟　王苑　淮阴师范学院学报（哲学社会科学版）　2016年第2期
从《沧浪亭记》看苏舜钦出世与入世的矛盾心理　华艳霄、刘周　文学教育（上）　2016年第4期
从《东坡志林》看苏轼的柳宗元观　王苑　沈阳大学学报（社会科学版）　2016年第5期
从对苏轼的接受看宋代诗话的党争立场　周萌　汉语言文学研究　2016年第1期
从广西作品看苏轼晚年的本色人生　吴敬玲　名作欣赏　2016年第8期
从三个诗学命题看苏东坡文论的佛教背景　高云鹏　西华大学学报（哲学社会科学版）　2016年第6期
从三首词看辛弃疾一生的心路历程　王华、戈庆华　滁州职业技术学院学报　2016年第1期
从宋代女词人作品中论析女性情愁　周世辉　大众文艺　2016年第8期
从《风雅翼》看宋元理学"新文统"影响下的李白诗接受誉　高槐、廖宏昌　广东社会科学　2016年第2期
从"斢"字看宋诗审美取径　王正刚　皖西学院学报　2016年第3期
从"简而有法"到"辞达而已"——论欧阳修与苏轼文章学的差异　陆德海　西华大学学报（哲学社会科学版）　2016年第4期
从两类文献看苏轼杜诗批评的成就与特色　张思齐　福州大学学报（哲学社会科学版）　2016年第4期
从柳永的词透视其反叛性　程峰　大众文艺　2016年第21期
从陆游诗词绝句中探析其情感世界的悲哀　孙利华　现代语文（学术综合版）　2016年第9期
从入世与出世角度看曾巩前后期诗歌风格的变化——以选景和师法对象为例　唐亚飞　赤峰学院学报（汉文哲学社会科学版）　2016年第5期
从实时评价到历时接受——论贾似道在诗歌中的形象嬗变　张春晓　暨南学报（哲学社会科学版）　2016年第3期
从《水龙吟》看辛弃疾的身份认同困境　常晓军　文学教育（下）　2016年第1期
从宋代题画诗看宋诗的理趣　宋佳俊、黄雨芯　老区建设　2016年第8期
从宋诗词看宋代梅花文化　董碧娜　文学教育（上）　2016年第7期
从宋诗词中探析宋代蹴鞠活动的语言描写　熊振华　语文建设　2016年第11期
从苏轼《次荆公韵四绝·其二》析其诗歌创作　吴莉莉　现代语文（学术综合版）　2016年第4期
从苏轼的《江城子》看古代悼亡诗词　朱英姿　济南职业学院学报　2016年第4期
从"外王"到"内圣"——论李光的诗歌创作　黄之栋　嘉应学院学报　2016年第4期
从《夜读兵书》感悟陆游诗篇的爱国情怀　姚建华　文学教育（下）　2016年第11期
从张齐贤的《自警诗》说起　何永炎　科教文汇（上旬刊）　2016年第7期
从张载《剑阁铭》窥探蜀道剑门诗歌　张爽　职大学报　2016年第3期
从中国古典爱情脚本观陆游《钗头凤》　孙彦娜、万小磊　戏剧之家　2016年第24期
愁情如海爱为怀——谈秦观爱情词　郑春　语文知识　2016年第12期
"愁绪"意象化的符号学批评——《青玉案·凌波不过横塘路》的文本解读　赵晓芳　大众文艺　2016年第6期
刍议张孝祥词题材内容与情感特征　叶新源、汪文琴、李昕　赣南师范学院学报　2016年第2期
此心安处是吾乡——苏轼流寓文学及其禅学审视　赵德坤　乐山师范学院学报　2016年第11期
"道"：曾巩文学思想的核心范畴　于晓川　甘肃社会科学　2016年第3期
地域景观的塑造：黄庭坚影响下的快阁书写　范金晶　湖北社会科学　2016年第11期
丁谓词作年、本事考　楼培　江海学刊　2016年第2期
《东坡志林》：审美趣味与书写策略　刘师健　求索　2016年第3期
读《渭南文集》表笺文札记　朱迎平　绍兴文理学院学报（哲学社会科学版）　2016年第2期
读《五凤楼赋》　胡斌　文史杂志　2016年第1期

读《元日》有感　一北　湖南农业　2016 年第 2 期
读蔡梦弼《杜工部草堂诗话》札记（一）　杨胜宽　杜甫研究学刊　2016 年第 2 期
读唐宋诗词、在今天价值何在　莫砺锋　新华日报　2016 年 4 月 19 日第 18 版
读王荆公作品札记三则　方言　宁波广播电视大学学报　2016 年第 1 期
对刘敞《春秋》五书的解读　侯步云　兰台世界　2016 年第 5 期
多重价值视野中的诗坛嗣响——邵雍诗歌元明以来影响探析　袁辉　聊城大学学报（社会科学版）2016 年第 2 期
多重拓展视角下柳永词与唐五代词比较　程芳萍　菏泽学院学报　2016 年第 4 期
范成大的田园世界及其创作成就　王敏杰　名作欣赏　2016 年第 12 期
范成大的五言古诗　王开春　国学学刊　2016 年第 1 期
范成大路过江津留诗话　庞国翔　红岩春秋　2016 年第 7 期
范成大旅徽及诗歌创作　汤洪丽、陈文苑　楚雄师范学院学报　2016 年第 11 期
范成大田园诗研究述评　刘存明　漯河职业技术学院学报　2016 年第 6 期
方回的“诗之精者为律”论——兼论宋代古诗与近体诗之争　田金霞　淮阴师范学院学报（哲学社会科学版）　2016 年第 6 期
放翁之醉——陆游饮酒与其人其诗之关系　张剑　江海学刊　2016 年第 4 期
赋到沧桑句便工——姜夔《扬州慢》赏析　刘楷　语文知识　2016 年第 1 期
腹有诗书气自华——赏析东坡一句诗　田永清　秘书工作　2016 年第 1 期
关于文学史上宋、辽、金、元界定的再审视　何跞　兰台世界　2016 年第 2 期
关于早期全真道诗词研究的若干问题　罗争鸣　宗教学研究　2016 年第 1 期
关于黄庭坚蜀中特产创作的研究　陈善巧　四川省干部函授学院学报　2016 年第 6 期
关于秦观佚诗《梅花百咏》的质疑　王昊　中国韵文学刊　2016 年第 3 期
“观天地生物气象”——程颢《秋日偶成》鉴赏　余群　名作欣赏　2016 年第 20 期
工拙之界：宋代诗学的一个枢纽　潘静如　中国文学研究　2016 年第 3 期
龚相《复斋漫录》与龚颐正《芥隐笔记》　黄启芳　国学学刊　2016 年第 2 期
过片不要断了曲意——论姜白石词的过片艺术　周一帆　现代语文（学术综合版）　2016 年第 3 期
韩愈颠覆“子夏作《序》”与宋代《诗》学格局的确立　刘毓庆、唐婷　南京师大学报（社会科学版）2016 年第 1 期
汉中地理对陆游“汉中诗文”的影响　石祥　文史博览（理论）　2016 年第 4 期
豪放与婉约的矛盾融合——辛词叠字的婉约风格解析　陈国平　鄂州大学学报　2016 年第 4 期
贺铸另拟新词题现象探微　李晟萱　兰州教育学院学报　2016 年第 1 期
淮左名都如此，人何以堪——分析姜夔《扬州慢·淮左名都》中黍离之悲的表达　陈亚梅　现代语文（学术综合版）　2016 年第 11 期
《虎丘十咏》诗跋形成及东传日本考　江静、许语　文献　2016 年第 5 期
画境诗心：陆游山水田园诗的构图与诗体选择　诸雨辰　文艺评论　2016 年第 1 期
黄庭坚“高妙”读词考论——兼论苏轼《卜算子》的宋代阐释史　韩立平　作为理论资源的中国文论——古代文学理论研究（第四十二辑）　2016 年 6 月
黄庭坚诗三首证伪　张炎　古籍整理研究学刊　2016 年第 1 期
黄庭坚诗文中的净土思想　黄文翰　南昌教育学院学报　2016 年第 3 期
黄庭坚文赋浅论　余慕怡　湖南广播电视大学学报　2016 年第 4 期
“海北天南总是归”：苏轼诗歌中的“归处”　宁雯　海南大学学报（人文社会科学版）　2016 年第 4 期
《后赤壁赋》：苏轼的又一次精神突围　袁海锋　语文知识　2016 年第 11 期
徽宗颂声与歌坛繁荣　杨晓霭　古典文学知识　2016 年第 3 期

惠洪茶诗与茶禅　金杰　名作欣赏　2016 年第 23 期
基于迁移学习的唐诗宋词情感分析　吴斌、吉佳、孟琳、石川、赵惠、李仪清　电子学报　2016 年第 11 期
困顿与超越：宋代的疾病书写　冯丽霞　中国社会科学报　2016 年 3 月 7 日第 5 版
“家风”与陆游的诗歌书写　郭玉琼、李金松　绍兴文理学院学报（哲学社会科学）　2016 年第 2 期
稼轩词五首系年考辨　王兆鹏、吴琼　齐鲁学刊　2016 年第 6 期
简述宋代“海岛妇人”类小说对释典故事的继承与流变——以《夷坚志》为中心　司聃　贵州社会科学　2016 年第 10 期
姜夔《扬州慢》的艺术特色　刘楷　文学教育（上）　2016 年第 1 期
江湖诗人的公共“文坛”——以月泉吟社为中心　熊海英　湖北大学学报（哲学社会科学版）　2016 年第 6 期
蒋捷《竹山词》在语言上呈现的江南底色　何振茹　江苏地方志　2016 年第 6 期
京镗及其节序词简论　王文丹　齐齐哈尔师范高等专科学校学报　2016 年第 5 期
经典与接受：常州词派后期的转变——从姜夔、吴文英到苏轼　周焕卿　中国韵文学刊　2016 年第 4 期
经典诗文教学的审美意义——以苏轼《记承天寺夜游》为例　张栋栋　教学与管理　2016 年第 25 期
经学为“体”，文学为“用”——欧阳修《诗经》阐释的二元维度　秦蓁　孔子研究　2016 年第 5 期
靖康之难与陈与义诗学观的转变　吴晟　中国韵文学刊　2016 年第 2 期
酒与南宋词人的家国情怀　张彤彤　咸阳师范学院学报　2016 年第 5 期
菊品与诗心——论欧阳修十年迁谪期的菊花诗　李晶晶　湖州师范学院学报　2016 年第 7 期
举杯消愁愁更愁——略谈辛弃疾词中之“醉”　吴慧媛　语文学刊（外语教育教学）　2016 年第 12 期
抗日战争时期陆游爱国诗词的影响与接受　郑永晓　华南师范大学学报（社会科学版）　2016 年第 1 期
狂狷——唐宋词与人生（之五）　戚氏凄凉一曲终——说柳三变　徐晋如　社会科学论坛　2016 年第 1 期
狂狷——唐宋词与人生（之六）　欲将沉醉换悲凉——说晏小山　徐晋如　社会科学论坛　2016 年第 2 期
狂狷——唐宋词与人生（之十）　此地宜有词仙——说姜白石　徐晋如　社会科学论坛　2016 年第 6 期
雷大使之舞何以非“本色”？——兼论宋代“本色”论兴起的历史因缘　姜荣刚　苏州大学学报（哲学社会科学版）　2016 年第 1 期
“理趣”诗的语言特色分析　朱媛　名作欣赏　2016 年第 33 期
“理性美”与“感性美”——《大龙湫》之比较　牛浩昌　名作欣赏　2016 年第 12 期
“吏”与“诗”：宋代诗坛流行话题之一——以南宋为中心　陈元锋　绍兴文理学院学报（哲学社会科学版）　2016 年第 4 期
李复的文学思想及文学创作　张文利　唐都学刊　2016 年第 1 期
李清照菊花词中的女性美　张萌　美与时代（下）　2016 年第 6 期
李清照南渡词中的家国情思　陈薇　语文教学通讯 · D 刊（学术刊）　2016 年第 2 期
李清照南渡前后词作题材选择的转变　王亚曼　才智　2016 年第 36 期
李清照与辛弃疾词体文学比较研究　李远　现代交际　2016 年第 3 期
两宋词社的发展历程　彭文良　西南民族大学学报（人文社科版）　2016 年第 5 期
两宋山水词思想意蕴探析　张翠爱　名作欣赏　2016 年第 36 期
两宋西湖百咏诗考　陈豫韬　文化与传播　2016 年第 3 期
两宋政治话语中的“赵氏孤儿”及其文学影响　曾祥波　南京师大学报（社会科学版）　2016 年第 2 期
两宋诗词“弦索”释义考　王宇琪　乐府新声（沈阳音乐学院学报）　2016 年第 4 期
“临川三王”词叙论——兼与王安石词比较　叶汝骏　东华理工大学学报（社会科学版）　2016 年第

4 期
刘克庄入桂诗思想转变之地理学探究 张炜 广西科技师范学院学报 2016 年第 6 期
“六一文之最佳者”——论《丰乐亭记》对“六一风神”内涵特质的体现 洪山、杨锦鸿 淮北师范大学学报（哲学社会科学版） 2016 年第 6 期
柳永词传入禁中考 楼培 浙江学刊 2016 年第 3 期
柳永词的市民性简析 俞志容 浙江树人大学学报（人文社会科学） 2016 年第 2 期
柳永词之俚俗与歌词演奏情境的关系 朱美霞 阜阳师范学院学报（社会科学版） 2016 年第 1 期
柳永的节日词与北宋节日文化 辛丹丹、倪童 北方文学（下旬） 2016 年第 9 期
柳永游仙词与北宋真宗时期道教文化 刘方 宗教学研究 2016 年第 2 期
陆游爱国诗歌思想内容及艺术特色浅析 闫城宇 石家庄职业技术学院学报 2016 年第 3 期
陆游巴蜀诗歌的戏谑书写 李华云 中国韵文学刊 2016 年第 3 期
陆游《钗头凤》若干词义解析——兼与万献初《陆游〈钗头凤〉韵读的音义考析》商榷 郑妞 现代语文（语言研究版） 2016 年第 6 期
陆游的道教思想及其对仙道诗文创作的影响 孙岩 兰台世界 2016 年第 7 期
陆游的“梅情结” 徐艳吉、高春燕 美与时代（下） 2016 年第 6 期
陆游的情伤诗 何永炎 科教文汇（上旬刊） 2016 年第 6 期
陆游的醉态、醉思与饮酒诗 张剑 北京大学学报（哲学社会科学版） 2016 年第 2 期
陆游孤村诗小考——以《十一月四日风雨大作》其二为起点 ［日］三野丰浩 绍兴文理学院学报（哲学社会科学版） 2016 年第 1 期
陆游山阴诗之美——以嘉泰三年（1203）至嘉定二年（1209）期间为核心 林素玲 绍兴文理学院学报（哲学社会科学版） 2016 年第 1 期
陆游诗中“花汞”一词考释 李沛 邢台学院学报 2016 年第 4 期
陆游诗词中的“痛感”情结 李锋 连云港师范高等专科学校学报 2016 年第 4 期
陆游诗中的自我武将形象浅论 邓程 华北电力大学学报（社会科学版） 2016 年第 2 期
陆游晚年养生诗歌探析 张媛 职大学报 2016 年第 4 期
陆游“戏作”诗的独创性 商宇琦 中国韵文学刊 2016 年第 2 期
陆游养生诗的题材风格研究 王兴铭、吴晓威、高长山 古籍整理研究学刊 2016 年第 6 期
楼钥《北行日录》的文体、空间与记忆 李贵 文学遗产 2016 年第 4 期
庐山清赏与东坡禅悟 张爱东 吉林师范大学学报（人文社会科学版） 2016 年第 6 期
略论张耒诗文中的饮食之味 林建安 史辙 2016 年第 12 期
略论李光词的崇苏与学苏 张琳 关东学刊 2016 年第 5 期
略论苏轼“意气”重于“得理”的审美追求 黄莉莉 现代装饰（理论） 2016 年第 5 期
论白石词色彩描写的艺术价值 姜晓娟 淮北职业技术学院学报 2016 年第 6 期
论北宋祝寿词的发展与用典 冯婵 解放军艺术学院学报 2016 年第 3 期
论北宋《毛颖传》的仿作 卢洁 安庆师范学院学报（社会科学版） 2016 年第 6 期
论北宋末年的五首题《中兴颂》诗 莫砺锋 社会科学战线 2016 年第 5 期
论北宋诗中的“饥饿感” 吴雅萍 华北电力大学学报（社会科学版） 2016 年第 6 期
论蔡伸的《友古词》创作 李璇 唐山学院学报 2016 年第 1 期
论陈与义对苏轼词的接受和推重 张美丽 学术交流 2016 年第 8 期
论程颢的诗学思想对其诗歌创作的影响 李宽、谢鸣 贵州广播电视大学学报 2016 年第 1 期
论《楚辞》对宋代草木花果赋的影响 王彬、秦玮 河北科技师范学院学报（社会科学版） 2016 年第 2 期
论崔与之诗词接受心理中的“定向期待” 赵楠 五邑大学学报（社会科学版） 2016 年第 1 期
论地域文化对朱淑真诗词创作的影响 朱琼玲 曲靖师范学院学报 2016 年第 2 期

论《放翁词》的用调特色　朱惠国　文学遗产　2016 年第 5 期
论范成大《四时田园杂兴》对传统田园题材的突破　梅思玲　文学教育（下）　2016 年第 4 期
论贺铸词之“诗化”　杭勇　陕西学前师范学院学报　2016 年第 12 期
论佛禅诗对宋代理学诗的影响　王利民　国学学刊　2016 年第 1 期
论红楼梦诗社与宋人“白战体”的关系　王献峰　河南工程学院学报（社会科学版）　2016 年第 1 期
论高中语文教学中的情感培育——以苏轼《赤壁赋》为例　程扬　语文知识　2016 年第 13 期
论寒山子及其诗歌在宋代之遗响　阮堂明　苏州科技学院学报（社会科学版）　2016 年第 6 期
论黄公度谪居肇庆之因及其文学创作　丁楹　肇庆学院学报　2016 年第 1 期
论姜夔词的起结艺术　周一帆　安徽文学（下半月）　2016 年第 11 期
论季宋学者黄震的韩愈研究——以黄震《黄氏日抄》之《读韩文》为中心　谷曙光　河南社会科学　2016 年第 5 期
论李清照酒词的思想内容及艺术特色　马路路　鸡西大学学报　2016 年第 9 期
论李壁注在宋诗宋注中的新特点　韩元　中国文学研究　2016 年第 3 期
论《离骚》对宋诗创作的影响　周翡　名作欣赏　2016 年第 2 期
论刘克庄词学理论管窥——对刘克庄的七则序跋和一首诗的研究　邢沛　戏剧之家　2016 年第 6 期
论刘克庄的悼亡诗词　胡旭　龙岩学院学报　2016 年第 3 期
论陆游词的“太白之风”　胡鹏　现代语文（学术综合版）　2016 年第 10 期
论陆游与陈亮词书写方式的差异　张婧、陶然　福州大学学报（哲学社会科学版）　2016 年第 1 期
论陆游成都时期爱国诗的特色　黄奕珍　文学遗产　2016 年第 5 期
论陆游记梦诗的叙事实践——兼论古代诗歌记梦传统的叙事特质　周剑之　文学遗产　2016 年第 5 期
论陆游诗的泛海想象　颜智英　海南师范大学学报（社会科学版）　2016 年第 4 期
论吕本中词的创作成就　罗莹　牡丹江大学学报　2016 年第 9 期
论南北文化对稼轩词的影响　郑杰英　齐齐哈尔工程学院学报　2016 年第 3 期
论南宋前中期祝寿与节序词的时代特征与理性色彩　陈丽丽　河北北方学院学报（社会科学版）　2016 年第 1 期
论南宋中晚期“寿贾词”的歌颂词风　畲筠珺　中国韵文学刊　2016 年第 3 期
论南宋骈文好用本朝故事现象　曹丽萍　广西师范学院学报（哲学社会科学版）　2016 年第 6 期
论南宋文学传承中的“中原之音”　王睿　天中学刊　2016 年第 3 期
论南宋诗歌的市井审美　李黎　苏州科技学院学报（社会科学版）　2016 年第 2 期
论南宋诗人孙应时山水纪游诗的特点　高新航　北方文学（下旬）　2016 年第 9 期
论欧阳修词的俗化倾向　王存弟、薛圆媛　中北大学学报（社会科学版）　2016 年第 2 期
论彭汝砺的植物诗　汪文琴　晋城职业技术学院学报　2016 年第 4 期
论批评界权威与大众读者对柳永词作经典地位之确立　郁玉英、杨剑兵　知与行　2016 年第 1 期
论清真词对前人诗歌的接受　蔡慧、钱锡生　江苏师范大学学报（哲学社会科学版）　2016 年第 2 期
论《容斋随笔》对诗注的征引和使用　李晓黎　阴山学刊　2016 年第 2 期
论泗州时期苏轼的诗心佛缘　李静、董宏钰　学术交流　2016 年第 12 期
论宋词的爱情情趣美及其对大学生的教育意义　万薇薇　现代语文（学术综合版）　2016 年第 11 期
论宋词的自然情趣美及其对大学生的审美教育意义　万薇薇　美育学刊　2016 年第 5 期
论宋词长调“金曲”《满江红》的风格特征　刘尊明　齐鲁学刊　2016 年第 1 期
论宋词中的无名氏现象　谢永芳、曾昭海　中国文化研究　2016 年第 2 期
论宋词中文人的从容心态　赵培玉　成都师范学院学报　2016 年第 11 期
论宋代的书院和书院赋　秦玮　辽东学院学报（社会科学版）　2016 年第 1 期
论宋代杏花文学的发展　陈翔、杨旺生　吉林省教育学院学报　2016 年第 3 期
论宋代文章总集与“传体文”文体地位的确立　孙文起　北京社会科学　2016 年第 10 期

论宋代行记的新特点　李德辉　文学遗产　2016 年第 4 期
论宋代的地震诗　李朝军　井冈山大学学报（社会科学版）　2016 年第 1 期
论宋代禁体诗及诗人创作心态的变迁　张志杰　中国韵文学刊　2016 年第 1 期
论宋代理学诗的审美逻辑　张兴武　杭州师范大学学报（社会科学版）　2016 年第 6 期
论宋代儒宗欧阳修诗歌中的佛禅因缘　李晶晶　成都大学学报（社会科学版）　2016 年第 2 期
论宋代睡隐诗的典故意象　林晓娜　聊城大学学报（社会科学版）　2016 年第 6 期
论宋人的落第送别诗　贾微　齐齐哈尔师范高等专科学校学报　2016 年第 5 期
论苏轼的“味”文艺批评——兼谈宋人饮食譬喻批评风尚　苏梓龄　成都师范学院学报　2016 年第 10 期
论苏轼散文与《东坡易传》学术思想的关系　刘越峰　乐山师范学院学报　2016 年第 10 期
论苏轼词的“以俗为美”　殷海卫　安徽文学（下半月）　2016 年第 11 期
论苏轼词对杜甫诗歌的化用　贾琪　安康学院学报　2016 年第 5 期
论苏轼词中的舟船意象　甘来冬　成都大学学报（社会科学版）　2016 年第 2 期
论苏轼词中的转折艺术　张子川　太原城市职业技术学院学报　2016 年第 10 期
论苏轼咏物词的艺术风格——以《水龙吟·次韵章质夫杨花词》为例　梅燕妮　赤子（上中旬）　2016 年第 16 期
论苏轼文对欧阳修的效法与超越　洪本健　福州大学学报（哲学社会科学版）　2016 年第 4 期
论苏轼《江城子·密州出猎》的诗画结合之美　杜秀萍　美术大观　2016 年第 8 期
论苏轼的闲适诗词及其闲适生活　杜霖　牡丹江大学学报　2016 年第 8 期
论苏轼诗词文比喻手法的特色　刘洋　北京化工大学学报（社会科学版）　2016 年第 3 期
论苏轼疏浚西湖之奏议　冯炜玥　西部学刊　2016 年第 6 期
论苏轼作品的人格美　王莉莉　开封教育学院学报　2016 年第 7 期
论苏辙“记”文与水之关系　罗杏芬　六盘水师范学院学报　2016 年第 3 期
论苏辙碑诔文的艺术成就　董宝玉　北方文学（下旬）　2016 年第 9 期
论苏辙碑诔文对前代的继承与发展　董宝玉　大众文艺　2016 年第 24 期
论苏颂使辽诗的“大国情怀”　陈大远　佳木斯大学社会科学学报　2016 年第 5 期
论田锡的政论文风及其成因　李晓敏　中北大学学报（社会科学版）　2016 年第 3 期
论唐宋时期的火灾诗　李朝军　求索　2016 年第 12 期
论王安石《明妃曲》中的加密与解密　哈雪英　戏剧之家　2016 年第 17 期
论王安石书信的文学风格　吴海琪　六盘水师范学院学报　2016 年第 6 期
论王安石对韩愈诗歌艺术的继承与创变　杨碧海　中州学刊　2016 年第 8 期
论王禹偁作品集序之叙事特征　陈为兵　齐鲁学刊　2016 年第 9 期
论《文章正宗》的编选宗旨和文学史意义　董秀丽　鸡西大学学报　2016 年第 9 期
论文天祥《胡笳曲（十八拍）》　陈颖　北京化工大学学报（社会科学版）　2016 年第 1 期
论吴芾和陶诗　王胜楠、宋银平　九江学院学报（社会科学版）　2016 年第 4 期
论辛词用典修辞的审美特征　赵洪义　辽东学院学报（社会科学版）　2016 年第 2 期
论辛弃疾送别词之创作个性　苏婷　昭通学院学报　2016 年第 2 期
论《学斋占毕》的诗学主张　吴志飞　黑龙江教育学院学报　2016 年第 2 期
论严粲《诗辑》解《诗》的文学性　熊祥军　新余学院学报　2016 年第 2 期
论叶梦得笔记的文学特点　夏东锋　名作欣赏　2016 年第 17 期
论曾巩的咏物诗——兼谈后山“短于韵语”批评的偏失　唐莉、段莉萍　苏州科技学院学报（社会科学版）　2016 年第 6 期
论张舜民诗歌的儒家思想　李云鹤　牡丹江教育学院学报　2016 年第 5 期
论张咏散文的艺术精神　邹小华　长江大学学报（社科版）　2016 年第 4 期

论章学诚“以古文为时文”对宋代文章学的接榫与更革　王苑　江西社会科学　2016 年第 5 期
论赵湘的散文创作理论　张鹏飞　鸡西大学学报　2016 年第 9 期
论赵以夫咏花词的特征　秦宇婧　苏州教育学院学报　2016 年第 5 期
论赵佶词与道教文化之关系　刘晓梅　绥化学院学报　2016 年第 11 期
论宗白华的宋诗观　贾晓峰　宁夏大学学报（人文社会科学版）　2016 年第 4 期
论周必大《玉堂杂记》的编撰特色及其价值　杨剑兵、郁玉英　井冈山大学学报（社会科学版）　2016 年第 3 期
论朱熹的散文美学思想　梁燕、马茂军　常熟理工学院学报　2016 年第 3 期
论朱熹诗歌的冲雅之风　杜少静、刘锋焘　西南石油大学学报（社会科学版）　2016 年第 1 期
吕祖谦“诗人之心”的探求与构建　党圣元、董晨　江西社会科学　2016 年第 1 期
漫谈陆游的悼亡诗　虞云国　文史知识　2016 年第 6 期
梅尧臣的民俗诗歌类型及意蕴　吴宗平　安顺学院学报　2016 年第 2 期
梅尧臣民俗诗创作的多重因素　王凤苓　兰台世界　2016 年第 10 期
梅尧臣山水纪游诗及其特点　汪文丽　鸡西大学学报　2016 年第 1 期
媒体变革前后的诗人和诗集——从初唐到北宋末　［日］内山精也　张淘译　长江学术　2016 年第 2 期
美学产业视域中的宋代文学审美俗趣　尚光一　厦门理工学院学报　2016 年第 4 期
名流印可、文人干谒与南宋诗歌风貌　丁楹　齐鲁学刊　2016 年第 3 期
名作重读　走进苏轼——《念奴娇·赤壁怀古》思想意境探析　高书峰　教育实践与研究（B）　2016 年第 6 期
明月陪我舞，清风伴我归——赏析苏轼与其诗词　李浩霏　华夏教师　2016 年第 11 期
《念奴娇·赤壁怀古》文本赏析　张晓雅　文学教育（下）　2016 年第 1 期
南北宋豪放词的发展与流变——以苏轼、辛弃疾的豪放词作为研究案例　宋瑞丹　赤子（上中旬）　2016 年第 20 期
南宋中期抗战派文人的文学思想与奏议文风关系　范伟　兰台世界　2016 年第 5 期
南岳酬唱后的“诗禁”与朱熹“中和说”之变　郭庆财　四川大学学报（哲学社会科学版）　2016 年第 5 期
南宋江西僧侣文学家释道璨交游诗管窥　敖思芬、王胜奇、张莉　南昌教育学院学报　2016 年第 6 期
南宋江西文学家交游词漫谈——以刘辰翁交游词为例　林柳生、王胜奇　南昌教育学院学报　2016 年第 2 期
南宋士人“好书”风尚探析——以周必大为例　邹锦良　国际社会科学杂志（中文版）　2016 年第 3 期
南宋书院酬唱之风及其诗学问题　董晨、党圣元　甘肃社会科学　2016 年第 2 期
南宋文人交游与文学关系刍议　敖思芬、王胜奇、李国兰　南昌教育学院学报　2016 年第 3 期
南宋文艺评赏中的休闲审美范畴　殷亚、林章辉　美与时代（下）　2016 年第 8 期
女性生命的律动——李清照不同阶段的词风探微　李洋　吉林广播电视大学学报　2016 年第 4 期
欧阳修笔记《归田录》的独特风貌与文化意义　李佳　吉林省社会主义学院学报　2016 年第 3 期
欧阳修《蝶恋花》与琼瑶剧插曲《庭院深深》的对比分析　王冰洁　戏剧之家　2016 年第 14 期
欧阳炯词作用韵与《广韵》的差异比较　梁晨　山东社会科学　2016 年第 S1 期
欧阳修词的深婉风格研究　林雪娇　齐齐哈尔师范高等专科学校学报　2016 年第 5 期
欧阳修滁州、颍州、亳州诗歌比较研究　叶洪珍、田兆山　滁州学院学报　2016 年第 4 期
欧阳修居洛词的主题及其文学地理学意义　郁玉英、杨剑兵　井冈山大学学报（社会科学版）　2016 年第 5 期
欧阳修散文的镕裁艺术　李精耕、陆坤　井冈山大学学报（社会科学版）　2016 年第 3 期
欧阳修散文感慨呜咽之“风神”要素探析　卓希惠　福建工程学院学报　2016 年第 2 期

欧阳修散文史传叙事性特点探究 卓希惠 合肥工业大学学报（社会科学版） 2016年第6期
品《冬日田园杂兴》 一北 湖南农业 2016年第1期
品苏轼《定风波》：真正“归去”的旷达情怀 兰钦 开封教育学院学报 2016年第6期
平易质朴，返璞归真——欧阳修的文学理论及其诗歌创作 李骋 安徽文学（下半月） 2016年第6期
七律的放翁诗法——从“律熟”的评价说起 管琴 文学评论 2016年第4期
钱锺书的宋诗观探微 童志强 文学教育（上） 2016年第1期
浅论苏轼词中的《庄子》典故及意象 贾琪 湖北科技学院学报 2016年第5期
浅论辛弃疾词的艺术风格 田野 开封教育学院学报 2016年第10期
浅谈李之仪的咏怀词 耿明月 常州工学院学报（社科版） 2016年第3期
浅谈宋词的意象传递——以柳永词为例 宋以芳 湖北经济学院学报（人文社会科学版） 2016年第3期
浅析梅尧臣“意新语工”说诗学内涵 张杰 太原理工大学学报（社会科学版） 2016年第6期
浅析蒋捷之记梦词 王子秋 现代语文（学术综合版） 2016年第12期
浅析宋代女性与文学之关系及其产生原因 杜少静 宜春学院学报 2016年第8期
浅析苏轼桃花茶诗 杨瑞军 湖北师范学院学报（哲学社会科学版） 2016年第6期
浅析张元干诗词的爱国情怀 苏航 艺术科技 2016年第9期
浅议李清照的“词别是一家” 向丽菊 中国培训 2016年第8期
浅议南宋咏史组诗的三种变化 孔令许 现代语文（学术综合版） 2016年第12期
浅议宋词与后世读者的情感共鸣 闫姿旭 安徽文学（下半月） 2016年第2期
《妾薄命叹》作者及其成诗时代考辨 刘泽华 长春教育学院学报 2016年第12期
清新流畅 平易自然——解读欧阳修的几首七言绝句 赵云长 边疆经济与文化 2016年第2期
《全宋词》中三首相同内容词作间的关系 张巍 国学学刊 2016年第1期
人世竟谁雄：宋代诗歌中孙权形象探析 崔霞 山东理工大学学报（社会科学版） 2016年第5期
日常经验与内在超越：南宋诗人的老年书写 戴路 海南师范大学学报（社会科学版） 2016年第9期
儒道融合视域下辛弃疾词的多元特质 刘师健 湖南第一师范学院学报 2016年第3期
儒家经典对曾巩散文创作手法的影响 周倩如 辽宁教育行政学院学报 2016年第2期
“儒释融摄”视野下的宋僧“上梁文”书写 纪雪娟 首都师范大学学报（社会科学版） 2016年第3期
儒释诗学观视域中的苏黄墨竹诗 王苑 临沂大学学报 2016年第4期
“三更”“半夜”说的是两个人 刘绍义 文史博览 2016年第12期
身适忘四支 心适忘是非——白居易对宋代休闲词的思想影响 张翠爱 东南大学学报（哲学社会科学版） 2016年第5期
神来妙笔 顶峰绝唱——苏轼中秋词赏析 王同书 江苏政协 2016年第9期
《诗经》学对王安石诗歌创作的影响 介金嵘 天中学刊 2016年第6期
时间与流水：宋代文赋书写方式及其审美观念 周裕锴、王朋 复旦学报（社会科学版） 2016年第4期
《石钟山记》中的苏轼 丁松 文学教育（下） 2016年第3期
世间最美的相思与哀愁——李清照《醉花阴》审美价值透视 冯现冬 名作欣赏 2016年第35期
试从苏轼词之意象窥其词作风格的多样性——以“月”“雨”“水”为例 魏琳 戏剧之家 2016年第12期
试论《碧鸡漫志》的批评方法 朱艳波 佳木斯职业学院学报 2016年第4期
试论黄庭坚诗歌的儒学色彩 谭梅 九江学院学报（社会科学版） 2016年第3期
试析欧阳修词花意象运用的艺术手法 何宜蔚 新余学院学报 2016年第2期
试论欧阳修《采桑子》十三首 刘东霞 内蒙古电大学刊 2016年第4期

试论《石门文字禅》中景画诗禅之交融　周裕锴　文学遗产　2016年第3期
试论宋初古文家田锡的诗学思想及创作　汪国林　宁夏大学学报（人文社会科学版）　2016年第4期
试论宋初阶段学白诗人田锡的诗学观　汪国林　西华大学学报（哲学社会科学版）　2016年第5期
试论苏轼词中的归乡情结　杨集熠　现代语文（学术综合版）　2016年第11期
试论苏轼诗歌的比喻艺术　商拓　西华大学学报（哲学社会科学版）　2016年第6期
试论苏轼小品文的体式和体性　钱甜甜　名作欣赏　2016年第27期
试论苏辙对于杜诗的艺术批评与接受　李新、李韩喆　乐山师范学院学报　2016年第7期
试论唐宋诗转型的情感因素　任聪颖　太原学院学报（社会科学版）　2016年第5期
试论《夷坚志》中的涉梦故事　罗青青　现代语文（学术综合版）　2016年第9期
试论王安石议论文的“揭过法”　杨有山　信阳师范学院学报（哲学社会科学版）　2016年第5期
试析宋词中的“美人泪”意象　傅阿循　赤峰学院学报（汉文哲学社会科学版）　2016年第12期
是超然之变还是意气之争？——苏轼《超然台记》新解　杨威威、蔡阿聪　乐山师范学院学报　2016年第5期
涉筝词与宋型文化　刘洁　江西青年职业学院学报　2016年第5期
《水龙吟》词调考原　郭鹏飞　学术研究　2016年第1期
思理为妙，神与物游——论范仲淹《岳阳楼记》的艺术特色　何林福　岳阳职业技术学院学报　2016年第5期
宋朝山水诗歌中的生态意识探析　王玲、吕军利　兰台世界　2016年第16期
宋词的诵读传播　谭新红、张妍　吉林师范大学学报（人文社会科学版）　2016年第1期
宋词里的世界离我们有多远　子岩　企业观察家　2016年第2期
宋词小令“金曲”《鹧鸪天》创调渊源与声律特征　刘尊明、陈晶　中国文化研究　2016年第3期
宋词与我国宋代艺术歌曲创作特色　范凌云　语文建设　2016年第21期
宋词中词人的春日情怀　刘强　文学教育（上）　2016年第10期
宋词中的“莺花”即“樱花”辨　刘晓静　皖西学院学报　2016年第6期
宋词中梅花意象的审美类型探析　顾立新　济源职业技术学院学报　2016年第4期
宋词中的道教美学思想　唐君红　中国宗教　2016年第12期
宋初白体诗内涵新释　汪国林　山西农业大学学报（社会科学版）　2016年第8期
宋代碑志文评的文章学价值　王长顺　郑州大学学报（哲学社会科学版）　2016年第6期
宋代贬谪文学研究述论　赵雅娟　汕头大学学报（人文社会科学版）　2016年第9期
宋代唱和词研究现状及意义　王旭　河南广播电视大学学报　2016年第2期
宋代城市的兴起与中国古代小说的繁荣　赵炎秋　城市学刊　2016年第5期
宋代《楚辞》传播地域考　张宏锋　齐齐哈尔大学学报（哲学社会科学版）　2016年第9期
宋代的《史记》文学评论　张新科、李红　文艺理论研究　2016年第5期
宋代鼓吹导引套曲考证　孙晓辉、黄钟（武汉音乐学院学报）　2016年第6期
宋代湖南诗僧地域、宗派分布与存诗类型分析　彭敏　湖南大学学报（社会科学版）　2016年第3期
宋代皇家园林的文学书写　成明明　兰州学刊　2016年第11期
宋代羁旅词：存在主体的欲望焦虑与自我救赎　杨吉华　云南社会科学　2016年第6期
宋代军旅词特点探析　朱国伟　重庆科技学院学报（社会科学版）　2016年第7期
宋代理学诗派的诗学观及其文学地位　李懿　兰州学刊　2016年第3期
宋代理学诗文中的比德精神　魏艳枫　学习与实践　2016年第11期
宋代理学视域下的李白及其诗歌　金城　求索　2016年第5期
宋代理趣赋的审美建构与赋史价值　李建军　江西社会科学　2016年第5期
宋代南渡时期诗论特点及诗歌范式的选择——由《石林诗话》“阴抑元祐”说起　戎默　燕山大学学报（哲学社会科学版）　2016年第3期

宋代宁夏边塞诗中的“真”与“幻”　刘金凤、丁佳楠、雷雨婷、张晓阳　现代语文（学术综合版）2016年第3期
宋代女诗人朱淑真近体诗用韵考　路琪　唐山师范学院学报　2016年第6期
宋代女性词人创作特点探析　张伟光　白城师范学院学报　2016年第10期
宋代女性作家题壁创作论析　刘双琴　井冈山大学学报（社会科学版）　2016年第6期
宋代“穷而后工”论之异说考　管琴　文艺研究　2016年第12期
宋代石刻诗：文献与文化的互动　左福生　中国社会科学报　2016年8月15日第5版
宋代《史记》接受之文章学价值　王长顺　渭南师范学院学报　2016年第13期
宋代诗歌广告表现形态研究　张宁宁　大庆师范学院学报　2016年第1期
宋代诗派林立原因之文化观照　张鹏宇　江西社会科学　2016年第7期
宋代诗社与江西诗派　陈小辉　西南交通大学学报（社会科学版）　2016年第2期
宋代诗味论与饮食譬喻批评话语研究　曾旭彤　广西科技师范学院学报　2016年第4期
宋代诗学与词学　孙克强　中国社会科学　2016年第2期
宋代食风新变与诗歌演进　刘丽　河南师范大学学报（哲学社会科学版）　2016年第6期
宋代滕王阁词研究　陶友珍　山东广播电视大学学报　2016年第3期
宋代题名与题名记考论：缘起、新变和审美价值　王晓骊　北京社会科学　2016年第2期
宋代田园诗的人文情怀　康芸英　佳木斯大学社会科学学报　2016年第3期
宋代同年会诗探究　管晶晶　信阳农林学院学报　2016年第4期
宋代童趣诗中的民俗探究　李丹　曲靖师范学院学报　2016年第2期
宋代皖籍词人略论　王华、戈庆华　名作欣赏　2016年第14期
宋代文人的银杏书写　徐立昕　社会科学家　2016年第2期
宋代文人诗画对文人园林的影响　许可　现代园艺　2016年第15期
宋代文学与桃花民俗　渠红岩　云南社会科学　2016年第6期
宋代文言小说类书论略　余丹　浙江万里学院学报　2016年第3期
宋代闻喜宴诗探究　管晶晶　齐齐哈尔师范高等专科学校学报　2016年第4期
宋代雅乐乐歌文体特征及其成因探析　徐利华　中国韵文学刊　2016年第1期
宋代遗民诗词社团辑论　陈小辉　温州大学学报（社会科学版）　2016年第1期
宋代“以书喻诗”论及其观念　张志杰　绵阳师范学院学报　2016年第9期
宋代轶事类诗话中的佛与僧　张培锋　杭州师范大学学报（社会科学版）　2016年第3期
宋代隐逸词生命意识的美育意义　李术文　太原理工大学学报（社会科学版）　2016年第5期
宋代隐逸梦词探析　李紫薇　贵州广播电视大学学报　2016年第3期
宋代应策时文概论　诸葛忆兵　复旦学报（社会科学版）　2016年第4期
宋代“咏茶”诗词的主要内涵及艺术风貌研究　张昕、白宇　福建茶叶　2016年第7期
宋代乐语作者及其创作心态初探　彭玉平　华南师范大学学报（社会科学版）　2016年第5期
宋元时期《摸鱼儿·晚春》经典化研究　孙车龙　琼州学院学报　2016年第3期
宋代中秋词的文化探析　王小荣　社会科学论坛　2016年第12期
宋高宗、孝宗对词坛风尚的影响　陈丽丽　江西社会科学　2016年第1期
宋高宗绍兴更化与诗坛新变　连国义　学术交流　2016年第2期
宋徽宗词研究　赵润金　南华大学学报（社会科学版）　2016年第4期
《宋景文公笔记》的字学好尚与文章观念——兼论唐宋散文发展中的语言革新问题　谢琰　文学遗产　2016年第6期
宋南渡文学编年系地研究的构想　李欣　武汉纺织大学学报　2016年第2期
宋人笔下的“落英”诗辨　陈正贤　古典文学知识　2016年第3期
宋人诗文中的法观念　张晋藩　政法论坛　2016年第1期

宋人文学作品中的蹴鞠活动 金城 名作欣赏 2016 年第 11 期
宋人“和陶《辞》”考 李成晴 北京社会科学 2016 年第 12 期
宋儒精神与宋代茶诗 陈由歆、侯晓云 兰台世界 2016 年第 12 期
宋神宗、哲宗时期中朝汉诗交流系年 刘畅 南开学报（哲学社会科学版） 2016 年第 5 期
宋诗“寄梅”的文化意蕴及现实思考 李开林 中北大学学报（社会科学版） 2016 年第 1 期
宋诗词对高校国防教育中的启示 姜天龙、樊志民 湖南城市学院学报（自然科学版） 2016 年第 3 期
《宋诗选注》对用典的态度 张嘉媛 内蒙古电大学刊 2016 年第 1 期
宋诗与宋史 曾祥波 光明日报 2016 年 11 月 24 日第 16 版
宋诗中的蔬食意象及其文化意蕴 刘丽 云南社会科学 2016 年第 6 期
宋型文化视野下——论苏轼黄州词中的心灵归途 王莉莉 湖北科技学院学报 2016 年第 7 期
宋夏休战与柳永词的“盛世”之音 郭艳华 北方民族大学学报（哲学社会科学版） 2016 年第 6 期
宋元《木兰花慢》词调源流考——兼窥《木兰花慢》与元代词学 倪博洋、任德魁 阅江学刊 2016 年第 2 期
苏词对杜诗的接受及其意义 黄学义 广东开放大学学报 2016 年第 3 期
苏东坡谪儋期间民本诗歌浅评 蔡竞 文史杂志 2016 年第 5 期
苏轼茶诗的文化品格（上） 刘岳耘 茶叶 2016 年第 3 期
苏轼茶诗的文化品格（下） 刘岳耘 茶叶 2016 年第 4 期
苏轼茶诗中的人生态度与审美精神探析 苏莉 闽南师范大学学报（哲学社会科学版） 2016 年第 1 期
苏轼词 《西江月》（点点楼头细雨）编年及写作对象再商榷 罗燕萍、翟红霞 内蒙古大学学报（哲学社会科学版） 2016 年第 2 期
苏轼词对白居易词的继承与创新——以苏轼黄州词为例 牛丽娟 安阳工学院学报 2016 年第 1 期
苏轼词对现实悲剧性的审美超越 冷成金 河北学刊 2016 年第 3 期
苏轼词中“小舟”意象初探 蒋珍珍 太原学院学报（社会科学版） 2016 年第 5 期
苏轼词中的“野狐味” 刘博、苏亚静 濮阳职业技术学院学报 2016 年第 5 期
苏轼词中酒的情感内涵 张拓 文学教育（下） 2016 年第 6 期
苏轼词入乐可歌之新论 丁放、夏小凤 西北师大学报（社会科学版） 2016 年第 2 期
苏轼出守密徐湖时期的词作内容及地位 彭文良 东方论坛 2016 年第 5 期
苏轼的咏竹诗 何永炎 科教文汇（下旬刊） 2016 年第 7 期
苏轼的岭南贬谪生活与《和陶诗》的境界 郭世轩 琼州学院学报 2016 年第 1 期
苏轼对杜甫诗学的继承和发展 张思齐 西华大学学报（哲学社会科学版） 2016 年第 2 期
苏轼对李奎报文学的影响 安海淑 延边大学学报（社会科学版） 2016 年第 3 期
苏轼对柳永词接受史论 杨等华、陶宾 牡丹江师范学院学报（哲学社会科学版） 2016 年第 1 期
苏轼光华耀千古——《赤壁赋》“文章五诀”创作技法赏析 杜正武 名作欣赏 2016 年第 33 期
苏轼海南期间诗歌创作之综论 李景新 乐山师范学院学报 2016 年第 9 期
苏轼《和陶诗》版本考述 王永波 铜仁学院学报 2016 年第 2 期
苏轼黄州寺院诗的新变 贾晓峰 内蒙古大学学报（哲学社会科学版） 2016 年第 5 期
苏轼、黄庭坚与香有关的唱和诗 覃英 中国集体经济 2016 年第 17 期
苏轼《黄州寒食帖》的文学价值与审美价值 刘亚娇 艺术科技 2016 年第 6 期
苏轼惠州诗歌中的“丰湖”与“西湖”——兼论惠州西湖得名由来 王琴 乐山师范学院学报 2016 年第 11 期
苏轼·吉祥寺赏牡丹 王安国 文史杂志 2016 年第 6 期
苏轼·记董傅论诗 钟斌 东方艺术 2016 年第 20 期
苏轼民俗诗创作缘由的多维透视 王凤苓 山东社会科学 2016 年第 8 期
苏轼《念奴娇·赤壁怀古》版本考辨 王德龙 语文学刊（外语教育教学） 2016 年第 6 期

苏轼农村词《浣溪沙·徐门石潭谢雨道上作五首》艺术手法探析　王睿君　哈尔滨学院学报　2016 年第 1 期
苏轼《前赤壁赋》的美学意蕴解读　彭红霞　文史博览（理论）　2016 年第 11 期
苏轼散文与《周易》　杜佳悦　佳木斯职业学院学报　2016 年第 3 期
苏轼诗词的比喻之美　刘红芹　辽东学院学报（社会科学版）　2016 年第 2 期
苏轼诗词的理趣浅析　王彩虹　西安文理学院学报（社会科学版）　2016 年第 3 期
苏轼诗词歌的艺术特色　张小童　西部皮革　2016 年第 6 期
苏轼诗词英译的生态功能研究　刘叶繁　海外英语　2016 年第 6 期
苏轼诗词在西方的英译与出版　戴玉霞、成瑛　中国社会科学院研究生院学报　2016 年第 3 期
苏轼诗歌的“仇池石”意象探析　姚华　文学遗产　2016 年第 3 期
苏轼诗歌中的自注与自我表达的强化　宁雯　河北师范大学学报（哲学社会科学版）　2016 年第 3 期
苏轼诗学思想的意义　谢桃坊　文史杂志　2016 年第 5 期
苏轼诗中的自喻：自我特质与人生状态的婉曲揭示　宁雯　人文杂志　2016 年第 11 期
苏轼仕杭记体散文研究　管莎莎　韶关学院学报　2016 年第 5 期
苏轼送别词人文意象的审美内蕴　徐梦琳　六盘水师范学院学报　2016 年第 3 期
苏轼推尊词体说献疑　王卫星　广西民族大学学报（哲学社会科学版）　2016 年第 2 期
苏轼婉约词的独特美感探析　张海燕、徐艳、杜晓霞　语文学刊（外语教育教学）　2016 年第 12 期
苏轼文风的文化渊源论略　杨胜宽　江苏科技大学学报（社会科学版）　2016 年第 3 期
苏轼《西江月·重阳栖霞楼作》本事考证　周雪　中国韵文学刊　2016 年第 2 期
苏轼写梦词审美价值分析　吴水发　语文学刊（外语教育教学）　2016 年第 10 期
苏轼《新岁展庆帖》年代考　陈锴生　美术学报　2016 年第 5 期
苏轼“以诗为词”之动因、标志及词史意义　张国荣　乐山师范学院学报　2016 年第 6 期
苏轼与陆游海棠诗歌之比较　陈永红　南京工程学院学报（社会科学版）　2016 年第 4 期
苏轼与张孝祥词创作倾向比较研究　丰家喜　信阳农林学院学报　2016 年第 1 期
苏轼寓言作品创作初探　陈黎　太原城市职业技术学院学报　2016 年第 9 期
苏轼渔父组词特点探析　梁一粟　兴义民族师范学院学报　2016 年第 4 期
苏轼咏茶诗词中的意象美　陈楠　福建茶叶　2016 年第 5 期
苏轼《又跋汉杰画山二首》的再认识　杨娜　艺术探索　2016 年第 2 期
苏轼知颍祈雨文初探　龚光明、刘家钦　阜阳师范学院学报（社会科学版）　2016 年第 3 期
苏轼中晚期诗作思想所受陶诗之影响初探　孙蛟龙、陈名扬　名作欣赏　2016 年第 17 期
苏文之美与苏轼个人特质间的关系　代熙熙　开封教育学院学报　2016 年第 5 期
苏辙的七律诗风与北宋元祐诗坛　张立荣　江西社会科学　2016 年第 7 期
苏辙诗歌渊源考　訾希坤　乐山师范学院学报　2016 年第 7 期
苏辙的散文观及其创作实绩　蒽琼　长江大学学报（社科版）　2016 年第 11 期
随物赋形——苏轼贬谪际遇下的生存哲学与文学观念　吴增辉　乐山师范学院学报　2016 年第 3 期
谈宋代瓦舍勾栏艺术对杂剧繁盛之影响　任会平　佳木斯职业学院学报　2016 年第 11 期
探究“以禅喻诗”的巨大影响力　梅璐　文学教育（上）　2016 年第 6 期
探析传统文化与文学的关系——以苏轼为例　唐玲珑　焦作大学学报　2016 年第 3 期
探析陆游不同时期田园诗的思想特征　赵从奎　柳州职业技术学院学报　2016 年第 2 期
唐代卢仝茶诗对宋代诗人的影响　张爽　广东技术师范学院学报　2016 年第 4 期
唐庚与苏轼的关系及其文学主张　杨胜宽　西华大学学报（哲学社会科学版）　2016 年第 4 期
唐诗对宋代园林空间艺术建构的影响——以宋代园记散文为考察中心　李小奇　暨南学报（哲学社会科学版）　2016 年第 4 期
唐宋边塞诗词比较研究　周艳波　山东农业工程学院学报　2016 年第 2 期

唐宋词调字声与“又一体” 田玉琪 文学遗产 2016年第1期
唐宋诗词中的黄鹤楼及鹦鹉洲 张承宗 阅江学刊 2016年第5期
唐宋诗歌版图的空间分布与位移 王兆鹏 中国人民大学学报 2016年第6期
唐宋诗里的童年童趣 孙丽丽 中国职工教育 2016年第6期
唐宋时期咏茶诗词研究 张文莉、张建兵 福建茶叶 2016年第12期
唐宋文学思想研究 罗新芳 兰州教育学院学报 2016年第7期
唐宋文学作品中的日本僧侣形象 方言 名作欣赏 2016年第11期
唐音向宋调的转捩——论诗学批评视野中的欧阳修诗歌 李晶晶 现代语文（学术综合版） 2016年第4期
套类、选本与论诀：南宋举场论学的三个维度 慈波 中山大学学报（社会科学版） 2016年第3期
婉约宋风润古今 冯文正 前进论坛 2016年第11期
婉约与豪放——从《念奴娇·赤壁怀古》与《雨霖铃·寒蝉凄切》中感受婉约词与豪放词的不同 谭海英 科技视界 2016年第11期
王安石变法对苏轼文学的积极影响 焦宝 学术界 2016年第12期
王安石诗学思想的三个维度 郑苏淮 江西社会科学 2016年第7期
王安石诗风演进新探 李唐 学术交流 2016年第7期
王安石题壁诗艺术成就探析 刘师嘉 名作欣赏 2016年第6期
王安石诗歌中的怨刺探析 史俊杰 东华理工大学学报（社会科学版） 2016年第2期
王安国的馆阁诗论在熙丰诗坛的文化意义 王苑 萍乡学院学报 2016年第4期
王安礼诗文中的治世之音与文人心态 王苑 宁夏大学学报（人文社会科学版） 2016年第6期
王沂孙咏物词与宋代科举诗赋 李曙光 浙江外国语学院学报 2016年第5期
王禹偁滁州诗歌特色庶谈 焦黎黎 文学教育（下） 2016年第4期
王珪四六文初探 俞志容 齐齐哈尔大学学报（哲学社会科学版） 2016年第4期
文体学视域下的吕本中“活法”论 任竞泽 学术界 2016年第9期
《文选补遗》体现宋代文章观念 张珊 中国社会科学报 2016年12月12日
文天祥“集杜诗”创作及其文化蕴含 陈冬根 井冈山大学学报（社会科学版） 2016年第5期
文天祥诗歌中的浮萍意象探析 李张召 湖北函授大学学报 2016年第20期
文同枯木题材“诗意画”及诗学意义 于广杰 内蒙古大学学报（哲学社会科学版） 2016年第1期
文同昭君诗的创作特色及文学地位 付兴林 兰州学刊 2016年第8期
《渭南文集》所附乐府词编次与陆游词的系年——兼论《钗头凤》的写作时地及其他 赵惠俊 文学遗产 2016年第5期
叶适与江西诗学的离与合 吴晟 广州大学学报（社会科学版） 2016年第11期
一网南宋词——竹山词的互文记忆 赵惠俊 中国韵文学刊 2016年第1期
一盏清茶品人生——解读苏东坡茶诗创作及审美特色 温云兰、冉孟春 福建茶叶 2016年第6期
一枕幽梦寄深情——读苏轼《江城子·已卯正月二十日夜记梦》 屠青 美与时代（下） 2016年第9期
一支摇曳千载风流——浅析宋诗中虞美人草的审美意象 柴继红 九江学院学报（社会科学版） 2016年第2期
一种相思，两处闲愁——苏轼《江城子》与弥尔顿《悼亡妻》的对比 李超 开封教育学院学报 2016年第5期
《夷坚志》科举仕途梦兆主题口传故事初探 孙世家 浙江万里学院学报 2016年第2期
《夷坚志》冤对报应主题口传故事初探 孙世家 安康学院学报 2016年第1期
以《定风波》为例谈苏轼谪居黄州的退隐情结 杨小翠 文学教育（下） 2016年第8期
以“情境教学法”再现“千古离殇”——解析苏轼的《江城子——十年生死两茫茫》 朱艳波 当代

教育实践与教学研究 2016年第7期

以《临江仙》为例简析晏几道小词中的精微深邃特质 薛为然 语文学刊（外语教育教学） 2016年第12期

以《全宋词》为蓝本看宋代歌妓词人及其词作 欧阳珍 文学教育（上） 2016年第11期

以气为主，以文为笔——韩愈与王安石诗歌对比研究 黎文凤 湖北科技学院学报 2016年第11期

以生命意志书写词章 穆昔 中国纪检监察报 2016年3月28日第8版

“以文为体”：宋代文体革新策略刍议 庄怀芹 江海学刊 2016年第5期

意外无穷：《诗人玉屑》及其“命意”说 胡王骏雄 鸡西大学学报 2016年第6期

音义相切声情相谐——苏轼诗词译本比较研究 戴文静 江苏社会科学 2016年第5期

咏鸟情长寓意深——王安石《见鹦鹉戏作四句》欣赏 黎烈南 古典文学知识 2016年第3期

圆活与尚趣——佛禅与苏轼诗歌的美学风格刍议 王渭清 乐山师范学院学报 2016年第10期

岳飞与哀格蒙特——中西方文学悲剧英雄形象比较 王菁 淮海工学院学报（人文社会科学版） 2016年第9期

韵胜想君言外得，字新令我意边寻——浅谈邓允端的诗论与诗歌艺术成就 张文君 淮海工学院学报（人文社会科学版） 2016年第5期

运用文献资料开展苏轼相关研究个案分析——以“清代‘豪放’、‘婉约’词论研究”为例 赵银芳 华北电力大学学报（社会科学版） 2016年第6期

在金生活经历对辛弃疾词创作的影响 郭帅 山西广播电视大学学报 2016年第4期

兹游奇绝冠平生——从苏东坡三次贬谪经历探其创作风格变化 宋宇 赤子（上中旬） 2016年第20期

“自然”与唐宋诗学的内在规范 张甲子 燕山大学学报（哲学社会科学版） 2016年第3期

自我与时代之心——范成大诗歌创作的衰病主题及其超越 李淳 中华文化论坛 2016年第4期

曾巩对陶渊明的接受探析 唐亚飞 东华理工大学学报（社会科学版） 2016年第1期

查慎行对《瀛奎律髓》中陆游诗歌的评点 王新芳 石家庄铁道大学学报（社会科学版） 2016年第2期

张耒的饥饿诗及其文化阐释 吴雅萍 兰州教育学院学报 2016年第7期

张孝祥·水调歌头金山观月 王大禾 东方艺术 2016年第4期

《张协状元》“拒接丝鞭”情节新解 张勇风 戏剧（中央戏剧学院学报） 2016年第6期

张载、张协诗文思想内容之非主流论 王承斌 许昌学院学报 2016年第4期

赵蕃日常生活题材诗歌及其创作特色研究 周静 中国韵文学刊 2016年第3期

赵善括词中的典故 王文丹 濮阳职业技术学院学报 2016年第9期

浙东文派文章批评与宋代文章学的成熟 李建军 常熟理工学院学报 2016年第3期

真德秀诗学观研究 董秀丽 文化学刊 2016年第9期

正月新阳生翠琯——浅论宋代《渔家傲》十二月节词的定型 沙振坤、彭新有 语文教学通讯·D刊（学术刊） 2016年第1期

知己同酬唱字句表忠心——细论汪元量《满江红·和王昭仪韵》 唐香融、张佩 名作欣赏 2016年第32期

直击词史真相的力作——《唐宋词的女性化特征演变史》评介 张晶 北华大学学报（社会科学版） 2016年第6期

中秋词三弄弦音诉情衷——苏轼三首中秋词对比赏析 程朝晖 名作欣赏 2016年第14期

中唐至宋代诗歌中的南食书写与士人心态 曹逸梅 文学遗产 2016年第6期

《周易》对苏轼文艺创作观的影响 徐建芳 北方论丛 2016年第5期

朱淑真作品的女性特色 张方星懿 现代语文（学术综合版） 2016年第9期

朱熹《楚辞集注》诗学话语发微 邱蔚华 福建师范大学学报（哲学社会科学版） 2016年第3期

朱熹诗学与孔子诗学 刘娟 光明日报 2016年7月29日第8版
朱熹诗佛禅情结诗性视界探微 邱蔚华 东南学术 2016年第3期
总集的序跋与文学史权力——以周必大《〈文苑英华〉序》为例 何水英 出版科学 2016年第4期
走出宫廷 走向南方——论宋元都邑赋的历史转变 王树森 湖南人文科技学院学报 2016年第5期
《醉翁亭记》之“乐”与“醉”再解 赵晶晶 绥化学院学报 2016年第6期
罪恶与清官：说唱词话中的包公 伊维德、吴冠文 文艺理论研究 2016年第2期
尊体：严羽“本色”理论及其四大要素 尚永亮、段亚青 文艺理论研究 2016年第5期

十七 文化艺术

巴蜀地区宋代墓葬石刻艺术造型浅析 孙垂利 美术教育研究 2016年第22期
百年问题再思考——北曲杂剧音乐体制渊源新探 赵义山 文学评论 2016年第4期
北宋单刻佛经版刻书法风格摭要 刘元堂 荣宝斋 2016年第10期
北宋党争对题画诗发展的影响 李旭婷 中国海洋大学学报（社会科学版） 2016年第5期
北宋的二王图像——帖学兴起与北宋的临摹观 刘鹤翔 中国书法 2016年第22期
北宋宫廷书画收藏与流转机制考察 朱燕楠 美术学报 2016年第3期
北宋郭熙山水画自然观之刍议 郑旭红 中国美术 2016年第5期
北宋后期书论的三维向度 李守银 中国书画 2016年第7期
北宋画家李公麟的金石收藏与著述 史正浩 艺术探索 2016年第2期
北宋画家之地理分布 赵振宇 艺术工作 2016年第4期
北宋画学诗意审美理想探析 蔡波尔 宁德师范学院学报（哲学社会科学版） 2016年第12期
北宋皇帝名画最早记录杂交鸟 岳冉冉 科技日报 2016年3月26日第1版
北宋绘画观赏与金代中后期题画诗的审美倾向 陈博涵 故宫博物院院刊 2016年第6期
北宋绘画美学思想浅议 王志鸿、陆庆祥 湖北理工学院学报（人文社会科学版） 2016年第2期
北宋洛阳牡丹文化初探 白茹冰 商丘师范学院学报 2016年第4期
北宋民间绘画与文人画风对翰林图画院的综合性影响 李传文 吉林艺术学院学报 2016年第4期
北宋民间舞蹈的兴盛及其历史机缘 彭瑞琪 北京舞蹈学院学报 2016年第4期
北宋“尚意”书风成因探微 陈墨奇 美术教育研究 2016年第16期
北宋思想家周敦颐画像考 周庆 文史杂志 2016年第4期
北宋玉清昭应宫相关绘画活动考论 张自然 许昌学院学报 2016年第3期
北宋园林中的“江南”观念 何晓静 新美术 2016年第7期
北宋院体花鸟画“诗画交融”的审美意趣 王圣舟 淮海工学院学报（人文社会科学版） 2016年第3期
北宋院体花鸟画的革新和演变 贾润、殷培芳 今传媒 2016年第8期
汴京是中国戏剧的发祥地 程民生 开封日报 2016年1月5日第9版
禅对宋瓷器物造型的影响研究 姜丽、张晓东 艺术科技 2016年第3期
城市文明演变下的宋代公共园林研究 毛华松、张兴国 西部人居环境学刊 2016年第2期
程朱理学影响下的宋人文艺 付杨、方海 文艺评论 2016年第9期
澄怀味象——从宋明理学看王诜的《渔村小雪图》 林丽景 艺术科技 2016年第12期
澄怀观瓷——论南宋官窑的老子美学精神 金尧根 中国陶瓷工业 2016年第3期
崇尚清润典雅的宋代工艺美术风格 苏梅 美术大观 2016年第8期
崇高之境：巴尔特符号学的意指延伸与北宋山水画的境界升华 段炼 美术观察 2016年第5期
初探李嵩《骷髅幻戏图》 孙亦悦 艺术科技 2016年第6期
啜英咀华——宋人点茶的视觉审美追求 郑培凯 书城 2016年第12期
《词林正韵》与宋代音系 刘俊一 汉字文化 2016年第4期

瓷器中折射出宋文化的特质　贺云翱　大众考古　2016 年第 6 期
从服饰表现的视角再议《韩熙载夜宴图》的成画年代　胡越　艺术科技　2016 年第 9 期
从《浮玉山居图》浅析钱选山水画的实验性　魏云飞　收藏　2016 年第 23 期
从交流融合角度浅析宋代瓷器造型设计　李玉　美与时代（上）　2016 年第 5 期
从李嵩《骷髅幻戏图》谈绘画中的写实与写意　邱月　收藏　2016 年第 23 期
从梁楷的作品看其个人风格的形成　廖曦、田书秀　美术观察　2016 年第 1 期
从耆老雅集到图像旌表——《睢阳五老图》与北宋士人肖像观念研究　庄程恒　美术学报　2016 年第 1 期
从《瑞鹤图》看宋徽宗绘画的形式感　李争　大众文艺　2016 年第 14 期
从三张名作看北宋的山水画转变　刘磊　北方文学（下旬）　2016 年第 9 期
从《山水诀》与《林泉高致》的异同看宋代文人山水观　叶武、郭菲　国画家　2016 年第 5 期
从宋代瓷器探究其背后人文色彩　赵翊岑　艺海　2016 年第 10 期
从造型艺术的角度探讨古建筑——以宋朝正定隆兴寺摩尼殿壁画为例　李蒙　住宅与房地产　2016 年第 33 期
从中庸之道看宋代梅花意象　蒋雪婷　西部皮革　2016 年第 4 期
大晟府对宋朝音乐文化的影响分析　马莉　艺术科技　2016 年第 8 期
大小徐本《说文》草部字比较研究　高亦　名作欣赏　2016 年第 21 期
大雅大晟钟，睿智昏德公——北宋大晟钟雅俗名实考　李幼平　装饰　2016 年第 1 期
大足北山石刻《古文孝经》浅析　陈龙国　中国书法　2016 年第 6 期
大足北山宋代石刻与宝顶石刻的关系　杨雄　重庆三峡学院学报　2016 年第 4 期
大足石刻甲天下　沈嬰　中国地名　2016 年第 6 期
德化宋代与现代陶瓷艺术的比较研究　孙德明　美术大观　2016 年第 10 期
东道汝窑的茶席之美　徐结根　茶世界　2016 年第 6 期
东道汝窑的工匠精神　徐结根　茶世界　2016 年第 11 期
东道汝窑的开片　徐结根　茶世界　2016 年第 8 期
东道汝窑与设计　徐结根　茶世界　2016 年第 9 期
斗茶文化对北宋建盏发展的影响研究　牛丽彦、周世辉　吉林建筑大学学报　2016 年第 5 期
对黄山谷三件书作的思考　官景辉　中国书法　2016 年第 16 期
对宋代园林植物配置的再认识　张鹏、刘晓明　建筑与文化　2016 年第 9 期
对宋代园林中“登高观山”观念的诠释　张鹏、刘晓明　建筑与文化　2016 年第 8 期
对“宋代出现冰嬉说”的质疑与辨析　张宝强、陈彦　南京体育学院学报（社会科学版）　2016 年第 1 期
多维的审美取向——论宋代院画的皇家趣味和文人风致　李洁璇　南京艺术学院学报（美术与设计）　2016 年第 3 期
多元因素影响下的草书陈述——苏轼草书认识的几个维度　徐晓洪　中国书法　2016 年第 12 期
二蔡的“时”与“变”　谷卿　中国书画　2016 年第 2 期
“法度”与“神气”影响下的蔡襄书法　宋文雯　美术大观　2016 年第 5 期
法度与超逸——试论钱选绘画的审美格调重构　张勤　中国美术　2016 年第 4 期
范宽的《溪山行旅图》及其构图特点探微　叶旋　美与时代（中）　2016 年第 6 期
非传统笔墨与宋代绘画　李福顺　中国书画　2016 年第 8 期
分析苏轼的书风在绘画中的体现　郑星　戏剧之家　2016 年第 15 期
《芙蓉锦鸡图》中的图文关系及其绘画主题的生成　公丕普　艺术探索　2016 年第 4 期
“古雅淡泊”与“悲怆癫狂”——在宋元历史背景探究后世对宋代文人画的偏见　薛梦男　美术教育研究　2016 年第 13 期

古琴古声似幽兰——古代名画“抚琴图”品赏　王东峰　东方收藏　2016 年第 1 期
关于宋朝陶瓷纹饰民俗情感的研究　张志雁　长春教育学院学报　2016 年第 8 期
“观万物之变”——苏轼艺术观察论　童庆炳　中国书法　2016 年第 8 期
郭若虚“气韵非师”说与北宋文人画思潮　彭莱　文艺研究　2016 年第 3 期
郭熙《早春图》品读　沈洋　团结报　2016 年 12 月 29 日第 8 版
浩然听笔之所之——苏轼《黄州寒食诗帖》赏析　张天弓　书法　2016 年第 4 期
孩童自欢愉——苏汉臣《秋庭戏婴图》　叶海晨　中国人力资源社会保障　2016 年第 6 期
河北正定隆兴寺摩尼殿壁画艺术特征初探　倪春林　美术　2016 年第 8 期
河南宋墓及山西金墓戏曲图像的综合认识　苏翔　新疆艺术学院学报　2016 年第 1 期
《怀仁集王圣教序》碑与故宫藏北宋拓本一种　冯小夏　中国书法　2016 年第 8 期
黄庭坚禅宗活法与元符变法　许永福　南京艺术学院学报（美术与设计）　2016 年第 2 期
黄庭坚《范滂传》帖散佚及跋文　水赉佑　书法研究　2016 年第 1 期
黄庭坚题画诗、跋蕴含的绘画思想研究　孙红阳　江西社会科学　2016 年第 5 期
黄庭坚题画诗、跋在绘画艺术上的价值研究　孙红阳、邹红梅、王春阳　南昌师范学院学报　2016 年第 6 期
黄庭坚晚年“为画满纸”思想研究　许永福　江西社会科学　2016 年第 7 期
黄庭坚与苏轼的笔墨心情　谷卿　中国文化报　2016 年 11 月 13 日第 4 版
黄庭坚《诸上座帖》赏析　陈新亚　书法　2016 年第 6 期
基于视知觉的宋耀州窑刻划花装饰新探　房峰　佳木斯职业学院学报　2016 年第 5 期
佳瓷精致宜品茗——以瓷盏为媒管窥宋代茶文化　陈新宇　文物鉴定与鉴赏　2016 年第 8 期
建筑空间与礼制文化：宋代地方衙署建筑象征性功能诠释　陈凌　西南大学学报（社会科学版）　2016 年第 5 期
兼南北画风所长，融秀润与浑厚一体——郭熙山水画管窥　张白露　齐鲁艺苑　2016 年第 2 期
简论李公麟绘画写实风格的形成与艺术成就　郑玲玲　美与时代（中）　2016 年第 9 期
简析李公麟白描画的审美意境及其发展　郑玲玲　美与时代（中）　2016 年第 8 期
简论宋代画院对小品花鸟画创作的影响　方争利　美与时代（中）　2016 年第 9 期
简论文人画与苏轼思想　张光辉　美术教育研究　2016 年第 20 期
谫论南宋虞允文的书法艺术　王梦笔　书法赏评　2016 年第 1 期
镣铐下的舞蹈——以宋代艺术为例　谢珊　戏剧之家　2016 年第 15 期
解读《清明上河图》中的高杆立鸟　张仁江、张春平　国画家　2016 年第 3 期
解读南宋马远作品中的留白之美　顾运艳　美术教育研究　2016 年第 2 期
晋宋简札审美比较探究　林俊卿　三明学院学报　2016 年第 3 期
景德镇窑南宋青白瓷印研究　黄惇　书画艺术学刊　2016 年第 21 期
尽览多娇江山——赏王希孟《千里江山图》　叶海晨　中国人力资源社会保障　2016 年第 11 期
精神澡雪之景——读宋人《渔村小雪图》有感　陈俊宇　深圳特区报　2016 年 10 月 13 日第 B07 版
精致内敛性格成就华彩宋瓷　汪帮宏　北京商报　2016 年 4 月 29 日第 A02 版
钧瓷的自然美　郑甲求　美术教育研究　2016 年第 1 期
钧瓷赏美　黄金有价钧无价　贾福林　公关世界　2016 年第 3 期
君之所向、天下趋焉：北宋书画鉴藏蔚然成风　赵娟　中国书法报　2016 年 7 月 5 日第 8 版
镌拓中的江左风流——香港中文大学文物馆藏《淳化阁帖》及《兰亭序》南宋拓御府领字从山本　岳小艺　中国文化报　2016 年 7 月 24 日第 6 版
空间视域下的东坡赤壁及其文化表征　郭茜　河南师范大学学报（哲学社会科学版）　2016 年第 3 期
空间的背后——从赵佶《瑞鹤图》谈空间与主题的关系　邱皓　收藏　2016 年第 23 期
骷髅幻戏图　奕明　老年教育（书画艺术）　2016 年第 8 期

旷古雄浑——读南宋李迪的《枫鹰雉鸡图》 王博 美术教育研究 2016 年第 2 期
狸奴小影——试论宋代墓葬壁画中的猫 赵丹坤 美术学报 2016 年第 1 期
李迪与《风雨牧归图》的画史意义 李奕 大众文艺 2016 年第 3 期
李公麟《龙眠山庄图》研究 杨娜 中国国家博物馆馆刊 2016 年第 5 期
李公麟《西园雅集图》里的人物形象研究 曾莉 新丝路（下旬） 2016 年第 1 期
李嵩《货郎图》系列作品比较研究 孙静松 南京艺术学院学报（美术与设计） 2016 年第 6 期
李嵩《货郎图》研究 修雪欢 美术大观 2016 年第 3 期
李嵩《货郎图》中的两大创意表达 林玉 春秋 2016 年第 4 期
李唐艺术研究札记四题 李林 艺术探索 2016 年第 1 期
“理”“气”学观念在南宋花鸟画作中的体现 桑童 艺海 2016 年第 3 期
理性精神关照下的机械图像——宋代绘画中的水碓、磨考察 王冬松 史林 2016 年第 3 期
历史记忆与貌写家山:《蜀川胜概图》中的景观叙述 李良、李鹏 装饰 2016 年第 10 期
梁楷《六祖撕经图》的禅宗和美学思想 郭芳伟 美术教育研究 2016 年第 18 期
梁楷《释迦出山图》之图像研究 廖曦、顾平、田书秀 艺术百家 2016 年第 3 期
两宋画家籍贯的分布与变迁 赵振宇 书画艺术学刊 2016 年第 21 期
流动于平静中的意趣——宋代小品花鸟画意境之体现 方争利 宁夏师范学院学报 2016 年第 5 期
林逋隐逸书风形成因素初探 冯猛 美术教育研究 2016 年第 16 期
陆游的书画理论探析 陈天佑、钟巧灵 湘南学院学报 2016 年第 1 期
略论三教圆融视阈下的两宋寺观壁画 吕少卿 南京艺术学院学报（美术与设计） 2016 年第 1 期
论“半刀泥”技法在宋代陶瓷装饰中的运用 李兵 中国陶瓷 2016 年第 8 期
论北宋《局事帖》的主旨与作者 李全德 美术研究 2016 年第 6 期
论北宋汝窑莲花式温碗的美学表现 崔莹 美与时代（上） 2016 年第 6 期
论黄庭坚书法作品及诗歌中禅意的表达 刘亚娇 大众文艺 2016 年第 16 期
论《林泉高致》中的艺术思想 陈权 镇江高专学报 2016 年第 3 期
论南宋时期工笔花鸟画的神韵描绘与传达 吴佳芬 现代装饰（理论） 2016 年第 10 期
论《清明上河图》中的植物 马俊坚 美术教育研究 2016 年第 17 期
论散卓笔制与苏轼书风之形成 刘镇 书法研究 2016 年第 4 期
论宋代石刻的文化建构、凝定与衍生功能 王星 湖北大学学报（哲学社会科学版） 2016 年第 3 期
论宋代“云韶部” 解飞 歌海 2016 年第 4 期
论宋代书法理论中的复古风气 汪逊 艺苑 2016 年第 6 期
论宋代瓷器的装饰绘画艺术 孙悦怡 美术教育研究 2016 年第 1 期
论宋代服饰的审美特征及其成因 刘静轩 美术观察 2016 年第 2 期
论宋代绘画的视觉经验 邢鸿儒、龚莹 美与时代（中） 2016 年第 10 期
论宋代山水画“意境论”的建构与表现 张一驰 南京艺术学院学报（美术与设计） 2016 年第 2 期
论宋代文人画的日常生活审美化特征 朱国芳 美术教育研究 2016 年第 14 期
论“宋四家”对颜真卿书法的推崇及其原因 王维 艺术生活—福州大学厦门工艺美术学院学报 2016 年第 1 期
论苏轼《黄州寒食帖》作品的诗性精神 胡玉敏 书法赏评 2016 年第 6 期
论苏轼在黄州期间书法创作的情感精神——以《前赤壁赋》和《黄州寒食帖》为例进行分析 胡玉敏 书法赏评 2016 年第 4 期
论苏轼画论中的实用主义 刘娅萍 齐鲁艺苑 2016 年第 6 期
论苏轼之诗画观 蔡惠君 语文学刊（外语教育教学） 2016 年第 7 期
论唐宋燕乐中的闰角调 陈应时 中国音乐 2016 年第 3 期
论魏了翁的义理书学观念 杨万里 天中学刊 2016 年第 3 期

论纹样风格与装饰意味——以宋代书画为例　邓炜　西部皮革　2016 年第 18 期
论《乐记》对宋代理学家乐论的塑形　康勤　学术界　2016 年第 5 期
论政治和学术立场对书法评议的影响——以朱熹批评王安石书法为例　王碧凤　中国书法　2016 年第 6 期
论中国古代诗法学成熟于宋　王德明　国学学刊　2016 年第 1 期
论中国宋代陶瓷的美学特征　王春霞　绥化学院学报　2016 年第 2 期
马和之《毛诗图》版本、作者与制作研究述论　黎晟、卞小燕　南京艺术学院学报（美术与设计）2016 年第 1 期
马麟《郊原曳杖图页》与南宋绘画　高斌　美与时代（中）　2016 年第 8 期
马远、夏圭山水绘画与文化海报的艺术创作　周雅琼　安庆师范学院学报（社会科学版）　2016 年第 2 期
马远《水图》与南宋的理想国　冯海涛　美术研究　2016 年第 5 期
马远水图意象再探　曾点　中国书画　2016 年第 2 期
美如彩霞均窑瓷　丁元海　赤子（上中旬）　2016 年第 1 期
美在咸酸外，趣发拗涩中——苏轼书法刍议（上）　陈海良　书法　2016 年第 9 期
美在咸酸外，趣发拗涩中——苏轼书法刍议（下）　陈海良　书法　2016 年第 10 期
米芾：痴颠的古代大藏家　张春岭　金融博览（财富）　2016 年第 8 期
米芾错失《来戏帖》——《面谕帖》《伯修帖》钩沉　李向民　南京艺术学院学报（美术与设计）2016 年第 1 期
米芾绘画的创作时期考证　卢国斌　艺术教育　2016 年第 6 期
米芾《珊瑚帖》“天支节相”考释　李全德　中国书法　2016 年第 6 期
米芾书法中的创新　程亮　美与时代（中）　2016 年第 4 期
米芾书法中的尚古　程亮　艺术科技　2016 年第 4 期
米芾《蜀素帖》赏析　罗佳　美与时代（中）　2016 年第 10 期
米芾与他的青眉　史彦　老年教育（书画艺术）　2016 年第 9 期
闽北宋韵　福建将乐窑青白釉瓷鉴赏　余学云　收藏　2016 年第 21 期
木板年画发祥传播的史学研究　程民生　首都师范大学学报　2016 年第 5 期
南宋德寿宫遗址后苑园林景观意象探讨　江俊浩、蒋静静、陈敏、陈丽娜　浙江理工大学学报（社会科学版）　2016 年第 2 期
南宋工笔花鸟画“写实性”的成因分析　颜晔　美与时代（中）　2016 年第 6 期
南宋“官窑”米黄釉直颈瓶辨正　叶英挺　东方收藏　2016 年第 3 期
南宋连环画《蚕织图》赏析　朱秀颖　艺术教育　2016 年第 4 期
南宋龙泉青瓷的美学特征和文化内涵　雷光振　兰台世界　2016 年第 8 期
南宋龙泉窑仿商周礼器类瓷的产生背景及其内涵　胡正中　收藏　2016 年第 9 期
南宋《王友度墓志》与张即之书风　胡迪军　书法　2016 年第 6 期
南宋《上清灵宝大法》音乐资料研究　蒲亨强　黄钟（武汉音乐学院学报）　2016 年第 4 期
南宋【双胜子急】音乐的传承　于韵菲　中国音乐学　2016 年第 3 期
南宋文化的休闲旨趣与设计之美　赵旎娜　绥化学院学报　2016 年第 6 期
南宋文人画史迹钩沉　陈野　国际社会科学杂志（中文版）　2016 年第 3 期
南宋文士的园林休闲及其审美蕴藉　章辉　美与时代（上）　2016 年第 5 期
南宋文士尚闲心态论　章辉、李建萍　铜仁学院学报　2016 年第 5 期
南宋文士休闲的“耕隐”工夫及其美学蕴含　章辉　台州学院学报　2016 年第 1 期
南宋文士休闲文化中的“谐世”境界　章辉、杨增艳　宁德师范学院学报（哲学社会科学版）　2016 年第 2 期

南宋文士休闲与审美关系之思辨　章辉　美与时代（下）　2016 年第 3 期
南宋《无上黄箓大斋立成仪》音乐资料研究　蒲亨强　音乐探索　2016 年第 3 期
南宋　吴琚　楷书题江苏镇江北固山“天下第一江山”　张冰　中国书法　2016 年第 1 期
南宋霞帔坠子造物思想与寓意研究　于奇赫　西北美术　2016 年第 4 期
南宋休闲人格美的“闲”之相关范畴　章辉、宋丽　安顺学院学报　2016 年第 4 期
南宋休闲文化中的人物认同与自我定位　章辉　河北科技师范学院学报（社会科学版）　2016 年第 4 期
南宋院画赏析——馆藏南宋《杂景院画》册流传考　江洁　文物天地　2016 年第 10 期
南宋赵伯驹与赵伯骕青绿山水艺术特点分析　王哲　大众文艺　2016 年第 14 期
南唐文化与宋代士大夫的生活品味——以文房四宝为中心　伍伯常　中国文化研究所学报　2016 年第 63 期
欧阳修的书法贡献　刘菊芳　井冈山大学学报（社会科学版）　2016 年第 5 期
欧阳修的书法审美思想　张瑞君　中国书法　2016 年第 22 期
欧阳修书法理论与实践　刘菊芳　江西科技师范大学学报　2016 年第 3 期
品味宋瓷之美　钱俊华　东方收藏　2016 年第 6 期
钱勰及其与苏、黄、米　黄修珠　南京艺术学院学报（美术与设计）　2016 年第 3 期
浅论欧阳修书法艺术的创作观　杨薇、吴明明　呼伦贝尔学院学报　2016 年第 4 期
浅论宋代钱币书法艺术　刘秋韵　汉字文化　2016 年第 3 期
浅谈黄庭坚的草书艺术　邵仲武、卢肖扬、闫薇、郭琳琳　美与时代（中）　2016 年第 3 期
浅谈南宋山水团扇的艺术特征　王哲　美术大观　2016 年第 7 期
浅谈宋瓷民俗婴戏纹的情感表达　黄蔚　佛山陶瓷　2016 年第 3 期
浅谈宋代宫廷花鸟画与西方古典主义　刘茜　美术大观　2016 年第 4 期
浅谈宋代宫廷乐与民间音乐的联系　刘海洋　戏剧之家　2016 年第 17 期
浅谈宋代花鸟画　葛颖　大众文艺　2016 年第 23 期
浅谈宋代绘画在中学美术欣赏课中的作用　张潇月　教育实践与研究（B）　2016 年第 1 期
浅谈宋代咏茶文学　阳璐西　福建茶叶　2016 年第 3 期
浅谈宋画学与画院　张湫逸　中国艺术　2016 年第 4 期
浅谈赵佶对中国画的贡献　王婧莉　美术教育研究　2016 年第 1 期
浅析北宋时期山水画及形式美　李玲　美与时代（中）　2016 年第 2 期
浅析茶文化在绘制中国画过程中到应用　周龙　福建茶叶　2016 年第 11 期
浅析勾栏瓦舍的创设演艺与宋元戏曲的繁荣　王娟娟　佳木斯职业学院　2016 年第 9 期
浅析郭熙山水画　慕忠瑜　美与时代（下）　2016 年第 2 期
浅析南宋山水画的构图形式　杜燕　美术教育研究　2016 年第 17 期
浅析宋代工笔人物画民俗化的倾向　王元芳　艺术科技　2016 年第 3 期
浅析宋代市民音乐兴盛的几方面因素　刘小雨　黄河之声　2016 年第 7 期
浅析宋代尚意书法的审美表现　孟佩芳　美术大观　2016 年第 7 期
试析宋代梳妆类瓷盒的艺术特征　郭柳　大众文艺　2016 年第 16 期
浅析宋代中国画审美取向的产生原因及影响　吴志民　艺术教育　2016 年第 7 期
浅析宋徽宗瘦金体书法艺术　何通　戏剧之家　2016 年第 1 期
浅析文人皇帝宋徽宗的艺术成就　杨溢江、张馨匀　美术教育研究　2016 年第 7 期
浅析五代、北宋时期北派山水画雄壮之美　乔玉婷　美术教育研究　2016 年第 12 期
浅析《扬州慢》的音乐艺术特点　李荟　读与写（教育教学刊）　2016 年第 7 期
浅议宋朝绘画审美理念　张愫　大众文艺　2016 年第 20 期
巧如范金　精比琢玉——试论耀州窑的工艺特征　施泳峰　文物鉴定与鉴赏　2016 年第 2 期
且潜春愁于悲歌，只为慷慨济世情——辛弃疾《摸鱼儿》赏析　李艳　名作欣赏　2016 年第 5 期

琴棋书画：南宋文士休闲载体的审美内蕴　章辉　皖西学院学报　2016 年第 3 期
琴声雅韵入画，悦目赏心高眠——宋代乐舞瓷枕上的中原音乐文化　王歌扬　乐器　2016 年第 8 期
秦桧《深心帖》辨伪——兼论忠奸托名伪作的不同特点　张猋　书法　2016 年第 6 期
青瓷发展浅述　周智伟　陶瓷科学与艺术　2016 年第 11 期
“清空的旋律”——关于南宋姜夔自度曲的研究　马莉嘉　乐府新声（沈阳音乐学院学报）　2016 年第 3 期
《清明上河图》的空间展现和叙事性　谢昕纾　美术大观　2016 年第 11 期
《清明上河图》的艺术精神与社会意义　胡玉敏　艺海　2016 年第 1 期
《清明上河图》及其世界影响的奇迹　程民生　河南大学学报（社会科学版）　2016 年第 1 期
《清明上河图》为何是北宋的“盛世危言”　雷收麦、周延亭　博览群书　2016 年第 7 期
《清明上河图》与《迎春图》艺术特色之互勘　谢建华　艺术科技　2016 年第 2 期
儒家观念与宋代颜真卿书法批评　李慧斌　青岛农业大学学报（社会科学版）　2016 年第 2 期
儒家美学思想对宋朝绘画的影响　王蓉蓉　美术教育研究　2016 年第 22 期
山水家园：北宋山水画中的环境观　魏华　北京社会科学　2016 年第 12 期
山谷题跋的文化意蕴及题跋书法　楚默　中国书法　2016 年第 16 期
尚意书风与苏轼“自出新意”的书法观　黄志强、杨渊斓　泉州师范学院学报　2016 年第 5 期
邵伯斗野园　陆琦　广东园林　2016 年第 4 期
申情尚意　趋雅重韵——北宋书法品评刍议　李彤　中国书法　2016 年第 6 期
沈括书画鉴藏述评　王晴　中国书画　2016 年第 6 期
盛与衰：南宋伎乐的历史境遇　张珂　歌海　2016 年 6 月
诗乐合“淡”：宋代乐论与文论的汇通　韩伟　交响（西安音乐学院学报）　2016 年第 4 期
诗魂书骨，尚纯戒驳——苏轼与米芾，北宋文人画的“雅”与“逸”　王一开　大众文艺　2016 年第 14 期
诗中有笔，笔中有诗——苏轼《黄州寒食诗帖》赏析　李思敏　名作欣赏　2016 年第 27 期
十里春风　雕琢丝中繁花——缂丝中的宋人书画　董一平　江苏丝绸　2016 年第 10 期
试论《宣和书谱》中的“逸格”品评　范功　艺苑　2016 年第 4 期
“四时”与“一年景”装饰风尚——《簪花仕女图》年代新论　施锜　装饰　2016 年第 2 期
书法史唐宋转型中的毛笔形质变化及其意义　何学森　书画世界　2016 年第 11 期
书籍刊刻与书法——以宋元为例　周劲松　艺术品　2016 年第 3 期
书流砥柱　宋之巨擘——略论项穆《书法雅言》中对蔡襄书法之评价　秦金根　书法　2016 年第 5 期
书以载道：朱熹的书学观及其价值意义　杨万里　中国书法　2016 年第 24 期
宋朝茶画艺术特征探析　谢建华　福建茶叶　2016 年第 6 期
宋词中的体育文化及影响　吴洪波、李丹　兰台世界　2016 年第 10 期
宋词中的袖舞　尹航　北京舞蹈学院学报　2016 年第 6 期
宋代彩绘童子抱鞠俑考释　郝勤、高潇　成都体育学院学报　2016 年第 1 期
宋代茶画的艺术鉴赏　戴杰、姜丽、伊宏伟　福建茶叶　2016 年第 3 期
宋代茶画漫话　王丽、武立功　福建茶叶　2016 年第 1 期
宋代茶画艺术及文化内涵探析　熊英、张明利　福建茶叶　2016 年第 2 期
宋代茶画艺术研究　马彩霞　福建茶叶　2016 年第 10 期
宋代茶画艺术研究　席恒瑾　福建茶叶　2016 年第 1 期
宋代茶文化与建盏的相互作用关系研究　牛丽彦　福建茶叶　2016 年第 8 期
宋代的彩画装饰艺术　张葳、陈梦　现代装饰（理论）　2016 年第 11 期
宋代的《郡斋刻帖》　施安昌　中国书法　2016 年第 10 期
宋代的水墨革命　王转转　美术教育研究　2016 年第 18 期

宋代的艺术　廖奔　人民政协报　2016 年 10 月 10 日
宋代董源绘画风格接受初探　胡庚申　美与时代（中）　2016 年第 7 期
宋代队舞演出场合及其用乐初探　杨子　当代音乐　2016 年第 1 期
宋代工笔花鸟画的审美意味　姚素萍　美术大观　2016 年第 12 期
宋代工笔花鸟画写实与情趣兼容的特点及影响探究　陆璐　美与时代（中）　2016 年第 10 期
宋代工笔花鸟画与当代工笔花鸟画的比较研究　何龙辉　艺术教育　2016 年第 9 期
宋代工笔花鸟用线　尹燕玲　艺术科技　2016 年第 9 期
宋代工笔花鸟中的"气韵生动"　刘书睿　大众文艺　2016 年第 16 期
宋代仿古风气佛造像初探　刘丞　收藏家　2016 年第 6 期
宋代仿古青铜器造型的设计学考察　邓昶、朱和平　南京艺术学院学报（美术与设计）　2016 年第 5 期
宋代花鸟小品的历史与当代语境分析　郭思言　美术观察　2016 年第 12 期
宋代花鸟画载体及构图布局研究　李彦霖　齐鲁师范学院学报　2016 年第 5 期
宋代画评中的艺术伦理思想及其生命蕴涵　刘桂荣　河北大学学报（哲学社会科学版）　2016 年第 5 期
宋代"画院画家"与"宫廷画家"、"画院画"与"宫廷画"辨析　韩刚　美术研究　2016 年第 5 期
宋代皇家文艺范　李冬君　文史天地　2016 年第 5 期
宋代隶书若干问题考述　李泊潭　南京艺术学院学报（美术与设计）　2016 年第 1 期
宋代没骨花形式初探　陈福彬　艺术科技　2016 年第 4 期
宋代女服的理性之美　徐帅　戏剧之家　2016 年第 15 期
宋代女子服饰背子的审美意蕴探究　王叶丽　现代装饰（理论）　2016 年第 5 期
宋代青白瓷宗教造像的世俗化倾向研究　王京　中国陶瓷　2016 年第 12 期
宋代青绿缂丝画设色的审美特征研究　刘新华、张康夫　国画家　2016 年第 11 期
宋代山水画的理学意涵　潘望森、徐青　学术界　2016 年第 4 期
宋代山水画审美标准的嬗变及实践　韩延兵　美与时代（下）　2016 年第 10 期
宋代山形笔架造型研究　蒋欣瑶　现代装饰（理论）　2016 年第 8 期
宋代"尚意"书风的意、法之辨与法度创新　李祥俊　衡水学院学报　2016 年第 5 期
宋代书画鉴定三例　余辉　艺术工作　2016 年第 1 期
宋代书院记的文化阐释　李光生　兰州学刊　2016 年第 6 期
宋代说唱伎艺的互为渗透　赵兴勤　中原文化研究　2016 年第 1 期
宋代丝织图案纹样的艺术研究　孙怡佳　现代装饰（理论）　2016 年第 5 期
宋代素髹漆器与单色釉瓷器美学特征比较研究　张赛勇　中国生漆　2016 年第 4 期
宋代陶瓷的审美取向与美学特征分析　周微璐　文学教育（下）　2016 年第 9 期
宋代陶瓷市井民俗纹饰研究　黄蔚　艺海　2016 年第 5 期
宋代陶瓷鱼纹装饰图案审美样式与文化意蕴　疏梅　鸡西大学学报　2016 年第 2 期
宋代陶瓷的审美取向与美学特征分析　周微璐　文学教育（下）　2016 年第 9 期
宋代文化思潮与古琴艺术发展——从宋代文学看古琴文化风貌　夏娱　长江师范学院学报　2016 年第 1 期
宋代文人独特审美观照下的狂草境遇　黄琴　文史杂志　2016 年第 3 期
宋代五礼中的鼓吹乐类别及其形态　蔡菲　歌海　2016 年第 3 期
宋代行书发展的背景和行书观　常汉平、谢春天　阜阳职业技术学院学报　2016 年第 3 期
宋代艺术缂丝设色的审美特征及嬗变　张康夫、刘新华　纺织学报　2016 年第 6 期
宋代艺术批评的心性观探究　刘桂荣　民族艺术研究　2016 年第 5 期
宋代音乐研究中的音乐文献与人物研究　曾美月　乐府新声（沈阳音乐学院学报）　2016 年第 4 期
宋代院体花鸟画的发展——从丹纳的"三要素"说谈　范付申　佳木斯职业学院学报　2016 年第 12 期
宋代院体花鸟画的写生观　刘昌盛　国画家　2016 年第 5 期

宋代院体花鸟画对纺织品纹样设计的借鉴　戴照觉　现代装饰（理论）　2016 年第 4 期
宋代折枝花鸟画构图的简约美探究　梁鹏　美与时代（中）　2016 年第 5 期
宋代珍品《中山出游图》赏读　娇晓琳　谢小英　影像技术　2016 年第 1 期
宋高宗书学审美思想初探　吴一凡　美与时代（中）　2016 年第 3 期
宋画《采薇图》中的环境考察——兼论南宋环境人物画的新样式　冯鸣阳　南京艺术学院学报（美术与设计）　2016 年第 5 期
宋画为什么叫宋画　杨羽　公关世界　2016 年第 14 期
宋画与猿　黄小峰　紫禁城　2016 年第 3 期
宋画与中国博物学传统　詹琰、胡宇齐　森林与人类　2016 年第 6 期
宋徽宗对中国传统绘画发展的贡献　王晗　科学咨询（科技・管理）　2016 年第 12 期
宋徽宗《红蓼白鹅图》的道家审美旨趣　刘永霞　南方文物　2016 年第 3 期
宋徽宗《五色鹦鹉图》的再探讨——以其图像学意义的解读为中心　张羽　大众文艺　2016 年第 8 期
宋徽宗用文艺复兴照亮中国　李冬君　党政视野　2016 年第 3 期
宋徽宗与他的书法作品　魏晓娟　科教文汇（上旬刊）　2016 年第 12 期
宋人爱“写真”　吴钩　同舟共进　2016 年第 8 期
宋人书论小札（二）　书家苏轼　周勋君　东方艺术　2016 年第 8 期
宋人花鸟画的临摹教学　江涛　美术教育研究　2016 年第 24 期
宋书尚意——苏轼与《黄州寒食帖》　梁少膺　书法　2016 年第 5 期
宋・刷丝纹龙尾石砚　朱曙光、紫云　文艺生活（艺术中国）　2016 年第 4 期
“宋四家”名位考论　王中焰　文艺研究　2016 年第 4 期
宋元禅僧的合作书画　李福顺　中国书画　2016 年第 6 期
宋元明清肖像式妈祖图像的综合考察　肖海明　世界宗教研究　2016 年第 5 期
宋元山水画空间审美范型的转变及其文化动因　张明　国画家　2016 年第 6 期
宋元时代书画珍品在台北故宫博物院展出　徐德金、黄少华　台声　2016 年第 20 期
苏东坡书法批评思想之管窥　余涛　书法　2016 年第 7 期
苏轼《黄州寒食诗帖》艺术分析　王樱璇　美术教育研究　2016 年第 19 期
苏轼茶道美学探析　康保苓　齐齐哈尔大学学报（哲学社会科学版）　2016 年第 8 期
苏轼《次韵秦太虚见戏耳聋诗帖》书法之美　王彧浓　美与时代（中）　2016 年第 1 期
苏轼的书法作品构成与特征分析　刘超　美与时代（中）　2016 年第 11 期
苏轼的书法艺术赏析　石人月　美与时代（中）　2016 年第 4 期
苏轼的绘画作品《枯木怪石图》评析　闫琨骛　科技风　2016 年第 3 期
苏轼画扇　佚名　老年教育（书画艺术）　2016 年第 4 期
苏轼楷书《怀素自叙》真伪考　陈书国　荣宝斋　2016 年第 3 期
《苏轼留带图》　崔子忠　老年教育（书画艺术）　2016 年第 7 期
苏轼山水画美学思想探微　管莨　中华文化论坛　2016 年第 8 期
苏轼书画气韵观　周利明　西北美术　2016 年第 2 期
苏轼书法鉴赏　张国宏　秘书　2016 年第 3 期
苏轼书法审美观在书法教学创作中的应用　孟迎霞　发展导报　2016 年 10 月 4 日第 28 版
苏轼“三教合一”音乐美学思想探究　白海燕　当代音乐　2016 年第 6 期
苏轼与元祐书风的形成及展开　梁培先　中国书法　2016 年第 9 期
苏轼与苏辙书法艺术之比较　秦琴　安徽科技学院学报　2016 年第 5 期
太原地区现存宋明铁狮造型艺术特征分析　王崇恩、白冰　山西档案　2016 年第 1 期
谈宋代笔记《春渚纪闻》中的书法现象　王月彤　书法赏评　2016 年第 6 期
谈五代宋初山水画的绘画性表现　常欣　书画世界　2016 年第 3 期

探究宋代瓷器艺术的审美研究　李念劬　大众文艺　2016 年第 17 期
探析米家山水的过程与变化　朱培培　美与时代（中）　2016 年第 9 期
探析宋代水墨画中的道论哲心　谭媛元　广州大学学报（社会科学版）　2016 年第 11 期
探析宋三彩瓷枕的艺术风格　新成、林竟路　现代装饰（理论）　2016 年第 8 期
探析唐宋染织图案中的花卉纹样　赵向圳　现代装饰（理论）　2016 年第 10 期
唐教坊与宋教坊之关系研究　胡倩、陈林　黄河之声　2016 年第 12 期
唐宋时期“龙纹意象”审美情趣之比较　林岩　产业与科技论坛　2016 年第 7 期
唐宋钧瓷文化比较　常畅　许昌学院学报　2016 年第 1 期
唐宋间宫廷教坊职能扩展的内在动因　张月　交响（西安音乐学院学报）　2016 年第 2 期
唐宋书学的历史嬗变——以制度为视角的书法史考察　李慧斌　江苏师范大学学报（哲学社会科学版）　2016 年第 6 期
天下一人——赵佶的绘画艺术　陈思　美术大观　2016 年第 3 期
透过宋朝茶事绘画分析其文化意蕴　邓洧　福建茶叶　2016 年第 4 期
《图画见闻志·叙诸家文字》的目录学意义及传统“画学”观念之形成　彭莱　美术研究　2016 年第 4 期
图写山水此绝唱　宋画翘楚传清音——解读范宽的《溪山行旅图》　李国良　大舞台　2016 年第 3 期
瓦石清兴——宋代文人的藏砚活动　章放童　艺术品　2016 年第 11 期
瓦石清兴——宋代文人的造砚活动　章放童　艺术品　2016 年第 12 期
瓦子——市民音乐的繁荣　许展　黄河之声　2016 年第 11 期
为南宋院体“诗意画”一辩——论高居翰《诗之旅》中的“视觉叙事”　陈芸　浙江外国语学院学报　2016 年第 5 期
魏了翁根柢于“义理”的诗画观念　杨万里　汉语言文学研究　2016 年第 1 期
魏良辅的曲统说与北宋末以来音声的南北流变——从《南词引正》与《曲律》之异文说起　李舜华　文学评论　2016 年第 2 期
文人画传统与匠画传统的互动——马麟与“宋元之变”艺术史分析　李方红　文艺研究　2016 年第 9 期
吴川“舞貔貅”渊源新探　黎国韬、龙赛州　文化遗产　2016 年第 1 期
吴琚之于米芾　张冰　中国书法　2016 年第 1 期
吴说的杂书、游丝书及其他　李永忠　中国书法　2016 年第 1 期
吴说书法及南宋审美风格之嬗变　李剑锋　中国书法　2016 年第 1 期
五代至宋初山水画的演化　李东岳　中国书画　2016 年第 3 期
行道僧图像衰微考　于向东　敦煌学辑刊　2016 年第 2 期
也谈《清明上河图》中的胡人及相关问题　张文　苏州大学学报（哲学社会科学版）　2016 年第 3 期
“一色纯净”之美——陶瓷课堂之宋瓷刻花装饰　张玉菲　美术教育研究　2016 年第 6 期
疑古与复古——宋代士人学术风气与唐宋草书流变　吴旭春　书法赏评　2016 年第 5 期
《夷坚志》中的龙形象　褚桂燕　濮阳职业技术学院学报　2016 年第 4 期
以哥窑葵花洗论宋代文人的审美意趣　李梅　美术教育研究　2016 年第 21 期
以“神”为核心的宋代书法审美人格化批评　王晓亮　书法　2016 年第 7 期
“以书致治”　宋太宗　黄修珠　中国书画　2016 年第 5 期
以宋代宫廷音乐为例谈中国古代仪式音乐研究的时间维度　殷莹　音乐创作　2016 年第 6 期
以宋代山水画为视角谈山水画创作　余萍　大众文艺　2016 年第 6 期
以吴琚为例看南宋书法创作的时代局限性　尤婕　中国书法　2016 年第 1 期
以夏至鸣冬至止——浅谈《荔枝伯赵图》的艺术符号　潘利林　旅游纵览（下半月）　2016 年第 1 期
艺术与人生——论苏轼性格境遇对其书法风格的影响　高鸿萍　宁夏大学学报（人文社会科学版）　2016 年第 5 期

易学图象思维中乐律阐释——朱震《汉上易传》卦图中的乐律思想探析　孙小迪　当代音乐　2016年第20期
意于心、心生境——浅析宋代绘画与造园　董雅、夏婷　建筑与文化　2016年第8期
音乐社会史视角下的姜夔之乐伎"小红"考　陈四海、韩雪　音乐传播　2016年第3期
印从南宋添文气——新昌南宋"卢遡"冻石印探源及其里程碑意义　蔡树农　美术报　2016年12月3日第17版
用乐以合《周礼》：试论北宋宫廷雅乐改革　杨倩丽、陈乐保　四川师范大学学报（社会科学版）2016年第3期
由《山居图》探究钱选青绿山水特征　王若婷　美与时代（下）　2016年第5期
由《采薇图》看南宋绘画　窦鑫　美与时代（下）　2016年第8期
《乐法图》略考　金溪　中国典籍与文化　2016年第2期
游于象外——试论禅宗思想对梁楷人物画的影响　柯鸿坤　大众文艺　2016年第12期
"余欲为无李论"与北宋文化艺术变革之风向　黄凌子　河南社会科学　2016年第10期
雨——论北宋画家李成　王彧浓　美与时代（中）　2016年第10期
御书飞白与玉堂之署：宋代政治文化中的帝王书法观察　宋晓希　云南社会科学　2016年第3期
曾巩的书论与文风　王兴铭、高长山　文艺争鸣　2016年第5期
张栻楷书碑刻《论语问政》研究　严艳文　美与时代（中）　2016年第2期
赵佶承续晋人笔法说　李军　中国书法　2016年第9期
赵孟坚《岁寒三友图》　卢辅圣　书法　2016年第7期
真正的百戏之祖——目连戏　陈音璇　音乐生活　2016年第1期
知觉模式作用下的风格嬗变——李唐山水画风格转变内因初探　张红梅　艺术工作　2016年第3期
中国瓷器之汝窑青瓷　孙圆　山东陶瓷　2016年第2期
中国古代文人音乐的传播研究——北宋文人词调音乐的审美追求与传承　张诗扬　乐府新声（沈阳音乐学院学报）　2016年第2期
庄肃《画继补遗》解说　梁燕、张同标　船山学刊　2016年第1期
朱熹"不与法缚，不求法脱"的书法观　谢涛　中国书法　2016年第16期
朱熹对沈曾植书法的影响　成联方　中国书法　2016年第9期
主体的飞升与本体的转捩——唐宋画论中逸的品鉴地位与其绘画主体的内在关系研究　唐波　荣宝斋　2016年第8期
醉僧之意不在酒——宋代醉僧图的意涵　郑文倩　故宫学术季刊　2016年第4期
遵义地区宋墓石刻装饰艺术特点分析　余继平　三峡论坛（三峡文学·理论版）　2016年第3期

十八　文献

《百花图卷》作者考论　吴瑞侠　淮南师范学院学报　2016年第1期
《班马异同评》研究三题　王晓鹃　陕西师范大学学报（哲学社会科学版）　2016年第1期
北宋佛教慈恩宗大家——通照大师之碑考略　刘友恒　文物春秋　2016年第1期
北宋校正医书局对《黄帝内经素问》校勘考释（一）　孟永亮、梁永宣、师建平　中华中医药杂志　2016年第7期
北宋校正医书局对《黄帝内经素问》校勘考释（二）　师建平、梁永宣、孟永亮　中华中医药杂志　2016年第10期
北宋刻本《钱唐西湖昭庆寺结净社集》的发现及其在版刻史研究中的价值　辛德勇　中原文化研究　2016年第3期
北宋前期集部书籍刊刻　苏勇强　中国文学研究　2016年第1期
《碧云騢》作者新探　戴建国　历史文献研究　2016年第36辑

伯方文庙《孔子圣迹图》考 安建峰、张建军 文物世界 2016 年第 1 期
《曹武惠王彬行状》作者与体裁考述 苏贤 历史文献研究 2016 年第 37 辑
陈起藏书、刻书的历史贡献之探析 童坦 丽水学院学报 2016 年第 1 期
重论天一阁藏明钞本《天圣令》附《唐令》的制定年代及意义 刘栋 琼州学院学报 2016 年第 3 期
从刊本李善注的文本变迁看《文选集注》在宋代的流传 刘群栋 中州学刊 2016 年第 9 期
从世俗之言到国史之论：试论《宋史·李全传》的史料来源 彭锋 史学史研究 2016 年第 4 期
从宋代文化对图书档案事业发展的影响看当今图书档案工作发展趋势 张若楠 档案学研究 2016 年第 4 期
从新发现的史料看宋代架阁库——中国古代档案管理模式研究系列 张全海 档案学通讯 2016 年第 1 期
大连图书馆藏抄本《圣宋皇祐广乐图记》伪书考 陈艳军 文献 2016 年第 5 期
“大辟献书之路，明张立赏之科”——宋朝对进献图籍的奖励政策 王艳 图书馆杂志 2016 年第 7 期
《大学衍义》所开创的衍义体之特点——兼谈《大学衍义》的结构设计 夏福英 苏州大学学报（哲学社会科学版） 2016 年第 1 期
点校本《史记》修订工作所用北宋景佑监本考述 王永吉 渭南师范学院学报 2016 年第 21 期
《东京梦华录》作者问题考辨 何兆泉 第四届海峡两岸“宋代社会文化”学术研讨会论文集 中国文化大学华冈出版部 2016 年 7 月
敦煌写本北宋《重修开元寺行廊功德碑并序》习书考 田卫卫 文史 2016 年第 1 期
傅增湘藏宋本《通典》目录辨析——兼论日藏北宋本的卷帙分合 孙靖 新世纪图书馆 2016 年第 6 期
高似孙目录学研究 童子希 经营管理者 2016 年第 2 期
《古今岁时杂咏》所收宋诗部分补正 李懿 古籍整理研究学刊 2016 年第 3 期
古书版本鉴定——以宋刻颜体《法华经》考证为例 李致忠 图书情报论坛 2016 年第 2 期
《光绪海阳县志》中的宋代佚诗佚文 吕冠南 广东开放大学学报 2016 年第 5 期
国图藏明抄本《集注太玄经》传藏考略 李春玲、张任 图书馆研究 2016 年第 5 期
国图藏元刊本《新编通用启札截江网》探微 仝建平 宁夏社会科学 2016 年第 3 期
《海琼玉蟾先生文集》版本流传考 乔红霞 图书馆建设 2016 年第 11 期
黑水城出土《佛说竺兰陀心文经》题记相关问题考释——以人物生平与疑伪经出版传播为中心 崔玉谦 宋史研究论丛 2016 年第 18 辑
黑水城出土宋刻《初学记》残页版本考——兼论宋元时期江南至塞外的“书籍之路” 秦桦林 浙江大学学报（人文社会科学版） 2016 年第 2 期
洪皓使金携归文献考述 许净瞳 陕西理工学院学报（社会科学版） 2016 年第 4 期
洪迈经眼之文书文献考 许净瞳 牡丹江师范学院学报（哲学社会科学版） 2016 年第 5 期
胡仔及《孔子编年》考略 段亚利 郑州航空工业管理学院学报（社会科学版） 2016 年第 6 期
《画继》之白鹤梁题名人价值稽考 曾超 重庆三峡学院学报 2016 年第 5 期
黄裳《来燕榭书跋》订补 黄伟 嘉兴学院学报 2016 年第 1 期
黄裳致杨苡书信系年重考——《来燕榭书札》考释之一 徐强 当代文坛 2016 年第 1 期
《惠民药局记》非沈括所撰 吴佐忻 中医药文化 2016 年第 1 期
《集韵》《类篇》实收字数今考 柳建钰、史晓丹 渤海大学学报（哲学社会科学版） 2016 年第 3 期
纪事本末体在南宋的出现及其背景 曹鹏程 中华文化论坛 2016 年第 6 期
继承与开拓——论北宋目录学的学术思想特征 白金 图书馆 2016 年第 2 期
坚持学术史研究指导下的“关学文献”整理 刘学智 陕西师范大学学报（哲学社会科学版） 2016 年第 3 期
金盈之《醉翁谈录·京城风俗记》抄录吕希哲《岁时杂记》考辨 董德英 古籍整理研究学刊 2016 年 3 期

京都大学附属图书馆藏正中元年（1324）跋刊本《诗人玉屑》考论——兼论《诗人玉屑》在日本的流传　卞东波　中山大学学报（社会科学版）　2016年第4期
《郡斋读书志》经部类目的设置　孙月霞　赤峰学院学报（汉文哲学社会科学版）　2016年第9期
考马遵至宣州非“一日”乃“一月”——王安石《兵部员外郎马君墓志铭》正误一则　寿涌　中国典籍与文化　2016年第4期
林季仲《竹轩杂著》版本小考　李思颖　现代语文（学术综合版）　2016年第6期
《柳河东集》在宋代的编集与刊刻　王永波　青海师范大学学报（哲学社会科学版）　2016年第2期
《柳氏家训序及后序》校释研究　吴景山、李建雄　衡阳师范学院学报　2016年第1期
陆心源《宋史翼》史料价值再评价　吴伯雄　福州大学学报（哲学社会科学版）　2016年第1期
陆游《老学庵笔记》今读质疑　阮怡　古籍整理研究学刊　2016年第5期
论陆游《老学庵笔记》的文体特色　阮怡　嘉兴学院学报　2016年第5期
论宋代笔记的医药学价值　周云逸　世界中西医结合杂志　2016年第6期
论宋代地域总集编纂分类的地志化倾向　蒋旅佳　中山大学学报（社会科学版）　2016年第3期
论宋代以降杜集编次的谱系——以高崇兰编刘辰翁评点《集千家注杜工部诗集》为中心　曾祥波　国学学刊　2016年第1期
论宋元之际周密笔记的价值　尚艳　国学学刊　2016年第3期
《吕氏家塾读诗记》的编撰、流传及学术渊源　李洪波　学习与探索　2016年第10期
吕颐浩《燕魏录》初探　燕永成　历史文献研究　2016年第38辑
《绿窗新话》勘正　齐心苑　图书馆研究　2016年第4期
《绿窗新话》校释引言　黄孝纾、齐心苑　文史哲　2016年第1期
略论欧阳修的金石文献收藏　徐美珍　图书馆学刊　2016年第9期
《梦溪笔谈》有关边疆部分介叙　刘学铫　中国边政　2016年第207期
《梦溪笔谈》与沈括的档案思想　孟凡伦　山东档案　2016年第1期
明刊宋元史籍《新安忠烈庙神纪实》研究　章毅　安徽史学　2016年第6期
墓志书写：复原一个武将的一生——《大宋故赠宁武军节度使刘公墓志铭》考释，兼说研究对墓志的利用　王瑞来　浙江学刊　2016年第5期
南宋建刻“监本”探考——从“二坊私版官三舍”谈起　方彦寿　中国出版史研究　2016年第2期
南宋四洪所藏科举文献考　许净瞳　佳木斯大学社会科学学报　2016年第5期
南宋·吴曾著《能改斋漫录》　王作华　兰州文理学院学报（社会科学版）　2016年第6期
南宋评点选本《古文标准》考论　侯体健　北京大学学报（哲学社会科学版）　2016年第5期
《农书》作者考略　邱志诚　中国农史　2016年第4期
《盘洲文集》版本源流——兼论宋代士大夫的闲逸生活　冯会明、刘佩芝　历史文献研究　2016年第37辑
奇书《心史》　苏静　文史春秋　2016年第10期
《耆旧续闻》作者非陈鹄考　许勇　文献　2016年第3期
《圈点龙川水心二先生文粹》研究　李裕民　历史文献研究　2016年第37辑
《全宋诗》《全宋文》梅询诗文补辑、辨伪与点校商榷　朱新亮　楚雄师范学院学报　2016年第7期
《全宋诗》《全宋文》李良臣小传及所收诗文订补　吴昊　湖北科技学院学报　2016年第7期
《全宋诗》补遗与勘误——据宋画中所见题画诗　李旭婷　中国韵文学刊　2016年第1期
《全宋诗》所录《高岩立春日》与《象州上元》作者考辨　张晓红　中国典籍与文化　2016年第2期
《全宋诗》之吕本中、曾几、白玉蟾诗重出考辨　陈小辉　河南教育学院学报（哲学社会科学版）　2016年第6期
《全宋诗》所收吕公著诗辨疑（上）　李震　中华文史论丛　2016年第4期
《全宋文》《全宋诗》丘密诗文订补　王娇、王可喜　古籍整理研究学刊　2016年第4期

《全宋文》辩误四则　王开春　滁州学院学报　2016 年第 3 期
《全宋文》辑佚补阙十篇　陈开林　忻州师范学院学报　2016 年第 6 期
《全宋文》李益谦小传及收文考辨　吴昊　湖北科技学院学报　2016 年第 3 期
《全宋文》拾补十一则——以《永乐大典》本《湖南方志》为中心　周方高、宋惠聪　信阳师范学院学报（哲学社会科学版）　2016 年第 2 期
《全宋文》所收碑志文补遗六篇　郑栋辉　古籍整理研究学刊　2016 年第 5 期
《全宋文》所收陈师道《与黄预书》校勘拾遗　韩留永　新西部（理论版）　2016 年第 24 期
《全宋文》校点七则　钱毅　语言研究　2016 年第 4 期
《全宋文·王安石传》作者辨正　罗昌繁　江海学刊　2016 年第 4 期
《群书考索》的“考索之功”及其学术史意义　温志拔　湖州师范学院学报　2016 年第 3 期
《容斋随笔》所引孤本文献及其学术价值　许净瞳　太原理工大学学报（社会科学版）　2016 年第 4 期
折家将文献考论（一）　高建国　延安大学学报（社会科学版）　2016 年第 1 期
《折克行神道碑》补释——兼论《府谷县志·两种》墓志点校错讹　高建国　中国地方志　2016 年第 9 期
“设贡举”还是“设乘舆”　王瑞来　文史知识　2016 年第 6 期
《石林诗话》版本考略　徐朦朦　景德镇学院学报　2016 年第 2 期
《事物纪原》岁时风俗部叙述模式及其成因初探　李文宁　长江学术　2016 年第 3 期
试论《通志·艺文略》分类之憾　唐黎明　荆楚学刊　2016 年第 4 期
《事类赋》与《增补事类统编》所见宋清博物观之演变　张金铣、韩婷　东北农业大学学报（社会科学版）　2016 年第 3 期
私家传记与《宋史》列传关系考辨——以行状为中心　杨佳鑫　河南大学学报（社会科学版）　2016 年第 2 期
《四库全书总目》欧阳修著述提要考辨　王美伟、何宗美　中国文学研究　2016 年第 3 期
《四库全书总目提要·珊瑚钩诗话》考辨　李贞　西昌学院学报（社会科学版）　2016 年第 2 期
“四书类”的设立与流变——以朱熹《四书章句集注》的著录为线索　张晚霞　大学图书馆学报　2016 年第 4 期
宋初四大书编纂原因和宗旨新勘　巩本栋　文艺研究　2016 年第 4 期
宋本陶渊明集考论　刘明　九江学院学报（社会科学版）　2016 年第 4 期
宋代《楚辞》刻书的异文保存　赵聃　齐齐哈尔大学学报（哲学社会科学版）　2016 年第 3 期
宋代的“殿前左右班”与“东西班”——以中华书局本《西溪丛语》两处标点失误为中心　王军营　中国典籍与文化　2016 年第 4 期
宋代家刻本举要摭谈　张庆伟　内蒙古科技与经济　2016 年第 20 期
宋代类书《海录碎事》考略　王映予　西北师大学报（社会科学版）　2016 年第 5 期
宋代书籍传播方式略论　赵文毓　兰台世界　2016 年第 4 期
宋代图书档案事业的文化背景及发展特征　张若楠　陕西档案　2016 年第 4 期
《宋代文学编年史》徐铉条辨误　金传道　赣南师范学院学报　2016 年第 2 期
宋刊本《天竺灵签》略探　宋亚莉　东方论坛　2016 年第 2 期
宋刻本《毛诗要义》文献校勘价值述略——以嘉庆二十年南昌府学阮刻本《毛诗注疏》为参照　杨青华　历史文献研究　2016 年第 37 辑
宋人笔记的史料价值——基于唐五代社会资料为核心的考察　张剑光　山西大学学报（哲学社会科学版）　2016 年第 4 期
宋人史料笔记撰述的旨趣　瞿林东　天津社会科学　2016 年第 4 期
宋人之柳宗元研究文献辑录　王玉姝、董艳玲　图书馆学研究　2016 年第 17 期
《宋史》勘误一则　刘云军　中国史研究　2016 年第 4 期

《宋史·范廷召传》标点勘误一则　王军营　中华文史论丛　2016年第4期
《宋史·胡舜陟传》辨误一则　黄光辉　中国史研究　2016年第4期
《宋史·礼志》时间考误　牛明铎　图书馆杂志　2016年第5期
《宋史·礼志·宗庙之制》补正九则　冯茜　文史　2016年第3期
《宋史·苏轼传》补证——以苏轼、章惇关系为中心　彭文良　史林　2016年第6期
《宋史·职官志》勘误一则　黄光辉　江海学刊　2016年第6期
《宋史·忠义传》订补十二则　孙廷林　广东第二师范学院学报　2016年第6期
《宋史·忠义传》史源考　孙廷林　史学史研究　2016年第3期
《宋史筌·食货志》析论　姜锡东　文献　2016年第3期
宋元日用类书的类型、编纂特色及其价值　张澀清　中国出版　2016年第16期
宋元时期牌记的形式及风格演变　滕卫文、张艳秋　学理论　2016年第6期
《苏轼文集》纪年勘误一则　赵瑞　江海学刊　2016年第4期
《太平御览》的分类及其文化意义　巩本栋　中国高校社会科学　2016年第2期
台湾藏尤延之贵池刊理宗间递修本《文选》论略　王玮　文献　2016年第4期
《天圣令·乐令》复原举隅——兼论唐《乐令》复原之检讨　倪晨辉　音乐研究　2016年第7期
通行本《张载集》整理方法得失论——兼拟《张载集》订补方案　林乐昌　北京大学学报（哲学社会科学版）　2016年第3期
汪藻《浮溪集》误收诗文考　戎默　中国典籍与文化　2016年第1期
王荆公诗李壁注版本新考　韩元　古籍整理研究学刊　2016年第1期
王珪《华阳集》的误收、辑佚与流传　王传龙、王一方　中州学刊　2016年第2期
《韦斋集》版本源流考论　朱学博　古籍整理研究学刊　2016年第3期
《吴郡志》版本流传考　郑利锋　史学史研究　2016年第2期
《吴郡图经续记》编纂与刊刻探微　高柯立　文献　2016年第5期
《吴郡志》人名正误二则　韩李良　中国历史地理论丛　2016年第2期
文天祥的谱牒序跋及其价值　艾炬　山西档案　2016年第4期
《香山县志续编》考误　傅卫方　岭南文史　2016年第3期
新见宋人碑志辑考汇评——《全宋文》补目五十七篇　罗昌繁　文献　2016年第1期
新刊布《宋故参知政事李光墓志》及其相关问题　侯成成　中国典籍与文化　2016年第4期
《续资治通鉴长编》订误一则　姜勇　中国史研究　2016年第4期
《续资治通鉴长编》纠误一则　郭洋辰　中国史研究　2016年第2期
《续资治通鉴长编》勘误一则　张晨光　中国史研究　2016年第2期
《续资治通鉴长编》校正二则　田志光　中国史研究　2016年第1期
《宣和画谱》宣和二年成书补证　韩刚　美术学报　2016年第2期
杨家将与杨家城的文献和考古学观察　邵晶　文博　2016年第2期
杨亿《广平公唱和集序》考论　陈元锋　阅江学刊　2016年第4期
《仪礼经传通解》版本考略　李少鹏、孙赫男　古籍整理研究学刊　2016年第5期
瀛本周必大文集版本源流考　闫建飞　文献　2016年第1期
《永乐大典》所录《集韵》版本考　花友萍、丁治民　浙江师范大学学报（社会科学版）　2016年第2期
尤袤本《文选》研究现状分析　王玮　五邑大学学报（社会科学版）　2016年第1期
尤袤的文献学思想与实践　刘跃进、王玮　求索　2016年第5期
由王遂佚文解《晦庵续集》成书之谜——兼辑补王遂文四篇　王娇、王可喜　文献　2016年第5期
有关历史文献评价问题的思考——从朱熹《资治通鉴纲目》的再评价谈起　李德锋　廊坊师范学院学报（社会科学版）　2016年第2期

岳珂《愧郯录》版本考述　马培洁　古籍整理研究学刊　2016 年第 5 期
越刊八行本《尚书正义》的宋、元补版文本　李霖　南京师范大学文学院学报　2016 年第 1 期
曾巩《本朝政要策·水利》阙文考辨　陈开林　宁夏大学学报（人文社会科学版）　2016 年第 1 期
曾巩校勘学论略　喻进芳、常毓晗　图书馆工作与研究　2016 年第 9 期
曾巩《金石录》编撰思想述略　喻进芳　江汉大学学报（社会科学版）　2016 年第 1 期
曾巩《续元丰类稿》《外集》考　于晓川　四川师范大学学报（社会科学版）　2016 年第 5 期
曾极《金陵百咏》考略　林莹　中国典籍与文化　2016 年第 4 期
赵明诚、李清照夫妇藏书考论——以《金石录》及《金石录后序》为研究范围　刘镇　文艺生活（艺术中国）　2016 年第 5 期
知识社会史中的南宋类书——以《古今源流至论》为中心　温志拔　福建师大福清分校学报　2016 年第 3 期
《周氏五修族谱》泥田旧序——宋杨万里佚文一篇　周远成　衡阳师范学院学报　2016 年第 2 期
朱熹“八书”与《资治通鉴纲目凡例》真伪新考　顾少华　史学月刊　2016 年第 8 期
朱熹藏书特点与成就述略　周生杰　历史文献研究　2016 年 9 月
朱熹《论语集注》校勘商榷　张雨、胡晓凤　社会科学文摘　2016 年第 1 期
朱熹《诗集传》自序考论　田鹏　贵州文史丛刊　2016 年第 1 期
朱熹《诗集传》的文献学成就　李世萍　河北师范大学学报（哲学社会科学版）　2016 年第 3 期
朱熹《武夷棹歌》的文本流变与文化衍生　左福生　历史文献研究　2016 年第 38 辑
朱熹佚文《三帅祠记》考辨　潘猛补　图书馆研究与工作　2016 年第 2 期
朱熹与陆九渊兄弟往来书信编年考证　顾宏义　兰州学刊　2016 年第 7 期
朱熹《增损吕氏乡约》　福建史志　2016 年第 3 期
《诸蕃志》成书新考　苏铁　海关与经贸研究　2016 年第 1 期
《诸蕃志》的历史价值　孙魏　兰台世界　2016 年第 9 期
祖秀《欧阳文忠公外传》考论　徐波　中国典籍与文化　2016 年第 2 期
《醉翁谈录·京城风俗记》抄录吕希哲《岁时杂记》考辨　董德英、金盈之　古籍整理研究学刊　2016 年第 3 期

十九　考古与文物

安徽南陵县北宋墓出土丝织品的室内揭取　俞翔　中国文物报　2016 年 1 月 8 日第 7 版
安徽繁昌柯家冲窑遗址 2013—2014 年发掘简报　亢艳荣、郎付海、罗虎、汪发志、徐繁、崔炜、安徽省文物考古研究所、繁昌县文物局　文物　2016 年第 3 期
安康南宋王诚夫妇墓碑考略　张树军　文博　2016 年第 2 期
白鹤梁《涪翁题刻》的真迹与伪品　刘兴亮　文物天地　2016 年 10 月
北宋赐茶制度与“供御”“进盏”款建盏　陈春晖　文物鉴定与鉴赏　2016 年第 12 期
北宋怀州修武县当阳村窑神碑考释　常乐　南都学坛　2016 年第 3 期
北宋吕倩容墓志考释　魏军　考古与文物　2016 年第 3 期
北宋前期孔宗尧墓志铭考释　陈朝云、常乐　中原文物　2016 年第 1 期
北宋武将高继嵩神道碑考释　苏俊芳　西夏研究　2016 年第 3 期
充实光辉　大美宋瓷　曾立平　东方收藏　2016 年第 7 期
从哥窑“金丝铁线”谈起　丘小君、常斌　文物鉴定与鉴赏　2016 年第 11 期
从丽水地区纪年墓材料看龙泉窑的兴衰　陈芳红、郑建明　文物天地　2016 年第 7 期
从两件吉州窑梅瓶谈起　李辉辉　文物鉴定与鉴赏　2016 年第 11 期
大足宋代道教造像的神祇图像源流再探索　胡文和　大足石刻　2016 年第 1 辑
钓鱼城的历史文化价值　刘道平　2015 年钓鱼城国际学术会议论文集　重庆出版社　2016 年 12 月

鼎盛时期的越窑瓷器艺术　严叶敏　文物天地　2016 年第 1 期
对一件南宋龙泉窑青瓷炉的修复　李华清　文物鉴定与鉴赏　2016 年第 5 期
东钱湖发现北宋时期代表性越窑窑址　姬联锋　宁波日报　2016 年 12 月第 23 日第 A11 版
鄂尔多斯发现三座宋代壁画墓　高兴超　中国文物报　2016 年 8 月 12 日第 8 版
焚香引幽步　酌茗开静筵　秦大树、麦溥泰　文物天地　2016 年第 3 期
丰县宋明双面异文碑略考　王伟　东方收藏　2016 年第 12 期
佛山奇石古窑及相关的几个问题　黄晓蕙　南方文物　2016 年第 2 期
福安市首洋溪尾垱窑址 2015 年发掘简报　华锋林、张玉文、张程、郭亦霆、阮陈晨、黄学忠、赵洋、林幼美　福建文博　2016 年第 3 期
福州市地铁屏山遗址河沟出土瓷器墨书分析　梁如龙　福建文博　2016 年第 4 期
甘肃泾川佛教遗址 2013 年发掘简报　吴荭、王永安、张俊民、周静、蒋超年、孙明霞、罗文杰、何仕效、李龙龙、刘富强、孔喜平　文物　2016 年第 4 期
故宫博物院藏南宋佚名《八相图》考　陈磊　荣宝斋　2016 年第 11 期
故宫博物院藏宋琴综述　刘岐荣　收藏家　2016 年第 12 期
故宫博物院藏《宋贤四帖》考　李成晴　文物　2016 年第 8 期
桂阳宋墓壁画之谜　彭广业　文史博览　2016 年第 4 期
关于北宋官窑若干问题的探讨　关宏　收藏家　2016 年第 8 期
关于柳孜运河遗址“木岸狭河”的探讨　魏雷、余敏辉　宿州学院学报　2016 年第 4 期
韩城盘乐村宋墓墓主画像释读　崔兴众　艺术探索　2016 年第 2 期
河北博物院藏老窑瓷器珍品赏析（下）　夏文峰　收藏家　2016 年第 10 期
河南汝州宋赵廷美墓地考略　孙锦　中原文物　2016 年第 8 期
河南郑州市第十四中学砖雕墓发掘简报　于宏伟、刘良超、陈高雅、李扬　中原文物　2016 年 3 月
湖北荆州和悦汉、宋墓葬发掘简报　朱江松、李志芳、王家益、彭军、陈兴平　文博　2016 第 1 期
湖南宁乡冲天湾遗址 H29 瓷器窖藏坑发掘简报　何赞　文博　2016 年第 6 期
湖南岳阳茆山宋墓出土瓷器　杨宁波、杨盯　收藏　2016 年第 23 期
湖南岳阳茆山宋墓发掘简报　杨盯、陆翼捷、罗希、罗斯奇、邓雯心、杨宁波、李智　文物　2016 年第 5 期
湖南岳阳文桥汽车站北宋合葬墓发掘简报　杨宁、波李智、岳阳市文物考古研究所、岳阳市云溪区文物管理所　湖南考古辑刊　2016 年第 12 集
华光礁Ⅰ号：来自海上丝路的宝藏　胡琴　江苏科技报　2016 年 4 月 27 日第 A14 版
黄朴、黄升父女墓志铭解读——两方墓志反映南宋名宦的家世与生活　卢美松　福建文博　2016 年第 1 期
绩溪县博物馆藏南宋青白釉魂瓶　中国文物报　2016 年 12 月 13 日第 7 版
济南老城区卫巷遗址出土的宋代金银器窖藏　郭俊峰、何利、王兴华、李铭、郝素梅、常祥、刘秀玲、吴萍萍、郝颖　中国国家博物馆馆刊　2016 年第 6 期
江苏扬州杨吴李娀墓的考古发掘及出土墓志研究——兼及徐铉撰《唐故泰州刺史陶公墓志铭》　刘刚、池军、薛炳宏　东南文化　2016 年第 3 期
晋东南地区五代宋元时期补间铺作挑斡形制分期及流变初探　俞莉娜、徐怡涛　中国国家博物馆馆刊　2016 年第 5 期
晋祠圣母与大宋刘太后　马晋龙　文史月刊　2016 年第 2 期
巨鹿故城的发现及相关研究　张保卿　华夏考古　2016 年第 3 期
绝妙的宋代定窑孩儿枕　李绍斌　东方收藏　2016 年第 6 期
开封宋代繁塔夏州李光文题刻考述　于光建、邓文韬　石河子大学学报（哲学社会科学版）　2016 年第 3 期

乐山西坝窑遗址的保护与探索　胡宇新、李银斌　美术大观　2016 年第 7 期
临安人的一天　杭州民间收藏的南宋瓷器　谢雨桐　收藏　2016 年第 13 期
娄烦下龙泉村宋代家族墓发掘简报　裴静蓉、陈庆轩、朱海玉、唐洁　文物世界　2016 年第 5 期
吕氏家族墓出土的北宋耀州瓷　刘涛　收藏　2016 年第 5 期
略论四川出土的宋代湖州镜　岳亚莉　四川文物　2016 年第 3 期
“南海Ⅰ号”保护发掘取得阶段进展——或为南宋中晚期的“福船”　路平　广东科技报　2016 年 1 月 15 日第 15 版
“南海Ⅰ号”沉船出水铁锅、铁钉分析研究　万鑫、毛志平、张治国、李秀辉　中国文物科学研究 2016 年第 2 期
“南海Ⅰ号”宋朝沉船与马可·波罗　袁晓春　史林　2016 年第 6 期
“南海Ⅰ号”宋代沉船 2014 年的发掘　王元林、肖达顺　考古　2016 年第 12 期
“南海Ⅰ号”神秘面纱逐渐揭开　中国文化报　2016 年 1 月 18 日第 8 版
南海一号出水景德镇窑与龙泉窑青瓷特征的无损分析研究　黎继立、何斌、刘卫东、严鑫、刘松、李青会　光谱学与光谱分析　2016 年第 5 期
南宋德寿宫址考　刘未　浙江学刊　2016 年第 3 期
南宋“赣州铸钱院”葵形铜镜续考　彭适凡　中国文物报　2016 年 10 月 14 日第 7 版
南宋航海图纹铜镜　王连根、王权　检察风云　2016 年第 17 期
南宋《胡纮墓志》补释　马智忠　文物　2016 年第 9 期
南宋临安城太庙建筑遗址复原探讨　李祯　华中建筑　2016 年第 11 期
南宋史绳祖墓出土的文房用具　毛慧　文物鉴定与鉴赏　2016 年第 3 期
南宋私家园林徽州培筠园遗址考　曾馥榆、张敏霞、鲍沁星　中国园林　2016 年第 11 期
南宋太庙庙址考　刘未　江汉考古　2016 年第 2 期
碾破香无限　飞起绿尘埃　宋代茶臼、茶碾及茶磨散记　郭丹英　收藏家　2016 年第 12 期
浅论巴中地区出土宋代瓷器　杨清慧、李盛明、刘南方　四川文物　2016 年第 3 期
浅谈近年出土、出水的唐宋时期瓷器墨书　张勇　南方文物　2016 年第 1 期
浅析北宋龙泉窑五管瓶　沈子珍　文物鉴定与鉴赏　2016 年第 6 期
浅析太湖出土宋代影青瓷盖盒　孙永丰　文物鉴定与鉴赏　2016 年第 12 期
青州市博物馆藏北宋许由巢父桃形镜　鞠志海　文物春秋　2016 年第 Z1 期
曲阳县八会寺发现宋金《敕赐利民侯》碑　刘占利、吕兴娟、张建锁　文物春秋　2016 年第 3 期
泉州宋代五塔岩佛教遗存探析　曾文国　福建文博　2016 年第 2 期
让千年壁画获得“重生”　董建华　光明日报　2016 年 6 月 3 日第 9 版
山东济南长清崮云湖宋墓发掘简报　刘剑、郭俊峰、刘斌、付辛、邓文山、綦高华、李铭　文物　2016 年第 2 期
山东莱州南五里村宋代壁画墓发掘简报　闫勇、张英军、杨文玉、闫明、许盟刚、赵娟　文物　2016 年第 2 期
陕西出土的宋代儿童体育文物　魏女　大众考古　2016 年第 1 期
上供银铤　彭安才　税收征纳　2016 年第 2 期
绍兴御府印的形态学研究　牛克诚　故宫博物院院刊　2016 年第 4 期
神木县北宋徐德墓志铭补释　高建国　北方文物　2016 年第 4 期
试论建筑形制考古类型学研究成果对碳十四测年数据分析的关键性作用——以山西万荣稷王庙大殿为例　徐新云、徐怡涛　故宫博物院院刊　2016 年第 3 期
试析“南海Ⅰ号”沉船出水遗存属性的多样性　王志杰、王元林　中国文物科学研究　2016 年第 2 期
杭州南宋临安城址考古：首次发现城内地下引水设施　唐俊杰、王征宇　中国文物报　2016 年 4 月 22 日第 8 版

四川大竹县黄城寨遗址调查纪略 符永利、景俊鑫 赤峰学院学报（汉文哲学社会科学版） 2016 年第 10 期
四川丹棱县郭碥宋代大雅杨氏家族墓地发掘简报 孙智彬、任江、刘红庆、辛吉祥、高新明、陈丹荣、郭建波、曾令玲、王静、江聪 四川文物 2016 年第 5 期
四川仁寿北宋《永怀庙碑》的发现与研究 董华锋、钟建明 江汉考古 2016 年第 5 期
宋代笔架山潮州窑出土的瓷佛造像 曾骐 东方收藏 2016 年第 9 期
宋代出土文房文物赏析 程青芬 文物鉴定与鉴赏 2016 年第 9 期
宋代瓷枕装饰中的民俗文化释读 孙发成 东方收藏 2016 年第 8 期
宋代雕砖壁画墓中“妇人启门”形象略探 李静 新丝路（下旬） 2016 年第 11 期
宋代黑釉茶盏的市场神话 阮富春 文物天地 2016 年第 11 期
宋代汝官窑釉面冰裂纹的特征观察及机理探析 贾翠、苗建民 南方文物 2016 年第 2 期
宋代太原府城考 彭娟英 文物世界 2016 年第 5 期
宋代襄阳延庆山考辨——以“程九万诗并记”摩崖为中心的考察 方莉、李健 襄阳职业技术学院学报 2016 年第 6 期
宋《傅察夫人赵氏墓志》及相关问题 胡晓伟 福建文博 2016 年第 4 期
宋金时期的银铤“行人”铭文 李合群 北京社会科学 2016 年第 2 期
宋人的生活与器具实录 记闲事与雅器——泰华古轩藏宋元珍品展 秦大树、高宪平、李凯 收藏 2016 年 11 月
苏轼“二赋”的鉴藏传奇浅谈——吉林省博物院藏《洞庭春色赋》和《中山松醪赋》流传始末 赵新 文物鉴定与鉴赏 2016 年第 8 期
宿州出土唐宋窖藏钱币考证 涂乔 宿州教育学院学报 2016 年第 4 期
天心月圆——宋鱼子纹圆形歙砚 朱曙光、紫云 文艺生活（艺术中国） 2016 年第 8 期
桐庐发现宋代墓群！距今近千年 何好 杭州日报 2016 年 4 月 8 日第 A10 版
土火之灵——杭州南宋官窑博物馆 小妍 杭州（周刊） 2016 年第 4 期
五代、北宋时期龙泉青瓷香炉鉴赏与研究（下） 雷国强、李震 东方收藏 2016 年第 4 期
一方南宋纸币会子用印 孙辉 中国钱币 2016 年第 1 期
宜阳发现一北宋砖雕壁画墓 常书香 洛阳日报 2016 年 1 月 18 日第 6 版
岳阳茆山宋墓发掘简报 杨盯、陆翼捷、罗希、罗斯、邓雯心、杨宁波、李智 湖南文物 2016 年第 5 期
陨没在海上丝绸之路的南宋商船 珍荷 中国拍卖 2016 年第 6 期
再议钧台、钧州与钧窑 徐华烽 中原文物 2016 年第 4 期
漳州朱熹文化遗迹保护与利用研究 李海梅 福建文博 2016 年第 1 期
浙江发现南宋赵匡胤七世孙墓 佟立、严红枫 光明日报 2016 年 6 月 10 日第 1 版
浙江丽水南宋纪年墓出土的龙泉窑精品 吴东海 收藏 2016 年第 11 期
浙江首现完整南宋古墓 俞吉吉、赵静、郑惠 浙江日报 2016 年 6 月 9 日第 8 版
珍稀《绢地星宿图》修复 苏雁 光明日报 2016 年 10 月 3 日第 1 版
《郑强墓志铭》与宋代高丽学录史料新证 李国宏 福建文博 2016 年第 2 期
正定隆兴寺三通宋碑相关问题考证 程宇静 文物春秋 2016 年第 2 期
政和通宝折二隶书大字版试铸样 戎畋松 收藏 2016 年第 1 期
中和之美：定窑瓷器艺术 杨俊艳 收藏 2016 年第 11 期
紫玉瓯心翠涛起——从宋代的斗茶习俗看建窑兔毫盏的工艺特征 施泳峰 文物鉴定与鉴赏 2016 年第 6 期
醉困华阴洞 一梦过千年 青州市博物馆藏苏轼题诗醉道士石 鞠志海 收藏家 2016 年第 12 期

二十 人物

暴君抑或雄主：汉武帝在宋代的历史形象考察 孙颖涛 江汉学术 2016年第5期
北宋刺史王元行状考释 赵治中 丽水学院学报 2016年第4期
北宋馆阁文人宋匪躬新考 成明明 西北大学学报（哲学社会科学版） 2016年第2期
北宋经学家陈祥道仕履考证 张琪 古籍整理研究学刊 2016年第5期
北宋名臣陈希亮的“三铁精神”刘立祥 文史天地 2016年第3期
北宋名臣寇准与邯郸 徐晓楠 邯郸职业技术学院学报 2016年第2期
北宋名将李继隆镇守沧州 贾世峰 沧州日报 2016年8月25日第5版
北宋名士姜潜生平考略 魏伯河 泰山学院学报 2016年第4期
北宋沈立生卒年、行事和著述考及评价 薛从军 巢湖学院学报 2016年第4期
北宋思想家周敦颐与文学家苏轼之关系考 周庆 文史杂志 2016年第6期
北宋思想家周敦颐与四川 周庆 文史杂志 2016年第2期
北宋张士逊交往考 罗耀松 郧阳师范高等专科学校学报 2016年第1期
“别是一家”的李清照 张淼 山西煤炭管理干部学院学报 2016年第4期
驳贾涛关于荆浩里籍归属的论述 袁有根 美术 2016年第2期
博白·客家·朱熹 钟锋 文史春秋 2016年第1期
不敢说东坡 钱声广 文史杂志 2016年第6期
“才子词人，自是白衣卿相”——风流才子话柳永 陈华 职业教育（下旬刊） 2016年第7期
蔡京：是祸国佞臣还是治国人才 康冀楠 开封日报 2016年10月26日
茶禅一味苏东坡 林颐 中国茶叶 2016年第1期
藏器隐睿——四朝元老文彦博的为官、择人之道 于小曼 领导科学 2016年第30期
超然物外：苏轼人生思考成熟的标志 王启鹏 黄冈职业技术学院学报 2016年第5期
陈说的一石三鸟 黑潇 政工学刊 2016年第3期
陈恬事迹及思想考论 魏崇周 文艺评论 2016年第11期
陈希亮：新官上任不烧三把火 张君燕 当代广西 2016年第12期
陈宜中魂归何处再考辨——兼论宋闽冲郡王赵若和真伪 潘猛补 温州职业技术学院学报 2016年第2期
陈绎为翰林侍读学士 仝相卿 中华文史论丛 2016年第1期
陈寅恪与苏东坡 杨玉华 成都行政学院学报 2016年第1期
从司马光不受私谒谈起 向贤彪 中国纪检监察 2016年第11期
从苏词中简析苏轼谪居之心路历程 陈薇 语文教学通讯 2016年第1期
从苏轼贬谪时期的作品探究其心路历程——兼与韩愈谪阳山、潮州对比 贾文霞 名作欣赏 2016年第33期
从苏轼词管窥其人生态度 黄永莉 才智 2016年第20期
从王安石诗作看其变法前后的心路历程 孙其素 大众文艺 2016年第24期
从象州走出去的盛勤禅师 吴孝斌 文史春秋 2016年第6期
从宣押入内到独班奏事：南宋韩侂胄的专权之路 韩冠群 北京社会科学 2016年第4期
胆怯与愚忠：再论张邦昌 何艳华 商丘职业技术学院学报 2016年第6期
道学、政治与人际网络：试探南宋嘉定时期黄干的仕宦经历与挫折 郑丞良 史学汇刊 2016年第35期
杜衍：不该小觑的“百日宰相” 刘隆有 文史天地 2016年第1期
端方之臣王德用 马军 中国纪检监察报 2016年7月11日第7版
“断肠女”朱淑真刚柔相济的性格分析 赵晚珍 山西财经大学学报 2016年第S1期

额外的赏赐我不要　郝金红　文史博览　2016 年第 7 期
范成大的“大格局”　傅雯　领导之友　2016 年第 12 期
范仲淹“卜葬于洛”与继室张氏之茔　王璐、聂晓雨　三门峡职业技术学院学报　2016 年第 1 期
范仲淹倡导的大善　寇黎薇　中国纪检监察报　2016 年 10 月 24 日第 8 版
范仲淹的家国情怀　康志刚　河北日报　2016 年 5 月 6 日第 9 版
范仲淹诫子自奉俭不营私　林鹄　人才资源开发　2016 年第 23 期
非理性权威之祸——论科利奥兰纳斯与岳飞的悲剧根源　邵雪萍　戏剧文学　2016 年第 9 期
“飞龙状元”叶祖洽　童杨　福建史志　2016 年第 1 期
风流总被雨打风吹去——天才艺术家皇帝李煜与赵佶的跌宕人生　丰家雷　领导科学　2016 年第 4 期
盖世英雄岳武穆　傅云路　华北电业　2016 年第 7 期
“刚直骄奢”之寇准考述　孙朋朋　湖北科技学院学报　2016 年第 8 期
高若讷为右司谏事　仝相卿　中华文史论丛　2016 年第 1 期
龚茂良、游九功生卒年考　李国栋　中国典籍与文化　2016 年第 4 期
孤独的卫道者——宋初思想家、文学家石介三论　尚丽姝　淮南师范学院学报　2016 年第 4 期
关于牧溪　燕琦、翟瑾超　现代装饰（理论）　2016 年第 6 期
关于宋理宗朝宰相李宗勉若干问题的补缀　崔玉谦　宁夏大学学报（人文社会科学版）　2016 年第 1 期
关于苏轼并非音律家的探究　刘明哥　成都理工大学学报（社会科学版）　2016 年第 5 期
官场圣人范仲淹　肖亮升　文史春秋　2016 年第 3—12 期
官山追溯理学之光　杨旺兴　档案时空　2016 年第 7 期
过——论北宋画家范宽　王彧浓　美与时代（中）　2016 年第 10 期
韩愈与苏轼体育思想比较研究　郝亮　体育文化导刊　2016 年第 9 期
胡铨贬官名天下　晏建怀　人才资源开发　2016 年第 15 期
胡瑗历史地位再评价：师道演进视野下的考察　扬波　第四届海峡两岸“宋代社会文化”学术研讨会论文集　中国文化大学华冈出版部　2016 年 7 月
还原杨家将、只为重建英雄　梅毅　解放日报　2016 年 5 月 20 日第 14 版
黄公度、陈俊卿廷对宋高宗考辨　刘福铸　福建史志　2016 年第 1 期
慧思故事及其形象在唐宋时期的演变　罗宁　宝鸡文理学院学报（社会科学版）　2016 年第 2 期
贾黯为右正言事　仝相卿　中华文史论丛　2016 年第 2 期
江湖长翁：南宋中兴诗人陈造考论　曾维刚　兰州大学学报（社会科学版）　2016 年第 4 期
旧——论南宋四大画家之马远　王彧浓　美与时代（中）　2016 年第 7 期
堪称“女中尧舜”的高太后　康冀楠　开封日报　2016 年 3 月 23 日第 4 版
康有为视界中的朱熹与陆九渊　魏义霞　安徽师范大学学报（人文社会科学版）　2016 年第 2 期
抗金名将秦鉅竟是秦桧曾孙　刘杰　现代班组　2016 年第 12 期
寇准的大忠之节　赵冬梅　领导文萃　2016 年第 16 期
寇准的幸与不幸　王兆贵　学习时报　2016 年 5 月 2 日第 6 版
李纲：自喻“病牛”的抗金名臣　刘立祥　文史天地　2016 年第 6 期
李珙：广西历史上唯一的武状元　康忠慧　农家之友　2016 年第 10 期
李清照的女性意识及其情欲书写　魏鹏展　学术探索　2016 年第 11 期
李清照改嫁辨证　魏鹏展　安徽电气工程职业技术学院学报　2016 年第 4 期
李清照：与收藏相伴一生　张春岭　金融博览（财富）　2016 年第 10 期
李允则：青史留名的三种品格　唐宝民　思维与智慧　2016 年第 4 期
笠泽渔隐：陆游宦游生涯写照　郑天然　中国社会科学报　2016 年 8 月 8 日第 5 版
历史上的温国公考略　张保民　焦作大学学报　2016 年第 3 期
敛藏·韬晦·思辨——司马光吏隐思想探析　张丽　中北大学学报　2016 年第 1 期

两出惊人相似的悲剧：论岳飞与于谦之死　李建国　陕西学前师范学院学报　2016 年第 6 期
两宋之际内臣李中立事迹考　何冠环　新亚学报　2016 年第 33 卷
两言臣则师千古　林永丰　兰台内外　2016 年第 5 期
林希逸生卒年考辨　王晚霞　东南学术　2016 年第 1 期
林——论南宋四大画家之刘松年　王彧浓　美与时代（中）　2016 年第 7 期
刘瑾任河北路都转运使事　仝相卿　中华文史论丛　2016 年第 2 期
刘锜与岳飞：顺昌府最后的守臣　李兴武　阜阳师范学院学报（社会科学版）　2016 年第 6 期
柳宗元、欧阳修和范仲淹的三种境界　黄春华　科学咨询（教育科研）　2016 年第 6 期
陆游家风：要做好人　改过迁善　于生妍　青海党的生活　2016 年第 6 期
陆游的起跑线　李开周　中国经营报　2016 年 6 月 13 日第 E02 版
陆游的忧国思想和爱民情怀　晏建怀　天津日报　2016 年 4 月 11 日第 10 版
陆游示儿：学终身　忧国民　林鹄　中国纪检监察　2016 年第 24 期
陆游羲皇情结形成的社会因素　何佳、祁国宏　商　2016 年第 7 期
陆游与嘉泰《会稽志》　邹志方　绍兴文理学院学报（哲学社会科学）　2016 年第 1 期
陆游与唐诗史“盛唐”观念之建构　吴光兴　华南师范大学学报（社会科学版）　2016 年第 1 期
陆游晚节评议　蒋凡　文学遗产　2016 年第 5 期
陆游评述苏轼刍议　崔际银　福州大学学报（哲学社会科学版）　2016 年第 1 期
乱世才子汪藻　晏建怀　同舟共进　2016 年第 11 期
略论黄庭坚对贵州茶文化的贡献　邵启富　农业考古　2016 年第 2 期
论茶与苏东坡的人生情怀　孔雪燕　福建茶叶　2016 年第 7 期
论科举制度对苏轼人生的影响　朱秋德、司方圆　石河子大学学报（哲学社会科学版）　2016 年第 2 期
论逆境中苏轼的人生态度及其对当代大学生的启示　王艳　经营管理者　2016 年第 29 期
论蜀地地理环境对苏轼人格形成的影响　韩凯　太原师范学院学报（社会科学版）　2016 年第 3 期
论苏轼的人生境界及其文化底蕴　王敏学　周刊　2016 年第 34 期
论苏轼“安于为善”的教化理念　王梁宇　乐山师范学院学报　2016 年第 10 期
论苏轼贬谪期间的审美心境——以《东坡志林》为考察对象　刘师健　保定学院学报　2016 年第 3 期
论杨万里简政肃贪节用的财政思想　马海音　陆双祖　生产力研究　2016 年第 3 期
吕蒙正的用人正道　晏建怀　天津日报　2016 年 12 月 19 日第 10 版
吕蒙正为官如镜　潘姝苗　文史春秋　2016 年第 1 期
梅询年谱　朱新亮　成都大学学报（社会科学版）　2016 年第 5 期
《梅苑》编者黄大舆籍贯考　程杰　阅江学刊　2016 年第 3 期
眉山二苏与临江三孔的交谊考述　杨胜宽　乐山师范学院学报　2016 年第 3 期
米芾：痴颠的古代大藏家　张春岭　金融博览（财富）　2016 年第 8 期
米芾字号、家世、南官及东行考　陈浩　书法研究　2016 年第 2 期
明月几时有——论密州苏轼符号　刘清泉　乐山师范学院学　2016 年第 1 期
南宋高僧灵隐慧远行实考察　黄豪　宗教学研究　2016 年第 1 期
南宋高僧佛智端裕生平略考　李辉　国际社会科学杂志（中文版）　2016 年第 3 期
南宋抗金名将李彦仙经守陕州述论　张行刚　兰州教育学院学报　2016 年第 8 期
南宋吕祖俭等三家诗人生卒年考　王娇、王可喜　江汉论坛　2016 年第 3 期
南宋名相周必大家世初考——兼与方诚峰先生商榷　邹锦良　历史文献研究　2016 年第 37 辑
南宋迁岭文人李光、赵鼎的文化性格与人生思考　丁楹　古典文学知识　2016 年第 4 期
南宋诗人李流谦事迹考　吴昊　昭通学院学报　2016 年第 6 期
南宋“双面间谍”宇文虚中　晏建怀　文史天地　2016 年第 7 期
南宋外交使节洪皓的坎坷人生　晏建怀　文史天地　2016 年第 12 期

南宋浙江遗民词人陈着先祖考辨　李香珠　古籍整理研究学刊　2016 年第 3 期
欧阳修的超然与矛盾　宋人书论小札（一）　周勋君　东方艺术　2016 年第 4 期
欧阳修的庐陵情结及其籍贯平议　丁功谊　井冈山大学学报（社会科学版）　2016 年第 3 期
欧阳修的矛与盾　赵冬梅　文史天地　2016 年第 4 期
浅谈在文学和历史中梁红玉的差异　刘仕俊　才智　2016 年第 8 期
彭思永权御史中丞事　仝相卿　中华文史论丛　2016 年第 2 期
千秋回望王安石——读梁启超《王荆公》书后　石天河　书屋　2016 年第 2 期
浅析王维与苏轼的超功利心态差异　满丹　戏剧之家　2016 年第 21 期
秦桧：奸臣其实是奸商　梁宏达　领导文萃　2016 年第 20 期
秦桧：时势“造就”的奸臣　晏建怀　文史天地　2016 年第 3 期
勤政务实话蔡襄　晏建怀　学习时报　2016 年 1 月 18 日第 6 版
晴——论北宋画家李公麟　王彧浓　美与时代（中）　2016 年第 10 期
清官王十朋　王雪丽　沈阳大学学报（社会科学版）　2016 年第 5 期
清廉骨梗，浩然正气凛凛——王安石的官德　毕宝魁　党建　2016 年第 5 期
权力与温情：南宋知县袁采的生涯和政治　李勤璞　大连大学学报　2016 第 5 期
人间万感幽单——说吴梦窗　徐晋如　社会科学论坛　2016 年第 7 期
人间正道与从容进退：欧阳修的从政智慧及其启示　王家宏　领导科学　2016 年第 4 期
三千年间、人不两见：王炎午两祭文天祥　虞云国　文史知识　2016 年第 7 期
沈括：一个通才的治水路　李颜岐　中国三峡　2016 年第 9 期
时光未远，别样的苏轼　张月芳　职业教育（下旬刊）　2016 年第 11 期
释“六一”：欧阳修日常生活的心态转向及历史考察　孙宗英　浙江学刊　2016 年第 5 期
释契嵩治国思想研究　周伟明　史志学刊　2016 年第 1 期
事——论南宋四大画家之夏圭　王彧浓　美与时代（中）　2016 年第 7 期
试探三苏的成器与天地人的内在联系　赖正和　乐山师范学院学报　2016 年第 2 期
谁人解得个中味　伍国　书屋　2016 年第 2 期
宋朝大儒张载　李开周　当代广西　2016 年第 6 期
宋代遂宁理学大儒傅耆与理学开山祖师周敦颐　胡传淮、陈名扬　文史杂志　2016 年第 1 期
宋代学者郑厚及其真诗论考　段莉萍　重庆师范大学学报（哲学社会科学版）　2016 年第 1 期
宋代赵稹、赵师旦家族事迹考论　王元林、孙廷林　安徽师范大学学报（人文社会科学版）　2016 年第 2 期
宋徽宗之谜　丁牧　全国新书目　2016 年第 2 期
宋龙溪九龙里银塘杨氏的历史遭遇——《金鳌杨氏家谱》个案研究之一　杨强　闽台文化研究　2016 年第 2 期
宋龙溪九龙里银塘杨氏的历史遭遇——《金鳌杨氏家谱》个案研究之二　杨强　闽台文化研究　2016 年第 4 期
宋仁宗的“仁”　刘杰　现代班组　2016 年第 2 期
宋仁宗敬畏法度的自守之道　陈辉良　石油政工研究　2016 年第 3 期
宋仁宗自守有道　游宇明　领导文萃　2016 年第 15 期
宋太宗为何重用寇准　赵冬梅　文史天地　2016 年第 3 期
宋太祖的驭人术　李晓巧　领导文萃　2016 年第 5 期
宋太祖的驭人术　李晓巧　人才资源开发　2016 年第 8 期
宋相富弼的诟如不闻与持诚守真　刘立祥　领导科学　2016 年第 3 期
宋真宗赵恒的档案思想考究　刘月　办公室业务　2016 年第 6 期
司马光的批评　张晓政　学习时报　2016 年 8 月 9 日

司马光：《家范》比《资治通鉴》更重要 刘绪义 中国人大 2016 年第 16 期
司马光《书仪》的撰作及现代启示 潘斌 唐都学刊 2016 年第 1 期
司马光为什么给范雎“差评” 殷啸虎 解放日报 2016 年 10 月 11 日
苏东坡安眠地考略 萧鲁阳 中原文化研究 2016 年第 2 期
苏东坡被贬儋州的往事 秦嵩宁 中国集体经济 2016 年第 5 期
苏东坡差点被刻上奸党碑 张鸣 廉政瞭望（上半月） 2016 年第 9 期
苏东坡的养生秘诀 谢洪伟 乡村科技 2016 年第 1 期
苏东坡定州轶事 仲邱 老年教育（书画艺术） 2016 年第 1 期
苏东坡精神及其对后世的影响 杨常沙 文史杂志 2016 年第 6 期
苏东坡晚年流放中的春节 佶研 老年教育（书画艺术） 2016 年第 2 期
苏东坡徐州抗洪救灾 赖晨 档案时空 2016 年第 9 期
苏东坡：中国文化样本（二） 张伟 阴山学刊 2016 年第 2 期
苏轼贬谪黄州时期的心态转变历程 彭文良 乐山师范学院学报 2016 年第 2 期
苏轼的爱民情怀 彭文良 攀枝花学院学报 2016 年第 1 期
苏轼的官场沉浮 邬时民 文史春秋 2016 年第 3 期
苏轼的“广告”及“广告意识”探论 庆振轩、张馨心 乐山师范学院学报 2016 年第 9 期
苏轼的科举成名之路 邹春秀 人才资源开发 2016 年第 3 期
苏轼号“东坡”与白居易之关联 贾琪 重庆第二师范学院学报 2016 年第 5 期
苏轼抗洪：死守徐州 45 天 赖晨 文史博览 2016 年第 9 期
苏轼礼物馈赠往还考 彭文良 黄冈职业技术学院学报 2016 年第 1 期
苏轼：儒家居丧不赋诗的典范 黄强 四川大学学报（哲学社会科学版） 2016 年第 1 期
苏轼南贬儋州经行路线考论 王友胜 湖南科技大学学报（社会科学版） 2016 年第 3 期
苏轼途经润州次数考辨 喻世华 江苏科技大学学报（社会科学版） 2016 年第 1 期
苏轼因词得福 毕宝魁 老年教育（书画艺术） 2016 年第 2 期
苏轼与山东农事 沈广斌、丁燕燕 农业考古 2016 年第 3 期
苏轼与水 刘晗 华北水利水电大学学报（社会科学版） 2016 年第 2 期
苏轼与西湖 高峰、王金伟 江苏社会科学 2016 年第 4 期
苏轼在黄州——论苏轼从“子瞻”向“东坡”的转变 张璐 现代交际 2016 年第 20 期
孙应时与朱熹等理学名儒交游考 王可喜、孙钦胜 湖北科技学院学报 2016 年第 3 期
谈谈朱熹的读书方法 张才 山东图书馆学刊 2016 年第 1 期
天——论北宋画家郭熙 王彧浓 美与时代（中） 2016 年第 10 期
挑战传统的李清照（五） 王兆鹏 古典文学知识 2016 年第 3 期
推己及人范仲淹 刘杰 现代班组 2016 年第 10 期
顽主苏洵的育儿经 雁春秋 方圆 2016 年第 16 期
汪元量事迹杂考 陈楠楠 内蒙古社会科学（汉文版） 2016 年第 6 期
亡宋流人家铉翁的家国情怀 闫雪莹 北方论丛 2016 年第 3 期
王安石崇俭尚朴的风俗观 高建旺 光明日报 2016 年 1 月 18 日第 11 版
王安石的反对派 罗强烈 贵阳文史 2016 年第 3 期
王安石和他的朋友圈 赵允芳 领导文萃 2016 年第 8 期
王安石建构“春秋学”的交游策略 杨天保、陈朋亲 南昌大学学报（人文社会科学版） 2016 年第 3 期
王安石救荒思想研究 赵妍 前沿 2016 年第 8 期
王安石谥号含义考释 胡玉尺 名作欣赏 2016 年第 20 期
王安石眼中的官员不作为 韩毓海 北京日报 2016 年 2 月 22 日第 15 版

王存为尚书右丞事　仝相卿　中华文史论丛　2016 年第 1 期
王伦：以身殉国的南宋外交官　晏建怀　文史天地　2016 年第 5 期
王夫之《宋论》中对文天祥的批判　熊锐　中国典籍与文化　2016 年第 3 期
王庭筠与米芾关系考　刘超　文史杂志　2016 年第 1 期
威武不屈的南宋使臣　晏建怀　共产党员（河北）　2016 年第 26 期
威武不屈的南宋使臣　晏建怀　学习时报　2016 年 7 月 25 日第 6 版
唯家之索——隆佑孟后在南宋初期政局中的位置　刘静贞　国际社会科学杂志（中文版）　2016 年第 3 期
唯有饮者留其名——谈谈苏轼的饮食文化　尹波　人民政协报　2016 年 3 月 21 日
文化大师——白玉蟾　郭慧　新东方　2016 年第 6 期
文天祥：时穷节乃见　一一垂丹青　于丹　中国纪检监察　2016 年第 9 期
文天祥的绝笔　郭晓晔　党建　2016 年第 12 期
文彦博："数豆宰相"的文成武德与修身之功　刘立祥　领导科学　2016 年第 7 期
吴玠为何缺位"中兴四将"　晏建怀　文史天地　2016 年第 9 期
吴玠吴璘及其子孙汉中宦途遗迹考述　孙启祥　陕西理工学院学报（社会科学版）　2016 年第 2 期
五代宋初篆书名家徐铉　陈英杰　中国书法　2016 年第 12 期
武——论南宋四大画家之李唐　王彧浓　美与时代（中）　2016 年第 7 期
吴琚生卒年小考　王强　中国书法　2016 年第 1 期
吴琚之于米芾　张冰　中国书法　2016 年第 1 期
吴越何以哭苏轼　钟德宝　学习时报　2016 年 4 月 25 日第 6 版
"蟋蟀宰相"贾似道　刘立祥　文史天地　2016 年第 9 期
相门出相——试论史浩对史弥远之影响　李超　宁波大学学报（人文科学版）　2016 年第 5 期
萧照拜师李唐　王喜英　老年教育（书画艺术）　2016 年第 6 期
辛弃疾：男儿到死心如铁　唐博　中国纪检监察　2016 年第 16 期
薛奎为龙图阁直学士　仝相卿　中华文史论丛　2016 年第 1 期
杨绘权御史中丞事　仝相卿　中华文史论丛　2016 年第 1 期
杨妙真新论——研究现状、基本事迹和评价问题　姜锡东　文史哲　2016 年第 1 期
杨文广·筚篥堡·柳州城　牛勃　档案　2016 年第 3 期
叶梦得的器识　晏建怀　钟山风雨　2016 年第 3 期
隐没的先真：北宋高道于元隐行迹略考　赵建勇　宗教学研究　2016 年第 3 期
玉环飞燕皆尘土——说辛稼轩　徐晋如　社会科学论坛　2016 年第 5 期
岳飞与王彦关系新论　姜锡东　河北学刊　2016 年第 5 期
岳母何以刺字　半夏　书城　2016 年第 12 期
曾巩知齐州历史贡献研究　曾招喜　济南职业学院学报　2016 年第 6 期
张择端生平考略　余辉　中国书法　2016 年第 5 期
张载对中国古代思想文化的贡献　林乐昌　光明日报　2016 年 5 月 12 日第 16 版
张镃卒年考　张响　古籍整理研究学刊　2016 年第 6 期
赵匡胤妙用"对牛弹琴"　川也　文史博览　2016 年第 6 期
赵匡胤为何不重用陶谷？　刘文瑞　领导文萃　2016 年第 19 期
郑樵读书治学的启示　杨杞　科技经济导刊　2016 年第 34 期
政治、家世与学问——以吕祖谦的灾异观为例　汤元宋　北京社会科学　2016 年第 2 期
政坛"常青树"文彦博的为官秘诀　王爱军　廉政瞭望（上半月）　2016 年第 12 期
周敦颐的为官之道　刘绪义　中国纪检监察报　2016 年 1 月 18 日第 7 版
周敦颐对赣南文化的影响　李云彪　大众文艺　2016 年第 23 期

周敦颐对湖湘文化和湖南人才的影响　易永卿　湖南师范大学社会科学学报　2016 年第 6 期
周敦颐与楼田村　黄家双　中国地名　2016 年第 11 期
朱熹的建阳情结　曾纪鑫　书屋　2016 年第 7 期
朱熹与白鹿洞书院　严泽康　旅游纵览（下半月）　2016 年第 1 期
朱熹与金门书院　冯兵　光明日报　2016 年 4 月 11 日第 16 版
状元郎回乡不讲排场　唐宝民　文史博览　2016 年第 4 期
自尊然后人敬　清风慕竹　思维与智慧　2016 年第 4 期
纵欲成患猛于虎——论宋徽宗赵佶　邵子华　菏泽学院学报　2016 年第 8 期

二十一　学术评述

（一）研究综述

百年来《宋刑统》研究述评　张荣　法制博览　2016 年第 2 期
程颐“权便是经”思想研究综述　岳天雷　商丘师范学院学报　2016 年第 10 期
20 世纪以来宋代农民战争史研究述评　陈芳芳　天中学刊　2016 年第 2 期
20 世纪以来中国两宋养老问题研究述评　马晓燕　兰州学刊　2016 年第 11 期
20 世纪以来曾巩文学研究述略　于晓川　重庆文理学院学报（社会科学版）　2016 年第 1 期
20 世纪以来朱熹“存天理，灭人欲”研究述评　王敬华　唐都学刊　2016 年第 5 期
2014 年辽宋西夏金元经济史研究综述　李华瑞　中国史研究动态　2016 年第 1 期
2014 年日本的五代宋元史研究　［日］井黑忍　蔡春娟译　中国史研究动态　2016 年第 2 期
2015 年宋史研究综述　梁建国　中国史研究动态　2016 年第 6 期
二十一世纪以来张先词研究综述　王军敏　兴义民族师范学院学报　2016 年第 2 期
近三百年来西方学者眼中的王安石　张呈忠　史学理论研究　2016 年第 4 期
近三十年来范氏义庄研究简述　刘思瀚　泰山学院学报　2016 年第 5 期
近十年欧阳修诗歌研究综述　翁小娣　景德镇学院学报　2016 年第 5 期
近十年宋代士人交游研究综述　胡珍　榆林学院学报　2016 年第 1 期
近十年来大陆对朱熹《四书章句集注》研究综述　李利　济南职业学院学报　2016 年第 5 期
辽宋西夏金元日常生活史研究概述　王善军　中国社会历史评论　2016 年第 17 卷
陆游研究三十年述评　高利华　文学遗产　2016 年第 5 期
“莫须有”的句读与释义研究综述　杨青烨　才智　2016 年第 23 期
目前国内外周敦颐研究状况　周建刚　湖南科技学院学报　2016 年第 4 期
宋代蕃商研究综述　许文刚　鄂州大学学报　2016 年第 3 期
宋代科举制度研究综述　于凡超　法制博览　2016 年第 14 期
宋代胥吏研究综述　甄一蕴　中国史研究动态　2016 年第 1 期
宋代漆器研究的回顾与展望　何振纪　创意与设计　2016 年第 6 期
苏轼庐山诗研究综述　庆振轩、陈佳宁　乐山师范学院学报　2016 年第 7 期
唐五代到北宋巴蜀本草学家及其本草著作研究综述　周莹莹、蒋淼、李文、张彤、孙俊杰、王家联　中药与临床　2016 年第 1 期
新世纪 15 年来宋代中央机构与职官研究综述　惠鹏飞、张彦晓　宋史研究论丛　2016 年第 18 辑
《禹迹图》研究综述　闫婷婷　河西学院学报　2016 年第 1 期
尤袤研究文献综述　王玮　科学经济社会　2016 年第 1 期
张载美学思想研究综述　熊椰　商丘师范学院学报　2016 年第 8 期
朱熹道德思想研究论文述评（2005—2014）　时名早、李士金　赤峰学院学报（汉文哲学社会科学版）　2016 年第 7 期
追溯湮没的学术史：福开森的北宋政治史研究　孙健　厦门大学学报（哲学社会科学版）　2016 年第

3 期

（二）会议综述

当代朱熹陈淳研究的新突破——第三届海峡两岸朱熹陈淳学术研讨会综述　王凯立、许春伟　闽台文化研究　2016 年第 3 期

纪念陆游诞辰 890 周年国际学术研讨会综述　邢蕊杰　文学遗产　2016 年第 1 期

纪念文同知洋州 940 周年学术研讨会综述　庆振轩、孙启祥　陕西理工学院学报（社会科学版）　2016 年第 4 期

借古开新　为时代美好铸造灵魂——首届“黄庭坚与中国文化”高峰论坛综述　吕书庆　中国韵文学刊　2016 年第 1 期

开拓创新　持续深化——纪念陆游诞辰 890 周年国际研讨会学术总结　莫砺锋　绍兴文理学院学报（哲学社会科学）　2016 年第 3 期

全国第十九届苏轼研究学术会议暨苏轼与地域文化学术研讨会综述　刘清泉　西华大学学报（哲学社会科学版）　2016 年第 1 期

陕北历史文化暨宋代府州折家将历史文化学术研讨会研究综述　高建国　榆林学院学报　2016 年第 5 期

首届安徽省二程理学研究会学术研讨会论文综述　程波涛、叶澜　安徽大学学报（哲学社会科学版）　2016 年第 6 期

首届“黄庭坚与中国文化”学术研讨会综述　吕书庆　中国书法　2016 年第 2 期

宋代社会力量与地方政治生态研究中青年学术论坛在保定召开　原孟　中原文化研究　2016 年第 6 期

“制度、生态与经济发展”国际学术研讨会简述　王晓龙、周立志　光明日报　2016 年 9 月 7 日

“朱子文化与宋明理学”学术研讨会综述　张大烛、张品端　哲学动态　2016 年第 4 期

（三）书评

《北宋开封气象编年史》评介　齐德舜　郑州轻工业学院学报（社会科学版）　2016 年第 2 期

“从区域到中心”的叙事模式探析——从浙江卫视历史人文纪录片《南宋》谈起　焦海民　新闻知识　2016 年第 3 期

典范与牵引——邓小南《祖宗之法——北宋前期政治述略》读后　刁培俊、仝相卿　中华文史论丛　2016 年第 4 期

读《中国转向内在——两宋之际的文化内向》　尤世彪　商　2016 第 10 期

“关学文献”与《关学文库》的编纂价值　张岂之　陕西师范大学学报（哲学社会科学版）　2016 年第 3 期

管窥古代中国官员的朋友圈——读《中国朋党史》　邓勤　先锋队　2016 年第 10 期

黑水城文献研究的又一力作——《黑水城宋代军政文书研究》评介　张春兰　宁夏社会科学　2016 年第 4 期

湖区先民理想主义的伟大实践——序《钟相草坪大起义研究》　魏饴　武陵学刊　2016 年第 6 期

既见君子、云胡不喜——读《治史大家袁枢传》　吴章中　福建日报　2016 年 4 月 12 日第 11 版

建立《朱子语类》语汇研究理论框架——《〈朱子语类〉语汇研究》序　温端政　语文建设　2016 年第 28 期

精深宏富　集其大成——评胡可先、徐迈《欧阳修词校注》　孙宗英　中国韵文学刊　2016 年第 3 期

巨星生成的奥秘探寻——《地域传承与心灵碰撞——郭沫若苏轼比较论》序　张志烈　乐山师范学院学报　2016 年第 3 期

《历代茶诗集成·唐代卷、宋金卷》出版　竺济法　中国茶叶　2016 年第 3 期

历史镜鉴的独特视角——读何辉《宋代消费史：消费与一个王朝的盛衰》　叶雷　经济参考报　2016 年 8 月 12 日第 8 版

立足本体的宋诗研究佳作——评《宋代南渡诗歌研究》　赵艳喜　中共济南市委党校学报　2016 年第 2 期

龙榆生《两宋词风转变论》研究方法刍议　岳淑珍　齐鲁学刊　2016 年第 6 期
略谈《朱熹文学思想研究》之深刻旨趣　孟昭连　淮阴师范学院学报（哲学社会科学版）　2016 年第 2 期
论晏建怀的历史题材作品写作特点——以《帝国的脸谱——北宋官场众生相》为例　杨飞、郑坚　湖南工业大学学报（社会科学版）　2016 年第 2 期
《南宋》："年度纪录片良心之作"　闻德洁　人民日报（海外版）　2016 年 1 月 18 日第 7 版
南宋琴史考疑——读《清容居士集》琴论、国家哲学社会科学成果《宋代古琴音乐研究》第四、第五章　马如骥　南京艺术学院学报（音乐与表演）　2016 年第 3 期
《南宋》：一部可以流传的纪录片　夏燕平　中国广播电视学刊　2016 年第 7 期
南宋院画基本文献与图像的集成——《南宋院画录校释图笺》评介　简能　美育学刊　2016 年第 3 期
漂浮于历史时空的消费秘密——读何辉著《宋代消费史：消费与一个王朝的盛衰》　叶雷　新产经　2016 年第 8 期
千秋回望王安石——读梁启超《王荆公》书后　石天河　书屋　2016 年第 2 期
去掉锈迹剑更锋——读顾友泽教授著《宋代南渡诗歌研究》　李成文　枣庄学院学报　2016 年第 3 期
绳锯木断重构宋代四万进士档案　龚延明　光明日报　2016 年 5 月 12 日第 16 版
视野宏阔　考论精审——简评郭宝军《宋代文选学研究》　张宏锋　绥化学院学报　2016 年第 6 期
书籍史视域中的诗学阐释——读王宇根《万卷：黄庭坚和北宋晚期诗学中的阅读与写作》　方笑一　中国比较文学　2016 年第 2 期
宋朝的一面镜子——读何辉《宋代消费史：消费与一个王朝的盛衰》　叶雷　中国中小企业　2016 年第 9 期
《宋代家训与社会整合研究》评介　薛政超　中国史研究动态　2016 年第 5 期
《宋代自杞国——一个神秘的彝族地方政权》评介　周红　云南民族大学学报（哲学社会科学版）　2016 年第 5 期
《宋代古琴音乐研究》（章华英著）　林萃青　中央音乐学院学报　2016 年第 2 期
宋史研究的一部新作——《宋朝地方官员考核制度研究》读后　王晓龙　河北学刊　2016 年第 2 期
《文苑英华辨证》的校勘成就及其特点　黄燕妮　湖北师范学院学报（哲学社会科学版）　2016 年第 4 期
一部探寻古典文学当代意义的研究力作——读《两宋休闲词研究》　陈未鹏　盐城工学院学报（社会科学版）　2016 年第 2 期
一家风骨千载知音——读《张载思想研究》　康巧梅、朱丹琼　华夏文化　2016 年第 2 期
以豪放臻致"神味"艺术境界的稼轩词——于永森《稼轩词选笺评》简评　张钧宁　夏师范学院学报　2016 年第 4 期
影像足迹：追寻南宋百年历史——评大型人文历史纪录片《南宋》　薛成成、王青　中国电视　2016 年第 11 期
朱熹文献学的"耕耘人"——读陈国代《文献家朱熹：朱熹著述活动及其著作版本考察》　陈平　历史文献研究　2016 年第 36 辑
《朱熹文学思想研究》批评——兼论朱熹对"淫诗"的态度　蒋凡　淮阴师范学院学报（哲学社会科学版）　2016 年第 2 期
《朱熹易学思想研究》简介　王志宏　周易研究　2016 年第 2 期
宗唐、变唐与宋金元诗风的嬗变——读王辉斌先生《宋金元诗通论》感言　郑永晓　南都学坛　2016 年第 1 期

叁　学位论文

博士学位论文

一 政治与官制

宋代科举考官制度研究　夏亚飞　河南大学　博士学位论文　2016 年 6 月
宋代宰府僚吏研究　于士倬　华东师范大学　博士学位论文　2016 年 5 月
五代宋初军政职官制度与人事变迁研究　刘冲　西北大学　博士学位论文　2016 年 6 月

二 法律

宋代证据制度研究　王群　山东大学　博士学位论文　2016 年 3 月

三 社会

北宋陕虢杨氏家族的播迁与生存发展　谢婧　上海师范大学　博士学位论文　2016 年 5 月
宋代女性价值观研究　孔曼　郑州大学　博士学位论文　2016 年 5 月
宋代医疗福利制度研究　杜菁　北京中医药大学　博士学位论文　2016 年 5 月
唐宋义兴蒋氏家族及其文学研究　刘冰莉　山东大学　博士学位论文　2016 年 6 月

四 经济

从内地到边郡——宋代扬州城市与经济研究　何适　上海师范大学　博士学位论文　2016 年 4 月

五 教育

宋诗与宋代科举、教育研究　许丞栋　河北大学　博士学位论文　2016 年 6 月
岳麓书院德育研究　李盛幸　湖南师范大学　博士学位论文　2016 年 6 月

六 科学技术

庞安时《伤寒总病论》学术思想研究　高小威　湖北中医药大学　博士学位论文　2016 年 5 月

七 学术思想

朱震易学哲学探微　陶英娜　山东大学　博士学位论文　2016 年 5 月

八 宗教

宋元明清时期汉地观音信仰在社会各阶层中的传播　李永斌　西北大学　博士学位论文　2016 年 6 月

九 史学

内藤湖南“宋代近世说”研究　黄艳　东北师范大学　博士学位论文　2016 年 6 月

十 历史地理

宋元以来鲁中山地宗族谱碑研究　周晓冀　上海师范大学　博士学位论文　2016 年 5 月

十一 语言文字

《晦庵先生语录类要》词汇研究　俞莉娴　上海师范大学　博士学位论文　2016 年 3 月
朱熹语录文献语言研究　潘牧天　上海师范大学　博士学位论文　2016 年 3 月

十二 文学

北宋道士诗研究——以陈抟、张伯端、黄希旦、张继先等四人为中心　姜游　华中师范大学　博士学位

论文 2016年5月
北宋佛寺文研究 李晓红 山东大学 博士学位论文 2016年5月
地理空间对宋词影响之研究 朱长英 山东师范大学 博士学位论文 2016年5月
毛亨郑玄朱熹《诗经》注释研究 魏启峰 西北大学 博士学位论文 2016年6月
欧阳修散文"风神"研究 卓希惠 福建师范大学 博士学位论文 2016年3月
宋代涉海韵文研究 王红杏 吉林大学 博士学位论文 2016年12月
唐宋园林散文研究 李小奇 西北大学 博士学位论文 2016年6月

十三 文化艺术

蔡襄书学研究 王中焰 中国美术学院 博士学位论文 2016年5月
民俗学视域下的宋代金银饰品研究 邓莉丽 江南大学 博士学位论文 2016年6月
生态视野下的宋代绘画 张濯清 华中师范大学 博士学位论文 2016年5月
身份和学养——宋代院体画家的构成和审美旨趣 李洁璇 南京艺术学院 博士学位论文 2016年3月
所知与所见：宋徽宗《五色鹦鹉图》考及宋画翎毛考证 周高宇 中国美术学院 博士学位论文 2016年5月
苏轼的书法和他的时代 王义军 中国美术学院 博士学位论文 2016年4月
《图画见闻志》研究 彭莱 上海师范大学 博士学位论文 2016年5月
《乐书·八音》与《文献通考·八音》比较与研究 陆晓彤 中国音乐学院 博士学位论文 2016年4月
以书致治与祖宗之法——宋太宗的文治与书法 黄修珠 南京艺术学院 博士学位论文 2016年3月

硕士学位论文

一 政治与官制

北宋官员休假研究 赵怜怜 西北大学 硕士学位论文 2016年5月
北宋宫闱制度研究 荆雪倩 山东大学 硕士学位论文 2016年3月
北宋"风闻言事"研究 王吉 辽宁大学 硕士学位论文 2016年5月
北宋进奏院案研究 刘小凡 山东大学 硕士学位论文 2016年3月
北宋进士及第后相关活动研究 姚舒瑜 辽宁大学 硕士学位论文 2016年5月
北宋前期知制诰考论 张延和 兰州大学 硕士学位论文 2016年5月
北宋神宗朝中央官制改革问题研究 苏晓阳 辽宁大学 硕士学位论文 2016年5月
北宋审刑院研究 邢星 西北大学 硕士学位论文 2016年6月
北宋小使臣选任研究 张雅萍 河南大学 硕士学位论文 2016年6月
北宋元符上书始末探析 张耀中 淡江大学 硕士学位论文 2016年7月
北宋宰辅制度研究 李正中 安徽大学 硕士学位论文 2016年3月
北宋"祖宗家法"形成述论 林耀 福建师范大学 硕士学位论文 2016年5月
从再起到挫折——两宋之交旧党复权的政治史考察（1104—1142） 苏育成 台湾大学 硕士学位论文 2016年7月
宦官与宋神宗哲宗两朝政治研究 许玲 山东大学 硕士学位论文 2016年5月
奸相或能臣：章惇与哲宗后期绍述新政之研究 林秋均 台湾师范大学 硕士学位论文 2016年1月
集权与分权视野下的宋代税务机构 李瑞红 云南大学 硕士学位论文 2016年5月
两宋文祸研究 赵冠群 西南大学 硕士学位论文 2016年4月
南宋基层社会中的胥吏研究 任国滨 华东师范大学 硕士学位论文 2016年4月
南宋总领所与转运司关系研究 芮星 河南大学 硕士学位论文 2016年6月

秦汉至宋代鄱阳地方行政长官研究　张华英　江西师范大学　硕士学位论文　2016 年 6 月
绍兴更化时期的中枢体制研究　雷震　西北大学　硕士学位论文　2016 年 5 月
宋仁宗朝御史中丞研究　周余沾　台北大学　硕士学位论文　2016 年 7 月
宋代的检校制度研究　徐东泽　甘肃政法学院　硕士学位论文　2016 年 5 月
宋代东宫制度研究　廖艳　南昌大学　硕士学位论文　2016 年 5 月
宋代官员休假制度研究　孟月　河北大学　硕士学位论文　2016 年 5 月
宋代发解试研究　张红飞　南昌大学　硕士学位论文　2016 年 5 月
宋代环卫官考　束保成　安徽大学　硕士学位论文　2016 年 3 月
宋代留守制度研究　孙婧婍　河南大学　硕士学位论文　2016 年 6 月
宋代皇帝罪己研究　臧婧婧　河南大学　硕士学位论文　2016 年 6 月
宋代提举常平司制度探究　杨永胜　广西师范大学　硕士学位论文　2016 年 4 月
宋代循吏管理制度研究　罗伟　安徽大学　硕士学位论文　2016 年 5 月
宋代宗正寺研究　刘迪　河北大学　硕士学位论文　2016 年 5 月
唐宋勒留官演进研究　黄泽凡　西北大学　硕士学位论文　2016 年 5 月
夏竦与仁宗朝政治研究　庞小翠　河北大学　硕士学位论文　2016 年 5 月

二　军事与治安

北宋东京城治安问题研究　吕远超　辽宁大学　硕士学位论文　2016 年 5 月
北宋仁宗朝变乱应对研究　何娇　河北大学　硕士学位论文　2016 年 5 月
北宋熙河路军事地理研究　崔红风　宁夏大学　硕士学位论文　2016 年 4 月
北宋献俘礼研究　张红　辽宁大学　硕士学位论文　2016 年 5 月
兵农结合视角下南宋北疆国防部署检视　姜天龙　西北农林科技大学　硕士学位论文　2016 年 5 月
宋蒙战争中的钓鱼城　刘菊　西华师范大学　硕士学位论文　2016 年 4 月
宋代军器监研究　李驰　河南大学　硕士学位论文　2016 年 6 月
宋代军器监研究　王迎辉　广西师范大学　硕士学位论文　2016 年 5 月
宋代阅兵研究　尤丹丹　河南大学　硕士学位论文　2016 年 6 月
熙丰变法之将兵法研究　郑段梅　西北大学　硕士学位论文　2016 年 11 月
1234—1238 年阔出征南宋研究　李佳敏　内蒙古大学　硕士学位论文　2016 年 6 月

三　法律

胡石壁司法审判研究　王成成　沈阳师范大学　硕士学位论文　2016 年 5 月
《名公书判清明集》中民事判词的情理法研究　张凤雷　郑州大学　硕士学位论文　2016 年 5 月
《庆元条法事类》中的僧道律条研究　李阳谊　河北经贸大学　硕士学位论文　2016 年 3 月
宋朝诉讼时效研究　梁超　郑州大学　硕士学位论文　2016 年 5 月
宋朝直诉制度研究　孔维博　河北经贸大学　硕士学位论文　2014 年 3 月
宋代女性诉讼问题研究　王小飞　南开大学　硕士学位论文　2016 年 5 月
宋代妇女再嫁法律问题研究　刘明霞　辽宁大学　硕士学位论文　2016 年 5 月
宋代妇女财产权研究　陈海云　青海师范大学　硕士学位论文　2016 年 4 月
宋代女性财产继承制度研究　谢飞　安徽大学　硕士学位论文　2016 年 5 月
宋代户绝财产继承制度变迁研究　洪诚　上海师范大学　硕士学位论文　2016 年 6 月
宋代宦官法律制度研究　朱琳　山东大学　硕士学位论文　2016 年 3 月
宋代监狱安全管理研究　郭绍彦　四川师范大学　硕士学位论文　2016 年 4 月
宋代司法秩序中讼师作用研究　强星星　安徽大学　硕士学位论文　2016 年 5 月
宋代死刑复核制度研究　李雪蓉　吉林大学　硕士学位论文　2016 年 3 月

宋代司法监察运行机制及启示　滕玉青　辽宁大学　硕士学位论文　2016 年 5 月
宋代刑事证据制度研究　陈丹丹　山东师范大学　硕士学位论文　2016 年 6 月
唐宋“报杀”考　袁钰超　华东政法大学　硕士学位论文　2016 年 4 月
乌台诗案相关法律问题研究　赵斐　山东大学　硕士学位论文　2016 年 9 月
《折狱龟鉴》法律词语研究　章甜　南京师范大学　硕士学位论文　2016 年 3 月

四　民族关系

侬氏族群关于侬智高的记忆与认同选择　王抒慧　广西师范大学　硕士学位论文　2016 年 5 月
宋王朝对羁縻各族朝贡限制研究　展炜杰　云南大学　硕士学位论文　2016 年 5 月
宋太宗对外政策嬗变研究　赵尔安　山东大学　硕士学位论文　2016 年 5 月
战和评判的纠结——宋金和议评价的流变　张博阳　天津师范大学　硕士学位论文　2016 年 5 月

五　中外关系

北宋大晟雅乐在朝鲜半岛的传播和衍变　陈妍慧　华中师范大学　硕士学位论文　2016 年 5 月
朝鲜朱熹关联题画诗文研究　金哲　延边大学　硕士学位论文　2016 年 5 月
两宋时期杭州的海外贸易　邱靖　杭州师范大学　硕士学位论文　2016 年 3 月
论日本室町绘画与宋元绘画之关系　孙文祺　东北师范大学　硕士学位论文　2016 年 5 月
宋代巴蜀禅林和日本禅宗　梁樱紫　四川外国语大学　硕士学位论文　2016 年 4 月

六　社会

北宋中期水灾处置研究　周浩　重庆师范大学　硕士学位论文　2016 年 3 月
从宋代福建路墓志铭看女性生活状况　李珍　福建师范大学　硕士学位论文　2016 年 5 月
《东京梦华录》食、器例考　高媛　新疆师范大学　硕士学位论文　2016 年 5 月
科举制度对宋朝社会分层与社会流动的影响　杨开　东北财经大学　硕士学位论文　2016 年 5 月
论宋代“割股疗亲”　倪媛媛　南京师范大学　硕士学位论文　2016 年 4 月
论宋代“服妖”现象　赵芬芬　浙江师范大学　硕士学位论文　2016 年 5 月
南宋笔记中的当代士人交游　刘逢媛　广西师范大学　硕士学位论文　2016 年 4 月
社会秩序视角下的宋代节会研究　孟丹丹　河北师范大学　硕士学位论文　2016 年 5 月
宋朝贫民日常救济研究　董小路　辽宁大学　硕士学位论文　2016 年 5 月
宋代城市文化影像研究　边静　河南大学　硕士学位论文　2016 年 6 月
宋代帝后的丧礼　黄耀庆　中国文化大学　硕士学位论文　2016 年 7 月
宋代佛教坐具研究　李汇龙　南京林业大学　硕士学位论文　2016 年 6 月
宋代富民阶层生活探究　刘亚玲　郑州大学　硕士学位论文　2016 年 4 月
宋代广南西路人口买卖现象研究　赵宇　浙江师范大学　硕士学位论文　2016 年 5 月
宋代家族的兴衰与基层社会　雷东光　河北师范大学　硕士学位论文　2016 年 3 月
宋代金银器用途探研　黄曙　四川师范大学　硕士学位论文　2016 年 5 月
宋代两京都市女性研究　戴晓峰　西北大学　硕士学位论文　2016 年 6 月
宋代吕氏乡约研究　李亳策　云南财经大学　硕士学位论文　2016 年 5 月
宋代母子关系研究　侯艳兰　兰州大学　硕士学位论文　2016 年 5 月
宋代沐浴研究　刘盈慧　河南大学　硕士学位论文　2016 年 6 月
宋代男子簪花礼俗研究　杨旭红　辽宁大学　硕士学位论文　2016 年 5 月
宋代女性冠饰研究　高雨青　郑州大学　硕士学位论文　2016 年 5 月
宋代劝善思想研究　李延杰　山东师范大学　硕士学位论文　2016 年 5 月

宋代士人弈棋研究　曾泳玹　东吴大学　硕士学位论文　2016年7月
宋代乡村客户权益保护研究　李远龙　青海师范大学　硕士学位论文　2016年4月
宋代孝文化研究　史君婷　山东大学　硕士学位论文　2016年5月
宋辽金屏风研究　贾名杰　郑州大学　硕士学位论文　2016年5月
宋诗贞烈女形象研究　许微维　西华师范大学　硕士学位论文　2016年4月
苏轼诗文中的饮食文化述析　吴丹　浙江工商大学　硕士学位论文　2016年3月
唐宋时期素食习俗研究　张雅丽　陕西师范大学　硕士学位论文　2016年5月
《夷坚志》中的宋代士人生活状态考述　刘倩倩　山西大学　硕士学位论文　2016年6月
战争视域下的宋代女性研究　杨伊依　四川师范大学　硕士学位论文　2016年4月

七　经济

北宋时期的便钱钞与茶盐钞　何卯　云南大学　硕士学位论文　2016年5月
北宋土地租佃制度探析　张雪雪　山东大学　硕士学位论文　2016年3月
北苑贡茶文化对建瓯茶产业发展的影响　周雪梅　福建农林大学　硕士学位论文　2016年6月
广西宋代青白瓷的烧造与外销研究　由丹　云南大学　硕士学位论文　2016年5月
环渤海地区宋元时期瓷器贸易与交流　滕雅竹　吉林大学　硕士学位论文　2016年6月
环境与利益权衡下的宋代耕牛租赁　吕晓玲　河北师范大学　硕士学位论文　2016年3月
论唐宋都城坊市制的崩溃　魏美强　南京大学　硕士学位论文　2016年5月
论宋代浙江省丽水地区的市镇发展　黄琦　浙江大学　硕士学位论文　2016年1月
山西壁画中的传统农具（宋—清）　王鹏飞　哈尔滨师范大学　硕士学位论文　2016年6月
宋代下层妇女经济活动研究　徐莉　郑州大学　硕士学位论文　2016年5月
宋代园户问题研究　李占英　郑州大学　硕士学位论文　2016年5月
宋代榷矾制度研究　栗鹏　黑龙江大学　硕士学位论文　2016年3月
宋代书籍流通与互动研究　赵文毓　山西师范大学　硕士学位论文　2016年3月
宋代瓷器的供给与需求　杨月芳　云南大学　硕士学位论文　2016年5月
宋代“羡余”问题研究　吴妙婵　河北大学　硕士学位论文　2016年5月
宋代“均输法”研究　马小凤　山东大学　硕士学位论文　2016年3月
宋代四川的产茶与饮茶　刘奉一　中兴大学　硕士学位论文　2016年6月
宋代民间手工业行会管理制度研究　王丹斐　南京艺术学院　硕士学位论文　2016年5月
宋代仓储法令研究　黄世俊　郑州大学　硕士学位论文　2016年5月
宋元山东盐业研究　陶静　山东师范大学　硕士学位论文　2016年5月
宋元时期闽江上游地区青白瓷及窑址研究　叶开建　福建师范大学　硕士学位论文　2016年3月
唐宋时期可持续发展思想研究　何坤谦　山西财经大学　硕士学位论文　2016年5月

八　教育

北宋三槐王氏家族教育活动研究　罗梦柯　河南大学　硕士学位论文　2016年6月
宋代自学的郁勃及其对教学改革的启示研究　常鑫　哈尔滨师范大学　硕士学位论文　2016年6月
论宋代科举对官学教育的影响　左斌　西北民族大学　硕士学位论文　2016年5月
吕祖谦蒙学思想初探　金俏楠　中国计量大学　硕士学位论文　2016年6月
南宋州县学研究　薛东升　辽宁大学　硕士学位论文　2016年5月
朱熹书院教学思想研究　刘连娣　东北师范大学　硕士学位论文　2016年6月
朱熹语文教育思想研究　刘阳　河北师范大学　硕士学位论文　2016年5月
朱熹道德教育思想及其对高校思想政治教育的启示　贺明　华中师范大学　硕士学位论文　2016年5月

九 科学技术

北宋食疗方特点的研究 娄梦 河南中医药大学 硕士学位论文 2016 年 4 月
赣州古浮桥建造历史研究 陈芳璐 广西民族大学 硕士学位论文 2016 年 6 月
广西宋代中和窑青白瓷科技研究 周本源 广西民族大学 硕士学位论文 2016 年 6 月
合阳大象寺塔研究 任泽朝 西安建筑科技大学 硕士学位论文 2016 年 6 月
湖州飞英塔的结构与形制研究 刘杰 浙江大学 硕士学位论文 2016 年 6 月
论北宋中央政府面向大众的健康传播 汪纯 安徽师范大学 硕士学位论文 2016 年 5 月
南宋御街数字化建构的情境互动研究 张小波 中国美术学院 硕士学位论文 2016 年 5 月
《全宋词》医药文化现象研究 姚琳 黑龙江中医药大学 硕士学位论文 2016 年 6 月
宋代妇产科疾病“治未病”思想研究 王玲玲 河南中医药大学 硕士学位论文 2016 年 4 月
宋代医学伦理面貌初探 宋芳艳 黑龙江中医药大学 硕士学位论文 2016 年 6 月
宋代笔记小说中的药物文献研究 鄢洁 北京中医药大学 硕士学位论文 2016 年 5 月
许叔微《伤寒九十论》经方医案及其相关研究 邓梅燕 广州中医药大学 硕士学位论文 2016 年 4 月
《养老奉亲书》老年养生思想研究 许笑盈 安徽中医药大学 硕士学位论文 2016 年 3 月

十 学术思想

《北溪字义》的理学思想研究 吴丹梅 湖南大学 硕士学位论文 2016 年 5 月
北宋《论语》学研究 申冰冰 西北大学 硕士学位论文 2016 年 6 月
北宋前期的《诗经》学研究——以欧阳修、苏辙、王安石为例 李雪莹 湖南大学 硕士学位论文 2016 年 4 月
陈亮治理思想初探 胡汪凯 南京大学 硕士学位论文 2016 年 5 月
陈宓理学思想研究 马俊 南昌大学 硕士学位论文 2016 年 5 月
程颢“天人一体”思想研究 刘香 曲阜师范大学 硕士学位论文 2016 年 3 月
程明道人性论思想研究 蔡鹏悦 陕西师范大学 硕士学位论文 2016 年 6 月
《东坡易传》的生命思想研究 陈泓嘉 曲阜师范大学 硕士学位论文 2016 年 3 月
二程道学与佛学关系研究 穆化朋 郑州大学 硕士学位论文 2016 年 5 月
范应元“本心”解老之思想研究 张维 南京大学 硕士学位论文 2016 年 4 月
胡宏性乃天下之大本理念下的理学建构 谷玉叶 山东大学 硕士学位论文 2016 年 3 月
《近思录》编纂与朱熹道体论思想 孙瑞娇 南京大学 硕士学位论文 2016 年 5 月
量子理论视域下的周敦颐哲学 马兆仁 湖南大学 硕士学位论文 2016 年 5 月
林希逸《老子鬳斋口义》研究 黄云 曲阜师范大学 硕士学位论文 2016 年 3 月
论程颐在朱熹中和新旧说转变中的作用 李沙沙 兰州大学 硕士学位论文 2016 年 4 月
南宋王炎思想研究 熊灿 重庆师范大学 硕士学位论文 2016 年 5 月
浅谈朱熹格物致知说 武东冠 河北大学 硕士学位论文 2016 年 5 月
邵雍心性之学研究 刘洋 河北大学 硕士学位论文 2016 年 5 月
王安石尽性论思想分析 张志伟 上海师范大学 硕士学位论文 2016 年 3 月
王安石《庄周论》影响下的北宋中期注庄特色 张艳玲 山西大学 硕士学位论文 2016 年 6 月
邢昺经学思想研究 王泽方 西北大学 硕士学位论文 2016 年 7 月
“易学本体论”视域下的北宋理学思潮 聂启阳 西北大学 硕士学位论文 2016 年 6 月
张载“太虚即气”命题探析 刘俐伶 中共北京市委党校 硕士学位论文 2016 年 5 月
张载哲学“天人合一”思想研究 孙光耀 西藏民族大学 硕士学位论文 2016 年 5 月
周敦颐“诚”观念的展开 余倩倩 云南师范大学 硕士学位论文 2016 年 5 月
周敦颐“理学宗主”形象的建构与演变 申蔚竹 湖南大学 硕士学位论文 2016 年 5 月

朱熹生态哲学思想意蕴探究　吴冰　沈阳师范大学　硕士学位论文　2016年5月
以理为美：朱熹美学思想研究　李赛　曲阜师范大学　硕士学位论文　2016年3月
以苏轼人生哲学嬗变过程研究　王向峰　江西师范大学　硕士学位论文　2016年5月

十一　宗教

北宋郊祀研究　江云　河北大学　硕士学位论文　2016年5月
从盂兰盆节的演变看宋代佛教的社会化　刘婷　南京师范大学　硕士学位论文　2016年4月
从九宫山到太平山：宋元以来幕阜山区的道教发展与地方社会　雷晓晓　江西师范大学　硕士学位论文　2016年6月
道元《宝庆记》研究　华雪梅　浙江工商大学　硕士学位论文　2016年1月
宋至民国时期陕北民间水神信仰的时空特征研究　王庚　陕西师范大学　硕士学位论文　2016年5月
宋代成都地区民间祠神信仰研究　赵锡成　四川师范大学　硕士学位论文　2016年4月
宋代江西水上信仰研究　刘菲菲　上海师范大学　硕士学位论文　2016年3月
宋代笔记小说之蛇与蛇信仰研究　张春芳　河北大学　硕士学位论文　2016年5月
宋代楞严学研究　李超　河北大学　硕士学位论文　2016年6月
天庆观、道书与道服：宋代士人生活中的道教世界　陈柏勋　台湾“清华大学”　硕士学位论文　2016年6月
文殊信仰与宋代社会　查彩虹　上海师范大学　硕士学位论文　2016年5月
晦堂慧远禅法思想研究　姜志景　江西师范大学　硕士学位论文　2016年6月
《云笈七签》导引术研究　吴洁莹　广州大学　硕士学位论文　2016年5月

十二　史学

陈邦瞻《宋史纪事本末》研究　张薇　安徽大学　硕士学位论文　2014年3月
从《唐鉴》看作者范祖禹的历史观　刘潇雨　河北师范大学　硕士学位论文　2016年5月
南宋史官制度研究　宋玉超　河北师范大学　硕士学位论文　2016年5月
清代两浙宋史学研究　魏巍　西华师范大学　硕士学位论文　2016年4月
《容斋随笔》两汉史研究初探　王胤颖　华中师范大学　硕士学位论文　2016年5月
宋人笔记中的唐研究　李东辉　华中师范大学　硕士学位论文　2016年5月

十三　历史地理

北宋环庆帅司路研究　王一凡　宁夏大学　硕士学位论文　2016年4月
北宋真定府研究　周凯　河南大学　硕士学位论文　2016年6月
北宋开封道教宫观布局研究　刘梦琴　辽宁大学　硕士学位论文　2016年5月
宋代两浙路进士时空分布研究　傅蓉　华中师范大学　硕士学位论文　2016年4月
宋代两浙路湖泊研究　柳哲霖　河南大学　硕士学位论文　2016年6月
宋代河道管理研究　王战扬　河南大学　硕士学位论文　2016年6月
宋代泸叙地区研究　骆忠军　河北大学　硕士学位论文　2016年5月
宋两浙西路府州级城市行政区划研究　来亚文　上海师范大学　硕士学位论文　2016年4月
宋元明清长安地区文化考察研究　刘晨曦　陕西师范大学　硕士学位论文　2016年5月
唐宋时期川西交通线路演变研究　武巍　西藏民族大学　硕士学位论文　2016年6月

十四　语言文字

《宾退录》复音虚词研究　李艳芳　青岛大学　硕士学位论文　2016年6月

蔡卞《毛诗名物解》训释研究　于萌　扬州大学　硕士学位论文　2016年5月
澹生堂本《周益文忠公集·杂著述》俗字研究　包莹莹　青岛大学　硕士学位论文　2016年5月
《嘉祐集》复音词研究　张婷　南昌大学　硕士学位论文　2016年5月
《集韵》引《尔雅》研究　刘芳　曲阜师范大学　硕士学位论文　2016年3月
《绍兴重雕大藏音》异体字研究　陈思婷　湖南师范大学　硕士学位论文　2016年5月
《梦粱录》词汇研究　樊亚楠　辽宁师范大学　硕士学位论文　2016年5月
宋代笔记俗语词研究　齐瑞霞　山东大学　硕士学位论文　2016年5月
宋诗睡眠动词研究　蒋倩倩　四川外国语大学　硕士学位论文　2016年4月
《象山语录》虚词研究　李阳　云南师范大学　硕士学位论文　2016年5月
《夷坚志》副词研究　李桂新　河北师范大学　硕士学位论文　2016年5月

十五　文学

北宋诗歌语言审美思想研究　赵连志　青岛大学　硕士学位论文　2016年6月
北宋诗歌中的石意象研究　张艳　暨南大学　硕士学位论文　2016年5月
北宋隐逸词研究　宋亮献　湖南大学　硕士学位论文　2016年4月
北宋文学"通变"观研究　刘雪青　陕西师范大学　硕士学位论文　2016年6月
北宋后期杜诗学著述辑考　齐函　安徽大学　硕士学位论文　2016年5月
北宋中后期杭州知州及其诗歌研究　范小兰　河北师范大学　硕士学位论文　2016年5月
北宋楼阁诗歌研究　张逗　暨南大学　硕士学位论文　2016年5月
《沧浪诗话》诗学范式研究　齐菲　山西大学　硕士学位论文　2016年6月
曹勋《北狩见闻录》研究　潘思琦　杭州师范大学　硕士学位论文　2016年6月
陈师道唱和诗研究　杨晓乐　中国矿业大学　硕士学位论文　2016年6月
陈岩肖《庚溪诗话》研究　刘军　广西民族大学　硕士学位论文　2016年5月
陈与义七律研究　董秋月　闽南师范大学　硕士学位论文　2016年6月
陈亮祭文研究　狄晓胭　重庆师范大学　硕士学位论文　2016年5月
程门四先生语录体散文研究　陈静　吉林大学　硕士学位论文　2016年6月
《诚斋诗集》俗语词研究　赵馥　华中师范大学　硕士学位论文　2016年5月
程珌诗文研究　王兆娟　南京师范大学　硕士学位论文　2016年3月
楚东诗社研究　刘宁　曲阜师范大学　硕士学位论文　2016年4月
词调《昭君怨》研究　李婷　广东外语外贸大学　硕士学位论文　2016年6月
词之演进与北宋士大夫生活　孙萱智　华中师范大学　硕士学位论文　2016年5月
狄青故事的演变及其文化意蕴　张艳君　陕西理工学院　硕士学位论文　2016年6月
地域文化视角下宋代庐山词研究　欧阳艳　华东交通大学　硕士学位论文　2016年
杜甫与陆游夔州诗比较研究　常珺　重庆师范大学　硕士学位论文　2016年5月
范成大纪行诗研究　齐颖　华中师范大学　硕士学位论文　2016年5月
范成大七言绝句研究　王雪　安徽师范大学　硕士学位论文　2016年5月
范宽及作品研究　刘国峰　山西师范大学　硕士学位论文　2016年4月
古代文学经典生成的传播生态考察　张刚　湖北民族学院　硕士学位论文　2016年6月
浩气·郁气·清气：苏轼及其词研究　关茂　西藏大学　硕士学位论文　2016年3月
韩淲词研究　汤棋夷　重庆师范大学　硕士学位论文　2016年3月
韩国诗话中的苏轼诗歌研究　陈若怡　北京外国语大学　硕士学位论文　2016年5月
韩愈碑志文与王安石碑志文之比较研究　李隆海　华中师范大学　硕士学位论文　2016年5月
韩拙《山水纯全集》研究　高阳　河南大学　硕士学位论文　2016年5月
洪皓与范成大使金诗对比研究　傅珊　鲁东大学　硕士学位论文　2016年6月

洪迈《史记法语》研究　孙师师　陕西师范大学　硕士学位论文　2016 年 6 月
洪咨夔诗歌研究　姚亚男　西北大学　硕士学位论文　2016 年 6 月
黄庭坚及江西诗派诗歌英译价值与传播策略初探　王瑞珊　山西大学　硕士学位论文　2016 年 6 月
姜夔词在宋元明清时期的接受研究　郭瑞琼　南昌大学　硕士学位论文　2016 年 5 月
姜特立闲适诗研究　罗郝林　西南大学　硕士学位论文　2016 年 4 月
《江湖小集》与《江湖后集》的文学地理研究　朱晓玲　江西师范大学　硕士学位论文　2016 年 6 月
《酒边词》人物考　陈朱演　闽南师范大学　硕士学位论文　2016 年 6 月
孔平仲杂体诗研究　黄蓉　河北大学　硕士学位论文　2016 年 6 月
李清照与朱淑真作品接受差异研究　冯艳　江西师范大学　硕士学位论文　2016 年 6 月
理学与宋代桐木韩氏家族诗文研究　王玉新　河北师范大学　硕士学位论文　2016 年 5 月
两宋京口诗歌研究　胡玉尺　湖南科技大学　硕士学位论文　2016 年 5 月
“临川二谢”交游考及交游诗研究　黄玉林　江西师范大学　硕士学位论文　2016 年 6 月
刘克庄病中诗研究　杨艳宏　新疆师范大学　硕士学位论文　2016 年 6 月
柳永词北宋接受史研究　杨等华　上海大学　硕士学位论文　2016 年 5 月
陆佃诗文研究　卢会艳　山东师范大学　硕士学位论文　2016 年 6 月
陆九渊对孟子思想的阐发与践履　李文斌　陕西师范大学　硕士学位论文　2016 年 5 月
陆游《南唐书》文学价值研究　王慧　黑龙江大学　硕士学位论文　2016 年 3 月
陆游的羲皇情结考论　何佳　北方民族大学　硕士学位论文　2016 年 5 月
陆游诗歌复句研究　周青松　安徽师范大学　硕士学位论文　2016 年 5 月
陆游诗与晚唐诗之关系研究　肖旭　江西师范大学　硕士学位论文　2016 年 6 月
陆游诗中的儿童形象研究　李玉晗　云南大学　硕士学位论文　2016 年 5 月
陆游序跋文研究　王娜娜　吉林大学　硕士学位论文　2016 年 4 月
论北宋“新旧党争”下的苏轼诗歌创作　马琳　河北大学　硕士学位论文　2016 年 6 月
论北宋初期学术对散文的影响　王通　沈阳师范大学　硕士学位论文　2016 年 5 月
论村上哲见的《宋词研究》　张弛　华东师范大学　硕士学位论文　2016 年 5 月
论黄庭坚词的以俗为雅　肖瑶　湘潭大学　硕士学位论文　2016 年 3 月
论日本学者东英寿的欧阳修散文研究　杨罗莎　华东师范大学　硕士学位论文　2016 年 4 月
论宋诗话对杜甫诗学思想的接受　赵相仲　山东师范大学　硕士学位论文　2016 年 5 月
论苏轼的文艺创作心理学思想　吴旭文　重庆师范大学　硕士学位论文　2016 年 6 月
梅尧臣叙事诗研究　韩维娜　辽宁师范大学　硕士学位论文　2016 年 5 月
梅尧臣诗歌创作心态及其诗风研究　牛苗苗　陕西师范大学　硕士学位论文　2016 年 6 月
南宋诗人韩淲及其诗歌研究　吕树政　曲阜师范大学　硕士学位论文　2016 年 3 月
南宋洪适诗歌研究　杨冬华　南昌大学　硕士学位论文　2016 年 5 月
南宋孝宗朝蜀地幕府与诗歌研究　田萌萌　河北师范大学　硕士学位论文　2016 年 5 月
南宋学记文研究　张鑫　西北大学　硕士学位论文　2016 年 6 月
南宋文人视野中的“东晋中兴”　张梦平　郑州大学　硕士学位论文　2016 年 5 月
欧阳修园林文学研究　何玉琼　南昌大学　硕士学位论文　2016 年 5 月
欧阳修自然审美意识研究　简均全　云南师范大学　硕士学位论文　2016 年 5 月
欧阳修创作心态探析　杨亦博　陕西师范大学　硕士学位论文　2016 年 6 月
欧阳修词新变研究　赵引　东南大学　硕士学位论文　2016 年 4 月
欧阳修词研究　赵伟　杭州师范大学　硕士学位论文　2016 年 5 月
欧阳修诗歌接受史述论　石文芬　南昌大学　硕士学位论文　2016 年 5 月
綦崇礼骈文研究　刘敏　湖南师范大学　硕士学位论文　2016 年 4 月
钱惟演诗歌创作心态研究　李辉　陕西师范大学　硕士学位论文　2016 年 6 月

浅析《吕氏家塾读诗记》 王雯文 南京师范大学 硕士学位论文 2016 年 3 月
秦观词点化研究 张碧瑶 扬州大学 硕士学位论文 2016 年 4 月
清真词的叙事研究 邵敏 江西师范大学 硕士学位论文 2016 年 6 月
权近《诗浅见录》与朱熹《诗集传》的影响关系研究 谭娜 山东大学 硕士学位论文 2016 年 9 月
《全宋词》一百一十七至二百四十字长调词谱研究 段晴 山东师范大学 硕士学位论文 2016 年 6 月
《全宋诗》中落第诗研究 陈洋 东北师范大学 硕士学位论文 2016 年 5 月
宋词夜意象研究 段艺璇 湖南大学 硕士学位论文 2016 年 4 月
宋词中衾枕意象研究 张学文 西华师范大学 硕士学位论文 2016 年 6 月
宋代咏韩信诗研究 徐晶 淮北师范大学 硕士学位论文 2016 年 5 月
宋代咏宁夏诗歌研究 刘金凤 宁夏大学 硕士学位论文 2016 年 5 月
宋代西北地区诗韵研究 柏雪 西南大学 硕士学位论文 2016 年 4 月
宋代戏弄研究 宋心静 青岛大学 硕士学位论文 2016 年 6 月
宋代杜诗师古注研究 王菲 山东大学 硕士学位论文 2016 年 5 月
宋代题壁词研究 杜银龙 辽宁大学 硕士学位论文 2016 年 4 月
宋代祈雨诗研究 周倩如 沈阳师范大学 硕士学位论文 2016 年 5 月
宋代旗帜研究 孔路路 河南大学 硕士学位论文 2016 年 6 月
宋代劝学诗研究 杨凯 沈阳师范大学 硕士学位论文 2016 年 5 月
宋代僧人咏史诗研究 邓泰 辽宁师范大学 硕士学位论文 2016 年 5 月
宋代诗歌中的“池”意象研究 李航 广西师范学院 硕士学位论文 2016 年 3 月
宋代诗话杜甫品评的儒家路径 王江琴 四川师范大学 硕士学位论文 2016 年 6 月
宋代理学文艺范畴的生态内涵研究 张献第 鲁东大学 硕士学位论文 2016 年 6 月
宋代冬至诗研究 黄曦 湖南科技大学 硕士学位论文 2016 年 3 月
宋代风景组词研究 闫晓璇 南京师范大学 硕士学位论文 2016 年 5 月
宋代厅壁记研究 曹书辉 西南大学 硕士学位论文 2016 年 4 月
宋代“诗画同一”观研究 马永飞 青岛大学 硕士学位论文 2016 年 6 月
宋代“隐”关键词研究 韩周航 湖北民族学院 硕士学位论文 2016 年 6 月
宋代海棠诗研究 古红琼 西华师范大学 硕士学位论文 2016 年 4 月
宋代绘画对宋词的影响研究 谷青 陕西师范大学 硕士学位论文 2016 年 6 月
宋金元《青玉案》词调研究 张楚楚 南京师范大学 硕士学位论文 2016 年 3 月
宋六家记体文比较研究 牛丽娟 广西师范学院 硕士学位论文 2016 年 5 月
宋诗话中“言外之意”研究 毛莎莎 宁夏大学 硕士学位论文 2016 年 5 月
《宋诗精华录》对陈衍宋诗学的证解与拓展 张芳 淮北师范大学 硕士学位论文 2016 年 5 月
宋诗中的杜甫形象研究 王中昌 西华师范大学 硕士学位论文 2016 年 3 月
宋文学中白居易形象研究 徐晓玲 青海师范大学 硕士学位论文 2016 年 4 月
宋《鹧鸪天》词研究 白秀珍 兰州大学 硕士学位论文 2016 年 5 月
苏轼黄州时期作品的精神品格及中学教学初探 段婷婷 华中师范大学 硕士学位论文 2016 年 5 月
苏轼涉酒词研究 郭艳艳 湖南大学 硕士学位论文 2016 年 4 月
苏轼与酒及涉酒诗研究 林红 四川师范大学 硕士学位论文 2016 年 5 月
苏轼诗文美学思想研究 任丹 黑龙江大学 硕士学位论文 2016 年 3 月
苏辙《诗集传》解诗研究 付亚云 河北大学 硕士学位论文 2016 年 5 月
苏辙次韵诗研究 孟文晴 河北师范大学 硕士学位论文 2016 年 5 月
《石屏词》研究 郭娜 河北大学 硕士学位论文 2016 年 5 月
唐宋僧人茶诗研究 宋小静 陕西师范大学 硕士学位论文 2016 年 6 月
《艇斋诗话》诗学理论研究 廖小君 广西民族大学 硕士学位论文 2016 年 4 月

王安石诗歌及其诗学研究：唐宋诗歌演变抉 唐梓彬 香港浸会大学 硕士学位论文 2016年5月
王安石诗歌意象研究 张晓凤 四川师范大学 硕士学位论文 2016年4月
文化视野下的张耒田园诗研究 罗富娇 贵州师范大学 硕士学位论文 2016年6月
吴兴三沈诗歌研究 王永芳 山东师范大学 硕士学位论文 2016年6月
《五家正宗赞》词语研究 吴娇娇 安徽师范大学 硕士学位论文 2016年4月
西昆体宋金元接受史研究 张龙高 西南交通大学 硕士学位论文 2016年6月
辛弃疾散文研究 陈瑶 浙江师范大学 硕士学位论文 2016年5月
现存李清照《词论》首句标点解读之疏证 李春明 吉林大学 硕士学位论文 2016年4月
小说文本中的李师师形象研究 陆莉梅 福建师范大学 硕士学位论文 2016年3月
许顗《彦周诗话》研究 倪奕佳 广西民族大学 硕士学位论文 2016年4月
晏殊词接受史研究 曾素芸 南昌大学 硕士学位论文 2016年5月
严羽《沧浪诗话·诗评》研究 冀鹏燕 重庆师范大学 硕士学位论文 2016年6月
杨家将形象演变及文化意义研究 杨凡 陕西理工学院 硕士学位论文 2016年6月
杨万里诗歌创作“翻案法”研究 张莹洁 广州大学 硕士学位论文 2016年5月
杨万里诗歌植物意象研究 陈星 南京师范大学 硕士学位论文 2016年3月
杨无咎《逃禅词》研究 秦兰 河北大学 硕士学位论文 2016年5月
《夷坚志》口传故事主题研究 孙世家 陕西理工学院 硕士学位论文 2016年6月
《夷坚志》文学研究 苏淮 牡丹江师范学院 硕士学位论文 2016年6月
叶茵诗歌研究 谢晓雪 安徽大学 硕士学位论文 2016年5月
喻良能诗歌研究 张晓梅 西南大学 硕士学位论文 2016年3月
曾丰散文研究 黄亚利 沈阳师范大学 硕士学位论文 2016年6月
曾巩的交游与创作 余丽 南昌大学 硕士学位论文 2016年5月
曾巩散文与儒学 陈笑笑 扬州大学 硕士学位论文 2016年5月
曾敏行《独醒杂志》研究 张消静 陕西师范大学 硕士学位论文 2016年5月
章甫诗歌研究 杨江 西南大学 硕士学位论文 2016年4月
张先词研究 徐洁 延安大学 硕士学位论文 2016年6月
张镃诗歌研究 严少珍 西北大学 硕士学位论文 2016年6月
郑樵乐府学研究 曹慧媛 河北师范大学 硕士学位论文 2016年5月
周邦彦歌妓词研究 陈梦珺 广西师范大学 硕士学位论文 2016年4月
周必大记体文研究 车少佳 重庆师范大学 硕士学位论文 2016年5月
周紫芝散文研究 邢敬慧 青海师范大学 硕士学位论文 2016年4月
朱熹诗歌与叶音之韵系研究 王金艳 广西民族大学 硕士学位论文 2016年4月

十六 文化艺术

安岳华严洞宋代石刻造像植物纹样研究与衍生设计实践 周燕 四川师范大学 硕士学位论文 2016年6月
保国寺建筑空间与装饰艺术研究 王武优 杭州师范大学 硕士学位论文 2016年4月
北宋释惠洪绘画思想研究 雷洪伟 上海师范大学 硕士学位论文 2016年5月
北宋小景画意义的变迁 孙旭峰 山东大学 硕士学位论文 2016年6月
北宋元佑年间苏轼书法交游研究 黄晓青 山东大学 硕士学位论文 2016年6月
北宋山水画的“求真”观念研究 王丹 扬州大学 硕士学位论文 2016年6月
北宋后期宫廷花鸟画研究 王珊珊 山西师范大学 硕士学位论文 2016年4月
北宋花鸟画诗画关系研究 周晨迪 河南大学 硕士学位论文 2016年5月
从物境之美看两宋山水画的转变 丁敏敏 鲁东大学 硕士学位论文 2016年6月

从北宋书法小品化看当下书法小品创作　冯帆　山西师范大学　硕士学位论文　2016 年 4 月
从空间布局看唐宋宫廷书画收藏　张红梅　华东师范大学　硕士学位论文　2016 年 3 月
从米友仁《潇湘奇观图》中的烟云境看米家山水　赵瑗　河北师范大学　硕士学位论文　2016 年 3 月
从功能的角度解析宋代瓷质执壶造型设计　岳琨　景德镇陶瓷大学　硕士学位论文　2016 年 6 月
从《清明上河图》看传统山水画中的都市风情　马圣超　中国美术学院　硕士学位论文　2016 年 5 月
大足北山转轮经藏窟研究　徐柏涵　台湾大学　硕士学位论文　2016 年 3 月
当代工笔花鸟画对宋代花鸟画的借鉴与探索　李宪秀　山东师范大学　硕士学位论文　2016 年 5 月
当代工笔花鸟画与南宋工笔花鸟画的比较研究　刘晓妍　南昌大学　硕士学位论文　2016 年 6 月
多学科视角下的乐平南窑青瓷初探　仝留洋　景德镇陶瓷大学　硕士学位论文　2016 年 4 月
《浮玉山居图》技法分析及给我创作的启示　滕孝忠　南京艺术学院　硕士学位论文　2016 年 3 月
关于晋祠圣母殿宋代彩塑的世俗性初探　雷坤　山东大学　硕士学位论文　2016 年 5 月
汉至宋代玛瑙制品研究　丁宁　陕西师范大学　硕士学位论文　2016 年 6 月
河间陇上——《渔村小雪图》《耕获图》中的劳作场景分析　路桐　西安美术学院　硕士学位论文　2016 年 3 月
黄公望与《富春山居图》　张博　江南大学　硕士学位论文　2016 年 6 月
黄庭坚对我的书法创作的启发　白光耀　吉林艺术学院　硕士学位论文　2016 年 3 月
黄庭坚与王铎草书章法比较研究　于天晓　曲阜师范大学　硕士学位论文　2016 年 3 月
基于审美视角下的宋代山水画创作研究　蔡琳　河北师范大学　硕士学位论文　2016 年 9 月
姜夔《绛帖平》研究　马苑馨　河南大学　硕士学位论文　2016 年 5 月
开封北宋官瓷器型美学特征与创新设计研究　王碧琳　湖南师范大学　硕士学位论文　2016 年 6 月
开封市清明上河园景观意象构建研究　马铭伟　中南林业科技大学　硕士学位论文　2016 年 6 月
空间意识及其审美表现——宋代与文艺复兴绘画差异性研究　朱月琳　四川师范大学　硕士学位论文　2016 年 3 月
乐与政通：北宋中期的乐议研究　于洋　华中师范大学　硕士学位论文　2016 年 5 月
李迪《枫鹰雉鸡图》考　曹继凯　中国美术学院　硕士学位论文　2016 年 5 月
理学视域下宋代饮茶器具创新设计　石碧莹　南昌大学　硕士学位论文　2016 年 6 月
理学影响下的宋代花鸟画关联性探究　马宁　陕西师范大学　硕士学位论文　2016 年 5 月
两宋时期松树形象的对比研究　戴晨亮　南京艺术学院　硕士学位论文　2016 年 5 月
两宋市民音乐产生的文化成因　原菽遥　东北师范大学　硕士学位论文　2016 年 5 月
刘松年、马远山水画的对比研究　蒋葛礼　云南艺术学院　硕士学位论文　2016 年 6 月
论李成寒林意境的形成过程　董黎琼　西安美术学院　硕士学位论文　2016 年 3 月
论苏轼之文人画思想　刘茜茹　西北大学　硕士学位论文　2016 年 5 月
论文人画思想对李唐绘画风格转变的影响　叶玉霜　中国艺术研究院　硕士学位论文　2016 年 5 月
论宋元时期山水画风格演变与纸绢的关系　齐少赞　扬州大学　硕士学位论文　2016 年 5 月
论“逸远品格”在夏珪山水画图式中的呈现　刘冰清　江南大学　硕士学位论文　2016 年 6 月
米芾交游对其书法艺术风格的影响研究　朱卿菱　广西师范大学　硕士学位论文　2016 年 5 月
米芾书法观念研究　刘晶晶　宁夏大学　硕士学位论文　2016 年 3 月
米芾书法艺术与想象力的相关性　黎剑明　广西艺术学院　硕士学位论文　2016 年 3 月
米芾书法之“真趣”思想管窥　陈家琦　湖南师范大学　硕士学位论文　2016 年 3 月
“米氏云山”图式语言研究　张帅帅　山西师范大学　硕士学位论文　2016 年 4 月
南宋扇面山水画构图研究　孙慧　山西大学　硕士学位论文　2016 年 6 月
南宋四幅镜像梳妆仕女画图像分析　马欣　华中师范大学　硕士学位论文　2016 年 5 月
南宋遗民郑思肖的美学思想研究　何艳　四川师范大学　硕士学位论文　2016 年 5 月
欧阳修园林思想研究　康夏清　山东大学　硕士学位论文　2016 年 5 月

《千里江山图》研究　周凤　浙江师范大学　硕士学位论文　2016 年 3 月
《群芳谱》中的园艺技术成就　王芹娟　华南农业大学　硕士学位论文　2016 年 6 月
试论宋画之空灵美对当代工笔人物画之影响　雷银银　西安美术学院　硕士学位论文　2016 年 3 月
浅论南宋缂丝的绘画性　夏岛　西安美术学院　硕士学位论文　2016 年 3 月
浅析北宋小景山水的绘画特点　孙镜鉴　云南艺术学院　硕士学位论文　2016 年 6 月
浅析马远“一角”山水画中的诗情画意　谌思妍　浙江师范大学　硕士学位论文　2016 年 3 月
浅析南宋至元山水画中云水的表现特征　邵欣　河北师范大学　硕士学位论文　2016 年 3 月
浅析宋代工笔花鸟画中线条的运用以及特征形式　侯茜　云南艺术学院　硕士学位论文　2016 年 6 月
浅析宋代山水画的空间建构　尹明月　曲阜师范大学　硕士学位论文　2016 年 3 月
水墨设计——宋代院体花鸟画的研习与设计　肖倩雯　南昌大学　硕士学位论文　2016 年 5 月
宋代帝王肖像画艺术特征探析　杜亚婷　福建师范大学　硕士学位论文　2016 年 6 月
宋代定窑白瓷碗花卉纹饰研究　钟琦　景德镇陶瓷大学　硕士学位论文　2016 年 6 月
宋代儿童风俗画浅析　孙亚晓　郑州大学　硕士学位论文　2016 年 5 月
宋代服饰图案的艺术性探究及创新设计　刘凤月　北京服装学院　硕士学位论文　2016 年 6 月
宋高宗的书画鉴藏　关键　中国社会科学院研究生院　硕士学位论文　2016 年 4 月
宋代工笔花鸟画对我毕业创作的影响　杨萌　云南大学　硕士学位论文　2016 年 5 月
宋代杭州西湖水景意象研究　刘钟灵　中南林业科技大学　硕士学位论文　2016 年 6 月
宋代花鸟画的“画”与“境”　杨育儒　辽宁师范大学　硕士学位论文　2016 年 6 月
宋代花鸟小品画语境的当代建构　郭思言　西安美术学院　硕士学位论文　2016 年 3 月
宋代画松探究　闫卫卫　河北师范大学　硕士学位论文　2016 年 9 月
宋代建盏微语言的研究　姜亚杰　大连工业大学　硕士学位论文　2016 年 6 月
宋代江右地区陶瓷的美学特征及设计思想价值研究　傅佩珊　南昌大学　硕士学位论文　2016 年 5 月
宋代景德镇青白瓷刻划花装饰艺术研究　蔡锐　景德镇陶瓷大学　硕士学位论文　2016 年 4 月
宋代理学中的美学思想对当代茶室空间设计的影响　张颖　景德镇陶瓷大学　硕士学位论文　2016 年 4 月
宋代民间音乐中的社会教化研究　高文敏　陕西师范大学　硕士学位论文　2016 年 6 月
宋代丝绸植物纹样的审美意蕴研究　陈睿忻　浙江理工大学　硕士学位论文　2016 年 4 月
宋代士阶层文化对造物思想产生的影响探究　许欣悦　南京艺术学院　硕士学位论文　2016 年 5 月
宋代陶瓷花器的艺术特征研究　汪春香　景德镇陶瓷大学　硕士学位论文　2016 年 6 月
宋代陶瓷食器生活对现代陶瓷餐具设计的启示　万圣丹　南昌大学　硕士学位论文　2016 年 6 月
宋代折枝花鸟画对川濑敏郎插花艺术的影响　蔡婷婷　西安美术学院　硕士学位论文　2014 年 3 月
宋代装饰纹样范式研究　陈健　淮北师范大学　硕士学位论文　2016 年 5 月
宋徽宗音乐思想研究　孙亚琼　陕西师范大学　硕士学位论文　2016 年 6 月
宋金时期磁州窑系婴戏枕研究　赵丽敏　湖南大学　硕士学位论文　2016 年 6 月
宋人花鸟画中的植物图像辨识　左丽笋　淮北师范大学　硕士学位论文　2016 年 5 月
宋人著述中先秦至宋代歌曲之流变　翟冬倩　西南大学　硕士学位论文　2016 年 5 月
宋元山水画风格衍变的审美机理研究　张红梅　吉林大学　硕士学位论文　2016 年 6 月
宋元时期景德镇青白釉雕塑瓷枕研究　夏添隆　江西师范大学　硕士学位论文　2016 年 6 月
苏轼书法审美研究　陈曦　济南大学　硕士学位论文　2016 年 6 月
谈宋代花鸟画的“写生”意识　边宝丽　西安美术学院　硕士学位论文　2016 年 3 月
探析当代与宋代工笔花鸟画色彩之异同　刘姝瑾　河北师范大学　硕士学位论文　2016 年 3 月
探究《林泉高致》中的“多维观察”及对当代中国山水画的启示　徐蒙　中国美术学院　硕士学位论文　2016 年 5 月
唐宋女性服饰色彩研究　罗依坤　湖南工业大学　硕士学位论文　2016 年 3 月

唐宋时期宝相花纹样的比较研究　刘旭影　河北科技大学　硕士学位论文　2016年5月
唐宋时期传世告身书法研究　张潇　中央美术学院　硕士学位论文　2016年3月
唐宋时期首饰设计中的花卉研究　刘也赫　中国地质大学（北京）　硕士学位论文　2016年5月
线在宋代陶瓷造型中的运用研究　张子瑶　景德镇陶瓷大学　硕士学位论文　2016年4月
象由心生——南宋李嵩《赤壁图》研究　林天驹　沈阳大学　硕士学位论文　2016年6月
小议宋代写意人物画源流及造型特征　梁川　南京艺术学院　硕士学位论文　2016年4月
写实与套路——论宋塑与宋画的造型理法　隋长江　中央美术学院　硕士学位论文　2016年4月
“心师造化”与“畅神悦情”——《溪山行旅图》与《魏园雅集图》“取势”比较　梁翰之　西安美术学院　硕士学位论文　2016年3月
《玉海》音乐史料研究　连雨　河南大学　硕士学位论文　2016年5月
咫尺千里——宋代小景画研究　李弘尧　中国美术学院　硕士学位论文　2016年6月
钟繇传统在宋代的影响与流变　毛婷　暨南大学　硕士学位论文　2016年5月

十七　文献

《泊宅编》研究　刘俞廷　四川师范大学　硕士学位论文　2016年5月
陈旸《乐书》引《礼记》考校　瞿小枝　西华师范大学　硕士学位论文　2016年3月
《东京梦华录》与外四种文献传承关系研究　于松民　东北师范大学　硕士学位论文　2016年5月
范祖禹《唐鉴》研究　杨娅萍　青海师范大学　硕士学位论文　2016年3月
河南郏县三苏墓祠书法石刻浅论　梁楠楠　贵州师范大学　硕士学位论文　2016年4月
《分门古今类事》研究　师蒙丽　西南交通大学　硕士学位论文　2016年5月
《绀珠集》研究　张慧琴　广西大学　硕士学位论文　2016年5月
《鹤林玉露》记人研究　孙春霞　聊城大学　硕士学位论文　2016年4月
《嘉定镇江志》研究　李萍　上海师范大学　硕士学位论文　2016年5月
《戒子通录》整理与研究　刘喜涛　河南师范大学　硕士学位论文　2016年6月
经典阐释中的衍义体研究　向娟妮　广西大学　硕士学位论文　2016年5月
孔延之《会稽掇英总集》研究　张曦　广西大学　硕士学位论文　2016年6月
李昉的档案文献编纂实践与思想　王红梅　安徽大学　硕士学位论文　2014年3月
《梅磵诗话》笺注　沐向琴　安庆师范大学　硕士学位论文　2016年4月
《墨庄漫录》研究　邢祥熹　东北师范大学　硕士学位论文　2016年5月
三苏《南行集》研究　刘亚文　西藏民族大学　硕士学位论文　2016年5月
山东区域“苏黄米”三方碑刻考　潘锐　山东工艺美术学院　硕士学位论文　2016年6月
《折狱龟鉴》和《棠阴比事》比较研究　郝文轩　东北师范大学　硕士学位论文　2016年5月
司马光诗文集版本源流考　林燕燕　山东大学　硕士学位论文　2016年5月
宋代辑佚活动考述　姬美华　河北师范大学　硕士学位论文　2016年5月
宋代医书编刻研究　靳国龙　西北大学　硕士学位论文　2016年6月
宋代敕牒碑的整理与研究　安洋　中国政法大学　硕士学位论文　2016年3月
宋人《老子》序跋研究　李亚欢　上海大学　硕士学位论文　2016年4月
《宋史・艺文志》及《宋史・艺文志补》著录部分小说集解　许韩　华中师范大学　硕士学位论文　2016年4月
《宋史・艺文志补》著录部分小说集解　赵欣　华中师范大学　硕士学位论文　2016年4月
《遂初堂书目》唐别集考　李钰　山东大学　硕士学位论文　2016年5月
孙应时及《烛湖集》研究　劳贝儿　广西大学　硕士学位论文　2016年6月
唐宋类书目录体系研究　王家琪　广西师范大学　硕士学位论文　2016年4月
《唐文粹》研究　李星霖　上海师范大学　硕士学位论文　2016年3月

王观国《学林》文字训诂考辨　刘影　湖南师范大学　硕士学位论文　2016 年 4 月
王昭素《易论》辑佚与研究　李静红　河北大学　硕士学位论文　2016 年 5 月
卫宗武及《秋声集》研究　刘丽莎　广西大学　硕士学位论文　2016 年 6 月
《文献通考·乐考》引书及按语研究　胡士萃　河北师范大学　硕士学位论文　2016 年 5 月
邢昺与《论语注疏》　冷丰雨　山东师范大学　硕士学位论文　2016 年 5 月
《杨氏易传》研究　刘洋　南京师范大学　硕士学位论文　2016 年 3 月
姚铉《唐文粹》编辑理念研究　柳红梅　河南大学　硕士学位论文　2016 年 6 月
《玉海·艺文》所引宋代文献研究　彭婵娟　广西师范大学　硕士学位论文　2016 年 4 月
《玉海》与南宋词科考试研究　韩兴波　重庆师范大学　硕士学位论文　2016 年 6 月
袁甫《蒙斋中庸讲义》研究　郭超　湖南大学　硕士学位论文　2016 年 5 月
《舆地纪胜》引唐诗研究　涂智敏　广西师范大学　硕士学位论文　2016 年 4 月
赵鼎奏议文研究及校注　孙天梅　西北大学　硕士学位论文　2016 年 6 月
赵与虤《娱书堂诗话》研究　陈宇　扬州大学　硕士学位论文　2016 年 6 月
真德秀《四书集编》研究　张文文　山西师范大学　硕士学位论文　2016 年 3 月
《资治通鉴》引用唐文研究　宋丽　西北大学　硕士学位论文　2016 年 6 月
《竹斋先生诗集》校注　张晓晓　广西大学　硕士学位论文　2016 年 6 月
《忠经》成书时代及相关问题研究　博凯　陕西师范大学　硕士学位论文　2016 年 5 月
《醉翁谈录》研究　周敏　湖南师范大学　硕士学位论文　2016 年 5 月

十八　考古与文物

安徽地区宋代墓葬研究　丁翠平　安徽大学　硕士学位论文　2016 年 5 月
安徽地区宋墓出土瓷器的初步研究　张慧　安徽大学　硕士学位论文　2016 年 5 月
重庆南宋衙署遗址高台建筑保护工程实践研究　黄元元　西北大学　硕士学位论文　2016 年 12 月
重庆南宋衙署遗址高台建筑基址生物病害的防治　余腾飞　西北大学　硕士学位论文　2016 年 12 月
江苏省出土的宋元瓷器研究　席晓云　吉林大学　硕士学位论文　2016 年 6 月
四川蓬安运山城遗址调查与研究　雷晓龙　西华师范大学　硕士学位论文　2016 年 4 月
宋代墓葬出土茶用执壶研究　丁文慧　山东大学　硕士学位论文　2016 年 5 月
北方地区唐宋时期装烧窑具的初步研究　汤习羽　吉林大学　硕士学位论文　2016 年 4 月
河南宋金时期瓷窑遗存研究　张令　广西师范大学　硕士学位论文　2016 年 4 月
南宋皇城大遗址公共治理机制研究　颜欢　杭州师范大学　硕士学位论文　2016 年 4 月

十九　人物

包恢及其思想研究　刘健昌　南昌大学　硕士学位论文　2016 年 5 月
北宋武将姚兕姚麟研究　张波　西北大学　硕士学位论文　2016 年 5 月
北宋名相杜衍史事考论　陈磊　广西师范大学　硕士学位论文　2016 年 4 月
范雍研究　王泽红　西北大学　硕士学位论文　2016 年 6 月
黄庭坚的饮食生活　林执中　东吴大学　硕士学位论文　2016 年 7 月
南宋文人吴儆研究　段娜娜　曲阜师范大学　硕士学位论文　2016 年 4 月
南宋宰相陈康伯研究　张九衡　河北大学　硕士学位论文　2016 年 6 月
论苏轼的艺术人生　郭梦雅　上海师范大学　硕士学位论文　2016 年 5 月
吕大防的政治生涯研究　赵巳萱　四川师范大学　硕士学位论文　2016 年 4 月
潘良贵的为政与治学　李茂　四川师范大学　硕士学位论文　2016 年 4 月
沈括民本意识及其实践研究　孙伟　聊城大学　硕士学位论文　2016 年 4 月
司马光人才思想研究　张旭　陕西师范大学　硕士学位论文　2016 年 6 月

宋毕士安研究　刘洋洋　上海师范大学　硕士学位论文　2016 年 4 月
苏轼交游研究　胡珍　延安大学　硕士学位论文　2016 年 6 月
苏轼与北宋科举制度的关系研究　司方圆　石河子大学　硕士学位论文　2016 年 6 月
陶弼年谱　谭婷婷　广西民族大学　硕士学位论文　2016 年 5 月
透过陶渊明看苏东坡的自我探索　陈燕萍　陕西师范大学　硕士学位论文　2016 年 6 月
文天祥形象的塑造与演变　陈功林　江西师范大学　硕士学位论文　2016 年 6 月
吴子良研究　李会真　广西师范大学　硕士学位论文　2016 年 5 月
谢逸研究　刘曼曼　河北师范大学　硕士学位论文　2016 年 5 月
晏殊研究　杨天云　西北大学　硕士学位论文　2016 年 6 月
虞俦及其诗歌研究　姚婷婷　安徽大学　硕士学位论文　2016 年 5 月
袁甫及其《蒙斋集》研究　袁猛　广西师范学院　硕士学位论文　2016 年 6 月
张载研究　杨花　山东师范大学　硕士学位论文　2016 年 5 月
宗室词人赵师侠及其创作研究　吕慧珊　黑龙江大学　硕士学位论文　2016 年 3 月
周密及其诗歌研究　冉丹　江南大学　硕士学位论文　2016 年 6 月

索　　引

A

B

C

D

E

F

G

H

J

T

W

X

《中国宋史研究年鉴》征稿启事

《中国宋史研究年鉴》是一部由河北大学宋史研究中心创办的专业年鉴，创办于2016年，由中国社会科学出版社出版。其内容全面收集、整理和发布中国宋史学界的学术信息与研究动态，同时兼顾海外学术资讯，目的是为学术界提供一个信息平台，更好地促进学术交流和发展。该年鉴从2015年的宋史研究信息收集开始，每年出版一卷。

年鉴收录范围：1. 宋朝历史研究信息。其他朝代不收录。2. 与宋朝有直接关系的朝代或政权的专题论著、学术信息，如唐宋时期货币的演变、辽宋交聘研究、宋高丽宋日关系、宋元明清时期江南经济发展研究等。虽有联系，但联系不太密切的信息不收录。3. 相关的纪念活动、文学影视作品信息，择要收录。4. 以中国（含台湾地区）宋史研究信息为主，兼顾外国。5. 已经在正式报刊书籍发表的文章信息，有条件地进行转载（需要提前解决版权问题，同意编纂者和出版社进行修改等）。内部、非正式报刊书籍和电子网络论著信息，暂时不予转载。6. 完全符合中国大陆党政部门的出版规定，不符合者不收录。

年鉴目前设有如下栏目与内容：1.《研究综述》，登载该年度综合性和各项专题性质的有关海内外宋史及其相关研究的综述性文章，同时也收录截止到该年度的长时段的追述性研究综述；2.《会议述评与论文提要》，登载该年度举办的各项与宋史研究相关的学术会议述评以及会议论文概要；3.《学术动态》，反映该年度宋史学界学人参与的各项学术活动情况，跟踪报道该年度有关宋史研究的重点课题的立项、结项、学术宣传等情况；4.《书评·书讯·新书序跋》，登载该年度出版发表的有关宋史研究的书评、书讯以及为新书所作的序跋等，其中的序跋等文章也可能是摘要转载；5.《学人与学林》，登载有关宋史学界学人的纪念性文章、学术访谈以及学术评述，相关研究会和研究机构介绍；6.《博士毕业论文提要与博士后出站报告摘要》，刊载该年度博士毕业论文提要和博士后出站报告提要；7.《海外研究动态》，登载海外宋史研究动态；8.《宋代遗存》，登载该年度有关宋代的文物、文献的新发现、发掘及其研究情况，宋朝著名历史人物、重大历史事件的纪念宣传活动；9.《论著目录》，全面收集并刊登该年度中国（包括台湾地区、译成中文的外国的）宋史研究的论著的作者、篇名、发表报刊和出版单位等目录信息，同时刊载该年度的有关宋史研究的博士、硕士研究生毕业论文和博士后出站报告目录信息；10.《索引》。

年鉴正文前面的目录，先中文，后英文。敬请有翻译条件的作者，提前把赐文的标题翻译成英文，否则将由编辑部代为翻译。

凡是符合上述要求的相关文章和资讯，我们均热诚欢迎投稿，并酌情给予稿酬。敬请各位学界同人鼎力支持、不吝赐教、积极投稿。谢谢！

投稿地址：河北省保定市五四东路180号　河北大学宋史研究中心年鉴编辑部，邮编：071002；电子信箱：songshinianjian@163.com；联系电话0312—5977046　（年鉴编辑部办公室）。

河北大学宋史研究中心
《中国宋史研究年鉴》编辑部